Carte et sites touristiques

Les régions du guide :
(voir la carte à l'intérieur de la couverture ci-contre)

Normandie Cotentin
Îles Anglo-Normandes

Le Guide Vert, mode d'emploi : un guide en 3 parties

Organiser son voyage :

- Avant de partir.
- À faire sur place de A à Z.
- Des activités pour tous.
- Un agenda des événements.

Comprendre la destination

- La destination aujourd'hui.
- Histoire.
- Art et culture.
- Gastronomie.
- Nature...

Découvrir la destination :

- Notre sélection de sites.
- Des circuits conseillés.
- Des cartes.
- Notre sélection d'adresses pour tous les budgets.

En fin de guide :
l'explication des symboles et la table des cartes et plans

Le Guide Vert : découvrir la destination

Un chapitre = une zone géographique

[1] Une carte de présentation de la région.

[2] Le sommaire de la région traitée.

[3] La description des sites.

Pour chaque chapitre

[4] La description des circuits conseillés.

[5] Nos adresses classées par catégories de prix.

[6] Des pages thématiques pour en savoir plus.

Retrouvez-nous sur : ***Voyage.ViaMichelin.fr***

Sommaire

1/ ORGANISER SON VOYAGE

2/ COMPRENDRE LA NORMANDIE

3/ DÉCOUVRIR LA NORMANDIE

1 CAEN ET LES PLAGES DU DÉBARQUEMENT

2 LE BOCAGE ET LE PAYS D'ARGENTAN

3 ALENÇON ET LE PARC RÉGIONAL NORMANDIE-MAINE

4 GRANVILLE ET LA BAIE DU MONT-ST-MICHEL

5 LA PRESQU'ÎLE DU COTENTIN

4/ DÉCOUVRIR LES ÎLES ANGLO-NORMANDES

ORGANISER SON VOYAGE

COMPRENDRE LES ÎLES ANGLO-NORMANDES

6 LES ÎLES ANGLO-NORMANDES

1/ ORGANISER SON VOYAGE

M. Barraud/Ojo Images/Photononstop

Applications recommandées

Aller en Normandie

Par la route

LES GRANDS AXES

À partir de la région parisienne – Par l'A 13 : Rouen 139 km (1h30) et Caen 235 km (2h22). La N 13 relie ensuite Caen à Cherbourg : 123 km (1h26) *via* Bayeux, Carentan et Valognes. L'A 84, entre Caen et Rennes (à 188 km), dessert le sud de la presqu'île du Cotentin, Villedieu-les-Poêles et Avranches.
À partir du sud ou du nord de la France – La Route des estuaires relie Caen et Le Havre au nord de l'Europe, et le Mont-St-Michel à Rennes, Nantes et au sud de l'Europe.

INFORMATIONS AUTOROUTIÈRES

Informations autoroutières – ✆ 0 892 681 077 - www.autoroutes.fr

LES CARTES MICHELIN

Cartes Départements
310 (Mayenne, Orne, Sarthe) et **303** (Calvados, Manche). Cartes **Région 513** (Normandie) et **517** (Pays-de-la-Loire).
Carte de France n° 721.
SEn ligne : calcul d'itinéraires sur www.ViaMichelin.fr

En train

LES GRANDES LIGNES

Ligne **Paris-St-Lazare Caen** (1h44) : une vingtaine de trains/jour.
Ligne **Paris-St-Lazare Cherbourg** (2h45) : une dizaine de trains/jour, la plupart *via* Caen.
Ligne **Paris-Montparnasse Granville** (2h57) : environ 10 trains/jour. Départ de Paris-Vaugirard, annexe de la gare Montparnasse.

LES LIGNES RÉGIONALES

Le réseau TER dessert les lignes Caen-St-Lô-Coutances-Rennes, Caen-Alençon-Le Mans-Tours, Caen-Lisieux-Rouen, Lisieux-Trouville-Deauville, Trouville-Deauville-Dives-Cabourg (en été).
Ces lignes ferroviaires sont renforcées par des lignes d'**autocars** (TER). Renseignements et réservations : ✆ 36 35 (0,34 €/mn) ou 0 852 00 33 00 (0,15 €/mn) -

DISTANCES	Bordeaux	Brest	Lille	Lyon
Alençon	484	384	425	668
Argentan	530	427	417	715
Avranches	526	274	490	799
Bayeux	620	392	419	728
Caen	594	375	389	698
Cherbourg	674	422	511	820
Mayenne	495	344	477	720
Saint-Lô	595	343	465	774

36 15 TER - www.ter-sncf.com/basse_normandie.
Les **Bus Verts**, dans le Calvados, forment un réseau de 45 lignes. L'été, une ligne effectue le circuit des sites historiques de la bataille de Normandie (un départ quotidien de Caen et Bayeux). Renseignements et réservations : ✆ 0 810 214 214 *(prix d'un appel local)* ou www.busverts.fr

En avion

LES COMPAGNIES AÉRIENNES

Air France-Brit'Air – La compagnie assure des liaisons journalières Lyon-Caen. D'autres destinations sont desservies en correspondance *via* l'aéroport de Lyon-St-Exupéry. Renseignements et réservations : ✆ 36 54 *(0,34 €/mn à partir d'un poste fixe)*, 7j/7 - www.airfrance.fr ou www.britair.com
Airlinair-Air France – Liaisons Paris-Orly-Cherbourg et Paris-Orly-Caen, du lundi au vendredi. Renseignements et réservations : ✆ 0 810 478 478 - www.airlinair.com

LES AÉROPORTS DE LA RÉGION

Aéroport de Caen-Carpiquet – Rte Caumont - 14650 Carpiquet - ✆ 02 31 71 20 10 - www.caen.aeroport.fr Liaisons centre-ville de Caen par taxi, sur place ou sur réservation : ✆ 02 31 52 17 89 ou 02 31 94 15 15.
Aéroport de Cherbourg-Maupertus – 50330 Gonneville - ✆ 02 33 88 57 60 - www.aeroport-cherbourg.com Liaisons centre-ville de Cherbourg par taxi, sur place ou sur réservation : ✆ 02 33 53 36 38 ou 02 33 53 17 04.

DISTANCES	Marseille	Paris	Rennes	Strasbourg
Alençon	944	195	199	681
Argentan	991	210	208	696
Avranches	1 077	335	87	827
Bayeux	1 039	263	205	756
Caen	1 010	234	188	726
Cherbourg	1 132	356	235	848
Mayenne	996	301	106	780
Saint-Lô	1 086	310	156	802

Avant de partir

Météo

LES SAISONS

Par sa diversité géographique, la Normandie n'a pas un profil climatique unique. Elle bénéficie cependant dans son ensemble d'un climat océanique, caractérisé par la faiblesse des amplitudes saisonnières, qui limite les rigueurs hivernales et les grosses chaleurs d'été. Par sa situation littorale, elle offre en outre l'agrément d'une météo susceptible de changer rapidement.

Le printemps
Cette saison est marquée par un ensoleillement quotidien plus long, des températures en hausse (minimales 7 °C et maximales 14 °C) et une nette régression du nombre de jours de pluie. La température de l'eau commence à monter pour atteindre 14 °C au mois de juin.

L'été
Rares sont les canicules, tant sur le littoral que dans les terres, et les températures moyennes maximales s'établissent autour de 20 °C. Cette relative fraîcheur est imputable à la brise marine, omniprésente. Le nombre de jours de pluie est à son minimum en juillet (8 journées), tandis que la température de l'eau atteint son point culminant (en moyenne 16 °C) au mois d'août.

L'automne
C'est la saison la plus pluvieuse, avec l'hiver. Toutefois, la saison reste ponctuée de belles journées. Le nombre de jours de pluie progresse, de 13 en octobre à 16 en décembre. Les températures diminuent au fil des mois, avec des maximales de 16 à 10 °C, et des minimales de 9 à 5 °C.

L'hiver
La saison est caractérisée par des températures assez clémentes (de 4 à 5 °C en moyenne) et des neiges rares. Janvier, mois le plus pluvieux de l'année (18 jours de pluie en moyenne), est également le moins ensoleillé. La température de l'eau reste à 10 °C tout au long de ces mois d'hiver.
Météo France – www.meteo.fr ou ✆ 0 892 680 2 suivi du numéro du département (0,34 €/mn).

LES MARÉES

Vous trouverez les horaires et les coefficients des marées dans la presse locale et dans les offices de tourisme ainsi que sur le site www.meteo-normandie.fr

Les adresses utiles

OFFICES DE TOURISME

Vous trouverez les adresses des offices de tourisme au fil des rubriques « S'informer » dans la partie « Découvrir ».

LES INSTITUTIONS

Comité régional du tourisme de Normandie
14 r. Charles-Corbeau - 27000 Évreux - ✆ 02 32 33 79 00 - www.normandie-tourisme.fr

Comités départementaux de tourisme
Calvados – 8 r. Renoir - 14054 Caen Cedex 4 - ✆ 02 31 27 90 30 - www.calvados-tourisme.com
Eure – 3 r. du Cdt-Letellier - BP 367 - 27003 Évreux Cedex - ✆ 02 32 62 04 27 - www.cdt-eure.fr
Manche – 98 rte de Candol - 50008 St-Lô Cedex.

CAEN-NORMANDIE
Mémorial
CITÉ DE L'HISTOIRE POUR LA PAIX

Toute l'Histoire
est au Mémorial de Caen

Culture Science Education Services

L'HISTOIRE
EN FAMILLE
À PRIX UNIQUE !

Available on the App Store
ANDROID

www.memorial-caen.fr

TÉL. : 02 31 06 06 45 • ESPLANADE GÉNÉRAL EISENHOWER • BP 55026 • 14050 CAEN CEDEX 4

Renseignements et demande de documentation : depuis la France, n° Vert ✆ 0 800 065 050 ; depuis la Belgique, n° Vert ✆ 0 800 77 993 ; depuis la Grande-Bretagne, n° Vert ✆ 0 800 028 6572 - www.manchetourisme.com

Orne – 86 r. St-Blaise - BP 50 - 61002 Alençon Cedex - ✆ 02 33 28 88 71 - www.ornetourisme.com

Sarthe – 19 bis r. de l'Étoile - 72000 Le Mans - ✆ 02 43 40 22 50 - www.tourisme.sarthe.com

Parcs régionaux

Parc naturel régional Normandie-Maine p. 243.

Parc naturel régional des marais du Cotentin et du Bessin p. 403.

Demandez le calendrier des animations nature intitulé *Les Rendez-Vous du parc*.

Environnement

Union nationale des CPIE – ✆ 01 44 61 75 35 - www.cpie.fr

Les centres permanents d'initiatives pour l'environnement proposent des sorties-découverte ou des circuits-promenades.

CPIE Vallée de l'Orne (forêt, vallée, estuaire de l'Orne et Suisse normande) – Enceinte de l'Abbaye-aux-Hommes - 14054 Caen Cedex 4 - ✆ 02 31 30 43 27.

CPIE du Cotentin (marais, presqu'île du Cotentin et littoral) – 30 r. de l'Hippodrome - BP 42 - 50430 Lessay - ✆ 02 33 46 37 06.

CPIE Collines normandes – Le Moulin - 61100 Segrie-Fontaine - ✆ 02 33 62 34 65.

Sorties nature

Le département de la **Manche** publie un *Calendrier nature* regroupant plus de 700 rendez-vous de mars à décembre. Il est disponible gratuitement sur demande au Comité départemental de tourisme – ✆ 0 800 065 050 - www.mancherandonnee.com

Le **Calvados** diffuse une brochure, *Escapades nature*, avec plus de 100 sorties de mai à septembre - se renseigner auprès du Comité départemental de tourisme.

Parcs et jardins de Basse-Normandie

Maison des Quatrans – 25 r. de Geôle - 14000 Caen - ✆ 02 31 15 57 35 - upjbn@wanadoo.fr

Renseignements sur Internet

www.tourisme.fr – Fédération des offices de tourisme et syndicats d'initiative :

www.cr-basse-normandie.fr – Le site du conseil régional de Basse-Normandie contient des renseignements utiles : actualité, économie, tourisme, espaces naturels, gastronomie, etc.

www.mondes-normands.caen.fr – Ce site contrôlé par le musée de Normandie à Caen propose des informations précises sur l'histoire, la civilisation et le patrimoine.

www.fromages.org – Ce site permet de découvrir les nombreux fromages de cette région.

www.irqua-normandie.fr – Pour tout savoir sur les produits du terroir, du calvados à l'huître de Normandie en passant par le beurre et la crème.

www.cotentin-association.org

TOURISME DES PERSONNES HANDICAPÉES

Le symbole ♿ signale les sites accessibles aux personnes à mobilité réduite.

Liste des sites labellisés

Tourisme et Handicap – www.tourisme-handicaps.org

Pour plus d'informations, contacter l'association Tourisme et Handicaps – 43 r. Max-Dormoy - 75018 Paris - ✆ 01 44 11 10 41.

Le site **http://museofile.culture.fr** répertorie nombre de musées accessibles aux personnes atteintes de handicaps moteurs ou sensoriels.

Accessibilité des transports

Train – Voir le *Mémento du voyageur handicapé* disponible gratuitement dans les gares et boutiques SNCF et sur www.voyages-sncf.com Numéro Vert SNCF Accessibilité Service : ✆ 0 800 15 47 53.

Avion – Air France et Airlinair proposent aux personnes handicapées le service d'assistance Saphir, avec un numéro spécial : ✆ 0 820 01 24 24. Pour plus de détails, consulter le site www.airfrance.fr

Se loger

NOTRE SÉLECTION

Hôtels et chambres d'hôte

Retrouvez notre sélection d'hébergements dans « Nos adresses à… » situées en fin de description des principaux sites de la partie « Découvrir ».

Pour un choix plus étoffé, le Guide Michelin France recommande des hôtels sur toute la France.

Le camping

Le **Guide Camping Michelin France** propose tous les ans une sélection de terrains visités régulièrement par nos inspecteurs.

LES BONS PLANS

Les services de réservation

Fédération nationale des services de réservation Loisirs-Accueil – 280 bd St-Germain - 75007 Paris - ✆ 01 44 11 10 44 - www.franceguide.com ou www.loisirsaccueilfrance.fr

Fédération nationale Clévacances – 54 bd de l'Embouchure - BP 52166 - 31022 Toulouse Cedex 2 - ✆ 05 61 13 55 66 - www.clevacances.com.

L'hébergement rural

Fédération des Stations vertes de vacances et Villages de neige – BP 71698 - 21016 Dijon Cedex - ✆ 03 80 54 10 50 - www.stationverte.com. En Normandie-Cotentin, 15 communes bénéficient de ce label : Agon-Coutainville, Mortain, Pontorson, St-Hilaire-du-Harcouët et St-Sauveur-le-Vicomte (Manche), Clécy, Colleville-Montgomery, Pont-d'Ouilly et St-Sever-Calvados (Calvados), Beaumont-sur-Sarthe, Fresnay-sur-Sarthe, St-Léonard-des-Bois et Sillé-le-Guillaume (Sarthe), Bagnoles-de-l'Orne et Le-Mêle-sur-Sarthe (Sarthe).

Bienvenue à la ferme – 9 av. Georges-V - 75008 Paris - ✆ 01 53 57 11 44. Guide des hébergements en vente en librairie ou consultez le site **www.normandiealaferme.com**

Maison des gîtes de France et du tourisme vert – 56 r. St-Lazare - 75439 Paris Cedex 09 - ✆ 01 49 70 75 85 - www.gites-de-france.com

Les auberges de jeunesse

Ligue française pour les auberges de la jeunesse – 67 r. Vergniaud - Bâtiment K - 75013 Paris - ✆ 01 44 16 78 78 - www.auberges-de-jeunesse.com

Fédération unie des auberges de la jeunesse – 27 r. Pajol - 75018 Paris - ✆ 01 44 89 87 27 - www.fuaj.org. Vous trouverez une auberge de jeunesse affiliée dans les villes de Bayeux, Caen, Cherbourg, Genêts, Granville et Pontorson.

POUR DÉPANNER

Les chaînes hôtelières

À moins de 50 € la chambre double, l'hôtellerie dite « économique » peut rendre service. Souvent à proximité des grands axes routiers, ces établissements n'assurent pas de restauration.

B & B – ✆ 0 892 782 929.

Etap Hôtel – ✆ 0 892 688 900.

Les hôtels suivants, un peu plus

NOS CATÉGORIES DE PRIX				
	Hébergement		Restauration	
	Province	Grandes villes	Province	Grandes villes
Premier prix	jusqu'à 45 €	jusqu'à 65 €	jusqu'à 14 €	jusqu'à 16 €
Budget moyen	plus de 45 € à 65 €	plus de 65 € à 100 €	plus de 14 € à 25 €	plus de 16 € à 30 €
Pour se faire plaisir	plus de 65 € à 100 €	plus de 100 € à 160 €	plus de 25 € à 40 €	plus de 30 € à 50 €
Une folie	plus de 100 €	plus de 160 €	plus de 40 €	plus de 50 €

chers (à partir de 68 € la chambre), offrent un meilleur confort et quelques services supplémentaires, comme la restauration :
Campanile – ✆ 01 64 62 46 46.
Kyriad – ✆ 0 825 003 003.
Ibis – ✆ 0 825 882 222.

Se restaurer

NOS CRITÈRES DE CHOIX

Retrouvez notre sélection de restaurants dans « Nos adresses à… » situées en fin de description des principaux sites de la partie « Découvrir ».

Pour répondre à toutes les envies, nous avons sélectionné des **restaurants** régionaux bien sûr, mais aussi classiques, exotiques ou à thème… et des lieux plus simples, où vous pourrez grignoter une salade composée ou déguster des produits régionaux sur le pouce.

Pour un choix plus étoffé, le **Guide Michelin France** recommande des restaurants dans toute la France. Quelques **fermes-auberges** vous permettront de découvrir les saveurs de la France profonde. Vous y goûterez des produits provenant de l'exploitation agricole et servis généralement en menu unique. Réservation obligatoire !

L'ASSIETTE DE PAYS

Cette formule créée par la Fédération nationale des pays touristiques met en commun le travail des producteurs locaux signataires de chartes de qualité et celui des restaurateurs. Les 21 pays touristiques de Normandie comptent plus de 50 établissements participants, auxquels il faut ajouter les « **Cafés de pays** », eux aussi labellisés, qui proposent des boissons régionales (bière, cidre, pommeau, calvados, jus de pomme), servies parfois avec une assiette de pays, s'ils assurent aussi une restauration. « L'assiette de pays » comporte un plat unique préparé à base de produits du terroir, servi avec un verre de boisson typique, le tout à 6-27 €.Vous pouvez télécharger la liste de ces restaurants sur : www.normandie-pays.com, rubrique « Assiette de pays ».

LES SITES REMARQUABLES DU GOÛT

Ce label national distingue des sites dont la richesse gastronomique s'appuie sur des produits de qualité liés à un environnement culturel intéressant et à une réelle volonté d'accueil touristique. Le **bocage du Domfrontais** (Orne) porte cette appellation pour son **poiré** et son **calvados** (AOC). www.sitesremarquablesdugout.com.

A PARTIR DU 28 AVRIL 2012

NOUVEL ACCUEIL
NOUVELLE APPROCHE

BIENVENUE AU MONT-SAINT-MICHEL

Syndicat Mixte Baie du Mont-Saint-Michel

VEOLIA TRANSPORT
Mont Saint Michel

www.projetmontsaintmichel.fr

www.accueilmontsaintmichel.com

Sur place de A à Z

Pour obtenir une documentation détaillée sur les activités et les loisirs, adressez-vous aux **comités départementaux** et **comités régionaux de tourisme** *(voir p. 10-12)*. Pour trouver d'autres adresses de prestataires, de boutiques ou d'artisans, reportez-vous aux rubriques « Visite », « Activités » et « Achats » dans les encadrés « Nos adresses à… » des villes ou sites traités dans la partie « Découvrir ».

Pendant votre séjour, pour savoir, au jour le jour, tout ce qui se passe dans la région, parcourez la **Presse de la Manche** ou l'hebdomadaire **La Manche Libre**, ou écoutez **France Bleu Cotentin**.

BAIGNADE

Les côtes normandes offrent de très nombreuses plages. En voici quelques-unes parmi les plus agréables : dans le **Calvados**, Courseulles-sur-Mer, Luc-sur-Mer, Colleville-Montgomery et Ouistreham-Riva-Bella. Dans la **Manche** : Barfleur, Querqueville et Collignon (Cherbourg), Siouville-Hague, l'anse de Sciotot (Les Pieux), Barneville-Carteret, Gouville-sur-Mer, Agon-Coutainville, Bréhal, Granville et Jullouville. Certaines figurent chaque année au palmarès du « Pavillon bleu d'Europe », garantissant la qualité des eaux de baignade.

CANOË-KAYAK

Fédération française de canoë-kayak – 87 quai de la Marne - BP 58 - 94344 Joinville-le-Pont - ✆ 01 45 11 08 50 - www.ffcanoe.asso.fr

Comité départemental de canoë-kayak Calvados – 4 quai Caffarelli - 14000 Caen - ✆/fax 02 31 53 92 23. Parmi les bases de loisirs d'eaux vives, citons notamment Pont-d'Ouilly, Clécy, Sillé-le-Guillaume et St-Léonard-des-Bois.

Comité départemental de canoë-kayak Manche – 14 r. des Fossés - 50000 Saint-Lo - ✆ 06 77 78 94 34 - www.crck.org/normandie Bases de canoë-kayak à Avranches, Condé-sur-Vire, Flamanville.

CASINOS

Manche : Cherbourg, Agon-Coutainville, Granville et St-Pair-sur-Mer. **Calvados** : Cabourg, Ouistreham-Riva-Bella, Luc-sur-Mer et St-Aubin-sur-Mer. **Orne** : Bagnoles-de-l'Orne.

CHAR À VOILE

Renseignements sur le char à voile et le speed-sail auprès des offices départementaux de tourisme.

Fédération française de char à voile – 17 r. Henri-Bocquillon - 75015 Paris - ✆ 01 45 58 75 75 - www.ffcv.org

Comité départemental de char à voile Manche – Club nautique de Coutainville - 104 r. des Dunes - 50230 Agon-Coutainville - ✆ 02 33 47 14 81 - www.evasion-nautique.com/cnc

ÉQUITATION

Nous proposons dans ce guide une sélection d'établissements organisant des randonnées ou des séjours équestres.

La calèche ou la roulotte habitable sont aussi des moyens de découvrir les départements de l'Orne et du Calvados. Enfin, certains gîtes ruraux (ou chambres d'hôte) reçoivent « à pied et à cheval ».

Comité régional d'équitation de Normandie – www.chevalnormandie.com
Comité départemental de tourisme équestre du Calvados (CDTE 14) – M. Jean-Louis Faucher - Le Haut de la Vallée - 14480 Lantheuil - ✆ 02 31 08 23 95 (apr. 18h30) - www.cheval-calvados.fr.st
Comité départemental de tourisme équestre de la Manche – R. Corbeauville - 50500 Méautis - ✆ 06 88 15 52 00 - www.cde50.fr
Comité départemental d'équitation de l'Orne – 61 bis av. Basingstoke - 61100 Alençon - ✆ 02 33 80 27 67.

ESCALADE

Les Alpes mancelles et la Suisse normande offrent des sites favorables à la varappe, de même que les rochers des Parcs près de Clécy, les roches de Ham ou le site de la Fosse-Arthour au nord-ouest de Domfront.
Club alpin français – 92 r. de Geôle - 14000 Caen - ✆ 02 31 86 29 55 - http://clubalpin.caen.free.fr - merc. 18h-20h.
Comité départemental de la montagne et de l'escalade – M. Xavier Malhere - 27 r. de Paris - 61100 Flers - ✆ 06 15 41 03 61 - www.malhere.com

GOLF

Ligue de golf de Basse-Normandie – Mairie de Varaville - 2 av. du Grand-Hôtel - 14390 Le Home- Varaville - ✆ 02 31 28 31 00 - www.liguedegolfdebassenormandie.com

PARCS ET JARDINS

De nombreux jardins ouvrent leurs portes au public, des « jardins remarquables », mais aussi des jardins privés tout aussi attrayants. Les passionnés et autres visiteurs sensibles à l'art subtil des jardins ne manqueront pas de se procurer la brochure éditée par le Comité régional de tourisme sur les parcs et jardins de Normandie et consulter les sites web dédiés :
www.normandie-tourisme.fr/jardins
www.rendez-vousauxjardins.culture.fr
www.le chemindesjardins.fr

PÊCHE AMATEUR

Une carte-dépliant commentée, *Pêche en France*, est publiée et diffusée par le **Conseil supérieur de la pêche** – Immeuble Le Péricentre - 16 av. Louison-Bobet - 94132 Fontenay-sous-Bois Cedex - ✆ 01 45 14 36 00.
Un guide de la pêche dans l'Orne, édité par la **Fédération départementale pour la pêche et la protection du milieu aquatique de l'Orne**, est téléchargeable sur www.peche-orne.fr
Avec 3 500 km de cours d'eau classés « première catégorie » pour la truite et ses parcours aménagés, l'Orne offre un milieu halieutique varié (truites, mais aussi carpes, brochets, sandres, et même écrevisses, du côté de Bagnoles-de-l'Orne).
Manche Tourisme présente dans sa brochure sur la pêche (téléchargeable sur www.manchetourisme.com), une sélection de coins de pêche dans le département, en rivière, en plan d'eau, en mer et à pied.
Pêche en bord de mer –
Les grandes marées sont l'occasion pour de nombreux pêcheurs à pied de s'adonner à leur sport favori. Sur les côtes de la Manche, on peut pêcher palourdes, étrilles, crevettes roses (notamment du côté de Portbail-Plage et de Bricqueville-sur-Mer), moules et bigorneaux (Barfleur), coques, palourdes,

praires, huîtres (St-Vaast), praires (St-Martin-de-Bréhal et environs). Si l'envie vous tente d'essayer, renseignez-vous toujours sur les heures des marées et prêtez attention à la réglementation : le poids et la taille pour chaque espèce pêchée sont fixés par arrêté et il peut y avoir des restrictions locales concernant la période de pêche et une limitation journalière. Des initiations à la pêche à pied, accompagnées d'un guide nature, sont proposées en été, pour petits et grands, à Blainville-sur-Mer, Vains, Portbail, Agon-Coutainville, Pirou, Saint-Pair-sur-Mer. Rens. et réserv. auprès des offices de tourisme.

PLONGÉE SOUS-MARINE

On trouve des clubs et des écoles dans les principales villes côtières.
Fédération française d'étude et de sports sous-marins – 24 quai de Rive-Neuve - 13284 Marseille Cedex 07 - ✆ 04 91 33 99 31 ou 0 820 000 457 - www.ffessm.fr

RANDONNÉE À VÉLO

Location de bicyclettes dans de nombreuses localités et dans les gares SNCF d'Alençon, Argentan, Bagnoles-de-l'Orne, Bayeux, Caen, Coutances, Flers, Granville, Mortain, Pontorson, St-Lô, Sillé-le-Guillaume, Valognes, Villedieu-les-Poêles et Vire.

Les Voies vertes

En attendant la réalisation d'un véritable réseau, voici les principaux secteurs de Voies vertes (ouverts surtout aux VTT et aux VTC) :

- De Cambernon près de Coutances à Rocheville au nord de Bricquebec. Liaison entre La Haye-du-Puits et Portbail et entre La Haye-du-Puits et Carentan.
- De Vire à Carentan (ancien chemin de halage de la Vire et du canal Vire-Taute).
- De Domfront ou de Vire au Mont-St-Michel en passant par Mortain.
- D'Alençon à Condé-sur-Huisne, en passant par Mortagne-au-Perche.

Pour plus de renseignements :
Comité départemental de cyclotourisme de la Manche – Maison Tollemer - 50190 Périers - ✆ et fax 02 33 47 93 51 - http://manche.ffct-lbn.org
Ligue de cyclotourisme de Basse-Normandie – http://ligue.ffct-lbn.org

RANDONNÉE PÉDESTRE

Sentiers de grande et de petite randonnée

Le **GR 22** Paris-Mont-St-Michel traverse le sud de la région, notamment le Parc naturel régional Normandie-Maine.
Les **GR 22A** et **22B** traversent une partie de l'Orne, du Calvados et de la Manche.
Le **GR 36** part d'Ouistreham et parcourt la Normandie jusqu'au Mans.
Le **GR 221** traverse une partie de la Suisse normande, puis du Cotentin.
Le **GR 223** (444 km) qui débute dans l'Eure, à Berville-sur-Mer, pour se terminer au Mont-Saint-Michel, court le long de la côte nord et ouest du Cotentin. Il emprunte une partie de l'ancien sentier douanier et offre des points de vue remarquables, notamment entre Urville-Nacqueville et Auderville (23 km, au plus près de la mer et des falaises) et autour du cap de la Hague. Le **Parc naturel régional des marais du Cotentin et du Bessin** est sillonné par de nombreux chemins de randonnée.

Guides et topoguides

Nous proposons quelques promenades et randonnées dans le guide, mais vous trouverez un plus large choix dans les topoguides suivants :
Tour du Cotentin : Val de Saire (réf. 200),

Cartes et Atlas MICHELIN
Trouvez bien plus que votre route
MICHELIN
Corse-du-Sud, Haute-Corse
NOUVEAU 100% PLASTIFIÉ
Atlas Routier
France
France
Provence-Alps-French Riviera
Corse-du-Sud, Haute-Corse
Côte d'Azur
MICHELIN
Une meilleure façon d'avancer

Le Calvados à pied (réf. D014), **La Manche à pied** (réf. D050), **L'Orne à pied** (réf. D061).

Les topoguides des sentiers de grande randonnée (GR), GR de pays et de petite randonnée (PR) sont édités par la **Fédération française de la randonnée pédestre** : 64 r. du Dessous-des-Berges - 75013 Paris - ✆ 01 44 89 93 93 - www.ffrandonnee.fr

Les Plus Belles Balades des marais du Cotentin et du Bessin (Dakota éditions) : ce guide publie des descriptifs commentés des balades.

Les chemins de Saint-Michel

Lieu de pèlerinage incontournable, le Mont-St-Michel était autrefois relié aux principales villes par des voies pèlerines. Progressivement balisées (balises et marques bleues cyan), elles offrent aujourd'hui de belles occasions de promenades sur les traces des « Miquelots » d'autrefois.

Chemins aux Anglais – Sous ce nom sont repérés deux itinéraires d'environ 200 km, à partir du Nord-Cotentin.

Chemin de l'intérieur – Il part de Barfleur, traverse Ste-Mère-Église, Carentan, St-Lô, Coutances, La Haye-Pesnel et se termine à Genêts.

Chemin côtier – Il relie Cherbourg à Genêts en suivant partiellement la côte et en passant par Le Rozel, Barneville-Carteret, Portbail, Lessay, Coutances, Granville et Jullouville.

D'autres chemins mènent au Mont à partir de Caen, Rouen, Chartres et Paris.

Pour tout renseignement, contactez l'association **Les Chemins du Mont-Saint-Michel** – 24 r. de Picardie - 14500 Vire - ✆ 02 31 66 10 02 - www.lescheminsdumontsaintmichel.com

ROUTES HISTORIQUES

Tracés et dépliants sont disponibles auprès des offices de tourisme. Sur le terrain, chaque route est signalée par des panneaux nominatifs tout au long du parcours emprunté.

Route historique des abbayes normandes – La Route regroupe 35 abbayes et prieurés ainsi que 24 châteaux et musées le long de la vallée de la Seine, mais aussi autour de Caen et en Basse-Normandie. Visites, expositions, concerts. Renseignements : Route historique des abbayes normandes - 6 r. Couronné - BP 60 - 76420 Bihorel - ✆ 02 35 12 41 60 - www.abbayes-normandes.com

Route historique Guillaume le Conquérant – Elle chevauche la Haute et la Basse-Normandie de Fécamp au château de Pirou (Manche), en passant par Jumièges et Bayeux. Rens. : Mme Morel - présidente de la Route - 5 pl. du Chauchix-St-Léonard - 22510 Moncontour-de-Bretagne - ✆ 02 96 73 50 28 ou 06 81 87 33 40.

ROUTES THÉMATIQUES

Route du poiré – De Domfront à Barenton, cet itinéraire sillonne le bocage planté de haies vives et de vergers de poiriers hautes-tiges. En faisant une halte chez les producteurs, vous découvrirez le poiré, boisson pétillante. Renseignements : Maison de la Pomme et de la Poire - La Logeraie - 50720 Barenton - ✆ 02 33 59 56 22 - www.parc-normandie-maine.fr

Pages et Paysages – Laissez-vous transporter dans l'univers mystérieux de la baie du Mont-St-Michel, des landes de Lessay, du pays de Barbey d'Aurevilly et d'autres lieux fantastiques de la Manche grâce aux balades littéraires (2h30/3h), agrémentées de pauses-lecture, organisées par cette association. Association Pages et Paysages – ✆ 02 31 79 92 73 ou 06 88 96 56 50 (Marie-Odile Laîné) - www.pages-paysages.org

ROUTES TOURISTIQUES

Ces petits itinéraires, assez bien balisés, de 30 à 100 km, permettent de découvrir manoirs, châteaux et paysages tout en prenant contact avec des artisans ou des responsables d'exploitations agricoles.
La liste ci-dessous n'est qu'une sélection ; les comités départementaux de tourisme ainsi que les offices de tourisme distribuent les dépliants correspondants.
Calvados – La Route des gorges de la Vire (au sud de St-Martin-des-Besaces) ; la Route des moulins (entre Fontaine-Henry et Creully) ; la Route des traditions (entre Caumont-l'Éventé, Villers-Bocage et Aunay-sur-Odon) ; la Route de la Suisse normande (entre Thury-Harcourt et Condé-sur-Noireau) et la Route du cidre (dans le canton de Cambremer).
Orne – Au pays de Lancelot du Lac (circuit entre Domfront, Lassay et La Ferté-Macé) ; la route des Trois-Forêts (d'Essay à Domfront par les trois forêts domaniales) ; le circuit Marguerite de Lorraine (entre Argentan, Alençon et Mortagne).

SOUVENIRS

Boissons

Peu adaptée à la vigne, la Normandie s'est très tôt tournée vers la culture des pommiers et poiriers, dont elle tire d'excellentes boissons.
Vous trouverez des informations concernant les producteurs de cidre, de poiré, de calvados et de pommeau sur le site Internet de l'Interprofession des appellations cidricoles : www.idac-aoc.fr
Le cidre – Le plus puissant et le plus moelleux est le cidre « pays d'Auge », appellation contrôlée, mais il y a aussi les cidres « fermiers » aux arômes plus rustiques et plus secs.
Le poiré – Le poiré, spécialité du Domfrontais, est à la poire ce que le cidre est à la pomme.
Le calvados – Familièrement appelée « calva », cette eau-de-vie est obtenue par distillation du cidre.
De nombreux producteurs ouvrent leurs chais et distilleries à la visite ; une liste peut être obtenue auprès du **BNICE (Bureau national du Calvados)** – 6 pl. Boston - 14200 Hérouville-St-Clair - ✆ 02 31 53 17 60 - www.idac-aoc.fr - 8h30-16h30 - fermé w.-end et j. fériés.
Le pommeau – Un peu moins connu que le cidre ou le calvados, le pommeau est un mélange à base de jus de pomme et de calvados. Il est préférable d'acheter un pommeau AOC.
Association nationale et interrégionale des producteurs de pommeau de Normandie – 6 r. Fresnel - 14000 Caen - ✆ 02 31 95 20 20.

Douceurs

Macarons de Bagnoles-de-l'Orne, sablés d'Asnelles ou de Lonlay-l'Abbaye, petits fours financiers de Sortosville-en-Beaumont, sans oublier les fameux caramels durs d'Isigny au beurre salé.

Produits laitiers

Les marchés, élément fort de la vie locale et de l'animation des vacances, et les fermes signalant la vente sur place, sont les lieux idéaux pour acheter les bons produits frais du terroir, en particulier les fromages, notamment le camembert et le livarot, mais aussi le lait, la crème et le beurre AOC d'Isigny, qui font la réputation de la région.
Renseignez-vous auprès des offices de tourisme pour connaître le ou les jours de marché de chaque localité, notamment les **marchés du terroir** où l'été, nombre de producteurs locaux et d'artisans sont présents.

Dentelle

Qu'elle soit d'**Alençon**, d'**Argentan**, de **Bayeux** ou de **Caen**, la dentelle constitue un des grands savoir-faire ancestraux de Normandie. Si le temps des manufactures est révolu, ces villes perpétuent cependant cette tradition. Vous pourrez acheter de petites pièces – mouchoirs, napperons – auprès des ateliers en activité : atelier national d'Alençon (point de vente au musée des Beaux-Arts et de la Dentelle), abbaye bénédictine d'Argentan, Conservatoire de la dentelle de Bayeux. La qualité des pièces proposées, de même que leurs prix, les met à l'abri de toute comparaison avec une fabrication de série.

Poterie

Les ustensiles normands traditionnels, reconnaissables à la teinte brun foncé ou mordoré du grès au sel, sont encore produits à **Noron-la-Poterie** ou à **Ger**. Le célèbre cruchon à calvados, dont le bouchon représentait une tête de Normand ou de Normande, est souvent assorti de petites tasses à dégustation. Si vous aimez les nains de jardin, des centaines de ces personnages vous tendent les bras le long de la route.

À **Valognes**, on peut acheter la poterie du Cotentin cuite au feu de bois, comme le « gohan », grand récipient dans lequel les paysans emportaient leur soupe aux champs.

La **Poterie** du **Mesnil de Bavent** perpétue la tradition des épis de faîtage polychromes, ornements architecturaux très en vogue au 16e s. – 14860 Ranville - entre Caen et Cabourg - ✆ 02 31 84 82 41 - www.poterie-bavent.com

Cuivre

À **Villedieu-les-Poêles**, on bat le cuivre au marteau depuis la fin du 17e s. Les objets les plus variés s'offrent au touriste : de magnifiques « **cannes** » normandes, des aiguières, des vases.

Villedieu s'enorgueillit de posséder une des quatre fonderies françaises où les cloches sont fabriquées « à l'ancienne ».

Ferronnerie

De nombreux artisans ferronniers s'inspirent des dessins d'antan pour parer les meubles rustiques, notamment à **Chanu**, **Alençon**, **Tinchebray** et **Valframbert** dans l'Orne.

Vannerie

Rémilly-sur-Lozon, petit village de la Manche, tresse l'osier pour en faire des paniers à beurre, des corbeilles, etc.

SPORTS NAUTIQUES

Kayak de mer

Les principales bases se trouvent à Granville (avec des excursions aux îles Chausey), à Bacilly (baie du Mont-Saint-Michel), Avranches, Hauteville-sur-Mer, Portbail, Carteret, Omonville-la-Rogue, Tourlaville, Réville, etc.

Club de kayak de mer du Nord-Cotentin – Route du Becquet - Tourlaville - ✆ 02 33 22 59 59 - www.cotentinkayak.fr

Dans le Calvados, le kayak de mer se pratique sur toute la côte, de Trouville à Colleville-Montgomery.

Voile

Nombreux sont les clubs de voile, tant dans la Manche (27 clubs), que dans le Calvados qui compte 30 clubs et écoles de voile, dont 2 labellisés « France Station nautique » (Ouistreham et Estuaire de la Dives).

Fédération française de voile – 17 r. Henri-Bocquillon - 75015 Paris - ✆ 01 40 60 37 00 - www.ffvoile.org

France stations nautiques – 17 r. Henri-Bocquillon - 75015 Paris - ✆ 01 44 05 96 55 - www.station-nautique.com

Surf

Comité départemental Manche - Cotentin Surf Club - 14 bis bd Deveaud - 50340 Siouville-Hague - ✆ 02 33 21 11 72 / 02 33 41 39 58 - comite50.surf@caramail.com

Siouville-Hague est le principal spot de surf et de kitesurf de la Manche.

Dans le **Calvados**, spots de kitesurf à Merville-Franceville, Ouistreham, Bénouville et Houlgate.

THALASSOTHÉRAPIE

Centre de rééducation et de réadaptation fonctionnelles en milieu marin « Le Normandy » – 1 r. Jules-Michelet - BP 619 - 50406 Granville Cedex - ✆ 02 33 90 33 33 - www.lenormandy.com

Prévithal – Institut de thalassothérapie - 3 r. Jules-Michelet - BP 618 - 50406 Granville Cedex - ✆ 02 33 90 31 10 - www.previthal.com

Institut de cure marine – R. Guynemer - 14530 Luc-sur-Mer - ✆ 02 31 97 32 22 - www.thalasso-normandie.com

Thalazur Ouistreham-Normandie – Institut de thalassothérapie - av. du Cdt-Kieffer - 14150 Ouistreham - ✆ 02 31 96 40 40 - www.ouistreham.thalazur.fr

THERMALISME

À Bagnoles-de-l'Orne

Seule source chaude de l'Ouest et la moins minéralisée de France, cette eau faiblement radioactive, chlorurée et sodique coule à 25,8 °C. La station thermale, en pleine forêt des Andaines, est réputée pour les soins des jambes en balnéothérapie : troubles de la circulation veineuse, séquelles de phlébites, prévention des varices. L'établissement est également réputé pour son savoir-faire en matière de rhumatologie.

Thermes de Bagnoles-de-l'Orne – R. du Prof.-Louvel - BP 33 - 61140 Bagnoles-de-l'Orne - ✆ 0 811 90 22 33 - www.thermes-bagnoles.com - de début mars à mi-nov.

TRAIN TOURISTIQUE

Le train touristique du Cotentin – Le Clos St-Jean - 50270 Barneville-Carteret - ✆ 02 33 04 70 08 ou 01 34 62 80 20 ou 06 77 78 58 24 - toute l'année sur réservation - de fin juin à fin août : dim., mar. et jeu. pour les marchés - 6 € (enf. 4 €).

Ce train des années 1930 chemine le long de la Côte des Isles, de Carteret à Portbail. La ligne, tracée au milieu d'un paysage de dunes, de landes et de bocage, longe les plages réputées de Barneville, St-Jean et St-Georges-de-la Rivière.

En famille

Nous avons sélectionné pour vous, dans le tableau ci-après, quelques sites (aquariums, parcs aquatiques ou animaliers, musées, etc.) susceptibles de plaire à vos enfants. Vous les repérerez, dans la partie « Découvrir », grâce au pictogramme.

Le comité régional du tourisme édite une brochure, *Les Loisirs en famille*, à télécharger sur www.normandie-tourisme.fr

LES LABELS

Villes et pays d'Art et d'Histoire

Ce réseau propose aux enfants des visites-découvertes et ateliers du patrimoine avec livrets-jeux. Plusieurs « pays » décrits dans ce guide appartiennent à ce réseau : Coutances, Clos du Cotentin, Pays d'Auge, Coëvrons-Mayenne.

En juillet-août, dans le cadre de l'opération « L'Été des 6-12 ans », ces activités sont également proposées pendant la visite des adultes.

Villes et pays d'Art et d'Histoire – 182 r. St-Honoré - 75001 Paris - www.vpah.culture.fr

Stations Kid

Le label « Kid » garantit un accueil spécifique adapté aux enfants.

Sur la côte ouest de la presqu'île du Cotentin, Hauteville-sur-Mer est labellisée « Station Kid », et fournit aux jeunes publics des animations sportives et ludiques sur la plage, des restaurants avec menus « enfants », un festival du jeu, des structures adaptées, etc.

Cabourg, dans le Calvados, arbore le label « Famille + », initié par le ministère délégué au Tourisme, pour ses initiatives destinées au jeune public.

Association nationale des Stations Kid – BP 139 - 59027 Lille Cedex - 03 20 14 97 87 - www.stationskid.com

Stations vertes

La Fédération des Stations vertes de vacances décerne chaque année un prix de l'accueil des enfants - **www.stationverte.com**

Liste des 15 stations en Normandie et les coordonnées de la fédération dans la rubrique « Se loger » p. 13.

SITES OU ACTIVITÉS À FAIRE EN FAMILLE

Chapitre du guide	Nature	Musée	Loisirs
Alençon			Parcours dans les arbres et ferme équestre au domaine du Gasseau à St-Léonard-des-Bois
Aunay-sur-Odon			Parc zoologique de Jurques
Avranches		Parcours pour les enfants au Scriptorial - musée des Manuscrits du Mont-St-Michel	
Bagnoles-de-l'Orne	Base de loisirs de La Ferté-Macé, Parc municipal de Tessé	Musée du Jouet à La Ferté-Macé	Ferme du cheval de trait à Juvigny-sous-Andaine Poney-club à La Ferté-Macé

Chapitre du guide	Nature	Musée	Loisirs
Barneville-Carteret	Pêche à pied à Portbail		Balade à bord du train touristique du Cotentin Carteret-Portbail
Bayeux		Tapisserie de la reine Mathilde	
Caen	Jardin des plantes	Musée de Normandie, Mémorial	Petit train touristique, Festyland
Château de Canon	Parcours-découverte des animaux de la ferme biologique		
Carentan			Randonnées avec des ânes à Brucheville et Bolleville
Cherbourg-Octeville		Cité de la Mer	Planétarium Ludiver à Tonneville
Clécy		Musée du Chemin de fer miniature	Base de canoë-kayak Beau Rivage
Parc naturel régional des marais du Cotentin et du Bessin	Parcours d'initiation ornithologique à la Maison du parc (Les Ponts-d'Ouve) ; balades à dos d'âne ; sentiers d'interprétation qui sillonnent le parc		Croisières sur la Douve et la Taute
Plages du Débarquement	Bains de mer à Courselles, Collevile-Montgomery plage, Lion-sur-Mer, Luc-sur-Mer et Saint-Aubin-sur-Mer	« Pti » train à Arromanches	Visite d'une exploitation ostréicole à Asnelles
Falaise			Automates Avenue
Fresnay-sur-Sarthe	Beaumont-sur-Sarthe et Vivoin, labellisées « Stations vertes de vacances »		
Granville			Roc des Harmonies - Aquarium
Le Mont-Saint-Michel	Traversée de la baie du Mont-St-Michel ; Maison de la baie : relais de Vains-St-Léonard		Alligator Bay à Beauvoir
Mortain			Maison de la pomme et de la poire à Barenton
Ouistreham	Belle plage surveillée		Minigolf (18 trous) ; Minikart École de voile
Haras national du Pin			Les Jeudis du Pin et le parcours-découverte de l'écurie n° 1
St-Lô		Ferme de Boisjugan - musée du Bocage normand	Les Jeudis du haras
St-Pierre-sur-Dives	Jardin conservatoire des fleurs et des légumes du pays d'Auge		
Ste-Mère-Église		Ferme-musée du Cotentin	
Suisse normande	Base de plein air de Pont-d'Ouilly ; Centre de pleine nature Lionel-Terray à Clécy	Les Fosses d'Enfer à St-Rémy	Vélorail à St-Pierre-du-Regard
Valognes		Musée À la recherche du temps perdu à Bricquebec	Parc animalier St-Martin à Montaigu-la-Brisette
Château de Vendeuvre	Jardin d'eau surprise	Musée du Mobilier miniature	

Mémo

Agenda

Festivals, rencontres sportives, foires célébrant les produits du terroir, carnavals ou courses hippiques sont autant d'événements qui animent la région tout au long de l'année. Pour les passionnés, ces manifestations justifient à elles seules le déplacement : Jazz sous les pommiers à Coutances, pèlerinage sur les grèves du Mont-St-Michel ou encore concours international d'attelage au haras du Pin, entre autres.

Retrouvez ces manifestations ainsi que bien d'autres à la rubrique « Agenda » dans les encadrés « Nos adresses à… » des villes ou sites traités dans la partie « Découvrir ».

Bon à savoir – De nombreuses associations adhèrent à la Fédération française des fêtes et spectacles historiques. Un guide est disponible sur le site **www.fffsh.eu**

Pour les manifestations sur les îles Anglo-Normandes, consultez le chapitre « Escapades dans les îles Anglo-Normandes », p. 416.

JANVIER

Pontmain – Pèlerinage à la Vierge (le 17). 02 43 05 07 74 - www.sanctuaire-pontmain.com

FÉVRIER

Granville – Carnaval (pdt 4 j. à partir du sam. précédant Mardi gras). 02 33 91 30 03 - www.ville-granville.fr

MARS

Caen – Aspects des musiques d'aujourd'hui. 02 31 30 46 86.

AVRIL

Crosville-sur-Douve – Journée des plantes franco-britanniques (3e w.-end d'avril). Une centaine de pépiniéristes exposent au château. Rens. : 02 33 41 67 25.

MAI

Mont de Cerisy – Fête des rhododendrons (fin du mois). 02 33 65 06 75.

Coutances – Festival Jazz sous les pommiers (semaine de l'Ascension). 02 33 76 78 50 - www.jazzsouslespommiers.com

Saint-Lô – Teurses nationales d'Hébécrevon, à 7 km de St-Lô (mi-mai). Grand rendez-vous de course automobile de côte.

JUIN

Cabourg – Festival du film romantique de Cabourg (mi-juin).

Ste-Mère-Église – Commémoration du Débarquement aérien (le 6). 02 33 41 41 35.

Utah Beach – Commémoration du Débarquement (le 6). 02 33 71 58 00.

Rendez-vous aux jardins – (début juin). Près de quarante jardins bas-normands, habituellement fermés au public, ouvrent leurs portes et leurs allées. www.rendezvousauxjardins.culture.fr

JUILLET

Bayeux – Fêtes médiévales (1er w.-end du mois). 02 31 51 28 28.

Pontmain – Bénédiction autos-motos (2e dim. du mois). 02 43 05 07 26.

Alençon – Festival des folklores du monde (2e sem. du mois). 02 33 80 66 33 - www.folkloresdumonde.com

Mont-St-Michel – Pèlerinage à travers les grèves au départ de Genêts (2e quinzaine de juil.). ✆ 02 33 60 14 05.
Granville – Sorties de bain - Festival des arts de la rue (mi-juil.). ✆ 02 33 69 27 30 - www.sortiesdebain.com
Dives-sur-Mer – Festival de la marionnette (mi-juillet).
Montmartin-sur-Mer (au sud d'Agon-Coutainville) – Festival musical « Chauffer dans la Noirceur » (mi-juil.). ✆ 02 33 07 91 91 - www.chaufferdanslanoirceur.org
St-Vaast-la-Hougue – Festival du livre de mer et d'aventure (2e ou 3e w.-end du mois). ✆ 02 33 23 19 32.
St-Christophe-le-Jajolet – Pèlerinage des automobilistes (dernier dim. du mois). ✆ 02 33 35 34 24.
Haras national du Pin – Concours international d'attelage et d'endurance, de saut d'obstacles, de dressage, d'élevage, etc. (2e quinzaine). ✆ 02 33 36 68 68.
Barneville-Carteret – Le Raid en aviron de mer Jersey-Carteret (dernier w.-end du mois). ✆ 02 33 04 90 58.

JUILLET-AOÛT

Lessay – Les Heures musicales de l'abbaye de Lessay (de mi-juil. à mi-août). www.canton-lessay.com
Granville – Pardon des corporations de la mer et défilé derrière les bannières, messe sur le domaine portuaire, procession aux flambeaux (dernier dim. de juil. ou 1er dim. d'août). ✆ 02 33 91 30 03.
Carrouges – Festival Autour d'un piano (de fin juil. à déb. août). ✆ 02 33 31 90 90 - www.odc-orne.com
Sées – Les Musilumières (de juil. à mi-sept., vend.-sam. soir).

AOÛT

Jobourg – Concours, foire aux moutons (1er sam. du mois). ✆ 02 33 10 00 40.
St-Lô – Normandie Horse Show (2e sem. du mois). ✆ 02 33 06 09 72 - www.normandie-horse-show.com
Carrouges – Fête de la chasse et de la pêche (1er w.-end du mois). ✆ 02 33 27 20 32 ou 02 33 31 16 42 - www.fetedelachasse.fr
Domfront – Les Médiévales de Domfront (1er w.-end d'août).
Barfleur – Régates (2e w.-end du mois). ✆ 02 33 54 02 48.
Créances – Fête de la carotte (2e sam. du mois).
Pontmain – Pèlerinage à la Vierge (le 15) - www.sanctuaire-pontmain.com - ✆ 02 43 05 07 26.
Baie du Mont Saint-Michel – Jazz en Baie (3e sem. du mois). Festival en différents lieux de la baie : Granville, Carolles, St-Pair-sur-Mer, Jullouville, St-Jean-le-Thomas, Genêts, Champeaux. www.jazzenbaie.com
Douvres-la-Délivrande – Fête du Couronnement de la Vierge, procession de la Vierge noire (1er ou 2e sam. après le 15 août). ✆ 02 31 36 21 94.
Pont-d'Ouilly – Le Grand Pardon de St-Roch (dim. après le 15 août). ✆ 02 31 69 80 46.
St-Vaast-la-Hougue, île de Tatihou – Les Traversées Tatihou, festival des musiques du large (2e ou 3e sem. du mois, en fonction des marées). ✆ 02 33 23 19 32 - www.tatihou.com
Barfleur – Salon des antiquaires (3e ou 4e w.-end du mois). ✆ 02 33 43 22 09.
Genêts – Grande traversée de la baie du Mont-St-Michel (fin du mois). ✆ 02 33 89 64 00.

AOÛT-SEPTEMBRE

Dans l'Orne, la Sarthe et le Calvados – Septembre musical de l'Orne : une vingtaine de concerts (de fin août à fin sept.). ✆ 02 33 26 99 99.

SEPTEMBRE

Lessay – Foire de la Ste-Croix (2e w.-end du mois). ✆ 02 33 76 58 82.

Haras national du Pin – Concours spécial percherons (derniers vend. et sam. du mois). ✆ 02 33 36 68 68.
Caen – Foire internationale (dernière sem. de sept.).

SEPTEMBRE-OCTOBRE

Haras national du Pin – Les Courses du Pin, courses hippiques, parcours de cross, défilé d'attelages (fin sept. et 1er et 2e w.-end d'oct.). ✆ 02 33 36 68 68.

OCTOBRE

Le Mont-St-Michel – Fête de l'archange St-Michel : messe dans l'église abbatiale, présidée par les évêques de Coutances et de Bayeux (1er dim. du mois). ✆ 02 33 60 14 05.
Caen – Équi'days : manifestations autour du cheval (pdt 15 j.). ✆ 02 31 27 90 30.
Essay – Concours national du meilleur boudin blanc (dernier dim. du mois). Au sud-est de Sées sur la D 42.
Caen – Festival international d'orgue de Caen. ✆ 02 31 30 46 86.

NOVEMBRE

Caen – Puces caennaises (dernier w.-end du mois). ✆ 02 31 29 99 99.

DÉCEMBRE

Sées – Foire aux dindes. ✆ 02 33 28 74 79.
St-Hilaire-du-Harcouët – Crèche vivante de Noël (2e quinz. du mois). ✆ 02 33 79 38 88 - www.creche-vivante.org

Conseils de lecture

Littérature, polars, histoire, « livres de mer », nouvelles, livres de photos, tels sont quelques-uns des domaines dans lesquels s'illustrent les **éditions Isoète** créées à Cherbourg en 1984. Au fil de leur catalogue, qui porte une attention particulière à la Manche en général et au Cotentin en particulier, on trouve des titres aussi différents que *L'Art de vivre en Cotentin*, *Dunes d'ici dunes d'ailleurs* ou *Pages à Pas en Normandie avec J. Barbey d'Aurevilly*. Bref, une maison d'édition qui petit à petit s'est imposée comme un des acteurs majeurs de la vie culturelle manchoise.

PRESSE

Quotidiens

Ouest-France (nombreuses éditions locales)
La Presse de la Manche

Hebdomadaires

La Manche Libre
La Gazette de la Manche, d'Ille-et-Vilaine et Mayenne
Liberté de Normandie-Le Bonhomme libre
La Voix-Le Bocage
Le Journal de l'Orne
L'Orne Hebdo

Magazines

De beaux magazines proposent des éclairages particuliers sur la région : *Itinéraires de Normandie*, *Pays de Normandie*, *Patrimoine normand*, *Maisons normandes*, *Normandie Passion*, etc.

LIVRES

Ouvrages généraux

La Manche, une histoire d'hommes, A.-F. Lesacher et B. Colliot, Ouest-France, 2006.
Faune sauvage de Normandie, dir. J. Le Rochais, Isoète, 2006.
La Manche et les îles Anglo- Normandes : les plus beaux mouillages vus du ciel, D. Le Brun et C. Moirenc, Larivière, 2006.
Vol au-dessus du littoral de Normandie, du Tréport au Mont Saint-Michel, Jérôme Houyvet, Big Red One Ed. & Eurocibles, 2011.

Et la Normandie devint française, R. Jouet, Orep, 2004.
La Normandie des jardins, M. Le Goaziou et G. Pellerin, Ouest-France, 2007.
Jardins secrets du Cotentin, J. Goutier et P. Caron, éd. Isoète, 2011.
Le Mobilier régional de Basse-Normandie, E. Mannoni, Massin, 1998.
Manche en Normandie, collectif, C. Bonneton, 2011.
Normandie extrême, G. de Monfreid, Isoète éd., 2006.

Histoire

Histoire de la Normandie, R. Jouet et C. Quétel, Larousse, 2005.
Histoire de la Normandie, dir. M. de Bouard, Privat/Ouest-France, 2001.
Guillaume le Conquérant et les Normands au 11e s., P. Bouet, éd. Charles Corlet, 2000.
L'Épopée des ducs de pierre : l'art roman en Normandie, T. Leprévost, éd. Charles Corlet, 1988.
Vikings en Normandie, J. Mabire, G. Bernage et P. Fichet, Copernic, 1979.

Débarquement et bataille de Normandie

Frères d'armes (Band of Brothers, 101e Airborne), S. E. Ambrose, Le Livre de Poche, 2004.
Guide des plages du Débarquement et de la bataille de Normandie, E. Florentin, Perrin – Le Mémorial de Caen, 2004.
Les Plages du Débarquement, J. Compagnon, H. Champollion, Ouest-France, 2002.
Les Plages du Débarquement, J. Quellien, Orep éd., 2010.
Le Jour le plus long, C. Ryan, Robert Laffont, 2003.
Ils arrivent ! Le Débarquement vu du côté allemand, P. Carell, J'ai Lu, 1998.
Les Jardins de la mémoire, Orep, 1999.
La Normandie en flammes : journal de guerre de Gérard Leroux, J. Henry, éd. Charles Corlet, 1984.
Les Normands sous l'Occupation, T. Richard, éd. Charles Corlet, 1998.
Normandie 44, enquête sur le Débarquement, Ph. Bauduin, éd. Maître Jacques, 1999.
Histoires extraordinaires du jour le plus long, P. Bertin, Ouest-France, 2011.

Architecture et constructions

La Direction du patrimoine et le Centre des monuments nationaux coproduisent un certain nombre d'ouvrages, très documentés, sur la construction ancienne : l'architecture, la maçonnerie, la charpenterie, la menuiserie, la serrurerie, etc.
Collection « Itinéraires du Patrimoine » : *Haras national du Pin*, etc.
Collection « Images du Patrimoine » : *Falaise ; Église Saint-Germain, Argentan : Orne ; Bateaux et métiers de la pêche en Basse-Normandie*, etc.

Promenades littéraires

Aux éditions Charles Corlet, Condé-sur-Noireau :
Promenades en Normandie avec un guide nommé William Shakespeare, P. Vatinel,
Promenades en Normandie avec un guide nommé Hector Malot, A. Thomas-Maleville,
Promenades en Normandie avec un guide nommé Émile Zola, G. Pouchain,
Promenades en Normandie avec un guide nommé Flaubert, G. Henry,
Promenades en Normandie avec un guide nommé Victor Hugo, G. Pouchain,
Promenades en Normandie avec un guide nommé Barbey d'Aurevilly, R. Chouard.
Balade dans la Manche sur les pas des écrivains, M.-O. Laîné, Alexandrines, 2006.

Romans, contes et légendes

Les Déferlantes, C. Gallay, éd. du Rouergue, 2008.
Indigne Indigo, M. Chaillou, éd. Seuil, coll. Fiction & Cie, 2000.
La Promesse de l'ange, V. Cabesos et F. Lenoir, Albin Michel, 2004.

L'Enfant de chœur, H. Gancel, éd. Charles Corlet, 1996.
Cet été-là, V. Olmi, Grasset, 2011.
La Forêt des sortilèges, F. Reboul-Scherrer, Denoël, 1995.
Le Peuple du vent et Les Guerriers fauves (la saga de Tancrède le Normand), V. Moore, 10/18, 2006.
Avec vue sur la mer, D. Decoin, Nil éd., 2005.
Les Trois Vies de Babe Ozouf, D. Decoin, Point, 2001.
La Promeneuse d'oiseaux, D. Decoin, Point, 2000.
Rites et sabbats en Normandie, G. Bertin, éd. Charles Corlet, 1992.
Les Démons du comte, P. Huet, LGF, 2001.
Au temps de l'encre violette : l'écolier, H. Gancel, Ouest-France, 1999.
Histoires incroyables mais vraies en Normandie, B. Gourbin, Bertout, 2004.

Gastronomie

Guide de la gastronomie normande, G. Roger, Bertout, 2002.
Le Grand Livre de la cuisine normande, R. Compas, éd. Charles Corlet, 1991.
Guide des cocktails à base de calvados, C. Drouin et J.-P. Thomine, éd. Charles Corlet, 1999.
La Cuisine des châteaux de Normandie, B. et G. du Pontavice, Ouest-France, 2009.
La Belle Histoire du cidre et du calvados, M. Hébert et P. Coligneaux, éd. Charles Corlet, 1999.

EN VIDÉO

Le Jour le plus long, de Daryl Zanuck (1962).
La Bataille de Normandie (série « Les Grandes Batailles » de D. Costelle,J.-L. Guillaud et H. de Turenne, 1963).
Il faut sauver le soldat Ryan, de Steven Spielberg (1998).
Band of Brothers (Frères d'armes, 2001), de David Frankel, Tom Hanks, David Nutter. Série en 10 épisodes (5 DVD).
Les Parapluies de Cherbourg, comédie musicale de Jacques Demy (1964).
Tess, de Roman Polanski (1979).
Le Passager de l'été, de Florence Moncorgé-Gabin (2005).
Paul dans sa vie, de Rémi Mauger (2007). *Voir p. 354.*
Cotentin, pays de terres, de mer et de marais. Six documentaires d'auteurs. Le tome 1, intitulé *Gens de terres et de marais*, compte trois titres : *Les gens du marais*, *La foire Sainte-Croix à Lessay* et *Gabares et gabariers en Cotentin*.
Le tome 2, *Gens de mer et de traditions*, comporte trois titres : *Pêcheurs de crustacés*, *Les « dernis » ? un voyage en patoisie* et *Sauveteurs*.
Ces coffrets sont édités par Instant d'images, en partenariat avec France bleu Cotentin et 5050 TV.

2/
COMPRENDRE LA NORMANDIE

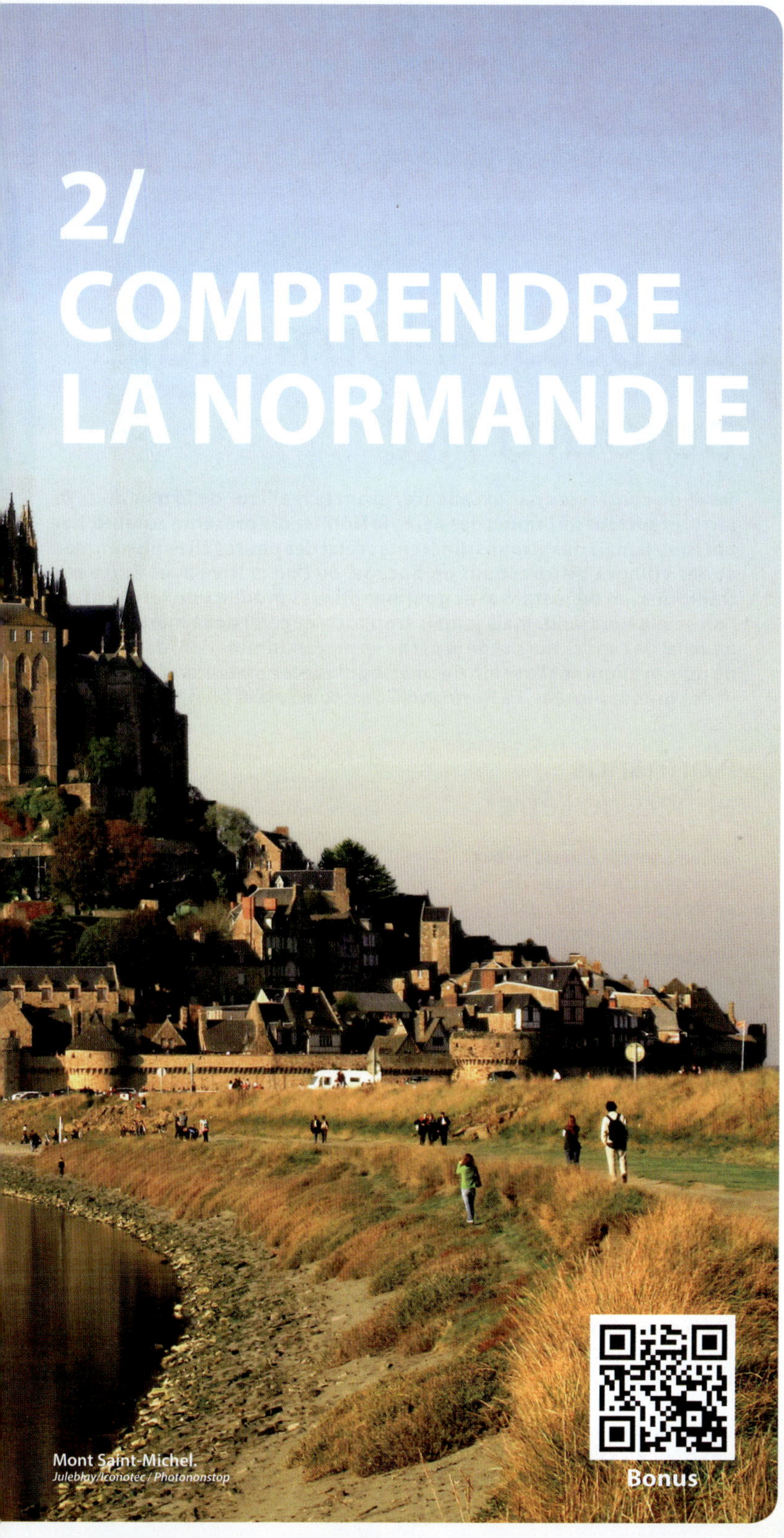

Mont Saint-Michel.
Juleblay/Iconotec / Photononstop

Bonus

La Basse-Normandie aujourd'hui

Terre de contrastes par excellence, tirant le meilleur de la mer et de la terre, et surtout de l'union des deux, la Normandie présente aujourd'hui plus que jamais des visages différents : celui des petites cités historiques et des villages pittoresques du bocage, où l'on cultive avec fierté ses traditions, en dégustant avec gourmandise les produits du terroir et où l'on se dit Normand, mais jamais trop fort ; et celui de la modernité en marche, de l'agriculture et de la pêche en profonde mutation, des secteurs de pointe augurant l'avenir, des métropoles économiques et culturelles et des grands musées. La Normandie c'est tout cela et bien plus encore…

Normands et fiers de l'être

Grâce à un réseau de petits bourgs et de villages de campagne, le tissu rural de la Basse-Normandie reste solide et vivant. Toutefois, le développement relativement rapide de villes comme Caen et, à un degré moindre, Cherbourg, permet à la région de s'inscrire dans la modernité et de mettre à profit ses atouts économiques.

UNE DÉMOGRAPHIE CONTRASTÉE

Ce territoire, essentiellement rural, est assez peu densément peuplé, ce qui n'est pas le moindre de ses charmes. Des tendances à relativiser toutefois, car les trois départements qui la composent affichent des évolutions contrastées.

Le **Calvados**, qui à lui seul regroupe près de la moitié de la population régionale, tire avantages et désavantages de sa proximité avec la région parisienne. Nombre de retraités franciliens aisés ont ainsi choisi la Côte de Nacre (entre l'embouchure de l'Orne et Arromanches) pour s'établir à l'année dans une résidence jusque-là secondaire, profitant à la fois des charmes de la mer et de la proximité de Caen. La côte séduit également de jeunes actifs pour ses débouchés prometteurs dans le tourisme.

A contrario, les jeunes diplômés ont tendance à quitter le département pour exercer un premier emploi à Paris, à tel point que le Calvados arrive en tête des zones françaises les plus touchées par le départ des jeunes de 20 à 29 ans. Il s'affiche toutefois comme le département le plus jeune de la région.

Avec la moitié de sa population vivant dans une commune rurale, l'**Orne** perd des habitants, les métiers agricoles attirant de moins en moins de jeunes. Cet exode rural se voit cependant tempéré ces dernières années avec l'arrivée de citadins en quête de nature.

La **Manche** combine quant à elle l'évolution du Calvados et de l'Orne.

La forte population rurale tend à baisser, son secteur côtier se révèle attractif pour les retraités. Autre population sensible aux charmes de ce département, les Anglais sont nombreux à s'y installer, surtout dans l'Avranchin et le Mortainais. Enfin, malgré ses difficultés, Cherbourg constitue un pôle économique et culturel dynamique pour le département.

CAEN, UNE CAPITALE RÉGIONALE ATTRACTIVE

Avec un peu plus de 100 000 habitants (le double si l'on compte l'agglomération), la capitale de Guillaume le Conquérant constitue le principal moteur du développement régional. Forte d'une université parmi les plus anciennes de France, elle accueille chaque année près de 25 000 étudiants répartis sur cinq campus.

De plus en plus tournés vers l'Europe, quelques grands **pôles de recherche** affichent leur excellence : c'est le cas de l'EnsiCaen (École nationale supérieure d'ingénieurs) ou de Cyceron (Centre d'imagerie biomédicale et de recherche en neurosciences) et surtout du **Ganil** (Grand accélérateur national d'ions lourds), qui figure parmi les trois laboratoires au monde spécialisés dans la recherche fondamentale en physique nucléaire. Dans cette mouvance, et dans le cadre du grand pôle de compétitivité normand, le campus technologique **EffiScience**, inauguré aux portes de Caen en 2007, regroupe industrie, recherche et formation. Il s'est spécialisé dans les technologies de miniaturisation de semi-conducteurs (cartes à puces notamment).

Quant à l'urbanisme, Caen se restructure depuis quelques années en vue de mettre en valeur l'Orne et le canal qui parcourent la ville. Livré à partir de 2010, le nouveau quartier, baptisé « Rives de l'Orne », doit constituer un prolongement du centre en accueillant un pôle commercial et de loisirs, des logements, deux grands parkings et des bureaux.

L'agglomération caennaise constitue en outre un nœud de communication stratégique en Normandie. L'aéroport de Caen-Carpiquet a reçu 77 000 passagers en 2010, sans compter les vols privés.

L'autoroute (A 88) relie Caen-Falaise-Argentan-Sées et permet de rejoindre l'axe Calais-Bordeaux de l'A 28, tandis que l'A 84, dite « autoroute des Estuaires », établit une jonction rapide (et gratuite) vers la Bretagne et que l'A 13, prolongée par la RN 13 à partir de Caen, permet de relier Cherbourg et l'ensemble du Cotentin à la région parisienne.

UN RÉSEAU DE VILLES MOYENNES

Au regard de la capitale régionale, les deux autres préfectures, **Saint-Lô** (19 600 habitants) et **Alençon** (28 500 habitants) n'ont guère de poids économique et doivent se contenter d'un rôle administratif et de ville de marché. Le second pôle régional pourrait être **Cherbourg** (environ 40 800 habitants) mais son éloignement, tout au nord du Cotentin, n'a guère facilité le développement de son port de commerce, tandis que les constructions navales à vocation militaire (sous-marins) sont à la peine, de même que le trafic voyageur avec la Grande-Bretagne. En attendant le succès des reconversions tentées actuellement (dans le nautisme, l'accueil de croisières), quelques petites entreprises prospèrent dans des niches particulières. Mais c'est bien sûr le secteur nucléaire qui est le principal pourvoyeur d'emplois (centre de traitement de la Hague, centrale de Flamanville, chantier de l'EPR) et qui permet d'enrayer un déclin démographique (8 000 habitants de moins par rapport à 1975). Quant aux liaisons ferroviaires, devenues légendaires par la fréquence des retards, elles font partie des chantiers prioritaires définis début 2011 par la direction de la SNCF… en attendant la réalisation du « plan rail 2020 pour la Basse-Normandie » qui fixe le cap pour la prochaine décennie. D'ici là, la ville mise sur le tourisme, avec notamment la Cité de la Mer, et s'est lancée dans une ambitieuse entreprise de rénovation urbaine intitulée « Entre terre et mer ».

VERS LA RÉUNIFICATION ?

Peu soucieux des liens historiques, le découpage administratif mis en place en France en 1956 a découpé l'ancien duché de Normandie en deux régions administratives, la Basse et la Haute-Normandie, ce qui n'est pas allé sans soulever quelques protestations et un mouvement pour la réunification de la région.

Un projet allant dans ce sens avait même été déposé en 1999 à l'Assemblée nationale, et rejeté. En 2004, les deux Conseils régionaux commandent une étude au Conseil économique et social sur les avantages et inconvénients de coopérations renforcées entre les deux régions administratives, et en 2008 une seconde étude portant sur « l'évaluation d'une fusion » des deux régions est venue approfondir ces réflexions.

Si l'idée n'est pas abandonnée, elle ne fait pas l'unanimité politique (la rivalité entre Rouen et Caen pour le rôle de capitale régionale est un des points d'achoppement), ce qui n'empêche pas les deux régions de collaborer étroitement dans certains domaines, notamment le tourisme, avec la création d'un Comité régional du tourisme commun.

Petit précis de prononciation

Le *e* sans accent ne se prononce pas : on dit *Cart'ret* et non pas *Carteret*.

Le *qu*, se prononce *tch* : la quaire (chaise) se dit la *tchaire*.

Le *gu* se dit *dj* : guette (regarde), donne djette en langage oral.

Enfin le *h* est aspiré un peu à la manière de la *jota* espagnole.

LA RICHESSE D'UNE IDENTITÉ DISCRÈTE

C'est surtout à la campagne que l'on peut découvrir une certaine identité régionale. Souvent discrets, les Normands mettent en général moins en valeur la richesse de leurs traditions que d'autres départements ou régions. Il y a pourtant matière. Les particularités sont très vivaces dans la presqu'île du Cotentin.

Parler normand

Pour l'essentiel, le normand est une variante de la langue d'oïl parlée au nord de la Loire, ainsi dénommée, en opposition avec la langue d'oc, par la façon de dire « oui ». Pour autant, et malgré ses racines communes, le **parler normand** (qu'il serait injuste d'affubler du terme péjoratif de « patois », si l'on songe qu'il a été la langue officielle de la cour d'Angleterre jusqu'au milieu du 14e s.) peut se révéler assez difficile à saisir pour un « horsain », d'autant qu'il s'est morcelé selon les zones géographiques. Sauf dans l'Orne et dans le sud de la Manche, on prononcera « vaque » pour « vache », « cat » pour « chat » et « gambe » pour « jambe ».

Retour de la pêche à Grandcamp-Maisy.
G. Rigoulet / hemis.fr

L'ancienne diphtongue « iao » s'est conservée en normand, de même qu'en Picardie ou en Bretagne romane, comme dans « biao » pour « beaux » et « viao » pour « veaux ». La diphtongue « oë » est également préservée (« boë » pour « bois »). On roule plutôt les « r » dans l'ouest de l'Orne et dans la Manche.

Ce qui caractérise le normand, c'est sa grande richesse de vocabulaire : que l'on songe que plusieurs dizaines de mots désignent le mot pluie ! Une *rapillie* – petite ondée – peut dégénérer en *puchie*, en *ondaée*, en *chilaée*, ou en *achanée*, voire en *vouéchie* pour peu que le vent s'en mêle et celle-ci peut être *à la dépelaée*, *à l'ennapée* et même *à l'abât d'iâo*. Contrairement aux idées reçues, le vocabulaire est essentiellement dérivé du latin. Le nombre de mots issus du norois, la langue des Vikings, est relativement réduit : deux cents environ (parmi lesquels *nez* désignant un cap, *hougue*, une butte, ou *mielle*, une dune de sable), sans doute parce que les Vikings ont très vite abandonné leur langue d'origine. On note également quelques traits grammaticaux originaux. Longtemps parlé outre-Manche le normand a aussi fourni un lexique conséquent à l'anglais : les mots *cat*, *chair*, *candel*, *garden* par exemple sont directement empruntés à la langue du Conquérant. Notons enfin une littérature importante puisque l'on a recensé plus de 70 auteurs ayant choisi de s'exprimer en normand.

Certes ceux qui *prêchent* le normand dans la vie courante sont de plus en plus rares, si l'on excepte le milieu rural, ce qui ne facilite pas la transmission. Mais l'attachement des Normands à leur langue est réel, relancé à partir des années 1970 par la vague de la musique « folk » : jeunes et moins jeunes ont alors parcouru les campagnes pour collecter les airs traditionnels des anciens musiciens de village, dont certains ont alors repris leur activité après trente ans d'interruption.

Aujourd'hui, le normand est enseigné au collège, et il n'est que de voir le succès des manifestations organisées sur le territoire pour s'en assurer : c'est le cas de la **fête des Rouaisouns** organisée chaque année dans un lieu différent et qui rassemble conteurs, chanteurs et écrivains d'expression normande. Citons aussi le collectif **Magène** dont les concerts et les disques (une dizaine depuis 1989) remettent au goût du jour les grands auteurs normands, au premier rang desquels se trouve **Alfred Rossel** (1841-1926) dont la chanson *Sus la mé* est considérée comme « l'hymne » du Cotentin, son disciple **Louis Beuve** (1869-1949), appelé « le plus normand des Normands », mais aussi **Côtis-Capel** (1915-1986) à la fois prêtre, pêcheur et écrivain.

Des secteurs économiques en mutation

Terre traditionnelle d'agriculture, de pêche et d'industrie métallurgique grâce à ses gisements de fer, la Normandie a traversé de graves crises qui ont touché la plupart de ses activités, à l'exception notable du tourisme. Une restructuration en profondeur lui a permis de garder le cap et de s'orienter avec succès vers d'autres secteurs.

DES POMMES ET DES VACHES

Première région de France en termes de surface agricole utile (SAU), la Basse-Normandie consacre encore plus de 70 % de son territoire au service de son image d'Épinal : pommiers en fleurs, verts pâturages, champs s'étendant à l'infini…

Lait et viande

La **filière laitière** qui fait depuis le Second Empire la réputation de la Normandie a été durement ébranlée par la mise en place des quotas laitiers en 1984, par l'évolution de la consommation des Français, et plus récemment par la « crise du lait » qui a contraint bien des éleveurs, étranglés par l'effondrement des prix imposés par les distributeurs, à jeter l'éponge.
Si la Basse-Normandie, la Manche en particulier, garde sa position de leader, pour la production de lait, de beurre et de fromage à pâte molle, les éleveurs s'orientent de plus en plus vers l'élevage pour la **viande**, passé au premier rang dans les plaines d'Alençon et d'Argentan.

Les cultures

Longtemps l'un des piliers traditionnels de l'agriculture normande, les **cultures maraîchères** (carottes, poireaux, choux-fleurs, navets, salades), pratiquées sur des surfaces assez faibles, cèdent du terrain et se concentrent désormais dans quelques bassins comme le Val de Saire, le littoral de la Manche et la Côte de Nacre. À côté de ces légumes dont certains comme la carotte et le poireau de Créances détiennent le label rouge, s'est développée depuis quelques années la salade cultivée sous serre et conditionnée en sachet.
Les **cultures fourragères** se trouvent essentiellement dans la Manche.
Surtout présents dans les bocages, les **vergers** de Basse-Normandie donnent plus du tiers de la production nationale de pommes à cidre, pour une bonne part traitée à la ferme de façon artisanale.
Les poiriers, qui ont souffert de la tempête de 1999, se concentrent quant à eux dans la région de Domfront.
Les grandes exploitations qui couvrent la plaine de Caen et les régions de Falaise et d'Argentan se partagent en **cultures céréalières** (blé tendre, orge, maïs) et **cultures industrielles** (colza, betteraves à sucre, lin textile).

QUAND LES VACHES SONT BIO

La Basse-Normandie a un peu traîné les pieds avant de se mettre à l'agriculture biologique... mais elle a rattrapé son retard, notamment après une vague de « conversions » entre 1996 et 2001. Ce sont plus de 500 exploitations certifiées qui existent aujourd'hui sur le territoire bas-normand, occupant 2,3 % de la surface agricole, chiffre supérieur à la moyenne nationale. Au premier rang de ces exploitants bio, les producteurs de bovins que ce soit pour le lait ou pour la viande. Suivent les céréaliers, le maraîchage (avec une nette augmentation de la surface consacrée aux légumes « bio » dans la Manche) et la production de pommes à cidre.

Aujourd'hui, l'**agroalimentaire** a répercuté ces mutations : il figure au premier rang des secteurs industriels de la Basse-Normandie (20 % de l'emploi salarié industriel), grâce à la solidité du secteur lait détenu par les grands groupes, conjuguée au succès de la filière viande. L'industrie des produits de la mer et des plats cuisinés est en pleine expansion.

L'HEURE DE LA CRIÉE

Fleurons de la gastronomie normande, les **huîtres de pleine mer** et les **moules de bouchot** profitent pleinement des très fortes amplitudes des marées des côtes normandes pour concentrer leurs saveurs iodées. Si le littoral semble ici idéal pour ce genre de cultures (estran facile d'accès pour les tracteurs des ostréiculteurs, mer riche en plancton), seule St-Vaast-la-Hougue peut se targuer d'une tradition remontant au 16e s. dans ce domaine. À cette exception près, les premières productions significatives datent seulement des années 1970. Quarante ans après, la Basse-Normandie s'affiche comme le premier bassin de conchyliculture de France, en plus d'être la première région productrice de **coquilles Saint-Jacques** (qui a obtenu le Label rouge en 2003). Malgré des chiffres en légère baisse depuis 2000, la production s'élevait tout de même à 20 000 tonnes d'huîtres en 2008, se répartissant entre les crus suivants :

- **cru côte ouest de la Manche** (de Granville à Portbail), savoureusement iodée ;
- **cru côte est de la Manche** (St-Vaast-la-Hougue), iodée et charnue, au délicat goût de noisette ;
- **cru de la baie des Veys** (Isigny-sur-Mer et Grandcamp-Maisy), charnue, douce et croquante ;
- **cru Côte de Nacre** (Asnelles-Meuvaines, le plus jeune bassin de production), ni trop grasse ni trop maigre.

La récolte de moules, soumise aux aléas climatiques, est très variable et provient en grande partie du secteur sud Sienne et de la pointe d'Agon. Mais si la conchyliculture continue à garder la tête hors de l'eau, elle accuse une baisse de régime depuis la fin des années 1990. Ce secteur doit faire face à un renchérissement des coûts de production, alors que le cours des ventes stagne. Misant sur la qualité de leurs produits, les « paysans de la mer » se sont battus pour obtenir des labels de qualité. Citons l'Identification géographique protégée (IGP) **Huître** de Normandie, la certification MSC *(Marine Stewardship Council)*, écolabel attestant d'une pratique de pêche durable, pour le **bulot** de la baie de Granville, le Signe national de qualité Moule de bouchot et l'AOC pour les **moules** de bouchot de la baie du Mont-St-Michel. Autant d'actions qui ont contribué à relancer légèrement une consommation trop saisonnière et presque uniquement liée aux fêtes de fin d'année.

La **pêche** quant à elle s'expose sur les étals des principaux ports : Cherbourg et Granville (qui disposent d'une criée), Port-en-Bessin, Grandcamp, St-Vaast-la-Hougue, Barfleur et Carteret. Les principales espèces pêchées sont la coquille Saint-Jacques, le calamar, la sole, le bar et le turbot, la seiche, des coquillages (bulots, praires, palourdes, pétoncles) et des crustacés (étrilles, tourteaux, araignées et homards) abondants le long des côtes rocailleuses et sableuses du Cotentin. Barfleur reste réputé pour sa « blonde », une moule de pêche très savoureuse.

Quant à l'**aquaculture**, elle prend quelque ampleur à Cherbourg qui s'est lancé dans une activité qui semble prometteuse, l'élevage de saumons dans la ferme aquacole installée dans la rade.

L'INDUSTRIE ET L'ÉNERGIE

L'industrie bas-normande se relève peu à peu d'une importante crise survenue dans les années 1990, qui l'a amenée à se restructurer. La concurrence internationale, le coût des matières premières de plus en plus élevé, l'importance de la sous-traitance ont eu raison de grandes entreprises comme la Société métallurgique de Normandie implantée à Cormelles-le-Royal près de Caen, qui ferma ses portes en 1993 alors qu'elle employait encore 1 500 personnes en 1990, ou la célèbre société Moulinex d'Alençon qui, au plus fort de son succès, employait 12 000 personnes dans 14 usines du bocage bas-normand et qui, au fil des plans sociaux, dut déposer le bilan en 2001, puis fermer ses usines normandes.

Le **textile**, anciennement implanté à Flers et Condé-sur-Noireau, voit également ses effectifs baisser, et s'est réorienté vers le haut de gamme (tricots marins Saint-James dans la Manche). Quant à la **maroquinerie**, elle subsiste grâce aux ateliers Louis Vuitton à Juilley (Manche). Et on n'aura garde d'oublier la fabrication de parapluies de luxe, sous la marque « **Le Véritable Cherbourg** » qui fait vivre Tourlaville, avec ses modèles haut de gamme, dont le « ParaPactum », conçu pour résister au jet de projectiles les plus divers…

LA BISQUINE

Au début du 20e s., la réglementation n'autorisait la pratique de la pêche aux huîtres sauvages que durant quelques jours, au moment de Pâques. Les bisquines se rendaient sur les lieux de pêche en un grand convoi baptisé alors la « caravane pascale ». Au coup de canon du garde-pêche, chacun mouillait trois dragues, le temps étant limité à soixante heures. Des courses effrénées se livraient alors entre les dizaines d'embarcations pour assurer le maximum de passes.

Longues de 6 à 18 m, les bisquines sont généralement gréées de trois mâts, voiles au tiers, deux huniers, un foc à l'extrémité d'un long bout-dehors. Le grand mât est incliné en arrière, le mât de misaine est très en avant et presque vertical. À l'arrière, en retrait de la poupe, s'ajoute la voile de tape-cul. La légende laisse entendre que ce bateau, aux lignes de coque élégantes, était le plus toilé du monde.

Les bisquines, comme tant d'autres bateaux à voiles, disparurent dans les années 1930. Il en reste une, *La Granvillaise*, dans le port de Granville.

On observe également une importante baisse d'activité pour les grands **chantiers navals** du Nord-Cotentin, qui se reconvertissent vers le secteur de la plaisance. Le secteur du **bois**, **du papier et du carton**, autre spécificité bas-normande, se maintient vaille que vaille dans l'Orne, bien que ses effectifs se réduisent.

Aujourd'hui, l'industrie est en pleine mutation et se tourne vers des secteurs de pointe, plus qualifiés, jouant un rôle à l'échelle européenne. Avec 19,6 % de son total salarié dans l'industrie, la Normandie a bien redressé la barre. Elle s'est concentrée sur son secteur **automobile** solidement implanté dans la région et qui représente aujourd'hui 13 % de l'emploi industriel (autour de 10 000 salariés, sans compter les intérimaires). Les deux moteurs de cette industrie sont PSA Peugeot Citroën, à Cormelles-le-Royal, et Renault Trucks à Blainville-sur-Orne, spécialisé dans le transport routier.

Plusieurs projets ont l'ambition de placer la région sur l'échiquier international comme le Centre de recherche et de développement mondial sur les mécanismes de sièges auto de Faurecia, à Flers, ou le pôle de compétitivité Moveo (Énergie, propulsion et développement durable), pour lequel Basse et Haute-Normandie vont travailler de concert, avec l'Île-de-France. Deux autres pôles de compétitivité ont été retenus pour la région : transactions électroniques sécurisées, autour de Caen, et un pôle Cheval, concernant l'élevage.

Une énergie controversée mais bien implantée

C'est le **secteur nucléaire** qui est le principal pourvoyeur d'énergie mais aussi d'emplois et de ressources financières en Basse-Normandie en produisant 80 % de la consommation de la région. L'activité est concentrée dans le nord du Cotentin et forme un véritable pôle, composé de l'usine Areva, de traitement des combustibles nucléaires usés à Jobourg (leur évacuation, par bateau ou par train procure toujours à la région une certaine animation…), du centre de stockage spécialisé dans les déchets radioactifs de faible et moyenne activité et de courte durée de vie à Beaumont-Hague (entré en phase de surveillance depuis 1994, sa capacité de stockage ayant été atteinte) et de la **centrale nucléaire de Flamanville**. Le chantier du nouveau **réacteur nucléaire EPR** *(European Pressurised Reactor)*, dit « de troisième génération », ne fait qu'accentuer le poids économique de cette filière, à laquelle s'ajoute la fabrication de sous-marins nucléaires par la Direction des Chantiers navals de Cherbourg : le dernier en date, *Le Redoutable,* a été lancé le 20 septembre 2010.

Face à cette industrie controversée, la production d'**énergie renouvelable** (comme le bois-énergie, l'énergie issue du méthane, les biocarburants et l'électricité par éolienne) reste encore anecdotique, même si crêtes et coteaux commencent à se garnir d'éoliennes. La création d'un **parc éolien off-shore** au large de Courseulles-sur-Mer a été en outre décidée en janvier 2011, mais se heurte aux réticences des pêcheurs et des amoureux de la mer.

LE TOURISME

Un important réseau de chambres d'hôte, d'hôtels et de campings permet aujourd'hui à la Basse-Normandie de compter sur le tourisme pour asseoir son économie. Vecteur d'emplois (souvent saisonniers), le tourisme accueille aujourd'hui une clientèle qui s'est élargie aux étrangers : venus en voisins, les Anglais se taillent la part du lion, suivis par les Belges, les Néerlandais, les Allemands et nombre d'Américains, venus se recueillir sur les lieux où certains de leurs ancêtres ont donné leur vie en 1944.

C'est avec la vogue des « bains de mer », dans la seconde moitié du 19e s., que le tourisme est apparu en Basse-Normandie, notamment aux alentours de Caen, à Cabourg qui n'a pas attendu Marcel Proust pour devenir une station mondaine. Ce **tourisme balnéaire** n'a fait que croître depuis lors, sans toutefois que les nombreuses stations qui jalonnent le littoral ne sacrifient au tourisme de masse, ne serait-ce qu'en raison de la topographie assez tourmentée des lieux.

Après le Débarquement, le tourisme de mémoire a considérablement accru et internationalisé la clientèle de visiteurs qui, de nos jours, s'aventurent plus volontiers à l'intérieur des terres à la recherche de l'authenticité des terroirs.

Trois points forts

Histoire aidant, les musées et souvenirs liés à la Seconde Guerre mondiale en général et au Débarquement de 1944 en particulier attirent chaque année de très nombreux visiteurs, notamment anglophones, chiffres encore décuplés lors des années « rondes » où ont lieu des cérémonies de commémoration exceptionnelles.

Le cimetière américain de Colleville-sur-Mer, la pointe du Hoc, le Mémorial de Caen et le village de Sainte-Mère-Église sont quelques-uns des hauts lieux de ce **tourisme de mémoire**, et il n'est pas rare, autour du 6 juin, de croiser sur les routes du bocage, des colonnes de vénérables véhicules militaires à bord desquels vétérans et passionnés d'histoire cohabitent fraternellement.

Le **tourisme culturel** n'est pas en reste, d'autant que la Basse-Normandie peut se targuer de posséder un monument historique incontournable avec le Mont-Saint-Michel qui attire des visiteurs venus du monde entier chaque année. Presque aussi connue, la tapisserie de la reine Mathilde à Bayeux sera un autre point fort de la visite de la région pour les amateurs d'art et d'histoire, qui profiteront de leur séjour pour visiter également (entre autres) la superbe cathédrale de Coutances, les abbayes de Caen ou le château de Carrouges.

Enfin, les férus de **tourisme vert** sont attirés par les nombreux parcours de randonnée aménagés notamment dans les parcs naturels régionaux (il en existe deux dans la région), et par les superbes paysages déchiquetés des côtes du Cotentin. Un réseau de gîtes et de chambres d'hôte permet de se poser au cœur de paysages verdoyants, tandis que la gastronomie et les produits du terroir s'inscrivent désormais dans ce secteur « porteur » grâce au réseau de producteurs qui ouvrent leurs exploitations et leurs caves aux touristes.

Des loisirs haut de gamme

La Normandie conserve aujourd'hui une partie des traditions de loisirs nées au 19e s. avec l'apparition d'un tourisme encore élitiste, qu'il s'agisse de la navigation de plaisance, du thermalisme (et de la thalassothérapie), et, bien entendu, des activités liées au monde du cheval.

L'ENGOUEMENT POUR LE NAUTISME

La Manche et le Calvados sont résolument tournés vers la mer. 470 km de côte, une longue tradition de navigateurs et de constructeurs de bateaux, un vent toujours soutenu : autant dire le paradis pour les amateurs de nautisme. La **plaisance** a particulièrement le vent en poupe depuis quelques années, à tel point que les 26 ports essaimés sur le littoral bas-normand affichent tous complet l'été, malgré leur capacité d'accueil de plus de 10 000 places. Les bateaux, pour la plupart des moins de 8 m, battent pavillon français pour moitié, puis anglais, néerlandais et belge ou allemand. Face à la demande croissante, la région devrait proposer 30 % d'anneaux supplémentaires d'ici à 2015.

Les amateurs de **sports nautiques**, de plus en plus nombreux, ont l'embarras du choix : voile, plongée, canoë-kayak, kayak de mer, aviron, char à voile, planche à voile ou fly-surf, les clubs nautiques se multiplient le long de la côte, avec une concentration particulièrement forte à Ouistreham et Courseulles, dans le Calvados et à Cherbourg, Siouville-Hague et Agon-Coutainville, dans la Manche.

SE DÉTENDRE EN NORMANDIE

Thalassothérapie

Les vastes plages de sable blond, bordées d'une mer souvent fraîche et iodée, ont orienté la Normandie vers la thalassothérapie. Trois grands établissements ont pris pied sur les plus jolies plages de la côte : Granville, Ouistreham et Luc-sur-Mer.

Face à la baie du Mont-St-Michel, l'institut Prévithal à **Granville** est un important centre de rééducation qui a su valoriser cet environnement exceptionnel.

L'institut de cure marine de **Luc-sur-Mer** existe depuis 1858 et a construit sa réputation sur les soins à base d'algues, coupées sur la plage à marée basse. Il propose en outre un hammam à l'ambiance toute orientale.

Les thermes marins d'**Ouistreham** se lovent dans les dunes de la vaste plage de Riva-Bella. Afin d'alimenter la piscine, l'eau de mer est puisée à 1 600 m au large avant d'être chauffée pour atteindre une température de 33 °C.

Thermalisme

Moins iodées mais tout aussi vivifiantes, les eaux de **Bagnoles-de-l'Orne**, une « ville d'eaux » dans la grande tradition du 19e s., tirent leur réputation de la légende du cheval d'Hugues de Tessé *(voir Bagnoles-de-l'Orne, p. 252)*. Ces thermes sont alimentés par une eau de roche très pure jaillissant à 24,6 °C. Sa faible minéralisation et sa richesse en oligoéléments soulagent principalement les troubles de la circulation veineuse.

Équitation

Réputée pour la qualité de ses élevages, la Normandie, territoire où toutes les disciplines équestres sont représentées, foisonne de sites et d'activités dédiés au cheval et à la passion qu'il engendre.

Page thématique « Le royaume du cheval », p. 44.

Le royaume du cheval

Si la France est un pays de chevaux, la Normandie est sa province privilégiée. Les départements de l'Orne, du Calvados et de la Manche élèvent, dressent, entraînent et mettent en compétition depuis plus de six siècles des chevaux qui comptent parmi les plus beaux du monde.

LES HARAS NATIONAUX

Longtemps « royaux » puis « impériaux », les haras nationaux représentent l'une des plus anciennes administrations françaises, créée par Colbert en 1665, sous le règne de Louis XIV. Au service de l'État, les haras nationaux ont toujours pour mission de traiter l'ensemble des questions relatives à l'élevage des équidés, tout en s'ouvrant de plus en plus vers le grand public et le tourisme.

La Normandie abrite deux des plus beaux haras nationaux français. Construit au début du 18e s., entre 1715 et 1730, le **haras national du Pin**, à Exmès, dans l'Orne, est un véritable monument à la gloire du cheval. Le plus ancien des 23 dépôts d'étalons relevant du ministère de l'Agriculture est bâti sur un domaine historique de 1 100 ha et comprend l'Institut du cheval, l'École professionnelle des haras nationaux et l'hippodrome de la Bergerie. Il accueille un circuit de visite pédagogique et de nombreuses manifestations, notamment des spectacles et des démonstrations équestres.

Créé en 1806, le **haras national de St-Lô**, dans la Manche, fournit 20 % de la production française et 25 % des gagnants ! Également ouvert à la visite, il propose lui aussi des animations et spectacles équestres.

LE TOURISME ÉQUESTRE

La Basse-Normandie propose de nombreuses manifestations en relation avec l'élevage : les achats d'étalons à St-Lô, à l'occasion du **Normandie Horse Show** en août, ont une renommée internationale ; au haras du Pin, le **Grand Complet d'équitation** en août et le **Mondial du percheron** qui ne rassemble pas moins de 400 chevaux chaque année en septembre ; en octobre, les **Équi'days** à Caen célèbrent le cheval en Calvados, fier de ses 1 400 haras et de ses 8 hippodromes ; **Caval'Orne**, la grande manifestation d'automne à Alençon, fait vibrer les amateurs de sauts d'obstacles et de dressage, pour ne citer que les plus importantes.

Insigne reconnaissance, la région a été choisie pour recevoir, en 2014, dans l'Orne, les Jeux équestres mondiaux, sous la houlette de la Fédération équestre internationale.

Outre ces grandes institutions et manifestations, la région, surtout dans l'Orne et le Calvados, compte nombre de petites structures consacrées à l'élevage et au tourisme, ouvertes aux amateurs passionnés ou aux cavaliers chevronnés.

LES COURSES

C'est à Cherbourg, en 1832, que furent organisées les premières courses de trot monté pour concurrencer l'élevage anglais. Très nombreuses aujourd'hui encore dans la région, elles font l'objet de paris. Les haras nationaux assurent la tutelle sur les courses, sous l'autorité du ministère de l'Agriculture, et le pari mutuel, sous le contrôle financier du ministère du Budget.

Les directeurs de haras autorisent les réunions, vérifient les comptes et veillent à l'équilibre du programme des courses sur les différents hippodromes. La redistribution de la part du prélèvement attribuée aux haras (autour de 1,5 %) permet d'aider les races de trait et de selle. Les villes d'Argentan, d'Alençon, de Domfront, de Granville, de Caen, de Vire ou de St-Pierre-sur-Dives sont les plus réputées pour leurs champs de courses.

L'activité de la filière équine en Basse-Normandie a été reconnue **Pôle de compétitivité** en 2006.

L'élevage est assuré par un travail commun entre les haras privés et les **haras nationaux**. Ces derniers jouent un rôle fédérateur et régulateur, dont la principale mission est la protection et l'amélioration des races, passant notamment par la recherche génétique, la mise à disposition des étalons nationaux et la tenue du fichier central des équidés. Ils contribuent également à la promotion et au développement des pratiques sportives, ainsi qu'à la politique de formation dans le secteur de l'équitation.

En Normandie, les deux grands haras nationaux sont le haras du Pin, « le Versailles du cheval », et le haras de Saint-Lô. *www.haras-nationaux.fr*

L'élevage est la première activité des **haras privés**, très nombreux et dispersés : 80 % des élevages possèdent moins de 15 chevaux. L'agrément des étalons privés est vérifié chaque année par une commission où siègent les représentants des éleveurs. Les livres généalogiques des races de sang, tenus par les haras nationaux, garantissent les origines et facilitent le choix des croisements.

Les éleveurs contribuent en outre au maintien du capital génétique et à la reconversion de certaines races vers des activités de loisirs. Cette nouvelle orientation a largement contribué à la sauvegarde des races de trait, dont l'élevage occupe 8 % des éleveurs de la région.

LES RACES

Le plus réputé est le **pur-sang**, cheval d'élite, rapide, élégant et fin, doté de grandes capacités physiques et athlétiques. Sa carrière de coureur n'excède pas trois ans.

Héros des champs de courses, le **trotteur français** est un demi-sang qui provient du croisement de juments normandes avec des trotteurs norfolk-roadsters. Sa carrière de course est plus longue que celle des chevaux pur-sang.

Le « **selle français** » est une appellation récente (1958) qui a bénéficié du développement des loisirs et rassemble presque toutes les montures de compétition françaises.

Mais la Normandie s'enorgueillit également d'élever des chevaux lourds et robustes, connus dans le monde entier. Ainsi le **cob normand**, de robe alezane ou baie, est un cheval d'attelage, costaud, ramassé et tout en rondeurs, avec des allures énergiques et un trot confortable.

Plus solide encore, le **percheron** est un cheval de trait lourd, issu du croisement de cobs et de chevaux arabes. De robe noire ou grise pommelée, il est aussi la « carte postale » de la Normandie, trouvant sa place dans l'attelage de promenade ou de compétition.

Dans un autre registre, l'**âne du Cotentin** est reconnu comme race par les haras nationaux depuis 1997. Il est identifiable à son pelage gris, cendré, bleuté ou tourterelle, et à son dos marqué d'une croix de Saint-André. On en compte environ 1 200 aujourd'hui *(voir p. 407)*.

Terroirs et gastronomie

Bons mangeurs, soigneux buveurs, fins dégustateurs et amateurs de bonne chère, les Normands conservent leur réputation ancestrale de gastronomes avertis. De la sauce normande au beurre d'Isigny, de la « falue » au cidre jusqu'aux fromages et au calvados, la région réserve tous les bonheurs de la table.

CRÈMES ET SAUCES NORMANDES

La variété et la qualité des produits de la plantureuse Normandie se devaient de donner naissance à une cuisine savoureuse et riche. Parmi ses innombrables trésors, une mention spéciale doit être accordée au rôle éminent des **produits laitiers**.

Élaborée à partir d'un lait exceptionnel, la **crème** habille toute la cuisine normande. Elle sied aussi bien aux œufs et aux poissons qu'aux volailles, aux viandes blanches avec légumes, et même au gibier. Cette crème incomparable métamorphose en « sauce normande » ce qui est, ailleurs, une simple sauce blanche.

La **pâtisserie** au beurre fait l'objet de maintes spécialités locales : galettes, brioches, sablés, tartes, « douillons » ou chaussons aux pommes, fouaces, ou « falues », petites galettes briochées, plates et longues.

Au rayon des **douceurs**, nous pouvons également citer parmi d'autres : les bonbons au chocolat fourrés au calvados (Caen, Putanges), les caramels et les balivernes d'Isigny, les financiers de Quinéville, les sablés d'Asnelles, de Caen ou de Bayeux, les « chiques » ou berlingots de Bayeux, de Caen ou de Falaise.

Le beurre d'Isigny

À proximité de la mer, la baie des Veys est une terre fertile, généreusement irriguée, aux herbages de qualité. Elle donne un beurre à nul autre pareil, d'une belle couleur naturelle jaune bouton-d'or et une crème généreuse délicatement parfumée.

RECETTE DE LA TEURGOULE

3 l de lait entier cru, 150 g de riz rond, 15 morceaux de sucre, 1 bâton de vanille, une pincée de cannelle.

Verser le lait, le riz, le sucre et la vanille dans une terrine à four. Enfourner pendant 3 à 5h à feu très doux (150 °C au début, 120 °C à la fin). Une croûte noire se forme pendant que le riz absorbe le lait vanillé.

À déguster tiède, avec de la **falue** (galette briochée plate et longue).

À St-Pierre-sur-Dives, sous les halles du 13e s.
B. Merle / Photononstop

Aujourd'hui, les connaisseurs ne s'y trompent pas : la qualité du beurre d'Isigny est reconnue pour sa teneur élevée en caroténoïdes, sa richesse en oligoéléments et sa haute teneur en sels minéraux qui lui confèrent une saveur exceptionnelle. La vocation beurrière du terroir d'Isigny s'est affirmée très tôt. Dès le 17e s., les beurres d'Isigny approvisionnaient la capitale. La présence d'un port permit à ce beurre d'être apprécié dans de nombreuses autres régions françaises et même à l'étranger (Angleterre, Pays-Bas, Amérique).

COQUILLAGES ET CRUSTACÉS

Gastronome elle aussi, la côte normande se distingue par la qualité de ses produits de la mer : crevettes, coques, moules, homards bleus, **huîtres** de Courseulles et de St-Vaast (les îles Chausey, au large de Granville, dédale d'îlots et de rochers, sont un véritable paradis pour les pêcheurs à pied amateurs d'huîtres « pied-de-cheval »), tourteaux, araignées de mer, bigorneaux ou bulots de Granville.

Les Normands sont les premie producteurs nationaux de **coquilles Saint-Jacques**. La coquille coraillée, présente sur les étals dès l'automne, provie essentiellement de la côte du Cotentin, de Barfleur à Cherbo et de Carteret à Granville, mais aussi du Calvados, au large du Bessin, à Grandcamp-Maisy et Port-en-Bessin, premier port d pêche artisanale du Calvados, célèbre sa coquille Saint-Jacqu chaque année en novembre, lo son festival Le Goût du large. P grosse que celle de St-Brieuc, e est débarquée après une journ de pêche, selon des quotas pré pendant une saison qui s'étend 1er octobre au début du mois d Raies, soles, turbots, maquerea ou harengs sont quelques exe d'une large gamme de poisson agrémentés de diverses sauces souvent à base de crème fraîch

VIANDES ET CHARCUTERIE

Agneau – Dans le Cotentin, principal département d'éleva ovin, les troupeaux sont souve

DEUX SPÉCIALITÉS DU BORD DE MER

Les demoiselles de Cherbourg à la nage : petits homards normands de 250 à 400 g, 1 oignon, 1 carotte, bouquet garni, 150 g de beurre, 2,5 l de vin blanc sec (muscadet), poivre.

La sole normande : loin d'être un plat classique servi dans un restaurant, la sole normande est une véritable création de chef, constituée de produits riches et exceptionnels : vin blanc moelleux, madère, cognac, moules, crevettes, belons, écrevisses, champignons, truffes noires, échalotes grises, poireaux, carottes, crème, œufs, oignon, thym et persil.

élevés à l'herbe, comme le fameux (et goûteux) **agneau de pré-salé** (AOC). L'agneau élevé sous la mère est proposé sous le label Agneau du pays normand.

Porc – Il occupe une place privilégiée dans la tradition gastronomique de la région. Issu d'un croisement de races, le **porc de Bayeux**, reconnaissable à sa robe rose tachetée de noir, grandit plusieurs mois en plein air, ce qui donne à sa viande, mariée avec d'autres produits du terroir (cidre, crème d'Isigny…) une saveur incomparable.

Poulet – Sur les marchés et lorsque vous dégustez un poulet ou une pintade « **vallée d'Auge** », la volaille provient généralement d'un élevage fermier (IGP Volailles fermières de Normandie).

Bœuf et veau – La viande de race bovine, sous le label Bœuf du pays normand, garantit une viande savoureuse, tout comme l'escalope de veau fermier élevé au lait entier et préparée « à la normande », c'est-à-dire avec une sauce à la crème.

Charcuterie – L'**andouille de Vire**, composée d'abats de porc et fumée au bois de hêtre, le jambon du Cotentin (Valognes), différentes variétés de boudins et les tripes de bœuf accommodées « **à la mode de Caen** » (avec carottes, oignons, bouquet garni et arrosées de cidre), sont quelques-unes des spécialités bas-normandes.

LE CIDRE

Introduite en Normandie au Moyen Âge, cette boisson y détrône le vin et la bière à partir du 16e s. Victime de désaffection dans les années 1950, elle revient aujourd'hui sur nombre de tables et sert par ailleurs de fil conducteur pour une balade éminement touristique et gustative au cœur du pays d'Auge : la Route du cidre vise le label national de « Site remarquable du goût ».

Comme le vin, le bon cidre se qualifie par sa robe, son bouquet, son arôme et sa saveur. Il est produit en bonne partie à partir de petites pommes à cidre, à raison d'une tonne pour 650 à 750 litres de cidre pur jus.

Il existe trois sortes de cidres : le **doux**, obtenu artificiellement en arrêtant la fermentation à 2,5 et 3° d'alcool ; le **brut**, peu sucré, au goût de pomme plus typé, titrant entre 4 et 5° d'alcool ; le **traditionnel**, beaucoup plus sec, titrant 5°, fabriqué et consommé à la ferme.

Plus ou moins mousseux selon le terroir et le fruit, le cidre est tantôt amer, tantôt sec, corsé ou doré. S'il accompagne tous les plats normands, il s'accorde particulièrement bien avec des crevettes chaudes, l'andouille de Vire ou un camembert onctueux.

Fabrication à l'ancienne

Les pommes étaient récoltées dans des paniers, puis placées dans une auge et écrasées par une meule circulaire en bois ou en granit actionnée par un cheval.

Suivait l'opération du pressurage et, une fois le marc obtenu, on extrayait le jus en utilisant un pressoir à levier; la partie inférieure ou *maie*, sorte d'épaisse table creusée d'une rigole sur son pourtour et munie d'un bec, recevait le marc des pommes réparties en couches régulières, chacune séparée par un lit de *glui* (paille de seigle peignée). Cette opération s'appelait *monter un marc* ou *faire la motte*.

Le pressurage terminé, le marc était mis dans une cuve à tremper pour être de nouveau pressé. La première pression donnait le cidre pur jus, les pressions suivantes, considérées comme le petit cidre, étaient servies à la ferme.

LE POIRÉ

Boisson très répandue dans le bocage et le Domfrontais, où il bénéficie d'une AOC, le poiré est obtenu par fermentation naturelle de poires. Il titre à plus de 3° d'alcool, et les Normands le boivent frais.

LE CALVADOS

Produit typiquement normand, au point qu'il a pris le nom d'un des départements de la région, le calvados est une eau-de-vie de pomme qui se déguste (avec modération !) en trou normand, sur un livarot ou dans la tasse de café à peine vidée et encore chaude…

Le fameux « calva » normand est le produit de la distillation du cidre. La première mention de la fabrication de cette eau-de-vie date du 16e s. Elle est réalisée dans un petit village de la Manche, à Mesnil-au-Val. L'Appellation d'origine contrôlée date de 1942 et s'applique à deux zones de production : la première dite « calvados » et la seconde « calvados du pays d'Auge ».

Les bouteilles comportent une dénomination précise indiquant le degré de maturité : « trois étoiles » ou « trois pommes » indiquent un vieillissement de deux ans ; « vieux » ou « réserve » indiquent trois ans de maturation ; « VO », « vieille réserve » ou « VSOP » indiquent quatre ans ; « hors d'âge », « XO », « Napoléon » ou « extra » indiquent au moins six ans…

Le pommeau

Depuis le 16e s., à la saison des récoltes, les jus de pommes à cidre les plus fruités étaient conservés dans du calvados pour garder leur saveur. Ce n'est qu'au début des années 1970 que le produit de ce mélange fut appelé « pommeau de Normandie », reconnu par une **Appellation d'origine contrôlée** (AOC) en 1991.

Le pommeau a un titre d'alcoométrie de 16 à 18°.

Frais, il peut s'accompagner de pommes séchées en apéritif.

Servi à température ambiante, il s'accorde avec les huîtres, le foie gras, le melon ou les desserts (surtout la tarte aux pommes).

Le trou normand, une tradition de quatre siècles

Au cours d'un plantureux repas, le gastronome normand avale d'un coup sec un petit verre de calvados : c'est le fameux « trou normand ». Cette coutume, selon le célèbre gastronome Curnonsky, « a l'avantage de hâter la digestion de la première partie du repas et de permettre d'aborder la seconde dans un grand style… ».

Plus raisonnablement, on sait que l'alcool dissout les graisses. Aujourd'hui, un sorbet à la pomme arrosé de calvados tend à le remplacer.

Nature et paysages

Vallées humides, carrés de vertes prairies découpées par des haies naturelles, vastes étendues de pommiers, chemins escarpés le long de falaises abruptes, petits ports de pêche pittoresques, îlots sauvages, plages de galets et de sable fin… La Normandie semble décliner son décor à l'infini, entre le pays d'Auge et la plaine de Caen, les côtes du Calvados et la presqu'île du Cotentin, la Suisse normande et le pays d'Argentan. Façonnés par l'homme, agriculteur, éleveur ou pêcheur, ces paysages font aussi l'objet d'une protection et d'une attention permanente : sanctuaires pour des espèces animales et végétales rares, littoral protégé, sites classés en réserves naturelles ou organisés en parcs régionaux…

Le littoral

L'incroyable variété des paysages normands se retrouve le long du littoral qui court sur pas moins de 470 km de l'Orne au Couesnon. De petites falaises alternent avec d'interminables plages, des marais ou les rudes reliefs de la pointe nord du Cotentin.

PAYSAGES CÔTIERS

Par la route, à pied ou en bateau, le tour de la côte ne peut laisser indifférent tant elle offre de visages contrastés, sculptés dans les différents sous-sols de la région. Les affleurements calcaires et marneux du **pays d'Auge** et du **Bessin** forment une côte basse rocheuse. On voit apparaître ces rochers à marée basse sous forme d'écueils à fleur d'eau, ou bien en bordure des plages, s'élevant en petites falaises comme à Port-en-Bessin. À Lion-sur-Mer, la côte rocheuse s'est creusée de « confessionnaux », petites enclaves dans la roche dues à l'action répétée de la mer s'engouffrant dans des fissures existantes. Ces hauteurs se révèlent particulièrement friables et dangereuses. Les petites falaises alternent, entre l'estuaire de la Seine et St-Vaast-la-Hougue, avec des côtes basses bordées ou non de dunes, comme à Ouistreham-Riva-Bella.

La côte **nord du Cotentin** n'a pas fini de fasciner. À la baie d'Écalgrain, grève solitaire encadrée de landes, succède le nez de Jobourg, long promontoire escarpé environné d'écueils. Cette côte déchirée, exposée au terrible vent d'ouest, à une mer souvent déchaînée et à des courants pouvant atteindre 12 nœuds, se révèle être d'une rare beauté. Un grand nombre de roches différentes (grès, schistes et granits) affleurant sur une toute petite surface crée cette palette de couleurs et ces pourtours dentelés hors du commun.

Plus paisible, la **côte ouest** du Cotentin présente à nouveau de larges plages de sable blond, souvent ourlées de dunes, et parfois prolongées par de grands espaces sableux cultivés, les **mielles**,

LES LUMIÈRES DU LARGE

Les **phares** constituent d'admirables observatoires pour ceux qui ne craignent pas leurs escaliers tournants. Repères précieux pour le navigateur, ils sont aménagés dans de hautes tours qui dominent la mer. La nuit, sur les côtes difficiles d'accès, plusieurs phares sont parfois visibles en même temps. Suivant les cas, ils sont fixes, tournants ou à éclipses... Parmi les phares normands les plus connus figurent ceux de Gatteville, du cap Lévi à Fermanville et, bien sûr, celui de Goury, à l'extrémité de la pointe de La Hague.

comme à Créances. Plages et dunes sont interrompues par de nombreux havres ou quelques éperons rocheux comme le cap de Carteret et la pointe du Roc à Granville, avant d'atteindre le site grandiose du Mont-St-Michel dont la baie se couvre de grèves immenses.

LES ÎLES

St-Marcouf, Aurigny, Guernesey, Herm, Sercq, Jersey, Écrehou, Minquiers, Tombelaine, etc. Qu'elles soient anglaises ou françaises, les îles du littoral ont fasciné plusieurs générations de Normands et bien des visiteurs, dont le plus connu est sans doute Victor Hugo. Leur climat nettement océanique les dote d'une végétation luxuriante.

Chausey

À 17 km au large de Granville, l'archipel de Chausey partage avec les îles Anglo-Normandes la douceur exceptionnelle de ses températures. Mais celle que les Anglais n'ont pas réclamée révèle dans d'autres domaines son caractère hors du commun. Avec une amplitude de 14 à 16 m (record d'Europe), les marées de Chausey changent le visage de l'archipel plusieurs fois par jour. 5 000 ha découverts à marée basse, une immensité de rochers cachant homards, bouquets, congres et bars, couverts d'oiseaux ou de varech, disparaissent en quelques heures pour se réduire à 65 petits hectares, quelques cailloux devant une mer affamée, vorace. Des 365 îlots que la légende attribue à l'archipel à marée basse, il n'en resterait que 52 à marée haute. Pour protéger les 200 espèces et plus d'oiseaux fréquentant ses îles et ses îlots (dont les harles huppés qui ne se reproduisent qu'à Chausey), l'archipel est intégré au réseau Natura 2000, et donc reconnu d'intérêt européen pour sa richesse naturelle.

Tatihou

Située à quelques encablures de St-Vaast-la-Hougue, sur la côte est du Cotentin, Tatihou (29 ha) joue à l'île qui n'en est pas une. En effet, quelques heures par jour, pour peu que l'on soit bien chaussé, on peut traverser à pied les fameux parcs à huîtres de St-Vaast pour rejoindre Tatihou en un quart d'heure.
Le Conservatoire du littoral, propriétaire des lieux depuis 1989, a fait le choix de mettre en valeur les espèces du littoral en y aménageant un magnifique jardin botanique et maritime. Une partie de l'île est classée réserve ornithologique : les amateurs peuvent y observer des tadornes de Belon, des eiders à duvet, des cormorans et divers limicoles, selon la saison *(voir aussi p. 381)*.

Les îles Anglo-Normandes

Plus lointaines, plus grandes et moins sauvages, les îles Anglo-Normandes ne manquent pas de charme, notamment grâce à leurs jardins *(voir p. 426)*.

L'ESTRAN

Cette zone découverte par la mer à marée basse est particulièrement étendue sur la côte ouest du Cotentin grâce à l'exceptionnelle amplitude des marées. C'est là que se forment les **prés-salés**, mais également les **havres**, où se mêlent eaux douces et eaux salées. En effet, surtout sur la côte ouest du Cotentin, les rivières locales ont assez de débit pour percer le cordon dunaire et baigner ainsi l'estran, comme au havre de Portbail. Ces milieux très particuliers abritent notamment la **salicorne**, plante au délicieux goût de cornichon.

COURANTS ET MARÉES

La différence entre la hauteur de la pleine mer et de la basse mer s'appelle **amplitude** ou marnage. En France, l'amplitude la plus importante s'observe à Granville et à Chausey (16 m).

Par gros temps, l'attrait exercé par la mer est particulier. À la pointe de Jobourg, à Barfleur ou à Cherbourg, la mer déchaînée, dont les lames viennent s'écraser dans un bruit assourdissant contre les digues pour jaillir en paquets d'embruns, constitue un spectacle grandiose. Gare à celui qui s'approche trop près !

Au cap de la Hague, au large de Goury, sévit le terrible **raz Blanchard**, l'un des courants les plus violents des côtes françaises, pouvant atteindre 12 nœuds. Plus d'un bateau s'est abîmé dans ses remous, s'échouant sur les rochers de la Hague. On peut entendre dans la région qu'avant la construction du phare de Goury, en 1837, les charpentes des maisons étaient faites avec les mâts provenant des épaves.

FAUNE ET FLORE

Les oiseaux du littoral

La Basse-Normandie et surtout la presqu'île du Cotentin forment un important couloir de migration et un site d'hivernage non négligeable. Il est par exemple possible d'observer en automne le passage de la sterne caugek, reconnaissable à son plumage ébouriffé sur la nuque, en septembre quelques espèces de labbes, à la Toussaint le petit pingouin et le guillemot de Troïl qui aime nicher sur les falaises du bord de mer. Quant aux fous de Bassan, cormorans et goélands, ils font partie du paysage toute l'année. Les falaises de la Hague et du Bessin abritent mouettes tridactyles et pétrels fulmars.

Coquillages et crustacés

Avec des amplitudes de marées parmi les plus fortes d'Europe, le littoral de la Basse-Normandie est le paradis des pêcheurs à pied. C'est que la pêche peut être particulièrement bonne ! Outre les praires, les coques, les palourdes, les bigorneaux, on peut ramasser dans son panier des étrilles, des tourteaux, du bouquet et même des homards (particulièrement à Chausey).

Attention, comme partout, la pêche est réglementée ; il faut vous informer et respecter cet environnement fragile.

Quelques colonies inattendues

Les habitants des eaux plutôt froides de la Manche peuvent être plus exotiques qu'il n'y paraît. Une colonie de **grands dauphins** composée de plus de 100 individus a élu domicile sur la côte ouest du Cotentin. Si cette population reste fragile, elle continue de se stabiliser.

Dans la baie du Houguet, petit Beaumont et nez de Jobourg.
B. Rieger / hemis.fr

Plus petit que le phoque gris, le **phoque veau-marin** s'observe fréquemment en baie des Veys, où vit une colonie d'environ 80 individus, la deuxième en France par son importance.
Une autre colonie s'ébat en baie du Mont-St-Michel. Cette baie réserve bien des surprises car, avec un peu de chance, vous pourrez même y observer le flamant rose !

Végétation spécifique du littoral

Sur les côtes normandes, deux types de dunes sont à distinguer : les **dunes blanches** et les **dunes fixées**. Les premières, exposées au vent et aux embruns, ne se couvrent généralement que d'une végétation minimale, composée souvent de liserons des dunes, de chardons bleus ou encore d'**oyats** qui, grâce à leur réseau étendu de racines, fixent le sable. Les dunes fixées, plus protégées, développent une végétation plus dense. Les parties plus élevées du littoral, les côtes à falaises, foisonnent de **bruyères** et d'**ajoncs**.
Voir les très belles dunes de Vauville, dans le nord du Cotentin.

Bocage, campagne et autres milieux

Du paysage normand, le cliché ne montre bien souvent que le verger, ses pommiers, ses vaches et ses haies. Si elle est aussi cela, la Normandie ne s'y résume pas. Le bocage et la campagne normands couvrent un territoire aussi riche que varié.

LE BOCAGE

Paysage type du Massif armoricain, le bocage déborde largement celui-ci à l'est pour s'étendre au Maine, au Perche et au pays d'Auge. Il existe une multitude de pays de bocage, généralement sur des terres acides : le **bocage virois** qui suit le cours de la Vire de sa source à Pont-Farcy, le **pré-bocage** autour de Villers-Bocage, le **Passais** autour de Domfront ou le **Mortainais** dans le Sud Manche.
Entièrement créées par l'homme, les **parcelles** forment un quadrillage de haies dressées sur des levées. Malgré les évolutions agricoles, le paysage de bocage demeure exemplaire en Normandie avec ses **haies** plantées de charmes, de châtaigniers, d'aubépines, d'érables champêtres, d'ormes ou de hêtres. Des générations de Normands ont planté ces talus, plus ou moins denses, plus ou moins hauts, utilisant des branches de noisetier enchevêtrées, quand le barbelé n'existait pas, pour éviter les divagations du bétail.
Si les mutations récentes de l'agriculture atténuent l'originalité de ces terroirs, une certaine réticence au remembrement (plus qu'en Bretagne, par exemple) a préservé en partie les régions bocagères de Normandie. Sa régression bouleverse cependant l'équilibre biologique de la région, le bocage abritant une faune spécifique (fouines, blaireaux ou hermines) et servant de régulateur d'eau et de température. Depuis peu, des plantations de haies sont encouragées avec succès.

LA CAMPAGNE

Prise dans son sens étroit, la **campagne** désigne des plaines aux grands champs ouverts livrés aux labours, où dominent les céréales.
Campagne de Caen-Falaise – Ce pays de champs ouverts, réputé pour la fertilité de ses sols, se prête à la grande culture, de plus en plus associée à un élevage bovin pour la viande.
Pays d'Argentan-Sées-Alençon – Dans ces exigus secteurs calcaires, les céréales

cèdent progressivement le pas aux herbages, notamment à la très productive prairie semée, tandis que se développe l'élevage des bovins à viande.

Bessin – Dépression argileuse en lisière du Massif armoricain, le Bessin confirme sa vocation pour les produits laitiers, parmi lesquels le célèbre beurre d'Isigny et l'élevage de chevaux de selle ou trotteurs.

Cotentin – Si le Cotentin, berceau de la race bovine normande, continue d'être une terre d'élevage, ses paysages enregistrent le recul des herbages naturels ; la côte se spécialise, à l'image de la proche « ceinture dorée » bretonne, dans la culture légumière.

LES MARAIS

Très présents en Normandie, les marais peuvent être baignés d'eau douce, saumâtre ou salée, immergés toute l'année ou seulement quelques mois par an. Les marais du Cotentin et du Bessin, la baie des Veys, la baie du Mont-St-Michel, les marais de la Dives ou de l'Orne, pour ne citer qu'eux, forment autant de **niches biologiques**, de lieux privilégiés de reproduction pour les oiseaux, d'abris pour les migrateurs, de refuges pour les espèces végétales rares. L'exceptionnelle **richesse ornithologique** de ce milieu n'est plus à démontrer : hérons cendrés, busards des roseaux (le seul rapace tricolore), râles d'eau, bécassines des marais, courlis cendrés, barges à queue noire séjournent sur ces terrains humides.

LA FORÊT

Avec environ 192 000 ha de forêt et un taux de boisement d'environ 10 %, la Basse-Normandie est l'une des régions les moins boisées de France. Si la quantité n'est pas remarquable, la qualité, elle, est au rendez-vous, malgré la terrible tempête de 1999. Outre les magnifiques **chênes** très prisés de la forêt d'Écouves ou de la forêt des Andaines dans l'Orne, hêtres, châtaigniers et pins composent ces bois verdoyants, fertiles et humides. Ils font d'ailleurs le bonheur des amateurs de **champignons**, et plus particulièrement de cèpes, qui viennent nombreux à l'automne. Les conifères plantés dans les années 1960-1970 ont en revanche très mal résisté aux différentes tempêtes qui ont balayé la région.

LES RELIEFS

D'aucuns trouveront présomptueux de nommer les deux massifs montagneux de Basse-Normandie, dépassant rarement les 300 m d'altitude, « Alpes mancelles » et « Suisse normande ». Ce sont plutôt de hautes collines qui s'étendent dans le bocage normand, mais les villages pittoresques, les cours d'eau encaissés, les escarpements parfois abrupts, se révèlent véritablement dépaysants. Ces deux massifs sont nés de la jonction entre l'auréole calcaire jurassique du Bassin parisien et les granits, grès rouges et schistes du Massif armoricain.

La Suisse normande

La Suisse normande déploie ses méandres, ses hauteurs et ses vallées encaissées de Thury-Harcourt à Putanges-Pont-Écrepin, en suivant le cours de l'Orne. La plupart des sentiers balisés mènent les marcheurs aux panoramas les plus impressionnants comme ceux du **mont Pinçon** (le point culminant, 365 m), de Clécy ou de la **roche d'Oëtre**.

Les versants escarpés font le lit d'une forêt spontanée, difficilement accessible et inexploitée. Ormes des montagnes, érables, tilleuls ou ifs composent de magnifiques forêts de ravins (autour de La Pommeraye) où s'épanouissent en sous-bois le genévrier ou certaines fougères comme la capillaire du nord.

Les Alpes mancelles et le massif d'Écouves

Situées entre l'Orne, la Mayenne et la Sarthe, les Alpes mancelles s'étendent au sud-ouest d'Alençon. Marquant l'extrémité de la chaîne des grès armoricains, ce massif abrite les points culminants de tout l'Ouest de la France.
Le plus connu est sans conteste le **signal des Avaloirs**, à l'ouest de la forêt de Multonne en Mayenne; il se dresse du haut de ses 417 m sur un panorama de bruyères et de sapins. Son jumeau normand est le **signal d'Écouves** (417 m), situé au nord d'Alençon; il n'offre malheureusement pas la même vue puisqu'il s'élève en pleine forêt.

Élevage

Indissociables du décor normand, bovins et équidés participent du charme des campagnes et de la richesse agricole.

LES VACHES

L'essor de l'élevage bovin en Normandie date du Second Empire. Longtemps cantonné aux landes et marais, il conquiert alors des terres à cultures et la race normande s'impose comme la première en France. Race mixte par excellence, la célèbre « **normande** », caractérisée par sa robe à trois couleurs, blanc, fauve et brun-rouge foncé, disposées en taches ou rayures (les « bringeures »), fournit une viande de qualité et un lait riche en matières protéiques, idéal pour la confection du beurre.
À l'heure actuelle, la normande ne conserve une position majoritaire que dans la Manche et l'Orne, malgré de remarquables atouts : meilleure allaitante, meilleure fromagère, elle donnerait aussi les meilleurs veaux, et sa viande « persillée » est d'une rare saveur.

LES CHEVAUX

Première région française pour l'élevage équin, la Basse-Normandie compte 90 000 équidés et 10 000 emplois dans ce seul secteur. Plus de 70 % des pur-sang et des trotteurs français sont élevés en Basse-Normandie, ainsi que les plus forts chevaux de trait (percherons) et l'une des meilleures races d'attelage (le cob).
Page thématique « Le royaume du cheval », p. 44.

La protection de l'environnement

Riche en réserves naturelles, sites protégés et écosystèmes rares mais fragiles, la Basse-Normandie a lourdement investi ces dernières décennies dans la protection de son patrimoine naturel.

Le Conservatoire du littoral

Dans les années 1960-1970, la Normandie s'est voulue pionnière dans la mode des bains de mer et des marinas les pieds dans l'eau. Mais, face à l'énorme pression foncière, s'est rapidement imposée la nécessité de protéger le littoral. Aujourd'hui, le Conservatoire du littoral détient 3 297 ha en Basse-Normandie, soit 78,5 km de rivage et 54 sites naturels protégés. La pointe du Hoc, Omaha Beach, le nez de Jobourg, la pointe de la Hague, les dunes d'Hatainville, les marais de Ver-sur-Mer, entre autres, sont définitivement protégés, car inaliénables.

Les sites protégés

La Basse-Normandie compte un nombre significatif de sites et monuments naturels protégés :

en 2008, 161 sont classés et 106 inscrits. Cette liste inclut des sites naturels liés à l'histoire, comme les plages du Débarquement ou la baie du Mont-St-Michel, des paysages (bocages, forêts, escarpements rocheux, littoral), des arbres remarquables, des parcs historiques, etc.

Créés dans le cadre de l'Europe, les sites Natura 2000 protègent la biodiversité des milieux naturels, faune et flore confondues.

La région en compte 61, à peu près également répartis sur les trois départements, dont les îles Chausey et Tatihou et le havre de Blainville-sur-Mer, par exemple.

Menée par l'État et les collectivités, l'**opération Grands Sites** s'applique à quelques sites prestigieux qui sont soumis à des dégradations liées à l'afflux touristique : en Normandie, la baie du Mont-St-Michel est devenue une priorité.

Le Mont-Saint-Michel : une merveille à protéger

Entre ciel et terre, se découpant au loin dans la baie tel un vaisseau fantôme les jours de brume, le Mont-St-Michel exerce toujours la même fascination. Mais cette image n'est pas éternelle. Depuis quelques dizaines d'années, les herbus gagnent du terrain, menaçant le statut insulaire du mont. La récente fragilité de cet écosystème serait imputable à l'intervention de l'homme (barrage de la Caserne, digue), qui a enrayé durablement le fonctionnement naturel de la baie.

Un vaste chantier de désensablement de la baie a vu le jour en 2005, pour être livré en 2015 ; il inclut la construction d'un nouveau barrage sur le Couesnon, permettant une meilleure chasse des sédiments, le curage de la rivière afin de lui redonner la force hydraulique nécessaire, la suppression du parking, et le remplacement de la digue-route par un pont-passerelle.

Les parcs naturels régionaux

La Basse-Normandie abrite en ses terres deux très vastes parcs naturels régionaux, l'un très lié à la mer, l'autre au cœur des terres.

Le **Parc naturel régional des marais du Cotentin et du Bessin** couvre 27 000 ha d'une mosaïque de prairies humides, vertes et riantes l'été, « blanches », car inondées, l'hiver. En plus des cigognes, busards ou courlis qui s'y reproduisent, quelque 20 000 oiseaux d'eau migrateurs y séjournent en hiver, totalement dépendants de ces milieux humides.

Plus à l'intérieur des terres, le **Parc naturel régional Normandie-Maine** s'étend sur quatre départements en déclinant à l'infini ses paysages de montagne (les Alpes mancelles et la Suisse normande), de forêt (Andaines, Écouves), de bocage (le Passais), de rivières, de tourbières, etc.

LE CINÉMA, VITRINE DU COTENTIN

Depuis longtemps, les paysages et la lumière des côtes sauvages de la Hague et du Val de Saire attirent les réalisateurs de cinéma. Créée en 2001 à l'initiative du conseil régional de Basse-Normandie et de la DRAC, la **Maison de l'image de Basse-Normandie**, à Caen, a pour mission d'aiguiller les équipes de tournage vers les décors qui correspondent à leurs demandes et de les assister dans leur travail de repérage et de contacts avec les administrations locales et les figurants potentiels. C'est pourquoi de nombreux films sont tournés dans le Cotentin *(voir p. 359)*, participant ainsi à la promotion de la région.

Histoire

Terre riche au climat doux, stratégiquement placée, la Normandie est très tôt peuplée, puis vit au rythme des invasions. Occupée vers 800 par les Vikings, elle devient « Normandie », la terre des hommes du Nord, dont l'héritage est encore partout présent, dans la culture, la toponymie, la langue et les arts. Volontaires et aventureux, les Normands voient au-delà des frontières de leur duché : les uns partent conquérir la Sicile et le sud de l'Italie, pour y créer une culture brillante et prospère, d'autres, le duc Guillaume le Conquérant à leur tête, envahissent l'Angleterre pour s'emparer du trône. Passant et repassant des mains françaises aux mains anglaises, le duché de Normandie reste longtemps un enjeu de taille pour les « voisins » de part et d'autre de la Manche. Beaucoup plus tard, le danger vient d'ailleurs, et cette fois la région est le théâtre d'un des plus grands épisodes militaires mondiaux, de mémoire humaine : le débarquement des Alliés en 1944. Les plages normandes, et la région entière, sont définitivement entrées dans l'Histoire.

Brève chronologie

PRÉHISTOIRE

- **Vers - 200000** – Foyer de Fermanville, dans la Manche.
- **- 3600** – Tumulus de la Hogue à Fontenay-le-Marmion.
- **- 2800** – Habitat néolithique de Soumont-St-Quentin.
- **- 2300** – Début des échanges avec l'Angleterre qui fournit l'étain nécessaire pour la composition du bronze.

ÉPOQUE ROMAINE

- **58-51 av. J.-C.** – Conquête romaine.
- **56** – Sabinius écrase les Unelli au mont Castre.
- **27** – Organisation de l'Empire par Auguste : la future Normandie appartient à la province Lyonnaise dont la capitale est Lyon.
- **1er s. apr. J.-C.** – Essor de cités telle Coutances.
- **2e s.** – Incursions nordiques dans le Bessin. Christianisation du pays. Développement d'Aregenua, capitale des Viducasses, et construction de la maison au Grand Péristyle *(voir Vieux, p. 108)*. Construction de la forteresse de Noviodunum, chef-lieu de la cité des Diablintes.
- **284 et 364** – Nouvelles incursions nordiques.

DOMINATION FRANQUE

- **511** – La Neustrie ou royaume de l'Ouest échoit à Clotaire, fils de Clovis.
- **709** – Aubert, évêque d'Avranches, consacre le mont Tombe au culte de saint Michel.

INVASIONS NORMANDES

Venus de Scandinavie par la mer, les Vikings harcèlent l'Europe occidentale, touchent l'Afrique et pénètrent même en Méditerranée.

- **800** – Incursion normande sur les côtes de la Manche.
- **836** – Les chrétiens sont persécutés dans le Cotentin.
- **858** – Bayeux est ravagée par les Normands.
- **875** – Nouvelles persécutions de chrétiens dans l'Ouest.
- **911** – Traité de St-Clair-sur-Epte, qui fonde la **Normandie**.

LE DUCHÉ INDÉPENDANT

- **933** – Sous Guillaume Longue-Épée, fils de Rollon, le duché prend sa forme définitive par la réunion de l'Avranchin et du Cotentin.
- **10e-11e s.** – Affermissement du pouvoir des ducs. Restauration des abbayes.
- **1027** – Naissance à Falaise de Guillaume, le futur Conquérant.
- **Vers 1050** – Guillaume épouse Mathilde, fille du comte de Flandre.
- **1066** – Conquête de l'Angleterre. Guillaume, le duc de Normandie, devient roi d'Angleterre.
- **1087** – Mort de Guillaume.
- **1087-1135** – Les trois héritiers de Guillaume sont divisés. Henri ier Beauclerc restaure l'autorité ducale.
- **1120** – Naufrage de la *Blanche Nef* à la pointe de Barfleur. 300 personnes périssent dont deux des trois enfants d'Henri ier Beauclerc.
- **1152** – Henri II Plantagenêt, comte d'Anjou, épouse Aliénor d'Aquitaine.
- **1154-1189** – Henri II roi d'Angleterre.
- **1202** – Jean sans Terre condamné à la perte de ses biens français.
- **1204** – Le duché de Normandie est rattaché au royaume de France.

LE DUCHÉ FRANÇAIS

- **1315** – La Charte aux Normands (symbole de l'individualité du pays).
- **1346** – Débarquement d'Édouard III d'Angleterre à St-Vaast-la-Hougue. Il s'empare de Valognes, Carentan, St-Lô, Caen et Lisieux avant de gagner la Picardie.
- **1364-1380** – Campagnes victorieuses de Du Guesclin, dont la victoire de Cocherel marque le début, contre les Anglais.
- **1417** – Henri V envahit la Normandie.
- **1424** – Louis d'Estouteville, défenseur du Mont-St-Michel, repousse pendant dix ans tous les assauts anglais.
- **1437** – Fondation de l'université de Caen.
- **1450** – La Normandie est « recouvrée » après la victoire de Formigny et la prise de Cherbourg.
- **1469** – Charles de France, dernier duc de Normandie, est dépossédé de son duché.

LA PROVINCE NORMANDE

- **1514** – L'Échiquier de Rouen (ancienne cour de la justice ducale) devient le parlement de Normandie.
- **1542** – Création de la généralité de Caen.
- **1625** – Création de la généralité d'Alençon.

LA FONDATION DE LA NORMANDIE

Par le traité de St-Clair-sur-Epte (911), Charles le Simple, roi de France, accorde à **Rollon**, chef viking, le comté de Rouen en échange de la défense contre d'autres envahisseurs vikings. Le traité impose aussi à Rollon et ses hommes de se placer sous l'autorité du roi et de se faire baptiser pour entrer dans la communauté chrétienne. Les Vikings, « hommes du nord », deviennent alors « Normands », avant d'être, à la fin du 10e s., des « Francs ».

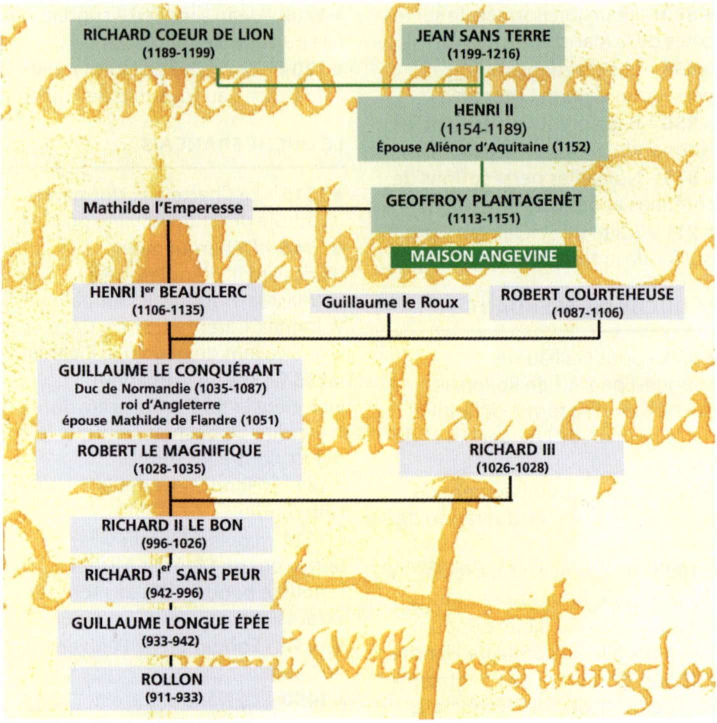

P. Sellin / Archives Départementales du Calvados

- **1639-1640** – Révolte des Nu-Pieds *(voir Avranches, p. 301)*.
- **1692** – Bataille navale de la Hougue.

LES DÉPARTEMENTS NORMANDS

- **1786** – Voyage de Louis XVI en Normandie.
- **1789** – Troubles de Caen, le château ducal est forcé par les révolutionnaires.
- **1789** – Suppression des provinces. La Normandie est découpée en cinq départements.
- **1793** – Tentative d'insurrection girondine. Échec des Vendéens devant Granville.
- **Juillet 1793** – Charlotte Corday se rend à Paris pour assassiner Marat.
- **1795-1800** – Chouannerie normande.
- **1800** – Le chef-lieu de la Manche est transféré de Coutances à Saint-Lô.

LA NORMANDIE CONTEMPORAINE

- **Juin 1940** – Rupture du front de la Bresle.
- **Juin 1944** – Débarquement allié sur les côtes du Calvados. Bataille de Normandie.
- **1955-1960** – Deux régions de programme sont instituées : la **Basse** et la **Haute-Normandie**.
- **1967** – 1re mise en service de l'usine de retraitement nucléaire de la Hague *(voir p. 355)*.
- **1971** – Le *Redoutable*, 1er sous-marin nucléaire français, est lancé à Cherbourg.
- **1975** – Création du Parc naturel régional Normandie-Maine *(p. 242)*.

LA SAGA DES NORMANDS EN MÉDITERRANÉE

Au début du 11e s., la Sicile est aux mains d'émirs musulmans. Le sud de l'Italie est divisé entre princes rivaux et disputé par Byzance, les États musulmans et l'Empire germanique. C'est dans ce contexte que des mercenaires normands interviennent. Fils de **Tancrède de Hauteville**, un seigneur du Cotentin, **Robert**, dit « **Guiscard** » (le rusé), conquiert Naples en 1049, puis les Pouilles en 1071, encouragé par le pape Nicolas II ; ses rapports sont plus tendus avec Grégoire VII qui l'excommunie avant de l'appeler au secours lors de l'attaque de Rome par l'empereur germanique Henri IV (1084). Son frère **Roger** fait main basse entre 1061 et 1091 sur la Sicile et devient « grand comte de Sicile ». **Roger II** étend son pouvoir au sud de l'Italie. Il est couronné en 1130 « roi de Sicile, duc de Pouilles et de Calabre, prince de Capoue ». Le royaume normand est à son apogée et représente un véritable âge d'or pour l'île. Fin lettré, Roger II établit à Palerme une cour brillante, rivalisant avec celle de Constantinople. Il constitue une flotte puissante qui fait vaciller le *basileus* Michel Comnène à Byzance. **Guillaume Ier** qui lui succède en 1154 résiste victorieusement aux attaques des Byzantins et de l'Empire germanique. **Guillaume II le Bon** (1166-1189) fait trembler Byzance, mais il meurt sans descendance. Constance, fille de Roger II, aurait pu hériter si elle n'était mariée avec l'empereur **Henri VI le Borgne**, or les Normands ne veulent pas passer sous le contrôle de l'Empire. Ils choisissent un enfant naturel, **Tancrède de Lecce**, qui assure la paix du royaume (1189-1194). À sa mort, son fils Guillaume est attaqué par Henri VI qui s'empare du trône et pille la région. Ce bain de sang marque la fin d'un royaume qui a dominé la Méditerranée pendant deux siècles. Les Normands ont réussi la synthèse des civilisations qui s'affrontaient dans la région, créant un mode de gouvernement et un style arabo-normand inédits. Rivalisant avec Byzance, ils ont construit des palais, des églises, de magnifiques jardins où l'on retrouve des influences byzantines, arabes et romanes. Parmi leurs réalisations, citons à Palerme l'exceptionnelle chapelle Palatine, la cathédrale, les palais de la Zisa et de la Cuba, etc.

Musée Tancrède de Hauteville, à Hauteville-la-Guichard, p. 328.

À lire également : L'Épopée des Normands en Sicile *de Viviane Moore.*

- **1977** – Achèvement de l'autoroute de Normandie.
- **1979** – Le Mont-St-Michel est le premier monument français inscrit au Patrimoine mondial de l'Unesco.
- **1986 et 1987** – Mise en service des deux réacteurs nucléaires de l'usine de Flamanville.
- **1988** – Inauguration du Mémorial de Caen par François Mitterrand.
- **1991** – Création du Parc naturel régional des marais du Cotentin et du Bessin *(p. 395).*
- **1997** – Violente polémique entre Greenpeace et la Cogema au sujet des rejets de ses déchets près de la Hague.
- **2000** – Naufrage du chimiquier italien l'Evoli Sun à 35 km au large du cap de La Hague.
- **2004** – 60e anniversaire du Débarquement en présence, pour la première fois, du chancelier allemand et du président russe.
- **2007** – Début de la construction du premier réacteur nucléaire EPR français, à Flamanville, dans le secteur de la Hague.
- **2011** – Onzième centenaire de la formation de la Normandie.

Guillaume le Conquérant

Guillaume le Conquérant est le plus illustre représentant d'une dynastie d'origine viking qui régna sur la Normandie de 911 à 1204, et dont l'histoire se confond volontiers avec la légende.

LE BÂTARD

Il devait son surnom de « Bâtard » à une union dite « *more danico* » (« à la mode danoise », désignant un concubinage officiel), entre la fille d'un tanneur, la belle Arlette (Herléva), et le duc de Normandie, Robert le Magnifique.
Selon la légende, Robert, rentrant de la chasse, tombe sous le charme de cette belle fille foulant le linge à la fontaine du Val-d'Ante. Sollicité, le père de la demoiselle prend le parti de laisser sa fille décider de son sort. La fine mouche « fait robe fraîche tailler », mais refuse de se laisser mener secrètement au château, exigeant d'y entrer par la grande porte. Les chroniqueurs de l'époque terminent leur récit par ces mots : « Et quand vint le temps que Nature requiert, Arlette eut un fils nommé Guillaume. » Né à Falaise (Calvados) en 1027, il a pour ancêtre le *jarl* Rollon, venu de Norvège, auquel le roi de France, Charles le Simple, avait cédé en 911 la ville de Rouen et « plusieurs pays proches de la mer », donnant ainsi naissance à la Normandie.
En 1035, quand son père meurt, Guillaume n'a que huit ans et devient le septième duc de Normandie. Il reçoit une éducation essentiellement militaire qui fait de lui un formidable guerrier, apprend les rudiments du latin tandis que son instruction religieuse le conduit vers une foi profonde.
Mais le début de son règne est tumultueux. Son précepteur, son tuteur et le sénéchal de Normandie, chargés de son éducation, seront tous trois assassinés par des prétendants à la succession refusant la légitimité du « Bâtard ».
Guillaume grandit ainsi, dans une atmosphère faite de tensions et de meurtres, d'abandons et de disparitions, autant de réalités qui affermiront son caractère. En 1046, à peine âgé de vingt ans, il sort indemne d'une conjuration menée par les seigneurs de Basse-Normandie, dont Guy de Bourgogne et les vicomtes de Cotentin et de Bessin. Conscient des menaces, il sollicite et obtient le soutien du roi de France, Henri Ier, conformément aux règles féodales qui protègent tout vassal en difficulté.

L'AMOUR DE MATHILDE

Avec quelques fidèles et l'appui des soldats du roi, il défend ses terres par les armes, triomphe à Val-ès-Dunes et parvient à restaurer son autorité sur la Normandie jusque dans sa partie occidentale. Il fait construire nombre de châteaux (Falaise et Cherbourg), édifie des bourgs (Saint-James), développe St-Lô et Carentan, crée la ville de Caen, seconde capitale du duché, et instaure la Trêve de Dieu, traité de paix avec ses ennemis.
Son pouvoir s'affermit après son mariage, vers 1051, avec Mathilde, fille du comte de Flandre, et plus encore en 1057, après une victoire sur la nouvelle coalition du roi de France, de Guillaume d'Arques et du comte d'Anjou.
Déterminé à éviter à ses descendants les souffrances qu'il avait endurées en tant que « bâtard », Guillaume fut un homme fidèle et confiant, allant jusqu'à déléguer à son épouse l'administration de la Normandie lors de ses voyages. Intègre, tout en ayant le sens du compromis, c'est aussi un être magnanime qui sait récompenser ses alliés pour mieux s'assurer leur fidélité.

LE VAINQUEUR DE LA MANCHE

Guillaume se trouve à la tête d'un État solide, bien administré et pacifié quand son cousin Édouard le Confesseur, roi d'Angleterre, le reconnaît pour héritier. Avec l'aide de mercenaires de Bretagne, de Flandre et de Bourgogne et le soutien du pape Alexandre II, Guillaume part à la conquête de l'Angleterre. En 1066, la **bataille d'Hastings**, relatée dans la tapisserie de Bayeux, marque le triomphe des Normands sur Harold II, successeur éphémère d'Édouard. Guillaume est couronné **roi d'Angleterre** à Westminster. Bien entendu, sa réussite ne sera pas sans inquiéter le roi de France, car pour la première fois, et pendant un siècle, l'Angleterre est rattachée au continent.
Réprimant plusieurs révoltes, renouvelant l'aristocratie anglaise, largement compromise dans les mouvements de rébellion, favorisant l'installation de nobles familles normandes outre-Manche, Guillaume transforme en profondeur la société anglaise. Fin pédagogue, cultivé, il sera également soucieux d'exporter l'**art normand**. Les cathédrales de Canterbury, de Winchester et de Durham témoignent de sa conquête.
En un règne long de cinquante-deux ans en Normandie, de vingt et un ans en Angleterre, Guillaume le Conquérant est parvenu à maintenir la justice et la paix dans les États soumis à son autorité. Il meurt le 9 septembre 1087 près de Rouen. Son corps sera transporté par mer et inhumé en l'église St-Étienne de Caen selon ses vœux.

UNE IMAGE FÉDÉRATRICE

En Normandie, la glorieuse histoire du Conquérant est racontée aujourd'hui à travers les villes et les monuments.
Falaise, capitale du duché pendant de longues années, et ville natale de Guillaume, conserve son impressionnant château ; Bayeux, siège de l'évêché un temps occupé par Odon, demi-frère de Guillaume, est un site majeur pour la découverte de l'histoire du duché de Normandie, notamment grâce à la tapisserie de Bayeux, qui raconte la conquête de l'Angleterre ; Caen enfin, est choisie comme lieu de résidence par Guillaume le Conquérant, où il fait construire un palais vers 1060. Après son mariage avec sa cousine Mathilde de Flandre, mariage interdit par le pape, il obtient le pardon de celui-ci en faisant construire, avec son épouse, l'Abbaye-aux-Dames et l'Abbaye-aux-Hommes.
Le Comité départemental du tourisme du Calvados met en place une signalétique permettant de marcher sur les traces du Conquérant. Son site, www.lafabuleuseepopee.com, donne des informations historiques, propose des renseignements pratiques sur les sites, un agenda des événements et un espace dédié aux enfants. Il permet aussi de visionner un clip vidéo sur l'épopée de Guillaume.
Un livret-jeu pour les enfants (7-12 ans), « Guillaume le Conquérant », décline en 40 pages d'énigmes et de questions-réponses l'histoire du roi-duc (disponible notamment dans les offices du tourisme de Bayeux, Caen et Falaise - 3 €).

Le Débarquement

Omaha, Utah, Juno, Sword, Pegasus Bridge... ces noms résonnent toujours fortement, ancrés dans les mémoires comme symboles de ce 6 juin 1944. Profitant d'une accalmie météo, la plus gigantesque armada de tous les temps surprenait les Allemands qui l'attendaient dans le Pas-de-Calais. Les troupes alliées affrontaient le redoutable Mur de l'Atlantique pour libérer la France.

LES PRÉPARATIFS

Les choix stratégiques

Le débarquement sur le continent européen fut réclamé par l'URSS dès l'attaque allemande de juin 1941, mais ce fut seulement après l'entrée en guerre des États-Unis que put être étudiée cette action offensive de grande envergure.
Le plan « Cossac » approuvé, aux conférences de Washington et de Québec (en mai et août 1943), par Roosevelt et Churchill prévoyait le débarquement de troupes d'invasion sur la côte du Calvados. Ce secteur avait été préféré à celui du Pas-de-Calais parce qu'il imposait à ses défenseurs l'utilisation de lignes de communication plus vulnérables : en bombardant les ponts de la Seine et de la Loire, il était possible d'« insulariser » la Basse-Normandie. On savait en outre que les prévisions ennemies se concentraient sur la défense du Pas-de-Calais. À Noël 1943, le général Eisenhower fut nommé chef des forces expéditionnaires et chargé de la conduite de l'opération « Overlord » (« Suzerain »).

Une entreprise titanesque

La mise en chantier des ports artificiels, fruit des leçons tirées du raid de Dieppe, la construction des innombrables embarcations spécialisées nécessaires à l'opération entretinrent pendant l'hiver 1943-1944 une activité fiévreuse dans tous les ports d'Angleterre. Les bombardements aériens systématiques, visant à paralyser le réseau ferré français, commencèrent le 6 mars 1944, s'ajoutant aux destructions opérées par la Résistance française. Entretenu dans l'incertitude jusqu'au dernier moment, l'ennemi ne changea rien à son plan de défense, concentré sur le Pas-de-Calais ; cependant, au cours du printemps 1944, le maréchal Rommel fit truffer les plages d'obstacles sous-marins, renforçant ainsi très sérieusement le « Mur de l'Atlantique ».

L'opération « Fortitude »

L'opération « Fortitude » visait à tromper les Allemands en achevant de les persuader que le Débarquement aurait lieu dans le Pas-de-Calais. Pour y parvenir, les Alliés multiplièrent les « vraies fausses informations » : émissions radio fictives, rassemblements de troupes avec des chars gonflables sur les côtes du Kent les plus proches du Pas-de-Calais, constitution d'une armée fantôme dirigée par Patton. Cette opération se prolongea pendant et après le Débarquement, pour empêcher le déplacement massif des troupes allemandes vers la Normandie. Ainsi, dans la nuit du 5 et le 6 juin, des « dummies », mannequins gonflables chargés d'explosifs, furent-ils largués par des avions au-dessus de sites non impliqués dans le Débarquement (pays de Caux). Des Alliés parlant parfaitement allemand réussirent à donner de faux ordres aux contrôleurs allemands. L'intoxication visée par le plan Fortitude fut un succès. Jusqu'à fin juillet 1944, Hitler maintint la plus grande partie de ses troupes dans le Pas-de-Calais, où il attendait le déferlement d'une gigantesque vague alliée, considérant le débarquement de Normandie comme une diversion.

Le rôle de la Résistance

Souvent occultée par l'importance accordée au Débarquement, la Résistance normande a pourtant joué un grand rôle pendant l'Occupation. Dès l'été 1940, quelques Normands s'engagent dans la Résistance : on en compte environ 12 000 en octobre 1943 et 25 000 au 1er juin 1944. Les organisations normandes sont multiples et variées, certaines rattachées à de grands réseaux (OCM, Ceux de la Résistance, Ceux de la Libération, Réseau PTT, etc.), d'autres, parfois de toute petite taille, spécifiquement normandes (groupe franc de Villebaudon, maquis du Bocage, maquis de Surcouf, le plus redouté des Allemands).

La Résistance, qui effectuait de nombreux sabotages, avait pour principale mission d'obtenir des renseignements afin de tenir les Alliés informés sur la préparation ennemie. Les résistants ont aussi contribué au succès de l'opération Overlord. Les membres du maquis de Beaucoudray ont ainsi intercepté un parachutage d'armes dans la nuit du 9 au 10 mai 1944 et, à quelques heures du Débarquement, ont coupé les lignes téléphoniques. Après le jour J, les résistants ralentissent l'avancée ennemie vers le front de Normandie par les plans mis en place comme le plan Violet visant à la coupure des lignes téléphoniques, le plan Bibendum à l'interruption des voies de communication… Certaines missions menées par les résistants normands ont été décisives pour la victoire, c'est le cas de la mission Helmsman destinée à fournir, par la traversée des lignes adverses, un relevé précis du dispositif allemand.

Une sanglante répétition

Le jour J, condamné à réussir, a fait l'objet d'une sanglante répétition, baptisée **opération « Tiger »**. Six semaines environ avant le D Day, le 27 avril 1944, les troupes alliées ont opéré un premier « débarquement » sur les côtes de Devon, à Slapton Sands au sud-est de l'Angleterre. Cette plage fut choisie pour sa ressemblance avec celles d'Omaha et d'Utah. Les villages furent évacués, les routes fermées, les sites et les monuments protégés. 500 des 30 000 soldats réquisitionnés jouaient le rôle des Allemands. Menée dans le plus grand secret, la répétition générale fut émaillée de nombreux accidents et erreurs. Alertées par un trafic radio intense, des vedettes allemandes lance-torpilles ont découvert le convoi. Les Alliés ont tenté de répliquer dans une totale confusion, un millier d'Américains y ont trouvé la mort. Ce tragique événement, couvert par le secret militaire jusqu'en 1984, a au moins permis de régler quelques problèmes graves, de la coordination des fréquences radio entre Américains et Anglais jusqu'à l'utilisation des bouées de sauvetage.

LA BATAILLE DE NORMANDIE

La première semaine ①

Prévu le 5 juin, le Débarquement fut repoussé à cause de très mauvaises conditions météorologiques. Malgré beaucoup d'incertitudes, Eisenhower décida de profiter d'une courte accalmie météo pour lancer l'opération, prévue le lendemain. Le 5 juin au soir, à 20h15, fut diffusée la seconde partie tant attendue de la fameuse strophe de Verlaine :
« Les sanglots longs des violons de l'automne blessent mon cœur d'une langueur monotone. »
La nuit va être longue : la gigantesque armada s'ébranle

progressivement, des commandos s'envolent vers des sites stratégiques comme les ponts sur l'Orne ou la batterie de Merville, d'intenses bombardements pilonnent les batteries côtières, les 82e et 101e divisions aéroportées US sont larguées dans les zones périlleuses, car marécageuses, situées entre Utah et Ste-Mère-Église, etc.
À l'aube de ce jour, vers 6h30, s'engage l'assaut terrestre. Les troupes américaines débarquent sans trop de peine à Utah, grâce à une heureuse erreur de position qui les met hors de portée des batteries. Il en est tout autrement à Omaha où elles doivent faire face à des tirs meurtriers de canons et d'armes automatiques ; clouées au sol, les vagues d'assaut sont également coincées par la mer qui monte. Il faudra attendre le début de l'après-midi et de terribles pertes pour sortir de cet enfer. Non loin de là, les « Rangers » s'emparent héroïquement de la redoutable pointe du Hoc. Les troupes britanniques prennent contact avec les « têtes de plage » de « Sword », « Juno » et « Gold » (de Caen à Bayeux) qui font rapidement leur liaison.

L'aménagement de la tête de pont

L'exploitation du succès initial donne lieu à des pénétrations d'importance inégale : le 5e corps américain menace Caumont dès le 13 juin. Pour autant, à l'est, les combats prennent d'emblée un caractère acharné : les Anglo-Canadiens sont stoppés, le 7 juin, à 6 km au nord de Caen, tandis que, dans le secteur de Tilly-sur-Seulles, de multiples retours offensifs de l'ennemi rendent la situation instable jusqu'au 20 juin. Le commandement allemand est conscient de l'importance du secteur de Caen, qui va devenir la charnière du front, selon les prévisions du général britannique Montgomery.

Coupure du Cotentin et prise de Cherbourg ②

À partir du 13 juin, les Américains se lancent à travers la péninsule du Cotentin. Elle est « coupée » le 18 juin (prise de Barneville). Faisant alors face au nord, ils investissent le camp retranché de Cherbourg qui tombe le 26 : c'est un succès important et stratégique dans la bataille des approvisionnements.

Bataille de l'Odon et prise de Caen ③

Le 26 juin, pour s'assurer une tête de pont sur l'Orne en amont de Caen, Montgomery décide de déborder la ville par le sud-ouest. Une âpre bataille s'engage pour le franchissement de l'Odon et la conquête de la cote 112. Elle se poursuivra pendant plus d'un mois. Caen (rive gauche), attaquée en force par l'ouest et le nord-est, tombe le 9 juillet.

Les préparatifs de la percée

« Retenir le plus grand nombre possible de divisions ennemies sur notre flanc est, entre Caen et Villers-Bocage, et faire pivoter le flanc ouest du groupe d'armées vers le sud-est, en un vaste mouvement de fauchage, afin de menacer la ligne de retraite de ces divisions » : ces directives du général Montgomery à ses subordonnés éclairent l'évolution de la bataille de Normandie à partir de début juillet.
Pour les combattants américains de 1944, la campagne du Cotentin – progression vers Cherbourg et bataille de St-Lô – signifie « **guerre des haies** ». Les haies et les chemins qui quadrillent le bocage sont inconnus en Amérique ; ils constituent pour

le commandement des pièges offrant, pour la guérilla, des ressources infinies dont les Chouans avaient déjà su tirer parti. Dans le bocage mystérieux, l'armement moderne n'est pas d'un grand secours : les gros obus de 105 n'ébranlent même pas les levées couronnées par un enchevêtrement d'arbres touffus et de broussailles épaisses, qui constituent autant d'obstacles antichars naturels. Les blindés circulent dans les étroits chemins creux où toute manœuvre est impossible. Quand ils tentent de franchir le haut talus, ils offrent leur partie vulnérable à l'ennemi tapi derrière la muraille épineuse. Seuls les fantassins opèrent utilement dans « l'enfer des haies » ; cette lutte contre un ennemi invisible impose une tension épuisante ; chaque champ, chaque verger traversé en rampant est une victoire ; la lente progression s'évalue en « haies » et le nettoyage méthodique doit être poursuivi avant l'apparition des chars. Pour que le rôle de ces derniers redevienne efficace, il fallut l'ingénieuse astuce imaginée par un sergent américain : la fixation sur leur avant d'une sorte de soc tranchant en acier.

La bataille de St-Lô ④

Le 3 juillet, les Américains du 8e corps déclenchent une offensive vers le sud, pour gagner le carrefour routier de St-Lô et s'assurer des positions favorables à l'organisation d'opérations de grande envergure. La résistance s'acharne à La Haye-du-Puits et au mont Castre : partout, c'est la « guerre des haies » sous ses aspects les plus déroutants. St-Lô tombe le 19 juillet et l'assaillant se fixe en arrière de la route Lessay-Périers-St-Lô.

Au cours de ces mêmes journées, dans le secteur de Caen, les progrès restent lents. Une attaque de rupture, lancée au sud-est de la ville, est stoppée le 19 juillet dans le secteur de Bourguébus. Jusqu'au 25 juillet, le mauvais temps suspend les opérations sur tous les fronts.

La percée : opération « Cobra » ⑤

Le 25 juillet, à midi, après un terrible pilonnage aérien, le 7e corps passe immédiatement à l'attaque à l'ouest de St-Lô, tandis que le 8e corps se déploie entre Périers et Lessay. Le 28 juillet, les positions ennemies sont enfoncées. Les blindés filent sur les grandes routes, négligeant les nids de résistance secondaires, et délimitent, par la rapidité de leur avancée, de vastes zones d'encerclement. Coutances tombe le 28, Granville et Avranches le 31. Le 1er août, le général Patton prend le commandement de la 3e armée, nouvellement formée, pour la projeter dans la guerre-éclair. Le 8e corps « éclate » en Bretagne (Rennes est prise le 4 ; Nantes, le 12) tandis que le 15e corps, avec qui opère la 2e DB du général Leclerc, se rabat à l'est, vers Laval et Le Mans (9 août).

La poussée au sud de Caen ⑥

Pour appuyer ces opérations, Montgomery fait entrer en ligne la 1re armée canadienne (général Crerar) sur la route Caen-Falaise, à l'extrémité est du front, tandis que les divisions anglaises, poussant sur le sud-est à partir de Caumont et de Villers-Bocage (pris le 5 août), débordent les dernières défenses de la rive gauche de l'Orne.

La bataille de la poche Falaise-Mortain ⑦

Devant la menace que le 15e corps américain fait peser sur les arrières de la 7e armée, Hitler lui-même monte une contre-offensive visant à couper la 3e armée de ses bases en étranglant le goulot d'Avranches. Les Panzer sont lancés vers l'ouest, dans la nuit du 6 au 7 août, à partir

de la région de Mortain ; au fil des raids, ils sont écrasés par l'aviation alliée. Après une semaine de combats acharnés, les Allemands renoncent enfin et se replient vers l'est (12 août).

Au cours de cette deuxième semaine d'août, la 2e DB française, remontant à toute vitesse du Mans, prend Alençon (12 août) et, le lendemain, d'un bond audacieux, va couper, à Écouché, la route Paris-Granville.

Les Canadiens, arrêtés du 9 au 14 sur la ligne du Laison, entrent à Falaise le 17, formant la mâchoire nord de l'étau qui va se resserrer sur les débris de la 7e armée allemande. La jonction des Canadiens et des Américains à Chambois (le 19) conduira à la capitulation. Le 21 août, à la nuit, la bataille de Normandie est gagnée.

Fin de la bataille de Normandie

La terrible défaite allemande, sorte de « Stalingrad en Normandie », ne signifie pas pour autant l'arrêt des combats. Tandis que les débris de cette armée descendent vers la Seine qu'ils réussissent à franchir malgré la destruction des ponts, la libération des villes normandes continue, parfois au prix de bombardements destructeurs : Lisieux est ainsi détruite et perd un millier d'habitants avant d'être libérée le 25 août. Mais les combats les plus acharnés ont lieu au Havre où une garnison de 11 000 hommes s'accroche désespérément. Les bombes ravagent la ville où se terrent quelque 60 000 habitants. Elle est enfin libérée le 12 septembre, mais à quel prix ! Avec plus de 2 000 victimes civiles, la ville est détruite à 85 %. L'essentiel de la résistance allemande a lieu en Normandie, qui paye un lourd tribut à la guerre. La libération du reste de la France est assez rapide et Leclerc peut entrer dans Strasbourg le 23 novembre.

UNE BATAILLE, DES CHEFS

La stratégie est un élément décisif dans une bataille et ces généraux y ont joué un rôle majeur.

Le général Dwight **Eisenhower** (américain) est commandant suprême des forces alliées en Europe ; il reçoit la capitulation de l'Allemagne à Berlin le 9 mai 1945. Président des États-Unis de 1953 à 1960. Mort en 1969.

Le général Omar **Bradley** (américain) commande les forces d'assaut américaines lors du Débarquement, puis progresse de la Bretagne à l'Elbe à la tête du 12e groupe d'armées. Mort en 1981.

Le général Philippe de Hauteclocque, dit **Leclerc** (français), commande la 2e division blindée française libre, débarquée à Utah Beach le 1er août. Mort dans un accident d'avion en 1947.

Le général Bernard **Montgomery** (britannique) commande les forces terrestres du Débarquement, puis entraîne le 21e groupe d'armées vers la Hollande et le Danemark. Mort en 1976.

Le général George **Patton** (américain) commande la 3e armée américaine ; exploitant la brèche d'Avranches, il progresse à travers la Bretagne et le Bassin parisien jusqu'en Bohême. Tué dans un accident d'auto en 1945 *(voir carte historique Michelin n° 105).*

Le maréchal Erwin **Rommel** (allemand) est inspecteur général des côtes de la mer du Nord et de l'Atlantique et commande le groupe d'armées B. Blessé le 17 juin, soupçonné ensuite d'avoir participé à la conjuration contre Hitler, il se suicide sur ordre le 14 octobre 1944.

Le maréchal Gerd von **Rundstedt** (allemand) est commandant suprême du front de l'Ouest, remplacé le 1er juillet après le succès du Débarquement ; il dirige la contre-offensive des Ardennes, puis est fait prisonnier. Mort en 1953.

Rappelons aussi le rôle joué par Hitler qui, s'opposant à certaines décisions de ses généraux, contribua à favoriser la déroute des troupes allemandes.

LA BATAILLE DE NORMANDIE EN CHIFFRES

Au soir du 6 juin ont débarqué : 156 350 soldats dont 23 000 parachutistes. Quelque 11 600 avions, 5 000 navires et des dizaines de milliers de véhicules ont été utilisés. Les pertes alliées s'élèvent alors à 10 000 hommes tués, perdus ou disparus, 27 avions abattus, 63 endommagés.

La bataille de Normandie fut terrible, avec la participation de plus de 2 millions de soldats alliés, l'acheminement de quelque 3 millions de tonnes de ravitaillement et d'équipements. Le nombre des victimes est tout aussi impressionnant : chez les Alliés, on déplore environ 200 000 soldats blessés, 40 000 tués, 16 000 soldats portés disparus et environ 20 000 victimes parmi les civils. L'armée allemande comptera 200 000 tués et blessés, et autant de prisonniers.

Art et culture

Envahisseurs et pillards, les Vikings en devenant Normands se sédentarisent. Ils apportent leur culture, leur maîtrise du travail du bois et des métaux, puis s'efforcent de développer ces techniques et ces savoir-faire précieux. Spécialisés dans certains artisanats, ils donnent naissance à un véritable style normand, notamment dans la dentelle ou le travail du bois. Plus spectaculaire encore est l'architecture, sur cette terre où croissent églises, abbayes et forteresses, avant d'essaimer outre-Manche en un style qui porte le nom de la région au-delà de ses frontières. Le patrimoine normand, de châteaux en églises, d'armoires de mariage en coiffes de dentelle, de villas balnéaires en cloches fondues, témoigne aujourd'hui de ces talents artistiques millénaires et encore vivants.

Une terre d'églises

Terre de calcaire, de schiste, d'argile et de granit, la Normandie a inspiré au fil des siècles de grands bâtisseurs, des artistes influents et des architectes ingénieux qui ont laissé un patrimoine religieux remarquable.

ART ROMAN (11e S. - DÉBUT DU 12e S.)

Soutenus par les ducs, les bénédictins ont joué un rôle capital en Normandie. Les premiers édifices religieux importants de Normandie sont les églises des riches abbayes. Si les bâtiments monastiques primitifs ont disparu ou ont été modifiés, en particulier à la suite de la réforme de St-Maur, d'admirables églises abbatiales témoignent encore de la « floraison bénédictine » : églises St-Étienne et de La Trinité à Caen, sanctuaires du Mont-St-Michel, de Cerisy-la-Forêt, etc.

L'école normande

Elle se caractérise par la pureté des lignes, la hardiesse des proportions, la sobriété du décor et la beauté de l'appareil. Après la conquête du duc Guillaume, l'art normand rayonne en Angleterre (c'est dans la cathédrale de Durham qu'apparaît « officiellement » la croisée d'ogives, au début du 12e s.), puis en Sicile, à la suite des Hauteville. En France, l'école normande ouvre la voie au style gothique.

Les églises des abbayes

Les **abbatiales** se signalent par deux tours encadrant la façade, dont la forme rappelle celle d'un H, et par une tour-lanterne, de plan carré, élevée à la croisée du transept. Nues ou ornées d'arcatures aux étages inférieurs, les tours s'allègent et s'ajourent de baies à mesure qu'elles s'élèvent (au 13e s., beaucoup ont été surmontées de flèches cantonnées de clochetons). Les clochers romans sont couverts d'un toit en bâtière ou coiffés d'une courte pyramide à quatre pans, en charpente ou

La cathédrale de Coutances.
S. Sonnet / hemis.fr

en pierre, embryon de la flèche gothique.

S'il est une particularité qui frappe sitôt que l'on pénètre dans les abbatiales normandes, c'est la clarté régnante et l'ampleur des dimensions. La nef est large ; elle présente deux étages d'ouverture au-dessus des grandes arcades en plein cintre. L'ensemble apparaît d'une hardiesse surprenante pour un édifice roman, car, de manière délibérée, les moines de Normandie ont repoussé la lourde voûte en berceau et adopté souvent une toiture de charpente pour la nef et les tribunes, et une voûte d'arêtes dans les bas-côtés. Enfin, au niveau des fenêtres hautes, une galerie de circulation est ménagée dans les murs épais. Une coupole supporte la magnifique tour-lanterne qui diffuse à flots la lumière du jour.

Une décoration caractéristique

À l'exemple des églises romanes, ces abbatiales étaient enluminées, à grande échelle, comme les manuscrits ; les thèmes restaient ceux de l'iconographie byzantine. Le décor sculpté de l'école normande met en relief différents motifs, dont les principaux sont les frettes (lignes brisées dont l'assemblage dessine une suite de créneaux ou de rectangles). Les motifs décoratifs, agrémentés parfois de quelques moulures, têtes plates d'hommes ou d'animaux, soulignent les voussures, les archivoltes, les corniches et les moulures. Les moines ont parfois transposé en faible relief des motifs copiés sur des étoffes, des ivoires et des objets d'orfèvrerie rapportés d'Orient ; telle est l'origine des écoinçons des grandes arcades de Bayeux. Les chapiteaux sont assez rares, la plupart sont à godrons ou décorés de feuillages stylisés.

LE GOTHIQUE (12e S. - 15e S.)

Le gothique est, par excellence, l'art des **cathédrales**, symbole de l'élan religieux de la population et de la prospérité grandissante des villes. Au 13e s., une fusion s'opère entre le style gothique et les traditions

LA MERVEILLE
L'abbaye du **Mont-St-Michel** constitue un parfait exemple d'architecture gothique, notamment les bâtiments conventuels surnommés « **la Merveille** ».

architecturales normandes; la cathédrale de **Coutances** en est le plus bel exemple. La pureté des proportions, le caractère altier et dépouillé du style normand s'allient merveilleusement aux raffinements de la construction gothique, comme dans la tour-lanterne de Coutances.
C'est aussi l'époque des superbes **clochers** de la plaine de Caen et du Bessin, si caractéristiques avec leur haute flèche de pierre (souvent ajourée pour offrir moins de résistance au vent), cantonnée de clochetons. L'église St-Pierre de Caen présente un véritable résumé de l'architecture gothique, depuis son chœur du 13e s., sa façade rayonnante ornée d'une rose, jusqu'au chevet commencé à la fin du 15e s. en gothique flamboyant.
Jusqu'au 16e s., le style conçu en Île-de-France, à partir de la croisée d'ogives et des arcs-boutants, s'appelle « travail à la française » ou « mode française ». Les Italiens de la Renaissance, réfractaires à cet art parisien, lui donnent le nom de « gothique », fort péjoratif dans leur esprit. Le nom, dépourvu de sa signification méprisante, s'est maintenu. Les Français empruntent aux abbatiales normandes leurs façades en H et leurs vastes tribunes (la façade de Notre-Dame de Paris est bâtie sur le modèle de La Trinité de Caen et ses tribunes sur celui de l'Abbaye-aux-Hommes).

L'ÈRE MODERNE (17e S. - 18e S.)

Les premières décennies du 17e s. coïncident avec la réaction catholique de la contre-réforme. Les jésuites construisent de nombreux collèges et chapelles : ce sont des édifices corrects et froids, dont la façade se caractérise par la superposition des colonnes, un fronton et des consoles renversées, ou ailerons, raccordant l'avant-corps central aux corps latéraux.
Les abbayes bénédictines qui ont adopté la réforme de St-Maur retrouvent leur rayonnement. Au début du 18e s., les bâtiments monastiques de l'Abbaye-aux-Hommes à Caen sont reconstruits par un frère, Guillaume de la Tremblaye. Si le plan traditionnel est conservé, l'architecture et la décoration se révèlent empreintes d'une certaine noblesse et d'une austère beauté.

Architecture militaire

Mottes, enceintes et donjons se sont révélés indispensables aux ducs de Normandie pour protéger leur territoire. Les châteaux fleurissent donc dans le duché, jusqu'à ce que la paix les transforme en demeures d'apparat.

LES CHÂTEAUX FORTS

Dans la Normandie féodale, le « permis de construire » d'un château est accordé aux barons par le duc suzerain, qui encourage la construction de forteresses aux frontières du duché mais se réserve le droit d'y placer une garnison, et interdit les guerres privées.
Les plus anciens, appelés **châteaux à motte**, furent bâtis en terre et en bois, entourés d'un large fossé, tels qu'ils sont représentés sur la tapisserie de Bayeux. Le château de **Caen**, édifié par Guillaume le

Conquérant vers 1060, appartient à cette catégorie des citadelles protégées par une butte. Au 12e s., ces châteaux se dotent d'un grand donjon de pierre qui sera la seule partie habitée jusqu'au 13e s. Outre le fascinant donjon de **Falaise**, l'un des rares encore debout, ceux des châteaux de Caen, d'Argentan et de Domfront voient le jour sous l'impulsion du duc-roi Henri Ier Beauclerc. Élevé au 12e s. par un chevalier ayant participé à la conquête de l'Angleterre, le château de **Pirou** est remarquable par son enceinte originelle conservée, qu'entourent des douves.

À partir du 14e s., on construit dans la cour, à l'intérieur du corset de fortifications, un corps de logis plus confortable. Le donjon devient alors un ultime réduit. C'est l'époque où la chemise, rempart circulaire qui enserre le donjon, habille la forteresse. Le château de Cherbourg, malheureusement rasé, en était, d'après les descriptions d'époque, un superbe exemple. Le château de **Gratot**, proche de Coutances, est construit sur ce principe, et dresse encore ses tours circulaires, en avant du logis.

À l'âge gothique, les donjons vont totalement disparaître tandis que les remparts se renforcent d'organes défensifs : le chemin de ronde et le parapet crénelé ainsi que les canonnières et les mâchicoulis laissent peu de chance aux assaillants. La porte principale est défendue par un pont-levis ou un châtelet, comme c'est le cas pour la forteresse d'**Alençon**, aujourd'hui transformée en prison.

Après la guerre de Cent Ans (1337-1453), les châteaux forts tombent peu à peu en désuétude. La paix qui semble s'installer et les progrès soudains de l'artillerie auront raison de ces terribles forteresses. Si quelques-unes furent détruites, la plupart furent transformées, à grand renfort de travaux, en demeures de plaisance.

LES FORTIFICATIONS : DE VAUBAN AU MUR DE L'ATLANTIQUE

Par sa situation littorale, la Basse-Normandie demeure une zone stratégique que les pouvoirs successifs s'efforcent de protéger. Par la volonté de Louis XIV, la ligne de fortifications protégeant les frontières du royaume est renforcée dans la Manche par les tours-observatoires de l'île de Tatihou et de La Hougue, construites en 1694 par Benjamin Descombes sur des plans de **Vauban** (1633-1707).

Non loin, la place de **Cherbourg** fait longtemps l'objet de discussions, avant qu'il soit décidé, sous Louis XVI, d'en faire une rade fortifiée. La construction titanesque des digues, des bassins de l'arsenal et des forts de défense dure tout au long du 19e s.

Sur l'île de **Chausey**, un fort pentagonal est bâti en 1866, pour remplacer un ancien fort du 16e s. maintes fois détruit.

À partir de 1943, l'armée allemande décide de construire sur le littoral français, et notamment en Normandie, une ligne de défense fortifiée, en vue d'empêcher un débarquement hostile. C'est le **Mur de l'Atlantique**, composé d'une multitude de batteries d'artillerie et de bunkers en béton, pour certains toujours en place.

Architecture et esthétique

Pendant la Renaissance sont élevés d'admirables châteaux, qui intègrent les préoccupations esthétiques récemment introduites en architecture. Nombre de demeures anciennes sont embellies selon ces mêmes principes.

LA RENAISSANCE NORMANDE (16e S.)

Archevêque et mécène de Rouen, Georges Ier d'Amboise introduit en Normandie des « usages et modes d'Italie ». Les nouveaux motifs, arabesques, rinceaux, médaillons, coquilles, vases, etc., s'intègrent à l'art flamboyant. Dans le domaine religieux, le chevet de l'église **St-Pierre** à Caen constitue un remarquable exemple de cette tendance exubérante.
Le style Renaissance déploie toute sa grâce dans l'architecture privée. On habille d'abord au goût du jour les constructions antérieures ou l'on y ajoute un corps de logis délicatement décoré comme au château de **Creully**, qui a bénéficié d'importantes transformations. Dans certains cas, la mue est spectaculaire, si l'on en juge par le château de **Fontaine-Henry**, considérablement embelli aux 15e et 16e s. par ses propriétaires. Dans d'autres cas, un parti radical est préféré. Les constructions antérieures sont rasées au profit d'une demeure récente, établie sur les fondations anciennes. C'est le cas au **château d'Ô**, remarquable par sa décoration architecturale et l'ampleur de son pavillon rappelant celui de Fontaine-Henry.
Pourtant, en Normandie, la sève gothique survit à la règle de la Renaissance, sous des aspects charmants, dans de **petits manoirs** et d'innombrables « châteaux d'herbage » qui arborent un air féodal avec fossés, tourelles et crénelage, adoptant soit la construction à colombage, soit un petit appareil de pierre et de brique de couleur.
Les villes normandes abritent de nombreux **hôtels Renaissance**, vastes demeures seigneuriales construites en pierre. Si la façade est toujours sobre, il faut pénétrer dans la cour pour admirer l'ordonnance de l'architecture et la richesse de la décoration, comme à l'**hôtel d'Escoville** à Caen. Tandis que les principes de construction des maisons à pans de bois restent inchangés, le décor des demeures bourgeoises s'enrichit au 16e s. et devient moins primesautier.
Beaucoup de ces vieilles demeures ont été magnifiquement restaurées. Alençon, Bayeux, Caen et Domfront en conservent de beaux exemples.

LE GRAND SIÈCLE

Par l'intermédiaire des humanistes, l'**emprise classique** se précise : on cherche la justesse des proportions et la superposition des trois ordres antiques.
Après les guerres civiles, le règne d'Henri IV marque un renouveau artistique. On adopte un mode de construction économique en accordant une place importante à la brique : c'est une floraison de jolis châteaux aux simples façades rose et blanc, coiffés de hauts toits d'ardoise. Construit entre 1626 et 1636 par l'architecte François Mansart (1598-1666), le château de **Balleroy** est un bel exemple du classicisme au 17e s. Il est entouré d'un jardin à la française et d'un parc de 135 ha. Édifié à la fin du siècle suivant, le château de **Bénouville** illustre le style néoclassique.
Entre le 17e et le 18e s., les bourgs changent peu à peu de physionomie : de magnifiques palais épiscopaux, des hôtels de ville aux longues façades et de vastes hôtels particuliers bordent désormais les rues centrales.

LES PARCS ET JARDINS

Dès le 16e s., châteaux et monastères se dotent de parcs en suivant les différentes modes : classique, dite « à la française », comme les superbes jardins de **Brécy**, puis romantique tel

ABC d'architecture

Les dessins présentés dans les planches qui suivent offrent un aperçu visuel de l'histoire de l'architecture dans la région et de ses particularités. Les définitions des termes d'art permettent de se familiariser avec un vocabulaire spécifique et de profiter au mieux des visites des monuments religieux, militaires ou civils.

Architecture religieuse

SÉES – Cathédrale Notre-Dame (13e s.-14e s.)

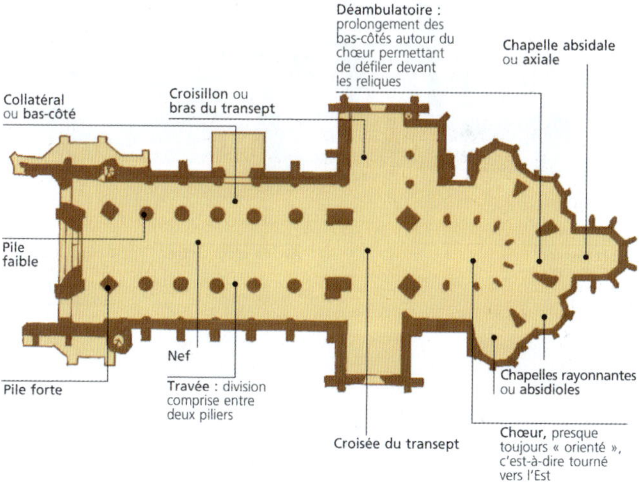

BAYEUX – Élévation d'une travée du chœur

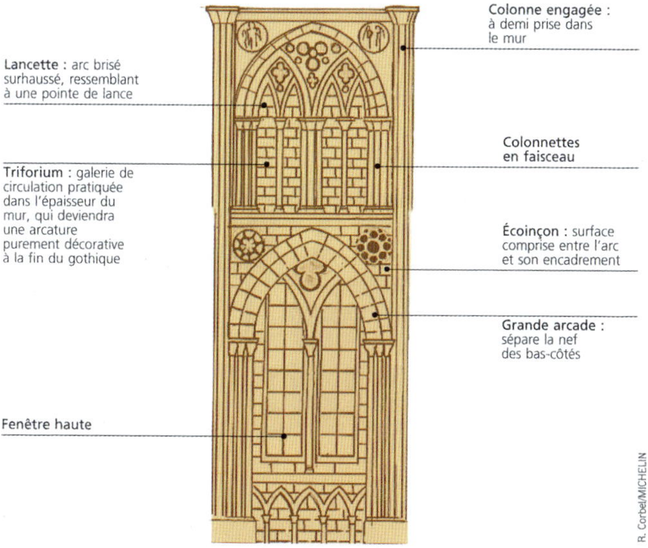

CAEN – Chevet de St-Étienne (Abbaye-aux-Hommes)

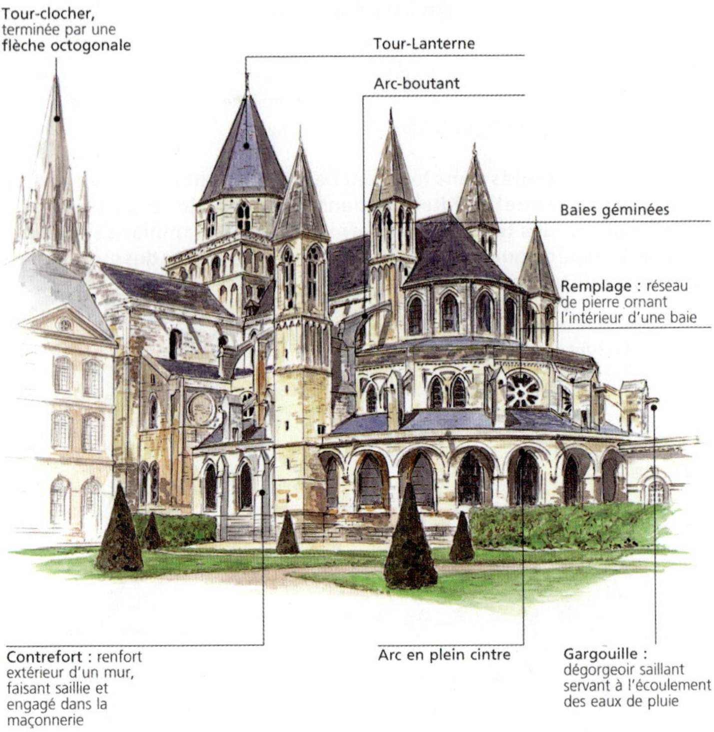

GRANVILLE – Façade principale de l'église Notre-Dame (17e s.-18e s.)

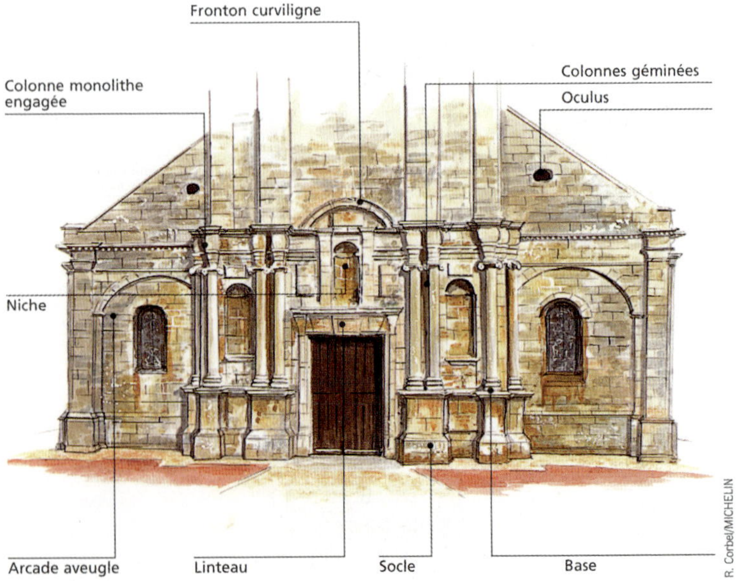

BAYEUX – Nef et chœur de la cathédrale Notre-Dame (12e s.-15e s.)

R. Corbel/MICHELIN

Architecture civile

Château de FONTAINE-HENRY (15e s.-16e s.)

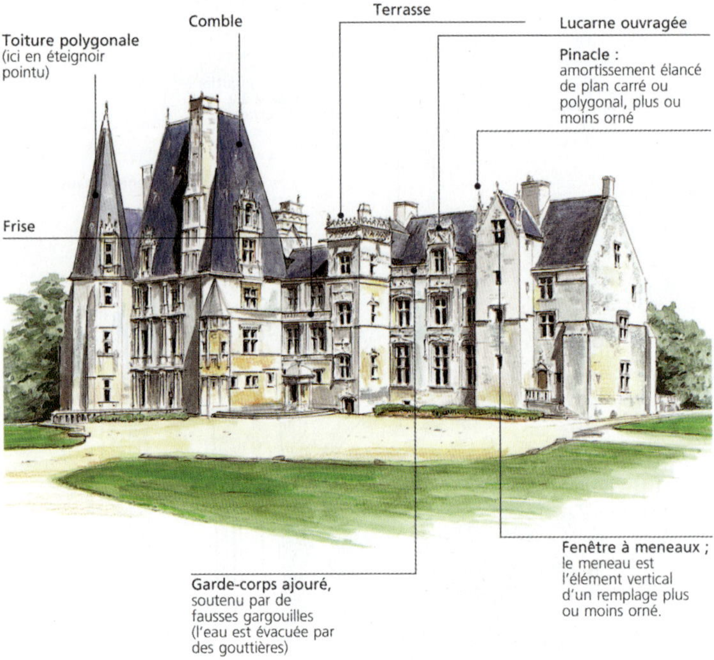

Château de BALLEROY (1626 à 1636)

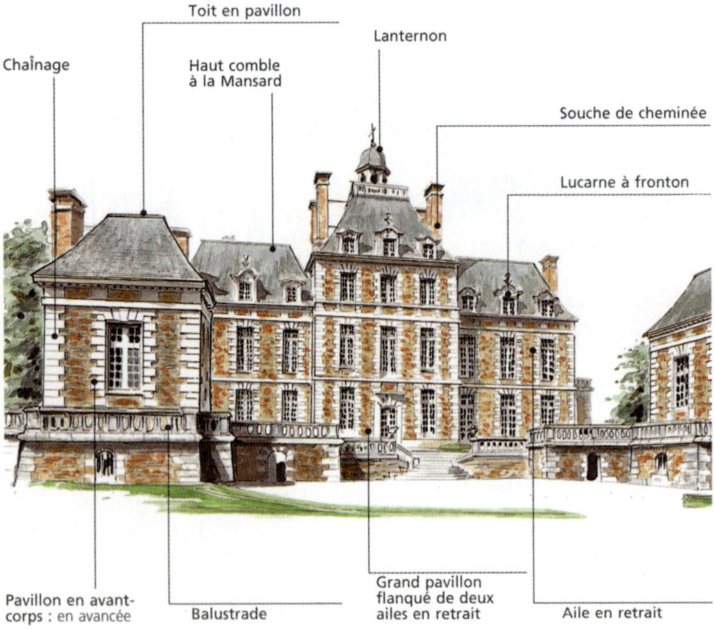

R. Corbel/MICHELIN

Villa aux biches (fin 19e s.) environs de BAGNOLES-DE-L'ORNE

Villa Le Guet (début 20e s.) GRANVILLE

R. Corbel/MICHELIN

l'envoûtant jardin de **Nacqueville** ou « à l'anglaise », comme dans le parc du château de **Canon** agrémenté de fabriques : kiosque chinois, ruines à l'antique, ponts, etc.
On retrouve des fabriques de jardin au château de **Vendeuvre** sous forme de pavillon et de tente tartare ; dans ce cadre reconstitué, les jardins d'eau « surprise » invitent à une promenade espiègle et arrosée, dans la tradition du 18e s.
Détaché de toute référence historique, le jardin de **Vauville** est consacré aux essences de l'hémisphère sud, grâce au microclimat de la pointe du Cotentin, tout comme le parc des **Ravalet** ou celui de Nacqueville.

DESTRUCTIONS ET RECONSTRUCTIONS AU 20e S.

Située à l'écart des grandes voies d'invasions terrestres, la Normandie n'avait pas connu de dévastations depuis les guerres de Religion.
Le déferlement allemand de 1940, les bombardements et les opérations de 1944 causèrent sur l'ensemble de son territoire des dégâts considérables. Plus de 200 000 immeubles furent détruits ou endommagés et presque toutes les grandes villes très gravement touchées, à l'exception de Bayeux. L'ampleur des destructions et les impératifs actuels de l'urbanisme ont conduit à remodeler nombre de localités normandes. Aux rues étroites et tortueuses d'autrefois se sont substituées des voies larges, facilitant la circulation.
Vingt ans furent nécessaires à la reconstruction : les matériaux locaux (pierre de Caen dans la ville du même nom, granit à Vire) furent employés en priorité pour conserver l'identité des villes. Quelques constructions audacieuses virent le jour comme l'église de Villers-Bocage ou l'hôpital-mémoire de St-Lô. Le bourg rebâti d'Aunay-sur-Odon est une remarquable réussite de la reconstruction d'après-guerre. Mais, que les villes et les villages bombardés n'aient pas conservé un bâtiment ancien, une église, un hôtel particulier, voire tout un quartier d'avant-guerre, reste rare. En déambulant dans Caen ou Cherbourg, à quelques pas des grandes artères reconstruites, une maison à pans de bois accroche le regard, une ruelle soudain sinueuse fait resurgir les temps anciens.

Habitat et architecture

Des maisons de pierre aux manoirs, des villas balnéaires aux chaumières à colombage blanc et brun couronnées d'iris, l'habitat normand se décline tout en contrastes et en nuances.

LE COLOMBAGE

Utilisé pour les granges et les hangars dans l'Avranchin, le Mortainais et le Domfrontais, le colombage est une ossature de bois constituée par des pièces horizontales et verticales. Un muret construit au sol permet d'isoler la maison de l'humidité. Sur ce muret repose une semelle, ou sablière basse, poutre horizontale en plusieurs morceaux qui maintient l'écartement des poteaux verticaux appelés « colombes ». La sablière haute, ou panne sablière, se compose d'une seule poutre, appelée « traverse », sur le pignon.

LES MAISONS RURALES

Si la maison à colombage est typique, elle n'est pas la seule demeure normande. Du Cotentin à la plaine de Caen, du Bessin à la campagne d'Argentan ou à la

Suisse normande, ce sont autant de maisons rurales issues du terroir, d'un savoir-faire particulier des maçons et des charpentiers locaux.
Dans le **Cotentin**, ce pays où le vent souffle et où les embruns viennent lécher les façades, les maisons se serrent les unes contre les autres, formant des villages bien abrités. Autour de la cour rectangulaire, les bâtiments dispersés se font face. Les églises, comme les fermes à rez-de-chaussée unique, sont basses. Dans le nord-ouest (la Hague), les solides maisons de grès, schiste ou granit se regroupent, parfois blotties dans un pli de terrain. Les robustes toitures sont couvertes de dalles de schiste opposant une farouche résistance au vent. Autour de Coutances, les maisons sont bâties en pierre blanche, bleue et en granit, tandis que dans le marais de Carentan dominent les chaumières aux murs de terre.
Dans la **plaine de Caen**, ce grand et plat pays de champs ouverts, entre la Dives et l'Orne, le sous-sol fournit une pierre aussi tendre à travailler que résistante, grise, beige ou blanchâtre. Les fermes entourées de hauts murs se caractérisent par des cours fermées. On pénètre dans ces fermes, d'apparence austère, par un porche au-delà duquel surgit la maison à un ou deux étages occupant le fond de la cour. Les petites exploitations comportent deux corps de bâtiment, l'un constitué de la maison et de l'étable ou la grange, l'autre de l'étable et d'une écurie.
Dans la **campagne d'Argentan**, les maisons, pour la plupart à cour fermée, aux toits de petites tuiles plates, présentent des façades ordonnancées. Les fermes associent schiste, brique (cheminées, encadrements de baies) et calcaire (remplissage des murs); certaines s'entourent de murs sur une moitié et d'un écran végétal sur l'autre.
En **Suisse normande**, lieu de villégiature très apprécié, les maisons se caractérisent par une variété de granit et de schiste, « l'ardoise du Pont-de-la-Mousse », de couleur bleu-gris veiné de rose, que l'on extrait près de Thury-Harcourt. Dans la vallée de l'Orne, les maisons situées dans le fond de la vallée sont resserrées les unes contre les autres; sur les pentes, elles se dispersent jusqu'à devenir solitaires.

L'ARCHITECTURE BALNÉAIRE

Avec ses kilomètres de côtes alternant falaises escarpées et plages de sable fin, la Normandie ne pouvait échapper à l'essor des stations balnéaires.
Née sous le Second Empire, la mode balnéaire s'est épanouie à partir de 1880. La vogue des bains de mer, l'air iodé, le varech abondant, le goût du loisir ou du repos et l'arrivée du chemin de fer ont favorisé cette villégiature maritime. De nombreuses stations se sont ainsi érigées sur les côtes de la Manche (Agon-Coutainville, Carteret, Granville, Carolles, etc.) et du Calvados (Courseulles-sur-Mer, Ouistreham-Riva-Bella, Lion-sur-Mer ou Hermanville-sur-Mer).
La plupart des stations sont bâties selon un schéma identique, une rue principale reliant l'agglomération balnéaire au centre historique, l'extension urbaine s'étendant ensuite le long du littoral.
Contrairement à la Côte Fleurie (entre l'Orne et la Seine), les côtes du Calvados et du Cotentin n'ont pas connu de grandes opérations immobilières, propices à l'émergence de stations mondaines. L'architecture des villas reflète les goûts modérés d'une clientèle constituée essentiellement par la petite bourgeoisie provinciale et parisienne. On ne rencontre guère de demeures monumentales

et exubérantes. La majorité des maisons de plaisance ressemble aux constructions traditionnelles de la plaine de Caen, en moellon enduit avec chaînages en pierre de taille et toit en ardoise.
Cependant, la **Côte de Nacre** n'a pas échappé, à la fin du 19e s., à un certain goût pour le style néonormand, sur le modèle de la Côte Fleurie. De l'embouchure de l'Orne à Arromanches, ces 30 km de littoral caennais acquirent une réputation enchanteresse grâce à la douceur thérapeutique du climat. De superbes villas furent construites en ces lieux, qui allaient devenir le berceau historique de la balnéothérapie en Basse-Normandie. Épargnés par les bombardements de la Seconde Guerre mondiale, les fronts de mer des gros bourgs ou des petites villes offrent aujourd'hui un bel échantillon de villas balnéaires.

Art de vivre

Que ce soit dans l'ouvrage du bois, le travail du cuivre ou encore l'art de la dentelle, les Normands excellent dans leurs domaines. Ces trois artisanats ont gagné leurs lettres de noblesse en faisant rimer style normand et qualité.

LES MEUBLES DE BASSE-NORMANDIE

Armoire normande, **buffet** normand, **horloge** normande… Qui ne connaît, au moins de réputation, ces trois éléments majeurs du mobilier traditionnel de la province ? La première fait son apparition dès le 13e s. et remplace peu à peu le coffre à habits du Moyen Âge ; le deuxième existe déjà au début du 17e s., tandis qu'au 18e s. se répand l'usage de l'horloge. C'est l'âge d'or du mobilier normand. Aujourd'hui encore, la taille de ces meubles, leur solidité et leur élégance assurent leur popularité auprès des gens de goût.

L'armoire

La majestueuse armoire en **chêne massif** domine dans l'ameublement normand. Ornée de jolies ferrures de cuivre, ou autre métal découpé, de médaillons, d'une corniche sculptée de colombes, de nids, d'épis de blé, de fleurs ou de fruits, ou encore de carquois de Cupidon, elle constituait souvent la « corbeille » de noce de la jeune mariée, contenant son trousseau. L'armoire avait valeur de symbole dans le mariage, et son transport du domicile des parents de la fiancée jusqu'à celui du futur couple était l'occasion de festivités traditionnelles. Les armoires de Bayeux et de Vire comptent parmi les plus belles.

L'horloge

S'ajoutant à l'armoire, au buffet ou au vaisselier délicatement ouvragés, l'horloge fait aussi partie des intérieurs normands, qu'il s'agisse de l'horloge « cercueil » en forme de pyramide renversée, de l'horloge « à corbeilles », dont la tête est ajourée de sculptures représentant des corbeilles de fleurs et de fruits, ou bien de la haute horloge à balancier, au cadran de bronze doré délicatement ciselé, de cuivre, d'étain ou d'émail, parfois rétrécie en son milieu et alors appelée « demoiselle ».

LA DENTELLE

Afin de freiner les importations massives de dentelles italiennes, Colbert entreprit, au 17e s., d'implanter l'art de la dentelle en Normandie. Il créa une manufacture royale à Alençon et introduisit ce travail difficile dans quelques hospices et hôpitaux bas-normands ; les petites pensionnaires pouvaient ainsi contribuer aux

Poêles en cuivre fabriquées à Villedieu-les-Poêles.
P. Thornton / Photononstop

ressources de l'établissement. Le succès dépassa ses espérances puisque la renommée des dentelles normandes s'étendit bientôt à la France entière et passa même les frontières du pays. Deux techniques étaient employées :

La dentelle à l'aiguille à Alençon et à Argentan – Ce travail lent et minutieux doit être exécuté par plusieurs ouvrières spécialisées : la traceuse fixe les fils de trace, la réseleuse exécute le fond… Les morceaux ainsi travaillés sont de petite taille (10 à 15 cm2).

La dentelle au fuseau à Bayeux, Caen et Villedieu-les-Poêles – Elle se réalise sur un métier appelé « carreau ». Les fils sont enroulés sur de petits fuseaux ou « bloquets » en bois tourné d'if, de buis ou de sureau, quelquefois finement décoré, que la dentellière manipule rapidement, produisant ce bruit clair et léger si caractéristique.

La dentelle fut en vogue jusqu'à la fin du 19e s. et les silhouettes des dentellières groupées sur le pas des maisons étaient encore familières dans les localités bas-normandes avant la Première Guerre mondiale. L'apparition de la dentelle mécanique précipita la désertion déjà amorcée de ce travail dur et mal payé.

CUIVRE ET CLOCHES À VILLEDIEU-LES-POÊLES

Dès le 14e s., plusieurs confréries d'artisans du cuivre se groupèrent à Villedieu pour y implanter leurs ateliers. Devenus rapidement indissociables de la ville, ils lui offrirent son nom actuel : Villedieu-les-Poêles. Les métiers du cuivre se répartissaient comme suit :

Les **chaudronniers** fabriquaient des bassinoires, des alambics, des coqs de clochers, des chaudrons ou des cannes (vases pour le transport du lait).

Les **dinandiers** pratiquaient la chaudronnerie d'art.

Les **poêliers** fabriquaient les poêles, grandes bassines en cuivre à rebord plat, sans anse, dans lesquelles cuisait la bouillie de sarrasin.

Les **fondeurs** ouvrageaient les ferrures, charnières et entrées de serrure des armoires normandes.

Quant aux **fondeurs de cloches**, ils s'installèrent à Villedieu à la fin du 18e s., mettant fin à la tradition des fondeurs itinérants. Aujourd'hui, l'atelier Cornille-Havard perpétue ce savoir-faire dans le respect des gestes d'autrefois *(voir Villedieu-les-Poêles, p. 310)*.
La chaudronnerie s'est maintenue plus longtemps que la poêlerie (qui s'est éteinte après 1870) grâce à l'essor de la production laitière normande qui nécessitait cannes et seaux de bonne qualité. Après la Première Guerre mondiale, ces ateliers appelés « batteries » (car on y bat le cuivre), au sol de terre battue hérissé d'enclumes, avec au fond le foyer et son soufflet, se mettent au goût du jour. Si Villedieu-les-Poêles vibre encore aujourd'hui du bruit entêtant du martelage, c'est que la bourgade a su se reconvertir dans la fabrication de casseroles, de plats, de coupes, de bougeoirs décoratifs, etc.

Artistes et écrivains

La Normandie peut s'enorgueillir d'être une terre d'art et de lettres. Enluminures, tableaux et littérature en témoignent : ses paysages et ses habitants ont maintes fois joué le rôle de muses. Ces œuvres permettent d'appréhender la région sous un autre angle.

L'ENLUMINURE

La Normandie recèle une exceptionnelle collection de manuscrits enluminés des 11e et 12e s., exhumés des nombreuses abbayes jalonnant la région. Inspirés par l'art carolingien, dotés d'un sens artistique remarquable, les Normands ont su déployer un savoir-faire original dans le décor de lettrines. Dans la plupart des manuscrits, une grande lettrine décore la première page et des lettrines secondaires couvrent la suite du texte. La lettrine ornée embellit le début d'un texte, parfois un chapitre ou un paragraphe. L'ornementation variant selon les lettres, les copistes ont joué avec trois types de formules : les initiales zoomorphiques, caractérisées par des corps d'animaux, franco-saxonnes, purement graphiques, et anglaises, marquées par un feuillage luxuriant. La singularité du travail normand réside dans l'invention des « rinceaux habités », arabesques végétales gagnant tout l'espace. Des êtres humains, des animaux ou des créatures fantastiques se meuvent subtilement dans l'enchevêtrement de rameaux arrondis. Le décor sophistiqué adoucit la rigueur d'une initiale, profite de son exubérance ou compose avec sa figure.
Scriptorial d'Avranches, p. 303.

L'IMPRESSIONNISME

Dans le domaine de la peinture, le 19e s. marque la victoire du paysage sur le tableau d'histoire ou la scène de genre, et la Normandie, terre bénie des Muses, va devenir le berceau de l'impressionnisme.
Lorsque les romantiques découvrent la Normandie, **Eugène Isabey** (1803-1886), paysagiste amoureux de la mer et de la lumière, travaille sur la côte encore déserte. Influençant directement Boudin, il est l'un des chaînons reliant l'école paysagiste de 1830 à l'impressionnisme. L'Anglais **Richard Parkes Bonington** (1802-1828), contemporain d'Isabey, traduit dans ses aquarelles la fraîcheur humide des plages.
Quelques années plus tard, dans les landes de la Hague, un jeune paysan méditatif, **Jean-François Millet** (1814-1875), né à Gruchy, près de Cherbourg *(voir p. 351)*, observe la vie campagnarde. Devenu peintre, il reste fidèle à cette vision

réaliste ; aidé parfois d'un croquis hâtif, aux côtés de Mouchel et de Langlois, il dessine ou peint de mémoire des scènes célébrant avec un sentiment profond le travail de la terre : vanneurs, semeurs, moissonneurs.

Dans la seconde moitié du 19e s., l'activité artistique se concentre autour de la Côte de Grâce, près d'Honfleur. Les peintres sortent des ateliers pour travailler en plein air, en quête d'émotions, d'impressions. En Normandie, ils appréhendent la nature telle qu'elle se présente à l'œil, instable et nuancée, avec ses ciels en mouvement, la lumière de ses horizons marins. Mais au nord du Cotentin, **Guillaume Fouace** (1837-1895) préfère le portrait réaliste et les natures mortes.

HOMMES DE PLUME

Terre de bocages, d'abbayes et de manoirs, avec un littoral partagé entre les falaises, les plages de sable fin et les villas balnéaires, la Normandie a vu naître nombre d'écrivains et n'a jamais cessé d'inspirer les artistes et les hommes de lettres.

Au 12e s., *Le Roman du Rou* conte en vers l'histoire des ducs de Normandie, une chanson de geste qui n'a pas été sans influencer Chrétien de Troyes. L'auteur, **Robert Wace**, né à Jersey vers 1110, fut clerc à Caen, puis chanoine à Bayeux.

Riche de nombreuses abbayes, la Normandie devient au 13e s. une terre d'élection pour la littérature. Auprès des moines et des clercs au fait de l'histoire et des traditions légendaires, les poètes trouvent inspiration et documentation pour des épopées baignées de merveilleux chrétien que sont les chansons de geste. Ainsi, sans doute, s'est élaborée *La Chanson de Roland*.

Au 15e s., Caen peut s'enorgueillir d'une université et compte au 16e s. nombre d'humoristes et de poètes, dont Jean Vauquelin de La Fresnaye, auteur de *Satires* et d'un *Art poétique français*. Mais **Malherbe** (1555-1628), né à Caen, reste le plus connu.

Victor Hugo (1802-1885) – Il a rédigé dans les îles Anglo-Normandes quelques-unes des plus belles pages de la littérature française. À la suite du coup d'État de Napoléon III, en 1851, Hugo quitte la capitale et choisit l'exil – qui durera 18 ans – à Jersey d'abord, où il compose les *Châtiments* et les *Contemplations*, puis à Guernesey d'où jailliront *La Légende des siècles* et *Les Misérables*.

Alexis de Tocqueville (1805-1859) – Issu de la vieille noblesse normande par son père, il ne découvre pourtant le manoir familial aux environs de Cherbourg qu'en 1828, et se passionne alors pour l'histoire du duché, puisant dans l'exemple de l'administration de Guillaume le Conquérant des théories politiques plus tard développées dans son œuvre. À son retour d'Amérique en 1836, il s'installe dans le Cotentin pour y mener une carrière politique au Conseil général de la Manche, qui prend fin en 1852 avec son refus de prêter serment au nouveau régime de Louis-Napoléon Bonaparte.

Jules Barbey d'Aurevilly (1808-1889) – Grand seigneur du Cotentin, né à St-Sauveur-le-Vicomte *(p. 392)*, il est le fondateur du régionalisme normand. Aidé par un style brillant et chaleureux, redoutable par son intelligence acérée et son génie de la polémique, il s'efforce, comme les impressionnistes en peinture, de rendre l'atmosphère, la qualité, la rareté du pays. La ville de Valognes, où il passa une grande partie de son adolescence, tient une place importante dans son œuvre, notamment dans *Ce qui ne meurt pas, Le Chevalier Des Touches, Les Diaboliques*, etc.

Marie Ravenel (1811-1893) – Fille d'un meunier de Réthoville, à la pointe de Barfleur, elle commence à écrire des poèmes en 1833. Les recueils de la « meunière poète », qui chantent la beauté des paysages du Cotentin et des tempêtes sur la Manche, ont été publiés en 1852, 1860 et 1890.

Octave Mirbeau (1848-1917) – Né à Trévières près de Bayeux, journaliste et écrivain engagé, il prit part aux querelles littéraires et politiques de son époque jusqu'à défendre les idées anarchistes. Romancier au verbe truculent et imagé, il est le peintre féroce et ironique d'une société bourgeoise dans son *Journal d'une femme de chambre*, porté à l'écran par Luis Buñuel.

Jean de La Varende (1887-1959) – Né dans le château familial de Bonneville, dans l'Eure, il est cependant élevé en Bretagne, puis à Paris. Son œuvre romanesque, particulièrement riche en nouvelles, prend la plupart du temps pour cadre le terroir normand et les voyages maritimes. Empreinte d'une forme de passéisme romantique, elle exalte les valeurs traditionnelles de la terre, transmises par ses personnages, paysans ou hobereaux. La Varende publie notamment un recueil intitulé Pays d'Ouche (1934), ainsi que des essais sur la littérature qui dévoilent sa filiation littéraire : Flaubert et Barbey d'Aurevilly, normands comme lui.

Jacques Prévert (1900-1977) – Né à Neuilly-sur-Seine, poète célèbre et non-conformiste, membre du groupe surréaliste, il a su toucher un très large public avec ses textes (*Paroles*, *Spectacles*, *La Pluie et le Beau Temps*, *Fatras*, *Histoires* et *D'autres histoires*, etc.), ses chansons *(Les Feuilles mortes*, *Barbara…)*, ses collages et ses dessins. Il compose les scénarios et dialogues de films mythiques, parfois réalisés par son frère Pierre *(Voyage surprise*, 1946) ou par Marcel Carné, comme *Quai des brumes* (1938), *Les Visiteurs du soir* (1942) ou *Les Enfants du paradis* (1944), films dont son ami **Alexandre Trauner** (1906-1993) fut le décorateur. C'est ce dernier, déjà installé au cap de la Hague, dans la Manche, qui lui fait découvrir la région. En 1971, Prévert choisit de s'installer définitivement avec sa femme et sa fille à Omonville-la-Petite tout près de la Hague *(p. 352)*.

Léopold Sédar Senghor (1906-2001) – Théoricien de la politique, critique littéraire, philosophe et surtout l'un des plus grands poètes noirs francophones, Léopold Sédar Senghor est né au Sénégal. Auteur d'une anthologie de la nouvelle poésie nègre et malgache de langue française, président du Sénégal et premier Africain à entrer à l'Académie française en 1983, il fait de la Normandie la terre de sa retraite, dans le village paisible de Verson, aux portes de Caen, où il s'éteint en 2001.

Paul-Jacques Bonzon (1908-1978) – Né à Sainte-Marie-du-Mont, cet instituteur, devenu écrivain de livres pour la jeunesse, a fait les beaux jours de la Bibliothèque Verte, dont le nom reste synonyme de souvenirs d'enfance. Plusieurs de ses romans d'aventures (il en a écrit plus d'une centaine) mettent en scène le Cotentin, de Barneville-Carteret à Saint-Vaast-la-Hougue.

Légendes et traditions

Très différentes, moins connues et moins présentes que dans la Bretagne voisine, les traditions normandes, jadis très riches, survivent grâce à quelques associations.

LÉGENDES ET CROYANCES POPULAIRES

Des landes cotentines balayées de brume aux rochers littoraux qui brisèrent plus d'un navire, en passant par les forêts de l'Orne aux sources secrètes et miraculeuses, le paysage normand invite naturellement aux légendes et autres croyances.
Barbey d'Aurevilly, qui sut mieux que nul autre nourrir ses romans de ce fonds mystérieux, affirmera à propos des landes de la Manche : « On ne saurait dire l'effet qu'elles produisent sur l'imagination de ceux qui les traversent, de quel charme bizarre et profond elles saisissent les yeux et le cœur. »
Le **Mont-St-Michel** ne saurait exister sans sa légende voulant que l'archange Michel perçât de son doigt le crâne d'Aubert, évêque d'Avranches, pour le persuader de construire un oratoire sur le mont. De même, **Bagnoles-de-l'Orne** repose sur le mythe de ses eaux miraculeuses et de leurs vertus revigorantes.
Citons aussi la **fosse Arthour**, près de Domfront, où auraient disparu le roi Arthur et la reine Guenièvre. Ces derniers se seraient cachés dans deux grottes se faisant face. Une fée leur fit promettre de ne se retrouver au « lit des amants » qu'à la nuit tombée. Mais un jour, le roi traversa trop tôt le ravin pour rejoindre sa douce. Il fut jeté dans le torrent qui l'entraîna dans la fosse. Guenièvre, éperdue, s'y jeta à sa suite.
Le culte des **saints guérisseurs** est très vivant en Normandie ; il en est un pour chaque mal : les rhumatismes (saint Ortaire), les maux d'estomac, les poussées dentaires des bébés (sainte Apolline dans l'église St-Eugienne de Tirepied, dans la Manche), etc. Les visiteurs déposent là un mouchoir, ailleurs une pierre à la hauteur du mal, ou encore piquent d'épingles les pieds d'une statue. Toujours à côté, une mosaïque foisonnante d'ex-voto.

LE COSTUME TRADITIONNEL

Le costume traditionnel normand apparaît à la fin du 18e s., profitant de l'amélioration du niveau de vie des paysans. Le vêtement féminin se composait d'une **jupe en droguet**, souvent rayée bleu et rouge, surmontée d'un corsage blanc rehaussé d'un châle imprimé. Dans les villes du bord de mer, on porte une cape pour se protéger du vent. Les **coiffes**, aussi innombrables qu'elles soient, font partie intégrante du costume. Chaque ville suit sa propre mode, si bien qu'il est difficile d'observer des points communs entre elles ; toutefois, la plupart ont la forme d'un bonnet rond orné de deux volants plissés venant protéger le front (la double barbe).
Le vêtement d'homme, plus original, est encore emblématique de la Normandie. La fameuse **blaude**, cette blouse bleu foncé, portée lâche, décorée de broderies blanches, couvre tout autre vêtement. Le Normand la porte avec une casquette ou un chapeau melon, et la relève d'un mouchoir de cou, souvent rouge et blanc. Dans le Cotentin, la blaude fait place au **blaudeau**, plus court et ouvert par-devant. Le costume traditionnel s'éteindra en Normandie vers 1870, sauf dans la Manche où il se maintiendra jusqu'en 1890.
Les versions les plus soignées de ces costumes étaient arborées à l'occasion des fêtes familiales ou populaires, qu'égayaient danses et « rondanses ». Ces rondes, menées par la voix du ménestrier parfois accompagné d'une vielle ou d'une loure (cornemuse normande), se répartissaient entre pastourelles, courantes, rondanses et jalousies.
Le travail de collecte de Jeanne Messager dans les années 1950 a permis de conserver un témoignage de ces danses.

Mairie
Office du Tourisme

3/ DÉCOUVRIR LA NORMANDIE

La ville médiévale de Domfront.
D. Stone / LatitudeStock Images/age fotostock

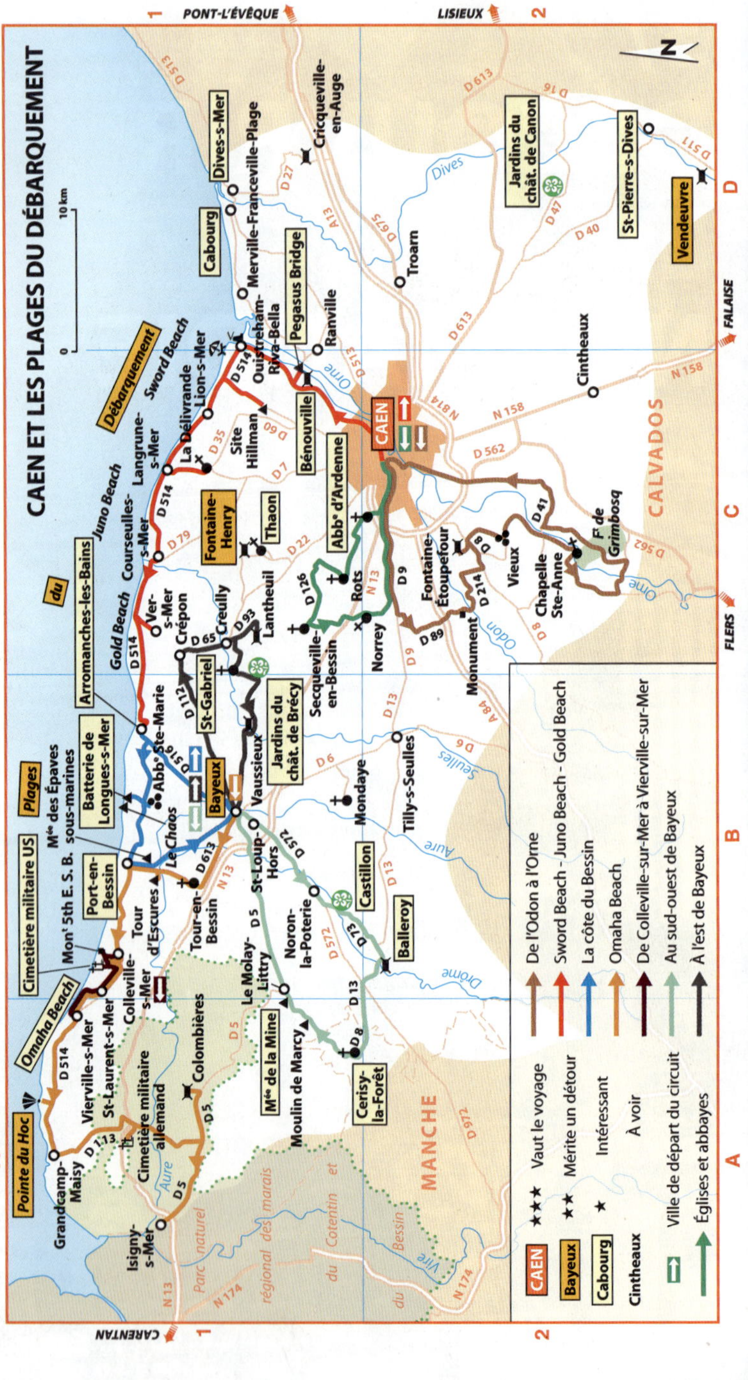
CAEN ET LES PLAGES DU DÉBARQUEMENT
Plages du Débarquement
Omaha Beach
Gold Beach
Juno Beach
Sword Beach
PONT-L'ÉVÊQUE
LISIEUX
FALAISE
FLERS
CARENTAN
CALVADOS
MANCHE
Parc naturel régional des marais du Cotentin et du Bessin
CAEN
Bayeux
Cabourg
Cintheaux
Vaut le voyage
Mérite un détour
Intéressant
À voir
Ville de départ du circuit
Églises et abbayes
De l'Odon à l'Orne
Sword Beach - Juno Beach - Gold Beach
La côte du Bessin
Omaha Beach
De Colleville-sur-Mer à Vierville-sur-Mer
Au sud-ouest de Bayeux
À l'est de Bayeux

+ d'adresses

Caen et les plages du Débarquement

1

Carte Michelin Départements 303 – Calvados (14) et Manche (50)

Caen

★★★

109 899 Caennais – Calvados (14)

NOS ADRESSES PAGE 110

S'INFORMER

Office du tourisme de Caen – *Pl. St-Pierre - ✆ 02 31 27 14 14 - www.tourisme.caen.fr - juil.-août : 9h-19h, dim. et j. fériés 10h-13h, 14h-17h ; avril-juin et sept. : 9h30-18h30, dim. et j. fériés 10h-13h ; reste de l'année : lun.-sam. 9h30-13h, 14h-18h - fermé 1er janv., 1er Mai, 25 déc., 1er et 11 Nov.*

Visites – Caen, ville d'Art, propose des visites dans le centre historique et le château. *Juil.-août : tlj sf dim. et lun. - 6 € (-6 ans gratuit, -18 ans 4,50 €) - réservation obligatoire - se rens. à l'office de tourisme ou sur www.tourisme.caen.fr.*

Des visites théâtralisées sont organisées par l'office de tourisme dans le centre historique, avec un guide-conférencier qui se fait acteur de l'histoire ! *Juil.-août : parcours Guillaume le Conquérant, jeu. et sam. 21h - 14 € (- 6 ans 10,50 €) ; balade musciale en train, merc. et vend. 21h - 9,50 € (- 6 ans gratuit) ; château, promenade théâtrale, jeu. et sam. 17h - 11 € (- 10 ans gratuit) - billets combinés 2 parcours : 23 €, 3 parcours : 29 € - réserv. obligatoire.*

Le Pass tourisme, en vente à l'office de tourisme, ouvre des réductions dans certains monuments, musées, transports, services et commerces.

SE REPÉRER

Carte de microrégion C1/2 (p. 90) – *carte Michelin Départements 303 J4.*

Au confluent de l'Orne et de l'Odon, la ville s'aborde par l'autoroute de Normandie, l'A 13, qui relie Paris à Caen en 2h25 (234 km).

À NE PAS MANQUER

Le Mémorial, l'Abbaye-aux-Hommes et, dans le château, le musée des Beaux-Arts ainsi que la vue depuis les remparts.

ORGANISER SON TEMPS

Caen est une agréable destination de week-end. Prévoyez 3h pour le seul Mémorial (les passionnés y resteront sans doute plus longtemps).

AVEC LES ENFANTS

Amusez-vous au parc d'attractions Festyland ou au Jardin des plantes, prenez le petit train touristique pour une balade commentée de la ville et, si vous estimez vos enfants suffisamment grands pour s'intéresser à l'histoire, guidez-les vous-même au cœur du Mémorial, en évitant peut-être certaines salles contenant des images susceptibles de les heurter (celles évoquant le génocide notamment).

Moderne et intensément culturelle, la ville aux deux abbayes assume pleinement son statut de capitale régionale : technologique, administrative et touristique. Elle est tout cela, sans oublier sa prestigieuse histoire, celle d'une cité choisie comme résidence par Guillaume le Conquérant et son épouse Mathilde. Terriblement éprouvée par les bombardements de la Seconde Guerre mondiale, Caen a montré sa force de résistance et sa vitalité pour offrir aujourd'hui un visage rayonnant.

Visiter Plan de ville p. 98

Partez de l'office de tourisme, place St-Pierre, et montez au château. Du haut de ses remparts, vue d'ensemble sur la ville.

★ **CHÂTEAU** B2

02 31 27 14 14 - www.chateau.caen.fr - ouv. tlj - accès libre (sf salles et musées). Visite : 3h musées compris. Pour une petite pause, voir « Nos adresses à Caen ».

Pour parcourir le château, des livrets de jeux, gratuits et adaptés à l'âge des enfants, sont disponibles au musée de Normandie ou à l'office de tourisme.

Établie sur une butte, cette vaste citadelle fut créée par Guillaume le Conquérant en 1060, puis agrandie aux siècles suivants. Occupé par des garnisons tout au long du 19e s., le château fort fut très endommagé au cours des opérations de 1944.

Aujourd'hui dégagées et remarquablement mises en valeur, les puissantes murailles ont retrouvé leur allure primitive. Le tracé des remparts reste à peu près celui de la forteresse de Guillaume.

Le **rempart nord**, premier à avoir bénéficié des restaurations en cours, se visite. La pierre de Caen semble bien neuve associée aux vestiges du château, mais l'ensemble offre un **panorama★** imprenable sur la ville.

Les **salles du Rempart** *(9h30-18h)* accueillent les expositions temporaires du musée de Normandie. L'ensemble, très contemporain, offre une vue étonnante sur le rempart et la coursive.

Remarquez également la porte des Champs, l'**église St-Georges** du 12e s., qui accueille des expositions temporaires et un point information tourisme sous sa belle charpente, et la **salle de l'Échiquier**, exemples rares de l'architecture civile normande au temps d'Henri Ier Beauclerc. *(Après rénovation, la salle de l'Échiquier devrait abriter un musée consacré à Guillaume le Conquérant.)*

De la terrasse située à droite et du chemin de ronde établi sur les remparts, de belles vues se dégagent sur l'église St-Pierre et la partie ouest de la ville jusqu'à l'Abbaye-aux-Hommes. De l'autre côté de la porte, vers la gauche, une plate-forme (derrière le musée de Normandie) offre un autre **point de vue★** intéressant sur la partie sud-ouest de la ville.

Devant le musée de Normandie, remarquez le ravissant « **jardin de simples** » (plantes médicinales et condimentaires), reconstitué selon la tradition médiévale.

Possibilité de promenade dans les fossés des remparts, isolés des bruits de la ville *(descendez par la porte des Champs).*

★★ **Musée des Beaux-Arts** – *02 31 30 47 70 - www.mba.caen.fr - ♿ - 9h30-18h - fermé mar., dim. et lun. de Pâques, 1er Mai, Ascension, 1er nov., 25 déc., 1er janv. - le tarif d'entrée aux musées des Beaux-Arts et de Normandie est variable selon le nombre et la nature des expositions en cours : 3,10, 5,10, 7,10 €; 2,10 € coll. permanente; gratuit 1er dim. du mois et - 26 ans.* Bien intégré dans l'enceinte du château, le musée offre un parcours original dans la peinture du 15e au 20e s. : chronologique, thématique et géographique.

Les premières salles sont dédiées aux peintures italiennes des 15e, 16e et 17e s. Vous pourrez admirer particulièrement *La Tentation de saint Antoine* de Véronèse et *Coriolan apaisé par sa mère* de Guerchin. Vous remarquerez également un *Couronnement d'épines* de José de Ribera, bel exemple de « ténébrisme » de ce disciple du Caravage.

Portrait d'une ville

Les origines de Caen demeurent mal connues. Tout au plus existait-il sur les lieux au 3e s. quelques maisons le long de la voie romaine reliant Augustodurum (Bayeux) à Noviomagus (Lisieux), les Romains s'étant établis à 15 km au sud, à Aregenua (Vieux). Au 10e s., sur le site de la future ville n'existent que quelques hameaux regroupés autour de leur église paroissiale (St-Sauveur, St-Jean, etc.).

LA CRÉATION DU DUC GUILLAUME

Il faut attendre le 11e s. pour que Caen entre dans l'histoire, lorsque le duc **Guillaume** y fait édifier une forteresse sur un éperon rocheux dominant l'Orne. Il fait bâtir des murailles pour protéger le noyau urbain qui se développe au pied de son château, puis fonde non loin de là l'Abbaye-aux-Hommes où il sera inhumé selon ses vœux en 1087, tandis que son épouse, Mathilde, est enterrée dans l'Abbaye-aux-Dames en 1083. Les successeurs de Guillaume vont permettre à la ville de se développer, notamment Robert Courteheuse qui fait percer le canal de l'Orne à l'Odon, créant ainsi l'île Saint-Jean. Henri Ier Beauclerc, quant à lui, aménage le château en faisant édifier le donjon et un nouveau logis, l'actuelle salle de l'Échiquier.

ENTRE FRANCE ET ANGLETERRE

Prise le 21 mai 1204 par Philippe-Auguste qui fait aménager la « chemise » du donjon, Caen n'en a pas pour autant fini avec les Anglais, puisque la ville sera victime d'épisodes sanglants lors de la guerre de Cent Ans. C'est d'abord Édouard III qui la met à sac en 1246. Elle est à nouveau assiégée et conquise en 1417 et l'occupation anglaise, ponctuée d'une répression sans aménité contre toute forme de résistance, va se poursuivre jusqu'en 1450. C'est cependant durant cette période que le gouverneur anglais, le duc de Bedford, va fonder l'université (1432). Redevenue française, la ville va se voir récompensée pour « sa fidélité et sa loyauté » par Charles VII en 1458. Mais ses malheurs ne sont pas finis puisqu'elle tombe en 1562 aux mains des protestants. Leur chef, l'amiral Gaspard de Coligny – celui-là même qui connaîtra une fin tragique à la Saint-Barthélemy –, va même jusqu'à ordonner la destruction de l'Abbaye-aux-Hommes, ordre qui, fort heureusement, ne sera pas suivi d'effet.

« L'ATHÈNES NORMANDE »

Sous le règne de Louis XIV, Caen va connaître un essor économique sans précédent. La ville se transforme grâce à de grandes opérations d'urbanisme ; jusqu'ici bourgade médiévale aux ruelles insalubres engoncées dans ses remparts, elle se dote de nouveaux quartiers avec la place Royale (aujourd'hui de la République) aménagée au lieu-dit les Petits-Prés, où les notables font édifier leurs hôtels néoclassiques. Elle se dote de promenades ombragées et de multiples congrégations religieuses viennent s'y installer afin de propager la Réforme catholique. Enfin, on y crée une académie des arts, des sciences et des belles lettres et la première académie de physique de France, ce qui vaut à la cité le surnom d'Athènes normande. Mais la révocation de l'édit de Nantes (1685) entraîne un véritable exode de marchands et d'industriels caennais qui préfèrent s'expatrier plutôt qu'abjurer.

UN NOUVEL URBANISME

Après une période de disette qui engendra quelques émeutes, le 18e s. voit la ville retrouver une certaine prospérité grâce au succès de sa foire. La cité qui compte 32 000 habitants, pour la plupart logés dans le quartier médiéval de plus en plus insalubre, en profite pour se transformer : sur un ordre des échevins (1735), la place Saint-Sauveur est réaménagée, les demeures héritées du Moyen Âge sont peu à peu remplacées par de somptueux hôtels particuliers, au style baroque, voire rococo. On perce de nouvelles avenues et la construction en 1781 du palais de justice s'accompagne de la création de la place Fontette telle qu'on la connaît aujourd'hui. Durant la tourmente révolutionnaire, Caen devient un repaire de girondins, fédéralistes opposés au centralisme des jacobins. Et c'est de l'Abbaye-aux-Dames que le 9 juillet 1793 une certaine **Charlotte Corday** s'en va à la capitale pour poignarder Marat.

CAEN DEVIENT UN PORT

Certes, de tout temps, l'Orne a été utilisée pour faire de Caen une cité maritime, mais c'est le baron Cachin qui fait de la ville un véritable port. Pour relier Caen à la mer, distante de 12 km, il fait creuser entre 1837 et 1857 un canal, latéralement à l'Orne, construit un jeu d'écluses et aménage Ouistreham en avant-port. Par la suite, on n'a cessé de creuser, d'élargir le canal et de créer de nouveaux bassins : le bassin St-Pierre (port de plaisance), le Nouveau Bassin, le bassin de Calix, le bassin d'Hérouville et, enfin, le bassin de Blainville.

Cependant, la poussée démographique reste modeste : Caen passe de 36 000 habitants en 1806, à 45 000 un siècle plus tard. L'implantation de l'industrie métallurgique à partir de 1917, avec la SMN (Société métallurgique de Normandie), va changer la donne : elle entraîne la création de banlieues ouvrières afin de loger les employés, nombreux à venir des campagnes environnantes. La bourgeoisie, quant à elle, préfère construire des villas sur les collines entourant le centre historique.

UNE VILLE DÉTRUITE... QUI RENAÎT DE SES CENDRES

Le 6 juin 1944, les bombes alliées pleuvent sur la ville, qui s'embrase ; l'incendie dure onze jours. Il ne reste rien ou presque des quartiers centraux. Le 9 juillet, les Canadiens entrent dans la ville par l'ouest ; mais les Allemands, repliés sur la rive droite de l'Orne dans Vaucelles, la pilonnent à leur tour. Un mois s'écoule encore avant que le dernier obus allemand ne tombe sur la ville. Caen n'est plus alors qu'un champ de ruines. La reconstruction durera jusqu'en 1963. On restaure ou rebâtit ce qui peut l'être. On reconstruit en traçant de larges avenues rectilignes et en utilisant la fameuse « pierre de Caen », ce qui a l'avantage de donner une certaine unité (à défaut de style) à la ville.

Privilégiée par les plans de décentralisation industrielle, Caen voit s'implanter durant les « Trente Glorieuses » nombre d'industries : les secteurs automobile, électroménager et électronique y créent des milliers d'emplois. Elle est même choisie pour accueillir le « Grand Accélérateur national d'ions lourd », projet porté par le CEA et le CNRS.

La crise industrielle des années 1970 a été durement ressentie. Même l'emblématique SMN finit par fermer ses portes, et le port est à deux doigts de le faire. La reconversion va s'opérer (avec un certain succès) dans le secteur des services, l'industrie pharmaceutique, les nouvelles technologies, et le tourisme avec la création du **Mémorial de Caen**. Le CHU est devenu l'un des principaux pourvoyeurs d'emplois de la cité. Quant au port, reconverti lui aussi, il est désormais classé au 6e rang des ports français.

Le 17e s. français est magnifiquement représenté par Philippe de Champaigne *(Le Vœu de Louis XIII, La Samaritaine)*, Vouet, Poussin *(Vénus pleurant Adonis)*, Vignon, La Hyre, Le Brun et Mignard. Viennent ensuite les Hollandais (Salomon van Ruysdael) et les Flamands : Rogier van der Weyden, *Vierge à l'Enfant* (15e s.), Rubens, *Abraham et Melchisedech* (17e s.).

La galerie du 18e s. présente des portraitistes et paysagistes français et italiens – Hyacinthe Rigaud, François Boucher, Locatelli –, ainsi que quelques pièces de mobilier dont une commode exceptionnelle estampillée BVRB.

Au niveau inférieur, pour illustrer les divers aspects de la peinture au 19e s. et au début du 20e s., se côtoient des maîtres romantiques (Géricault, Delacroix), réalistes (Courbet, *La Dame aux bijoux*), paysagistes (Corot, Dupré), impressionnistes (Boudin, *La Plage de Deauville* ; Monet, *La Manneporte à Étretat*), postimpressionnistes (Vuillard, *Portrait de Suzanne Desprez* ; Bonnard ; Dufy ; Van Dongen, *Portrait de Madame Marie-Thérèse Raulet*), cubistes (Gleizes, Villon, Metzinger, André Lhote). Des peintres « locaux » rejoignent ces grands : Cals, Fouace, Gernez, Lemaître, Lebourg, Stanislas Lépine (le *Port de Caen*, 1859), et Jules-Louis Rame (lumineuse *Église de Canon*).

La collection contemporaine, axée sur la peinture et l'estampe, est attachée aux notions d'espace, de lumière et de monumentalité inspirées des collections anciennes. Entre abstraction et figuration, elle regroupe des œuvres de Joan Mitchell, Soulages, Dubuffet, Music, Vieira da Silva, Szenes, Rebeyrolle, Pincemin, Bioulès, etc., et s'enrichit régulièrement.

Enfin, un cabinet d'estampes présente, sous forme d'expositions temporaires, des choix d'œuvres issues du fonds Mancel (plus de 50 000 estampes) en alternance avec la programmation d'artistes contemporains.

★ **Musée de Normandie** – *✆ 02 31 30 47 60 - www.musee-de-normandie.caen.fr - ♿ - juin-oct. : 9h30-18h ; reste de l'année : tlj sf mar. 9h30-18h - fermé 1er janv., jeu. de l'Ascension, dim. de Pâques, 1er Mai, 11 Nov., Noël - gratuit, 3 à 5 € pdt les expositions temporaires, gratuit 1er dim. du mois.*

Établi dans l'ancien logis des gouverneurs, ce musée rassemble des collections archéologiques et ethnographiques consacrées à l'histoire et aux traditions populaires normandes. La scénographie fait la part belle à la période gallo-romaine, avec notamment une déesse-mère (fin 1er s.). Les fonds se révèlent plus succincts pour le Haut Moyen Âge, les Vikings ayant laissé moins de traces et de vestiges. On aborde ensuite la Normandie agricole : les salles présentent la richesse de l'habitat (différents types de fermes), l'évolution de l'agriculture (occupation du sol et techniques agricoles), sans oublier les activités artisanales et industrielles : travail du cuivre, de la céramique, du bois, de la métallurgie et du textile essentiellement.

Deux livrets de jeux *(gratuits)* adaptés à l'âge des enfants sont disponibles à l'accueil.

Quittez le château en redescendant sur la place St-Pierre.

Se promener Plan de ville p. 98

Pour visualiser ce parcours au départ de l'office de tourisme, reportez-vous au plan p. 98. Comptez 2h environ.

★ **Hôtel d'Escoville** B2

Cette belle demeure Renaissance, construite entre 1533 et 1538 pour un riche négociant, Nicolas Le Valois d'Escoville, abrite l'office de tourisme et l'artothèque. Derrière une façade sévère s'ouvre une cour dont les deux ailes

en équerre forment un ensemble élégant par l'harmonie des proportions, l'ordonnance de la construction et la majesté des sculptures.
Remarquez notamment les somptueux décors entre les colonnes : deux nymphes légères et court vêtues tiennent l'écusson timbré d'un heaume à lambrequins. Dans un minuscule oculus, un petit personnage laisse pendre sa main qui tient un ruban. Montez à la loggia pour avoir une vue d'ensemble de la cour.

★ Église St-Pierre B2

02 31 93 46 13 - ♿ - 7h30-18h, dim. 7h30-12h30 - fermé 1er janv., 1er Mai, lun. de Pentecôte, 14 Juil.
Cette église, qui fait l'objet d'une importante restauration, frappe par la richesse de son ornementation. Commencée au 13e s., elle a été terminée au 16e s. dans le style Renaissance. Son imposant clocher (78 m de haut) avait été abattu en 1944 ; mais le « roi des clochers normands » a été reconstruit, de même que la partie de la nef qu'il avait écrasée.
Le **chevet★★** (1518-1545) est remarquable par la profusion de son décor Renaissance. L'intérieur est très composite et on remarque aussitôt l'orgue moderne (Jean-François Dupont, 1997) suspendu dans la nef. Les cinq premières travées (14e s.) sont couvertes de simples croisées d'ogives.
Certains **chapiteaux★** sont intéressants par leurs sculptures de scènes tirées des bestiaires du Moyen Âge et des romans de chevalerie. Remarquez surtout les 2e et 3e piliers de gauche. Sur ce dernier, de gauche à droite : Aristote menacé du fouet par Campaspe, maîtresse d'Alexandre ; le Phénix au milieu des flammes (Résurrection) ; Samson brisant la mâchoire du lion (Rédemption) ; le pélican nourrissant ses petits (Amour divin) ; Lancelot sur le pont de l'Épée ; Virgile suspendu dans son panier par la fille de l'empereur de Rome ; la licorne (Incarnation) poursuivie par des chasseurs. Vers le chœur, chaque ogive est agrémentée d'une clef de voûte pendante et finement ouvragée. La plus étonnante, celle de la cinquième ogive au-dessus du maître-autel, haute de 3 m, supporte une statue de saint Pierre dont on peut voir l'original dans le bas-côté droit. Le chœur est fermé par quatre arcades surmontées d'une **frise★★** de style gothique flamboyant au décor exubérant et délicat de fleurs et de feuillages. Jusqu'à 2,75 m du sol, le style est encore gothique mais, à mesure que le regard s'élève, l'influence de la Renaissance s'accentue pour triompher sur les **voûtes★★** dues à Hector Sohier. Chaque chapelle possède une voûte très ouvragée : leurs clefs pendantes donnent l'impression de véritables stalactites.
Prenez les fossés St-Julien puis, à gauche, la rue de Geôle.
Au n° 31, la **maison des Quatrans** (B2) présente une expressive façade à pans de bois du 15e s.
Prenez à gauche la rue des Croisiers.
Au n° 25, remarquez l'ancien **couvent des Croisiers** (chanoines de la Ste-Croix) et sa cour intérieure où les vestiges gothiques de l'église sont aujourd'hui investis par l'hôtel du Dauphin ; au n° 13, hôtel Le Bourguignon du Perré (17e s.). Au bout de la rue, librairie, éditeurs et imprimeurs se succèdent.
Tournez à gauche.

Rue Froide B2

À l'ombre de l'église St-Sauveur, cette petite rue a conservé d'intéressantes maisons du 15e au 19e s. dotées de cours intérieures auxquelles on accède par des passages (comme au n° 10) et dont le rez-de-chaussée est investi aujourd'hui par des boutiques de mode ou de bandes dessinées.
Tournez à gauche, rue de la Monnaie, puis immédiatement à droite.

MÉMORIAL
PARC DE LA COLLINE-AUX-OISEAUX
N 13 CHERBOURG-OCTEVILLE
D 7 CÔTE DE NACRE, A 13
D 9 ST-LÔ
AVRANCHES, RENNES A 84
A 84, RENNES, VIEUX
D 562 LAVAL
A
B
1
2
3
R. de Creully
JARDIN DES PLANTES
R. des Carrières-St-Julien
St-Julien
U
Av. d'Édimbourg
R. du Gaillon
R. L. Lecornu
R. de la Délivrande
Esplanade de la Paix
Rue des Rosiers
R. Bosnières
Rue Desmoueux
R. aux Juifs
4 NATIONS
R. Chanoine X. de St-Paul
Pte des Champs
DONJON
Château
Salles du Rempart
Salle de l'Échiquier
Musée des Beaux-Arts
TOUR PUCHOT
R. du Vaugueux
R. St-Gabriel
Pl. du Canada
Av. de Bagatelle
R. Pierre
R. Dr-Rayer
R. Barbey-d'Aurevilly
Av. du Canada
St-Julien
Les Fossés
Ancien couvent des Croisiers
Musée de Normandie
ST-GEORGES
Géôle
Pte sur la Ville
St-Nicolas
R. de l'Académie
Pl. St-Martin
R. des Cordeliers
R. des Croisiers
Maison des Quatrans
Hôtel d'Escoville
St-Pierre
Bd des Alliés
Cimetière St-Nicolas
R. Bicoquet
St-Martin
R. Pémagnie
R. Pasteur
R. St-Sauveur
Cr des Imprimeurs
Rue Gémare
K
R. St-Pierre
R. de Bayeux
R. St-Manvieu
Pl. St-Sauveur
R. Froide
St-Sauveur
R. de la Fontaine
Leclerc
Hôtel de Than
Pl. St-Pierre
R. G.-le-Conquérant
J
Pl. Fontette
R. aux Fromages
MAISON DE MALHERBE
R. de Strasbourg
St-Étienne
R. Caponière
R. Ecuyère
R. St-Étienne-le-Vieux
Pl. Malherbe
R. P. Doumer
Rue Mal Leclerc
R. P.-A Lair
Abbaye-aux-Hommes
Esplanade J. M. Louvel
R. Arcisse de Caumont
Pl. de la République
R. du Pont-St-Jacques
R. de l'Oratoire
Bâtiments conventuels (hôtel de ville)
Pl. L. Guillouard
N.-D. de la Gloriette
R. G. Lebret
Rue du Carel
Bd Bertrand
CONSEIL GÉNÉRAL
Bd
T
R. de
Prom. du Fort
Av. de l'Hippodrome
Pl. Gambetta
R. des Jacobins
R. Sadi-Carnot
J
P
M
R. J. Romain
Sorel
R. F. Scamaroni
Bd A. Briand
Guillou
Pl. Mal Foch
CENTRE DES CONGRÈS
Av. Albert
Yves
Cours Gén. de Gaulle
La Prairie
ORNE
Bd
Bd du Petit-Vallerent
Maison à pans de bois............K

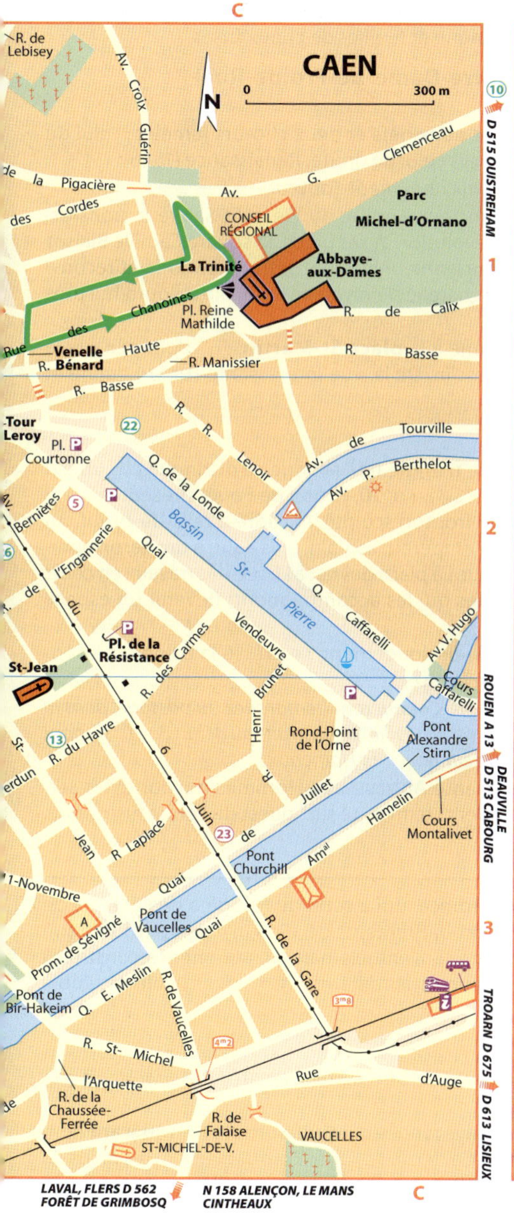

SE LOGER

SE RESTAURER

INDEX DES RUES

Cour des Imprimeurs B2

Place Pierre-Bouchard.

Dans ces maisons du début du 16e s. se tenaient d'importantes imprimeries qui fonctionnèrent jusqu'au début du 20e s. Voyez le décor flamboyant des fenêtres qui mêle feuilles de vigne et feuilles de choux frisés.

Église St-Sauveur (ou Notre-Dame-de-Froide-Rue) B2

☏ 02 31 86 13 11 - 9h-17h.

L'église présente rue St-Pierre deux nefs et deux chœurs jumelés ; celui de gauche est gothique (15e s.) mais celui de droite, Renaissance (1546).

Reprenez la rue Froide, puis à gauche la rue St-Sauveur.

Belle vue sur le chevet de l'ancienne église du Vieux-St-Sauveur, transformée en halle au beurre à la Révolution. À ses pieds, le square Camille Blaisot occupe l'emplacement de l'ancienne université, détruite en 1944 et reconstruite derrière l'esplanade du château ; l'université accueille aujourd'hui près de 25 000 étudiants.

À droite, la rue Pémagnie mène à la **place St-Martin** (A2) dominée par la statue du connétable Du Guesclin. De là, vue intéressante sur St-Étienne et ses deux tours.

Place St-Sauveur A2

Cette vaste place en forme de triangle très allongé se distingue par un bel ensemble de demeures du 18e s. ; au n° 20, l'hôtel de Fouet présente un bel ensemble classique avec son fronton sculpté, encadré d'œils-de-bœuf. Au centre, statue de Louis XIV en empereur romain. Plus haut, à droite, on aperçoit l'ancienne église St-Sauveur. La place devrait à l'issue des travaux en cours (et des fouilles archéologiques qui les accompagnent) devenir un espace entièrement piétonnier.

Sur la **place Fontette**, dans le prolongement, se dresse la colonnade néo-classique de l'ancien palais de justice.

Continuez par la rue Guillaume-le-Conquérant (remarquez au passage, dans la rue Jean-Marot, le bel alignement de pavillons construits au début du 20e s.), pour trouver à gauche la place Monseigneur- des-Hameaux.

L'église St-Étienne et l'imposante Abbaye-aux-Hommes qui abrite les services de l'hôtel de ville marquent l'extrémité sud-ouest du centre historique.

★★ ABBAYE-AUX-HOMMES A2

Magnifiquement restauré, l'édifice, qui a servi de refuge à des milliers de Caennais lors des terribles bombardements de 1944, n'a rien perdu de son charme : l'église et les bâtiments conventuels (harmonieusement reconstruits) constituent toujours, malgré leurs styles différents, un remarquable ensemble historique et architectural.

★★ Église St-Étienne

☏ 02 31 30 42 81 - visite libre lun.-sam. 9h-13h, 14h-18h30 (sf pendant les offices), dim. et j. fériés 14h-18h30.

C'est l'église de l'ancienne abbaye fondée par **Guillaume le Conquérant** dont Lanfranc fut le premier abbé. Ce dernier suggéra probablement les plans de l'abbatiale. Commencée vers 1066 dans le style roman, elle est consacrée en 1077 ; son chœur roman est reconstruit au 13e s.

L'art roman a produit peu d'œuvres plus saisissantes que cette sobre **façade** *(enfoncez-vous dans l'impasse Lebailly pour l'apprécier au mieux).* Pas de porche ciselé, pas de rosace, mais un mur-pignon soutenu par quatre contreforts,

L'Abbaye-aux-Hommes.
B. Rieger / hemis. fr

1

percé de deux rangées de baies en plein cintre et de trois portes romanes. On retrouve ici la sévérité de l'art de Ravenne et de Lombardie transmis par Lanfranc. L'austérité de la façade est cependant atténuée par les deux tours (11e s.) fusant vers le ciel. Elles sont coiffées de flèches octogonales ajoutées au 13e s., entourées de clochetons et de lucarnes, dans le style gothique normand.

L'immense **nef** aux larges arcades en plein cintre est très peu ornée. La construction des voûtes sexpartites au 12e s. a modifié l'ordonnance des fenêtres hautes décorées. Au revers de la façade, orgues exécutées en 1747, encadrées par deux atlantes. À gauche en entrant, remarquez dans la chapelle Halbout l'Adoration des Mages de Claude Vignon. À la croisée du transept, la **tour-lanterne**, élevée au 11e s., a été refaite au début du 17e s. Dans le croisillon gauche, la tribune est occupée par une grande horloge du 18e s. entourée de boiseries.

LANFRANC, LE BRAS DROIT DU CONQUÉRANT

Né près de Pavie, **Lanfranc du Bec** (1010-1089) s'établit à Avranches en 1035 avant d'entrer à l'abbaye du Bec-Hellouin en 1042. Cet homme aussi cultivé qu'éloquent s'opposa à l'hérésie de Bérenger de Tours, en défendant la doctrine de la transsubstantiation. Proche conseiller du duc Guillaume, il fut nommé par celui-ci abbé de St-Étienne de Caen, avant de suivre son maître en Angleterre. Là, il fait déposer l'archevêque de Cantorbéry et prend sa place en 1071, entreprenant alors de réformer l'église d'Angleterre et de faire reconstruire sa cathédrale. En 1075, il trahit le secret de la confession en révélant au Conquérant l'existence d'une conspiration contre lui : son malheureux paroissien, Waltheof, seul comte anglo-saxon sous la domination normande, est décapité l'année suivante… Après la mort du roi en 1087, Lanfranc assure l'arrivée sur le trône de l'héritier désigné, Guillaume le Roux, avant de s'éteindre à son tour et d'être béatifié.

L'ABBATIALE, ÎLOT-REFUGE DE L'ÉTÉ 1944

Dès le début des bombardements de 1944, les Caennais se réfugient dans l'église St-Étienne. Pendant toute la bataille, plus de 1 500 sinistrés campent dans l'abbatiale. Le préfet et la Résistance parviennent à prendre contact avec les Alliés et signalent l'emplacement de cet îlot-refuge. Le réfectoire du lycée Malherbe (qui occupe les bâtiments conventuels de l'Abbaye-aux-Hommes) fait office de salle d'opération, et les morts sont enterrés dans les cours. Un peu plus loin, le vaste hospice du Bon-Sauveur abrite 4 000 personnes.

Au 13e s., un **chœur gothique** fut substitué au chœur roman. Avec son déambulatoire et ses chapelles rayonnantes, il est le premier en date des chœurs gothiques normands, et servit de modèle aux autres. Avec le style gothique apparaissent des motifs décoratifs nouveaux : chevrons, rosaces des arcades latérales, trèfles ajourant le tympan des baies des tribunes, chapiteaux à crochets et à feuillages. Remarquez l'ampleur des tribunes qui surmontent le déambulatoire et l'élégance des arcades centrales. La grille en fer forgé qui l'entoure date de 1925 : elle porte sur des cartouches les noms et les armoiries des abbés et autres personnages célèbres de l'abbaye. Les belles stalles et la chaire sont du 17e s.

Devant l'autel se trouve une dalle avec épitaphe. Elle marque l'emplacement où a été inhumé le seul reste de Guillaume le Conquérant : un fémur. Au 16e s., l'église fut en effet mise à sac par les huguenots, qui profanèrent la sépulture du duc-roi (un sarcophage placé sous la tour-lanterne) et dispersèrent son squelette.

Dans le déambulatoire, à droite, deux œuvres méritent l'attention : le *Denier de César*, copie d'un Rubens, et la *Lapidation de saint Étienne* de Charles Mellin (v. 1598/99-1649).

Sortez de l'église par le chœur. Après avoir contourné l'admirable **chevet★★** de St-Étienne, gagnez le jardin à la française de l'esplanade Louvel, reconstitué suivant les plans du 18e s.

Bâtiments conventuels

✆ 02 31 30 42 81 - www.ville-caen.fr/abbayeaux-hommes- ♿ - visite guidée (1h30 ou 50mn - départ de l'accueil de l'hôtel de ville) juil.-août : 9h30, 10h15 (50mn), 11h, 14h30, 15h15 (50mn), 16h et 17h15 (50mn) ; reste de l'année : 9h30, 11h, 14h30 et 16h (déc.-fév. : tlj sf w.-end) - fermé 1er janv., 1er Mai, 25 déc. - 4 € à 3 € (-18 ans gratuit) selon la visite, dim. gratuit.

Ils abritent l'hôtel de ville depuis 1965. Reconstruits au 18e s., ils conservent de très belles **boiseries★★**. En entrant dans l'aile est, on visite d'abord le **chauffoir des moines**, puis l'ancienne **salle du chapitre**, garnie de remarquables boiseries en chêne clair : elle conserve des peintures du 17e au 19e s. La sacristie de la chapelle abrite une copie d'un tableau de Lebrun.

Un vestibule, d'où s'élève un escalier à rampe en fer forgé (18e s.), donne accès au **cloître** (18e s.) voûté orné de caissons octogonaux. À l'angle

UN BEAU COUP D'ŒIL

C'est du fond de la place Louis-Guillouard, fermée par la charmante **église St-Étienne-le- Vieux** (en ruines) et en arrière-plan, la silhouette de l'église jésuite N.-D.-de-la-Gloriette, que l'on a la plus jolie vue sur l'ensemble des bâtiments du 18e s., contigus au chevet de l'église St-Étienne.

des galeries sud et est du cloître, se révèle une très belle **vue★★** sur les deux tours de St-Étienne et le flanc sud de l'église. Par une porte chantournée, on pénètre dans le **parloir**, grande salle ovale couverte d'une curieuse voûte elliptique. Par le cloître, on visite le **réfectoire** aux somptueuses boiseries de chêne de la fin du 18e s.

On voit ensuite l'**escalier d'honneur** d'une surprenante hardiesse, comme suspendu dans le vide, avec sa rampe forgée ornée de motifs floraux. Dans la cour, la **salle des Gardes★**, gothique, est bâtie sur des vestiges gallo-romains.

En quittant l'esplanade, contournez l'église St-Étienne-le-Vieux, pour prendre la rue Arcisse-de-Caumont.

Place Malherbe A2

Elle doit son nom à une belle maison restaurée qui aurait vu naître le poète en 1555. En remontant sur la gauche, remarquer, au n° 9 de la **rue Écuyère**, une jolie façade Renaissance, et à droite, dans la petite **rue aux Fromages** *(piétonne)*, des maisons à pans de bois, notamment celle du n° 11 dotée d'une cour intérieure.

De la place, prenez la rue St-Laurent.

« ENFIN MALHERBE VINT... »

Né dans une famille protestante de Caen, **François de Malherbe** (1555-1628), poète officiel à la cour d'Henri IV, reste comme le grand épurateur de la langue française, précurseur et théoricien du classicisme. Réunis en recueil deux ans après sa mort, ses poèmes ont été constamment réédités depuis. Qui ignore aujourd'hui le fameux distique :
Et rose, elle a vécu ce que vivent les roses / l'espace d'un matin ?

1

Place de la République B2

La place de la République, agrémentée de son jardin, est entourée de quelques belles maisons Louis XIII *(aux nos 23-25, l'hôtel Daumesnil)* ; elle est bordée par le bâtiment moderne de la préfecture.

Dans un renfoncement de la place, s'élève l'église **N.-D.-de-la-Gloriette** (1684-1689), ancienne église des Jésuites.

Quittez la place, en prenant à gauche la rue P.-Doumer, pour gagner la rue St-Pierre.

Rue St-Pierre B2

Artère piétonne, commerçante et très animée, elle conserve aux nos 52 et 54 deux belles **maisons à pans de bois★** aux pignons aigus, du début du 16e s. Encore gothiques par le foisonnement de leur décor sculpté et les nombreuses statuettes de saints, elles intègrent également quelques éléments Renaissance.

Prenez à droite la rue Hamon qui débouche sur le bd du Maréchal Leclerc et permet de revenir à la place St-Pierre. Remarquez en passant la belle façade Renaissance de l'ancien **hôtel de Than**, *aujourd'hui occupé par la gendarmerie nationale et un magasin de décoration pour maison et jardin.*

Le secteur piétonnier qui s'étend jusqu'à la place St-Pierre (au nord-est), entre le boulevard du Mar.-Leclerc, très animé le soir, et la rue St-Pierre, est jalonné de petites places et incite à d'agréables flâneries.

Contournez l'église St-Pierre par son chevet.

On longe les vestiges du **pont St-Pierre** qui enjambait autrefois l'Odon, aujourd'hui recouverte, pour atteindre la **tour Leroy** (14e s.) qui commandait jadis l'accès au port de Caen (celui-ci a été déplacé par la suite au port de plaisance actuel).

Prenez la rue Buquet, puis à droite la rue Montoir-Poissonnerie. La rue des Chanoines qui lui fait suite mène à la place Reine-Mathilde.

★ Abbaye-aux-Dames C1

Fondée en 1062 par la reine Mathilde, cette abbaye constitue le pendant « féminin » de l'Abbaye-aux-Hommes, que l'on aperçoit de la place de la Reine-Mathilde, dans l'axe de la rue des Chanoines (vue sur les deux tours de l'église St-Étienne).

★★ L'**église de la Trinité** *(✆ 02 31 86 13 11 - 9h-18h30)* église abbatiale de style roman, élevée au 11e s., adoptait à l'origine le plan bénédictin classique à absidioles. La vaste nef de neuf travées en est un bel exemple. Le transept est très ample. La jolie chapelle qui se greffe sur le croisillon droit date du 13e s. Utilisée comme salle capitulaire, elle a remplacé deux chapelles orientées, romanes, semblables à celles qui existent dans le croisillon gauche. Au centre du chœur, repose le tombeau de la reine Mathilde. Au début du 18e s., la voûte en cul-de-four a été décorée d'une fresque. La crypte *(accès par un escalier partant de la chapelle du croisillon droit)* est admirablement conservée. Les voûtes d'arêtes reposent sur 16 colonnes serrées qui séparent cinq vaisseaux. Parmi les remarquables sculptures des chapiteaux, on peut voir des éléphants, ou encore un Jugement dernier : saint Michel accueillant les morts sortis de leurs tombeaux.

C'est depuis le parc Michel-d'Ornano, recréé dans les années 1990 suivant les plans des jardins à la française du 18e s., face à la **cour d'honneur**, que vous aurez la meilleure vue sur les façades des **bâtiments abbatiaux**. *Réserv. sur p.laroche@crbn.fr - ♿ - 14h-17h30 - visite guidée (1h) : 14h30 et 16h - fermé 1er janv., 1er Mai, 25 déc. - gratuit.* Le cloître, dont le quatrième côté ne fut jamais construit, est la réplique de celui de l'Abbaye-aux-Hommes. Il donne accès à une petite pièce ovale, le lavabo. Dans le réfectoire, des pilastres à chapiteaux ioniques et deux colonnes qui encadraient le siège de la mère abbesse subsistent. On passe ensuite dans le **Grand Vestibule**, pièce centrale qui dessert l'abbatiale et d'où part un harmonieux **escalier** à double volée. Un cartouche à motif végétal décore discrètement le socle du palier du premier étage. Au mur, portraits de deux abbesses, Anne de Montmorency et Marie-Aimée de Pontécoulant. Place Reine-Mathilde, on aperçoit, à droite, les ruines gothiques de l'église du Vieux-Saint-Gilles (11e s.), détruite en 1944.

Prenez la rue Campion que prolonge la rue Segrais, puis à gauche la rue Leroy et encore à gauche, la rue des Chanoines.

Rue du Vaugueux B1

Cette belle rue piétonne (ainsi que les quelques venelles adjacentes, rue Graindorge, rue Porte-au-Berger) a retrouvé son cachet médiéval. Son pavement ancien, ses maisons en pierre ou à pans de bois et ses réverbères en font un lieu de promenade très agréable. De nombreux restaurants y ont élu domicile, créant une enclave animée et conviviale surtout le soir.

Revenez à la place St-Pierre.

À voir aussi Plan de ville p. 98

★ Cimetière et église St-Nicolas A2

Rue de Hastings - 1er mars-1er nov. : 8h-18h ; reste de l'année : 8h-17h - gratuit.
Aujourd'hui désaffectée, l'église a été construite à la fin du 11e s. par les moines de l'Abbaye-aux-Hommes. Elle n'a pas été remaniée depuis et a conservé toute sa pureté. La façade s'ouvre par un beau porche roman à trois arcades. L'église est entourée d'un ancien cimetière. Sous les frais ombrages, on peut circuler parmi les tombes moussues. Ce cadre romantique met en valeur la magnifique abside, coiffée d'une haute toiture de pierre.

Église St-Jean C3

Commencé au 14e s., ce bel édifice gothique flamboyant a été remanié au 15e s. Le clocher-porche, dont la base et le premier étage remontent au 14e s., est inspiré de la tour de l'église St-Pierre.

À l'intérieur, la nef évasée est remarquable par son triforium et, surtout, à la croisée du transept, par la **tour-lanterne★** dont l'impressionnant évidement cylindrique offre des parois très ouvragées. Les Caennais ont une dévotion particulière pour le **Christ en bois**, dans la chapelle des fonts baptismaux : brûlé jusqu'au cœur et retrouvé dans les décombres de cette chapelle, il est le symbole des souffrances de Caen en juin et juillet 1944. Au chevet de l'église, sur la place de la Résistance, une statue couverte d'or de Jeanne d'Arc, rapatriée d'Oran, a été érigée en 1964.

ILS SONT PASSÉS PAR CAEN

Bien des personnalités sont liées à la capitale de la Basse-Normandie : certaines y moururent comme le fameux dandy **George Brummell** en 1840, ou le pape du nouveau roman, **Alain Robbe-Grillet** en 2008. D'autres, nombreuses, y sont nées. Parmi elles, un préfet dont le nom est resté dans la langue française : **Eugène Poubelle** (1831-1907).

Église St-Julien A1

☎ 02 31 85 44 53 - téléphoner pour connaître les heures de visite.

Bâti sur l'emplacement d'une église détruite en 1944, l'actuel édifice fut construit selon un plan elliptique dû à Henry Bernard, en 1958. Le mur forme une résille dont les jours constituent les multiples pièces d'un immense vitrail sombre.

Jardin des plantes A1

☎ 02 31 30 48 38 - www.caen.fr/DevDurable/Espacesverts/jardinplantes - tlj 13h-17h pour les serres - gratuit.

Jardin botanique et Jardin des plantes, réunis en un même lieu, regroupent des collections végétales spécialisées d'un grand intérêt. Le jardin botanique, dont les origines remontent au 17e s., abrite notamment une serre tropicale où fleurit le nénuphar géant d'Amérique du Sud.

★★★ Visiter le Mémorial de Caen, Cité de l'histoire pour la paix Plan p. 107

Espl. Général-Eisenhower - ✆ 02 31 06 06 45 - www.memorial-caen.fr - ♿ - 16 fév.-nov. : tlj sf lun. 9h-19h ; 2 janv.- 5 janv. : 9h30-18h ; reste de l'année : tlj sf lun. 9h30-18h - fermé 3 sem. en janv., 1er janv., 25 déc. ; fermeture de la billetterie 1h15 avant - 18,80 € (10-18 ans 16,30 €). Les visiteurs non motorisés peuvent accéder au Mémorial depuis le centre-ville de Caen en prenant le bus, ligne 2 (ttes les 15mn).

Le Mémorial, « un musée pour la paix », est un lieu d'histoire et de réflexion sur les liens étroits entre le respect des Droits de l'homme et la sauvegarde de la paix. Le bâtiment occupe l'emplacement du bunker de commandement du général allemand W. Richter qui s'opposa aux troupes anglo-canadiennes, le 6 juin 1944.

Le visiteur est convié à effectuer un voyage dans la mémoire collective, de 1918 à nos jours. La première partie (baptisée « Le Voyage historique ») est consacrée à la période entre 1918 et 1945. Une scénographie particulièrement réussie – évoquant notamment les espoirs vite déçus de paix nés à la fin de la Grande Guerre, les difficultés de l'entre-deux-guerres et la progression des fascismes, mais aussi la période où la barbarie nazie se déchaînait –, et le recours aux nombreux documents d'archives – dont la saisissante projection sur écran panoramique du « Jour J », vu simultanément du côté allié et du côté allemand – confèrent à cette présentation de notre passé récent l'authenticité du vécu. Un autre film présente le déroulement de la Bataille de Normandie.

L'année 1945 voit l'émergence de deux blocs qui vont s'affronter dans une redoutable **guerre froide**. La rétrospective, agrémentée de films d'actualité (remarquez notamment ceux qui font revivre les expérimentations nucléaires : à frémir !), d'armes symboliques et d'explications des moments clés de cette période d'éprouvante compétition, sans cesse susceptible de déboucher sur un nouveau conflit, se termine par un espace créé à l'occasion du vingtième anniversaire de la chute du mur de Berlin (1989). Mais la démarche serait incomplète sans une visite du hall de la Paix qui rappelle les conflits en cours dans le monde.

Un peu à l'écart, installée dans un ancien poste de commandement allemand souterrain, la galerie des **prix Nobel de la paix** présente chaque lauréat et le détail de son action pour la paix, d'une façon qu'on ne peut s'empêcher de trouver un peu lugubre *(voir l'encadré ci-dessous)*.

À l'extérieur, en contrebas des bâtiments, la vallée du Mémorial regroupe trois jardins du Souvenir créés par les Américains (1994), les Canadiens (1995) et les Britanniques (2004), et constituant le Parc international de la Libération de l'Europe.

LES DERNIERS LAURÉATS DU PRIX NOBEL DE LA PAIX

2011 – Ellen Johnson-Sirleaf, présidente du Liberia, sa compatriote Leymah Gbowee et la Yéménite Tawakkul Karman, pour leur lutte non violente en faveur de la sécurité des femmes.

2010 – Le dissident chinois Lu Xiaobo.

2009 – Le président américain Barack Obama.

2008 – L'ancien président finlandais Martti Ahtisaari, médiateur à l'Onu.

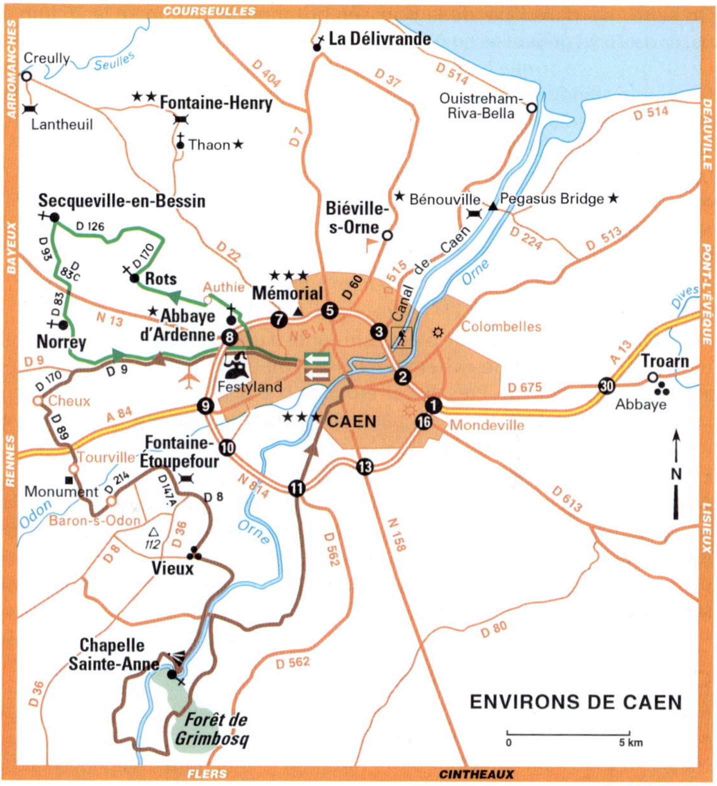

1

Parc de la Colline-aux-Oiseaux Hors plan (p. 98) par A1
02 31 30 48 38 - av. Am.-Mountbatten - tlj 10h - fermeture selon la saison - gratuit. Non loin du Mémorial, ce parc de 17 ha, créé en 1994 pour le 50e anniversaire du Débarquement, occupe le site d'une ancienne décharge, d'où le nom de « colline aux Oiseaux ». Composé de jardins thématiques, il comporte une belle roseraie.

Circuits conseillés Carte de microrégion p. 90

DE L'ODON À L'ORNE

Pour visualiser ce circuit de 52 km au départ de Caen, reportez-vous au plan ci-dessus. Comptez environ 2h.
Quittez Caen à l'ouest par la rue de Bayeux, puis prenez la D 9.
Le nom de l'Odon évoque les combats acharnés qui, du 26 juin au 4 août 1944, eurent pour théâtre la région du sud-ouest de Caen. La D 9 longe l'aérodrome chaudement disputé du 4 au 7 juillet 1944 entre la 3e division canadienne et la 12e SS Panzer.
Continuez à suivre la D 9 sur 3 km ; prenez ensuite, à gauche, la D 170. À Cheux, tournez à gauche après l'église, dans la D 89 ; un peu plus loin, en haut d'une légère montée, tournez à droite. À Tourville, suivez tout droit la D 89.

On se trouve dans l'axe de la poussée britannique, amorcée le 26 juin à partir de Tilly-sur-Seulles en direction du sud-est avec, pour objectif, l'Orne. Le 21e groupe d'armée britannique avait à sa tête le général Montgomery. Le groupe était formé de la 2e armée britannique (général Dempsey) et de la 1re armée canadienne (général Crerar). Un **monument**, à droite, rappelle les sacrifices de la 15e division écossaise.

Le visiteur peut se rendre compte de la valeur défensive de cet obstacle naturel et des difficultés auxquelles se heurtait l'assaillant exposé au feu de l'ennemi, retranché, lui, sur l'autre versant. Le passage de l'Odon coûta plus cher aux Britanniques que celui du Rhin.

La route escalade l'autre versant. Au terme de la montée, dans un croisement, tournez à gauche dans la D 214 et traversez Baron dans toute sa longueur.

Après un petit monument de pierre surmonté d'une croix de fer, sur la droite, tournez à droite dans le « chemin haussé », ou chemin du Duc-Guillaume, ancienne voie romaine. Près du carrefour de la D 8, une stèle a été érigée en souvenir des combats soutenus par la 43e division « Wessex ». On se trouve ici sensiblement à la cote 112.

Prenez à gauche la D 8 en direction de Caen.

À la jonction avec la D 36 (qui débouche sur la D 8), un monument rappelle les opérations qui se déroulèrent là au mois de juillet 1944, marquées par de furieux duels de blindés. Une attaque nocturne, le 15, fut même faite aux lueurs d'un « clair de lune artificiel », grâce à la réflexion de faisceaux de projecteurs sur les nuages.

Prenez à gauche la D 147A.

Château de Fontaine-Étoupefour C2

Accès par un chemin à droite après la ferme. ✆ 02 31 26 73 20 - visite guidée juil.-sept. : lun.-merc. apr.-midis - 5 € (-13 ans gratuit).

Nicolas d'Escoville, à qui l'on doit l'hôtel du même nom à Caen, en fut le propriétaire. Entouré de douves, ce château possède un élégant châtelet du 15e s., précédé d'un pont-levis et encadré de tourelles terminées en pinacles. Des fenêtres à meneaux éclairent les deux étages, séparés par une sculpture représentant un combat d'anges et de guerriers. À l'intérieur, la salle à manger révèle trois intéressants tableaux représentant des scènes de chasse. À l'extrémité de la cour pavée se trouvent les restes d'un des deux corps de logis (fin du 16e s.), seul subsistant. Les communs du 18e s. abritent une exposition sur la bataille de la cote 112 dont le château fut le centre en 1944.

Revenez sur vos pas, traversez la D 8, poursuivez sur la D 147A puis tournez à droite sur la D 212, *en direction de Vieux.*

TIRÉE DE L'OUBLI

Après la chute de l'Empire, Aregenua est occupée par quelques fermes à l'époque carolingienne, puis sert de « carrière » aux habitants du coin en quête de matériaux de construction, avant de sombrer dans l'oubli. Il fallut la découverte fortuite du « marbre de Thorigni » (le socle de la statue de Solemnnis) pour que Foucault, l'intendant de l'époque, féru d'Antiquité, fasse effectuer les premières recherches (1697-1703). On mit alors au jour les vestiges d'un imposant théâtre. Mais c'est au 19e s. que l'histoire de la cité romaine allait se révéler, notamment grâce aux travaux d'un érudit de Bayeux, **Arcisse de Caumont** (1801-1873), considéré encore aujourd'hui comme « le père de l'archéologie française ».

Vieux C2

Musée et sites archéologiques de Vieux-la-Romaine – *✆ 02 31 71 10 20 - www.calvados.fr/cms- ♿ - juil.-août : 10h-18h ; reste de l'année : 9h-17h, w.-end 10h-18h - fermé merc., 1er janv., 1er Mai, 1er et 11 Nov., 25 déc. - 5 € (-18 ans gratuit).*
Difficile d'imaginer aujourd'hui que le paisible village de Vieux occupe le site d'une ville jadis importante, **Aregenua** *(voir encadré page suivante)*, l'ancienne capitale des Viducasses, au temps des Romains. Les fouilles entreprises depuis des décennies ont mis au jour de riches décors, présentés avec une scénographie claire et moderne dans le musée. Après une intéressante vidéo consacrée à l'histoire du site, vous y remarquerez notamment le socle de la statue d'un notable local, Titus Sennius Solemnis, ainsi que des mosaïques et éléments de décor provenant d'une somptueuse villa romaine toute proche. Celle-ci, la **villa au Grand Péristyle,** peut être visitée *(suivre le fléchage dans le village, à la sortie du musée)*, tandis que les fouilles se poursuivent sur le site de l'ancien forum.
Traversez Vieux et poursuivez en direction de Bully. À Bully, tournez à gauche et longez l'Orne (joli point de vue sur l'Orne après le pont du chemin de fer). À l'intersection avec la D 212, tournez à gauche et poursuivez jusqu'à Groupillières. Empruntez, à droite, la D 171 qui traverse la rivière. De Brieux, suivez la D 257 à travers la forêt de Grimbosq.

Forêt de Grimbosq C2

Promenades thématiques juil.-août, se renseigner auprès du CPIE Vallée de l'Orne - ✆ 02 31 79 70 47 - www.cpievdo.fr.
Parcourue de petits ruisseaux, la superbe forêt de Grimbosq (475 ha) appartient à la ville de Caen depuis 1973. Son **parc animalier** (cerfs, daims, sangliers) constitue le but de promenade de nombreuses familles caennaises, tout comme la charmante **chapelle Ste-Anne** au bord de l'Orne. Les sportifs trouveront, quant à eux, des sentiers de randonnée bien balisés *(de 1h30 à 3h)* et un parcours de santé – *départ du parking de St-Laurent-de-Condel (à la sortie du village, suivez le panneau bleu « parking » à droite).*
Revenez à Caen par la D 562.

ÉGLISES ET ABBAYES

Pour visualiser ce circuit de 35 km, reportez-vous à la carte p. 107. Comptez environ 2h.
Prenez le périphérique ouest de Caen (dir. Caen-Carpiquet). À la sortie n° 8, prenez la direction d'Authie. À Authie, au stop à droite, suivez le fléchage « Abbaye d'Ardenne ».

★ Abbaye d'Ardenne C2

Après de longues périodes d'abandon, cette abbaye, fondée au 12e s. par les prémontrés, a bénéficié d'une importante campagne de restauration pour devenir un centre culturel. Elle abrite depuis 1998 l'**Institut mémoires de l'édition contemporaine** (Imec), qui s'attache à la conservation des fonds d'archives consacrés aux principales maisons d'édition, aux revues françaises, mais aussi à tous les acteurs du monde de l'écrit : libraires, écrivains, imprimeurs, journalistes, etc. La splendide **église abbatiale★**, reconvertie en bibliothèque, accueille les chercheurs, qui sont hébergés dans l'ancien farinier *(ne se visite pas).*
Gagnez Rots à l'ouest par Authie.

Rots C1
L'église présente une jolie façade romane et une nef de la même époque ; le chœur date du 15e s.
En sortant de Rots, prenez la D 170 au nord, puis la D 126 à gauche, en direction de Lasson puis Secqueville.

Secqueville-en-Bessin C1
L'église (11e s.) possède un beau clocher à trois étages et une flèche du 13e s.
Sortez du village en suivant la direction de Bretteville-l'Orgueilleuse (D 93) puis la D 83.

Norrey C2
Sa petite église gothique se signale par une grande tour-lanterne carrée, amputée de sa flèche. L'intérieur au riche décor sculpté se remarque, lui, par son chœur du 13e s. *Visite sur demande écrite à M. Roland Audes - mairie - pl. Charles-de-Gaulle - 14740 St-Manvieu-Norrey.*
Rentrez à Caen par la D 9.

NOS ADRESSES À CAEN

TRANSPORTS

Bus Verts du Calvados – À la gare de Caen, correspondances avec les principales localités du Calvados - ✆ *0 810 214 214 - www.busverts.fr.*
Twisto, bus (et tram) de la ville – *15 r. de Geôle - 14000 Caen - ✆ 02 31 15 55 55. Billets 1 voyage 1,25 €, 10 voy. 10,80 €, formule 24h voy. illimités 3,60 €.*
V'eol – ✆ *0800 200 306 - www.veol.caen.fr. Système de vélos en libre-service. Formule « Liberté » : abonnement valable une semaine (abonnement 1 € ; 1 €/30mn).*
Demandez la carte 10 jours avant votre visite et activez-la sur Internet !

VISITE

Circuit historique – Inclus dans le parcours de l'Espace historique de la bataille de Normandie *(p. 129)*, le circuit balisé **L'affrontement** commence à Caen.
Découvrir Caen avec son Smartphone – Les principaux sites historiques de la ville sont équipés de panneaux interactifs affichant un *flashcode* qui permet de les localiser sur un téléphone portable et de consulter les informations historiques et touristiques qui leur sont liées.

HÉBERGEMENT

PREMIER PRIX

Hôtel Bernières – *50 r. de Bernières - ✆ 02 31 86 01 26 - www.hotelbernieres.com - 17 ch. 47/57 € - ☕ 6 €.* Ne manquez pas l'entrée discrète de cet hôtel. L'accueil est convivial, la salle du petit-déjeuner et le salon sont charmants et les chambres mignonnettes à souhait.
Hôtel Astrid – *39 r. de Bernières - ✆ 02 31 85 48 67 - www.astridhotel-caen.com - 13 ch. 52/62 € - ☕ 8 €.* Presque en face du précédent, un petit hôtel aux chambres cosy. Petit-déjeuner servi en chambre.
Hôtel St-Étienne – *2 r. de l'Académie - ✆ 02 31 86 35 82 - www.hotel-saint-etienne.com - 11 ch. 34/55 € - ☕ 6,50 €.* Cette maison qui date de la Révolution se trouve dans un quartier calme, proche de l'Abbaye-aux-Hommes. Vous apprécierez son bel escalier

et ses boiseries patinées, ainsi que ses chambres coquettes. Petit-déjeuner en table d'hôte.

BUDGET MOYEN

Hôtel du Havre – *11 r. du Havre - ✆ 02 31 86 19 80 - www.hoteldu havre.com - 19 ch. 61/68 € - ☕ 6 €.* Non loin de la « prairie » et de l'hippodrome, vous trouverez dans cet immeuble de l'après-guerre des chambres modernes, colorées et insonorisées à des prix attractifs.

Hôtel du Château – *5 av. du 6-Juin - ✆ 02 31 86 15 37 - www.hotel-chateau-caen.com - P - 24 ch. 60/80 € - ☕ 8 €.* Hôtel bien placé en centre-ville, entre le port de plaisance et le château. Chambres coquettes, sobrement décorées. Celles donnant sur l'avenue sont plus grandes. Accueil chaleureux.

Hôtel des Quatrans – *17 r. Gémare - ✆ 02 31 86 25 57 - www.hotel-des-quatrans.com - P - 47 ch. 75/100 € - ☕ 8 €.* À deux pas du centre-ville, cet établissement abrite des chambres pratiques, sobrement meublées mais un peu impersonnelles ; celles sur l'arrière sont plus calmes.

POUR SE FAIRE PLAISIR

Hôtel Ibis Centre Port de Plaisance – *6 pl. de Courtonne - ✆ 02 31 95 88 88 - www.ibis.com - 101 ch. 90 € - ☕ 8 €.* Une chaîne bien connue de tous, mais cet établissement possède un plus : sa situation face au port de plaisance, à deux pas du quartier du Vaugreux et du château.

Hôtel Moderne – *116 bd Mar.-Leclerc - ✆ 02 31 86 04 23 - www.hotel-caen.com - P - 40 ch. 100/280 € - ☕ 15 €.* Discrète construction d'après-guerre aux chambres régulièrement rafraîchies. Au 5e étage, la salle des petits-déjeuners offre une vue sur les toits de la ville.

Hôtel Best Western Le Dauphin – *29 r. Gémare - ✆ 02 31 86 22 26 - www.le-dauphin-normandie.com - P - 37 ch. 85/135 € - ☕ 13 € - sauna, salle de fitness 8 € - rest. 23/48 €.* Aménagé autour d'une cour dans l'ancien prieuré des Croisiers, ce bel hôtel à l'ambiance feutrée, alliant vieilles pierres et boiseries, propose des chambres confortables et un vaste espace de détente.

À proximité

BUDGET MOYEN

Hôtel La Glycine – *11 pl. du Commando n° 4 - 14970 Bénouville - ✆ 02 31 44 61 94 - www.la-glycine.com - fermé fin déc.-déb. janv. - P - 35 ch. 70 € - ☕ 8,50 € - rest. 20/50 €.* Le fameux Pegasus Bridge est proche de ces deux maisons reliées par un patio fleuri. Chambres fonctionnelles toutes identiques. Salle à manger contemporaine. Prestation du chef dans le registre actuel.

RESTAURATION

PREMIER PRIX

Bistrot du Palais – *2 r. Guillaume-le-Conquérant (pl. Fontette) - ✆ 02 31 85 44 54 - 15/20 €.* Pour déjeuner d'un plat du jour sans prétention ou d'une salade composée, non loin de l'Abbaye-aux-Hommes. Service diligent et sympathique.

La Suite – *47 r. Écuyère, près de la pl. Fontette - ✆ 02 31 23 53 92 - 15/20 €.* Une brasserie branchée où prendre un cocktail, une collation ou des plats plus copieux (pâtes fraîches, burger maison, salades composées).

Maître Corbeau – *8 r. Buquet - ✆ 02 31 93 93 00 - www.maitre-corbeau.com - fermé 3 sem. en août, 1er janv. et 25 déc., sam. midi, lun. midi et dim. - 9,90/24,50 €.* Ici, tout évoque le fromage… et la vache :

1

boîtes, publicités, outillages, etc. Dans ce décor insolite, vous n'avez le choix qu'entre du fromage, du fromage ou du fromage : chaud, froid ou tiède. Ses assiettes copieuses et ses fondues font courir les Caennais avertis !

Le Bouchon du Vaugueux – *12 r. Graindorge - ✆ 02 31 44 26 26 - fermé 2 sem. en août, dim. et lun. - réserv. obligatoire - 15/28 €.* Ce bouchon est situé à proximité du château et du vieux Caen. Tables serrées propices à une ambiance chaleureuse. Les deux menus sont à découvrir sur l'ardoise du jour.

Stiffler – *72 r. St-Jean - ✆ 02 31 86 08 94 - www.stifflertraiteur.com - tlj sf lun. et mar. 9h-13h, 14h30-19h30, dim. 8h-18h - fermé vac. scol. hiver, 27 juil.-18 août.* Très prisée pour un déjeuner sur le pouce (attention aux horaires, cependant !) choisi dans le généreux rayon traiteur, la maison est aussi renommée dans la ville pour ses excellentes pâtisseries, notamment la charlotte aux fruits de saison.

BUDGET MOYEN

Saint-Andrew's – *9 quai de Juillet - ✆ 02 31 86 26 80 - www.restaurantsaintandrews.sitew.com - réserv. conseillée - formule déj.19,50 € - 14,50/26,50 €.* Dans un cadre qui rappelle certains pubs anglais – boiseries, vitraux et briques –, vous dégusterez une cuisine soignée, élaborée à base de produits frais, sélectionnés chez des producteurs de la région. Malgré sa situation un peu excentrée, ce restaurant au bord de l'Orne est le cadre idéal pour un dîner convivial.

L'Insolite – *16 r. du Vaugueux - au pied du château - ✆ 02 31 43 83 87 - www.restaurant-linsolite.com - fermé dim. et lun. sf mai-sept. - réserv. conseillée - 15/54 €.* Cette maison à colombage du 16e s. vaut le coup d'œil car, comme l'indique l'enseigne, son décor est un rien insolite : plaisant mélange des styles rustique et rétro avec fresques, miroirs, fleurs séchées… Dans l'assiette, poissons et fruits de mer. Terrasse chauffée en hiver.

L'Embroche – *17 r. Porte-au-Berger - ✆ 02 31 93 71 31 - fermé sam. midi, lun. et dim. - réserv. conseillée - 19/35 €.* Cette adresse du quartier du Vaugueux propose quelques spécialités à base de produits régionaux : le brick de camembert sur lit de salade arrosée au calva et les tripes artisanales du « Père Michel » notamment. Sélection de fromages affinés et beau choix de vins de petits récoltants.

Le Carlotta – *16 quai Vendeuvre - ✆ 02 31 86 68 99 - www.lecarlotta.fr - fermé dim. - 22/36 €.* Grande brasserie d'inspiration Art déco dotée d'une véranda et fréquentée pour son atmosphère vivante et sa cuisine typique, enrichie de plats de poissons.

Café Mancel – *Au château - ✆ 02 31 86 63 64 - www.cafemancel.com - fermé vac. de fév., dim. soir et lun. - 16/31 €.* Discret car situé dans le château, le Café du musée des Beaux-Arts mérite le détour : sobre cadre contemporain, soirées musicales et appétissante cuisine actuelle.

Pain et Beurre – *46 r. Guillaume-le-Conquérant - ✆ 02 31 86 04 57 - fermé sam. midi, dim. soir et lun. - 23,50/31 €.* Un bistrot de chef dans un cadre sobre et élégant, à deux pas de l'Abbaye-aux-Hommes. Cuisine fine et de qualité mêlant produits du terroir et mets plus exotiques.

POUR SE FAIRE PLAISIR

À Contre Sens – *8 r. des Croisiers - ✆ 02 31 97 44 48 - fermé dim. et lun. et août - menus déj. 21/36 €.* Une adresse de charme pour déjeuner ou dîner dans une petite salle aux pierres apparentes et à l'ambiance intimiste. Cuisine inventive avec des alliances de saveurs originales ; service attentif.

ArchiDona – *17 r. Gémare - ✆ 02 31 85 30 30 - www.archidona.fr - fermé dim. et lun. - formule déj. 15/19 €, menus 21/49 €.* Cadre contemporain, sobre et épuré, pour une cuisine dans l'air du temps ; pianiste et lumières tamisées pour un dîner dans une ambiance feutrée.

Auberge de l'Île enchantée – *1 r. St-André - 14123 Fleury-sur-Orne - à 4 km au sud de Caen par D 562 - ✆ 02 31 52 15 52 - www.aubergelileenchantee.com - P - fermé 1re quinz. d'août, 24 fév.-8 mars, dim. soir, merc. soir et lun. - 23/42 €.* Enchanté, vous le serez sûrement aussi. Le spectacle de la salle panoramique de cette auberge au bord de l'Orne vaut le coup d'œil. L'atmosphère y est chaleureuse. Les patrons aux commandes vous concocteront des menus au goût du jour.

BOIRE UN VERRE

Bon à savoir – Vivante et jeune car riche de sa population estudiantine, la ville compte nombre de bars sympathiques, notamment dans le quartier du Vaugueux, dans le quartier du port de plaisance, quai Vendeuvre (**O'Donnell's Irish Pub**, **London Café**), et surtout le long de la rue Écuyère (**Le Vertigo**, **Broc Café**, **L'Imprévu**, **Bar'O**...).

Dolly's, Tea and Coffee House – *16-18 av. de la Libération - ✆ 02 31 94 03 29 - 10h-22h30, lun. 11h-18h - 10/20 €.* Idéal pour une pause gourmande ou un brunch dominical, ce salon de thé anglais est situé à deux pas du château. Ambiance chaleureuse, atmosphère cosy et fauteuils en cuir.

Les Dunes – *30 r. Arcisse-de-Caumont - ✆ 02 31 79 60 43 - merc.-sam. - fermé août.* Ce salon de thé (qui fait aussi restaurant à midi), est doté d'un très agréable jardin intérieur et d'une salle avec cheminée où vous pourrez accompagner votre thé de crêpes et de patisseries maison.

ACHATS

Les marchés de Caen – Marché St-Pierre *(dim. mat.)*, marché St-Sauveur *(vend. mat.)*, r. de Bayeux *(mar. mat.)*, bd Leroy *(merc. mat. et sam. mat.)*, bd de la Guérinière *(jeu. mat.)*.
Attention, le marché St-Pierre occupe, le dimanche de 7h30 à 14h30, le quai Vendeuvre le long du port de plaisance, dévolu le reste de la semaine à un vaste parking. Pensez à ne pas y laisser votre voiture le samedi soir : vous risqueriez de ne pas la retrouver le dimanche matin !

Le Comptoir normand – *7 r. de la Geôle - ✆ 02 31 86 34 13 - www.lecomptoir-normand.com.* Proche de l'office de tourisme, cette boutique propose de nombreuses spécialités gastronomiques et des souvenirs à rapporter de Normandie.

La Boîte à Calva – *8 r. Froide - ✆ 02 31 96 88 24 - lun.-sam. 9h30-13h30, 14h-19h ; hiver : mar.-sam. 9h30-13h, 14h30-19h.* Cette boutique propose des calvados du pays d'Auge et du Domfrontais, ainsi que des pommeaux, poirés, cidres, etc. La propriétaire connaît tous les producteurs. On y trouve aussi d'autres produits du terroir normand : biscuits ou caramels.

Librairie Guillaume – *98 r. St-Pierre - ✆ 02 31 85 43 13 - librairie.gen.calv.guillaume@wanadoo.fr - 9h30-19h - fermé lun. et dim.* Magnifique librairie dont la façade en bois sculpté date de 1902. Vous y trouverez une belle sélection de livres sur la région.

EN SOIRÉE

Théâtre de Caen – *135 bd du Mar.-Leclerc - ✆ 02 31 30 48 00 - www.theatre.caen.fr - selon le calendrier des représentations - billetterie : tlj sf dim. et lun. 13h-18h30 - fermé juil.-août.* Inauguré en 1963, ce grand théâtre de plus de 1 000 places a été entièrement rénové en 1991. Au programme : opéras, ballets, danse contemporaine, théâtre et concerts (classique, baroque, jazz). Concerts gratuits dans le foyer le sam. à 17h, d'octobre à mai, et certains soirs au café **Côté Cour**.

Cargö, Scène de musiques actuelles de Caen – *9 cours Caffarelli - ✆ 02 31 86 79 31 - www.lecargo.fr - billetterie : tlj sf dim. et lun. 14h-19h.* D'une architecture audacieuse, le Cargö semble flotter sur le port de Caen. Cette salle de concerts accueille des artistes régionaux prometteurs et des talents reconnus. Nombreuses soirées gratuites.

ACTIVITÉS

Festyland – *Rte de Caumont - périphérie nord de Caen, sortie Carpiquet - 14760 Bretteville-sur-Odon - (de Caen, bus Twisto, ligne 3) - ✆ 02 31 75 04 04 - www.festyland.com - hors saison : merc. 11h-18h, w.-end et j. fériés 11h-18h ; juil.-août : 10h30-19h - fermé de fin sept. à fin mars - 16 € (-12 ans 14 €).* Ce parc de loisirs propose une trentaine d'attractions sur le thème de la Normandie : grand 8, bateaux tamponneurs, circuit nautique, carrousel 1900, Drakkar Express, Pirat'Ak et l'Érétic, pour virevolter dans les airs à plus de 25 m de hauteur. Les plus jeunes privilégieront le mille pattes, le Carrousel des arts ou le petit train du Paris-Granville.

Hippodrome de Caen – *La Prairie - ✆ 02 33 42 41 07 - mars-juin, sept.-nov. - fermé juil.-août.* Un hippodrome de presque 2 km de long en plein cœur de Caen. Au 2e étage, le restaurant panoramique offre une jolie vue sur la ville. Des visites sont organisées le matin des jours de course (30 par an). Une curiosité à ne pas manquer. L'hippodrome s'inscrit dans « **la Prairie** », 90 ha de terrains avec un plan d'eau, à l'histoire millénaire. Barbey d'Aurevilly qualifiait ce vaste espace herbeux de « camp du Drap vert ». Depuis le Moyen Âge, elle accueille foires et courses de chevaux. Belle promenade ombragée le long du canal de l'Orne.

Baignade – La mer est à 12 km, aussi les Caennais n'ont-ils que l'embarras du choix s'ils souhaitent nager ou bronzer sur les plages de sable du littoral. Pour ce faire, pas besoin de prendre la voiture : la ligne 62 du bus Twisto les conduit en été aux plages de Lion-sur-Mer et d'Hermanville-sur-Mer *(6 rotations par jour du lundi au sam. ; 3 le dim. - c'est alors la ligne 32).*

AGENDA

Festival Caen Soirs d'été – *Juil.-août, jeu. et vend. soir.* Spectacles gratuits d'art de la rue dans les parcs et jardins.

La **Fête du port de Caen** multiplie les festivités nautiques et culturelles, mi-sept. *(événement bisannuel, les années paires)*

La **Foire internationale de Caen** a lieu la dernière sem. de sept.

Équi'days – *✆ 02 31 27 90 30.* Manifestations autour du cheval pendant 15 j. en oct.

Puces caennaises – *Dernier w.-end de nov.*

Ouistreham

9 322 Ouistrehamais – Calvados (14)

NOS ADRESSES PAGE 116

S'INFORMER
Office du tourisme d'Ouistreham – *Jardins du Casino - 02 31 97 18 63 - info@tourisme-ouistreham.fr - www.ville-ouistreham.fr - juil.-août : 10h-13h, 14h-19h ; avr.-juin et sept. : tlj sf 1er Mai 10h-12h30, 14h-18h30 ; reste de l'année : tlj sf j. fériés 10h-12h30, 14h30-18h, dim. 14h30-17h30.*

SE REPÉRER
Carte de microrégion D1 (p. 90) – *carte Michelin Departements 303 L4.*
Depuis Caen (33 km au sud-ouest), *15 km – 15mn.* Quittez Caen au nord-est par la D 515, puis la D 514.

À NE PAS MANQUER
La plage et l'église St-Samson.

ORGANISER SON TEMPS
Après la plage, balade avenue de la Mer où se concentre l'animation diurne et nocturne avec ses nombreux commerces, ses bars-brasseries et ses villas de style balnéaire normand.

AVEC LES ENFANTS
La plage (surveillée) bien sûr, et après la baignade, le minigolf.

1

Si le nom d'Ouistreham est saxon, ooster signifiant « de l'est » et ham « la ferme », en quelque sorte « la ferme de l'est », l'origine de Riva-Bella est plus poétique : en 1866, la première villa de la station appartenait à un certain M. Longpré. Un de ses invités, sous le charme des couchers de soleil admirés sur la plage, les compara à ceux qu'il avait vus en Italie. En souvenir, il lui donna le nom de Riva-Bella (miraculeusement épargnée pendant la guerre, la villa est toujours visible au 53 r. Pasteur). Aujourd'hui comme hier, le charme d'Ouistreham réside dans son atmosphère paisible et familiale, animés par des équipements sportifs et de loisirs qui répondront aux attentes de tous les âges.

Se promener

★ Église St-Samson

Cette église-forteresse du 12e s. a été bâtie à l'emplacement d'une église en bois détruite au 9e s. pendant les incursions vikings. La façade à pignons, où trois étages d'arcatures s'alignent au-dessus du portail surmonté de quatre archivoltes, est remarquable. Prenez du recul pour observer le clocher (fin du 12e s.) soutenu par des contreforts. À droite du portail, un contrefort est décoré d'un clocheton coiffé d'un toit pyramidal en pierre.
À l'intérieur de la nef, il faut regarder avec attention les piles ornées de chapiteaux à godrons (moulures ovoïdes) et les fenêtres hautes.

Port de plaisance

Laissez votre voiture sur la place du Général-de-Gaulle, au débouché du canal.
Sur la rive droite du canal, un bassin d'environ 15 ha reçoit un grand nombre de yachts : plus de 650 anneaux.

Plage de Riva-Bella

Plage la plus proche de Caen, cette magnifique étendue de sable fin incite les familles caennaises à profiter de la mer dès les premiers rayons du soleil. La station, labellisée Station voile, autorise tous les sports de voile ou de glisse, sur eau comme sur sable. On trouvera aussi une piste de karting, un club équestre, un club de cerf-volant et un golf miniature.

Débouchant sur la plage face au casino, l'avenue de la Mer concentre l'animation (et les commerces) de la station.

Phare d'Ouistreham

Juil.-août : w.-end 14h30-18h - 2,50 € (-3 ans gratuit).

D'une hauteur de 30 m, il a une portée de 35 km. Du sommet (171 marches), vue imprenable sur les ports de pêche et de plaisance.

Musée du Mur de l'Atlantique-Grand Bunker – Riva-Bella

☏ 02 31 97 28 69 - www.musee-grand-bunker.com - avr.-sept. : 9h-19h ; reste de l'année : 10h-18h - fermé vac. de Noël - 7 € (6-12 ans 5 €).

La mission de cet ancien poste allemand de télémétrie, qui domine l'embouchure de l'Orne depuis ses 17 m, consistait à donner des directives de tir aux batteries de canons d'Ouistreham. Le parcours des cinq niveaux de la tour de béton traverse différentes pièces regroupant des objets, des armes et des mannequins. Au dernier niveau, la salle de télémétrie permettait de scruter l'horizon, à l'aide d'un télémètre (toujours en place), sur un arc de 180° et une distance de 45 km.

Musée no 4 Commando – Riva-Bella

Pl. Alfred-Thomas - ☏ 02 31 96 63 10 - www.musee-4commando.org - ♿ - de mi-mars à fin oct. : 10h30-13h, 13h30-18h30 - 4,50 € (-10 ans gratuit).

Sous les ordres du commandant Kieffer, le 4e commando franco-britannique se couvrit de gloire en réduisant, dans la matinée du 6 juin 1944, les points fortifiés ennemis. Le musée conserve des maquettes et de nombreux documents ainsi que des mannequins, objets, vêtements, badges et armes d'origine française, anglaise et allemande.

NOS ADRESSES À OUISTREHAM

HÉBERGEMENT

BUDGET MOYEN

Hôtel La Plage – *39 av. Pasteur - 14150 Riva-Bella - ☏ 02 31 96 85 16 - www.hotel-ouistreham.com - fermé 12 nov.-28 fév. - P - 16 ch. 59/72 € - ☕ 9 €.* Villa anglo-normande du début du 20e s. dans une rue calme proche de la plage. Chambres rénovées ; quelques-unes accueillent les familles. Joli jardin.

Chambre d'hôte La Guillaumière – *766 Grande-Rue - 14880 Hermanville-sur-Mer - à 4 km d'Ouistreham par D 514, dir. Courseulles ; au 2e feu tricolore d'Hermanville, tournez à gauche en passant par la petite chapelle - ☏ 02 31 96 41 30 ou 06 89 58 64 32 - francoise. giraud14@wanadoo.fr - 💳̸ - 3 ch. 65/70 € ☕.* Dans un village proche d'Ouistreham, cette sympathique maison d'hôte abrite, au sein d'un jardin clos de murs, dans un décor nautique (maquettes de bateaux), de bonnes chambres dotées de meubles familiaux ou chinés et de sanitaires privatifs, contigus ou non. Documentation locale sur la Seconde Guerre mondiale. Accueil des plus chaleureux.

RESTAURATION

PREMIER PRIX

Au Crépiou – *13 av. de la Mer - ✆ 02 31 80 43 67 - 10/18 €.* Crêperie, saladerie, pour satisfaire une petite faim. Un exemple ? Galette nordique, composée de saumon fumé, de crème fraîche et d'une fondue de poireaux, le tout accompagné d'une salade et d'une bolée de cidre…

BUDGET MOYEN

La Table d'Hôte – *10 av. du Général-Leclerc - ✆ 02 31 97 18 44 - fermé mar. et merc. - formule déj. 26 € (en sem.) - 19/31 €.* Restaurant gastronomique dont le menu change chaque jour selon l'inspiration du chef et selon la criée.

Le Normandie – *71 av. Michel-Cabieu - ✆ 02 31 97 19 57 - www.lenormandie.com - P - fermé 20 déc.-10 fév. - 18/35 € - 22 ch. 69/125 € - ☕ 10 €.* Restaurant installé dans une maison régionale du port. Choisissez votre table dans la salle à manger colorée et lumineuse ou dans l'élégante véranda.

Le St-Georges – *51 av. Andry - ✆ 02 31 97 18 79 - www.hotel-le-saint-georges.com - P - fermé 3 sem. janv., dim. soir et lun. midi de mi-oct. à mi-avr. - 24/42 € - 18 ch. 68/82 € - ☕ 9 €.* Dès la fin du 19e s., les premiers amateurs de bains de mer fréquentèrent cette maison. Deux salles à manger vous attendent aujourd'hui pour déguster une cuisine axée sur les produits de la pêche : l'une moderne, avec grandes baies donnant sur la côte, l'autre de style traditionnel et agrémentée d'une cheminée.

ACHATS

Marchés – Toute l'année, mardi et samedi matin, dans le bourg et place de la Grange-aux-Dîmes ; marché nocturne en juillet-août le mercredi, esplanade Lofi ; marché aux poissons tous les matins sur le port.

Boutique de la conserverie La Belle-Îloise – *Av. de la mer - ✆ 02 31 37 98 90.* Pour faire provision de sardines et maquereaux.

ACTIVITÉS

Station nautique – *Esplanade Lofi - ✆ 02 31 96 52 31.* Diverses activités nautiques et de loisirs : voile, kayak de mer, kitesurf, char à voile, sorties nature, club de plage, etc., accessibles avec des tickets multi-activités (*4 € le ticket*) ou des forfaits. En juillet-août : découverte initiation de char à voile tous les jours (séances de 2h) ; découverte de l'estuaire de l'Orne en kayak de mer (réservation nécessaire).

Thalazur Ouistreham – *Av. du Cdt-Kieffer - ✆ 02 31 96 40 40 - www.thalazur.fr - 9h-20h, dim. 9h-18h - fermé déc. - 25 € l'entrée.* Séjour tonique face à la mer dans ce centre de thalassothérapie composé d'un institut de beauté et d'un hôtel. Cures de remise en forme et nombreux soins à la carte (modelage, détente, esthétique, etc.).

Casino Barrière – *Pl. Alfred-Thomas - ✆ 02 31 36 30 00.* Machines à sous, boules, jeux de table ; restaurant avec vue sur la mer ; discothèque.

Cabourg

★

4027 Cabourgeais – Calvados (14)

NOS ADRESSES PAGE 121

S'INFORMER

Office du tourisme de Cabourg – *Jardins de l'Hôtel de ville - 14390 Cabourg - 02 31 06 20 00 - www.cabourg.net - juil.-août : 9h30-19h ; sept.-juin : lun.-sam. 10h-12h30, 14h-17h30, dim. et j. fériés 10h-12h, 14h-16h ; fermé le mar. entre nov. et avr. sf vac. scol. ; pdt les petites vac. scol. : lun.-sam. 9h30-12h30, 14h-18h, dim. et j. fériés 10h-12h, 14h-18h.*

SE REPÉRER

Carte de microrégion D1 (p. 90) – *carte Michelin Départements 303 L4.* Depuis Caen (33 km au sud-ouest), Deauville (19 km) et Honfleur (51 km à l'est), accès par la D 513 ; depuis Lisieux (30 km au sud-est), par la D 45. Les cours de la Dives et de la Divette s'unissent près de l'hippodrome et forment un estuaire aménagé en petit port de pêche et de plaisance. Sur l'autre rive s'étend la ville de Dives-sur-Mer.

À NE PAS MANQUER

Les villas de Cabourg et le joli port de Dives-sur-Mer.

ORGANISER SON TEMPS

Choisissez plutôt la matinée pour découvrir la ville de manière à éviter l'affluence estivale.

Indissociable de Balbec, le « pseudonyme littéraire » que Marcel Proust lui a attribué, la mondaine et artistique station balnéaire semble n'avoir jamais changé. Le Grand Hôtel, qui occupe la place d'honneur, est tel que l'auteur l'a décrit dans son roman, le front de mer reste la promenade préférée des baigneurs et des visiteurs, et les villas Belle Époque sont toujours alanguies le long des avenues. Pour autant, ce savoureux parfum d'antan n'empêche pas la ville d'accueillir ses hôtes avec tous les équipements d'une station familiale du 21ᵉ s.

Se promener

En terrasse, au-dessus de la plage de sable fin égayée par les tentes à rayures, la **promenade Marcel-Proust** incite à la flânerie. La vue s'étend de Riva-Bella à Houlgate avec Trouville à l'arrière-plan et le cap de la Hève à l'horizon. Face à la mer, protégeant la ville des embruns, s'élèvent **le Grand Hôtel et le casino, centre névralgique de la station balnéaire.**

Grand Hôtel

Initialement construit en 1861, il est rebâti en 1907 dans son aspect actuel. La même année, il reçoit Marcel Proust, déjà venu à Cabourg en 1881 à l'âge de 10 ans afin de soigner son asthme. Dès lors, l'écrivain mondain séjourne chaque année au Grand Hôtel jusqu'en 1914, s'inspirant de son expérience pour brosser, dans *À l'ombre des jeunes filles en fleurs*, une peinture de la vie de

Cabourg, Le Hôme.
F. Cormon / hemis. fr

plage au début du siècle et des mœurs de Cabourg – Balbec – à la Belle Époque. Transformé en « dépôt de convalescents » pendant la Première Guerre mondiale, puis quelque peu oublié pendant des décennies, le Grand Hôtel renaît dans la seconde moitié du 20e s. En 1956, **Bruno Coquatrix**, le père de l'Olympia de Paris, prend la direction des « grands établissements » cabourgeais (le casino), recevant des artistes tels Piaf, Bécaud et Aznavour. Élu maire en 1971, il préside au destin de la station jusqu'en 1979. La restauration du Grand Hôtel et son ouverture à l'année constituent une de ses grandes réalisations.

Station balnéaire

Du jardin situé à l'arrière de l'hôtel et du **casino** partent les larges rues rayonnantes, qui dessinent un plan en éventail. De belles **villas cossues** aux jardins ombragés donnent tout leur charme à ces avenues.
Le nouvel **hippodrome** se trouve à l'entrée sud de Cabourg. Un **plan d'eau**, protégé par une longue digue, a été aménagé pour la navigation de plaisance à l'embouchure de la Dives : le cap Cabourg.

DU VILLAGE DE PÊCHEURS AU TOUT-PARIS

Cabourg n'est qu'un modeste village de pêcheurs lorsque l'homme d'affaires parisien Henri Durand-Morimbau et le directeur de théâtre Achille Collin le découvrent, en 1853. Séduits par le site, ils décident de créer une station à la mode et fondent à cette fin la Société thermale.
Après le nivellement des dunes, l'architecte caennais Paul Leroux dessine le plan si particulier de la ville, en éventail. Rapidement, Durand-Morimbau et Collin entraînent dans leur sillage le Paris fortuné, ainsi que le monde des lettres et du théâtre. La station est lancée !
La construction de l'hôtel (1861) puis la création de voies ferrées plus rapides entre Paris et la côte permettent le développement de l'élégante Cabourg, où les villas cossues se multiplient.

À proximité Carte de microrégion p. 90

★ Dives-sur-Mer D1

Jouxte Cabourg, à l'est.

Village Guillaume-le-Conquérant - 14160 Dives-sur-Mer - 02 31 91 24 66 - juil. et août: 15h-18h; mai-juin et sept. : tlj sf mar. 15h-18h ; oct.-avr.: lun.-vend. 9h-12h, 13h30-16h30 ; vac. scol. : lun.-sam. 10h-12h30, 15h-17h30. www.dives-sur-mer.fr

La ville n'est séparée de Cabourg que par l'estuaire de la Dives, dont elle porte le nom. C'est de l'ancien port de Dives-sur-Mer que Guillaume le Bâtard, duc de Normandie, s'embarqua pour la conquête de l'Angleterre au 11e s.

★ **Halles** – 14e et 15e s. Leur magnifique charpente en chêne, très bien conservée, s'harmonise parfaitement avec la toiture en tuiles. Quelques enseignes en fer forgé caractérisent divers commerces.

Au fond de la place de la République, on peut voir les **bâtiments** (16e s.) du manoir de Bois-Hibou. La demeure appelée « Lieutenance » a servi de gendarmerie au 19e s.

Église Notre-Dame de Dives – Cette massive construction, sanctuaire de pèlerinage jusqu'aux guerres de Religion, date des 14e et 15e s., sauf la croisée du transept, vestige d'un premier sanctuaire édifié au 11e s. Au revers de la façade figure la liste (gravée en 1862) des 315 compagnons d'armes de Guillaume dans son expédition en Angleterre.

À l'intérieur, l'élégance de la nef (15e s.) contraste avec l'aspect massif des piliers et les arcades sévères de la croisée du transept, romane. Les croisillons, le chœur et la belle chapelle de la Vierge ont été construits au 14e s. dans le style rayonnant.

Village Guillaume-le-Conquérant – Agréable quartier d'artisanat aménagé dans l'ancienne hostellerie du même nom (16e s.), décorée au 19e s. de sculptures de bois et de statues des 17e et 18e s. Parmi ses visiteurs de marque : Mme de Sévigné, Alexandre Dumas, Thiers, Poincaré, etc. Autour de la cour de l'ancienne auberge se rassemblent les boutiques aux façades décorées d'enseignes.

Merville-Franceville-Plage D1

6 km – 10mn. Quittez Cabourg à l'ouest par l'avenue de la Paix, D 514.

Lors du Débarquement allié en juin 1944, le puissant et stratégique point de défense que constituait la batterie de Merville (quatre abris bétonnés pourvus chacun d'une pièce de 150 mm d'une portée de 20 km) fut le centre de violents combats qui se révélèrent décisifs pour la suite des opérations.

Musée de la Batterie – *Pl. du 9e-Bataillon - 02 31 91 47 53 - www.batterie-merville.com - ♿ - du 15mars au 15 oct. : 9h30-18h30 (17h30 du 16 oct. à mi-nov.) - 6 € (-6 ans gratuit). Le Pass, qui offre des réductions dans tous les lieux de mémoire liés au Débarquement, est ici valable. Attention, site impressionnant, déconseillé aux enfants.*

Véritable lieu de mémoire, ce site permet de comprendre les enjeux liés au Débarquement, sur le lieu même des affrontements. Quatre casemates sont aujourd'hui aménagées pour la visite : histoire du combat, mémorial du 9e bataillon des parachutistes britanniques et exposition d'armes (dont un canon). Au sein d'un des abris, vous pourrez revivre l'assaut des Britanniques grâce à un spectacle « son et lumière » assez réaliste.

Ranville CD1

8 km au sud de Merville-Franceville-Plage par la D 223, vers l'Orne.

Pendant la Seconde Guerre mondiale, Ranville, pris d'assaut le 6 juin, à 2h30, par les parachutistes du 13e bataillon du Lancashire de la 6e division aéroportée britannique, a été le premier village libéré de France. Cimetière commémoratif.

Cricqueville-en-Auge D1

▶ *9 km – 10mn. Quittez Cabourg au sud par la D 400, dépassez Dives-sur-Mer, prenez la D 27 à gauche. Après La Bruyère, prenez à dr. la direction de Cricqueville.*

Achevé en 1584, le **château** forme avec ses trois pavillons aux combles immenses une composition encore médiévale d'aspect *(ne se visite pas)*. Son appareil en damier de pierre et brique lui donne son cachet normand. Rentrez par la D 45. Dans la descente vers Dives, un beau panorama s'étend sur la côte du Calvados, de part et d'autre de l'embouchure de la Dives.

NOS ADRESSES À CABOURG

HÉBERGEMENT

PREMIER PRIX

Camping municipal Le Point du Jour – *Rte de Cabourg - 14810 Merville-Franceville-Plage - sortie E par D 514 rte de Cabourg - ✆ 02 31 24 23 34 - www.camping-lepointdujour.com - avr.-nov. - ♿ - réserv. conseillée - 142 empl. 18,40 € - piscine couverte chauffée.* Voilà un camping qui plaira aux amoureux de grand air marin, puisqu'il se situe au bord de la plage. Les emplacements sont judicieusement délimités par de belles haies. Snack-bar en période estivale, salle de jeux et de télévision… Mais rien ne vaut le spectacle de la mer.

BUDGET MOYEN

Chambre d'hôte Ferme des Glycines – *14510 Gonneville-sur-Mer - ✆ 02 31 28 01 15 - fermé de nov. à Pâques - P - ⊭ - 3 ch. 70 € ☕.* Cette ferme normande de 1780 mérite qu'on s'y arrête. Ses chambres aux tons harmonieux sont agréables à vivre, et vous apprécierez les petits-déjeuners tartinés de confitures maison. Le domaine est aussi celui des chevaux, moutons et poules.

Hôtel Le Cottage – *24 av. du Gén.-Leclerc - ✆ 02 31 91 65 61 - www.hotel-cottage-cabourg.com - P - 14 ch. 59/77 € - ☕ 10 €.* Atmosphère de maison d'hôte en ce cottage des années 1900 devancé par un jardinet. Les chambres, simples mais régulièrement rafraîchies, offrent toutes un décor différent.

POUR SE FAIRE PLAISIR

Hôtel de Paris – *39 av. de la Mer - ✆ 02 31 91 31 34 - www.hotel-de-paris-cabourg.fr - fermé déc.-janv. - 24 ch. 59/77 € - ☕ 6,80 €.* Hôtel situé dans l'artère la plus commerçante de la ville, à 300 m de la mer. Les chambres sont rénovées avec sobriété et égayées de murs colorés. Accueil fort sympathique. Bar disposant d'une terrasse.

Castel Fleuri – *4 av. Alfred-Piat - ✆ 02 31 91 27 57 - www.castel-fleuri.com - 22 ch. 79 € ☕.* Accueil souriant dans cette confortable maison bourgeoise de deux étages. Chambres irréprochables, au décor discret et de bon goût, et excellent rapport qualité-prix. Dès les premiers beaux jours, le petit-déjeuner est servi dans un joli jardin ombragé.

RESTAURATION

BUDGET MOYEN

La Champagne-Ardenne – *11 pl. du Marché - ✆ 02 31 91 02 29 - www.lachampagne-ardenne-cabourg.com - fermé lun. hors sais. - 17/35 € - 16 ch. 39/55 € - ☕ 5 €.* Face au nouveau marché couvert, cet hôtel-restaurant sans prétention

1

demeure néanmoins fort convenable et bien tenu. Une salle de restaurant élégante avec une carte proposant quelques spécialités de poissons et fruits de mer. À l'étage, des chambres simples et sans surprise. Très bien pour faire étape en ville.

Au Pied des Marais – *26 av. du Prés.-Coty - ✆ 02 31 91 27 55 - www.aupieddesmarais.com - fermé 16-24 juin, 15-27 déc., 26 janv.-11 fév., mar. et merc. sf le soir en juil.-août - 18/52 €.* Plats traditionnels, spécialités (dont les fameux pieds de cochon) et grillades cuites au feu de bois, à apprécier dans un cadre rustique agrémenté de touches actuelles.

Chez le Bougnat – *27 r. G.-Manneville - 14160 Dives-sur-Mer - ✆ 02 31 91 06 13 - www.chezlebougnat.fr - fermé le soir dim.-merc. hors vac. scolaires - 15,50/40 €.* Ancienne quincaillerie transformée en bistrot convivial. Murs tapissés de vieilles affiches et étonnant bric-à-brac d'objets chinés en guise de décor. Carte selon le marché.

POUR SE FAIRE PLAISIR

Chez Marion – *10 pl. de la Plage - 14810 Merville-Franceville-Plage - ✆ 02 31 24 23 39 - www.chez-marion.com - fermé janv., lun. et mar. sf vac. scol. - P - 27/45 € - 14 ch. 74/78 € - ☕ 9 €.* On vient de loin pour déguster les poissons et fruits de mer de ce restaurant. Pas moins de 18 sortes de coquillages et crustacés différents. Les homards bretons du vivier et une superbe collection de calvados contribuent à son succès… Si vous y passez la nuit, demandez une chambre avec vue sur mer.

Le Baligan – *8 av. Alfred-Piat - ✆ 02 31 24 10 92 - www.lebaligan.fr - fermé de fin déc.à déb. janv. et merc. sf j. fériés, vac. scol. - formule déj. 16,20 € (en sem.) - 27/55 €.* Dans ce bistrot au décor très marin (cannes à pêche, lithographies, fresque), on vous propose les produits de la criée locale ; fraîcheur garantie ! Terrasse d'été sur rue.

Guillaume le Conquérant – *2 r. Hastings - 14160 Dives-sur-Mer - ✆ 02 31 91 07 26 - www.sol-and-si.fr - fermé 1 sem. en juin, 26 nov.-26 déc., merc. soir d'oct. à avril, dim. soir et lun. sf juil.-août et j. fériés - 15/54 €.* Relais de poste du 16e s. au cœur d'un quartier typique réhabilité en village d'art. Bel intérieur rustique et jolie cour pavée aménagée en terrasse d'été. Cuisine normande et gastronomique.

EN SOIRÉE

Grand Casino – *Prom. Marcel-Proust - ✆ 02 31 28 19 19 - www.partouche-casino-cabourg.fr - tlj 10h-2h (vend. 3h, sam. et j. fériés 4h).* C'est autour du casino que furent tracées en éventail, à l'origine, les principales avenues de la ville. La promenade Marcel-Proust, piétonne et en bord de mer, vous mène directement à cet antre du jeu… Comment résister ? Outre les machines à sous et les jeux traditionnels, le casino abrite une salle de spectacle (500 places), un théâtre à l'italienne (jusqu'à 500 places) et un restaurant panoramique face à la mer. Terrasse en front de mer.

Bar du Grand Hôtel – *Jardin du casino - ✆ 02 31 91 01 79 - www.mgallery.com.* On ne présente plus ce lieu phare de la Belle Époque… terriblement beau et nostalgique avec ses immenses lustres et ses grandes tentures. Ceux qui n'ont pas le bonheur d'y passer quelques jours peuvent toujours aller prendre le thé dans cet établissement chargé d'histoire.

PETITE PAUSE

Dupont avec un Thé – *6 av. de la Mer - ✆ 02 31 24 60 32 - www.patisseriedupont.com - tlj 8h-19h30, fermé mar. et merc. hors sais. (se renseigner sur les horaires) - 5/15 €.* Après les bains de mer, l'accueil de ce pâtissier chocolatier vous rendra des forces. Consacré Meilleur Ouvrier de France en 1989, il a ouvert quatre magasins dans les environs (les autres étant situés à Dives, Deauville et Trouville). Une gamme complète de petits trésors à savourer, avec entre autres le puits d'amour et le caramel au beurre salé. Dernières nouveautés : le canotier 1900 et la spécialité la Toque d'or (raisin macéré dans le calvados avec un caramel tendre au beurre de Normandie et une coque en chocolat noir) !

ACTIVITÉS

Les Écuries de la Sablonnière – *105 av. Guillaume-le-Conquérant - ✆ 02 31 91 61 70 - www.ecuriesdelasablonniere.fr - 8h-20h - leçon : 26 €/h ; promenade : à partir de 29 €/1h30.* Installé dans une maison normande, ce club équestre organise des promenades sur la plage ou dans l'arrière-pays et dispense des leçons pour cavaliers de tout niveau (poneys pour les enfants). Également, pension pour votre cheval. Stage vacances avec passage d'examens fédéraux.

Golf miniature – *13 av. du Cdt-Touchard - ✆ 02 31 24 14 44 - fermé de la Toussaint à Pâques et mar. hors vac. scol. - 6 €.* Créé en 1953, ce beau minigolf de 18 pistes reproduit plusieurs grands monuments du monde entier (comme le pont de Tancarville, Big Ben, la pyramide de Chéops, la tour de Pise ou la tour Eiffel). En fin de partie, vous pouvez prendre un verre sur la terrasse du bar qui surplombe la mer.

Courses hippiques de Cabourg – *Av. Michel-d'Ornano - ✆ 02 31 28 28 80.* Même si le turf n'est pas votre dada… vous serez à coup sûr emballé par le spectacle des courses de trot de l'hippodrome de Cabourg (à l'entrée sud de la ville). Les courses estivales se déroulent exclusivement en nocturne (les mardis et vendredis), et d'autres courses ont lieu à l'automne et en décembre.

Cabourg Marine – *Av. Pasteur - ✆ 02 31 91 69 08.* Promenades en mer de Pâques à la Toussaint.

École de voile française – *Sur la plage côté ouest - ✆ 06 60 36 17 52.* Location de catamarans, canoës et paddle board de mai à septembre.

AGENDA

Festival du film romantique – *Mi-juin - www.festival-cabourg.com*

Festival de la Marionnette, à Dives-sur-Mer – *Mi-juillet - www.dives-sur-mer.fr*

Plages du Débarquement

★★

Calvados (14)

NOS ADRESSES PAGE 138

S'INFORMER

Office du tourisme intercommunal de Port-en-Bessin – *Quai Baron-Gérard - 14520 Port-en-Bessin - ✆ 02 31 22 45 80 - avr.-oct. : 10h-13h, 14h-18h ; juil.-août: 10h-13h; 14h-18h45; reste de l'année : vend.-dim. 10h-13h, 14h-18h.*

Office du tourisme de Longues-sur-Mer – *Site de la Batterie - 14400 Longues-sur-Mer - ✆ 02 31 21 46 87 - de Pâques à la Toussaint : 10h-13h, 14h-18h.*

Association Normandie Mémoire – *88 r. Saint-Martin - 14000 Caen - ✆ 02 31 94 80 26 - www.normandiememoire.com*

SE REPÉRER

Carte de microrégion BC1 (p. 90) – *carte Michelin Départements 303 FK3/4 – Carte historique Michelin Bataille de Normandie n° 102.* Seule est décrite ici la section de la côte du Calvados délimitée à l'est par l'Orne, au niveau des plages du nord de Caen à partir de Ouistreham-Riva-Bella, et à l'ouest par la Vire, à la frontière du département de la Manche. Elle correspondait aux secteurs anglais et canadien. Les plages d'Utah Beach et d'Omaha Beach, plages du secteur américain, sont décrites à ces noms.

À NE PAS MANQUER

La pointe du Hoc, la batterie de Longues-sur-Mer, le château de Bénouville, le musée-mémorial d'Omaha Beach à St-Laurent-sur-Mer et le cimetière militaire américain de Colleville-sur-Mer.

ORGANISER SON TEMPS

Chacun des circuits proposés ci-après vous occupera une bonne demi-journée.

AVEC LES ENFANTS

Visitez la ferme ostréicole de la Calvadosienne et le château de Colombières (parcours-découverte), et baignez-vous sur l'une des belles plages de sable fin de la côte (Ouistreham, Luc-sur-Mer, Courseulles, St-Aubin-sur-Mer).

La rade d'Arromanches-les-Bains, où fut installé un port artificiel.
OT Calvados

Ourlée de ses belles plages de sable, la Côte de Nacre est pleinement vivante, sincèrement accueillante et profondément emblématique. Terre universelle attirant des visiteurs du monde entier, elle porte témoignage par ses paysages, ses musées, ses mémoriaux et ses nécropoles militaires de ce que fut la plus grande opération militaire de tous les temps : le Débarquement allié en 1944.

Circuits conseillés Carte de microrégion p. 90

★ SWORD BEACH – JUNO BEACH – GOLD BEACH

Pour visualiser ce circuit de 71 km entre Caen et Arromanches, reportez-vous à la carte de microrégion p. 90. Comptez environ 1h15.
Quittez Caen par la D 515, au nord-est.
De Caen à Riva-Bella, la route suit la vallée de l'Orne, à l'ouest du canal.

Bénouville C1

La mairie, isolée à la bifurcation routière proche de Pegasus Bridge, fut occupée par les parachutistes de la 5e brigade, dès le 5 juin, à 23h45.
★ **Château** – *02 31 95 53 23 - - de fin juin à fin sept. : 14h-18h - possibilité de visite guidée sur demande préalable - fermé mar. - 2 € (-18 ans gratuit).* Caractéristique de l'architecture néoclassique en France à la fin du 18e s., cet édifice est une des œuvres majeures de l'architecte parisien **Claude-Nicolas Ledoux** (1736-1806). Il s'ouvre, côté cour, par un imposant péristyle aux colonnes ioniques, surmonté d'un entablement portant des armoiries et des figures en ronde-bosse; côté jardin, le même ordre ionique est adopté, mais sur des pilastres portant l'attique décoré de trophées militaires. À l'intérieur, on parcourt les cinq salons en enfilade, mais, surtout, on admire la magnifique ordonnance de l'**escalier**★★ d'honneur, qui dessert le premier étage et dont la cage se déploie sur trois niveaux. La voûte à caissons terminale est percée d'un large oculus s'ouvrant sur un ciel peint.
Devenu propriété du conseil général, le château accueille des expositions temporaires.

★ Pegasus Bridge C1

Dans la nuit du 5 au 6 juin 1944, peu après minuit, les deux ponts de Ranville-Bénouville sont pris après un bref engagement par la 5e brigade parachutiste britannique, dont l'emblème est Pégase. Le major Howard a ainsi gagné la

Les sites du Débarquement

LES OPÉRATIONS

C'est en 1943 qu'est prise la décision de tenter, au printemps 1944, une opération de débarquement sur les côtes françaises. Le secteur de la Basse-Normandie est choisi, de préférence aux côtes du nord de la France, plus proches du littoral anglais, mais aussi dotées de fortifications bien plus élaborées. En revanche, le choix de ce secteur suppose, vu l'absence de port (autre que celui de Cherbourg jugé inexpugnable), la mise en place de deux ports artificiels afin de décharger le matériel lourd. C'est un général américain, Dwight Eisenhower, qui est désigné en décembre 1943 commandant en chef de l'opération. Il est assisté d'un Britannique, le général Montgomery, chargé du commandement des troupes terrestres.
Initialement, l'assaut allié (nom de code : « Overlord ») doit s'effectuer au mois de mai 1944 et se dérouler sur un secteur situé entre l'Orne et la Vire. Au début de 1944, Montgomery demande à remanier le plan : la zone d'assaut, jugée trop étroite, est ainsi élargie à la plage d'Utah à l'ouest et à celle de Sword à l'est. D'autres paramètres entrent en ligne de compte pour fixer l'heure et la date de l'opération : il faut une nuit de pleine lune de façon que les parachutistes puissent accomplir leur mission, et le débarquement doit s'effectuer à mi-marée montante afin que les péniches évitent les pièges posés par les Allemands. Enfin, il faut que cela se passe à l'aube pour que la marine puisse bombarder ses objectifs. Et c'est ainsi que le 6 juin est choisi…

À l'aube du jour J : « D Day »

La formidable armada, comprenant 4 266 péniches et navires de débarquement, sans compter les centaines de navires de guerre et d'accompagnement, fut mise en route à partir des ports du sud de l'Angleterre dans la soirée du 5 juin, précédée par les flottilles de dragueurs chargées d'ouvrir les chenaux de passage dans les champs de mines de la Manche. Pendant que la traversée s'accomplissait, les troupes aéroportées étaient lâchées aux deux flancs du front d'invasion.
La 6e division britannique, chargée de garder l'aile gauche du dispositif, s'assurait rapidement du pont de Bénouville-Ranville, surnommé « **Pegasus Bridge** », et jetait le trouble dans les défenses ennemies entre l'Orne et la Dives, interdisant l'arrivée de renforts venus de l'est ou du sud. À l'ouest de la Vire, les 101e et 82e divisions américaines montaient à l'assaut de points importants comme **Ste-Mère-Église** ou s'employaient à dégager les « sorties » de la plage d'Utah.
Les bombardements préalables, sans aboutir à la destruction complète des ouvrages du « Mur de l'Atlantique », eurent pour effet de désorganiser la défense. Après quoi, les troupes terrestres, souvent précédées de « commandos » chargés de réduire les nids de résistance les plus dangereux, prirent contact avec leurs objectifs, répartis entre cinq « têtes de plage ». Les tentatives de contre-attaque de blindés ennemis furent écrasées sous les bombes et les obus de marine.
Sur les cinq plages prévues pour le Débarquement (connues aujourd'hui sous leurs noms de code militaire), deux étaient confiées aux Américains et les trois autres aux Britanniques et aux Canadiens.

Le secteur américain

Utah Beach *(voir p. 398)* – Bien que soumises au feu meurtrier des batteries côtières, les troupes de la 4e division américaine (7e corps), débarquées le 6 juin aux abords de La Madeleine et des Dunes-de-Varreville, purent établir assez rapidement la liaison avec les troupes aéroportées des 82e et 101e divisions, lâchées dans la nuit dans la région de Ste-Mère-Église.

Omaha Beach *(voir p. 145)* – L'objectif du débarquement à Omaha Beach est d'établir une tête de pont, de Port-en-Bessin jusqu'à la Vire, afin d'avancer, de concert avec les Britanniques, vers Caumont-l'Éventé et St-Lô. La météo, les forts courants côtiers et la très mauvaise visibilité contrarient d'emblée ces plans. Les barges de la première vague d'assaut dérivent. Les troupes ne se trouvent pas aux endroits prévus et il leur manque le support des blindés : seuls deux chars amphibies, sur les 29 mis à l'eau, atteignent le rivage. C'est sur une plage balayée par le feu allemand que s'opère le débarquement, à partir de 6h30. Les assaillants doivent parcourir 500 m à découvert avant de pouvoir se mettre à l'abri. Dans les cinq premières minutes de l'assaut, 90 % des forces sont décimées. À 10h, les hommes du 5e corps de la 1re armée tentent une première percée. Des renforts arrivent, appuyés par des navires alliés. Les positions allemandes sont prises une à une et, en fin d'après-midi, la plage est sous contrôle. Les pertes américaines s'élèvent à 2 400 hommes, soit environ 7 % des 34 000 soldats débarqués ce jour-là. Dans la soirée, la route qui relie Port-en-Bessin à Grandcamp est solidement tenue et les unités motorisées peuvent déboucher sur le plateau par des sections de routes construites de toutes pièces dans l'après-midi même, sous le feu des tireurs isolés ennemis.

Le secteur britannique

Sword Beach – Les commandos franco-britanniques débarquent à Colleville-Plage, Lion-sur-Mer et St-Aubin. Ils réduisent le point fortifié de Riva-Bella et ceux, plus coriaces, de Lion et de Langrune (le 7 juin), et établissent enfin la liaison avec les troupes aéroportées de Pegasus Bridge. Le gros des troupes de la 3e division britannique débarque ensuite. Aucune offensive de grande envergure ne fut lancée sur la rive droite de l'Orne avant le 18 juillet.

Juno Beach – Les Canadiens de la 3e division prennent pied dans Bernières et Courseulles. Creully est atteinte dès 17h. Ces troupes entrèrent les premières à Caen, le 9 juillet 1944.

Gold Beach – Les Britanniques de la 50e division débarquent à Ver-sur-Mer et à Asnelles. Par un mouvement tournant, ils se rendent maîtres d'Arromanches dans l'après-midi : le montage du port artificiel peut dès lors être entrepris. Le 47e commando, après une marche de 20 km en territoire occupé par l'ennemi, enlève Port-en-Bessin le 7 juin à la nuit.

La jonction

La jonction entre le secteur anglais et Omaha Beach est effective dès le 9 juin. Mais il faut attendre le 12 juin et la prise de Carentan pour que les troupes d'Omaha réussissent la jonction avec celles d'Utah Beach et constituent ainsi une tête de pont unique. Trois semaines plus tard, la presqu'île du Cotentin tout entière était libérée.

Consultez les **Cartes historiques Michelin** :
- nº 102 Bataille de Normandie au 1/200 000e
- nº 105 Voie de la Liberté (réimpressions de l'édition de 1947).

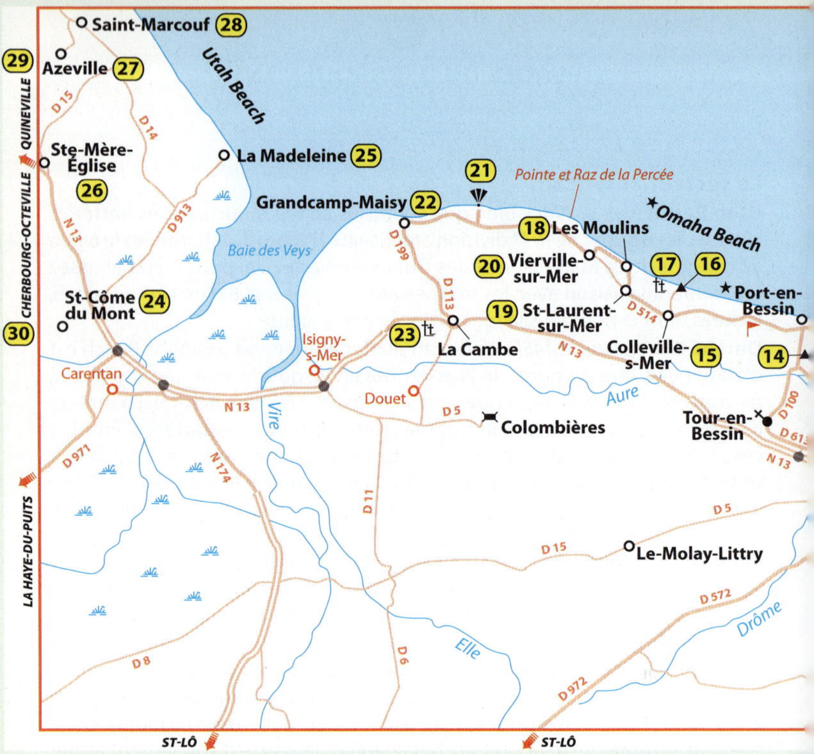

MUSÉES ET SITES À VISITER : NOTRE SÉLECTION

Si vous souhaitez avoir une rapide vue d'ensemble du Débarquement, voici, outre la visite d'**Omaha Beach**★, les sites incontournables :

1 Mémorial, cité de l'histoire pour la paix ★★★, Caen *(p. 106)*
17 Cimetière militaire américain ★★, Colleville-sur-Mer *(p. 146)*
21 Pointe du Hoc★★ *(p. 136)*
25 Musée du Débarquement★★, Ste-Marie-du-Mont/Utah Beach *(p. 398)*

Nombreux sont les sites et musées en lien avec le thème du Débarquement dans la région, voici notre sélection :

2 Mémorial Pégasus★, Bénouville *(p. 125)*
3 Musée de la Batterie, Merville *(p. 120)*
4 Musée du Mur de l'Atlantique, Ouistreham *(p. 116)*
5 Musée n° 4 Commando, Ouistreham *(p. 116)*
6 Site Hillman, Colleville-Montgomery *(p. 132)*
7 Musée-radar, Douvres-la-Délivrande *(p. 132)*
8 Centre Juno Beach★, Courseulles-sur-Mer *(p. 133)*
9 Musée America Gold, Ver-sur-Mer *(p. 133)*
10 Port artificiel ★, Arromanches-les-Bains *(p. 142)*
11 Musée du Débarquement, Arromanches-les-Bains *(p. 143)*
12 Arromanches 360°, Arromanches-les-Bains *(p. 143)*
13 Batterie allemande★, Longues-sur-Mer *(p. 134)*
14 Musée des Épaves sous-marines *(p. 135)*
15 Big Red One Assault Museum, Colleville-sur-Mer *(p. 146)*
16 Monument de la 5th Engineer Special Brigade, Colleville-sur-Mer *(p. 146)*
18 Monument commémoratif du Débarquement, Colleville-sur-Mer *(p. 147)*
19 Musée-Mémorial d'Omaha Beach★, St-Laurent-sur-Mer *(p. 147)*
20 Musée D-Day Omaha, Vierville-sur-Mer *(p. 148)*

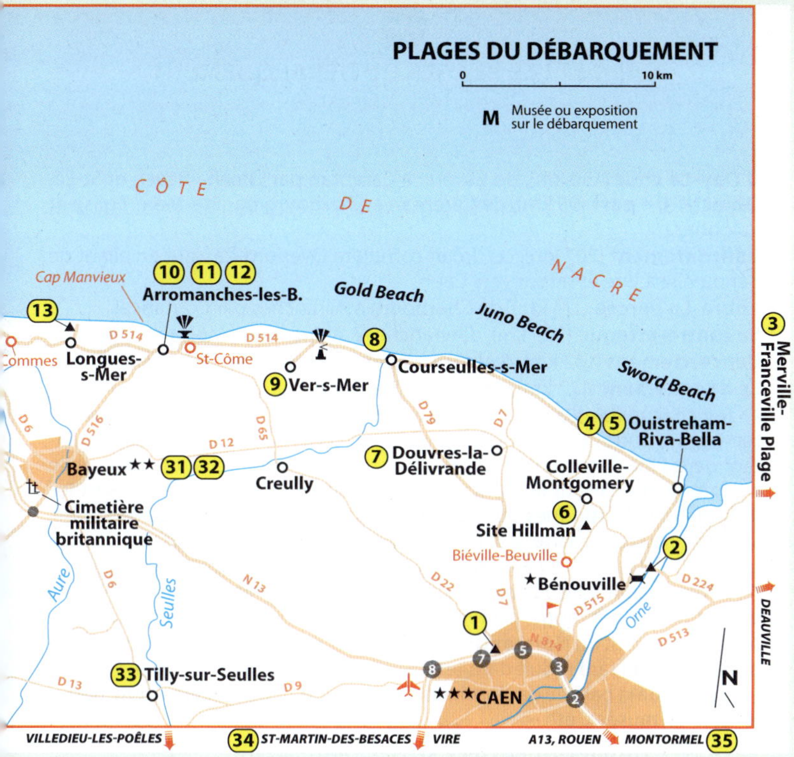

22 Grandcamp-Maisy : musée de la Batterie *(p. 137)*
23 Cimetière militaire allemand, La Cambe *(p. 137)*
24 Dead Man's Corner Museum, St-Côme-du-Mont *(p. 402)*
26 Musée Airborne★, Ste-Mère-Église *(p. 395)*
27 Batterie, Azeville *(p. 397)*
28 Batterie de Crisbecq, St-Marcouf *(p. 397)*
29 Mémorial de la Liberté retrouvée, Quinéville *(p. 397)*
30 Musée de la Libération, Cherbourg-Octeville *(p. 366)*
31 Musée-mémorial de la Bataille de Normandie★, Bayeux *(p. 158)*
32 Mémorial des reporters de guerre, Bayeux *(p. 158)*
33 Cimetière militaire britannique, Bayeux *(p. 158)*
34 Musée de la Bataille de Tilly-sur-Seulles *(p. 159)*
35 Musée La Percée du bocage, St-Martin-des-Besaces *(p. 200)*
36 Mémorial de Coudehard-Montormel, Montormel *(p. 214)*

POUR APPROFONDIR : L'ESPACE HISTORIQUE DE LA BATAILLE DE NORMANDIE

Créé en 1994, l'Espace historique de la bataille de Normandie réunit, sur les départements bas-normands du Calvados, de la Manche et de l'Orne, les sites, musées et monuments commémoratifs consacrés aux événements de l'été 1944. Pour mieux comprendre l'enjeu de ce combat décisif, huit parcours thématiques proposent aux visiteurs de suivre la chronologie des faits. Le balisage « **Normandie Terre-Liberté** » représente une mouette volant entre ciel et plage ; à chaque circuit – dont on trouvera le nom et le thème ci-après – est attribuée une couleur différente suivant le parcours historique proposé.

Overlord-L'assaut (70 km), de Pegasus Bridge à Bayeux par Sword Beach, Juno Beach et Gold Beach.

D Day-Le choc (130 km), de Bayeux à Carentan par Omaha Beach et St-Lô.
Objectif-Un port (95 km), de Carentan à Cherbourg par Ste-Mère-Église et Valognes.
L'affrontement (207 km), ce circuit complète Overlord-L'assaut en allant de Bénouville à Vire et retour vers Caen.
Cobra-La percée (174 km), de Cherbourg à Avranches par Coutances.
La contre-attaque (209 km), d'Avranches à Alençon par Mortain.
L'encerclement (162 km), d'Alençon à L'Aigle par Chambois et Montormel.
Le dénouement (122 km), de Caen à L'Aigle par Montormel et Vimoutiers.
Sur chacun des sites des huit parcours historiques, une borne, ou **totem**, recense les autres lieux à visiter et porte un code-barre DataMatrix permettant de les localiser sur un téléphone portable. En approchant votre mobile du totem, et en lisant le *flashcode,* vous pouvez consulter directement les informations historiques ou touristiques du site web Normandie Mémoire, soit grâce au code-barre, soit par NFC (pour les mobiles équipés), ou bien en tapant directement l'adresse http : /nmeh. mobi, rubrique TOTEM.
– Pour chaque ville où passe le parcours de l'Espace historique de la bataille de Normandie, un rappel est fait dans les encadrés pratiques de ce guide.
– Le paiement du **Normandie Pass** (1 €) lors de l'achat d'un billet de musée donne droit au tarif réduit dans les 25 autres musées partenaires de l'Espace historique de la bataille de Normandie, ainsi que dans divers sites touristiques (châteaux, musées, etc.).

ACTIVITÉS TOURISTIQUES LIÉES AU DÉBARQUEMENT

En période estivale, outre les commémorations proprement dites sur les lieux stratégiques, à peu près partout dans la région, différentes activités liées de près ou de loin au Débarquement sont proposées.
Ainsi ces **Sentiers de la mémoire** dans les pas des parachutistes américains, organisés ces dernières années, l'un autour de Hiesville, sur la *Drop zone* de la 101e Airborne, ou celui autour d'Amfreville, *Drop zone* du 507e régiment de l'armée américaine pendant la nuit du 5 au 6 juin 1944. Ces randonnées familiales en semi-nocturne, accompagnées de guides sur les sites mêmes de l'action, se font après inscription auprès de l'office de tourisme communautaire organisateur.
Pour connaître le programme des cérémonies et manifestations organisées chaque année dans toute la région ou pour tout renseignement, contactez les comités départementaux de tourisme qui éditent un document très clair sur ces itinéraires ou consultez le site officiel de l'Espace historique : **www.normandiememoire.com**.
Autres exemples, la **reconstitution d'un camp américain**, avec exposition de véhicules militaires et civils, dioramas, baptêmes en véhicule historique (Jeep, Dodge, GMC, etc.) ; **reconstitution d'un camp britannique**, organisée par l'Association « Gold Beach 60 years on » et l'association Tilly 1944 ; plusieurs **Marches internationales pour la Paix** et des **Randonnées de la Paix**, 15 itinéraires à pied, à vélo ou VTT, des sites du Débarquement de la Côte de Nacre, au Mémorial de Caen ; **sauts en parachute** tandem au-dessus de Sainte-Mère-Église, organisés par l'office de tourisme ; etc.
Circuit sur les plages du Débarquement en bus – Ce circuit guidé inclut le port artificiel d'Arromanches, le cimetière américain de Colleville, Omaha Beach, la pointe du Hoc et la visite libre du Mémorial de Caen. *Départ du Mémorial à 13h, durée 5h. Réserv. : ☎ 02 31 06 06 45.*
Pour **découvrir par la mer les plages mythiques du Débarquement**, les Vedettes de Normandie proposent, en saison, trois circuits dans le Bessin : Omaha, la pointe du Hoc et Arromanches, au départ de Port-en-Bessin. *☎ 02 31 43 86 12 - www.lesvedettesdenormandie.fr - 18 €, enf. -12 ans 12 €.*

ET BILL MILLIN SONNAIT DE SON BAGPIPE...
« Les soldats de Lord Lovat défilaient sur la route, droits et fiers sous leurs bérets verts. En tête de la colonne marchait Bill Millin, avec sa cornemuse, qui claironnait toujours *Blue Bonnets over the Border.* Dans les deux camps, la fusillade se tut brusquement, tous les soldats contemplant ce spectacle. Mais la surprise ne dura pas. Au moment où le commando atteignait les ponts, les Allemands se remirent à tirer. Bill Millin se souvient qu'il se fiait à sa chance pour ne pas être touché, parce qu'il ne pouvait pas entendre autre chose que sa cornemuse. »
Le Jour le plus long, par Cornelius Ryan (éd. Laffont, Le Livre de Poche).

bataille de **Pegasus** et libéré un premier petit morceau de France : un champ d'atterrissage pour les planeurs, un pont mobile en acier, une maison au bord de l'eau et... la famille Gondrée, qui attendra comme lui 11h du matin pour voir arriver les renforts : **Lord Lovat** (1911-1995) et ses « bérets verts », au son de la cornemuse de Bill Millin. Aujourd'hui, le café-musée Gondrée est un lieu du souvenir où se retrouvent vétérans et touristes.

★ **Mémorial Pegasus** – *☏ 02 31 78 19 44 - www.memorial-pegasus.org - ♿ - avr.-sept. : 9h30-18h30 ; fév.-mars et d'oct. à mi-déc. : 10h-17h - 6,50 € (enf. 4,50 €).* Le véritable Pegasus Bridge, démonté et remplacé sur l'Orne par une copie un peu plus grande, est aujourd'hui situé près du musée qui présente, par le biais de vitrines et d'objets-témoins, la vie des hommes sous l'Occupation et pendant le Débarquement. Ainsi, dans la vitrine consacrée au corps médical, une note rédigée en français par un médecin anglais remercie pour la maison transformée en infirmerie et s'excuse pour les éclats de vitres « dus aux Allemands ». Le plan-relief et le film présentent les trois missions des commandos du 6e Airborne juste avant le Débarquement : tenir les ponts de Bénouville et de Ranville, s'emparer de la batterie de Merville, détruire les ponts sur la Dives pour empêcher toute attaque des Allemands venant de l'est. Une réplique de planeur Horsa a été inaugurée à l'occasion du soixantième anniversaire du Débarquement.

1

Ouistreham-Riva-Bella *(voir p. 115)* D1

De Riva-Bella jusqu'à Asnelles, la D 514 longe une partie de la Côte de Nacre, chapelet de stations estivales où se multiplient immeubles et villas, comme **Hermanville-sur-Mer** où Hector Guimard dessina en 1899 une maison, « La Bluette ».

Colleville-Montgomery C1

Ici prend pied, à l'aube du 6 juin 1944, le 4e commando franco-britannique placé sous les ordres du capitaine Kieffer, selon le plan établi par le général Montgomery. En témoignage de reconnaissance au vainqueur d'El-Alamein, la commune de Colleville-sur-Orne a uni son nom à celui-ci. Au sud de la commune, en direction de Biéville-Beuville, le site fortifié **Hillman** est un ancien PC côtier transformé en

NORMANDIE LAND OF LIBERTY 2014
Depuis plusieurs années, la région espère le classement des plages du Débarquement au Patrimoine mondial de l'Unesco pour le 70e anniversaire du 6 juin 1944. En avril 2011, pour promouvoir cet objectif, des scouts américains et des Normands se sont tenus, droits comme des i, sur la plage d'Omaha, pour inscrire cet espoir.

mémorial du Suffolk Regiment. *☏ 02 31 97 39 11 - www.amis-du-suffolk-rgt.com - permanence de bénévoles sur le site de déb. juil. à fin août. : tlj sf dim. 10h-12h, 14h30-18h30 - visite guidée juil.-sept. (1h30-2h) mar. 15h - gratuit.*

Lion-sur-Mer C1

Cette station balnéaire familiale possède, en Haut-Lion, un **château** des 16e et 17e s. entouré d'un parc. Elle conserve aussi quelques-unes des plus belles villas de la Côte de Nacre construites à partir de 1851. Son **église** présente une tour romane du 11e s. et de beaux chapiteaux.

Luc-sur-Mer C1

Luc, la plus ancienne des stations balnéaires de Basse-Normandie, réputée pour son climat tonique, possède un établissement de bains permettant des cures hydro-iodosodiques et un laboratoire de zoologie maritime. Le **parc municipal★** *(35 r. de la Mer)*, beau jardin ombragé et fleuri, abrite le squelette d'une baleine de 19 m de long, qui s'est échouée sur la plage en 1885.

Langrune-sur-Mer C1

Le nom de cette station balnéaire est de même origine scandinave que celui de Groenland (du danois : « pays vert »). Il est dû à la quantité de varech qui donne à la station son air iodé. Le très beau clocher à deux étages de l'**église** (13e s.) rappelle celui de St-Pierre de Caen.
Prenez la D 7.

La Délivrande C1

Les hautes flèches de la basilique de La Délivrande signalent, de très loin en mer ou dans la campagne de Caen, le plus ancien pèlerinage marial de Normandie. L'édifice néogothique du 19e s., qui a remplacé une chapelle romane, abrite une Vierge (fin du 16e s.) très vénérée. Les pèlerinages s'y succèdent toute l'année. Au **couvent N.-D.-de-Fidélité** *(☏ 02 31 37 30 17)*, dernière maison sur la route de Cresserons, le chœur de la chapelle est éclairé par trois vitraux en cristal et métal chromé de **René Lalique** (1860-1945), à qui l'on doit aussi la porte du tabernacle. Des œuvres de cet artiste sont également visibles à **Millbrook** dans l'île de Jersey. Remarquez un beau *Chemin de croix* en laque (1946) et un Christ dans la chapelle latérale.
Reprenez la D 7 sur 3 km jusqu'au carrefour avec la D 404 (dir. de Courseulles-sur-Mer) ; suivez le fléchage indiquant le Musée-radar jusqu'à la D 83 sur la droite de la route.

Douvres-la-Délivrande C1

Musée-radar – *☏ 02 31 37 74 43 - de juin à sept. : tlj sf lun. 10h-18h (dernière entrée 30mn av. la fermeture) - 5,50 € (-10 ans gratuit).* C'est vraisemblablement le premier musée au monde consacré à l'histoire des radars. Des blockhaus ont été réaménagés sur le site même de la station radar allemande de Douvres.
À l'extérieur est exposé un impressionnant **Würzburg Riese**, rescapé des 1 500 construits à partir d'août 1941 et dont l'histoire est assez peu banale ! Capturé par les Anglais avec deux autres radars, il a été cédé à la Marine française, qui l'a donné à un laboratoire de physique. Ce dernier l'a fait transformer en radiotélescope à Nançay, près d'Orléans, où il a servi pendant une trentaine d'années la radio-astronomie, avant d'être transporté ici.

St-Aubin-sur-Mer C1

Sur le littoral de cette station balnéaire réputée pour son climat tonique, le site de cap Romain se compose notamment d'un récif d'éponges fossiles, vestige d'une mer tropicale de l'époque jurassique (site fragile, classé réserve naturelle nationale). La présence romaine, qui a valu son nom au cap, est attestée par la découverte d'un matériel archéologique important, notamment une statue de déesse-mère présentée à l'office de tourisme (digue Favreau - ✆ 02 31 97 30 41).

Bernières-sur-Mer C1

L'église est dotée d'un **clocher★** (13e s.) remarquable : avec ses trois étages et sa flèche de pierre, il mesure 67 m de hauteur. La nef et les bas-côtés de l'édifice sont romans; les voûtes ont été refaites. Le chœur, plus élevé, date du 14e s. Remarquez le grand retable en pierre d'époque Louis XIV et, dans la chapelle nord, une *Crucifixion*, tableau sur bois de 1570.

Courseulles-sur-Mer C1

C'est sur la plage ouest de la localité – secteur de Juno Beach – que prirent pied, le 12 juin 1944, Winston Churchill, le 14, le général de Gaulle se rendant à Bayeux et, le 16, le roi George VI venu passer quelques heures au milieu de ses troupes. Important port de plaisance, Courseulles est également une station balnéaire.

★ **Centre Juno Beach** – *✆ 02 31 37 32 17 - www.junobeach.org - ♿ - avr.-sept. : 9h30-19h ; mars et oct. : 10h-18h ; reste de l'année : 10h-17h - possibilité de visite guidée (45mn) avr.-oct. - fermé janv., 25 déc. - 6,50 € (-8 ans gratuit) ; 10 € visite guidée.* Recouvert de titane et affectant la forme d'une feuille d'érable stylisée, ce centre a été dessiné par un architecte canadien, Brian K. Chamberlain. Après un court film d'introduction, le visiteur découvre l'importance de la participation du Canada dans la guerre avec ses troupes, sa marine surtout, mais aussi son effort industriel primordial pour les Alliés. C'est aussi l'occasion de découvrir ce grand pays à travers son histoire, sa géographie et les nombreux témoignages de Canadiens d'origines très différentes. Postes multimédias, bornes interactives.

1

Ver-sur-Mer C1

Cette petite station balnéaire fut la principale « tête de pont » britannique. Un monument commémoratif du Débarquement a été élevé au carrefour de la D 514 et de l'avenue du Col.-Harper.

L'église romane St-Martin, remaniée au 19e s., conserve une puissante **tour★** de plan carré du 11e s., à cinq niveaux.

Le phare, équipé d'un radiophare d'une portée de 46 km, guide, de concert avec ceux de Portland, St Catherine's Point (Angleterre), Antifer, Le Havre et Gatteville, les navires qui passent au large.

Musée America-Gold Beach – *Centre Saint-Exupéry - 2 pl. Amiral-Byrd - ✆ 02 31 22 58 58 - www.goldbeachmusee.fr - juil.-août : 10h30-17h30 ; avr.-juin et sept.-oct. : tlj sf mar. 10h30-17h30 - 4 € (-5 ans gratuit).* Le premier sujet évoqué dans ce musée est l'aventure transatlantique des pionniers de l'aviation américaine, illustrée par la traversée du trimoteur Fokker *America* qui s'est posé à Ver en 1927. Hommage est également rendu aux troupes anglaises qui, après une minutieuse préparation, ont débarqué le 6 juin 1944 pour libérer Bayeux.

À partir de Ver-sur-Mer, on découvre les hautes falaises d'Arromanches.

Asnelles C1

Cette petite station balnéaire (plage de sable) borne, à l'est, la rade du port artificiel d'Arromanches. De la digue-promenade, on découvre une belle perspective sur les falaises et la rade d'Arromanches. Sur la plage, monument élevé à la mémoire de la 231e brigade d'infanterie britannique.

La Calvadosienne – *✆ 02 31 21 33 52 - chemin des Roquettes - zone conchylicole d'Asnelles-Meuvaines - visite (1h30 à 2h) et dégustation - réserv. obligatoire, se renseigner pour les horaires - prévoir des bottes.* Connue pour

LA VOIX DE LA FRANCE LIBRE

C'est dans le petit cimetière d'Asnelles que repose **Maurice Schumann** (1911-1988). Journaliste, homme politique et académicien, Maurice Schumann fut, du 17 juillet 1940 au 30 mai 1944, une des voix de Radio Londres où il animait l'émission *Honneur et Patrie*. En juin 1944, il s'engage dans l'armée britannique et participe au Débarquement : il pose le pied sur le sol français à Asnelles, avant de participer à la libération de Paris au sein de la 2e DB sous les ordres du futur maréchal Leclercq. Compagnon de la Libération, fervent européen, il lui revient en sa qualité de ministre des Affaires étrangères (1969-1973) de négocier l'entrée de la Grande-Bretagne dans l'Europe. Asnelles honore désormais sa mémoire et celle de ses compagnons avec une plaque commémorative aux hommes de Radio Londres qui surent entretenir l'espoir dans une période sombre de l'histoire.

la conchyliculture, la commune offre l'occasion de visiter cette exploitation ostréicole. Présentation de la filière de l'élevage de pleine mer, de la naissance de l'huître jusqu'aux ateliers en passant par les parcs sur la plage.

Entre Asnelles et Arromanches, la route s'élève sur le rebord est du plateau du Bessin ; l'église de St-Côme apparaît.

Après St-Côme, à droite de la route, un belvédère offre une belle **vue★** plongeante sur le port d'Arromanches, les falaises et les derniers éléments du « Mulberry B » subsistant encore.

Arromanches-les-Bains B2 *(voir p. 142)*

Après Arromanches, la route traverse les herbages du Bessin, et Bayeux se signale de loin par ses clochers.

★ LA CÔTE DU BESSIN

Pour visualiser ce circuit de 34 km entre Bayeux et Port-en-Bessin, reportez-vous à la carte de microrégion, p. 90. Comptez environ 1h45.

Quittez Bayeux au nord par la D 516.

Arromanches-les-Bains B2 *(voir p. 142)*

Dans Arromanches, revenez sur vos pas et, à 1 km, prenez à droite la route de Port-en-Bessin. À Longues-sur-Mer, prenez à droite la D 104 vers la mer.

★ Batterie allemande de Longues-sur-Mer B2

Visite guidée juil.-août : tlj 10h15, 11h45, 14h15, 15h45 ; avr.-juin et sept.-oct. : week-end - 4 € (-11 ans, grauit ; 11-17 ans : 3 €). Pour plus d'information sur ces visites, se renseigner auprès de l'office de tourisme, ✆ 02 31 21 46 87 - www.bayeux-bessin-tourism.com.

Un kilomètre plus loin se détache, à gauche, un chemin goudronné qui conduit aux positions de la puissante batterie allemande. Malgré un pilonnage de 600 t de bombes larguées dans la nuit du 5 au 6 juin par 124 appareils de la RAF, les quatre canons de 150 mm étaient toujours opérationnels le 6 juin au matin et ouvrirent le feu dès 5h37. Le croiseur français *Georges-Leygues* répondit le premier aux tirs allemands, puis le *Montcalm*, bientôt suivi par le cuirassé américain *Arkansas*. Ce n'est qu'à 19h que la batterie fut définitivement réduite au silence par deux coups au but du *Georges-Leygues*. Bâtie sur une falaise assez pittoresque, la batterie allemande comprenait quatre canons de 150 mm capables de tirer sur une cible distante de 20 km. Situé 300 m en avant des casemates, à l'extrême bord de la falaise, le poste d'observation et de commandement de la batterie fournit le cadre d'une des scènes les plus célèbres du film *Le Jour le plus long*.

Le Chaos B2

Dans ce secteur, la côte du Bessin est taillée dans un banc de marnes tendres, aussi la falaise présente-t-elle un aspect plutôt chaotique : des pans entiers se sont effondrés en éboulis de rochers informes, basculés dans les positions les plus étranges. La route en descente rapide doit être empruntée avec prudence *(risques d'éboulements)* ; la vue embrasse la côte, depuis le cap Manvieux jusqu'à la pointe de la Percée. On atteint le pied de la falaise.

Faites demi-tour et prenez la D 104 en direction de Bayeux.

Abbaye Ste-Marie B2

Longues-sur-Mer - ✆ 02 31 21 78 41 - 1er-20 juil. et 10-30 sept. : tlj sf w.-end 14h-18h ; de Pâques à juil. et d'oct. à la Toussaint : jeu. 14h-18h sur demande - possibilité de visite les autres j. de la sem. sur demande - 4 € (enf. gratuit).

Des bâtiments abbatiaux subsistent le portail d'entrée ainsi que quelques vestiges du chœur et du transept de l'église (12e s.). On voit également, dans le réfectoire, les pierres tombales des seigneurs d'Argouges et une jolie collection de carreaux émaillés du Pré-d'Auge.

Revenez sur vos pas. Au monument aux morts de Longues, tournez à gauche vers Port-en-Bessin.

À Commes, la route passe devant un agréable manoir.

1

★ Port-en-Bessin B2

Niché dans un creux de falaises marneuses, « Port », ainsi nommé communément dans le Bessin, est un havre animé que son exiguïté même rend plus sympathique encore. Ses pêcheurs pratiquent la pêche à la coquille St-Jacques (qui est à l'honneur en novembre lors de la « Fête du goût du large ») en baie de Seine, et la pêche en haute mer sur les côtes sud-ouest de l'Angleterre. Sous la halle à la criée se négocient 10 000 t de poissons par an.

Des jetées, rendez-vous des pêcheurs à la ligne, se découvrent les falaises de la côte du Bessin, du cap Manvieux à la pointe de la Percée. À l'est, dominant l'avant-port, une tour Vauban (1694) se dresse à flanc de falaise. Destinée à défendre le port contre les corsaires anglo-hollandais et les marins anglais aux 17e et 18e s., elle jouit d'un beau panorama sur le large. On peut monter jusqu'au blockhaus en haut de la falaise pour avoir une bonne **vue** sur le port et l'avant-port.

Le port – Visites tte l'année : « Itinérance sur l'estran » *(en fonction des marées)*, chantier naval *(se renseigner pour connaître les jours)*, découverte du sémaphore *(jeu. apr.-midi)*, l'atelier de mareyage *(mer. matin)* et la « Débarque de la criée » *(en soirée, 1 mar. sur 2, tous les mar. mai-sept.) - 5 € (6-11 ans 2,50 €) - sur réserv. au centre culturel - ✆ 02 31 21 92 33.*

L'office de tourisme fournit le plan d'un parcours de bornes-totems à suivre librement sur le port *(t 02 31 22 45 80)*.

Sur la route de Bayeux par la D 6, le **musée des Épaves sous-marines du Débarquement** présente les découvertes de matériels militaires engloutis près des plages. *✆ 02 31 21 17 06 - ♿ - juin-sept. : 10h-13h, 14h-19h ; mai : w.-end et ponts 10h-13h, 14h-19h - 6 € (enf. 3 €).*

Plus loin, on a, du pont sur l'Aure, une bonne vue, à droite, sur le **château de Maisons** (15e-18e s.), entouré de douves alimentées par la rivière.

★ OMAHA BEACH

Pour visualiser ce circuit de 75 km entre Bayeux et Carentan, reportez-vous à la carte p. 90. Comptez environ 2h45.
Quittez Bayeux à l'ouest par la D 613.

Tour-en-Bessin B2

L'église s'ouvre par un portail du 12e s. La tour de la croisée du transept, surmontée d'une flèche, date du début du 13e s. La nef romane aux lignes pures a été rénovée. Admirer la beauté du chœur gothique (début du 15e s.). Autour de la verrière centrale, les absidioles, avec leurs fines colonnettes, sont d'une grâce rare. À droite de la verrière, sur les colonnettes des arcatures, 12 petites scènes sculptées évoquent les différents mois de l'année.
Jusqu'à Port-en-Bessin, la D 100 traverse la vallée de l'Aure à l'endroit où la rivière se perd, en basses eaux, dans les « **fosses de Soucy** ».

Tour d'Escures B2

15mn à pied AR. Laissez la voiture sur la D 100 et prenez un chemin privé en montée.
Un escalier extérieur permet d'accéder au sommet de cette tour ronde, d'où la vue s'étend sur le Bessin.

★ Port-en-Bessin B2 *(voir p. 135)*

À partir de Port-en-Bessin jusqu'à Grandcamp-Maisy, la route se poursuit dans les herbages du Bessin, coupés de haies et de rideaux d'arbres.

Omaha Beach A-B2 *(voir p. 145)*

★★ Pointe du Hoc A2

La route de la pointe du Hoc se détache de la D 514, à droite en venant de Bayeux, après un manoir. Laissez la voiture au parking (point d'information ouvert avr.-sept. : 9h30-13h, 14h-18h ; oct.-mars : 10h-13h, 14h-17h) et continuez à pied.
Le plateau se termine par une falaise haute de plus de 30 m, commandant la côte basse et rocheuse de Grandcamp.
La pointe du Hoc, puissamment fortifiée par les Allemands, formait un poste d'observation sur tout le plan de mer où apparurent, à l'aube du 6 juin 1944, la flotte et les troupes de débarquement américaines.
Pour réduire cette place particulièrement dangereuse pour les troupes débarquant à **Omaha Beach**, le commandement américain avait décidé d'y faire pleuvoir un déluge de bombes et d'obus : le cuirassé *Texas* y prit part, à raison de 600 salves de 356. Le 2e bataillon de « Rangers », spécialement entraîné, prit ensuite la position d'assaut dès l'aube du 6 juin en escaladant la falaise à l'aide de cordes et d'échelles démontables mais au prix de lourdes pertes, 135 « Rangers » sur 225 ayant été mis hors de combat. Des groupes d'Allemands se maintinrent néanmoins et il fallut tout l'acharnement des commandos du 116e régiment d'infanterie US pour les réduire.
Sur ce site impressionnant, des plates-formes d'observation ont été installées sur deux blockhaus, offrant des vues saisissantes sur les cratères laissés par les obus *(le terrain étant accidenté, surveillez vos enfants)*. Un monument commémoratif constitué par une aiguille de granit marque le bord de la falaise, d'où se découvrent de belles **vues★** sur la mer et le littoral jusqu'à la presqu'île du Cotentin.
Aux approches de Grandcamp-Maisy, la vue se développe sur la baie des Veys et la côte est du Cotentin.

LES ANCÊTRES NORMANDS DE WALT DISNEY

Nous sommes en 1066 : c'est la conquête de l'Angleterre par Guillaume de Normandie. Deux soldats normands, Hugues d'Isigny et son fils Robert, décident de s'établir sur le sol anglais après la conquête. Ils sont originaires d'Isigny-sur-Mer, village situé près de l'embouchure de la Vire.

Au fil du temps, le nom « d'Isigny » se transforme en Disgny, puis en Disney, patronyme de consonance nettement plus anglo-saxonne. Au 17e s., une branche de la famille Disney émigre en Irlande. En 1834, Arundel Elias Disney et son frère Robert s'embarquent avec leurs familles à destination de l'Amérique du Nord. Le 5 décembre 1901 naît à Chicago le quatrième enfant d'Elias Disney, Walter Elias, celui-là même qui fera rêver les enfants du monde entier avec sa célèbre souris, *Mickey Mouse*.

Grandcamp-Maisy A2

Petit port de pêche et de plaisance. Au large de la station, vaste banc de rochers. Un petit **musée des Rangers** retrace les actions héroïques de ces troupes d'élite. *☎ 02 31 92 33 51 - mai-sept. : tlj sf lun. et mar. matin 10h-13h, 14h30-18h30 ; fév.-avr. et oct. : tlj sf lun. 13h-18h - 4,40 € (enf. 2,20 €).*

Musée de la Batterie – *Rte des Perruques (sur la D 514 dir. Isigny-sur-Mer) - ☎ 06 78 04 56 25 - www.maisybattery. com - avr-sept. : 10h-18h - 5,50 € (4,50 € avec le Normandie Pass).* Le 9 juin 1944, lorsque la batterie, située sur le site dit « **les Perruques** », fut neutralisée par le 5e bataillon de Rangers, personne ne se doutait qu'elle allait être oubliée pendant plus de soixante ans. Un Britannique passionné d'histoire a mis au jour cette batterie de défense allemande quasiment intacte avec sa dizaine de bâtiments enterrés et 1,5 km de tranchées et de souterrains. Des cuves bétonnées témoigneraient de la présence de six canons de 155 mm, c'est-à-dire aussi puissants que ceux de la pointe du Hoc toute proche. La batterie était située à mi-distance des plages d'Omaha et d'Utah. Les lieux sont à l'état « brut » mais la visite est instructive.

Prenez la D 199 vers Poix puis la D 113.

Cimetière militaire allemand de la Cambe A2

☎ 02 31 22 70 76. Cette impressionnante nécropole, occupant une pelouse rectangulaire de 2 ha, rassemble les corps de 21 500 soldats allemands tombés lors des combats de 1944. Pour avoir une vue de l'ensemble composé de groupes de cinq croix noires, gravir le tertre central gazonné, surmonté d'une grande croix qu'entourent deux personnages grandeur nature, en pierre.

Château de Colombières A2

☎ 02 31 22 51 65 - www.chateaudecolombieres.com - ♿ - visite guidée (45mn) juil.-août : tlj sf vend., sam. et dim. 14h-19h (dernière entrée 30mn av. la fermeture) ; sept. : w.-end 14h-19h - 6 € (-12 ans grauit).

Parcours-découverte pour les enfants. Entouré de ses douves toujours en eau, ce château resta longtemps l'une des principales places fortes de la région de Bayeux. Très remanié aux 17e et 18e s., il reste néanmoins un intéressant témoin de l'architecture militaire du 14e s.

Isigny-sur-Mer A2

La ville et son port sont situés sur l'Aure, à 3 km de la pleine mer et de la baie des Veys. Cet important centre laitier et beurrier est célèbre pour sa production depuis le 17e s.

Carentan *(voir p. 401)*

1

PRÈS DES PLAGES DU DÉBARQUEMENT

Voir aussi nos adresses à **Bayeux**, **Arromanches-les-Bains** et **Omaha Beach**.

HÉBERGEMENT

À Commes

PREMIER PRIX

La Ferme d'Escures – *À Escures - 14520 Commes - 02 31 21 79 56 ou 06 81 86 93 28* - P - . Cette ferme du 17e s. en pierre de Caen est un bon point de départ pour sillonner la région : les plages et Bayeux ne se situent qu'à quelques kilomètres. Le gîte, aménagé dans l'ancienne boulangerie de la ferme, s'ouvre sur un petit jardin.

Chambre d'hôte
Le Logis – *Escures-Village - 14520 Commes - 02 31 21 79 56 / 06 81 86 93 28 - www.monsite.wanadoo.fr/le.logis* - P - - *4 ch. 46/48 €* . Le charme de ces vieilles bâtisses, habitées par une famille qui cultive avec enthousiasme le sens de l'hospitalité, vous séduira. Le petit-déjeuner est servi dans le cadre insolite d'une ancienne écurie aux pavés noirs, qui a conservé son abreuvoir de pierre. Chambres et gîte confortables.

À Formigny

BUDGET MOYEN

Chambre d'hôte
Ferme du Mouchel – *Lieu-dit Le Mouchel - 14710 Formigny - 02 31 22 53 79 / 06 15 37 50 20 - www.ferme-du-mouchel.com* - P - - *4 ch. 52 €* . Au bout d'une petite route de campagne, engageante ferme-manoir (élevage laitier) remontant probablement au 16e s. Trois jolies chambres à touches agrestes ont été aménagées à l'étage du corps de logis tandis qu'une autre, complétée d'une chambre d'appoint, occupe l'annexe mitoyenne où sont également servis les petits-déjeuners. Accueil affable et spontané.

À Banville

BUDGET MOYEN

Chambre d'hôte
Ferme le Petit Val – *24 r. du Camp-Romain - 14480 Banville - 02 31 37 92 18 - www.ferme-le-petitval.com - fermé du 15 nov. au déb. avril* - P - - *5 ch. 55/62 €* . Cette ferme typique du Bessin, datant sans doute du 17e s., est l'adresse idéale pour se mettre au vert. Chambres douillettes à la décoration discrète, belle salle des petits-déjeuners garnie de meubles de famille et plaisant jardin fleuri (3e prix des fermes fleuries de la région du Bessin).

À Géfosse-Fontenay

POUR SE FAIRE PLAISIR

Chambre d'hôte
Manoir de l'Hermerel – *14230 Géfosse-Fontenay - 02 31 22 64 12 - www.manoir-hermerel.com - fermé 15 nov.-15 mars* - P - *4 ch. 70 €* . Cette ferme fortifiée du 17e s. fut propriété seigneuriale, comme en témoigne l'élégant colombier en face du porche d'entrée. Ne manquez pas sa petite chapelle gothique du 15e s. avant de vous retirer dans ses belles chambres. Accueil simple et cordial.

À Saint-Aubin-sur-Mer

POUR SE FAIRE PLAISIR

Hôtel Le Clos Normand – *Digue Guynemer - 14750 St-Aubin-sur-Mer - 02 31 97 30 47 - www.closnormandhotel.com - fermé janv. - 31 ch. 73/170 € - 12 € - rest. 27/70 €.* Grande bâtisse idéalement située face à la Manche. En majorité orientées côté mer, les chambres offrent un décor d'esprit nautique. Salle à manger au cadre rustique et agréable terrasse, abritée et tournée vers la plage. Carte de poissons.

À Vouilly-Église

POUR SE FAIRE PLAISIR

Chambre d'hôte Château de Vouilly – *14230 Vouilly-Église - ✆ 02 31 22 08 59 - www.chateau-vouilly.com - fermé 11 Nov.-20 mars - P - 4 ch. 95 € ☕.* Douves poissonneuses, jardins soignés, orangerie, salons majestueux et sols carrelés bicolores : cette demeure du 18e s. a conservé tout son charme. QG de la presse américaine en 1944, elle reste un chaleureux lieu de séjour grâce à son accueillante propriétaire.

RESTAURATION

À Bénouville

PREMIER PRIX

Café Gondrée - Pégasus Bridge – *12 av. du Cdt-Kieffer - 14970 Bénouville - ✆ 02 31 44 62 25 - fermé 11 Nov.-15 mars - P - 14 €.* Un lieu chargé d'histoire et d'émotion que ce petit café authentique qui fut aux premières loges un certain jour du mois de juin 1944 et qui eut l'honneur, entre deux rafales, de devenir la première maison de la France libérée. Arlette Gondrée, qui avait 4 ans à l'époque, y prépare encore à toute heure du jour l'omelette-salade familiale, mais aussi des assiettes anglaises et des salades composées.

POUR SE FAIRE PLAISIR

Le Manoir d'Hastings et la Pommeraie – *18 av. Côte-de-Nacre-14970 Bénouville- ✆ 02 31 44 62 43 - www.manoirhastings.com - fermé dim. soir et lun. (sf réservation) - ouv. le lun. de mai à août - formule déj. 20/25 € - 32/45 € - 15 ch. 80/110 € - ☕ 10 €.* Salle à manger rustique avec cheminée, véranda et coquettes chambres côté prieuré (17e s.) ; aménagements plus fonctionnels dans le bâtiment récent. Cuisine traditionnelle. Jardin ombragé.

À Courseulles-sur-Mer

PREMIER PRIX

Les Alizés – *4 quai Ouest - 14470 Courseulles-sur-Mer - ✆ 02 31 36 14 14 - www.les-alizes.net - 13/26 € - buffet de la mer à volonté vend. et sam. soir, 27 € - 5 ch. 39/54 € - ☕ 6 €.* Une bonne cuisine valorisant les produits locaux se conçoit dans la stabilité à cette enseigne postée face au port. Confortable salle à manger « littorale » : maquettes nautiques, nœuds de marins, filets de pêche et phares-bougeoirs. Dégustation de moules et huîtres à toute heure en haute saison. Ambiance calme et fond musical classique. La maison propose aussi cinq chambres simples.

BUDGET MOYEN

La Pêcherie – *7 pl. du 6-Juin - 14470 Courseulles-sur-Mer - ✆ 02 31 37 45 84 - www.la-pecherie.fr - ♿ - 20/38 € - 6 ch. 60/90 € - ☕ 10 €.* Derrière la façade à colombage, un intérieur nostalgique (horloges, portraits) : une salle aux pierres apparentes, une autre avec verrière. Produits de la mer. Chambres façon cabine de bateau. Sauna.

À Port-en-Bessin

BUDGET MOYEN

Le Vauban – *6 r. du Nord - 14520 Port-en-Bessin - ✆ 02 31 21 74 83 - www.restaurant-levauban.com - fermé de mi-déc. à mi-janv., mar. et merc. hors sais. - 16,80/35 €.* Un classique des habitants du coin. Aux fourneaux, le patron ne jure que par de beaux produits frais et

1

mise sur sa belle expérience pour concocter une cuisine qui tire le meilleur parti des richesses de la mer et du terroir…

Le Bistrot d'à Côté – *12 r. Michel-Lefournier - 14520 Port-en-Bessin - ✆ 02 31 51 79 12 - www.barque-bleue.fr - fermé janv., dim. et lun. du 15 sept. au 15 juin - 18/35 €.* Décor résolument contrasté en gris et framboise dans cette salle à manger. Poissons et coquillages à choisir sur les grandes ardoises murales.

POUR SE FAIRE PLAISIR

Restaurant de l'hôtel Mercure – *Chemin du Colombier, sur le golf - 14520 Port-en-Bessin - 2 km à l'ouest par D 514 - ✆ 02 31 22 44 44 - www.mercure.com - fermé 17 déc.-15 janv. - 25/35 €.* Ce restaurant d'hôtel accessible aux non-résidents ménage une vue privilégiée sur le superbe golf d'Omaha Beach, dont il partage les installations. Pour un repas « extensif », ne manquez pas l'alternative du dimanche : buffet de fruits de mer et de desserts ou brunch très complet (boissons comprises, à volonté). Restauration de type brasserie au club house.

À Grandcamp-Maisy

BUDGET MOYEN

La Trinquette – *7 rte du Joncal - 14450 Grandcamp-Maisy - ✆ 02 31 22 64 90 - www.restaurant-la-trinquette.com - fermé lun. et mar. de fin août à Pâques - ♿ - P - formule déj. 10 € - 20/31 €.* Bien sûr, on ne voit pas la mer, cachée par le bâtiment de la criée. Peu importe, ses poissons sont dans votre assiette : en papillote avec fondue de poireaux, en cassolette ou en soupe avec rouille normande… Goûtez aussi la marmite grandcopaise, le plat des pêcheurs d'ici.

À Isigny-sur-Mer

PREMIER PRIX

La Flambée – *2 r. Émile-Demagny - 14230 Isigny-sur-Mer - ✆ 02 31 51 70 96 - fermé 2 sem. de fin fév. à déb. mars, 2 sem. de fin sept. à déb. oct., mar. soir et merc. d'oct. à avr. - ♿ - formule déj. 13,50 € - 19/24 €.* Ce restaurant typiquement normand fleure bon le feu de bois : grillades de poissons et de viandes sont préparées dans la grande cheminée de la salle à manger aux poutres apparentes. Une roue de charrette accrochée au mur permet d'exposer petits vins et grands crus. Terrasse en été.

BUDGET MOYEN

Hôtel de France – *13 r. Émile-Demagny - 14230 Isigny-sur-Mer - ✆ 02 31 22 00 33 - www.hotel-france-isigny.com - 14,50/29,50 €, carte 22/43 € - 18 ch. : 59,50 € - ☕ 8,50 €.* Un restaurant proposant une cuisine traditionnelle savoureuse. Par ailleurs, ce sympathique hôtel de province propose des chambres simples mais confortables, réparties autour de la cour et dans le bâtiment principal.

À Bernières-sur-Mer

L'As de Trèfle – *420 r. L.-Hettier - 14990 Bernières-sur-Mer - ✆ 02 31 97 22 60 - www.restaurant-asdetrefle.com - ♿ - fermé 6 janv.-10 fév., lun. et mar. - P - 22/39 €.* En retrait du rivage, bâtisse de 1934 d'inspiration mauresque. On y déguste des plats traditionnels de poissons (pêche locale) dans un cadre contemporain.

ACHATS

Isigny-Ste-Mère – La fameuse coopérative laitière d'Isigny-sur-Mer propose des visites sur RV en juil.-août, lun.-sam. *✆ 02 31 51 33 88 - visite@isysme.com -*

3 € (- 6 ans gratuit) : vidéo et conférence sur l'histoire de la coopérative et dégustation de spécialités fromagères (pas d'accès à l'usine proprement dite, pour des raisons d'hygiène). Magasin de vente *(lun.-sam. 10h-20h)* : fromages mais aussi crème et beurre AOC d'Isigny et dégustation de glaces, de quoi réjouir vos papilles.

Caramel d'Isigny – *ZI Isypôle, ✆ 02 31 51 66 50.* Visite gratuite à 10h *(avril-sept.)* de la fabrique et magasin de vente de spécialités élaborées avec le caramel maison. *Lun.- vend. 8h30-17h (janv.), 8h30-18h (oct.-déc. et fév.-mars), 8h30-19h (avril-sept.), sam. 9h30-12h30, 14h-18h30.*

ACTIVITÉS

La Côte de Nacre offre de belles et longues plages de sable fin, sauvages ou surveillées, comme celles des stations balnéaires de **Ouistreham** (agrémentée de multiples activités, de points plage et d'une promenade cimentée en front de mer), **Lion s/mer** (dotées de très belles villas avec jardin donnant sur la mer), **Luc s/mer**, **Langrune**, **St-Aubin s/mer**, **Courseulles** (qui dispose de cabines et d'une promenade en front de mer), où se baigner et pratiquer du kitesurf ou de la planche à voile.

À **Arromanches**, la plage n'est pas très profonde à marée haute et chargée de visiteurs ; mieux vaut privilégier ses voisines.

Le Hammam de la Mer – *2 r. Guynemer - 14530 Luc-sur-Mer - ✆ 02 31 97 32 22 - www.thalasso-normandie.com - fermé 2 sem. janv.* L'originalité de ce centre de cure marine consiste à proposer un authentique hammam oriental : carreaux en terre cuite de Fès, enduits à la chaux pigmentée, mosaïques, paravents en bois sculpté, etc. Produits et accessoires de soins parfaitement assortis : parfums d'essences diverses, savon noir, argile *(rassoul)*, gants de gommage *(kassa)* et pagnes *(fouta)*. Le rituel du thé vient compléter ce tableau pour le moins dépaysant.

Omaha Beach Golf Club – *Lieu-dit La Ferme St-Sauveur - 14520 Port-en-Bessin - ✆ 02 31 22 12 12 - www.omahabeachgolf.com - 75 € adulte w.-end - 18 trous Mer ou Manoir - (-12 ans 39 €).* Magnifique golf international (36 trous) dessiné en 1986 par l'architecte Yves Bureau sur les hauteurs de Port-en-Bessin. Depuis la commémoration du cinquantenaire du Débarquement, chaque trou honore la mémoire d'une personnalité ayant joué un rôle déterminant durant la Seconde Guerre mondiale.

Parapluies H20 – *7 rte d'Arromanches - Crépon - ✆ 02 31 92 89 61 - lun.-sam. 9h-12h, 14h-19h - gratuit.* Visite de l'atelier-boutique de la fabrique artisanale de parapluies.

Arromanches-les-Bains

★

609 Arromanchais – Calvados (14)

NOS ADRESSES PAGE 143

S'INFORMER
Office du tourisme d'Arromanches-les-Bains – *2 r. du Mar.-Joffre - 14117 Arromanches-les-Bains - ☏ 02 31 22 36 45 - www.ot-arromanches.fr - se renseigner pour les horaires.*

SE REPÉRER
Carte de microrégion B1 (p. 90) – *carte Michelin Départements 303 I3.*
Arromanches se trouve sur la côte, à 10 km au nord-est de Bayeux par la D 516, et à 38 km au nord-ouest de Caen par les D 516 et N 13.

À NE PAS MANQUER
Les installations portuaires alliées expliquées au musée du Débarquement, puis leurs vestiges *in situ*.

ORGANISER SON TEMPS
3h suffisent pour voir la plage, le musée et le film.

Avec sa plage encore parsemée de fantomatiques flotteurs en béton, Arromanches-les-Bains rappelle la prouesse technique opérée par les Alliés au lendemain du 6 juin 1944 : la construction, en quelques jours, d'un port artificiel flottant destiné au ravitaillement des troupes. Étape incontournable dans la découverte de l'histoire du Débarquement, choisie pour recevoir les cérémonies officielles du 60e anniversaire, Arromanches sait aussi mettre en avant ses qualités d'agréable station balnéaire.

Découvrir Plan ci-dessous

★ Le port artificiel

« Puisque nous ne disposerons pas de ports, nous apporterons les nôtres », dit Lord Mountbatten annonçant la construction de ports artificiels flottants appelés « Mulberries ». La rade d'Arromanches fut choisie comme point d'implantation du « Mulberry B », réservé aux troupes britanniques, le « A » étant affecté aux Américains *(voir Omaha Beach, p. 147)*. L'installation des

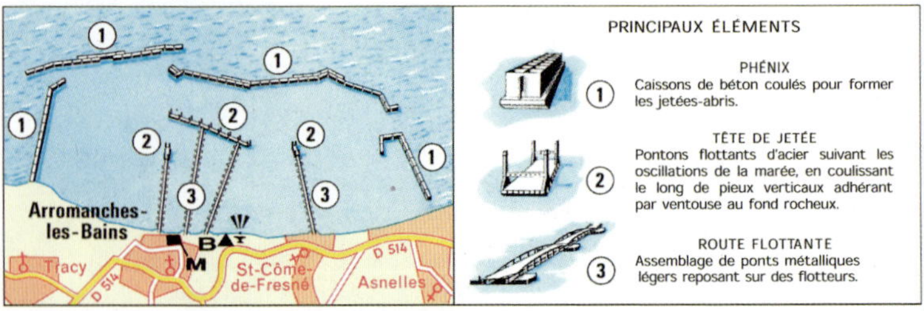

Mulberries exigea la mise en chantier de 230 caissons Phénix représentant 500 000 t de béton (les plus grands faisaient 70 m de long, 20 m de haut et 15 m de large), 33 têtes de jetée et 18 km de routes flottantes. Ce matériel traversa la Manche à une vitesse de 6 km/h. Le port d'Arromanches permit de débarquer jusqu'à 9 000 t de matériel par jour, trafic comparable à celui du port du Havre avant-guerre.
Renforcé après la terrible tempête du 19 juin 1944 qui détruisit celui d'Omaha, le port artificiel d'Arromanches a gardé des éléments imposants, dont une vingtaine de caissons Phénix faisant partie de la digue de 8 km de long qui fermait la rade. Sur la plage sont échoués des flotteurs en béton et une partie de plate-forme. Le meilleur endroit pour les voir, de préférence à marée basse, est le belvédère situé sur la D 514 en direction d'Asnelles.

Musée du Débarquement M

Pl. du 6-Juin - ✆ 02 31 22 34 31 - www.musee-arromanches.fr - ♿ - mai-août : 9h-19h ; sept. : 9h-18h ; fév. et nov. : 10h-12h30, 13h30-17h ; mars et oct. : 9h30-12h30, 13h30-17h30 ; avr. : 9h-19h - fermé 24-26 déc., 5-25 janv. - 6,50 € (6-16 ans 4,50 €).
Face au site de l'ancien port artificiel que l'on peut voir grâce à de larges baies vitrées, les commentaires autour de **maquettes★** très précises aident à comprendre la mise en place et le fonctionnement de ces installations. Le Débarquement est illustré par un diorama, des vitrines, des armes et des équipements. Film de l'Amirauté britannique projeté en fin de visite.

1

Arromanches 360° B

À côté du belvédère de la D 514 en direction d'Asnelles - ✆ 02 31 22 30 30 - www.arromanches360.com - ♿ - séance ttes les 30mn - juin-août : 9h40-18h40 ; du 1er au 15 fév. : tlj sf lun. 10h10-17h10 ; du 16 fév. au 30 mars : 10h10-17h40 ; avril-mai : 9h40-18h10 - 30 sept.-11 nov.: 10h10-17h40, 12 nov.-31 déc. 10h10-17h10, fermé 25 déc., janv. - 4,30 € (-18 ans 3,80 €).
Ce « circorama » ou « cinéma circulaire » présente le film *Le Prix de la liberté* où se mêlent images d'archives et images actuelles tournées sur les lieux mêmes du Débarquement. La projection à 360°, sur neuf écrans, est censée plonger le spectateur au cœur de l'action.

NOS ADRESSES À ARROMANCHES-LES-BAINS

VISITE

Circuit historique – Inclus dans le parcours de l'Espace historique de la bataille de Normandie *(p. 129)*, le circuit balisé **Overlord-L'assaut** passe par Arromanches.

HÉBERGEMENT

BUDGET MOYEN

Chambre d'hôte Ferme de la Tourelle – *Hameau de Fontenailles - 14400 Longues-sur-Mer - 5 km d'Arromanches par D 514 et 1re rte à droite venant de Port-en-Bessin - ✆ 02 31 21 78 47 - www.multimania.com/tourelle/tourelle/ - fermé 15 nov.-15 mars - ⊭ - 5 ch. 50 € ☕.* Dans un hameau typique, corps de ferme du 17e s. que domine une tourelle carrée. Chambres simples dans la dépendance, avec salle de détente au rez-de-chaussée. Petits-déjeuners copieux servis en famille.

Chambre d'hôte L'Ancienne École – *Rte d'Arromanches - 14960 Meuvaines - 4 km au sud-est d'Arromanches par D 65 - ✆ 02 31*

22 39 59 - www.ancienne-ecole.net - réserv. conseillée - 3 ch. 55 € ☕ - repas 26 € bc. Les écoliers ne chahutent plus dans la cour de cette école. Et vous pourrez même vous y attabler, pour savourer une cuisine aux saveurs locales, avant de vous retirer dans une chambre sous les toits. N'ayez crainte, la discipline d'antan a fait place à un accueil souriant…

POUR SE FAIRE PLAISIR

Hôtel La Rosière – *14 rte de Bayeux - 14117 Tracy-sur-Mer - ✆ 02 31 22 36 17 - www.hotellarosierebayeux.com - fermé 11 Nov.-14 mars - P - 24 ch. 59/112 € - ☕ 9 €.* En léger retrait de la route, hôtel abritant des chambres fonctionnelles et protégées du bruit. L'annexe propose un hébergement de plain-pied avec le jardin.

Hôtel de la Marine – *Quai du Canada - ✆ 02 31 22 34 19 - www.hotel-de-la-marine.fr - fermé 16 nov.-12 fév. - P - 28 ch. 61/110 € - ☕ 12 € - rest. 22/49 €.* Cet hôtel porte bien son nom : au loin, l'horizon bleu et, à vos pieds, les vagues qui caressent la plage. Chambres confortables, à choisir de préférence côté mer. Cuisine traditionnelle et poissons servis dans une salle à manger avec vue panoramique ou repas plus simples au Pub Winston.

Chambre d'hôte La Gentilhommière – *4 r. du Port, lieu-dit l'Église - 14117 Manvieux - 3 km à l'ouest d'Arromanches par D 514 - ✆ 02 31 51 97 91 - www.lagentilhommiere-arromanches.fr - 🚭 - P - 5 ch. 68 € ☕.* Cette demeure du 18e s., située à deux pas de la plage d'Arromanches, garantit des nuits tranquilles. Chaque chambre est personnalisée par une couleur. Petit-déjeuner gourmand composé de brioche et yaourt maison.

RESTAURATION

BUDGET MOYEN

L'Auberge des Monts – *7 rte d'Arromanches - 14400 Ryes - ✆ 02 31 21 50 77 - http://aubergedesmonts.free.fr - fermé dim. soir, lun., déc. et janv. - 9,70 € déj. du mar. au vend. - 15/32 €.* À l'écart du centre d'Arromanches et de ses fortes affluences, vous attend ce petit établissement fort bien tenu. Au menu, recettes traditionnelles et régionales, dont les tripes à la mode de Caen. Accueil et service impeccables.

La Chaumière – *10 r. de la Mer - 14400 Longues-sur-Mer - ✆ 02 31 21 78 72 -www.restaurantlachaumiere-longuessurmer.com - fermé janv., merc. et jeu. midi - 14/32,50 €.* Un quatuor de menus bien vus et une petite carte traditionnelle à composantes normandes s'emploient à combler votre appétit. Salle de restaurant aux accents rustiques prolongée par une véranda, pour la belle saison.

ACTIVITÉS

Cherokee Équitation Loisirs – *Ferme de la Petite Noë – 9 rte de Bayeux (sur l'axe Arromanches-Bayeux) - 14117 Tracy-sur-Mer - ✆ 06 12 06 03 96 - vcherokee.equitation@free.fr - 8h-23h ; hors vac. scol. : 8h30-19h - fermé 25 déc.* D'intéressantes randonnées thématiques (de la demi-journée à 7 jours) sont organisées à partir de cette ferme équestre : plages du Débarquement (visite des sites à bord d'une Jeep d'époque), forêt de Balleroy, pays d'Auge, excursions sur les traces de Guillaume le Conquérant et sur les sentiers du 6 juin 1944. Sur place, chambres d'hôte et gîte.

Omaha Beach

★

Calvados (14)

NOS ADRESSES PAGE 148

S'INFORMER

Office du tourisme d'Omaha Beach – Ancienne RN 13 - 14710 Formigny - ✆ 02 31 51 39 52 - *www.oti-omaha.fr - 10h-12h, 14h-17h. En saison estivale, points d'information à Trévières (✆ 06 16 52 66 60) et St-Laurent-sur-Mer (✆ 07 87 79 74 21).*

Visites guidées – L'office de tourisme organise des visites guidées thématiques (nature, histoire, patrimoine).

SE REPÉRER

Carte de microrégion AB1 (p. 90) – *carte Michelin Departements 303 G3.* Le nom d'Omaha Beach qui, jusqu'au 6 juin 1944, n'avait d'existence que dans le code secret allié, désigne et reste appliqué aux plages du Calvados de St-Laurent-sur-Mer, Colleville-sur-Mer et Vierville-sur-Mer, à une vingtaine de kilomètres au nord-ouest de Bayeux.

Voir également les cartes historiques Michelin Bataille de Normandie n° 102 et Voie de la Liberté n° 105.

À NE PAS MANQUER

Impressionnant lieu de mémoire, le cimetière américain de Colleville-sur-Mer rassemble près de 9 400 croix parfaitement alignées.

ORGANISER SON TEMPS

Comptez 3h environ pour la visite des sites.

Omaha Beach « la sanglante » est sans doute la plus célèbre de toutes les plages du Débarquement. L'aspect austère et désolé que présente, dans sa partie est, cette grève étroite adossée à un talus pelé, facilite l'évocation des événements tragiques et glorieux qui s'y déroulèrent le jour J. C'est sur ce secteur américain des opérations que le nombre de morts alliés fut le plus élevé.

Circuits conseillés Carte de microrégion p. 90

DE COLLEVILLE-SUR-MER À VIERVILLE-SUR-MER

Pour visualiser ce circuit de 9 km, reportez-vous à la carte de microrégion p. 90. Comptez environ 1h.

Colleville-sur-Mer B1

Le 7 juin, Colleville-sur-Mer est libérée par le 2e bataillon du 18e régiment de la 1re division américaine. Les derniers soldats allemands quittent les alentours de l'église vers 10h.

Monument de la 5th Engineer Special Brigade B1

Le monument de la 5th Engineer Special Brigade constitue le belvédère le mieux situé d'Omaha Beach. Élevé sur les restes d'un blockhaus, il commémore le

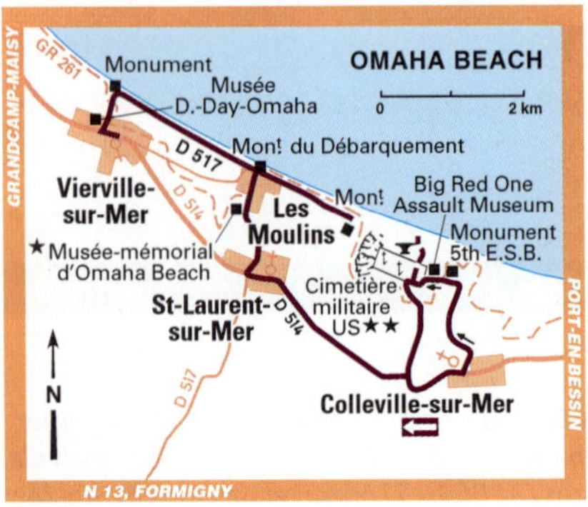

sacrifice des spécialistes chargés d'assurer au mieux le va-et-vient entre les navires et la grève ainsi que l'aménagement de la plage et de ses « sorties » en prévision d'un trafic intense.

En sortant, suivez les pancartes rouges et blanches « Big Red One Assault Museum ».

Big Red One Assault Museum – *✆ 02 31 21 53 81 - www.bigredonemuseum.com - visite guidée (1h) sur demande préalable de mi-juin à août : 10h-19h, tlj ; mars-mai, sept.-nov., vac. de fév. et vac. de Noël : 10h-12h, 14h-18h, fermé mar. - 5 € (-12 ans gratuit).* Ce petit musée (une salle) porte le nom de la 1re division d'infanterie américaine, débarquée à Omaha Beach le 6 juin 1944 avec la 29e division. Documents et équipements d'époque classés par unité et par secteur. Les effets personnels proviennent de soldats dont les noms ont été retrouvés. Projection d'un film tourné par des correspondants de guerre.

Continuez la route en suivant le fléchage « Cimetière américain ».

★★ Cimetière militaire US de Colleville-sur-Mer B1

✆ 02 31 51 62 00 - accès libre - 16 sept.-14 avr. 9h-17h, 15 avr.-15 sept. : 9h-18h, fermé 25 déc. et 1er janv.

Ses 9 386 croix de marbre de Carrare s'alignent dans un silence impressionnant. Dans l'axe de l'allée centrale du cimetière a été élevé un monument commémoratif, précédé d'un bassin et entouré de plantations ; sur le mur des Disparus, 1 557 noms sont inscrits. Le cimetière fut le cadre des célébrations du 65e anniversaire du Débarquement, en 2009, en présence du président Obama et du prince Charles ainsi que du président de la République. Gagnez ensuite un belvédère aménagé face à la mer. De là, on peut descendre jusqu'à la plage *(30mn AR)* et s'arrêter à mi-parcours devant une autre table d'orientation.

Le **Visitor Center**, inauguré en 2007, rend hommage à tous les combattants de la Seconde Guerre mondiale et, en particulier, aux soldats américains et alliés qui reposent dans le cimetière. Panneaux explicatifs, objets, témoignages, écrans interactifs, film : le site montre, avec force, l'enjeu de l'opération Overlord.

Du grand parking, un chemin mène hors de l'enceinte du cimetière, au monument érigé à la mémoire des soldats de la 1re division.

Descendez, en contrebas de cet obélisque, au monument de la 5th Brigade. Reprenez la voiture et revenez à la D 514 ; poursuivez vers St-Laurent.

St-Laurent-sur-Mer B1

Ce village ne fut libéré que le 7 juin après de violents combats. Pour les assaillants, c'était là une « sortie de plage » qui ne put être utilisée le jour J.

Descendez vers la plage par la D 517 qui, par un vallon, atteint le monument commémoratif.

★ **Musée-mémorial d'Omaha Beach** – *Av. de la Libération (en bordure de la D 517) - ✆ 02 31 21 97 44 - www.musee-memorial-omaha.com - ♿ - juil.-août : 9h30-19h30 (dernière entrée 1h av. fermeture) ; de mi-mai à fin juin et de déb. sept.*

à mi-sept. : 9h30-19h ; de mi-mars à mi-mai et de mi-sept. à mi-nov. : 9h30-18h30 ; de mi-fév. à mi-mars : 10h-12h30, 14h30-18h - 6 € (7-15 ans 3,50 €).

Agrandi à l'occasion du 60e anniversaire du Débarquement, ce musée très bien « mis en scène » propose une présentation chronologique des événements, de l'occupation allemande jusqu'au Débarquement dans le secteur américain. Des **reconstitutions★** avec des mannequins en uniforme, de l'armement (dont un canon de 155 offert par le Defense Secretary à Washington), des affiches, des panneaux thématiques et des articles de presse illustrent cette période dramatique. Vidéo en fin de visite.

Les Moulins A1

Ce lieu-dit est marqué par le **monument commémoratif du Débarquement**.

Prenez à droite la route qui longe la plage.

À son extrémité, le cimetière américain apparaissant en arrière-plan, on peut contempler le vallon du Ruquet et la route ouverte par les unités du génie après la destruction du blockhaus, vers 11h30. C'est par cette première voie ouverte que le matériel lourd et l'infanterie purent gagner le plateau et avancer vers St-Laurent.

Aujourd'hui, une plaque sur ce blockhaus rappelle qu'il servit de premier quartier général pour l'organisation du trafic entre la plage et l'arrière-pays. Devant ce même blockhaus, un monument commémore le débarquement, le 7 juin, de la 2e DI « Indian Head ».

Revenez vers le monument du Débarquement.

C'est à cet endroit que s'abritèrent, derrière un cordon de galets, les premières unités qui débarquèrent à l'aube du 6 juin ; puis, escaladant les falaises, ces mêmes unités d'infanterie purent gagner le plateau, les vallons étant puissamment défendus par les forces allemandes. Un enfer.

Depuis la plate-forme du monument, vue sur les falaises bordant le vallon.

Vierville-sur-Mer A1

En prenant le boulevard Maritime vers l'ouest, on peut voir à quelques centaines de mètres, à la hauteur d'une borne kilométrique, une stèle signalant l'emplacement où furent provisoirement inhumées les dépouilles des soldats tombés dans la bataille des plages. Le village fut investi dès la matinée du 6 juin 1944. L'église a été gravement endommagée à la suite de la chute du clocher.

La route quitte la côte par une autre « sortie de plage », elle aussi tardivement débouchée. Des éléments de chaussée flottante, restaurés par des bénévoles et installés sur le côté de la route, rappellent qu'un port artificiel, le Mulberry « A », fut assemblé devant Vierville et Saint-Laurent pour le débarquement du matériel, mais à peine achevé, il fut détruit par une forte tempête.

Un monument dédié aux forces de la Garde nationale des États-Unis ayant combattu en France au cours des deux guerres mondiales a été érigé sur l'un des blockhaus les plus redoutés des assaillants.

UNE TERRIBLE TEMPÊTE

Installé en face d'Omaha Beach, le port artificiel **Mulberry A** devait faire pendant à celui que les Anglais installèrent devant Arromanches. Las, il fut réduit en pièces par une terrible tempête qui se déchaîna du 19 au 21 juin 1944. Pour donner une idée de la force des éléments, sachez que ce port constitué de jetées et de digues, de quais et de 15 km de voies flottantes reliant les quais à la côte avait nécessité 600 000 tonnes de béton !

1

Musée D Day-Omaha A1

Rte de Grandcamp (D 514) - ✆ 02 31 21 71 80 - www.dday-omaha.org - ♿ - juin-août : 9h30-19h30 ; sept. : 10h-18h ; mars-mai : 10h30-12h30, 14h-18h ; 1er oct.-11 Nov. : 10h-12h30, 14h-17h - 5,70 € (enf. 3 €).

Dans un ancien hangar à avions, regroupement surprenant d'objets de la Seconde Guerre mondiale : machine Enigma, moteurs d'avions, panier pour pigeon de l'armée, motos de paras, etc.

NOS ADRESSES PRÈS D'OMAHA BEACH

Voir aussi nos adresses près des plages du Débarquement, p. 138.

HÉBERGEMENT

PREMIER PRIX

Chambre d'hôte Ferme du Clos Tassin – *14710 Colleville-sur-Mer - dans le village, sur D 514 - ✆ 02 31 22 41 51 - www.clostassin.fr - 5 ch. 43/80 €.* Les propriétaires de cette ferme fabriquent eux-mêmes jus de pomme, cidre, calvados et pommeau de Normandie : à déguster sur place ! Chambres campagnardes d'un niveau de confort très satisfaisant.

POUR SE FAIRE PLAISIR

Hôtel du Casino – *Bd de Chauvigny - 14710 Vierville-sur-Mer - ✆ 02 31 22 41 02 - www.hotelomahabeach.fr - fermé 15 nov. - 1er avr.- P - 12 ch. 72/80 € - 9,50 € - rest. 24/30 €.* Vent du large et sable fin vous attendent dans cet hôtel de bord de mer des années 1950. Petits galets incrustés aux murs et mosaïque au sol donnent le ton. Choisissez une chambre avec vue.

Domaine de L'Hostréière – *rte du Cimetière américain - 14710 Colleville-sur-Mer - ✆ 02 31 51 64 64 - www.domainedelhostreiere.com - fermé mi-nov.-mi-avril - 19 ch. 94/119 € - 11 €.* Au cœur d'un petit parc doté de palmiers, cet agréable hôtel est installé dans une ancienne ferme du Bessin largement remodelée. Chambres confortables, à deux pas des sites historiques.

RESTAURATION

BUDGET MOYEN

L'Omaha – *Pl. du Monument - 14710 St-Laurent-sur-Mer - ✆ 02 31 22 41 46 - fermé 15 nov.-15 fév., certains soirs hors saison - 20/31 €.* L'adresse vaut surtout par sa situation face à la mer et à deux pas de la plage d'Omaha. Cadre sans façon à l'intérieur et deux terrasses pour l'été. La cuisine fait la part belle aux produits de la mer. Petite boutique de souvenirs ; terrasse-jardin et terrasse couverte et chauffée.

ACTIVITÉS

Eolia Normandie – *Le Cavey - base nautique Omaha Beach - 14710 Colleville-sur-Mer - ✆ 02 31 22 26 21 - www.eolia-normandie.com - accueil : 10h-12h30, 14h-17h30 ; juil.-août : 8h30-19h, réserv. obligatoire - fermé janv.* Base nautique ancrée à Colleville-sur-Mer, au départ de la longue plage qui s'étend jusqu'à Vierville. Formules d'initiation et randonnées accompagnées en char à voile, *wake board*, catamaran et kayak. Club house avec vue panoramique.

Château de Fontaine-Henry.
N. Thibaut / Photononstop

1

Château de Fontaine-Henry

★★

517 Fontenois – Calvados (14)

SE REPÉRER
Carte de microrégion C1 (p. 90) – *carte Michelin Départements 303 J4.*
Fontaine-Henry est situé dans la vallée de la Mue, près de la Côte de Nacre et des plages du Débarquement, à 18 km au nord de Caen et à 25 km à l'est de Bayeux.

À NE PAS MANQUER
Les dentelles de pierre de la façade ; les stalles de pierre de la chapelle.

ORGANISER SON TEMPS
Comptez 1h30 pour la visite du château et tâchez de profiter d'une visite nocturne en été !

Pour l'écrivain Jacques de Lacretelle, « Fontaine-Henry, c'est une page d'histoire, c'est un château de la Loire en Normandie ». Coiffée de ses hauts toits, cette élégante demeure de la Renaissance, assortie des quelques belles maisons et fermes anciennes de son petit bourg, constitue une visite de choix à proximité des plages du Débarquement.

Se promener

★★ Château

06 89 84 85 57 ou 02 31 26 93 67 - www.chateau-de-fontaine-henry.com - visite guidée (45mn) de mi-juin à mi-sept. : tlj sf mar. 14h30-18h30 ; de Pâques à

UNE PROPRIÉTÉ DE FAMILLE

Le bourg prit pour nom, au 14e s., le prénom de son ancien seigneur, Henry de Tilly, mort en 1305. Bâtisseurs du château au début du 13e s., les Tilly sont à l'origine d'une dynastie de châtelains ininterrompue, la propriété n'ayant de toute son histoire jamais été vendue. Transmise exclusivement par succession familiale, parfois par les femmes, elle passe à différentes familles, notamment les d'Harcourt qui lui donnent son aspect actuel. Le château appartient aujourd'hui aux d'Oilliamson, descendants des Tilly.

mi-juin et de mi-sept. à déb. oct. : w.-end et j. fériés 14h30-18h30 ; de déb. oct. à la Toussaint : w.-end et j. fériés 14h-17h30 - 7,50 € (7-15 ans 6 €). Espace détente, nombreux jeux en bois.

Ce très bel édifice est un précieux témoin de l'architecture civile de la Renaissance. Sur les fondations et les caves d'une forteresse des 11e et 12e s., la famille d'Harcourt fit construire le château actuel au cours des 15e et 16e s. Un immense **toit d'ardoise** à forte pente, plus élevé que le bâtiment lui-même, recouvre le Grand Pavillon datant du 16e s. ; la tourelle en poivrière est joliment décorée. Le **corps de logis**, construit sur l'emplacement d'un bâtiment médiéval, semble « ciselé comme un bijou », tant le travail de la pierre a été exécuté avec finesse. La pierre de Caen, facile à travailler mais fragile, a permis cette réalisation exceptionnelle dans la région.

Le château a gardé un véritable charme. L'intérieur, entièrement meublé, abrite des tableaux signés des plus grands noms : Corrège, Mignard, Rigaud et Hubert Robert. Un étroit couloir permet également d'admirer un rare ensemble de gravures de **Van der Meulen**. Ne manquez pas d'observer les sculptures intérieures et l'**escalier François Ier**.

On visite également la chapelle, bâtie par Henry de Tilly, dont la nef fut remaniée au 16e s. et conserve de remarquables stalles de pierre, telles qu'on peut en voir à la Ste-Chapelle à Paris.

À la belle saison, le parc qui entoure le château s'anime d'expositions temporaires consacrées à la sculpture monumentale contemporaine.

À proximité Carte de microrégion p. 90

★ Ancienne église de Thaon C1

Le chemin d'accès (15mn à pied AR) se détache de la D 170, dans un virage, à 500 m de l'église paroissiale de Thaon. Ce chemin, en descente, aboutit au fond du vallon. ✆ 02 31 80 04 76 - http://vieilleeglisedethaon.free.fr/ - visite guidée exclusivement - juil.-août : dim. et journées du patrimoine 15h-18h30 - gratuit.

Isolée dans un vallon retiré, cette petite église romane désaffectée, datant du 12e s., est particulièrement mise en valeur par son décor de verdure et d'eaux vives, et par son exemplaire restauration réalisée dans les années 1990.

Le clocher, coiffé d'une toiture pyramidale et allégé par des baies géminées larges et profondes, est un des plus originaux de Normandie. Les façades sud et ouest comportent une décoration architecturale de surface particulièrement originale, composée d'un damier en relief. La nef et le chœur sont d'une grande pureté de style. En parcourant la nef, on détaillera les chapiteaux des grandes arcades. Le chœur est simplement décoré d'arcatures.

Bayeux

★★

14 600 Bajocasses ou Bayeusains – Calvados (14)

NOS ADRESSES PAGE 163

S'INFORMER

Office du tourisme de Bayeux – *Pont-St-Jean - ☏ 02 31 51 28 28 - www.bayeux-bessin-tourisme.com - juil.-août : 9h-19h, dim. et j. fériés 10h-13h, 14h-18h ; avr.-juin et sept.-oct. : 9h30-12h30, 14h-18h ; reste de l'année : tlj sf dim. 10h-13h, 14h-17h30.*

Visite – Dans le centre historique, un circuit avec 21 bornes explicatives invite à la flânerie et à la connaissance du patrimoine. *Plan disponible à l'office de tourisme.*

SE REPÉRER

Carte de microrégion B1 (p. 90) – *carte Michelin Départements 303 H4.*
À deux pas des plages du Débarquement, Bayeux se trouve presque à mi-chemin entre Caen (30 km au sud-est) et Carentan (47 km au nord-ouest) par la N 13. Lorsque les Bayeusains parlent des « entrées » de leur ville, ils désignent les accès côté Caen et Paris ; les « sorties », elles, sont vers St-Lô !

À NE PAS MANQUER

À Bayeux, la tapisserie « de la reine Mathilde », la cathédrale Notre-Dame et le musée-mémorial de la Bataille de Normandie. Aux alentours, les jardins du château de Brécy et l'ancien prieuré de St-Gabriel.

ORGANISER SON TEMPS

Consacrez une journée à la ville.

AVEC LES ENFANTS

Suivez la visite audioguidée conçue spécialement pour eux afin de leur rendre accessible la tapisserie de Bayeux, puis prenez le « p'tit train » pour leur faire découvrir le vieux Bayeux, de manière ludique et sans fatigue.

Le nom de Bayeux se confond avec sa célèbre tapisserie, spectaculaire chef-d'œuvre de l'art roman, à admirer comme la plus grande « BD » du monde. Outre son exceptionnelle tenture, Bayeux, capitale du Bessin, offre le charme d'une agréable cité médiévale et épiscopale. Elle séduit par ses rues et ses monuments qui entourent la cathédrale, miraculeusement restés intacts. Bayeux aime raconter sa prestigieuse histoire, où l'on croise Guillaume le Conquérant et le général de Gaulle, venu ici réaffirmer la souveraineté nationale en un discours resté fameux.

Découvrir la tapisserie de Bayeux Plan p. 155

★★★ Musée de la Tapisserie de Bayeux - Centre Guillaume-le-Conquérant

☏ 02 31 51 25 50 - www.tapisserie-bayeux.fr - ♿ - de mi-mars à avr. et de sept. à mi-nov. : 9h-18h30 ; mai-août : 9h-19h ; reste de l'année : 9h30-12h30, 14h-18h (dernière entrée 45mn av. la fermeture) - fermé 1 sem. déb. janv., 1er janv., 25 déc. - 9 € (-10 ans gratuit) - visite de la salle de la tapisserie avec audioguide.

1

Ce joyau textile de l'art roman a cumulé les erreurs d'appellation : longtemps nommé « tapisserie de la reine Mathilde », c'est en fait une **broderie** dont on sait aujourd'hui que son attribution à l'épouse de Guillaume (Mathilde de Flandre) est une erreur remontant au 18e s. Par commodité, et parce qu'on ne change pas un nom si connu, l'usage veut qu'on la nomme aujourd'hui « tapisserie de Bayeux ».

Témoignage graphique inestimable sur le Moyen Âge, notamment pour ce qui concerne les mœurs, les costumes, les bateaux et l'architecture, la tapisserie de Bayeux est à ce titre inscrite au prestigieux registre « **Mémoire du Monde** » de l'Unesco.

La présentation de la célèbre **tapisserie★★★** est organisée en deux espaces. Dans la sombre salle Harold est exposée derrière une vitrine ce chef-d'œuvre roman long de 70 m. Parmi les tableaux emblématiques, on remarque l'embarquement et la traversée de Harold (4 à 6), l'audience de Guillaume (14), la traversée du Couesnon et le Mont-St-Michel (17), le serment de Harold (23), la mort et l'enterrement d'Édouard le Confesseur (26 à 28), l'apparition de la comète de Halley, présage de malheur pour Harold (32), la construction de la flotte (36), la traversée de la Manche et la marche vers Hastings (38 à 40), la cuisine et le repas (41 à 43), la bataille et la mort de Harold (51 à 58).

Au 1er étage, une exposition permet de comprendre l'origine et l'histoire de la tapisserie, et de la replacer dans son contexte. Des maquettes, panneaux et vitrines expliquent le règne de Guillaume le Conquérant, ainsi que les secrets de réalisation de la broderie et les contraintes liées à sa conservation. La visite

UNE IMMENSE BRODERIE

La broderie est exécutée en laines de couleur sur une bande de toile en lin de 68,3 m de long par 0,50 m de haut, constituée en fait de neuf panneaux réunis par de fines coutures.

Impressionnante par sa longueur, cette broderie créée pour orner la cathédrale de Bayeux figure dans l'inventaire du trésor en 1476. Le commanditaire le plus probable est Odon de Conteville, comte de Kent : évêque de Bayeux et demi-frère de Guillaume, il participa à la conquête de l'Angleterre et à la bataille d'Hastings (1066). Pour célébrer la prise de la Couronne d'Angleterre par le duc de Normandie, Odon commanda cette tapisserie à un atelier de brodeurs saxons, vraisemblablement dans le sud de l'Angleterre, à Cantorbéry. La datation exacte reste inconnue, mais on considère généralement qu'elle fut réalisée vers 1070.

Tapisserie de Bayeux (détail).
Image Asset Managemen/World History Archive/age fotostock

UNE BANDE DESSINÉE GÉANTE
La rivalité de Harold et de Guillaume est contée en 58 scènes aux détails piquants. Dans la 1re partie, un arbre stylisé marque le début et la fin de chaque séquence ; dans la 2e partie, les scènes se succèdent de manière continue. La bande est « surtitrée » de longues inscriptions latines orthographiées à la saxonne. Les bordures supérieure et inférieure sont brodées d'animaux fantastiques ou de motifs se rapportant aux scènes principales.
Pour vous aider à mieux interpréter la tapisserie, dont les textes sont en latin : les Anglais se reconnaissent à leurs moustaches et à leurs cheveux longs, les Normands à leur nuque rasée, les clercs à leur tonsure, les trois femmes à leurs vêtements amples et au voile qui leur couvre la tête.

1

s'organise en îlots thématiques qui facilitent la compréhension des plus petits. En fin de parcours, un film illustre l'histoire de la conquête de l'Angleterre et celle de la tapisserie.

Se promener Plan p. 155

LE CENTRE HISTORIQUE

Les rues du vieux Bayeux sont riches de demeures anciennes en pierre ou à pans de bois, magnifiquement restaurées. Une belle promenade à découvrir.
Pour visualiser ce circuit au départ de l'office de tourisme, reportez-vous au plan de ville p. 155. Comptez environ 45mn, sans les visites.

Rue St-Jean
Cette rue s'inscrit à l'intérieur d'un secteur piétonnier, joliment rénové. Au n° 53, hôtel du Croissant (15e-17e s.).
Revenez sur vos pas et tournez dans la rue des Teinturiers.

Quai de l'Aure
En venant de la rue des Teinturiers, on a une belle **vue**★ sur la rivière, le moulin à eau, qui rappelle l'ancien quartier des tanneurs, le pont à arches, l'ancienne halle aux poissons et les tours de la cathédrale.
Par la rue du Maréchal-Foch, rejoignez la rue St-Martin (à droite).

La patrie de Guillaume le Conquérant

LE DESCENDANT DES VIKINGS

Bayeux a très tôt suscité des convoitises : d'abord capitale gauloise des Bajocasses ou Baiocasses, ou encore Badiocasses, puis grande ville romaine et importante cité épiscopale, elle est successivement prise par les Bretons, les Saxons et les Normands. Le Viking Rollon, premier duc de Normandie, épouse Popa, fille du comte Béranger, gouverneur de la ville. En 905, leur fils, le futur **Guillaume Longue-Épée**, naît à Bayeux, qui devient ainsi le berceau de la dynastie ducale. Alors que Rouen est déjà francisé, Bayeux reste une ville scandinave où l'on parle le « norrois ».

LE SERMENT BAFOUÉ DE BAYEUX

Édouard le Confesseur règne sur l'Angleterre depuis l'an 1042. Ayant vécu de longues années en Normandie, pour fuir l'invasion danoise de l'Angleterre, et n'ayant pas de descendance, il désigne son cousin Guillaume de Normandie pour successeur. Il envoie alors **Harold**, comte de Wessex et grand favori de la noblesse saxonne, afin qu'il aille officiellement reconnaître Guillaume pour son prochain suzerain. Après s'être échoué sur les côtes de Picardie, Harold est fait prisonnier par le comte Guy de Ponthieu. Guillaume le fait délivrer, contre rançon, le reçoit solennellement à la cour de Normandie et lui offre la main de sa fille, Edwige, probablement pour l'amadouer.

Lors du fameux **serment de Bayeux**, Harold jure fidélité au duc Guillaume, sur les reliques de la cathédrale, et reconnaît son droit d'accession au trône d'Angleterre. Pourtant, à la mort du roi Édouard, le 5 janvier 1066, Harold accepte la couronne d'Angleterre que lui proposent les nobles anglo-saxons. La « grande épopée normande », qui vaudra à Guillaume son surnom, va commencer. Ce sera la **conquête de l'Angleterre**. La flotte normande quitte Dives-sur-Mer le 27 septembre 1066. Le 28, les Normands prennent pied dans le Sussex, à Pevensey, puis occupent Hastings. Harold se retranche sur une colline. Le 14 octobre, Guillaume donne l'assaut. Le soir, grâce à une ruse de guerre, la victoire lui est acquise. Harold reçoit une flèche dans l'œil et succombe au combat.

LES CONSTRUCTIONS DES DUCS DE NORMANDIE

La **cathédrale** de Bayeux, aujourd'hui romane et gothique, est initialement construite sous le règne de Guillaume le Conquérant. Elle est solennellement dédicacée, en présence du duc-roi, en 1077. Pour la décorer, l'évêque de Bayeux, qui n'est autre qu'Odon, demi-frère de Guillaume, commande l'immense broderie mondialement connue sous le nom de « tapisserie de Bayeux ».

Plus ancien, mais détruit sous le règne de Louis XVI, le **château des ducs** de Normandie s'élevait sur l'actuelle place Charles-de-Gaulle. Selon la tradition, il fut construit vers 960 par le 3e duc de Normandie, Richard Ier. Au centre de la place, la statue surmontant la fontaine est réputée représenter Popa, épouse de Rollon et fille du comte Béranger de Bayeux.

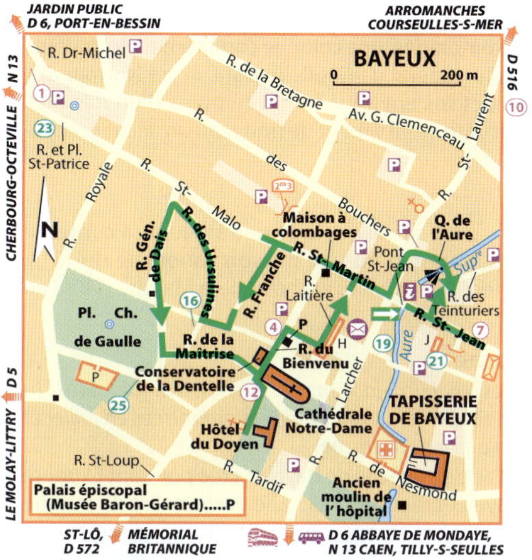

SE LOGER

Argouges (Hôtel d')................23
Churchill (Hôtel)......................21
Les Remparts (Chambre d'hôte)............25
Petit Matin (Chambre d'hôte Le)...........16
Reine Mathilde (Hôtel)...19

SE RESTAURER

Bistrot de Paris (Le)..................1
L'Assiette normande...............12
Pommier (Le)............................4
Rapière (La)................................7
Saint-Martin (Hostellerie).....10

Rue St-Martin

Au début de la rue, sur la droite, hôtel du 17e s. *(nº 6)*, dit « maison du Cadran » en raison du cadran solaire tout en haut de sa façade. À l'angle de la rue des Cuisiniers, très belle **maison à colombage★** qui porte encore fièrement ses trois étages en encorbellement. Peu après le croisement avec la rue Franche, sur la droite, remarquez le **grand hôtel d'Argouges** (15e s.) orné de belles sculptures en bois.

Tournez dans la rue Franche.

Rue Franche

Suite d'hôtels particuliers. Au nº 5, **hôtel de Rubercy**, manoir à tourelles des 15e-16e s. Au nº 7, au fond de la cour, hôtel de la Crespellière, de la première moitié du 18e s.

Tournez à droite dans la rue de la Juridiction et rejoignez la rue des Ursulines.

Rue des Ursulines

Un charmant hôtel Louis XV ouvre cette rue jalonnée de belles maisons souvent retranchées derrière de hauts murs de clôture. Au nº 11, l'**hôtel de Marguerie** (17e s.) se cache derrière un imposant portail de pierre. Au bout de la rue, à l'intersection à droite, remarquez le bel hôtel aux encadrements de fenêtres délicatement architecturés.

Prenez sur la gauche la rue du Général-de-Dais.

Rue Général-de-Dais

Si l'on excepte l'hôtel de Colombiers au nº 11-13 (première moitié du 16e s.), à la belle façade Renaissance, cette rue renferme de beaux témoignages de l'architecture classique bayeusaine : ainsi au nº 8, l'hôtel de Castilly (18e s.), ensemble de style Louis XV où la Du Barry fut reçue lors d'une fête somptueuse ; ou encore, au nº 14, l'hôtel de la Tour du Pin (18e s.), à la façade majestueuse de style Louis XVI. Au bout de la rue, sur la droite, une sculpture honore un enfant du pays, le poète **Alain Chartier** (1385-1433).

Place Charles-de-Gaulle

Sur cette immense esplanade ombragée, une colonne commémore le discours prononcé le 14 juin 1944 par le général de Gaulle : « Dans notre Normandie, glorieuse et mutilée, Bayeux et ses environs furent témoins d'un des plus grands affrontements de l'Histoire… » Il y reçut de nouveau un accueil triomphal le 8 juillet 1960.

Rue de la Maîtrise

Cette rue qui a gardé son tracé médiéval quelque peu sinueux, a conservé quelques bâtiments anciens, notamment une maison canoniale du 13e s. reconnaissable à ses grandes fenêtres ogivales et l'hôtel de la Maîtrise (14e s.) au nº 11.

★★ Cathédrale Notre-Dame

Visite libre, en dehors des offices religieux - janv.-mars : 9h-17h ; avr.-juin : 9h-18h ; juil.-sept. : 8h30-19h ; oct.-déc. : 8h30-18h. Visites guidées organisées en juillet et août, se renseigner auprès de l'office de tourisme.

La cathédrale est le siège de l'ancien évêché de Bayeux, créé par saint Exupère au 4e s., devenu diocèse de Bayeux-Lisieux en 1855. Elle porte le titre d'« insigne cathédrale ». Le chevet de ce très bel édifice roman et gothique normand se développe harmonieusement. Des arcs-boutants étayent le chœur flanqué de deux clochetons. La tour centrale date du 15e s. mais son couronnement, « le bonnet », a été refait au 19e s. Le portail représente, au tympan, l'histoire de saint Thomas Becket, archevêque de Canterbury, assassiné dans sa cathédrale sur l'ordre d'Henri II Plantagenêt.

La façade est pourvue de deux tours romanes. Les fenêtres hautes et les voûtes sont du 13e s. mais les grandes arcades appartiennent au plus beau style du 12e s. Leur décoration est un exemple typique de la sculpture romane normande. Dans le croisillon droit, remarquez, en bas et à droite, deux peintures intéressantes : *Vie de saint Nicolas* et *Crucifixion* (15e s.). Le tympan du portail de gauche représente la Passion *(suivre les scènes du registre inférieur au registre supérieur)* ; celui de droite, le Jugement dernier *(suivre du registre supérieur au registre inférieur)*.

Le chœur à trois niveaux, avec son déambulatoire et sa couronne de chapelles rayonnantes, est un magnifique exemple d'architecture gothique normande. Les stalles sont l'œuvre d'un artiste caennais de la fin du 16e s. Le maître-autel, dont les six candélabres en bronze ciselé, le tabernacle et la croix ont été exécutés par Caffieri aîné, est une œuvre majestueuse du 18e s. Aux voûtes du chœur, remarquez les peintures figurant les premiers évêques de Bayeux. Les 3e et 4e chapelles, à droite, abritent des fresques du 15e s.

PORCELAINE DE BAYEUX

Fondée en 1812 par **J. Langlois**, l'entreprise lance le célèbre décor aux trois couleurs (rouge, or et bleu) qui contribua à la prospérité de la ville. La manufacture fabrique, outre des objets courants, des articles de luxe propres à flatter le goût de la riche bourgeoisie de l'époque. Abondamment décorées de fleurs, d'oiseaux exotiques, de scènes polychromes s'organisant en compositions exubérantes (auxquelles s'ajoutent parfois des motifs en relief), ces créations restent bien chargées. La **famille Morlent** dirige l'affaire de 1878 à 1951 (date de la fermeture définitive). C'est à eux que l'on doit le décor « à la marguerite » en bleu (grand feu) sur fond blanc.

La crypte (11ᵉ s.), sous le chœur, est divisée en trois petits vaisseaux comprenant chacun six travées. Au-dessus des chapiteaux, d'une remarquable finesse, admirez les fresques du 15ᵉ s. représentant des anges musiciens. À gauche, dans un enfeu (tombe encastrée dans un mur), statue gisante de chanoine (15ᵉ s.).
La salle capitulaire est une belle construction gothique de la fin du 12ᵉ s. Les voûtes, refaites au 14ᵉ s., reposent sur des consoles ornées de personnages grotesques ou de monstres. Des tableaux et un crucifix qui aurait appartenu à la princesse de Lamballe y sont exposés. Remarquez le pavage en brique émaillée (15ᵉ s.) formant un labyrinthe, au centre. Au fond de la salle, le carrelage de la contre-marche montre des scènes de chasse. Sur le bureau a été signé le procès de béatification de sœur Thérèse de l'Enfant-Jésus.
En sortant de la cathédrale, suivez à gauche la rue Lambert-Léonard-Leforestier.

Hôtel du Doyen

R. Lambert-Léonard-Leforestier.
Un porche monumental du 17ᵉ s. signale l'entrée de cet hôtel du 18ᵉ s. qui a accueilli jusqu'en 2010 les collections du **musée Baron-Gérard**, avant que ce dernier n'intègre l'ancien palais épiscopal dûment restauré dans ce but *(ouverture prévue fin 2012).*
Revenez sur vos pas et prenez la rue du Bienvenu, devant la cathédrale.

Palais épiscopal (Musée d'Histoire et d'Art Baron-Gérard)

39 r. des Cuisiniers.
C'est dans ce palais restauré que vous pourrez découvrir à partir de 2012 les collections redéployées du musée Baron-Gérard ainsi que la chapelle épiscopale, superbe exemple de gothique normand.

Conservatoire de la dentelle de Bayeux

6 r. du Bienvenu - ✆ 02 31 92 73 80 - 9h30-12h30, 14h30-18h (17h lun. et jeu.) - fermé dim. et j. fériés.
Derrière la façade de cette demeure, appelée « maison d'Adam et Ève » en raison des sculptures en bois figurant des sujets religieux ou légendaires, des dentellières perpétuent l'ancestrale tradition du point de Bayeux. Cette dentelle au fuseau se caractérise par des motifs floraux. L'atelier-boutique expose plusieurs belles réalisations.
Prenez la rue de la Chaîne qui se prolonge par la rue Laitière et rejoignez la rue St-Martin, puis la rue St-Jean.

À voir aussi Plan de ville p. 155

Un parcours mémoriel dénommé **Liberty Alley**, chaussée piétonne tracée dans un paysage agréablement verdoyant, relie depuis l'année 2011 trois sites plus ou moins étroitement liés au Débarquement.

★ Musée-mémorial de la Bataille de Normandie

Accès par la r. St-Loup, puis à droite sur le bd du 6-Juin - bd Fabian-Ware - ✆ 02 31 51 46 90 - ♿ - mai-sept. : 9h30-18h30 (dernière entrée 1h av. la fermeture) ; reste de l'année : 10h-12h30, 14h-18h - fermé janv., 25 déc. - 7 € (- 10 ans gratuit).
Situé à la limite des secteurs américain et britannique, le musée-mémorial donne les éléments clés pour découvrir et comprendre les terribles affrontements de l'été 1944. Une scénographie très claire et explicite retrace la

bataille de Normandie du 7 juin au 29 août 1944, en alternant chronologie, plans et maquettes en 3D et cartes originales. Matériel et uniformes illustrent chaque phase. Cinq espaces thématiques évoquent en outre, à l'aide de films, l'action du général de Gaulle entre 1935 et 1946, les ports artificiels, la prise de Cherbourg, le rôle de l'aviation dans la bataille de Normandie et, enfin, la terrible « bataille des haies ». Un film *(25mn)*, projeté à intervalles réguliers, résume bien le contenu de la visite dans la dernière salle.

Mémorial des reporters de guerre

Bd Fabian-Ware (à côté du musée-mémorial, auquel il est relié par une passerelle, et en face du cimetière britannique).

Vingt hautes stèles blanches portant les noms de reporters tués à travers le monde depuis 1944, dans l'exercice de leur métier, qu'ils soient tombés durant des combats ou du fait de la répression d'une dictature, bordent un chemin arboré et à la pelouse immaculée. Cette promenade paysagère est signalée par une stèle érigée à la mémoire de **Robert Capa** (1913-1954), photographe à qui l'on doit les photos légendaires de la guerre d'Espagne et du Débarquement, et qui fut l'un des fondateurs de l'agence photo Magnum.

De l'autre côté du boulevard, dans le **cimetière militaire britannique**, reposent 4 116 soldats du Commonwealth tombés lors du Débarquement, tandis que sur le mémorial sont gravés les noms de 1 801 de leurs camarades portés disparus.

Jardin public (botanique)

Par la r. du Dr-Michel, puis la D 6 – 1er avr.-30 sept. : 9h-20h ; 1er oct.-31 mars : 9h-17h.

Le jardin fut créé sous le Second Empire par le célèbre architecte-paysagiste Eugène Bühler. Dans cet agréable site vallonné, remarquez un **hêtre pleureur** aux dimensions surprenantes : ses 40 m de diamètre lui ont valu d'être classé « monument naturel » et « arbre remarquable de France ». Bassin entouré de fleurs, serres.

Pour compléter le parcours botanique (17 panneaux), un questionnaire destiné aux enfants est disponible à l'office de tourisme.

À proximité Carte de microrégion p. 90

Abbaye de Mondaye B1

Quittez Bayeux au sud par la D 6. À 8 km, prenez à droite la D 33, puis suivez la signalisation. ☎ 02 31 92 58 11 - www.mondaye.com - ♿ - visite guidée (1h) juil.-août : 16h ; reste de l'année : dim. 15h30 - 5 € (-12 ans gratuit). Magasin: 9h-12h, 14h-18h.

LE PREMIER PÉRIPHÉRIQUE DE FRANCE

Après avoir libéré Bayeux le 7 juin sans rencontrer de résistance, l'armée britannique rencontra les pires difficultés pour acheminer le matériel vers le front : tous les axes routiers (RN 13 Caen-Cherbourg, RN 172 Bayeux-Coutances, et RN 814 desservant les plages) passaient en effet par les rues étroites du centre de Bayeux. C'est pourquoi le corps des Royal Engineers aménagea en trois semaines un grand boulevard ceinturant la ville, le **By-Pass**. Ce premier boulevard périphérique construit en France est toujours en service aujourd'hui, même s'il a bien entendu reçu depuis lors quelques retouches.

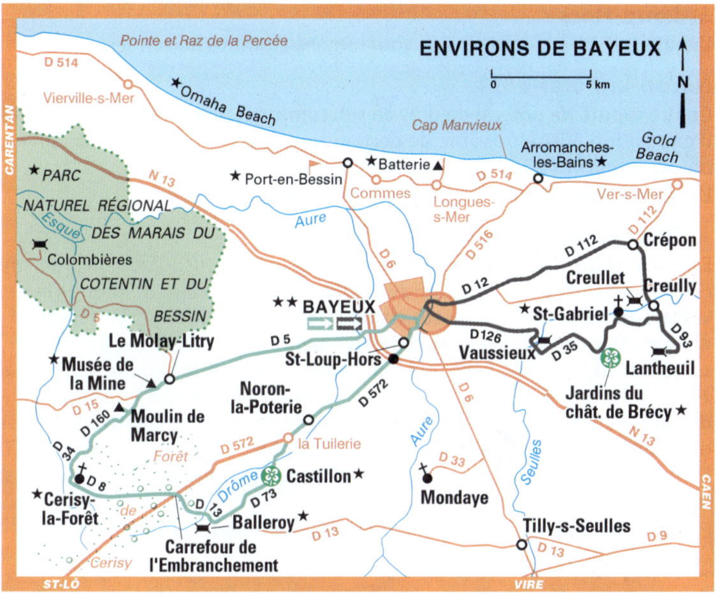

L'abbaye St-Martin, fondée en 1215, a été reconstruite aux 18e et 19e s. et reste une dynamique abbaye de **prémontrés**. Construite et décorée par un chanoine de l'ordre **Eustache Restout**, l'église constitue un ensemble classique (début 18e s.) très homogène. On appréciera les proportions de la façade et, à l'intérieur, le maître-autel, les boiseries du chœur sur lesquelles se détache une Crucifixion, le grand groupe de terre cuite (Assomption) de la chapelle de la Vierge et, enfin, les grandes orgues de Parizot. Les bâtiments abbatiaux du 18e s. qui abritent, autour du cloître, un réfectoire, une sacristie (boiseries du 18e s.) et une bibliothèque, se visitent.

Tilly-sur-Seulles B2

12 km au sud-est de Bayeux, par la D 6.

Complètement détruite en juin 1944, la ville a été le théâtre de combats acharnés entre les troupes britanniques et la Panzer Lehr en juin 1944. Pour en mesurer l'ampleur, une petite visite s'impose au cimetière (986 Britanniques, 232 Allemands) ou au **musée de la Bataille de Tilly** installé dans une ancienne chapelle. *06 07 59 46 02 - http://museetilly.free.fr - ♿ - mai-sept. : w.-end et j. fériés 10h-12h, 14h-18h - fermé certains j. fériés (se renseigner) - 4 € (-12 ans gratuit).*

Circuits conseillés Carte de microrégion p. 90

AU SUD-OUEST DE BAYEUX

Pour visualiser ce circuit de 50 km au départ de Bayeux, reportez-vous à la carte détaillée p. 159. Comptez environ 3h30.

Quittez Bayeux en direction de St-Lô, D 572.

St-Loup-Hors B1
L'église (12e-13e s.) a conservé sa tour romane ; tombes anciennes.

Noron-la-Poterie B2
Centre réputé de poterie de grès au sel, comptant plusieurs ateliers et halls d'exposition. Visite possible de certains ateliers. *Au hameau de la Tuilerie, prenez à gauche la D 73 qui, par Castillon, mène à Balleroy.*
L'arrivée offre une belle perspective dans l'axe du château.

★ **Château de Balleroy** B2 *(voir p. 169)*
En sortant du château, prenez, à gauche, la D 13 jusqu'au carrefour de l'Embranchement. Sur ce carrefour, doté d'une vaste aire de pique-nique, la **Maison de la forêt et du tourisme** *(14490 Montfiquet - ✆ 02 31 51 96 56 - www.maisondelaforetdecerisy.com - avr.-sept. : lun.- vend. 10h-13h, 14h-18h , sam., dim. et j. fériés 14h-18h ; oct.-nov. : merc.-dim. 14h-18h ; mars : lun.- vend. 14h-18h - fermé déc., janv. et fév.)* accueille les promeneurs et fournit, à l'aide de panneaux didactiques sur la faune et la flore, des informations sur la forêt domaniale de Cerisy, ses sentiers balisés, son GR de pays et ses circuits VTT. Diverses animations (sorties nature, randonnées patrimoine, ateliers enfants) sont également proposées.
Poursuivez par la D 13E à travers la forêt de Cerisy, puis par la D 8.

★ **Cerisy-la-Forêt** A1 *(voir p. 167)*
Quittez Cerisy par la D 34, au nord, en direction du Molay-Littry. Le moulin de Marcy se trouve à proximité du croisement entre la D 160 et la D 189.

Moulin de Marcy - musée de la Meunerie A1
Le Molay-Littry - ✆ 02 31 21 42 13 - avr.-sept. : 10h-12h, 14h-18h - fermé lun. - 5 € (enf. 1,50 €) ; 7 € (enf. 2 €) billet combiné avec le musée de la Mine.
C'est dans un site verdoyant, arrosé par la Siette, que l'on peut voir ce moulin à eau dont le dernier meunier a vécu jusqu'en 1975. Remarquablement conservé, il offre une occasion de découvrir un ensemble complet en état de fonctionnement.
Continuez sur la D 160.

Le Molay-Littry B1
Situé en bordure de la forêt de Cerisy, ce bourg tranquille a accueilli, jusqu'en 1950, la seule mine de charbon de Normandie.
★ **Musée de la Mine** – *R. de la Fosse-Frandemiche - ✆ 02 31 22 89 10 - www.ville-molay-littry.fr - ♿ - avr.-sept. : 10h-12h, 14h-18h - fermé lun. - 5 € (-12 ans 1,50 €).* Une haute cheminée et d'importants vestiges archéologiques signalent l'ancienne fosse de Frandemiche, équipée de panneaux explicatifs. Elle est le lien concret avec la présentation du musée. Une vidéo retrace l'histoire de la mine créée au 18e s. par le marquis de Balleroy *(voir l'encadré)*. Après un aperçu géologique, on peut admirer une pompe à feu des frères Périer (1800) dont le fonctionnement est expliqué par une maquette animée. L'histoire de la mine et des mineurs est illustrée par des portraits, avant le couloir où l'on retrouve le matériel des mineurs, des barrettes (chapeau/casque) en cuir bouilli jusqu'aux jetons ou pics. La découverte d'une galerie explique l'évolution des techniques jusqu'aux années 1980. La salle moderne contient la **maquette**★ au 1/10e du puits n° 5 de Bruay-en-Artois : en état de fonctionnement, elle a été exécutée en 1890 par les élèves de l'École des mines de Douai.
Rentrez à Bayeux par la D 5.

LA MINE DE LITTRY

Le marquis de Balleroy, propriétaire d'une forge, cherchait un nouveau combustible pour remplacer le bois devenu rare et coûteux. En 1741, un de ses ouvriers découvrit par hasard une pierre dure et noire ; il venait de mettre le pied sur un affleurement de houille. Le marquis mit aussitôt à profit cette découverte et, en 1743, la mine de Littry vit le jour. Elle se développa et connut des années de prospérité jusqu'à la fin du 19e s. où la concurrence du charbon anglais et l'inondation des fosses entraînèrent sa perte. La Seconde Guerre mondiale vit sa réouverture, et son exploitation se poursuivit jusqu'en 1950, date à laquelle elle ferma définitivement. Le dernier massif prospecté (3 millions de tonnes) reste inexploité.

À L'EST DE BAYEUX

Pour visualiser ce circuit de 34 km au départ de Bayeux, reportez-vous à la carte détaillée p. 159. Comptez 2h.

Quittez Bayeux en direction de Courseulles-sur-Mer, D 12, puis prenez la route de Ver-sur-Mer, D 112.

1

Crépon C1

Ce petit village se signale par son église romane avec sa tour du 15e s., ainsi que par ses fermes cossues.

Prenez à droite la D 65.

Creully C1

Ce bourg, dominant la vallée de la Seulles, est situé sur un plateau calcaire.

Château – *✆ 02 31 80 18 65 - visite guidée (45mn) juil.-août : tlj sf w.-end et lun. 10h-12h30, 14h30-17h30 - 4 € (enf. 2 €).* Bâti sur des assises du 11e s., il comprend un corps de bâtiment du 12e s. flanqué d'une jolie tourelle ronde du 16e s., accolée au donjon carré. Depuis la terrasse du château, vue sur le **château de Creullet**, à gauche dans le bas de la route d'Arromanches. Dans le parc, le général Montgomery installa, en juin 1944, sa célèbre roulotte-quartier général, camouflée sous des meules de paille ; dans le Grand Salon du château, il reçut le 12 juin 1944 le roi George VI et Sir Winston Churchill. La BBC utilisa le site pour diffuser les nouvelles de la bataille de Normandie. Une salle est réservée à un petit **musée de la Radio**.

Grange aux dîmes – *Sur la route de Bayeux, à la hauteur du n° 82.* Dans cet édifice pourvu de contreforts, on emmagasinait du blé et on percevait les impôts et l'octroi.

Par la D 93, gagnez Lantheuil.

Château de Lantheuil C1

Lantheuil - ✆ 02 31 80 14 00 - en cours de restauration - réouverture prévue déb. 2013 - se rens.

Cet imposant château édifié pour Jean Turgot, intendant de Normandie, est resté dans la même famille jusqu'à nos jours. Les appartements ont conservé leur décor ancien : boiseries, meubles, sculptures et tableaux, parmi lesquels une belle collection de portraits d'ancêtres. Souvenirs et objets d'art concernant les Turgot et le maréchal Mouton, aide de camp de Napoléon Ier.

Revenez à Creully et prenez à gauche la D 35. À l'entrée de St-Gabriel, prenez à droite vers le prieuré.

★ Ancien prieuré de St-Gabriel C1

St-Gabriel-Brécy - ☏ 06 89 45 71 63 - www.prieuresaintgabriel.fr - juil.-août : tlj sf mar. 14h30-18h30 - visite libre des jardins w.-end, j. fériés et vac. scol. (zone A) 10h-18h - visite guidée 3 € - expositions 3 €.

Ce bel ensemble, fondé au 11e s., est occupé par un centre d'enseignement horticole.

Corps de logis – On y pénètre par un porche ogival surmonté des armoiries de l'abbaye de Fécamp. Un escalier en spirale conduit à la **salle du Prieur**. Cette salle aux poutres imposantes fut construite en 1615 ; la cheminée en pierre est de style Louis XIII.

Église – Il n'en subsiste que le chevet et le chœur (11e et 12e s.), magnifique par son ordonnance et sa décoration. Le chœur a été modifié au 14e s. par le percement d'une grande fenêtre. L'autel est le couvercle d'un sarcophage mérovingien provenant du cimetière de Pierrepont à Lantheuil. Sur la voûte de l'abside, on remarque les restes d'une fresque du 16e s.

Jardin – Au-delà de l'église, le verger décoré de massifs de fleurs, ainsi que le jardin des plantes médicinales, méritent une visite.

Tour de justice – Cette tour carrée (15e s.), cantonnée de contreforts, est divisée en trois étages. La salle basse servait de prison, l'étage supérieur, de salle de guet.

Reprenez la D 35 en direction de Bayeux, puis suivez la signalisation à gauche.

★ Jardins du château de Brécy C1

St-Gabriel-Brécy - ☏ 02 31 80 11 48 - www.parcsetjardins.fr - juin : mar., jeu., w.-end et j. fériés 14h30-18h30 ; de Pâques à fin mai et de déb. juil. à la Toussaint : mar., jeu., dim. et j. fériés 14h30-18h30 - 7 € (-12 ans gratuit).

C'est à un magistrat de Caen, M. Lebas, que l'on doit cette agréable gentilhommière du 17e s. Ce sont surtout le **portail★** et les **jardins★** qui surprennent par leur scénographie et la richesse de leur ornementation. Il faut traverser le château pour découvrir ces jardins en terrasses, rares exemples de jardins du 17e s. conservés en France. Ils s'élèvent sur la colline, offrant une superbe perspective qui « ouvre sur le ciel » (La Varende). Les broderies de buis plantées par Jacques de Lacretelle, à qui l'on doit le sauvetage de Brécy à partir de 1958, les fleurs sculptées, les chiens bicéphales, les onze escaliers qui desservent les terrasses, les fontaines en forme d'artichauts, les balustres ou la haute grille finement ouvragée d'Isaac Geslin, tout s'organise ici dans une séduisante harmonie. Les propriétaires actuels, Didier et Barbara Wirth, ont entrepris depuis 1992 une importante campagne de restauration des jardins et du château. À droite, en redescendant des jardins, anciens bâtiments d'un four à pain. À gauche près du château, église du 13e s.

Poursuivez par la D 158C et, peu avant l'église, prenez à droite la route étroite qui rejoint, 2 km plus loin, la D 35 que l'on prend à gauche ; 2 km après, tournez à droite en direction d'Esquay-sur-Seulles.

Château de Vaussieux B1

Vaux-sur-Seulles - ne se visite pas.

Cette belle demeure du 18e s. se compose d'un bâtiment central avec deux ailes en retour d'équerre, entouré de communs. En 1778, année de l'alliance entre la France et les États-Unis, le château fut le quartier général du maréchal de Broglie, commandant des manœuvres destinées à intimider l'Angleterre. Rochambeau y participa.

Gagnez Esquay-sur-Seulles et rentrez à Bayeux par la D 126.

NOS ADRESSES À BAYEUX ET ENVIRONS

VISITE

P'tit train – *02 97 56 67 46*. Visite commentée de la ville (circuit de 35 minutes). 10 dép. par jour de l'office de tourisme ou de la cathédrale. Arrêt sur demande au musée-mémorial de la Bataille de Normandie. *Adultes 5 € (-12 ans 2,50 €).*

Circuit historique – Inclus dans le parcours de l'Espace historique de la bataille de Normandie *(p. 129)*, le circuit balisé **D Day-Le choc** commence à Bayeux, tandis que le circuit **Overlord-L'assaut** s'y termine.

Route des moulins – *35 km - env. 1h.* Au nord de Caen, cette boucle relie les vallées de la Seulles, de la Mue et de la Thue, autrefois parsemées de moulins. Certains sont encore debout, mais pas toujours visibles de la route. Le circuit traverse également de ravissants villages. *Brochure disponible dans les offices du tourisme de Bayeux et de Caen - très bien fléché, le circuit est accessible depuis Bayeux par la D 12, depuis Caen par la D 22, depuis Arromanches par la D 65 et depuis Courseulles-sur-Mer par la D 170.*

HÉBERGEMENT

À Bayeux

BUDGET MOYEN

Hôtel Reine Mathilde – *23 r. Larcher - 02 31 92 08 13 - www.hotel-bayeux-reinemathilde.fr - fermé 2 janv.-2 fév. - 16 ch. 55/85 € - 7,50 €, demi-pension 108 €.* Ce petit hôtel familial, situé à deux pas de la cathédrale et de la célèbre tapisserie, compose une adresse pratique pour découvrir la vieille ville à pied. Chambres assez simples et sobrement décorées ; certaines sont mansardées. Restaurant, bar-brasserie (service continu 7 j./7), salon de thé et glacier.

Chambre d'hôte Le Petit Matin – *2 bis r. Quincangrogne - 02 31 10 09 27 ou 06 08 28 65 59 - www.lepetitmatin.com - 3 ch. 65/90 € - repas 25 €.* Dans une ruelle à deux pas de la cathédrale, cette maison de ville ouvre sur une petite cour intérieure très fleurie. Parmi les 3 chambres, à l'étage, on remarquera la « bleuet » et son cabinet de toilette aménagé de façon insolite dans une cabine de plage. Table d'hôte normande avec teurgoule en dessert (entre autres).

Chambre d'hôte Les Remparts – *Pl. du Général-de-Gaulle - 02 31 92 50 40 - www.lecornu.fr - 3 ch. 59/85 €.* Producteurs fermiers dans la région bayeusaine, Christèle et François Lecornu ont installé cette charmante petite maison d'hôte donnant sur une immense place ombragée, tout à côté de leur cidrerie *(voir « Achats »)*.

POUR SE FAIRE PLAISIR

Hôtel D'Argouges – *21 r. St-Patrice - 02 31 92 88 86 - www.hotel-dargouges.com - fermé nov., déc. et janv. - 28 ch. 77/125 € - 12 €.* On accède à cette maison de caractère par une charmante cour intérieure, dont la majestueuse porte cochère ouvre sur la vaste place St-Patrice. Belles chambres rénovées au mobilier ancien ; salons classiques.

Hôtel Churchill – *14 r. St-Jean - 02 31 21 31 80 - www.hotel-churchill.fr - P - fermé déc., janv. et fév. - 32 ch. 100/135 € - 10 €.* Hôtel plein de charme situé dans le quartier piétonnier du vieux Bayeux ; on y accède par un passage ouvrant sur la rue St-Jean ou directement par la place ombragée située au débouché et que borde la rivière. Chambres cosy et au charme d'antan ; salon de thé, bar, boutique de décoration.

À proximité

PREMIER PRIX

Chambre d'hôte Le Grand Fumichon – *14400 Vaux- sur-Aure - 3 km au nord de Bayeux par D 104 - ✆ 02 31 21 78 51 - www.fermedefumichon.com - ♿ - 🅿 - 4 ch. 42/47 € ☕.* Cette ferme fortifiée du 17e s. avec sa cour carrée et son porche typique est aujourd'hui une exploitation laitière et une cidrerie. Ses chambres, aménagées dans un grenier, sont simples mais agréables.

Chambre d'hôte La Ferme des Châtaigniers – *9 ch. des Mûres - 14400 Vienne-en-Bessin - 7,5 km à l'est de Bayeux par D 126 - ✆ 02 31 92 54 70 - 🚭 - 3 ch. 45/65 € ☕.* Indépendante, l'ancienne étable de cette ferme abrite aujourd'hui des chambres agréables au confort simple. Une cuisine équipée est mise à la disposition des hôtes. Calme assuré dans cette maison des champs.

BUDGET MOYEN

Au Molay-Littry

Chambre d'hôte Le Prieuré – *R. Rétot - 14330 Le Molay-Littry - 1,5 km au nord du centre du bourg par D 5 puis petite rte à gauche - ✆ 02 31 51 91 97 - http://perso.orange.fr/le-prieure - 3 ch. 60 € ☕ - repas 19,50 €.* Ancien prieuré, cette belle bâtisse restaurée ouvre sur un parc. Les 3 chambres, décorées de façon sobre, respirent la tranquillité. Excellente table d'hôte proposant recettes régionales (rôti de porc au cidre) et desserts maison.

POUR SE FAIRE PLAISIR

Chambre d'hôte Le Manoir de Crépon – *Rte d'Arromanches - 14480 Crépon - 12,5 km au nord-est par la D 12, puis la D 112 - ✆ 02 31 22 21 27 - www.manoirdecrepon.com - fermé janv.-fév. - 4 ch. 85 € ☕.* Cette demeure des 17e et 18e s. est très caractéristique du pays avec son crépi au sang de bœuf. Vous aimerez ses sols et ses cheminées de pierre, ses vastes chambres meublées avec goût et l'atmosphère authentique de la salle du petit-déjeuner, installée dans l'ancienne cuisine.

Hôtel Ferme de la Rançonnière – *Rte de Creully - 14480 Crépon - ✆ 02 31 22 21 73 - www.ranconniere.fr - 🅿 - 35 ch. 60/195 € - ☕ 12 € - rest. 24/40 €.* Derrière les murs épais de cette demeure fortifiée des 13e et 15e s., retrouvez l'histoire des seigneurs bajocasses. Chambres avec pierres et poutres apparentes, meubles anciens, tapis et dallages aux teintes chaudes, et cheminées édiévales. La Ferme de Mathan, du 18e s., restaurée, abrite aussi quelques chambres spacieuses.

Chambre d'hôte Le Moulin de Hard – *Le Moulin de Hard - 14400 Subles - 6 km au sud-ouest de Bayeux par D 572 et D 99 à gauche après Subles - ✆ 02 31 21 37 17 ou 06 13 30 53 28 - www.moulin-de-hard.com - 🅿 - 🚭 - 4 ch. 100/120 € ☕.* Beau moulin à eau du 18e s., agrémenté d'un jardin paysager où serpente une charmante petite rivière. Grandes chambres décorées avec goût et bénéficiant du confort moderne, lumineuse cuisine-salle de petit-déjeuner panoramique et salon cosy avec cheminée.

RESTAURATION

À Bayeux

PREMIER PRIX

Le Bistrot de Paris – *Pl. St-Patrice - ✆ 02 31 92 00 82 - 12/30 €.* Les plats du jour de ce restaurant au décor de bistrot sont inscrits sur une ardoise, tout comme la carte du marché que le chef compose en fonction des arrivages et des saisons. Huîtres, foie gras, lapin aux pruneaux, poissons et fromages du cru s'y dégustent dans une joyeuse ambiance et pour une addition peu salée.

BUDGET MOYEN

L'Assiette normande – *1-3 r. des Chanoines - ✆ 02 31 22 04 61 - fermé dim. et j. feriés - formule déj. 11 € - 17/33 €.* Dans une salle aux accents campagnards et aux teintes chaleureuses, on déguste une savoureuse cuisine du pays (par exemple avec le menu « autour du cochon de Bayeux ») ou tout simplement une marmite de moules sauce Camembert.

La Rapière – *53 r. St-Jean - ✆ 02 31 21 05 45 - www.larapiere.net - fermé 19 déc.-19 janv., merc. et jeu. - 16/33,50 €.* Maison du 15e s. située dans une rue pittoresque du vieux Bayeux. Bel intérieur rustique et savoureuse cuisine du terroir normand.

Le Pommier – *40 r. des Cuisiniers - ✆ 02 31 21 52 10 - www.restaurantlepommier.com - fermé de mi-déc.à mi-janv., dim. sf juil.-août - formule déj. (en sem.) 16,95 € -18,50/34,70 €.* Reconnaissable à sa façade vert pomme, ce restaurant est au pied de la cathédrale. On y défend les produits du terroir normand annoncés sur ardoise et sa renommée n'est plus à faire. Salle à manger voûtée, aux murs de pierres apparentes.

À proximité

PREMIER PRIX

Hostellerie Saint-Martin – *Pl. Edmond-Paillaud - 14480 Creully - ✆ 02 31 80 10 11 - www.hostelleriesaintmartin.com - P - 14/42 € - 12 ch. 54/57 € - ☕ 6,50 €.* Ces grandes salles voûtées du 16e s. abritaient les halles du village. Pierres apparentes, cheminée, sculptures et vue sur la cave à vins : cadre insolite où l'on sert une cuisine traditionnelle. Quelques chambres.

Le Relais de la Forêt – *Carrefour de l'Embranchement, sur la D 572 (dans la forêt de Cerisy, route de Caen, dir. Vaudabon) - 14490 Montfiquet - ✆ 02 31 21 39 78 - www.relais-de-la-foret.com - menus 14 à 28,50 € - 24 ch. 45 € - ☕ 6,50 €.* Sympathique hôtel-bar-brasserie idéal pour une pause reposante et nourrissante, après une balade en famille en forêt ; les enfants disposent même d'un menu à eux baptisé « menu des Sept Nains ». Quelques chambres très simples, celles du haut mansardées, parfaites pour ceux qui viennent écouter le brame du cerf.

BOIRE UN VERRE

Pub Fiction – *14 r. du Petit-Rouen (proche de la rue St-Jean) - ✆ 02 31 10 17 41 - www.pub-fiction.fr.* Bar de nuit décoré sur le thème du cinéma. Il propose bières et cocktails à la jeunesse bayeusaine, mais aussi des concerts et des soirées à thème.

ACHATS

Marchés de Bayeux – *Rue piétonne St-Jean : merc. 7h30-14h30 et pl. St-Patrice : sam. 6h30-14h30.* Les deux marchés de Bayeux, très différents l'un de l'autre, possèdent chacun leur charme. Celui de la rue piétonne St-Jean réunit une vingtaine de commerçants. Le marché du sam. matin (à vocation en grande partie alimentaire) regroupe quelque 120 étals sur la place Saint-Patrice.

Au Comptoir des Saveurs – *45 r. St-Martin - ✆ 02 31 21 57 99 - 9h30-12h30, 14h15-19h15, lun. 14h15-19h15 - fermé 15 janv.-15 fév., dim. et j. fériés.* Confiture de lait, bonbons, fondants du Cotentin, alcools (crème au calvados, liqueur de menthe) et autres saveurs du terroir sont proposés dans cette épicerie fine, vitrine des produits fabriqués par les fermiers et artisans de la région.

Cave cidricole Lecornu – *Pl. Général-de-Gaulle - ✆ 02 31 92 50 40 - www.lecornu.fr - fermé lun.* Au cœur du vieux Bayeux, une « cave de vieillissement » vouée à la gloire de la pomme produite par les maîtres des lieux dans les vergers des alentours : on y trouve cidre, calvados, jus, liqueurs, gelées et cadeaux divers.

Bayeux Broderie – *4 r. du Bienvenu - ✆ 02 31 51 05 81 ou 06 89 84 32 36 - www.bayeux-broderie.com - mar.-vend. 11h-18h30, lun. 13h-18h - fermé de nov. à mars sf stages, dim. et j. fériés.* À proximité immédiate de la cathédrale et du Conservatoire de la dentelle, ce petit atelier fabrique et vend des kits à broder suivant la technique de broderie du point de Bayeux (utilisé pour réaliser la célèbre tapisserie). Visites, démonstrations et cours *(mar. et vend. après-midi)*, encadrés par la seule gardienne professionnelle de cette tradition.

L'Atelier du Bessin – *7 r. des Cuisiniers - ✆ 02 31 21 98 00 - mar.-sam. 10h-12h30, 14h-19h - www.atelierdubessin.com.* Dans son atelier-boutique de décoration sur porcelaine, Aline Gineste propose des porcelaines blanches de Limoges ou du Nivernais qu'elle décore elle-même de motifs, inspirés pour certains de la tapisserie de Bayeux ou de l'ancienne manufacture locale.

Cidrerie Viard – *Lieu-dit le Moulin à 14400 Guéron - à Bayeux, prenez la D 572 dir. St-Lô, puis la D 67 et suivez le fléchage « Cidrerie de Guéron » - ✆ 02 31 92 09 15 - www.cidrerieviard.com - boutique : tlj sf w.-end 9h-12h, 14h-18h ; visites guidées : 1er avr.-10 sept. à 16h - fermé j. fériés.* Cidrerie familiale fondée en 1932. On y élabore des cidres (doux ou brut), du poiré (cidre fait avec des poires), du pommeau et du calvados à partir des fruits issus du domaine ou des vergers locaux. Le cidre Bayeux, produit phare de la maison (médaille du concours général de Paris), existe depuis sa création.

Musée du Chocolat (chocolaterie Drakkar) – *ZA Bayeux Intercom, 14400 Nonant (par la sortie 36 de la RN13, dir. Bayeux, Arromanches, Port-en-Bessin) - ✆ 02 31 10 00 05 - www.musee-chocolat.com - lun. 14h-18h, mar.-sam. 9h30-12h, 14h-18h - 4 € (enf. 2,50 €).* Un parcours dans l'histoire du chocolat (avec film sur une plantation), au cours duquel on aperçoit à travers une baie vitrée les spécialités de la maison en cours de réalisation. Dégustation et magasin.

ACTIVITÉS

Ferme équestre de la Noé – *Castillon (12 km de Bayeux par la D 572) - ✆ 02 31 21 12 73 - www.normandie-equestre.com.* À proximité de belles forêts et de la mer, ce centre propose des randonnées à cheval d'une à deux journées à la découverte des richesses naturelles et architecturales du Bessin.

AGENDA

Fêtes médiévales de Bayeux – *1er w.-end de juil. - www.mairie-bayeux.fr*

Abbaye de Cerisy-la-Forêt.
H. Hughes / hemis.fr

Ancienne abbaye de Cerisy-la-Forêt

★

909 Cerisyais – Manche (50)

SE REPÉRER
Carte de microrégion A1 (p. 90) – *carte Michelin Départements 303 G4.* L'abbaye se situe entre Bayeux (22 km au nord-est) et St-Lô (18 km au sud-ouest), à la sortie de la forêt de Cerisy, à deux pas de la D 572.

À NE PAS MANQUER
L'abside, remarquable de finesse et de clarté.

ORGANISER SON TEMPS
Comptez environ 2h pour la visite.

Il faut découvrir ce chef-d'œuvre de l'art roman normand en venant de l'est, après avoir traversé la forêt. L'église semble surgir, majestueuse et inattendue, dans un écrin de verdure, avant le bourg auquel l'abbaye bénédictine a donné naissance. Prenez votre temps pour découvrir le site : l'édifice, d'une grande beauté, mérite que l'on s'en imprègne.

Visiter

★ Église abbatiale

02 33 57 34 63 - www.abbayes-normandes.com - de déb. avr. à fin sept. : 11h-18h - possibilité de visite guidée (45mn) sur demande préalable - fermé lun. (sf juil.-août) - 4 € (-12 ans gratuit) visite libre ; 5 € (enf. gratuit) visite guidée.

AUX ORIGINES DE LA NORMANDIE CHRÉTIENNE

Les souvenirs de l'ancienne abbaye remontent au 6e s., alors que la Gaule commence à se christianiser. L'histoire raconte que c'est à la suite d'un miracle qu'un grand propriétaire gallo-romain fit don de la terre de Cerisy à l'ermite Vigor, évangélisateur du Bessin. Vigor fait édifier vers 510 ce monastère dédié à saint Pierre et saint Paul. En 1032, Robert le Magnifique, père de Guillaume le Conquérant, fonde un nouveau monastère consacré à Vigor, ancien évêque de Bayeux. Une fois encore, les moines ont participé au défrichement de la forêt de Cerisy, y trouvant de quoi faire l'ensemble des charpentes de l'abbatiale.

L'imposante silhouette de l'abbaye se détache particulièrement bien au-dessus du plan d'eau qui la met en valeur. Il est difficile d'imaginer qu'elle est un des premiers et beaux témoins de l'art roman en Normandie.

En approchant, on cherche la façade que l'on croit cachée par les bâtiments conventuels. Et la surprise est grande, car il n'y a pas une façade, mais une simple cloison élevée pour séparer l'église des moines de celle des paroissiens. Amputée de cette dernière partie, soit quatre des sept travées originelles du 11e s., l'église n'en reste pas moins un trésor d'architecture, admirable par son élévation. Mais son principal atout est sa luminosité, ainsi que l'incroyable harmonie qui impressionne le visiteur dès l'entrée dans l'édifice.

Les grandes arcades de la nef sont surmontées d'une galerie ; des colonnes reliées par des arcs en plein cintre formant coursière encadrent les fenêtres hautes. Le chœur (stalles exécutées vers 1400) et l'abside reproduisent la disposition à trois étages de la nef : l'œil est irrésistiblement attiré par les fines nervures de la voûte de l'**abside★** qui sont d'une extrême élégance.

Une exposition permanente sur l'art roman en Normandie est installée dans le bas-côté droit.

En sortant, voyez à gauche, sur un pan de mur, les vestiges du 13e s. qui attestent la longueur de la nef d'origine. Contournez l'église pour découvrir l'ensemble remarquable formé par le **chevet★** avec l'étagement de l'abside, du chœur et du clocher.

Bâtiments conventuels

Mêmes conditions de visite que pour l'église. Seule la chapelle de l'Abbé est régulièrement ouverte.

Leur origine remonte au 13e s. Ils ont été achetés sous la Révolution comme bien national et leurs pierres ont alors été vendues pour construire les maisons ou paver les chemins.

Musée lapidaire – Installé dans une salle basse voûtée d'ogives, on y voit des fragments de statues et une collection de pavements décorés des 14e et 15e s. ; au fond, restes d'un cachot avec des graffitis des 15e et 16e s.

Chapelle de l'Abbé – Construite au 13e s. à la suite d'un don de Saint Louis, c'est une très belle réalisation de l'art gothique en Normandie. Remarquez, à droite, le double *lavabo* sous deux arcs géminés en plein cintre et, au-dessus de l'autel, les fresques du 15e s. Dans une armoire, admirez la belle collection d'ornements sacerdotaux : étoles, chasubles, chapes.

Salle de Justice – Elle regroupe le mobilier des moines, des documents et des manuscrits.

Château de Balleroy

★

Calvados (14)

NOS ADRESSES PAGE 170

SE REPÉRER

Carte de microrégion B2 (p. 90) – *carte Michelin Departements 303 G4.* Prenez la D 572 depuis Bayeux (19 km au nord-est) ou St-Lô (23 km au sud-ouest) puis, au carrefour de l'Embranchement, la D 13. Balleroy se trouve à la sortie de la forêt de Cerisy.

À NE PAS MANQUER

Le magnifique salon d'honneur à l'étage, auquel on accède par le premier escalier suspendu de France.

ORGANISER SON TEMPS

Comptez deux bonnes heures pour profiter tranquillement du château, du musée et du parc.

Sobre et majestueux, le château s'inscrit dans la perspective de la grand-rue du village. Racheté par le milliardaire américain Malcolm Forbes, Balleroy est désormais associé au monde des aérostats, grâce à son passionnant musée des Ballons. Les amateurs d'architecture, quant à eux, admireront la beauté du geste de Mansart, précurseur du classicisme à la française, qui trouva à Balleroy l'occasion d'exprimer son grand talent.

Se promener

Château

✆ 02 31 21 60 61 - www.chateau-balleroy.com - visite guidée juil.-août : 10h-18h, tlj ; de mi-mars à fin juin et de déb. sept. à mi-oct. : 10h-12h, 14h-18h, fermé mar. ; de mi-oct. à mi-mars : visite du musée des Ballons et du parc (château fermé), 10h-12h, 13h30-17h, fermé mar., w.-end, 1er janv., 1er et 11 Nov., 25 déc. - 7 € (-7 ans gratuit) ; 9 € billet combiné avec le musée ; parc seul 3 € ; parc et musée 4,50 €.

Le château fut construit de 1626 à 1636 par François Mansart pour le chancelier de Gaston d'Orléans, Jean de Choisy, dont les descendants, les marquis de Balleroy, occupèrent les lieux pendant trois siècles. Il est aujourd'hui la propriété de la famille de l'éditeur, aéronaute et milliardaire Malcolm Forbes, qui l'acheta en 1970 et y créa le musée des Ballons.

Construit avec des matériaux locaux, pierre grise et schiste rouge, le château exprime déjà, quoiqu'il soit une des premières œuvres civiles de Mansart, la rhétorique chère à l'architecte : mise en scène des bâtiments dans la perspective de cours successives, composition pyramidale des pavillons, etc. Les anciennes écuries, disposées de part et d'autre de parterres de broderies, et la terrasse, flanquée de deux pavillons, forment un digne cortège pour l'édifice. Les frondaisons du parc romantique (135 ha) et les jardins à la française complètent cette mise en scène théâtrale.

★ **Intérieur** – Au rez-de-chaussée sont exposées des peintures du comte Albert de Balleroy, peintre animalier du 19e s. : dans le salon Louis XIII figurent des scènes de chasse et, dans le fumoir, des portraits. Deux d'entre eux représentent le comte : l'un dû à Paul Baudry (sur le chevalet) et l'autre signé Manet (Albert de Balleroy partagea pendant sept ans un atelier avec lui à Paris). Dans la salle à manger, les boiseries ont été décorées sur le thème des fables de La Fontaine. De conception révolutionnaire, l'escalier suspendu sur voûtes conduit au 1er étage où trois chambres rendent hommage à quelques figures historiques du 19e s. : la reine Victoria, Louis-Philippe, et enfin Napoléon et Wellington réunis en un saisissant raccourci sous le regard imperturbable de Blücher. Le **salon d'honneur** offre, du plancher au plafond peint à la française (les quatre saisons, les signes du zodiaque), un superbe décor agrémenté d'une collection de portraits royaux dus à Juste d'Egmont.
Musée des Ballons – Ballons à air chaud et à gaz, nacelles, trophées, photographies, maquettes, médailles et objets de fantaisie font revivre l'épopée des aérostats (ballons, dirigeables, montgolfières), engins volants plus légers que l'air.

Église paroissiale

L'église précède l'entrée du château. Construite en 1651 en schiste brun du pays, elle est attribuée à Mansart. Elle se signale par son clocher octogonal. À l'intérieur, une Annonciation, de l'école italienne du 18e s., surmonte l'autel.

À proximité Carte de microrégion p. 90

★ Jardins de Castillon B1

À Castillon, 4 km au nord-est par la D 73 - ✆ 02 31 92 56 03 - www.jardinscastillon-plantbessin.com - ♿ - juin-juil. : mar.-vend. 10h-12h, 14h-17h, lun. et sam. 14h-17h, dim. 14h30-17h30 ; mai, août, sept. et oct. : mar.-vend. 10h-12h, 14h-17h, sam. 14h-17h - visite libre - 7 € (-16 ans 4 €).

Créés progressivement depuis 1985, ces jardins intimistes se divisent en deux unités que séparent des haies et une allée plantée d'arbres fruitiers. Le premier, à droite, oscille entre le type italianisant, avec ses ifs taillés et ses trois terrasses, et le genre « à la française », reconnaissable à ses bordures de buis et son ordonnancement géométrique aboutissant à un labyrinthe. Le second présente une succession de huit jardins clos aux atmosphères variées : jardin d'eau japonisant, jardin anglais ou aromatique, pergola, etc.

NOS ADRESSES À BALLEROY

Voir aussi nos adresses à Bayeux.

RESTAURATION

POUR SE FAIRE PLAISIR

Manoir de la Drôme – *129 r. des Forges (rte du Mollay-Litry, à la sortie de Balleroy) - ✆ 02 31 21 60 94 - fermé dim. soir, mar. midi, lun. et merc. - menus 49/70 €.*
Ancienne demeure d'un maître de forges, cette belle maison est dotée d'un fort agréable jardin dans lequel coule la rivière. On y déguste une cuisine de qualité.

Musée du mobilier miniature.
H. Hughes / hemis.fr

1

Château de Vendeuvre

★★

Calvados (14)

SE REPÉRER
Carte de microrégion D2 (p. 90) – *carte Michelin Départements 303 L6.*
Situé aux confins du pays d'Auge et du pays de Falaise, à 5 km au sud-ouest de St-Pierre-sur-Dives, Vendeuvre est bordé par la Dives.

À NE PAS MANQUER
Parmi les pièces exceptionnelles du musée du Mobilier miniature, l'escalier à 12 volées; le charme du parc, agrémenté d'amusants jeux d'eau-surprise.

ORGANISER SON TEMPS
N'hésitez pas à prévoir 3h pour admirer les détails des chefs-d'œuvre miniatures puis profiter tranquillement du château et du parc.

AVEC LES ENFANTS
Passez en revue la collection de niches de chien.

Il semble que rien n'ait changé au château de Vendeuvre, maison des champs d'un ingénieur du roi sous Louis XV. La demeure cossue, les jardins à la française, le jardin d'utilité avec son colombier, le jardin de plaisir animé de jeux d'eau ravissent toujours par leur charme et leur diversité. La visite du domaine est complétée par la découverte d'une collection unique au monde : le musée du Mobilier miniature, univers lilliputien d'un grand raffinement.

Se promener

★★ Musée du Mobilier miniature

✆ 02 31 40 93 83 - www.vendeuvre.com - ♿ - mai-sept. : 11h-18h; avr. : 14h-18h; de déb. oct. au 1er nov. : dim. et vac. scol. 14h-18h - fermé 2 nov. - 9,90 € (enf. 7,90 €) incluant la visite des jardins et du château.

Les belles salles voûtées de l'orangerie servent de cadre à une exceptionnelle collection de meubles miniatures, constituée par l'actuelle comtesse de Vendeuvre. Ces modèles, maquettes ou chefs-d'œuvre de maîtrise, regroupant plus de 700 pièces composent un panorama des arts décoratifs du 16e s. aux années 1930, à échelle réduite.

Ces petits meubles (de 11 à 75 cm de hauteur), réalisés dans le même bois que les meubles grandeur nature, permettaient à l'artisan de se faire une idée du grand meuble et lui servaient de modèles, et étaient présentés au commanditaire pour approbation avant exécution du meuble lui-même. Ils étaient également réalisés pour le simple plaisir personnel de l'artiste; pendant ses moments de liberté ou bien à l'issue de sa vie professionnelle, pour résumer ainsi sa passion, son adresse et sa virtuosité. À l'époque des corporations, les chefs-d'œuvre de maîtrise étaient des pièces grandeur nature ou en modèle réduit, présentées par les compagnons afin de devenir maîtres.

La perfection technique et la minutie du détail – incrustations d'ivoire, ciselures des bronzes, peintures et broderies miniatures – suscitent l'étonnement et l'admiration. Parmi tous ces chefs-d'œuvre, remarquez : un **escalier à 12 volées** (19e s.) dont toutes les dimensions sont multiples de trois; une armoire de maîtrise (19e s.) garnie d'outils de menuisier sculptés; une armoire de jeux (19e s.) ayant appartenu à l'impératrice Sissi; une bibliothèque tournante en acajou (19e s.) ; un cabinet en poirier noirci décoré de scènes de chasse gravées sur de l'ivoire teinté. De l'argenterie et des porcelaines parachèvent cette présentation de l'art de la miniaturisation.

★ Château

Mêmes horaires que le musée du Mobilier miniature.

Le château doit son nom à Alexandre le Forestier d'Osseville, comte de Vendeuvre, descendant d'une vieille famille arrivée en Normandie dans la suite de la reine Mathilde. Il confia les travaux de construction en 1741 à l'architecte Jacques-François Blondel. Les pièces décorées et meublées font revivre la vie familiale d'antan.

Dans la salle à manger, exposée selon l'usage au soleil couchant, la table est recouverte d'une nappe en lin aux armes de la famille et, tissé dans la trame, au dessin de la façade arrière du château, caractéristique de l'architecture du 18e s.

Le Grand Salon est orné de boiseries sculptées dans la masse; les jeux en vogue au 18e s. y sont évoqués par une table de trictrac et un jeu de loto; près de la commode, trône un fauteuil conçu pour les dames portant des robes à panier.

Font également partie de la visite : la chambre d'honneur, le salon des Pastels, le bureau et le fumoir. Au sous-sol, remarquez l'âtre impressionnant dans

NAISSANCE D'UNE PASSION

À l'âge de 7 ans, l'actuelle comtesse, née Elyane de Grimouard, reçut un cadeau étonnant : un secrétaire miniature en marqueterie du 18e s. Tel fut le point de départ de la fabuleuse collection que l'on admire aujourd'hui.

les cuisines (visite guidée par la voix du chef cuisinier) et une dernière surprise : deux salles voûtées rassemblant une étonnante collection de niches de chien anciennes, du 17e au 19e s., toutes plus élégantes les unes que les autres ! La niche-tabouret a un certain cachet !

★ Jardin d'eau-surprise et jardin privé

Dissimulés parmi des arbres rares et des constructions de fantaisie (arbre de Cristal, chambre de Cléance, salon des Muses, glacière, Tente tartare), des jets d'eau, ressuscitant l'espièglerie du 18e s., surprennent le visiteur et notamment les enfants. Au-delà même du côté ludique, la disposition des plans d'eau, des chambres de verdure, des massifs et des bosquets rend la promenade des plus agréables et rafraîchissantes par temps chaud. Ne manquez pas d'aller voir la **grotte**, frais nymphée aux murs couverts de plus de 200 000 coquillages.
En avril, Vendeuvre célèbre le **Festival de la tulipe**, avec la formidable floraison de dizaines de milliers de bulbes. Au mois de mai, le **Festival de l'iris** est l'occasion d'admirer les espèces les plus rares et variées.

FONTAINES ESPIÈGLES

La vogue des jeux d'eau-surprise existe dès la Renaissance. Elle n'épargne pas les jardins royaux, et l'on peut encore en voir au palais de Peterhof, le « Versailles russe » (1720). Plusieurs faux arbres y crachent de l'eau lorsqu'on passe à proximité, et un parasol, semblant protéger un banc, déverse une pluie sur le naïf promeneur qui s'y assied.

Jardin exotique

De juil. à oct. Créé en 2008, ce jardin installé près de la serre est accessible par un labyrinthe. Il accueille une palmeraie, abrite diverses variétés d'agrumes et plus de 120 espèces de plantes tropicales, aquatiques pour certaines. Bananiers, fougères australes, plantes grimpantes parfumées, cactus et autres beautés des pays chauds composent dans cet espace inattendu une promenade dépaysante.

Jardins du château de Canon

★

Calvados (14)

SE REPÉRER

Carte de microrégion D2 (p. 90) – *carte Michelin Départements 303 L5.*
Mézidon-Canon se situe à 29 km au sud-est de Caen par la D 613 et la D 47, et à 28 km au nord-est de Falaise par la D 511 *via* St-Pierre-sur-Dives (11 km au sud-est par la D 47).

À NE PAS MANQUER

Les fabriques du 18e s.; les chartreuses.

ORGANISER SON TEMPS

Comptez 1h30 pour une visite tranquille.

AVEC LES ENFANTS

Le parcours-découverte des animaux de la ferme.

Invitation au voyage dans le temps et l'espace, les jardins du château de Canon immergent le promeneur dans un univers caractéristique de l'époque des Lumières, entre raison et imagination. Ruines romantiques, chinoiseries, grottes, chartreuses closes de murs protégeant les fruitiers, et arbres tricentenaires sont restés intacts, tels que les a voulus au 18e s. Élie de Beaumont, parlementaire éclairé et ami des philosophes.

Se promener Carte de microrégion p. 90

Château de Canon

Mézidon-Canon - ✆ 02 50 93 65 17 - www.chateaudecanon.com - ♿ - de Pâques au 31 mai : w.-end et j. fériés 14h-18h ; juin-sept. : tlj 14h-18h - 6 € (-10 ans gratuit), 2 € pour le parcours animalier.

Élégante construction du 18e s. entourée de bâtiments de communs en équerre, le château de Canon apparaît au bout d'une longue allée bordée d'arbres et de tapis verts. J.-B. Élie de Beaumont, brillant avocat au parlement de Paris, intendant des finances du comte d'Artois et grand ami de Voltaire, créa le domaine en 1768. Léonce Élie de Beaumont, professeur au Collège de France et auteur, avec P.-A. Petit-Dufrénoy, de la première carte géologique générale de la France, au 1/500 000e, y naquit en 1798.

Dans les communs du château, la salle des Bonnes-Gens évoque le souvenir de la fête du même nom, instituée en 1775 par la châtelaine en l'honneur de la Bonne Fille, du Bon Vieillard, de la Bonne Mère et du Bon Père, laquelle eut un grand retentissement et fut souvent imitée. La fête acquit une telle importance que la commune de Canon prit un temps, en cette fin du 18e s., le nom de Canon-les-Bonnes-Gens.

★ **Parc et jardins** – Le château est agrémenté de 15 ha de **jardins**, ornés de statues et de petites constructions dites « **fabriques** », qui ont pour particularité de juxtaposer le style régulier à la française et le style pittoresque à l'anglaise. Parmi les principaux points d'intérêt de la promenade, il faut citer le temple de la Pleureuse, qui rappelle le souvenir de Mme Élie de Beaumont, morte en 1783, le Miroir d'eau, bordé de bustes à l'antique, un rare kiosque

chinois, et surtout les **chartreuses★**, enfilade de 12 jardins fruitiers, clos de hauts murs, abritant des fleurs à profusion. Achevées en 1780, ces chartreuses illustrent l'effort de rationalisation propre au 18e s. Dans chaque « chambre », ou espace clos, étaient palissés en espalier les arbres fruitiers le long des murs, lesquels conservaient la chaleur du soleil bénéfique au mûrissement des fruits. Le parc à proprement parler conserve quelques arbres superbes, notamment des platanes d'Orient tricentenaires. Certains accueillent des cabanes qu'il est possible de louer pour la nuit *(www.coupdecanon.fr)*.
Dans les dépendances, où trône un imposant pressoir à cidre du 18e s., possibilité d'acheter la production cidricole du domaine.
Chaque année, au mois d'août, le parc s'anime à l'occasion des enchanteresses Féeries de Canon, spectacle nocturne suivi de pyrotechnies au-dessus du Miroir d'eau.
Pour perpétuer la tradition d'un domaine agricole raisonné, tel que le concevait Élie de Beaumont, le château est doté d'une ferme biologique et d'un large panel d'animaux domestiques qui feront le bonheur des enfants.

1

Saint-Pierre-sur-Dives

★

3 701 Pétruviens – Calvados (14)

NOS ADRESSES PAGE 177

S'INFORMER

Office du tourisme de St-Pierre-sur-Dives – *R. St-Benoist - 14170 St-Pierre-sur-Dives - ☎ 02 31 20 97 90 - www.mairie-saint-pierre-sur-dives.fr - de mi-avr. à mi-oct. : 9h30-12h30, 13h30-18h, sam. 10h-12h30, 14h30-17h, fermé dim. et j. fériés ; reste de l'année : 9h30-12h30, 13h30-17h30, fermé w.-end et j. fériés.*

SE REPÉRER

Carte de microrégion D2 (p. 90) – *carte Michelin Départements 303 L5.*
St-Pierre-sur-Dives se situe à 34 km au sud-est de Caen et à 15 km au sud-ouest de Crèvecœur-en-Auge.

À NE PAS MANQUER

La charpente des halles.

ORGANISER SON TEMPS

Le marché qui se tient le lundi matin sous les halles est l'un des plus importants de Normandie.

AVEC LES ENFANTS

Découvrez avec eux des plantes oubliées aux propriétés surprenantes (et parfois magiques !) au Jardin conservatoire.

St-Pierre-sur-Dives se distingue ! Plutôt que de produire les savoureux fromages normands, comme nombre de ses voisines, elle fabrique les boîtes qui les emballent. Outre ce signe extérieur d'originalité, elle montre aussi un patrimoine architectural fort, autour d'une riche abbaye bénédictine en partie conservée.

Se promener

Abbaye

Devenue veuve du comte d'Eu, en 1011, la comtesse Lesceline installe en son château une communauté de religieuses. Il faut cependant attendre 1067, sous l'impulsion des bénédictins et de leur premier abbé, Ainard, pour que l'abbatiale soit consacrée, en présence de Guillaume le Conquérant.

★ Église

Le sanctuaire primitif fut incendié lors des luttes fratricides qui opposèrent les fils du Conquérant. La façade ouest révèle plusieurs campagnes de reconstruction : la tour sud, romane, remonte au 12e s. ; la façade même et la tour nord sont des réfections du 14e s. ; la baie qui surmonte le portail date de la fin du 15e s. À l'intérieur, la nef est claire et harmonieuse. Chaque grande arcade est surmontée d'une baie de triforium. Les parties hautes ne remontent qu'au 15e s. La magnifique tour-lanterne s'élevant sur la croisée du transept est du 13e s., comme le chœur cerné de grandes arcades à arc brisé.
En suivant l'allée centrale de l'église, une ligne oblique est creusée dans le pavage à quelques pas de l'entrée. Cette ligne, la méridienne, part du bas-côté droit, traverse la nef, passe près des fonts baptismaux pour s'arrêter près de l'orgue. Les restes de la fondatrice de l'abbaye reposent sous le dallage de la chapelle absidiale. Les trois fenêtres du chœur sont garnies de vitraux modernes relatant l'histoire de St-Pierre-sur-Dives.

Salle capitulaire

R. St-Benoist - enceinte du cloître - ✆ 02 31 20 97 90 - www.mairie-saint-pierre-sur-dives.fr - en travaux, appeler pour se rens. sur les h. - gratuit.
Elle remonte à la première moitié du 13e s. Premier élément restauré des vastes bâtiments abbatiaux, elle accueille des expositions.

Cloître

Accès libre - 16 avr.-14 oct. : 9h-20h ; 15 oct.-15 avr. : 9h30-18h.
Vendus comme biens nationaux à la Révolution, les bâtiments du cloître (17e s.) appartiennent à la mairie qui les restaure peu à peu. Y sont désormais installés l'office de tourisme et la bibliothèque municipale : n'hésitez pas à monter jusqu'au dernier étage (petit passage derrière l'office de tourisme) pour en admirer la magnifique **charpente**. En redescendant l'escalier, vous découvrirez l'exposition permanente du **musée des Techniques fromagères**.

Jardin conservatoire des fleurs et des légumes du pays d'Auge

R. St-Benoist, face à l'office de tourisme - ✆ 02 31 20 97 90 - www.mairie-saint-pierre-sur-dives.fr - mai-sept. : 10h-12h30, 14h-18h, sam. 10h-12h, 14h-17h - possibilité de visite guidée mar. 15h30 et vend. 11h - fermé dim. - 1,50 € (-12 ans gratuit) visite libre, 2,50 € (-12 ans gratuit) visite guidée.
Parmi les 450 variétés de plantes, fleurs et légumes régionaux ici représentées, certaines avaient pratiquement disparu. Ce jardin donne l'occasion de redécouvrir ces végétaux, utilisés pour soigner les hommes et les animaux, pour la cuisine ainsi que pour le ménage ou la lessive !

★ Halles

✆ 02 31 20 97 90 - ♿ - 8h-19h - fermé pdt les manifestations (se renseigner) - gratuit - marché aux antiquaires et brocanteurs le 1er dim. du mois.

Incendiées en 1944, les halles furent fidèlement reconstruites. L'étonnante **charpente** en chêne est assemblée par 290 000 chevilles de châtaignier. Pas un clou, pas une pointe; même les tuiles de la toiture sont fixées au moyen de chevilles façonnées à la main. Empilées les unes sur les autres, celles-ci atteindraient la hauteur du Puy de Dôme (1 465 m) !

NOS ADRESSES À SAINT-PIERRE-SUR-DIVES

HÉBERGEMENT

BUDGET MOYEN

Auberge de la Dives – *27 bd Collias - ✆ 02 31 20 50 50 - 5 ch. 40 € - ☕ 6,50 € - rest. menus 20/34 €.* Une auberge proposant des chambres simples, posée en bordure de la rivière. Le restaurant (service au jardin aux beaux jours) propose une cuisine appétissante : on ne peut qu'hésiter entre l'escalope de ris de veau et la fricassée d'écrevisses aux brisures de truffes !

RESTAURATION

PREMIER PRIX

Brasserie de l'Abbaye – *14 r. de Lisieux - ✆ 02 31 20 93 61 - formule dej. 10 € - menu 13,50 €.* Pour se restaurer d'une assiette de charcuterie de pays ou de salades diverses (normande, viking, de l'abbaye) dans une salle aux tables couvertes de nappes à carreaux rouge et blanc.

BUDGET MOYEN

Plaisirs des Mets – *2 r. de Lisieux - ✆ 02 31 90 33 05 - www.plaisirs-des-mets.com - fermé janv., mar. soir, merc. hors saison - 19/27 €.* Le restaurant, offrant une belle vue sur l'abbaye, est installé dans une ancienne boulangerie. Le chef y concocte une cuisine du terroir qu'il qualifie de « progressive » : produits régionaux mariés avec audace, présentation sophistiquée.

ACHATS

Marché – *Lun. mat.* De nombreux artisans et camelots prennent place autour des halles pour vendre fromages, charcuteries, poissons, fruits et légumes.

Jardin conservatoire des fleurs et des légumes – *✆ 02 31 20 59 71 ou 02 31 20 97 90 - mai-sept. : lun. 9h-12h.* Bourse d'échange de graines et plantules.

+ d'adresses

Le bocage et le pays d'Argentan

2

Carte Michelin Départements 303 et 310 – Calvados (14) et Orne (61)

Vallée et viaduc de Clécy.

OT Calvados

LE BOCAGE ET LE PAYS D'ARGENTAN

LE BOCAGE ET LE PAYS D'ARGENTAN

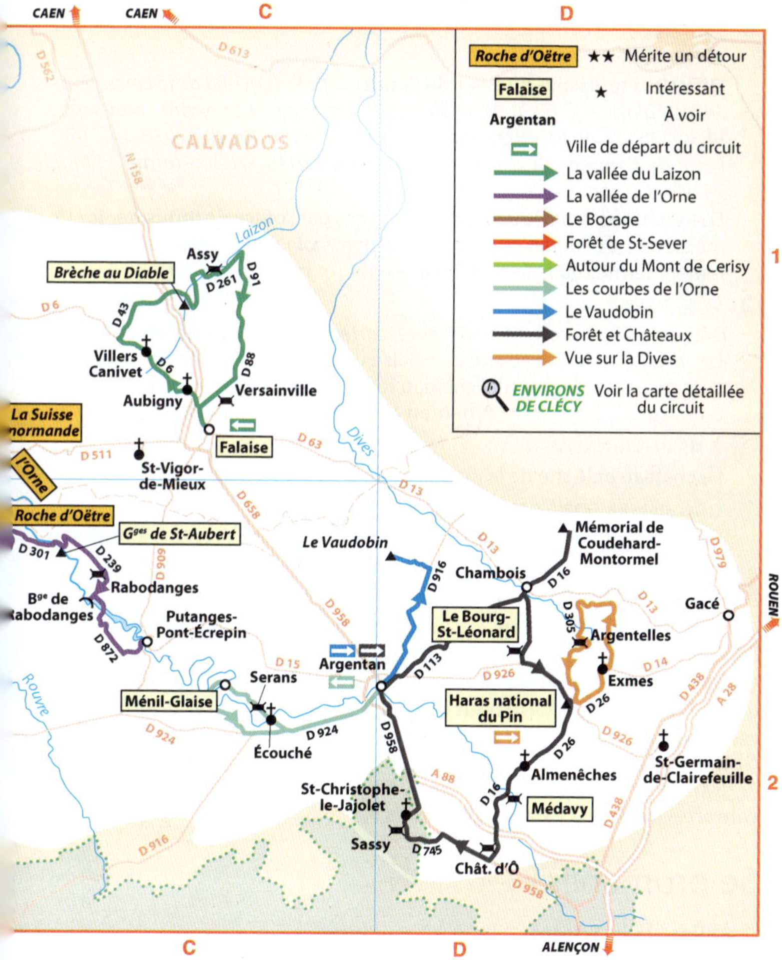

Falaise

★

8 387 Falaisiens – Calvados (14)

NOS ADRESSES PAGE 187

S'INFORMER

Office du tourisme du Pays de Falaise – *Le Forum - Bd de la Libération - 14700 Falaise - ✆ 02 31 90 17 26 - www.falaise-tourisme.com - mai-sept. : 9h30-12h30, 13h30-18h30, dim. (sf mai) et j. fériés 10h30-12h30, 14h-16h ; reste de l'année : tlj sf dim. 9h30-12h30, 13h30-17h30 - fermé 1er Mai, 25 déc et 1er janv.*

Des **visites thématiques** sont proposées par l'office de tourisme : la cité médiévale *(de Pâques aux Journées du patrimoine)*, lieux insolites habituellement fermés *(juil.-août)* et balades gourmandes *(juil.-août)*.

SE REPÉRER

Carte de microrégion C1 (p. 180) – *carte Michelin Départements 303 K6.*
Le val d'Ante donne au site de Falaise un aspect tourmenté qu'accuse la présence du monumental château fort. La ville se situe sur la N 158 entre Caen au nord (41 km) et Argentan au sud-est (22 km) par la D 658.

À NE PAS MANQUER

Le château et le site de la Brèche au Diable.

ORGANISER SON TEMPS

Visitez le château en matinée, déjeunez à Falaise et achevez la journée en vous promenant dans la vallée du Laizon.

AVEC LES ENFANTS

Émerveillez-vous devant les automates de la maison Decamps.

Ville au nom évocateur, Falaise arbore son impressionnant donjon sur un plateau dominant. Du haut de ce fier monument, vous pourrez vous remémorer la naissance en ces lieux du plus illustre des Normands, Guillaume le Conquérant, ou imaginer à la vue du paysage alentour la grande et décisive bataille de 1944, l'encerclement et la prise de la célèbre « poche de Falaise-Chambois ».

Se promener Plan de ville p. 184

★ Église de la Trinité A1

Un porche triangulaire gothique ouvre la façade principale. Sur le bas-côté droit, remarquez les puissantes gargouilles et les petits personnages sculptés. Au chevet, contreforts et arcs-boutants de la Renaissance sont très ouvragés. L'abside est percée d'une ouverture, au travers de laquelle passait une rue.

Église St-Gervais B1

Sa construction s'est échelonnée du 11e au 16e s. ; la tour-lanterne date du 12e s. À l'intérieur de la nef, la dualité des styles apparaît d'une façon frappante : le côté droit est roman, le côté gauche, gothique, suite à l'effondrement du mur

Le château de Guillaume le Conquérant, typique des donjons-palais anglo-normands.
G. Labriet / Photononstop

nord de la nef lors du siège de Falaise mené par Philippe-Auguste en 1204. Les chapiteaux sont ornés de sujets militaires, d'animaux monstrueux et de scènes de chasse. Vitraux modernes de Le Chevalier.

2

Porte des Cordeliers A1

Cette belle porte en pierre, flanquée d'une tour ronde et percée d'un porche (14e-15e s.) en ogive, faisait partie des remparts de la ville.

Fontaine d'Arlette A1

De la fontaine du Val-d'Ante, que signale un haut-relief de pierre sculptée (1957), la vue sur la masse écrasante du château est impressionnante.

★ Château Guillaume-le-Conquérant A1

✆ 02 31 41 61 44 - www.chateau-guillaume-leconquerant.fr - juil.-août : 10h-19h (dernière entrée 1h av. la fermeture) ; sept.-déc. et fév.-juin : 10h-18h - fermé 25 déc, du 06 janv. au 02 av. - 7,50 € (6-16 ans 3,50 € - pass famille 18 €) - visites guidées 15h30 (w.-end, j. fériés et vac. scol.), juil. et août: se rens.

« Maison » natale de Guillaume le Conquérant, en 1027, cet ensemble médiéval (12e et 13e s.), typique des donjons-palais anglo-normands, fut l'un des premiers châteaux de pierre à être construit en Normandie. Une campagne de restauration (1986-1996), très contestée, a permis de restituer les espaces intérieurs et la couverture des donjons, les rendant plus « lisibles ». Cette rénovation se poursuit aujourd'hui avec les remparts, qui trouvent une nouvelle jeunesse (et un aspect « neuf » qui peut surprendre).

La mise en scène très contemporaine de la **visite-spectacle** emploie les techniques les plus modernes pour plonger les visiteurs dans la société médiévale et l'histoire de Guillaume le Conquérant.

Basse cour – Accessible par la porte St-Nicolas, cette cour d'un hectare environ est protégée par les remparts et une quinzaine de tours.

Grand donjon – Accessible par un avant-corps restitué en béton, cet ouvrage de plan rectangulaire fut construit au début du 12e s. par Henri Ier Beauclerc.

Il surprend par ses vastes dimensions et apparaît encore redoutable avec ses hauts contreforts plats. L'*aula*, grande salle de l'étage noble, est la pièce de réception. Sa restauration audacieuse a fait appel aux techniques les plus avancées : le plancher est fait de dalles carrées de plomb et de verre, tandis que la couverture est une toile de Téflon tendue sur une armature d'acier. La chapelle St-Prix est l'ancien oratoire du seigneur.

Petit donjon – Cette construction équilibrée et lumineuse, accolée au grand donjon et voulue par Henri Ier Plantagenêt à la fin du 12e s., répondait à une double nécessité : couvrir l'accès de la plate-forme rocheuse contre un assaillant éventuel et améliorer le confort du duc-roi. On remarquera les meurtrières aménagées en canonnières sous d'élégantes fenêtres.

Tour Talbot – Cette imposante tour cylindrique (35 m de hauteur et des murs de 4 m d'épaisseur) devrait son nom à John Talbot, gouverneur du château en 1449, qui l'a restaurée. Elle est reliée au petit donjon par une ouverture percée dans une fenêtre permettant d'accéder à la courtine.

La plate-forme permet de découvrir un vaste panorama. Un puits extraordinairement profond (65 m), creusé dans la muraille, alimente tous les étages.

SUR LE ROCHER

Le nom de Falaise vient du mot germanique *fels*, « rocher », devenu *falosia* ou *falisa*. Le château à partir duquel la ville s'est organisée et développée se dresse effectivement, superbe et en parfait état de conservation, sur son rocher !

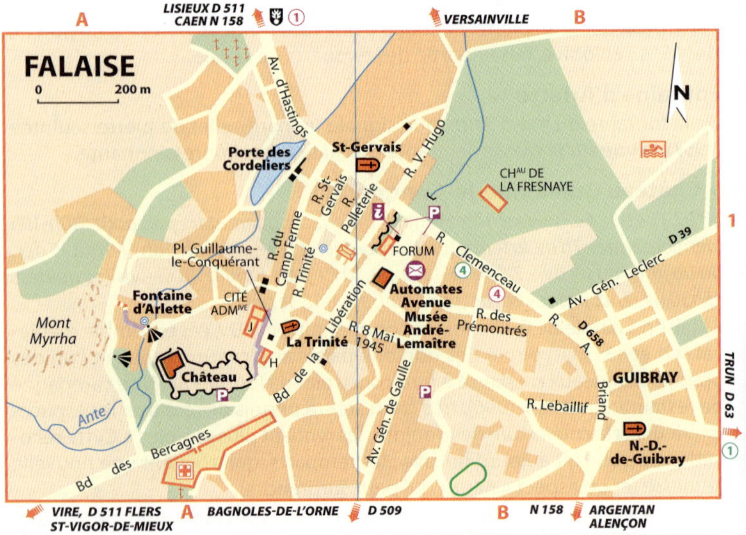

SE LOGER	SE RESTAURER
Chêne Sec (Chambre d'hôte Le) ..... ①	Attache (L') ..... ①
Poste (Hôtel de la) ..... ④	Fine Fourchette (La) ..... ④

LA « POCHE DE FALAISE-CHAMBOIS »

Fin juillet 1944, après avoir essuyé de lourdes pertes lors de la « guerre des haies » dans le Cotentin, les forces américaines parviennent à enfoncer les défenses allemandes lors de l'opération Cobra et déferlent vers la Bretagne et la vallée de la Loire. Le 7 août, les Allemands, sur ordre d'Hitler, tentent une contre-attaque à Mortain, mais celle-ci échoue. Les 5e et 7e armées allemandes se trouvent en partie encerclées par les armées alliées (américaine, britannique, canadienne, française et polonaise) dans la vallée de la Dives dans ce que l'on a appelé la poche de Falaise-Chambois. Lorsque les Canadiens s'emparent de Falaise le 17 août, il n'y a plus d'autre issue pour les débris de la 7e armée allemande que la vallée de la Dives. C'est, dès lors, dans le « couloir de la mort » une infernale bousculade. Le 19 août, la jonction des Alliés est réalisée à Chambois et, le 21, à 18h30, la capitulation de Tournai-sur-Dives marque le terme de ces opérations d'anéantissement. Les survivants n'auront d'autre ressource que d'évacuer la Normandie, franchir la Seine et refluer vers l'Allemagne. Malheureusement, le musée de la Poche de Falaise qui évoquait cet épisode final de la bataille de Normandie près du château de Guillaume le Conquérant est aujourd'hui fermé, définitivement semble-t-il. Ces terribles combats sont évoqués au mémorial de Montormel *(voir p. 214)* sur les lieux mêmes de l'action.

Automates Avenue B1

Bd de la Libération - ✆ 02 31 90 02 43 - www.automates-avenue.com - ♿ - juil.-août : 10h-18h ; avr.-juin et sept. : 10h-12h30, 13h30-18h ; oct.-nov. et fév.-mars : vac. scol., w.-end et j. fériés 10h-12h30, 13h30-18h ; déc. : 10h-12h30, 13h30-18h - fermé de mi-janv. à la 1re sem. de fév., 1er janv., 25 déc. - 6 € (4-13 ans 4 €).

Fabricant d'automates depuis plus de cent ans, la maison Decamps est à l'origine, au début du 20e s., des vitrines animées des grands magasins parisiens. Le musée présente une collection de plus de 300 de ces automates, qui fonctionnent toujours. Quelques prestigieuses vitrines de grands magasins sont ainsi reconstituées comme *La Sérénade à la fée*, d'après Raymond Peynet, ou *L'Atelier du père Noël*, d'après Jean Effel. Celle du *Marathon de danse* (Noël 1947) a été réalisée à partir des personnages de Dubout. Une scène cocasse qui restitue l'humour du dessinateur !

Musée André-Lemaître B1

Même adresse et même billetterie qu'Automates Avenue - ✆ 02 31 90 02 43 - ♿ - avr.-juin et sept.-déc. : 10h-12h30, 13h30-18h ; reste de l'année : vac. scol., w.-end et j. fériés 10h-12h30, 13h30-18h, dim. 14h-18h - fermé de mi-janv. à déb. fév., 1er janv., 25 déc. - 5 € (-12 ans gratuit).

La ville rend hommage à l'un de ses brillants enfants, **André Lemaître** (1909-1995). Réputé pour ses natures mortes, ce peintre a été à la fois productif (près de 4 000 toiles) et créatif, ce dont témoigne l'exposition.

À voir aussi Plan de ville ci-contre

Faubourg de Guibray B1

Au 11e s., la foire aux chevaux de Guibray attirait des milliers de personnes de toute l'Europe. Il subsiste, route de Trun, quelques traces de ses constructions permanentes : les grandes arcades des « loges ». L'**église**

Notre-Dame-de-Guibray, reconstruite au 12ᵉ s. puis remaniée au 15ᵉ s., a survécu à la foire du même nom. L'abside et les absidioles ont conservé toute leur pureté romane. Remarquez le magnifique buffet d'orgues, œuvre de Claude Parizot (1746).

À proximité Carte de microrégion p. 180

Versainville C1

2,5 km. Quittez Falaise au nord par la rue Victor-Hugo. Tournez à droite après le pont sur l'Ante dans le chemin de Versainville.

Le **château** *(ne se visite pas)*, terminé au 18ᵉ s., comprend un corps central avec péristyle, réuni par une galerie à un pavillon monumental qui constitue l'aile gauche.

Chapelle « revisviscente » de St-Vigor-de-Mieux C1

3 km à l'ouest de Falaise. ✆ 02 31 90 17 26-du 15 juin à sept. : tlj sf lun. 14h30-18h - 1,50 €.

Abandonnée, ruinée, cette chapelle du 15ᵉ s. fut totalement transformée à partir de 1987 par un artiste japonais, Kyoji Takubo, tombé sous le charme de l'endroit. Plutôt que de la restaurer de façon traditionnelle, mais tout en respectant le style du monument, Takubo a choisi d'en faire une œuvre d'art : toiture en verre coloré, sol d'acier, décor mural sur feuilles de plomb… L'édifice porte maintenant le surnom de « chapelle des Pommiers », en référence aux arbres représentés sur les murs, et est devenu un lieu d'échanges culturels franco-japonais. Expositions en été.

Circuit conseillé Carte de microrégion p. 180

LA VALLÉE DU LAIZON C1

Pour visualiser ce circuit de 37 km au départ de Falaise, reportez-vous à la carte p. 180. Comptez environ 3h.

Quittez Falaise par le nord, D 658.

Aubigny C1

À l'entrée du village, remarquez à gauche le château (fin du 16ᵉ s.) et ses communs. Dans le chœur de l'**église** paroissiale s'alignent six orants (personnages en prière) agenouillés dans un ordre chronologique que souligne de façon instructive l'évolution des détails vestimentaires.

Rejoignez la D 6 à l'ouest, en direction de Thury-Harcourt. Avant Villers-Canivet, l'abbaye est fléchée sur la gauche.

Abbaye de Villers-Canivet C1

✆ 02 31 90 81 80 - www.villers-canivet.com - visite guidée de mai à sept. : tlj sf lun. et mar. 14h-18h - 4 € (-14 ans 2,50 €).

Fondée en 1127 par les moniales de Savigny, puis reconstruite au 18ᵉ s., l'abbaye a quasiment disparu mais quelques vestiges du vaste enclos abbatial révèlent son importance. La ferme abbatiale a connu un meilleur sort et a conservé sa belle **porterie fortifiée** (13ᵉ s.) et une imposante grange aux dîmes, le tout situé dans un beau parc.

Continuez vers Ussy, puis à droite vers Potigny et Soumont-St-Quentin.

Brèche au Diable C1

Suivez le fléchage.

Ce **site★** géologique étonnant au pied du mont Joly (qui domine à pic les gorges du Laizon) a une occupation très ancienne, car on y a trouvé une exploitation de silex (3500 av. J.-C.).

Nombreuses possibilités de randonnées.

Remontez au nord vers Ouilly-le-Tesson et prenez à droite la dir. d'Assy.

Assy C1

À gauche se détache une magnifique allée au bout de laquelle apparaît le château d'Assy (ne se visite pas), belle demeure du 18e s. construite par l'architecte Gondouin, remarquable par son péristyle dont les colonnes corinthiennes sont particulièrement élégantes ; jolie chapelle du 15e s.

Revenez à Falaise par Rouvres, Olendon et Épaney.

NOS ADRESSES À FALAISE

VISITE

Circuit historique – Inclus dans le parcours de l'Espace historique de la bataille de Normandie *(p. 129)*, le circuit balisé **Le dénouement** passe par Falaise.

HÉBERGEMENT

BUDGET MOYEN

Hôtel de la Poste – *38 r. G.-Clemenceau - ✆ 02 31 90 13 14 - hotel.delaposte@wanadoo.fr - fermé 1er-23 janv., dim. soir, vend. soir et lun. d'oct. à avril -15 ch. 58/100 € - ☕ 8 € - rest. 16/52 €.* Ce bâtiment de l'après-guerre héberge des chambres sobres et bien tenues ; celles sur l'arrière sont plus calmes. Salle de restaurant aux tons pastel où l'on sert des plats traditionnels. Repris par de nouveaux propriétaires, cet hôtel devrait faire l'objet de quelques transformations, au niveau de la décoration notamment, mais reste pour l'heure une halte sympathique au plus près du berceau du Conquérant.

À Pertheville-Ners

BUDGET MOYEN

Chambre d'hôte Le Chêne Sec – *14700 Pertheville-Ners - ✆ 02 31 90 17 55 - fermé 1er nov.-Pâques - P - 2 ch. 55/57 € ☕.* Blotti dans un hameau, cet élégant manoir du 15e s. séduira ceux qui recherchent le calme. Un bel escalier à vis dessert deux grandes chambres : mobilier rustique, poutres et pierres apparentes. La propriété abrite une maisonnette (11e s.) qui mérite le coup d'œil.

RESTAURATION

BUDGET MOYEN

La Fine Fourchette – *52 r. G.-Clemenceau - ✆ 02 31 90 08 59 - finefourchette-falaise@orange.fr - fermé 18 fév.-8 mars et mar. soir hors sais. - ♿ - P - 17,40/53 €.* Sur la traversée du bourg, maison en pierre des années 1950 où l'on sert des repas au goût du jour sous les solives de deux salles actualisées. Tables joliment dressées.

L'Attache – *Rte de Caen - à 1,5 km au nord de Falaise - ✆ 02 31 90 05 38 - sarlhastain@orange.fr - fermé 22 sept.-9 oct., mar. et merc. - 19,50/60 €.* Ancien relais de poste à la façade pimpante. Sympathique intérieur classique et recettes traditionnelles réhabilitant légumes et aromates injustement oubliés.

Clécy

★

1 225 Cléciens – Calvados (14)

NOS ADRESSES PAGE 191

S'INFORMER

Office du tourisme de la Suisse normande à Clécy – *Pl. du Tripot - 14570 Clécy - ✆ 02 31 69 79 95 - www.ot-suisse-normande.com - juil.-août : 10h-12h30, 14h30-18h30, dim. et j. fériés 10h-12h30 ; mai-juin et 1er-7 sept. : tlj sf lun. 10h-12h30, 14h30-18h30, dim. et j. fériés 10h-12h30 ; 12-30 sept. et vac. de printemps : tlj sf lun. 10h-12h30, sam. 10h-12h30, 14h30-17h.*

SE REPÉRER

Carte de microrégion B1 (p. 180) – *carte Michelin Départements 303 J6.* La ville se trouve à mi-chemin entre Caen (40 km au nord) et Flers (23 km au sud) par la D 562, en pleine Suisse normande. Très prisée par les sportifs et les amoureux de la nature, la région est particulièrement fréquentée en été.

À NE PAS MANQUER

Le circuit des belvédères, pour ses panoramas.

ORGANISER SON TEMPS

Randonnée au Pain de Sucre le matin, randonnée vers les belvédères l'après-midi : vous pouvez passer la journée entière autour de Clécy.

AVEC LES ENFANTS

Rêvez devant les petits trains du musée du Chemin de fer miniature.

Principal centre touristique de la Suisse normande, ce bourg aux ruelles étroites est le point de départ de nombreuses randonnées. Il propose toutes sortes d'activités de loisirs : pêche, canotage, escalade, pédalo, deltaplane ou équitation ; et permet de nombreuses visites culturelles en raison de sa proximité avec les sites les plus intéressants de la vallée de l'Orne.

Se promener

Musée du Chemin de fer miniature

✆ 02 31 69 07 13 - http://chemin-fer-miniature-clecy.com - ♿ - visite guidée juil.-août : 10h-18h ; de Pâques à fin juin : 10h-12h, 14h-18h ; de déb. sept. à mi-sept. : tlj sf lun. 10h-12h, 14h-18h ; de mi-sept. à fin sept. : tlj sf lun. 14h-17h30 ; de déb. mars à Pâques et de déb. oct. aux vac. de la Toussaint : dim. 14h-17h ; vac. de la Toussaint : 14h-17h30 ; fermé de déc. à fév. - juil.-août : 7,50 € (-13 ans 5,50 €), billet incluant le tour de train extérieur.

Locomotives et wagons circulent au milieu d'un décor de plus de 300 m^2, dans des paysages allant de la Suisse à la Flandre. La « nuit » venue, maisons, usines, châteaux, trains s'illuminent, créant ainsi un monde féerique. Un petit train permet de faire le tour du domaine.

Randonnées Carte ci-dessous

Bon à savoir – Ces randonnées ne sont pas techniques, mais celles du Pain de Sucre et des belvédères ont un bon petit dénivelé !

Bords de l'Orne

Depuis le pont du Vey, à la sortie est de la ville, les bords de l'Orne, égayés par des guinguettes, présentent des aspects charmants. Un sentier longe la rivière vers le sud et atteint le viaduc de la Lande (1 km) près duquel les rochers des Parcs attirent des varappeurs.

★ Rochers des Parcs

Comptez 1h AR. Partez du village du Bô, à 5 km au sud-est de Clécy par la D 168. Un chemin au niveau de l'église rejoint le GR 36 (balisage rouge et blanc). Le chemin grimpe sur la crête et dévoile de superbes vues sur l'Orne, le viaduc et les paysages si caractéristiques de la Suisse normande. Au niveau du viaduc, le GR descend vers le Vey et Clécy.

★ Pain de Sucre

Comptez plus de 3h à pied AR. Quittez Clécy par la route de la Serverie. Passé le pont sur l'Orne, traversez le passage à niveau et, 100 m plus loin, prenez à droite.

À gauche, une plaque indique l'origine du sentier du Pain de Sucre, lequel s'élève dans un vallon, sur la rive droite d'un ruisseau. *Traversez le ruisseau.* En pénétrant dans des taillis, à droite, on trouve l'amorce du sentier qui s'élève rapidement et, obliquant à droite, aboutit au pied d'une butte qu'on escalade. Au sommet du Pain de Sucre, on découvre un merveilleux **panorama** dont l'ample boucle de l'Orne est l'élément le plus harmonieux. À la descente, appuyez à droite pour suivre, sur le versant opposé à celui de la montée, un sentier en corniche qui, passant sous les rochers de la Houle, aboutit à la petite église rustique du Vey.

2

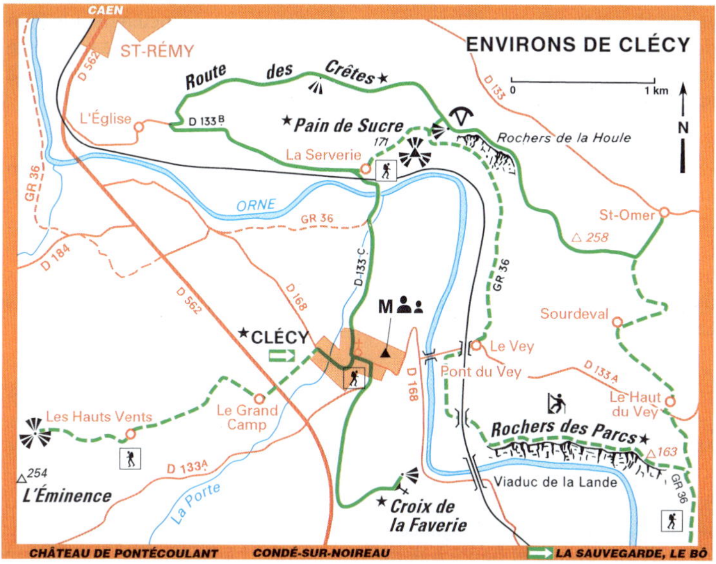

★★ Circuit des belvédères

Comptez une demi-journée.

Ce circuit permet de faire une agréable boucle avec les deux randonnées proposées ci-dessus. Partez de La Sauvegarde ou de l'église du Bô pour rejoindre le GR 36 et les rochers des Parcs. Le GR conduit au Vey où l'on retrouve, près de l'église, le départ du chemin vers le Pain de Sucre. Après une halte bien méritée au belvédère, redescendez légèrement d'où vous êtes venu et suivez le sentier balisé en jaune (celui du milieu) qui monte jusqu'à la route des Crêtes. Tournez alors à droite et suivez la route qui passe devant deux aires, dont celle des parapentistes. Ne prenez pas le premier chemin qui descend vers le Vey, mais le deuxième à droite qui descend vers Sourdeval, petit hameau où vous prendrez à gauche vers le Haut-du-Vey. Suivez le balisage jaune vers La Bruyère et les rochers des Parcs, où vous retrouverez le GR 36 et le point de départ.

L'Éminence

2h à pied AR. Quittez Clécy par la D 168. À 300 m du bourg, dans la montée, prenez à gauche, passez devant la gendarmerie, traversez la D 562 en direction du Grand-Camp, montez à droite dans le hameau et prenez à gauche vers les Hauts-Vents; le chemin s'élève ensuite par le versant nord de l'Éminence.

Sans atteindre le sommet (254 m), on découvre un beau panorama sur le bocage normand et la vallée de l'Orne.

À proximité Carte de microrégion p. 180

★ Route des Crêtes B1

Circuit de 8 km – environ 45mn par une route carrossable. Près de l'église, quittez Clécy par la D 133^{C} vers La Serverie, passez le pont sur l'Orne et prenez à gauche vers St-Rémy; 1,5 km plus loin, tournez dans un virage en épingle à cheveux à droite et empruntez la « route des Crêtes ».

La route domine la vallée et offre, le long du parcours, de beaux points de vue sur les méandres de l'Orne et leurs alentours – en particulier sur le Pain de Sucre et les rochers de la Houle. L'aire de départ des parapentes remporte souvent un grand succès. Suivre les versants boisés, et prendre à gauche la route brusquement coudée rejoignant St-Omer par le sud.

★ Croix de la Faverie B1

Partez du parking sur la droite, situé entre la poste et l'église, puis montez en direction de la croix de la Faverie. Au stop, prenez à droite et aussitôt à gauche; continuez à monter. Suivez le fléchage jusqu'au carrefour où se dresse la croix.

En face de la croix, un chemin conduit à un bosquet de pins, d'où se découvre une très jolie **vue**, l'une des plus classiques de la Suisse normande : les rochers des Parcs, vus en enfilade, dominent la rivière qu'enjambe le viaduc de la Lande. *Aire de pique-nique.*

★ Château de Pontécoulant B1

10 km par la D 133^{A}, puis la D 36 à gauche et la D 184 à droite (suivre fléchage). ✆ 02 31 69 62 54 - www.conde-sur-noireau.com - ♿ - visite guidée (30mn) 10h-12h, 14h30-18h, dim. 14h30-18h - fermé lun. et j. fériés, en hiver (se renseigner) - 2,90 € (-12 ans gratuit) - visite libre et gratuite du parc et des bois.

Surprenante apparition au cœur d'un vaste domaine forestier, le château séduit d'emblée par son élégance. L'ancien manoir du 16e s. s'est agrandi au 18e s. d'une longue et haute galerie aux grandes baies cintrées, tandis que de larges perspectives ont été dégagées vers les deux pavillons d'entrée. Propriété de la famille Doulcet de Pontécoulant du 14e au 19e s., et légué au département en 1896, le château restauré est un bel exemple de demeure aristocratique de campagne. Les pièces de réception ont conservé leurs boiseries, leurs tableaux et leurs meubles anciens, parfois estampillés. Le goût pour les voyages d'officiers de la famille se retrouve dans les chambres aux décors variés. Dans l'une d'elles, on peut voir un bel ensemble incrusté de nacre rapporté de Cochinchine. Une promenade dans le parc arboré, agrémenté d'une pièce d'eau et de cascatelles, termine la visite.

Condé-sur-Noireau B2

9 km par la D 562 au sud.

29 r. du 6-Juin - ✆ 02 31 69 27 64 - www.conde-sur-noireau.com

Entre Vire et Pont-d'Ouilly, c'est l'une des entrées de la Suisse normande. L'église St-Sauveur, reconstruite en 1961, a conservé en partie l'extérieur de l'ancien édifice. Place de l'Hôtel-de-Ville se dresse une statue du navigateur **César Dumont d'Urville** (1790-1842), brillant explorateur connu notamment pour avoir rapporté à Paris la **Vénus de Milo**.

Espace-musée Charles-Léandre – *9 r. St-Martin - ✆ 02 31 69 41 16 - www.musee-charles-leandre.fr - mar.-vend. 9h30-12h15, 14h-18h30, sam. 10h-18h, dim. 14h30-18h - gratuit (audioguide 2,70 €).* Cet espace propose de découvrir Charles Léandre (1862-1934), peintre normand devenu caricaturiste parisien lorsqu'il se fixa à Montmartre.

NOS ADRESSES À CLÉCY

HÉBERGEMENT

BUDGET MOYEN

Au Site Normand – *2 r. des Châtelets - ✆ 02 31 69 71 05 - www.ausitenormand.com - P - 18 ch. - fermé 15 déc.-10 fév. - 52/58 € - ☕ 8 € - 1/2 P 108 € - restaurant 17,50/35 €.* Cet hôtel du centre-ville dispose de chambres tranquilles et bien tenues. Dans le restaurant au décor rustique, la cuisine jeune et inventive se pare de toutes les saveurs normandes.

RESTAURATION

PREMIER PRIX

La Guinguette à Tartines – *Le bord de l'Orne - ✆ 02 31 69 89 38 - www.la-guinguette-a-tartines.com - fermé oct.-mars ; ouv. tlj en juil.-août - 7,50/13 €.* Tartines, plats simples mais copieux, apaiseront votre faim dans une ambiance décontractée. Cadre « guinguette » au bord de l'Orne, avec grande terrasse et salle à manger panoramique. Minigolf, kayaks.

ACTIVITÉS

Cap Aventure – *Le Viaduc - 14570 Clécy - ✆ 02 31 69 72 82 - www.centredepleinenature.com - sur réserv. (2 j. av.).* Parcours-aventure, tyrolienne, parcours-aérobranche, tir à l'arc, kayak et escalade.

Vélorail – *61790 St-Pierre-du-Regard (sortir de Condé par la D 911 dir. Pont-d'Ouilly) - ✆ 02 31 69 39 30 - www.rails-suissenormande.fr - juil.-août : 10h30-18h ; sept.-oct. : merc. 14h30-18h, w.-end 10h30-18h - 18 € par vélorail de 4 pers.* AR depuis la gare de Pont-Érambourg : parcours de 13 km *(1h45)* en vélorail.

La Suisse normande

★★

Calvados (14) - Orne (61)

NOS ADRESSES PAGE 197

S'INFORMER

Office du tourisme de la Suisse normande à Clécy – *Pl. du Tripot - 14570 Clécy - ✆ 02 31 69 79 95 - www.ot-suisse-normande.com - juil.-août : 10h-12h30, 14h30-18h30, dim. et j. fériés 10h-12h30 ; mai-juin et 1er-7 sept. : tlj sf lun. 10h-12h30, 14h30-18h30, dim. et j. fériés 10h-12h30 ; 8-30 sept. et vac. de printemps : tlj sf lun. 10h-12h30, sam. 10h-12h30, 14h30-17h.*

Office du tourisme de la Suisse normande à Thury-Harcourt – *2 pl. St-Sauveur - 14220 Thury-Harcourt - ✆ 02 31 79 70 45 - juil.-août : lun.-sam. 10h-12h30, 14h30-18h30, dim. 10h-12h30 ; mai, juin et sept. : mar.-sam. 10h-12h30, 14h30-18h30, dim. 10h-12h30 ; oct.-avr. : mar.-vend. 10h-12h30, 14h30-17h, sam. 10h-12h30, lun. 14h30-17h.*

Bon à savoir – L'office de tourisme propose de nombreuses brochures pratiques téléchargeables. Pour les randonneurs et les adeptes du VTT, plusieurs topoguides sont à la vente : *Randonnée pédestre en Suisse normande, La Suisse normande et le pays de Falaise… à pied, Espace VTT FFC Suisse normande.*

SE REPÉRER

Carte de microrégion BC1/2 (p. 180) – *carte Michelin Départements 303 JK 6/7.* Cette région touristique est située au sud du bocage normand, dans le triangle formé par Condé-sur-Noireau, Thury-Harcourt et Putanges. Elle comprend la vallée de l'Orne et quelques affluents comme le Noireau, la Vère, la Rouvre et la Baize.

À NE PAS MANQUER

Le remarquable point de vue sur les gorges de la Rouvre depuis le belvédère de la roche d'Oëtre.

ORGANISER SON TEMPS

Parcourez la Suisse normande en voiture avant de l'explorer à pied en choisissant l'une ou l'autre randonnée *(voir en particulier celles proposées à Clécy).*

AVEC LES ENFANTS

Découvrez la géologie et le travail des mineurs aux Fosses d'Enfer à St-Rémy-sur-Orne.

Écrin de choix pour sertir les méandres de l'Orne, la Suisse normande présente d'abruptes et très pittoresques barres rocheuses, modestes montagnes contrastant cependant avec le plateau de Caen qui la borde au nord. Autrefois industrieuse, la région est devenue une destination prisée des vacanciers, en raison de son cadre naturel spectaculaire et de l'offre de loisirs très variée.

Paysage de la Suisse normande.
F. Cormon / hemis.fr

Circuits conseillés Carte de microrégion p. 180

2

★★ LA VALLÉE DE L'ORNE

Pour visualiser ce circuit de 99 km, reportez-vous à la carte p. 180. Comptez environ 3h.

Thury-Harcourt B1

La ville fut célèbre pour son château des 17e et 18e s. *(ne se visite pas)*, siège du duché d'Harcourt, incendié en août 1944 au moment de la débâcle allemande. Elle est aujourd'hui tournée vers le tourisme vert, bénéficiant d'une très agréable campagne environnante.

Quittez Thury-Harcourt au sud, par la D 562.

La route atteint le fond de la vallée. En avant, apparaît, juchée sur un mamelon, la chapelle de Bonne-Nouvelle, puis Caumont et sa carrière de grès abandonnée, à gauche, et enfin St-Rémy.

St-Rémy-sur-Orne B1

Les mines de fer de St-Rémy ont été exploitées de 1875 à 1967. Le minerai produit était l'un des plus riches de Normandie.

Fosses d'Enfer - Maison des ressources géologiques de Normandie – *☎ 02 31 69 67 77 - juil.-août : 10h-12h30, 14h30-18h ; 15 mai-30 juin et 1er-15 sept. : tlj sf mar. 14h-18h - possibilité de visite guidée sur demande préalable (2 j. av.) - fermé du 15 sept. au 15 mai - 3,50 € (-6 ans gratuit).*

Située sur le site de l'ancienne mine de fer exploitée du 15e s. aux années 1960, la Maison des ressources géologiques de Normandie vous explique la formation de la terre et des roches, leur extraction et leur utilisation industrielle. L'accent est mis sur l'exploitation des énergies et des ressources naturelles (pétrole, eau, gestion des déchets radioactifs). Projection d'un film sur les « gueules rouges » retraçant la vie et le travail des mineurs.

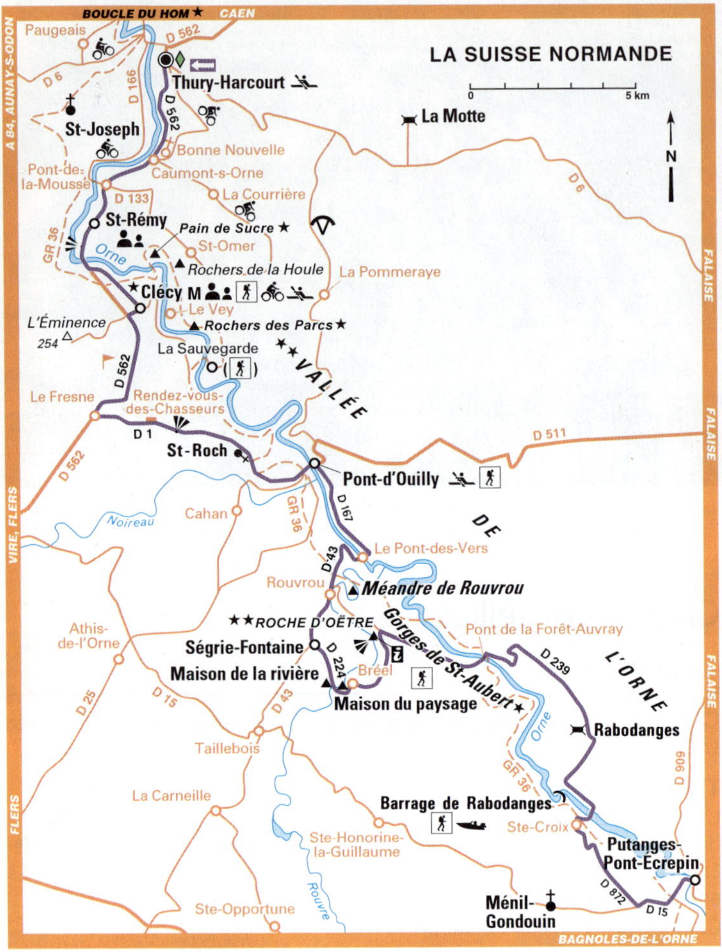

À 700 m de la D 562, la petite église flanquée de son if colossal occupe, au sommet d'une colline, une situation privilégiée. Du cimetière, belle vue sur la vallée de l'Orne.

★ **Clécy** *(voir p. 188)* B1

Quittez Clécy au sud par la D 562.

En fin de montée de la route, après un virage à droite, la vue plonge dans la vallée où apparaît Clécy, à l'horizon. À droite de la croupe de l'Éminence, vous pouvez distinguer le mont d'Ancre (331 m), un des sommets du bocage. *Après Le Fresne, quittez la D 562 pour la D 1.* La route suit la ligne de crête qui sépare les vallées de l'Orne et du Noireau, que rejoint celle du ruisseau de Béron. 500 m après le Rendez-vous-des-Chasseurs, brève échappée au nord sur la vallée de l'Orne dominée par les rochers des Parcs.

Dans la descente, avant la chapelle St-Roch, on voit le promontoire escarpé de la roche d'Oëtre, qui se distingue à l'horizon sur la droite.

Chapelle St-Roch B1

La chapelle de pèlerinage St-Roch date du 16e s. Dotée de fresques modernes relatant la vie du saint, elle est l'objet d'un « pardon », le dimanche qui suit le 15 août (offrande des produits de la terre, procession, bénédiction solennelle des travaux des champs).

Pont-d'Ouilly B1

Situé dans la vallée de l'Orne, Pont-d'Ouilly est le grand carrefour des routes touristiques de la Suisse normande. C'est un point de départ bien connu pour toutes sortes d'excursions ou promenades.

Prenez la D 167.

En quittant Pont-d'Ouilly, la route passe au pied d'un rocher présentant dans sa partie supérieure la silhouette d'une tête de lion. Elle longe l'Orne jusqu'à Pont-des-Vers.

Prenez la D 43 à droite. La route en s'élevant offre des échappées sur la Rouvre et ses beaux méandres encaissés. *À Rouvrou, prenez la direction « Site de St-Jean ».*

Méandre de Rouvrou B2

15mn à pied AR. Pour apprécier ce **paysage**, prenez le chemin du monument aux morts et laissez-y votre voiture. Ce monument est érigé à la racine du méandre, dans la partie la plus étranglée de la crête rocheuse. Alentours agréablement ombragés de pins.

Prenez la direction de Ségrie-Fontaine, puis de Bréel.

Ségrie-Fontaine B2

Maisons de la rivière et du paysage – *Sur la route de Bréel, au niveau de la Rouvre - ✆ 02 33 62 34 65 - www.cpie61.fr - ♿ - juil.-août : 9h30-18h ; avr.-juin et sept. : 9h30-17h30, w.-end et j. fériés 14h-19h ; oct.-mars : lun.-vend. 9h30-12h30, 14h-17h30 - gratuit - possibilité de visite guidée sur demande préalable.* Ces deux maisons, la Maison de la rivière dans un ancien moulin et celle du paysage de l'autre côté de la route (500 m à pied), donnent les clés pour apprendre à découvrir, aimer et respecter l'environnement : la première au moyen d'expositions sur le thème de la pêche et des milieux aquatiques (le CPIE Collines normandes s'occupe notamment du bassin amont de la Druance, classé en site Natura 2000), la seconde avec une boutique et un « Café nature » au bord de la Rouvre. Les principaux centres d'intérêt sont un parcours de pêche sportive accessible aux personnes à mobilité réduite et un sentier de découverte des milieux naturels de la vallée de la Rouvre équipé de panneaux questions-réponses pour tous les âges.

À Bréel, prenez la D 229, puis la D 329 à gauche.

★★ Roche d'Oëtre C2

Au cœur d'un **site** grandiose, dominant de ses hauts escarpements les gorges de la Rouvre, la roche d'Oëtre offre le spectacle le plus « montagnard » de la Suisse normande. Postez-vous à la table d'orientation : la vue est saisissante sur cet immense précipice ! À droite de la table d'orientation, remarquez, sous le belvédère principal, une arête rocheuse présentant les lignes d'un profil humain.

Office du tourisme des collines de Normandie – *61430 St-Philbert - ✆ 02 31 59 13 13 - www.normandie-montagnes.fr - ♿ - juil.-août : 10h-19h ; avr.-juin et sept. : 10h-18h ; oct. 10h-17h ; fév.-mars : 14h-17h, fermé nov.-fév. - gratuit.* Dans un long bâtiment, résolument moderne, une importante documentation, le plus souvent gratuite, invite à découvrir 52 sites des montagnes de Normandie, des Alpes mancelles à la Suisse normande, des gorges de la Vire et de la baie

2

du Mont-St-Michel à Mortain. Le site dispose aussi d'un espace muséographique qui explore et explique ces territoires : films sur l'histoire des paysages, la géologie, les légendes, la faune et la flore, complétés par de nombreuses bornes multimédias et une étonnante carte interactive.

À 50 m, l'**espace Loudière**, annexe de la Maison du paysage, accueille des expositions temporaires ayant trait au patrimoine naturel local.

Un sentier en boucle *(1h AR, suivez les petits panneaux verts)* descend à la rivière et offre de superbes points de vue sur ce site exceptionnel. Attention, le dénivelé est important : des chaussures de marche sont recommandées. Trois autres randonnées balisées *(600 m à 8,5 km)* sont proposées au départ du point d'information régional qui délivre une fiche descriptive gratuite.

Après la roche d'Oëtre, par un beau parcours à flanc de coteau, on retrouve la vallée de l'Orne dont le versant nord est particulièrement sauvage ; on quitte définitivement la rivière au pont de la Forêt-Auvray. L'Orne s'encaisse dans les terrains anciens de la Suisse normande en une série de défilés dont font partie les **gorges de St-Aubert★**.

Rabodanges C2

Le château du 17e s. est entouré d'un parc dominant la vallée de l'Orne.

Barrage de Rabodanges – Un belvédère est aménagé sur sa rive droite. La route longe l'impressionnante retenue, appelée « lac de Rabodanges » (95 ha), et offre de belles perspectives sur cette dernière. Le passage du pont Ste-Croix, qui franchit le lac du barrage de Rabodanges, procure également des vues sur le plan d'eau.

Les **gorges de St-Aubert★** ne sont guère accessibles qu'à pied : l'accès se fait par la D 121 au barrage (voie privée EDF). Départ du parking, puis descente raide par le sentier à droite.

À Ste-Croix, prenez à gauche le C 1 juste devant le monument aux morts.

Jusqu'au carrefour avec la D 15, la route est sinueuse et ombragée.

Putanges-Pont-Écrepin C2

1 Grande-Rue - ✆ 02 33 35 86 57 - www.office-tourisme-putanges.com

Cette petite ville ancienne, agréablement située sur l'Orne, est un autre point de départ pour la visite des gorges de St-Aubert ou pour une croisière sur le lac de Rabodanges.

POUR PROLONGER LE CIRCUIT

★ Boucle du Hom

Circuit de 5 km. Quittez Thury-Harcourt par la D 6 au nord-ouest et, après 1,5 km, prenez la D 212 à droite.

La route suit la rive gauche de l'Orne et longe la rive abrupte du méandre. Au Hom, tournez à droite. Passant l'Orne, la route emprunte une profonde tranchée taillée dans le roc à la racine du lobe convexe du méandre.

Regagnez Thury-Harcourt par la D 6.

★ Mont Pinçon B1

Circuit de 14 km. Quittez Thury-Harcourt par la D 6 au nord-ouest. À la vallée de Hamars, prenez à gauche la D 36 et, au carrefour, la D 108 à droite. Au Plessis-Grimoult, tournez à angle aigu, à droite, dans la D 54 en direction d'Aunay-sur-Odon.

On se trouve alors dans le **pré-bocage**, « pays » rural, riant et pittoresque, au contact de la plaine de Caen, du Bessin et du bocage proprement dit.

Au sommet de la montée (cote 365), près d'un centre émetteur de télévision, tournez à gauche dans un chemin carrossable. Laissez la voiture 600 m plus loin *(le chemin empierré, difficile en hiver, commande la prudence)*. En s'avançant sur la lande, le long du chemin clôturé, on peut découvrir un **panorama** immense sur le bocage.

Chapelle St-Joseph B1

Circuit de 17 km. Quittez Thury-Harcourt par la D 6 en direction de Bayeux, puis prenez la D 166 à gauche après un pont.

La route remonte la vallée de l'Orne. Au Mesnil-Roger, prenez à droite la route pittoresque qui conduit à St-Martin-de-Sallen. Au village, tournez de nouveau à droite dans la petite route en montée, de laquelle se détache à droite le chemin carrossable très étroit qui conduit à la chapelle St-Joseph.

Derrière cette chapelle, vous aurez un beau **panorama★** sur la vallée de l'Orne et les hauteurs de la Suisse normande.

Regagnez St-Martin-de-Sallen et tournez à droite vers la D 6 qui ramène à Thury-Harcourt.

NOS ADRESSES EN SUISSE NORMANDE

HÉBERGEMENT

PREMIER PRIX

Camping des Rochers des Parcs – *14570 Le Vey - ✆ 02 31 69 70 36 - www.camping-normandie-clecy.fr - avr.-sept. - réserv. conseillée - 100 empl. 17,70 € (juil.-août), réduction en basse saison en fonction du nombre de nuitées.* Au cœur de la Suisse normande, cette ancienne structure municipale a gardé un espace bien entretenu pour les campeurs. On y trouve aussi un double secteur locatif, plus récent, comprenant des chalets (sans sanitaires) et des mobile homes neufs. Ensemble aménagé de façon fort convenable. Aire de jeux pour enfants.

Chambre d'hôte La Ferme du Vey – *14570 Le Vey - ✆ 02 31 69 71 02 ou 06 18 47 45 74 - www.ogites.com/ferme-du-vey - 3 ch. 42 €* ☕. Partagée entre son terrain de 50 ha (dont 6 ha de verger) et ses 80 têtes de bétail, cette exploitation agricole abrite 3 chambres aménagées dans un bâtiment annexe. On appréciera leur confort très correct et leur simplicité. Accueil charmant du propriétaire, intarissable sur son métier d'agriculteur passionné.

UNE FOLIE

Hôtel Château des Riffets – *14680 Bretteville-sur-Laize - 2 km au nord-est de Thury-Harcourt par D 562 rte de Caen et D 171 - ✆ 02 31 23 53 21 - www.chateau-des-riffets.com -* 🚭 *-* 🅿 *- 4 ch. 120/170 €* ☕. Ce petit château de 1860 se dresse dans un beau parc de 15 ha. À l'intérieur, tout exhale le raffinement. Les chambres, personnalisées, sont dotées de lits à baldaquin, meubles anciens et tapisseries du 16e s. Les salles de bains, « rétro » ou ultramodernes, sont superbes. Piscine couverte et chauffée en saison.

RESTAURATION

BUDGET MOYEN

Auberge Saint-Christophe – *14690 St-Christophe - 12 km au sud-est de Clécy par D 562 puis D 1 - ✆ 02 31 69 81 23 - auberge.saintchristophe@orange.fr - P - fermé vac. de fév., 2 sem. fin nov., dim. soir et lun. - 24/52 € - 7 ch. 58 € - ☕ 12 €.* Maison tapissée de vigne vierge, bordant une route peu fréquentée. Les petites chambres simples conviennent pour l'étape. Salle à manger au décor champêtre. Cuisine régionale. Terrasse donnant sur un parc de 4 000 m^2, à 100 m de l'Orne. Chiens acceptés *(6 €)*.

POUR SE FAIRE PLAISIR

Relais de la Poste – *7 r. de Caen - ✆ 02 31 79 72 12 - www.hotel-relaisdelaposte.com - fermé 10 déc.-2 janv., 2 sem. en mars et en hors sais. : vend., sam. midi et dim. soir - 28/64 € - 10 ch. 67/142 € - ☕ 11 €.* Maison en pierre de Caen dotée d'une élégante salle à manger sous charpente ; cuisine traditionnelle et belle carte des vins.

ACTIVITÉS

Bon à savoir – Avec ses nombreuses rivières, la Suisse normande ravira les amateurs de sports d'eaux vives. La région regorge de structures louant des embarcations variées : Au Fil de l'Eau, le Beau Rivage et Lionel Terray à Clécy, la Roc qui Beu et le Kayak Club à Thury-Harcourt, et la base de plein air de Pont-d'Ouilly.

Ferme du Mesnil – *14690 La Pommeraye - ✆ 02 31 69 40 94 - http://fermedumesnil-rando-cheval.com - 9h-19h - fermé vac. de Noël.* De belles balades et randonnées équestres à travers la Suisse normande sont organisées à partir de cette ferme d'élevage de chevaux Camargue. Ensemble architectural charmant. Formules « gîte et cheval ».

Base de plein air de Pont-d'Ouilly – *R. du Stade-René-Vallée - 14690 Pont-d'Ouilly - ✆ 02 31 69 86 02- www.pontdouilly-loisirs.com- 9h-13h, 14h-19h - location de matériel avr.-oct.* Base d'activités idéalement située au confluent de l'Orne et du Noireau. Location de canoës biplaces et de kayaks, possibilité de descendre l'Orne jusqu'à Clécy (encadrement en option). Nombreuses autres activités dont le VTT (location), le tir à l'arc, l'escalade, etc. Hébergement possible en gîtes ou camping.

Val d'Orne – *R. Forge - 61210 Putanges-Pont-Écrepin - ✆ 02 33 39 30 30 - www.valdorne.com - fermé janv.-fév., croisières simples uniquement en juil.-août, sf mar.- 8 €.* À partir de Rabodanges *– de juil. à sept. –* ou au départ de Putanges le reste de l'année, ce bateau vous emmènera à la découverte de l'Orne en toute tranquillité. Selon les goûts, simple croisière *(1er mai-30 sept., 8 €)* ou croisière gastronomique : déjeuner ou dîner aux chandelles, agrémentés d'une carte raffinée et d'un service impeccable.

AGENDA

Festival Vieilles Pierres en musique – *Chaque vend. soir de juil. - 7 € (-12 ans gratuit).* Depuis près d'une décennie, ce festival de musique classique, mêlant également jazz et gospel, anime les églises, les manoirs et les châteaux de la Suisse normande. Chaque semaine, le cadre et la programmation varient, assurant aux mélomanes en tout genre le plaisir des oreilles et des yeux.

Aunay-sur-Odon

2 949 Aunais – Calvados (14)

NOS ADRESSES PAGE 201

S'INFORMER

Office du tourisme du bocage normand d'Aunay-sur-Odon – *R. d'Harcourt - 14260 Aunay-sur-Odon - ✆ 02 31 77 60 32 - www.bocage-normand.com - juil. et août: mar.-sam. 9h30-12h30; le reste de l'année: mrc., vend., sam.9h30-12h30 - fermé 24 déc.-2 janv., et j. feriés.*

SE REPÉRER

Carte de microrégion B1 (p. 180) – *carte Michelin Départements 303 I5.* Le bourg se trouve à 6 km de l'A 84 qui relie Caen (27 km au nord-est) à Vire (31 km au sud-ouest). C'est aussi un point de passage quasi obligé entre la presqu'île du Cotentin et la Suisse normande.

À NE PAS MANQUER

Si l'obscurité et l'humidité ne vous font pas peur, parcourez les galeries du Souterroscope.

ORGANISER SON TEMPS

Comptez 1h30 pour le musée de St-Martin-des-Besaces et autant pour le Souterroscope.

AVEC LES ENFANTS

Profitez des rares lions blancs, et des perroquets qui se donnent en spectacle au zoo de Jurques.

2

Point de départ idéal pour de nombreuses excursions, notamment vers la Suisse normande, Aunay-sur-Odon présente l'aspect d'une ville moderne. Tel le Phénix renaissant de ses cendres, elle a su se relever entre 1947 et 1950, après que les bombardements alliés du 11 au 14 juin 1944 l'eurent entièrement détruite.

Circuit conseillé Carte de microrégion p. 180

LE BOCAGE AB1

Pour visualiser ce circuit, reportez-vous à la carte p.180. Quittez Aunay-sur-Odon par la D 6 vers le nord.

Villers-Bocage B1

Pl. Charles-de-Gaulle - 14310 Villers-Bocage - ✆ 02 31 77 16 14 - www.bocage-normand.com - juil. et août: lun.-sam. 9h30-13h, 14h-18h30; le reste de l'année: lun. 13h30-17h30, du mar. au vend. 9h30-12h30, 13h30-17h30, sam. 9h30-12h30 - fermé dim., du 24 déc. au 2 janv., et j. feriés.

Cette localité, complètement reconstruite comme Aunay-sur-Odon, ne l'a pas été dans le même style. Le choix a été plus audacieux, plus radical comme on peut le constater sur un ensemble intéressant d'édifices modernes dont l'**église St-Martin** (faite de pierre et de béton). Regardez attentivement le *Chemin de croix* et les vitraux.

Quittez Villers-Bocage par la D 71 à l'ouest.

Caumont-l'Éventé A1

La situation de cette petite ville sur une butte exposée à tous les vents lui a valu son surnom.

Souterroscope des ardoisières (A1) – *℘ 02 31 71 15 15 - www.souterroscope-ardoisieres.fr - visite audioguidée (1h) juil.-août : 10h-19h (dernière entrée 1h av. fermeture) ; avr.-juin : 11h-17h ; vac. de fév. : tlj sf lun. 10h-17h - 1er sept.-25 nov. : tlj sf lun. 11h-17h ; du 25 nov. aux vac. de fév. : sur demande - 9,75 € (4-12 ans 4,60 €). Prévoyez des vêtements chauds et des chaussures étanches. La température constante est de 12 °C. Le port du casque, fourni à l'entrée, est obligatoire.*

Abandonnées à la fin du 19e s., des carrières d'ardoise creusées de la main de l'homme au cœur du bocage normand servent aujourd'hui de cadre au Souterroscope.

Piloté par des bornes lumineuses et sonores (un système qui demande une certaine discipline !), le visiteur découvre un monde souterrain inattendu tout au long des 400 m de sa progression dans les anciennes galeries d'exploitation. Les projections présentent un peu le site, mais surtout des sujets plus généraux liés au monde souterrain : faune, géologie, spéléologie, etc. Intéressante collection de minéraux dans la dernière salle souterraine.

Quittez Caumont-l'Éventé, au sud, par la D 53.

St-Martin-des-Besaces A1

Musée La Percée du bocage – *℘ 02 31 67 52 78 - www.laperceedubocage.com - ♿ - de déb. avr. à fin-sept. : tlj sf mar. 10h-12h, 14h-18h - 5 € (-12 ans gratuit).*

Le musée raconte avec émotion l'histoire des combattants anglais et des résistants qui ont participé à la libération du bocage. Photos, documents, maquettes illustrent les commentaires et anecdotes rapportés par le guide.

Quittez St-Martin-des-Besaces au sud-est par la D 165, puis suivez le fléchage en direction de la Cabosse.

Zoo de Jurques B1

14260 Jurques - ℘ 02 31 77 80 58 - www.zoodejurques.eu - ♿ - de déb. avr. à fin sept : 10h-19h ; vac. scol. : 10h-18h ; reste de l'année : w.-end et j. fériés 10h-18h ; fermé déc.-fév. - 14,50 € (-12 ans 9 €, -3 ans gratuit).

Jurques participe activement à des programmes européens d'élevage (EEP) pour des espèces particulièrement menacées : panthères des neiges, makis varis, makis rouges, tigres de Sibérie. Parmi les célébrités du parc, on ne peut manquer les superbes et rares lions blancs.

Dans un parc boisé de 15 ha, vivent en semi-liberté plusieurs dizaines d'espèces animales (fauves, singes, girafes, oiseaux, etc.). La présentation des rapaces, le repas des animaux à certaines heures (loups, manchots) et le **spectacle de perroquets★** sont des temps forts de la visite. Reptilarium, miniferme, aires de jeux et de pique-nique.

Revenez à Aunay par la D 114 qui traverse le bois de Buron.

NOS ADRESSES À AUNAY-SUR-ODON

HÉBERGEMENT

PREMIER PRIX

Chambre d'hôte La Nouvelle France – *Lieu-dit La Nouvelle France - 14310 Longvillers - 4 km au nord d'Aunay-sur-Odon par D 6 et D 216 vers Longvillers - ✆ 02 31 77 63 36 - www.la-nouvelle-france.com - ⊭ - 3 ch. 48 € ☕ - repas 19 €.* Trois jolies chambres d'une tenue méticuleuse occupent l'ancienne grange de cette fermette bâtie en pierre du pays dans un site bocager. Petit-déjeuner en compagnie des propriétaires dans le corps de logis. Grande pelouse ombragée, potager et verger.

BUDGET MOYEN

Chambre d'hôte Manoir de Mathan – *14310 Longvillers - 3 km au nord d'Aunay-sur-Odon par D 6 - ✆ 02 31 77 10 37 - mathan.normandie@gmail.com - fermé du 15 nov. à fin mars - ⊭ - 3 ch. 50 € ☕.* De grandes chambres agréables à vivre ont été aménagées dans cette ferme-manoir située à mi-chemin entre Aunay-sur-Odon et Villers-Bocage. Vous apprécierez le sens de l'hospitalité des propriétaires, le calme des lieux et l'ambiance « campagne ». Voisinage d'un centre équestre.

RESTAURATION

PREMIER PRIX

P'tit Zinc – *44 r. Georges-Clemenceau - 14310 Villers-Bocage - ✆ 02 31 77 82 22 - j-m.leopold@orange.fr - fermé 3 sem. en août, dim., le soir sf vend.-sam. - 9,50/14 €.* Une foule d'habitués se presse chaque midi dans ce sympathique bistrot œuvrant sur la traversée de Villers-Bocage. Repas traditionnels à prix souriants, ambiance cordiale et décoration façon « chalet » dans la salle située à l'étage. Tables individuelles ou coude-à-coude fraternel autour de la grande table commune.

BUDGET MOYEN

Saint-Michel – *6 r. de Caen - ✆ 02 31 77 63 16 - saint-michel-aunay@wanadoo.fr - P - fermé 15 janv.-15 fév. (se rens.), dim. soir et lun. sf juil.-août et j. fériés - 15/45 € - 6 ch. 49 € - ☕ 8 € - 1/2 P 102 €.* Dans la salle à manger, qui a bonne mine grâce à ses rideaux fleuris et ses nappes colorées, vous vous sentirez d'humeur gourmande et vous ferez plaisir en dégustant un des petits plats de tradition mitonnés par Gérard Leroux : côte de veau normande flambée au calvados, marmite de queues de langoustines à l'ancienne, gâteau d'andouille aux pommes, etc.

ACTIVITÉS

Centre équestre de Longvillers – *D 6, lieu-dit Ferme de la Butte - 3 km au nord d'Aunay-sur-Odon par D 6 ou par A 84 sortie 43, dir. Aunay-sur-Odon - 14310 Longvillers - ✆ 02 31 80 42 02 ou 06 86 73 47 87 - fermé 1 sem. vac. de fév., 1er-15 août, sem. de Noël et lun.* Des promenades équestres sont organisées à partir de ce petit centre installé à mi-chemin entre Aunay-sur-Odon et Villers-Bocage. Carrière de sable, manège couvert, obstacles, dressage et possibilité de stages.

2

Vire

12 231 Virois – Calvados (14)

NOS ADRESSES PAGE 205

S'INFORMER

Office du tourisme de Vire – *Sq. de la Résistance - 14500 Vire - ✆ 02 31 66 28 50 - www.bocage-normand.com - 9h30-12h30, 13h30-18h, sam. 9h30-12h30, 13h30-17h - fermé dim. et j. fériés, sam. de nov. à Pâques.* Documentation disponible sur place hors horaires d'ouverture.

SE REPÉRER

Carte de microrégion A2 (p. 180) – *carte Michelin Départements 303 G6.* Vire jouit d'une position centrale entre les axes Caen (64 km au nord-est)-Fougères, Granville (55 km à l'ouest)-Falaise (60 km à l'est) et St-Lô (42 km au nord-ouest)-Flers (30 km au sud-ouest). Les principales routes contournent désormais la ville, longtemps victime des embouteillages.

À NE PAS MANQUER

La porte-horloge, vestige impressionnant du système de défense médiéval ; l'église Notre-Dame qui témoigne des phases successives de l'architecture gothique.

ORGANISER SON TEMPS

Prévoyez une journée pour faire le tour de la ville avant de profiter des activités en plein air de la campagne alentour.

AVEC LES ENFANTS

Accompagnez-les pour une promenade à cheval dans la vallée de la Souleuvre.

Gastronomique, Vire l'est sans conteste ! Mais la fameuse andouille fumée au bois de hêtre n'est pas son seul titre de gloire. Sa situation sur un éperon rocheux, au pied duquel coule le fleuve côtier qui lui a donné son nom, les ruines de son château et son agréable patrimoine lui confèrent un charme certain, à découvrir lors d'une halte gourmande ou à l'occasion d'un circuit dans le bocage virois.

Se promener

Église Notre-Dame

Cette église des 13e-15e s. a été bâtie sur l'emplacement d'une chapelle romane due à Henri Ier Beauclerc. Le portail (13e s.) est flanqué d'une tourelle carrée à toit d'ardoise. Le clocher, lui, est constitué d'une tour carrée couronnée d'une balustrade. À l'intérieur, la nef à cinq travées présente des arcades et un triforium. Le chœur aux colonnes élancées est orné d'une frise d'entrelacs de style flamboyant. Dans le transept sud se trouve un autel baroque doré et une pietà, œuvre d'un artiste de Lisieux du 19e s.

Donjon

Les restes du donjon carré du château, agrandi au 12e s. par Henri Ier Beauclerc puis démantelé par Richelieu au 17e s., se dressent sur un éperon, la place du Château ; de là, vue plongeante sur les Vaux de Vire et le plan d'eau de l'écluse.

Vue aérienne de la ville de Vire.
F. Cormon / hemis.fr

Les Vaux de Vire

Accès par la rue du Valhérel.

On appelle ainsi les berges encaissées de la Vire et de la Virenne, près de leur confluent. C'est à la fin du 14e s. que s'y établirent des drapiers venus de Coutances, installant de nombreux moulins à foulon pour la fabrication du feutre. Les Vaux constituent aujourd'hui une des promenades les plus appréciées des Virois comme des visiteurs, mais peu d'entre eux savent sans doute que c'est des *Vaux de Vire*, recueil de chansons à boire d'Olivier Basselin, compagnon foulon travaillant en ces lieux au 15e s., que dériverait le mot « vaudeville ».

2

Tour de l'Horloge

Pl. du 6-Juin-1944 - de déb. juil. à mi-sept. : 14h-18h (journée du patrimoine: 10h-12h30, 14h-18h) - fermé dim., lun. - gratuit.

Cette ancienne porte du 13e s., jadis entrée principale de la cité fortifiée, prit le nom de « tour de l'Horloge » en 1480, quand elle fut rehaussée d'un campanile coiffé d'un dôme de pierre pour servir de poste de guet et recevoir une horloge. Le beffroi constitue depuis l'élément central de la ville.

Un escalier à vis permet d'accéder au sommet d'où l'on a une belle **vue** sur le bocage virois, les Vaux et le mont Pinçon.

La rue des Remparts, au sud du beffroi, conserve deux tours du 13e s. : la tour St-Sauveur et la tour aux Raines, vestiges des fortifications.

Musée

2 pl. Ste-Anne - ✆ 02 31 68 10 49 - www.museedevire.blogspot.fr - mai-oct. : merc.-dim. 10h-12h30, 14h-18h - possibilité de visite guidée - fermé lun. et mar. - 3 € (-26 ans gratuit), gratuit 1er dim. du mois.

Installé dans l'ancien hôtel-Dieu du 18e s., ce musée est consacré aux arts et traditions populaires du bocage virois. Au rez-de-chaussée, des ateliers de vieux métiers ont été reconstitués : sabotier, vannier, bourrelier, tonnelier, charron. Le premier étage présente du mobilier normand (armoires, vaisseliers et « menoure », idéal pour apprendre aux enfants à marcher), des coiffes et des costumes. Des dessins, peintures et sculptures sont visibles au deuxième étage. Observez les dessins et les caricatures de **Charles Léandre** (1862-1934), originaire de Champsecret (Orne), qui illustra des œuvres de Flaubert et de Courteline, ainsi que les sculptures de **Pompon** (1855-1933) et d'Anne-Marie **Profillet** (1898-1939).

Usine Guy Degrenne

À la sortie de la ville dir. Aunay, par la D 55 - rue Guy-Degrenne - ✆ 02 31 66 44 44 - www.guydegrenne.fr - mi-juin à mi-sept. : mar. et jeu. visites à 10h et 14h30 - fermé en août - 3,50 € (-18 ans 1,20 €).

Installée dans les années 1960 à Vire pour répondre au développement de la société, pionnière française de l'utilisation de l'acier inoxydable en orfèvrerie, l'usine organise des visites guidées *(1h15)* des ateliers. Vous suivrez la fabrication des couverts de la bobine d'acier aux produits finis. Magasin d'usine sur place.

À proximité Carte de microrégion p. 180

Plan d'eau de la Dathée A2

▶ *7 km au sud, par la D 577, puis la D 76 à droite.*

Un barrage situé à l'est procure une bonne vue d'ensemble sur ce lac de 43 ha. Vous pouvez en faire le tour par un sentier de 7 km. Pourvu d'une base nautique, d'une réserve ornithologique et d'aires de pique-nique, ce plan d'eau constitue un lieu de détente recherché par les amateurs de nature et de grand air.

Le Bény-Bocage A1

▶ *15 km au nord par la D 577 (route de Caen).*

Cet agréable village, souvent très fleuri et doté d'une belle halle, doit une bonne part de sa célébrité à la proximité de la vallée de la Souleuvre *(voir les randonnées à cheval proposées dans « Nos adresses à Vire »).*

Viaduc de la Souleuvre A1

▶ *6 km à l'ouest du Bény-Bocage par la D 56 (suivre fléchage), à La Ferrière-Harang.*

Construit en 1869 sur des plans de Gustave Eiffel pour la voie ferrée Vire-Caen, le viaduc a été abandonné (tablier démonté en 1970) avant sa conversion en complexe de loisirs riches en émotion. Il est devenu un centre emblématique pour le **saut à l'élastique (voir** *« Nos adresses à Vire »***).**

Saint-Sever-Calvados A1/2

▶ *13 km à l'ouest de Vire, sur la D 524, en bordure de la forêt de St-Sever.*

Église – L'édifice porte le nom de Sever, esclave qui, ayant converti son païen de maître, se vit offrir un terrain sur lequel il établit une communauté religieuse, au 6ᵉ s. Nommé évêque d'Avranches, il revint mourir dans son abbaye, et son tombeau devint un lieu de pèlerinage très fréquenté. L'établissement devint une abbaye bénédictine au 11ᵉ s., sous l'impulsion d'Hugues Iᵉʳ, vicomte d'Avranches.

L'ancienne abbatiale (13ᵉ et 14ᵉ s.) est précédée par la tour isolée du clocher (17ᵉ s.), séparée du reste de l'édifice lors de la destruction d'une partie de la nef en 1821. La croisée du transept est dominée par une gracieuse tour-lanterne portée sur pendentifs. Le chœur, à l'entrée duquel se trouve une poutre de gloire, est éclairé par de grandes lancettes : deux d'entre elles sont pourvues de vitraux du 13ᵉ s. Remarquez, au côté sud, une verrière du 15ᵉ s.

Circuit conseillé Carte de microrégion p. 180

FORÊT DE ST-SEVER A2

Pour visualiser ce circuit de 17 km, reportez-vous à la carte p. 180. Comptez environ 1h15.

Ce massif de 1 528 ha s'étend au sud de la ville. Il est constitué d'essences variées : chênes, hêtres, pins, jeunes sapins et mélèzes.

Quittez St-Sever par la route de St-Pois au sud. À la sortie du village, prenez la route forestière à gauche.

La route pénètre dans la forêt et, à un carrefour, passe devant un petit oratoire, « la Vierge à la Vilaine ».

Un peu plus bas, si vous pêchez, vous apprécierez l'**étang du Vieux-Château**. En le longeant, on arrive à un second plan d'eau légèrement surélevé. Après les étangs, la route s'élève quelque peu *(à droite s'embranche le sentier pédestre conduisant aux ruines du vieux château)*, puis traverse un paysage découvert avant d'arriver à un carrefour.

Prenez à droite la D 299. Cette route rejoint la D 81 que vous prendrez à gauche.

Ermitage A2

Sous le règne de Louis XIII, une petite colonie d'ermites s'est établie dans cette retraite. Ils vivaient sous la règle des camaldules. Ce nom à la consonance étrange désigne les membres d'un ordre religieux fondé dans le village de Camaldoli, en Toscane, en 1010. Il ne reste du monastère que le portail (1776) et la chapelle **N.-D.-des-Anges**, presque entièrement pavée de dalles funéraires en granit. Les bâtiments sont toujours occupés par une communauté de religieuses.

2

NOS ADRESSES À VIRE

VISITE

Circuit historique – Inclus dans le parcours de l'Espace historique de la bataille de Normandie *(p. 129)*, le circuit balisé **L'affrontement** passe par Vire.

HÉBERGEMENT

PREMIER PRIX

Chambre d'hôte La Plaine Postel – *14380 Courson - 3,5 km au nord de St-Sever-Calvados dir. Sept-Frères par D 81 et dir. Courson par D 304 - ✆ 02 31 68 83 41 - ⌿ - 5 ch. 43 € ☕ - repas 19 €.* La première impression, lorsque vous touchez au but, c'est le calme, troublé seulement par les cris des animaux de la ferme. Les cinq chambres sont sobres et agréables. Repas servis dans une grande pièce claire, face à la piscine, appréciable en été.

Budget moyen

Chambre d'hôte Le Château – *Au bourg - 14350 St-Charles-de-Percy - ✆ 02 31 66 91 03 - jacques.desormeau@orange.fr - fermé de déb. nov. à fin. mars -*

- 5 ch. 70/75 € . Autrefois propriété de la famille de Percy, ce château datant de 1720 propose un agréable mélange d'ancien et de moderne. Un parquet marqueté orne le sol du rez-de-chaussée. Le magnifique piano à queue trouve sa place dans la salle de musique. À l'étage, 4 chambres, dont une suite, ouvrent toutes sur le parc de 9 ha.

RESTAURATION

BUDGET MOYEN

Au Vrai Normand – *14 r. Armand-Gasté - 02 31 67 90 99 - www.auvrainormand.com - fermé vac. de fév., dim. soir, mar. soir et merc. - 16 € déj. - 22/33 €.* Tout près des principales curiosités de la ville, ce petit restaurant aux tons pastel dresse quelques tables en terrasse pour les inconditionnels du déjeuner dehors. Quant à sa cuisine, sans beurre ni crème à outrance, elle séduira ceux qui surveillent leur ligne !

Ferme-auberge

La Petite Fosse – *La Petite Fosse - 14500 St-Germain-de-Taillevende - à 2 km du centre-ville de Vire, à gauche au sommet de la côte - 02 31 67 22 44 (uniquement sur réserv.) - formule déj. 16 € - 14,90/26 € - 3 ch. 36 € - 1/2 P 68 €.* Et si c'était l'occasion de goûter du veau et du poulet fermiers ? La maîtresse des lieux vous y invite et vous proposera même d'accompagner ce repas d'un bon cidre maison. En réservant, pensez à demander une table près de la cheminée.

ACHATS

Danjou – *5 r. André-Halbout - 02 31 68 04 00 – www.paul-danjou.com - de Pâques à fin sept. : tlj sf dim. 9h30-12h30, 14h-19h ; hors sais. : fermé dim. et lun.* Depuis plus d'un siècle, la maison Danjou perpétue la tradition de l'andouille. Spécialité locale appréciée, elle se compose de boyaux de porc coupés et marinés, enrobés dans le gros intestin. Fumée au feu de bois de hêtre pendant plusieurs semaines, d'où sa couleur noire, l'andouille est ensuite cuite à l'eau. Chez Danjou, la méthode de fabrication n'a pas changé depuis 1897.

ACTIVITÉS

Écurie de la Souleuvre – *La Gare - 14350 Carville - 02 31 67 77 34 ou 06 73 52 27 96 - www.ecurie-de-la-souleuvre.fr - tlj sf dim. et lun. 9h-19h30 (sortie ouest du Bény-Bocage sur D 56).* Le cadre spectaculaire et sauvage de la vallée de la Souleuvre est idéal pour des promenades à cheval accompagnées par un guide. Nombreuses possibilités de sorties, promenades, leçons d'équitation et stages pour adultes et enfants (cours Baby Poney dès 3 ans sur shetlands) ; manège couvert.

Saut à l'élastique – *Viaduc de la Souleuvre - 02 31 66 31 66 - www.ajhackett.com - ♿ - 9 avr.-27 nov. - pour les horaires, se rens.* Une passerelle de 140 m et une plate-forme ont été aménagées pour pouvoir sauter à 61 m au-dessus de la Souleuvre. Il est également possible de descendre par le « **scable** » (câble de 400 m de long) à une vitesse de 100 km/h ou de tester sa vaillance sur le **Swing**, balançoire géante qui vous emmène à 130 km/h !

Voie verte – *Suivez la D 524 dir. St-Sever. À 4 km, tournez à gauche au panneau « Parking ».* La voie verte suit le tracé de l'ancienne voie ferrée et conduit à Sourdeval, Mortain, puis à Domfront ou à la baie du Mont-St-Michel. Vire-Mortain : 32 km.

Flers

15 716 Flériens – Orne (61)

NOS ADRESSES PAGE 209

S'INFORMER

Office du tourisme de Flers – *2 pl. du Dr-Vayssières - 61100 Flers - 02 33 65 06 75 - www.flerstourisme.com- lun., mar., judi e vend. 9h30-12h30, 14h-19h, fermé dim. et j. feriés.*

SE REPÉRER

Carte de microrégion B2 (p. 180) – *carte Michelin Départements 310 F2.*
Flers se trouve au carrefour des axes Paris-Granville et Caen-Laval, à 92 km au sud de Caen par la D 562, à 58 km au nord de Mayenne par les D 962 et D 23, à 30 km au sud-est de Vire et à 44 km à l'ouest d'Argentan par la D 924.

À NE PAS MANQUER

La vue depuis la tour du château au mont de Cerisy.

ORGANISER SON TEMPS

Une demi-journée suffit à explorer Flers et ses environs.

Importante cité commerçante, Flers se situe entre la forêt d'Andaines et la Suisse normande. De superbes promenades conduisent jusqu'au mont de Cerisy où dorment les ruines d'un château dans une forêt de rhododendrons. Loin de s'assoupir, la dynamique cité a su adapter sa production artisanale de textile aux exigences de la modernisation et s'ouvrir à de nouvelles industries.

2

Se promener

Château

Le château primitif de Flers, aujourd'hui disparu, fut édifié par la première famille seigneuriale du lieu : les barons d'Aunou, tous prénommés Foulque. Le premier était compagnon de Guillaume le Conquérant. Sous la Révolution, l'édifice servit de point de rassemblement aux chouans et il ne fut repris par les républicains qu'en janvier 1800. Il abrite aujourd'hui un musée et l'hôtel de ville.

Entouré d'un parc aménagé vers 1730, le château actuel, enserré de douves sur trois côtés, se compose de deux ailes en retour d'équerre. Le corps de logis du 16e s., flanqué de deux hautes tours coiffées de lanternons, fut élevé par l'alchimiste **Nicolas Grosparmy**, baron de Flers de 1527 à 1541. L'autre aile, arborant notamment une belle façade classique orientée au sud, fut bâtie en 1764 par le propriétaire d'alors, Ange Hyacinthe de la Motte-Ango. Bien de la commune depuis le début du 20e s., le château abrite les bureaux de la mairie et un intéressant musée consacré aux arts plastiques et aux traditions populaires.

Musée du Château – *02 33 64 66 49 - fermé pour travaux, réouverture prévue en 2014 - 2,50 € (-18 ans gratuit).*

Au sous-sol, l'ancienne cuisine du château (ustensiles, armoires, etc.) et deux pièces attenantes consacrées au tissage (métiers à tisser, rouet, broyeur

à chanvre). En raison de travaux, ces salles sont fermées pour une durée indéterminée.
De belles peintures sont exposées (Corot, Boudin, Caillebotte, Daubigny), dont une intéressante collection d'œuvres du peintre et dessinateur humoristique **Charles Léandre** *(La Vieille Modiste).*

À proximité Carte de microrégion p. 180

Tinchebray B2

5 km à l'ouest, par la D 924.
C'est aux environs de ce bourg que se déroula le 28 septembre 1106 une bataille entre les deux fils de Guillaume le Conquérant, Robert II Courteheuse et Henri Ier d'Angleterre (Henri Beauclerc). L'issue fut fatale à Robert, qui dut céder à son frère le duché de Normandie.
La ville conserve de son passé le clocher fortifié (mâchicoulis, échauguettes) de l'ancienne église St-Rémy (12e s.) ainsi que sa prison royale.
Prison royale et musée – *✆ 02 33 64 23 55 - visite guidée juil.-août : lun.-mar. et merc.-sam. 14h30 et 16h - 4 € (- 12 ans gratuit).*
Le tribunal révolutionnaire était installé au 1er étage du bâtiment qui abritait également les cellules, ce qui limitait les évasions ! Deux cellules sont munies d'une cheminée, certains détenus pouvant s'offrir du bois de chauffage. Les épaisses cloisons et portes en bois aux impressionnantes serrures sont encore marquées de graffitis, le plus ancien remontant à 1793.
Une ancienne geôle abrite un **musée d'Ethnographie locale**. Au rez-de-chaussée, deux cellules exposent des outils de sabotier et de l'outillage divers. Un intérieur normand a été reconstitué. La salle des coiffes illustre un impressionnant travail de finesse et de patience. Dans la chapelle sont exposés des objets de culte et des statues provenant de l'église des Montiers.

Circuit conseillé Carte de microrégion p. 180

AUTOUR DU MONT DE CERISY B2

Pour visualiser ce circuit de 24 km au départ de Flers, reportez-vous à la carte p. 180. Comptez environ 1h. Quittez Flers à l'ouest par la D 924.

La Lande-Patry B2

L'ancien cimetière renferme deux ifs géants, vieux de plus de mille ans.
Tournez à gauche dans la D 18 en direction de Cerisy-Belle-Étoile.

★ Mont de Cerisy B2

265 m. Accès libre. Le chemin bordé de quelque 4 000 pieds remarquables de **rhododendrons** en buissons (floraison à la fin du mois de mai – *voir « Agenda »*) s'élève sur les flancs du mont de Cerisy, offrant des vues très étendues sur le bocage. Le sommet, aménagé pour la promenade et la détente (petite pièce d'eau, parcours santé, circuits VTT, jeux d'enfants, etc.), est dominé par les ruines d'un **château** de style anglais du 19e s., bombardé en 1944. Une de ses tours offre une belle **vue panoramique★** sur les dernières hauteurs de la Suisse normande.
Faites demi-tour et revenez à la D 18 que vous continuez à suivre.

Les Vaux B2
Aussitôt après un pont sur le Noireau, tournez à gauche dans une route très étroite suivant la rive gauche de la rivière qui s'encaisse entre le mont de Cerisy, à gauche, et les roches de St-Pierre, à droite. La route aboutit au hameau du Vieux-St-Pierre où un petit pont romain enjambe la rivière.
Chemin pédestre au-delà du pont.
Rentrez à Flers par St-Pierre-d'Entremont et Caligny.

NOS ADRESSES À FLERS

HÉBERGEMENT

BUDGET MOYEN

Hôtel Le Galion – *5 r. Victor-Hugo - ✆ 02 33 64 47 47 - www.hotellegalion.fr -* P - ♿ *- 30 ch. 62 € - ☕ 9 €.* Cet immeuble situé au centre-ville bénéficie d'un environnement paisible et d'une bonne insonorisation. Chambres spacieuses.

RESTAURATION

PREMIER PRIX

Restaurant des 5 Becs – *22 pl. du Gén.-de-Gaulle - ✆ 02 33 65 10 68 - fermé dim. et j. fériés - 12,90/30 €.* Une devanture un peu tape-à-l'œil signale cet établissement connu de longue date au centre de Flers. Ambiance cordiale, clientèle très diversifiée et carte traditionnelle, pour tous les appétits et toutes les bourses. Cinq becs de gaz alimentaient autrefois le restaurant, d'où l'enseigne !

BUDGET MOYEN

Au Bout de la Rue – *60 r. de la Gare - ✆ 02 33 65 31 53 - www.auboutdelarue.com - fermé 3 sem. août, merc. soir, sam. midi, dim. et j. fériés - menu 21/33 € - carte 27/51 €.* Ici, on ne vous cache rien ! Depuis la salle, chic et élégante, vous observerez le chef préparer le plat que vous aurez précédemment choisi sur la carte, actuelle et créative.

Auberge Guilmin – *Montsecret, 18 km au nord-ouest de Flers par la D 924 et la D 911 - ✆ 02 33 66 50 69 (réservation conseillée) - fermé merc. - 25/30 €.* À l'écart du village et à proximité de la ligne SNCF, se dresse la grande bâtisse. Ouvert depuis la fin du 19e s., l'établissement est aujourd'hui aux mains de la 5e génération. Il n'y en aura pas de 6e, alors dépêchez-vous ! La chère est bonne et l'accueil affable. Délectez-vous de coquilles St-Jacques poêlées et d'un daguet (jeune cerf) sauce grand veneur.

POUR SE FAIRE PLAISIR

Auberge de la Mine – *Le Gué-Plat - 61450 La Ferrière-aux-Étangs - 12 km au sud de Flers par D 18 puis D 21 et D 825 - ✆ 02 33 66 91 10 - aubergedelamine.free.fr - fermé 6-31 janv., de mi juil. à déb.-août, dim. soir, lun. et mar. - 26/65 €.* Ce restaurant entièrement rénové abritait la cantine d'une ancienne mine de fer. Une adresse à retenir pour son accueil fort sympathique et le soin apporté à sa cuisine au goût du jour, préparée à base de produits frais du terroir. Très bon rapport qualité-prix, avec des menus à prix variés.

AGENDA

Le dernier dimanche de mai, la **Fête des rhododendrons** connaît toujours un grand succès sur le mont de Cerisy.

Argentan

14 439 Argentanais – Orne (61)

NOS ADRESSES PAGE 216

S'INFORMER

Office du tourisme d'Argentan – *Pl. du Marché - chapelle St-Nicolas - 61200 Argentan - ✆ 02 33 67 12 48 - www.argentan.fr - juil.-août : lun. 9h30-12h30, 13h30-18h, mar.-sam. 9h-18h; reste de l'année : lun.-vend. 9h30-12h30, 14h-18h, sam. 9h30-12h30, 13h30-17h30 - fermé dim., et j. fériés hors saison.*

Visites – *En juillet et août, l'office de tourisme propose des visites guidées à pied (1h30 - gratuit) ou en calèche (45mn - 3,50 €, enf. 2 € - réservation obligatoire).*

SE REPÉRER

Carte de microrégion D2 (p. 180) – *carte Michelin Départements 310 I2.*
Située sur l'Orne et entourée de forêts, cette sous-préfecture se trouve au centre du département de l'Orne, à équidistance de Flers (45 km à l'ouest) et d'Alençon (45 km au sud).

À NE PAS MANQUER

La délicate technique du « point d'Argentan » à la Maison des dentelles et à l'abbaye des Bénédictines ; le pays d'Argentan ; le château du Bourg-St-Léonard.

ORGANISER SON TEMPS

Consacrez une matinée à la découverte de la cité, puis visitez l'un ou l'autre des châteaux avant de profiter de la campagne alentour.

Blottie dans un pays de haras et d'élégants châteaux, Argentan multiplie les atouts pour les amoureux de nature, d'équitation ou d'architecture. Ville natale de Fernand Léger, petite cité historique témoignant d'un passé aristocratique et prospère, elle perpétue la tradition du point de dentelle qui a porté sa renommée bien au-delà des frontières normandes.

Se promener Plan de ville ci-contre

La ville natale du peintre Fernand Léger (1881-1955) et de Charlotte Corday, qui assassina Marat, regroupe l'ensemble de ses monuments historiques dans un même périmètre, en plein cœur de la cité *(voir plan)*.

LE POINT D'ARGENTAN

Ce fameux point est une dentelle à l'aiguille proposant des motifs variés sur un fond de mailles qui rappellent les alvéoles d'une ruche. Appelé aussi le point de France, il est plus gros (mais, aux dires des spécialistes, plus parfait) que celui d'Alençon, qui a l'apparence du tulle. En 1874, un heureux hasard permit de retrouver des cartons (modèles) du 18e s. rendant possible la reconstitution du point d'Argentan d'origine.

ARGENTAN

SE LOGER

Ariès (Hôtel) 1

Château de Serans (Chambre d'hôte) 5

Ferme de la Gravelle (Chambre d'hôte) 7

Pavillon de Gouffern (Hôtel Le) 10

Refuge du P'tit Fischer (Hôtel Le) 13

SE RESTAURER

Fleuré (Restaurant de) 1

Renaissance (La) 5

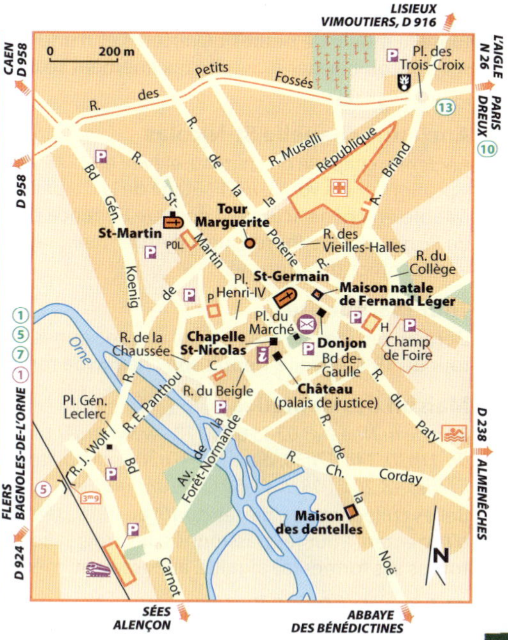

Église St-Martin

☏ 02 33 67 12 48 - ouverte seult pdt les journées du patrimoine et les offices (se renseigner).

L'ensemble de l'architecture est de style flamboyant; cependant, l'église ayant été bâtie aux premiers temps de la Renaissance, des éléments nouveaux apparaissent, notamment dans la claire-voie de la nef et du chœur. Dans le chœur, sept fenêtres sont garnies de beaux vitraux des 15ᵉ et 16ᵉ s.

★ Église St-Germain

☏ 02 33 67 12 48 - ♿ - du 1ᵉʳ juin à mi-sept. : lun., merc., jeu. et vend. 9h-12h, 14h-18h, mar. 14h-18h, dim. 15h-18h, fermé sam. - possibilité de visite guidée.

Abordez votre visite par la place St-Germain, afin de découvrir l'église sous son plus bel aspect. Élevé du 15ᵉ au 17ᵉ s., cet édifice flamboyant a été très touché par les obus en 1944. La tour-lanterne, de style Renaissance, est couronnée d'un dôme à lanternon.

En contournant l'église par la droite, on observe la disposition inhabituelle du chevet (16ᵉ s.) à quatre pans et les croisillons terminés par une abside et non par une façade. Le porche, qui s'ouvre rue St-Germain, à la base de la tour-clocher, est une œuvre purement flamboyante. L'intérieur, lui, est caractéristique du gothique flamboyant déjà influencé par le goût de la Renaissance.

Donjon

Élevé au 12ᵉ s. par Henri Iᵉʳ Beauclerc, le donjon *(derrière l'église)* est un excellent point d'observation doté d'une table d'orientation (juin-sept. : 10h-18h, gratuit).

Château (ancien palais des Ducs)

Ne se visite pas.

Construit vers 1370 par le comte d'Alençon, Pierre II, cet imposant bâtiment rectangulaire est flanqué de deux tours carrées et orné, au centre, d'une tourelle munie de petites ouvertures et d'une porte dont le tympan repose sur des colonnettes à chapiteaux finement sculptés. Il est le siège de l'actuel palais de justice.

Ancienne chapelle St-Nicolas

Ancienne chapelle du château, élevée en 1773, elle vit Marguerite de Lorraine y prononcer ses vœux. Au 1er étage de la chapelle, on peut voir un magnifique retable en chêne sculpté d'époque Régence provenant de l'église détruite de Pommainville (nord-ouest d'Argentan). Aujourd'hui, le rez-de-chaussée abrite l'office de tourisme.

Tour Marguerite

Dernier vestige (avec le donjon) des anciennes fortifications de la ville, cette tour du 15e s. dévoile, depuis son chemin de ronde, de belles vues sur la ville.

Maison des dentelles

34 r. de la Noé - ✆ 02 33 67 50 78 - www.argentan.fr - ♿ - de fin mars à fin oct. : 9h-11h30, 14h-17h30, dim. 15h-17h30 - possibilité de visite guidée - fermé lun. et j. fériés - 3,20 € (-18 ans 2,50 €; -10 ans gratuit).

Belles collections de pièces du 16e au 20e s., témoignages du passé dentellier d'Argentan. Pour les passionnés, les trois salles présentent la dentelle sous toutes ses formes (à l'aiguille, au fuseau ou mécanique).

Abbaye des Bénédictines

À partir du bd du Gén.-de-Gaulle, par la r. de la Noé, suivez la signalisation « Abbaye des Bénédictines » - 2 r. de l'Abbaye - ✆ 02 33 67 12 01 - 14h30-16h - fermé dim. et j. fériés, de fin déc. à déb. janv. - 2 € (-16 ans gratuit).

Les moniales, sœurs cloîtrées, ont l'exclusivité de la dentelle au point d'Argentan, qui est encore exécutée dans l'abbaye. Si la dentelle vous passionne, vous pouvez vous faire présenter des travaux représentatifs des différentes phases d'exécution du point d'Argentan, ainsi que diverses réalisations anciennes et modernes de dentelle à l'aiguille.

Circuits conseillés Carte de microrégion p. 180

Le pays d'Argentan est une plaine cernée par les massifs boisés d'Écouves, au sud, et de Gouffern, au nord. Il offre de belles promenades variées : sur les traces des courbes de l'Orne, à l'ouest ; à la découverte du site naturel du Vaudobin, au nord ; dans la vallée de la Dives, entrée dans l'histoire en août 1944 ; au cœur des paysages parsemés de haras et de gracieux châteaux, à l'est d'Argentan.

LES COURBES DE L'ORNE

Pour visualiser ce circuit de 32 km, reportez-vous à la carte ci-contre. Comptez environ 1h. Quittez Argentan par le sud-ouest, D 924.

Écouché C2

Au croisement des routes marquant l'entrée d'Écouché, un char de la 2e DB monte la garde en souvenir des combats de la Libération *(voir l'encadré p. 214)*. L'imposante **église** (15e et 16e s.) est restée inachevée : on peut voir les ruines de la nef du 13e s., jamais remplacée. *✆ 02 33 36 88 82 - de juil. à mi-sept : 14h30-17h - en cas de fermeture, s'adresser au syndicat d'initiative.*

Quittez Écouché vers le nord-ouest par la Grande-Rue (dir. Falaise). À la sortie de la ville, suivez la route à gauche, qui mène au château de Serans.

Château de Serans C2

Écouché - ☎ 02 33 36 69 42 - www.atelierbalias.com - château : mai-sept. : tlj 14h-18h ; oct.-avr. : w.-end et j. fériés 14h-18h - 4,50 € - parc : 14h-18h, gratuit - chambres d'hôte (voir « Nos adresses à Argentan »).

Construit au début du 19e s. dans le goût des villas de Vénétie, ce château est depuis 1991 la propriété de Balias, artiste polyvalent qui a appliqué son talent sur les décors intérieurs et extérieurs, par d'inattendus bas-reliefs et par des fresques contemporaines d'inspiration néoclassique ou antique. La visite permet de découvrir le château, l'exposition des œuvres de Balias, ainsi que le parc peuplé de sculptures monumentales.

Revenez sur la D 771, puis suivez la direction de Ménil-Glaise.

★ Ménil-Glaise C2

Depuis le pont sur l'Orne, **vue★** splendide sur l'escarpement de la rive gauche que couronne un château.

Au sommet d'une montée par un chemin étroit, tournez à droite à angle aigu. Laissez la voiture sur la gauche. Vous vous trouvez sur une terrasse d'où l'on découvre, dans un site charmant, la courbe de l'Orne.

Faites demi-tour, laissez à gauche le chemin venant du pont et continuez tout droit. Plus loin, laissez à droite le chemin de Batilly. Reprenez la D 924, à gauche, vers Argentan.

LE VAUDOBIN

Pour visualiser ce circuit de 12 km (auxquels s'ajoute une marche de 15mn AR par des sentiers glissants), reportez-vous à la carte ci-dessus.

Quittez Argentan par le nord, D 916. À 7 km, après la forêt de Gouffern, prenez à gauche et traversez La Londe. Laissez la voiture près d'une carrière.

Prenez, à gauche de l'accès à cette carrière, le sentier qui conduit au ruisseau du Meillon, que l'on franchit. Un sentier en forte montée passe, 50 m après le rocher, devant une roche à grande surface plane portant des empreintes fossiles, interprétées par des légendes du pays comme des traces de pieds de bœufs. Il grimpe ensuite au sommet, d'où l'on découvre l'ensemble de la gorge du Meillon et la haute vallée de la Dives.

DE FORÊT EN CHÂTEAUX

Pour visualiser ce circuit de 68 km au départ d'Argentan, reportez-vous à la carte p. 180. Comptez une journée.
Quittez Argentan par le nord-est, D 926, puis à gauche, D 113.
En s'éloignant d'Argentan, la route se rapproche des hauteurs de la forêt de Gouffern qu'elle traverse, avant de descendre dans l'ample dépression drainée par la Dives.

Chambois D2

Avec son plan rectangulaire et ses quatre tours formant contreforts, le donjon d'inspiration anglo-normande est un bel exemple de l'architecture militaire du 12e s.
De son côté, l'église a conservé son clocher à flèche de pierre du 11e s. : à l'intérieur, Descente de croix derrière le maître-autel.
Près du carrefour central de Chambois, une stèle rappelle la jonction des éléments polonais de la 1re armée canadienne et des Américains de la 3e armée, le 19 août 1944, qui permit de couper la retraite de la 7e armée allemande.
Prenez la D 16 qui monte en lacet avant d'arriver au Montormel.

Mémorial de Montormel D2

✆ 02 33 67 38 61 - www.memorial-montormel.org - ♿ - visite guidée - avr. : 10h-17h ; mai-sept. : 9h30-18h ; oct.-mars : merc. et w.-end 10h-17h - 5 € (-12 ans 2,50 €).
Situé sur une colline tenue pendant les combats par la 1re DB polonaise, le monument commémoratif est un long mur de pierre sur lequel une sculpture en fer forgé rappelle les durs combats qui ont eu lieu dans ce secteur. La bataille de la poche de Falaise-Chambois *(voir à Falaise, p. 185)*, du 18 au 22 août 1944, fut en effet particulièrement violente (10 000 à 12 000 morts), mais déterminante pour la fin de la bataille de Normandie. Le maréchal Montgomery a dit qu'elle avait véritablement constitué « le commencement de la fin de la guerre ».
Derrière le char américain, **vue★** dégagée sur la plaine. Une salle du mémorial retient particulièrement l'attention : un grand plan-relief présente les différentes phases de la bataille, tandis qu'une animation sonore aide à la compréhension du déroulement des opérations étape après étape. Après cette explication virtuelle, des panneaux coulissants permettent d'accéder aux baies vitrées panoramiques dominant les lieux où se sont déroulés les combats. Film documentaire en fin de parcours après la découverte de quelques objets (armes, uniformes et photos, celles-ci révélant la violence des événements).
Revenez à Chambois et prenez la D 16 au sud.

VERS LA LIBÉRATION DE PARIS

C'est de son PC de Fleuré, à quelques kilomètres au sud d'Argentan, que le 21 août le général Leclerc prit la décision historique d'envoyer un détachement participer à la libération de Paris. Une stèle commémore l'événement sur la D 2 à la sortie de Fleuré.

★ Le Bourg-St-Léonard D2

✆ 02 33 36 68 68 - visite guidée (45mn) juil.-août : 14h30-17h30 ; mai-juin et de déb. sept. aux Journées du patrimoine : w.-end et j. fériés 14h30-16h30 - 3,50 € (-10 ans gratuit).

Cet élégant **château** a été bâti sous Louis XV (18e s.) par Jules David Cromot, commis au contrôle général des Finances. Légué meublé à la ville en 1954 par la comtesse de Forceville, il a conservé son décor de boiseries Louis XV et de belles tapisseries d'Aubusson. Un vaste parc à l'anglaise de 400 ha, agrémenté d'un étang, invite à la promenade et à la détente.

La D 926 permet de beaux coups d'œil sur le cadre forestier du haras du Pin.

★ Haras national du Pin D2 *(voir p. 218)*

Prenez la D 26, direction La Cochère et Almenêches.

À partir du haras se précisent, vers le sud, les contours de la forêt d'Écouves.

Almenêches D2

L'église Renaissance est une ancienne abbatiale bénédictine. Les autels sont ornés de statues ou de bas-reliefs en terre cuite. À gauche, remarquez l'*Apothéose de sainte Opportune*, illustre abbesse du lieu et, sur la droite, notez la Vierge entourée d'angelots.

Prenez la D 16 en direction de Médavy.

★ Château de Médavy D2

✆ 02 33 35 05 09 - chateau-medavy.com - juil.-août : 14h30-19h - se renseigner pour les autres périodes - 8 € (6-18 ans 5 €).

Entouré de douves alimentées par l'Orne, ce château du 18e s. a été construit pour un maréchal de France, Jacques-Léonor Rouxel, sur les ruines d'une ancienne forteresse. Il ne reste de celle-ci que deux tours en brique coiffées de toits à lanternon ; l'une d'elle abrite la chapelle (bel autel en marbre). Superbement restauré, le château est également remeublé par les actuels propriétaires : traîneau d'hiver russe richement décoré, tapisseries de Bruxelles (16e s.), meubles français du 18e s., très belle statue florentine représentant une vierge à l'enfant (16e s.). Ne manquez pas le parquet rayonnant en citronnier et châtaignier dans le grand salon de l'étage, mais aussi les collections de **globes et d'atlas★** du 16e au 18e s. : très rares globes de Coronelli (17e s.), remarquables ouvrages, cartes et atlas dans les dernières salles.

Quittez Médavy par la D 26 en direction de Mortrée, puis suivez l'indication « Château d'Ô » sur la droite.

Château d'Ô D2

Visites possibles en août. Se renseigner sur les périodes et les horaires d'ouverture.

Bâti sur des fondations reposant sur des pilotis et de styles gothique flamboyant et Renaissance, le château d'Ô ne cesse de surprendre. Après plusieurs années de restauration, le château a ouvert ses portes aux visiteurs en 2008. Cette belle bâtisse porte le nom de la famille qui le fit construire à la fin du 15e s., mais c'est aussi un « château d'eau » par les douves qui l'entourent et dans lesquelles se reflètent la complexité des toits, les tourelles élancées, la finesse des ornementations et la façade de brique et de pierre.La visite du château comprend les cuisines, la galerie, le salon des Muses (bel ensemble du 18e s.) et le salon de Marbre. Dans ces pièces furent tournées certaines scènes de *La Grande Bouffe*, film de Marco Ferreri.

La promenade à travers le parc conduit jusqu'à l'orangerie, en passant par le jardin de fleurs et de légumes. Remarquez quelques beaux plans d'eau.

Gagnez la D 958, dir. Argentan. À 3,5 km, prenez à g. la D 745, puis à dr. la D 752.

Château de Sassy D2

☏ 02 33 35 32 66 - visite guidée (45mn) de mi-juin à mi-sept. : 10h30-12h30, 14h-18h ; - se renseigner pour les autres périodes- 7 € (-12 ans gratuit).

Le corps du château (18e s.) domine trois étages de terrasses et un beau parterre de **jardins à la française** formant perspective. Dans la cour, la fontaine et les balustres proviennent du château de Vrigny, détruit pendant la Révolution.

Intérieur – Les deux salons exposent du beau mobilier et de remarquables tapisseries du 17e s. (manufactures d'Aubusson et des Gobelins). Le plus grand conserve une mèche de cheveux de Louis XVI donnée par le roi dans la prison du Temple à l'un de ses défenseurs. La bibliothèque renferme une importante collection d'œuvres classiques et modernes. Au cours d'un voyage dans l'Orne, en 1967, la reine Élisabeth II d'Angleterre résida à Sassy.

Chapelle – Un peu à l'écart de la cour d'honneur, se tient la chapelle qui abrite un **retable★** flamand du 15e s., en chêne sculpté.

Continuez sur la D 752.

St-Christophe-le-Jajolet D2

L'église de ce village est le centre d'un pèlerinage dédié à saint Christophe, patron des automobilistes, des aviateurs et des voyageurs. Les jours de pèlerinage (dernier dimanche de juillet et premier dimanche d'octobre), les voitures défilent devant la statue monumentale du saint à proximité du sanctuaire. De chaque côté de l'entrée de l'église, les représentations quelque peu naïves de saint Christophe veillant sur les occupants d'une automobile et d'un avion vous feront sourire. À l'intérieur, dans la chapelle du croisillon droit, remarquable primitif flamand, *L'Ensevelissement de la Vierge.*

Rejoignez la D 958, à gauche, puis revenez à Argentan (9 km).

NOS ADRESSES À ARGENTAN

VISITE

Circuit historique – Inclus dans le parcours de l'Espace historique de la bataille de Normandie *(p. 129)*, le circuit balisé **L'encerclement** passe par Argentan.

HÉBERGEMENT

PREMIER PRIX

Hôtel Le Refuge du P'tit Fischer – *1 pl. des Trois-Croix - ☏ 02 33 67 05 43 - ♿ - P - 17 ch. 40 € - ☕ 5,60 € - 1/2 P 110 € - rest. 10/20 €.* Hôtel posté à l'entrée d'Argentan, devant un rond-point. Chambres fonctionnelles, récemment refaites, distribuées sur trois étages et valablement insonorisées. Restaurant de type « brasserie alsacienne ».

BUDGET MOYEN

Chambre d'hôte Ferme de la Gravelle – *À Sarceaux - 2,5 km à l'ouest d'Argentan par rte de Flers - ☏ 02 33 67 04 47 - P - 3 ch. 55/65 € ☕.* Calme et repos assurés dans ce coin de campagne à deux pas d'Argentan. Après une halte près de la cheminée, les propriétaires vous inviteront à vous installer dans l'une de leurs chambres. Préférez celle en soupente avec sa belle charpente. Un gîte est également disponible.

Mise à disposition d'un grand séjour avec cuisine aménagée.

Ariès Hôtel – *Z.A. Beurrerie - 1 km au sud-ouest d'Argentan par D 916 - ✆ 02 33 39 13 13 - www.arieshotel.fr - P - 43 ch. 54/60 € - ☕ 7 € - 1/2 P 95 € - rest. 10/30 €.* À proximité d'un axe à forte circulation, hôtel moderne, simple et bien insonorisé. Chambres fonctionnelles. Au restaurant, salle claire et spacieuse, mobilier de bistrot, carte classique, formules buffet et plats du jour.

Hôtel Le Pavillon de Gouffern – *L'Orée du bois - 61310 Silly-en-Gouffern - 11 km à l'est d'Argentan par D 926 et D 729 - ✆ 02 33 36 64 26 - www.pavillondegouffern.com - P - 20 ch. 60/200 € - ☕ 12 € - 1/2 P à partir de 2 nuits 130/220 € - rest. formule déj. 25 € - 38/55 € bc.* Dans un parc entouré de bois, pavillon de chasse du 19e s. avec façade à colombage. Chambres spacieuses, aménagées dans un esprit contemporain. Les deux salles à manger offrent une belle vue sur le domaine. Cuisine traditionnelle. Piscine extérieure chauffée, practice de golf, table de massage.

Chambre d'hôte Château de Serans – *61150 Écouché - 10 km au sud-ouest d'Argentan - à Écouché, D 29 dir. Mesnil-Glaise, puis à gauche à Petit-Serans - ✆ 02 33 36 69 42 - www.atelierbalias.com - 2 ch. 70 € ☕ - table d'hôte 30 €.* Le château aux allures de villa de Vénétie est environné d'un parc de sculptures contemporaines. À l'intérieur, vous serez happé par le décor de fresques dues au pinceau du maître des lieux, l'artiste Balias : murs et plafonds se parent de motifs d'inspiration gréco-romaine. Dans ce cadre rare, les chambres, Hestia et Apollon, bénéficient de vues superbes sur le parc.

RESTAURATION

BUDGET MOYEN

Restaurant de Fleuré – *Au bourg - 61200 Fleuré - ✆ 02 33 36 10 85 - fermé dim. soir, jeu. soir et lun. - ♿ - formule déj. 14 € - 20/34 €.* Dans un village proche d'Argentan, restaurant familial apprécié des gens du coin pour le soin apporté à la cuisine et pour son atmosphère cordiale. La carte, traditionnelle et non dénuée de prétentions gastronomiques, annonce notamment trois menus bien ficelés. Beau choix de desserts.

POUR SE FAIRE PLAISIR

La Renaissance – *20 av. de la 2e Division-Blindée - ✆ 02 33 36 14 20 - www.hotel-larenaissance.com - fermé 13 juil.-3 août, 21 fév.-1er mars et dim. soir - P - formule déj.18 € - 27/65 € - 14 ch. 69/90 € - ☕ 10 €.* De grandes baies vitrées donnant sur le jardin éclairent cette salle à manger ornée d'une belle cheminée d'inspiration Renaissance. Cuisine inventive.

ACHATS

Marchés – Le mardi, la place Saint-Germain se couvre d'une cinquantaine de stands alimentaires et la place du Marché d'environ 150 commerçants variés. Le vendredi et le dimanche, le marché se fait plus discret.

ACTIVITÉS

Hippodrome d'Argentan – *4 rte de Chambois - 61200 Urou-et-Crennes - ✆ 02 33 67 08 02 - www.hippodrome-argentan.com - 4 €.* Grand hippodrome où se déroulent une vingtaine de réunions par an dans les trois disciplines (trot, plat et obstacles).

Haras national du Pin

★

Orne (61)

NOS ADRESSES PAGE 221

SE REPÉRER
Carte de microrégion D2 (p. 180) – *carte Michelin Départements 310 J2.*
Le haras se trouve à une quinzaine de kilomètres à l'est d'Argentan par la D 926.

À NE PAS MANQUER
Les Jeudis du Pin, spectacle équestre et défilé d'attelages dans la prestigieuse cour d'honneur.

ORGANISER SON TEMPS
Comptez 2h30 pour une visite approfondie.

AVEC LES ENFANTS
Approchez les étalons et les percherons de très près.

Dans la perspective de ses longues allées, le « Versailles du cheval » mérite bien son surnom. Depuis le règne de Louis XV, les étalons nationaux y sont soignés comme des princes afin de perpétuer les races. Au sein de ce cadre prestigieux, la visite ravira les amoureux des chevaux, les fanatiques de sports et de spectacles équestres, autant que les amateurs de belle architecture.

Se promener

02 33 36 68 68 - www.haras-national-du-pin.com - ♿ - visite guidée (1h) avr.-sept. : 10h-18h ; vac. scol. (hors juil.-août) : 10h30-12h, 14h-17h ; reste de l'année : 14h-17h - fermé 1er janv., du 7 janv. au 15 fév., de mi nov. à mi-déc., 25 déc. - 11 € (-10 ans 7 €).

Trois magnifiques allées forestières convergent vers la cour d'honneur en fer à cheval, dite « cour Colbert ». Le **château** abrite la résidence du directeur et les salons de réception. Dans les ailes, les **écuries**, où se mêlent la pierre et la brique, reçoivent un effectif d'une quarantaine d'étalons groupés suivant leur race (pur-sang anglais, trotteurs français, selles français, anglo-arabes, arabes, cobs normands, percherons, poneys français de selle, new-forests et connemaras), leur robe et leur taille. Ils ne sont réunis au complet que de mi-juillet à mi-février. Le reste du temps, ils sont « en station de remonte » (lieux de reproduction) dans la circonscription, qui couvre quatre départements. De fin février à mi-juillet, le haras n'héberge donc qu'une vingtaine d'étalons.

Parcours-découverte de l'écurie n° 1 – Ce circuit scénographié, très complet et pédagogique, permet de comprendre le cheval (anatomie, races, allures) et toutes les activités qu'il génère (atelier du maréchal-ferrant, sellerie, etc.). Nombreuses bornes interactives et films. Dans les combles sont présentés

Attelage avec quatre percherons.
Haras du Pin Tourisme

l'histoire du haras et la « filière cheval » : l'élevage, les ventes de yearlings... mais aussi le PMU!

2

Remises – Elles rassemblent une importante collection de véhicules hippomobiles, dont la série des grands breaks des haras. Ces attelages servent lors des présentations ou des reprises attelées.

Animations – Quotidiennement, **la promenade des étalons** et l'entraînement des attelages entretiennent aux abords de l'établissement une animation plaisante. En saison, une présentation d'étalons avec **spectacles équestres et défilés d'attelages** a lieu tous les jeudis après-midi (15h) dans la cour d'honneur. Enfin, les **réunions hippiques** annuelles qui ont lieu à l'hippodrome du Pin sont très suivies en France et à l'étranger *(voir p. 44)*.

DU HARAS ROYAL À L'ÉCOLE NATIONALE

L'origine du haras royal remonte à 1665, date à laquelle Colbert, approuvé par Louis XIV, crée un élevage à côté de St-Germain-en-Laye afin d'améliorer les races chevalines. Vers 1714, le roi demande le déplacement de ce haras, dont le climat et les herbages sont peu bénéfiques aux chevaux. Le déménagement s'effectue l'année suivante, pour investir les riches prairies normandes du haras actuel. Les plans de l'établissement, conçus par Robert de Cotte et par Pierre Le Mousseux, et ceux du domaine, aménagé dans l'esprit de Le Nôtre, sont mis à exécution entre 1715 et 1730. François Gédéon de Garsault, écuyer du roi, devint alors le premier directeur de ce « Versailles du cheval ».

La Révolution abolit le régime des haras. Le Pin retrouva son éclat au 19e s., notamment lors du séjour de Napoléon III en août 1863. Aujourd'hui, l'École nationale des haras, qui y est rattachée, accueille le département Expérimentation Formation Développement de l'Institut du cheval. Elle assure la formation du personnel des haras nationaux et d'élèves du secteur privé (maréchalerie, insémination artificielle, etc.).

LA DAME AUX CAMÉLIAS

Sous ce nom aux parfums romantiques se cache une petite normande née le 15 janvier 1824 à Nonant-le-Pin. **Alphonsine Plessis**, puisque tel est son vrai nom, commence durement, dans un milieu modeste, cumulant les petits emplois – elle vendra des parapluies à Gacé – avant de rejoindre Paris à l'âge de 14 ans. Sa beauté grandissante fait rapidement des ravages dans la capitale, où elle est remarquée par de jeunes nobles qui la font entrer dans le monde. Devenue Marie Duplessis, car le nom sonne mieux dans les salons, l'irrésistible courtisane séduit et étourdit les hommes les plus riches et les plus brillants de l'époque; elle compte, parmi ses amants célèbres, des génies comme Alexandre Dumas fils et Franz Liszt. Mais sa beauté cache une santé fragile et elle meurt de la tuberculose à l'âge de 23 ans, le 3 février 1847. Son court mais fabuleux destin ne s'arrête pas là, car elle entre dans la légende grâce à deux chefs-d'œuvre qu'elle a inspirés : *La Dame aux camélias* d'Alexandre Dumas fils et *La Traviata* de Giuseppe Verdi.

À proximité Carte de microrégion p. 180

St-Germain-de-Clairefeuille D2

10 km. Quittez le haras du Pin par la D 926, direction Le Merlerault, et, à la sortie est de Nonant-le-Pin, prenez à gauche la route de St-Germain-de-Clairefeuille.

L'**église** renferme de magnifiques boiseries sculptées comportant **13 panneaux peints★** de l'école flamande (début du 16e s.), représentant des scènes de la vie du Christ. *02 33 36 15 01 - possibilité de visite guidée sur demande à M. Guérin - Le Bourg - 10h-12h, 14h-18h.*

Gacé D2

13 km au nord-est du haras du Pin. Remontez vers Exmes (voir ci-après) par la D 26, puis tournez à droite dans la D 14.

C'est en découvrant son imposant château de brique des 15e et 18e s. que l'on mesure l'importance de cette ville sinistrée par les combats de juin 1944. La ville avait auparavant dû faire face aux Romains en l'an 50, aux Anglais pendant la guerre de Cent Ans et aux chouans qui ont pris la ville en 1800. Gacé est aujourd'hui une ville paisible qui préfère se souvenir d'une célébrité locale au destin extraordinaire, la mythique Dame aux camélias.

Musée de la Dame aux camélias – *Accès par la tour gauche du château. 02 33 67 08 59 - juin-août : visite tlj sf dim. et lun. 14h, 14h45, 15h30, 16h15 et 17h - 3 € (-16 ans 1,50 €).* Un diaporama, de nombreux documents et quelques modestes souvenirs illustrent la vie de celle qui a inspiré les plus grands artistes de son temps, Dumas fils et Verdi en tête. Dans la dernière salle, un film présente les grands artistes qui ont joué dans *La Dame aux camélias* ou interprété *La Traviata*.

Circuit conseillé Carte de microrégion p. 180

VUE SUR LA DIVES D2

Pour visualiser ce circuit de 23 km, reportez-vous à la carte p. 180. Comptez environ 1h30.

Prenez la D 926 à l'est et, à la Tête-au-Loup, à gauche, la D 26 en lisière de bois.

1,5 km avant Exmes, la route s'élève à flanc de colline, procurant une vue dégagée sur la dépression de la Haute-Dives, à gauche.

Exmes D2

Cette antique capitale historique du pays d'Argentan, appelé alors « l'Hiémois », conserve une église à nef romane avec un chœur du 15e s.

La D 26, en descente vers le nord, puis la route d'Omméel prise à gauche et la D 305 au sud sur Villebadin offrent une succession de jolies vues sur les cuvettes et vallonnements boisés de la région, tout en longeant de vertes prairies plantées de pommiers, où paissent vaches et chevaux des fermes et haras avoisinants. À la sortie de Villebadin, prenez à gauche la petite route du manoir d'Argentelles, qui fait découvrir un ravissant paysage campagnard et le manoir lui-même, isolé dans un vaste pré, à droite.

Manoir d'Argentelles D2

De Pâques à la Toussaint : dim. apr.-midi - gratuit.

Cette maison forte du 15e s., avec ses tourelles d'angle, sa tour d'escalier polygonale et ses échauguettes, est très représentative de l'architecture défensive des seigneurs locaux. À côté de la maison, un colombier du 17e s. se dresse sur l'ancienne motte castrale.

Au premier carrefour, tournez à droite vers la D 305 que vous reprendrez à gauche. Franchissez la D 14.

De la D 26, belles vues sur la crête où culmine l'église d'Exmes, à gauche, et sur un château à droite, puis, sous bois, échappées sur la vallée en contrebas à gauche. *Rejoignez le hameau de la Tête-de-Loup et, de là, le haras du Pin.*

2

NOS ADRESSES PRÈS DU HARAS DU PIN

Voir aussi nos adresses à Argentan.

HÉBERGEMENT

PREMIER PRIX

Chambre d'hôte M. et Mme Plassais – *La Grande Ferme, lieu-dit Ste-Eugénie - 61160 Aubry-en-Exmes - 5 km au nord-ouest du haras du Pin par D 926 - ☎ 02 33 36 82 36 - www.chambres-hotes-ste-eugenie.com - ste.eugenie@free.fr - ⊭ - 4 ch. 47 € ☕ - repas 18 €.* Au cœur de la région des haras, ferme traditionnelle dont le corps de logis, tapissé de vigne vierge, abrite quatre petites chambres d'hôte personnalisées par quelques jolis meubles d'époque. Mention spéciale pour les superbes armoires normandes décorant le salon d'accueil et le couloir en haut de l'escalier. Agréable jardin.

RESTAURATION

PREMIER PRIX

L'Étoile d'Or – *Grande-Rue - 61230 Gacé - ☎ 02 33 35 50 03 - fermé dim. soir et lun. - 22,80/29,80 €.* Dans la chaleureuse salle, la cuisine traditionnelle est généreuse, les produits, de qualité, et le pain, fait maison.

+ d'adresses

Alençon et le Parc régional Normandie-Maine 3

Carte Michelin Départements 310 – Orne (61)

Maison de Domfront.

D. Stone / LatitudeStock Images/age fotostock

ALENÇON ET LE PARC RÉGIONAL NORMANDIE-MAINE

ALENÇON ET LE PARC RÉGIONAL NORMANDIE-MAINE

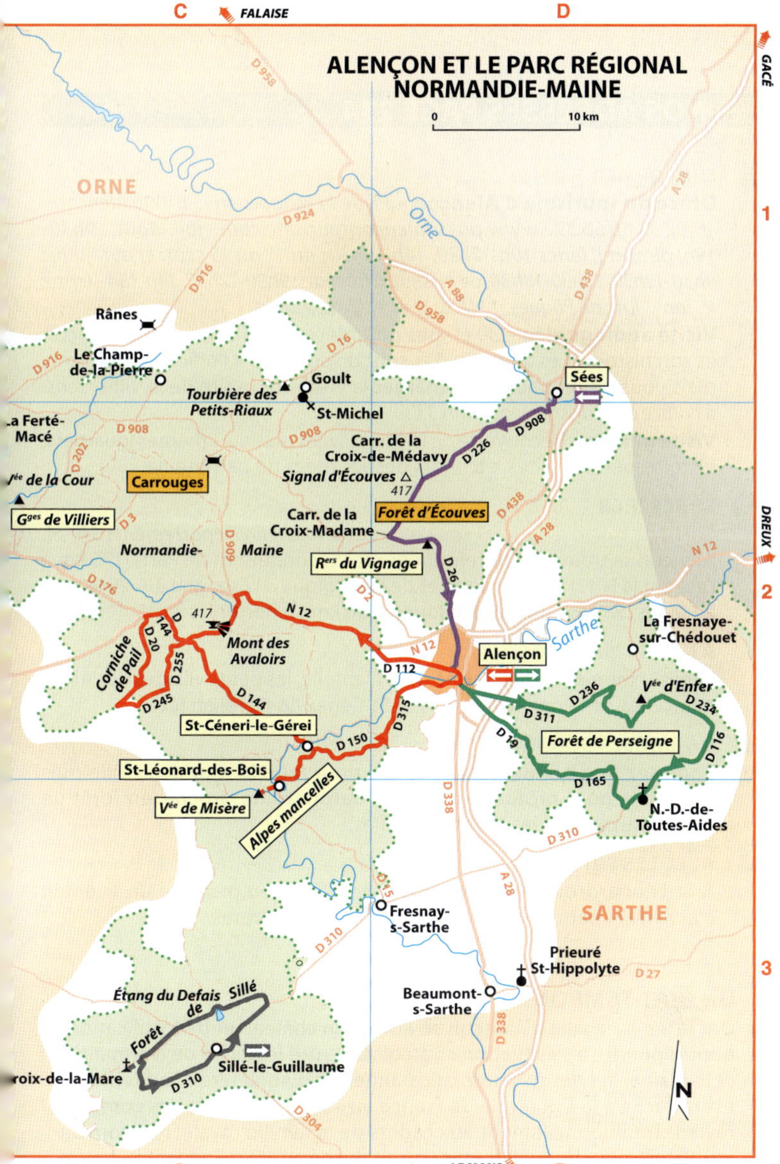

Alençon

★

27 653 Alençonnais – Orne (61)

NOS ADRESSES PAGE 234

S'INFORMER

Office du tourisme d'Alençon – *Pl. de la Magdeleine - 61000 Alençon - ✆ 02 33 80 66 33 - www.paysdalencontourisme.com - juil.-août. : 9h30-19h, dim. et j. fériés 10h-12h30, 14h-16h30 ; du 1er au 15 sept. et avr.-juin: : 9h30-12h30, 13h30-18h30, de mi sept. à fin mars: 9h30-12h30, 14h-18h - fermé 1er janv., lun. de Pâques, 1er Mai, 1er et 11 Nov., 25 déc.*

Visite audioguidée – 30 étapes pour découvrir à son rythme Alençon et son histoire. Les audioguides sont disponibles à l'office de tourisme, mais vous pouvez aussi télécharger la visite sur le site de la ville - *rens. à l'office de tourisme - location 3 €.*

Visite guidée – Découverte de la ville suivant plusieurs thèmes (quartiers, histoire, personnalités, etc.), lors des Journées du patrimoine.

SE REPÉRER

Carte de microrégion D2 (p. 224) – *carte Michelin Départements 310 J4.* Alençon se trouve au carrefour des routes conduisant de Paris (195 km à l'est par la N 12) à la Bretagne et de la Belgique à l'Espagne. L'A 28 le relie au Mans (58 km au sud) et à Rouen (160 km au nord).

À NE PAS MANQUER

L'église Notre-Dame, le musée de la Dentelle, les petits villages des Alpes mancelles, St-Léonard-des-Bois et St-Céneri-le-Gérei en tête.

ORGANISER SON TEMPS

Comptez une bonne demi-journée pour faire le tour de la ville puis quittez-la pour profiter de la belle nature toute proche, en forêt de Perseigne ou dans les Alpes mancelles.

AVEC LES ENFANTS

À St-Léonard-des-Bois, le domaine du Gasseau propose un éventail d'activités « nature » dont un parcours dans les arbres.

UN ÉTAT-TAMPON

Dès le 10e s., la ville d'Alençon se dote d'un château et de fortifications pour répondre à sa situation stratégique entre le duché de Normandie et le Maine, fief des rois normands-angevins d'Angleterre. Son territoire est rattaché à la Couronne de France au 13e s. Il devient alors comté et revient traditionnellement aux cadets de la famille royale, notamment aux Valois, pour lesquels il est érigé en duché au 15e s. Pendant la guerre de Cent Ans, c'est d'ailleurs le premier duc d'Alençon, et certainement le plus fameux – **Jean de Valois** (1409-1476), compagnon d'armes de Jeanne d'Arc qu'elle surnommait « le beau duc » –, qui délivre la cité du joug anglais.

Notre-Dame d'Alençon, détail représentant la Transfiguration.
Y. Travert / Photononstop

De la dentelle de pierre de l'église Notre-Dame à la dentelle à l'aiguille minutieusement réalisée par les ateliers nationaux en passant par la dentelle de fer forgé de ses balcons, Alençon cultive l'art du détail, de la finesse et des contrastes. Médiévale ou moderne, universitaire ou délicieusement bourgeoise, l'ancienne capitale du duché d'Alençon se laisse découvrir au fil de ses rues et de ses musées, à l'occasion d'un long et vivant week-end. Alentour, massifs forestiers, villages de charme et paysages « alpins » constituent autant de séduisantes excursions.

Se promener Plan de ville p. 229

Maison d'Ozé B1

Cette demeure du 15e s., actuel office de tourisme sur la place de la Magdelaine, aurait, selon la légende, abrité le futur Henri IV en 1576. La maison d'Ozé porte le nom du premier préfet de l'Orne (1800-1815). En réalité, cette demeure appartenait à la famille Le Coustelier. Dans son enceinte, un verger conservatoire a été aménagé.

★ Église Notre-Dame B1

✆ 02 33 26 20 89 - 9h30-18h - visite audioguidée - 3 € - visite guidée : s'adresser à M. Jean Fleur, ✆ 02 33 28 96 73.

La construction de ce beau monument de style flamboyant a débuté pendant la guerre de Cent Ans sous l'occupation anglaise. Elle se fit à l'emplacement d'une église romane dépendant de l'abbaye de Lonlay. La tour, le transept et le chœur furent reconstruits, eux, au 18e s. Elle a été élevée au rang de basilique en 2009. Le **porche★** à trois pans, véritable dentelle de pierre, est une œuvre de Jean Lemoine, qui l'éleva de 1490 à 1506. Au milieu du gâble, se trouve une Transfiguration : le Christ ayant à ses côtés les prophètes Moïse et Élie ; au-dessous, les apôtres Pierre, Jacques et Jean, ce dernier tournant le dos à la rue, attitude très rare dans la statuaire religieuse. D'après la légende, le saint se serait retourné, frappé d'horreur, pendant les guerres de Religion.

Dès l'entrée, l'envolée de la nef, couverte de **voûtes** à liernes et tiercerons, vous saisit. Les ogives sont abondamment décorées. Un joli **triforium** vient se confondre avec les dessins des fenêtres hautes pour former un ensemble très homogène.

À regarder absolument : les **vitraux★** exécutés vers 1530 par des maîtres-verriers d'Alençon et du Maine pour les fenêtres hautes *(des panneaux installés le long de la nef dévoilent les secrets des principaux vitraux)*. La 1re chapelle du bas-côté gauche, fermée par de belles grilles modernes, est celle où fut baptisée Thérèse Martin, future **sainte Thérèse de Lisieux**. Les vitraux illustrent l'événement et, au-dessus des fonts baptismaux, se trouve sa robe.

Halle aux blés A1

Ce bâtiment circulaire, inauguré en 1812, ne fut coiffé qu'en 1865 d'un dôme de fer et de verre, qui séduisit tant les dames de la ville qu'elles se prirent à l'appeler la « crinoline de la ville d'Alençon ». C'est aujourd'hui une salle d'expositions.

★ Musée des Beaux-Arts et de la Dentelle A1

Cour carrée de la Dentelle - ✆ 02 33 32 40 07 - ♿ - de déb. juil. à début sept. : 10h-12h, 14h-18h ; reste de l'année : tlj sf lun. 10h-12h, 14h-18h - fermé 1er janv., 1er Mai, 25 déc. -4 € (-26 ans gratuit).

Installé dans l'ancien collège des Jésuites (17e s.), le musée réunit des collections de dentelles et des peintures du 15e au 19e s. La **collection de dentelles★** permet de faire un tour d'horizon de la production des principaux centres dentelliers d'Italie (Venise, Milan), de Flandres (Bruxelles, Malines) et de France (Chantilly, Le Puy, Valenciennes, Bayeux). La technique du point d'Alençon est expliquée et, en parallèle, d'extraordinaires réalisations du 17e s. à nos jours sont présentées. Vidéo (20mn) sur le point d'Alençon. Tous les deux ans, une exposition temporaire sur la dentelle met à l'honneur le travail d'un grand nom de la haute couture.

En **peinture**, le 17e s. français et nordique est bien représenté avec des œuvres de Philippe de Champaigne, de Jouvenet, d'Allegrain, de Voet, de Ryckaert,

DU POINT DE VENISE AU POINT D'ALENÇON

Vers 1650, Mme de La Perrière perfectionne le point de Venise, très en vogue dans toutes les cours européennes, et l'enseigne à de jeunes Alençonnaises. La production dentellière se développe : 8 000 personnes travaillent ce point à l'aiguille. Cependant, la mode des dentelles incite hommes et femmes à des dépenses extravagantes, souvent hors du territoire français. Aussi Colbert décide-t-il en 1665 d'établir une manufacture royale à Alençon, chargée de la production du point de France, et d'interdire l'importation de dentelles étrangères. Après 1675, le monopole n'étant pas renouvelé, les dentellières d'Alençon profitent de cette autonomie pour développer leur propre style en inventant une technique particulière, le réseau : des motifs légers associés en dessins symétriques serrés sur un fond très clair. C'est là l'origine du point d'Alençon qui, à la fin du 17e s., finit par être seul apprécié. Chaque dentellière était spécialisée dans une seule phase du point et ignorait tout du travail des autres. Il fallait plus de seize heures pour faire trois centimètres et près de dix ans pour une création complète. Créé en 1976, l'Atelier national du point d'Alençon *(ne se visite pas)* emploie huit dentellières qui perpétuent la tradition séculaire de la dentelle à l'aiguille, qualifiée de « reine des dentelles » au 19e s.

SE LOGER

- Ducs (Hôtel des) ... 12
- Garencière (Chambre d'hôte La) ... 1
- Marmotte (Hôtel) ... 3
- Mercure (Hôtel) ... 5
- Moulin de Linthe (Chambre d'hôte Le) ... 7
- Sarceaux (Chambre d'hôte Château de) ... 10

SE RESTAURER

- Auberge Normande ... 5
- Petit Vatel (Au) ... 8
- Saint-Léo (Le) ... 11

de Wyck, etc. La peinture française du 19e s. est largement évoquée par des œuvres de Boudin, Courbet, Fantin-Latour, Lacombe, Laurent, Legros, Veyrassat, etc. Une salle présente les peintres paysagistes ornais.
Enfin, un espace est consacré à l'**ethnographie cambodgienne** au travers d'un cabinet de curiosités dû à Adhémar Leclère, Alençonnais d'origine nommé résident général du royaume du Cambodge à la fin du 19e s.

Ancien château A1

De la place Foch, on aperçoit les tours de l'ancien château des ducs bâti aux 14e et 15e s. par Jean II le Beau. La silhouette de la tour centrale dite « couronnée » est inattendue : une tour ronde plus étroite coiffe une tour à mâchicoulis. Pour voir les deux autres tours qui défendaient la porte, s'avancer dans la rue du Château. La forteresse sert de nos jours de prison.

Église St-Léonard A1

02 33 26 20 89 - prendre RV auprès du presbytère.
Rebâtie à partir de 1489 par le duc René, second duc d'Alençon, elle fut achevée en 1505 par sa veuve, Marguerite de Lorraine. À quelques pas, au n° 10 de la rue Porte-de-la-Barre, maison du 15e s. à la façade couverte d'ardoise appelée « maison à l'étal ».

Hôtel de Guise B1

La préfecture et la Maison du département occupent aujourd'hui ce bel édifice du 17e s., ancien hôtel des Intendants de la Généralité qui, avec sa façade de briques roses, est un beau témoignage du style Louis XIII.

DE LA DENTELLE AU PLASTIQUE

à partir du 17e s., Alençon se développe grâce à la toile et surtout à la **dentelle** *(voir encadré p. 228)*. Mais, au cours du 19e s., cette activité décline. L'économie de la ville ne se maintient que par ses **imprimeries**, apparues au 16e s. Il faut attendre l'implantation de **Moulinex** en 1936 *(voir p. 40)* pour que l'industrie locale retrouve un nouveau souffle. Pendant plus de 60 ans, cette entreprise va être le premier employeur et l'étendard de la ville. Depuis sa fermeture en 2001, Alençon s'est recentrée sur l'industrie du **plastique**. 300 entreprises et une école d'ingénieurs spécialisée dans ce domaine la placent au cœur du pôle de plasturgie normand créé à la fin des années 1980.

Maison de la famille Martin - Chapelle Ste-Thérèse B1

☏ 02 33 26 09 87 - ♿ - avr.-oct. : 9h-12h, 14h-18h ; nov.-mars : 10h-12h, 14h-17h - fermé janv., lun. (sf juil. et août) - possibilité de visite guidée (20-25mn) sur demande préalable (1 j. av.) - gratuit (offrande recommandée).

En face de la préfecture, la maison natale de Thérèse Martin évoque la naissance (le 2 janvier 1873) et l'enfance de celle qui deviendra sainte Thérèse de Lisieux, ainsi que sa vie familiale auprès de ses parents, Louis et Zélie Martin, eux-mêmes béatifiés en 2008. Un accès direct mène à la chapelle Ste-Thérèse contiguë, construite entre 1925 et 1928 après la canonisation de sainte Thérèse.

À proximité Carte de microrégion p. 224

La Fresnaye-sur-Chédouet D2

14 km à l'est d'Alençon.

La Belle Échappée – *8 r. de la Forêt-de-Perseigne - ☏ 02 43 34 39 11 - ♿ - avr.-sept. : tlj sf lun. et mar. 10h-13h, 14h-18h - 5 € (7-12 ans 3 €).*

Le succès populaire des courses cyclistes est toujours d'actualité, comme en témoigne ce musée qui retrace les grandes heures de ce sport et présente ses grands champions. Les importantes collections ont été rassemblées par Ivan Bonduelle, un passionné de la petite reine : maillots, jouets, gadgets publicitaires, etc.

Circuits conseillés Carte de microrégion p. 224

★ LA FORÊT DE PERSEIGNE D2/3

Pour visualiser ce circuit de 53 km, reportez-vous à la carte p. 224. Quittez Alençon au sud-est (D 311) en direction de Chartres.

Aux confins du Perche et de la Champagne mancelle, la **forêt de Perseigne** s'étend sur plus de 5 000 ha.

L'itinéraire contourne d'abord la forêt par le nord avant d'y pénétrer au plus profond, à partir de la D 236. À la sortie du hameau du Buisson, prenez à gauche la D 236 ; 4 km plus loin, tournez à angle aigu à droite vers Aillières-Beauvoir, puis encore à droite direction Ancinnes dans la route forestière menant au rond de Croix-Pergeline. À ce dernier carrefour, devant une borne en pierre, empruntez à gauche la route du Gros-Houx.

La route, en descente dans un vallon, vous promène à travers de belles séries de chênes, de hêtres et de sapins. Au carrefour des Trois-Ponts, vous suivrez par la route en montée, à gauche, la très belle **vallée d'Enfer** (D2), au fond de laquelle serpente un ruisseau.

Une tour-belvédère haute de 30 m a été érigée, sur la droite, au point culminant de la Sarthe *(340 m - aire de pique-nique)*.

Circuits pédestres fléchés sur 8 km environ autour du belvédère et dans la vallée d'Enfer.

Empruntez dans l'axe la D 234 vers les villages jumelés d'Aillières-Beauvoir.

La route sort de la forêt, qu'elle contourne désormais par le sud. Belle vue sur le massif. Au carrefour de la D 3, prendre à droite la D 116. Entre Villaines-la-Carelle et le croisement de la D 311, remarquables vues rapprochées sur la forêt de Perseigne.

Continuez par la D 310, vers St-Rémy-du-Val.

Chapelle Notre-Dame-de-Toutes-Aides D3

Ce gracieux sanctuaire de pèlerinage, au portail surmonté d'une Vierge à l'Enfant, abrite un retable du 17e s. avec, au-dessus, une Assomption. Au-dessous, tableau représentant l'Annonciation.

À St-Rémy-du-Val, tournez à droite, devant l'église, dans la route de Neufchâtel.

Entre Neufchâtel et le village d'Ancinnes, la route D 165 longe l'agréable étang de Vaubezon. Au-delà d'Ancinnes et jusqu'à hauteur de Champfleur, des échappées s'offrent depuis la D 19 sur la forêt d'Écouves, la forêt de Multonne et la butte Chaumont, au profil conique très marqué.

La D 19 ramène à Alençon.

★ À TRAVERS LES ALPES MANCELLES

Pour visualiser ce circuit de 82 km, reportez-vous à la carte p. 232. Comptez environ 3h.

Appliqué à cette région, le nom d'« Alpes » peut amuser ! Il se justifie néanmoins par le relief très escarpé de ce coin de Normandie, qui attire d'ailleurs de nombreux alpinistes et varappeurs en quête de terrains d'entraînement.

Les Alpes mancelles font aujourd'hui partie du Parc naturel régional Normandie-Maine et proposent de nombreux loisirs : promenades pédestres et randonnées, pêche, canoë-kayak, cyclotourisme, etc. *(se rens. à la Maison du parc à Carrouges)*.

Quittez Alençon à l'ouest par la N 12 conduisant à St-Denis-sur-Sarthon. 6,5 km plus loin, au lieu-dit Lentillère, prenez à gauche la route de Champfrémont.

Sur environ 600 m, on bénéficie de vues bien dégagées sur la forêt de Multonne.

Prenez à droite la route du mont des Avaloirs.

Mont des Avaloirs

Le belvédère de béton et de métal marque le « sommet » qui, avec ses 417 m, constitue, ainsi que le signal de la forêt d'Écouves *(voir à Sées, « circuit conseillé »)*, le point culminant de la France de l'Ouest. Les quatre pieds de la tour métallique sont des vestiges de l'oléoduc que les Américains avaient installé, après le Débarquement, entre Cherbourg et la région parisienne, pour assurer l'approvisionnement des troupes alliées en carburant. Après avoir gravi les 108 marches, on accède à la plate-forme qui offre un beau panorama malgré la végétation. À l'est, on parvient à distinguer le mont Souprat au sommet rond et dénudé. Au sud-est, s'étendent les Alpes mancelles.

Traversez la D 144 pour prendre, à gauche, la D 204 puis, 1 400 m plus loin, tournez à droite dans la D 255.

Vous atteignez la cuvette de St-Julien-des-Églantiers.

Remontez la D 245, puis la D 218 jusqu'à la D 20 que vous prendrez à droite.

3

Corniche de Pail

Le parcours à flanc de coteaux permet, par temps clair et quand la végétation est conciliante, d'avoir des vues étendues sur le bassin de la haute Mayenne. Le panorama s'arrête sur la silhouette conique du mont Margantin, voisinant avec le clocher trapu de l'église de Domfront. Vous apercevez dans le fond la forêt des Andaines.

À Pré-en-Pail, prenez la N 12 en direction d'Alençon, puis la D 144 à droite vers St-Pierre-des-Nids.

★ St-Céneri-le-Gérei

L'église perchée, le pont sur la Sarthe et les vieilles maisons de pierre constituent un site remarquablement préservé qui a beaucoup de charme. Ce petit village a inspiré et attiré plus d'un peintre, Corot, Courbet ou Buffet en tête. L'ancienne auberge Moisy (restauration depuis 2008) où logeaient ces artistes conserve, notamment dans la « salle des Décapités », des peintures murales laissées par les pensionnaires.

Dédiée à saint Céneri, évangélisateur de la Normandie au 7e s., l'église romane abrite dans le chœur des fresques représentant le Christ en majesté, la Vierge accueillant les Élus dans son grand manteau, et le couronnement de saint Céneri. Du chevet de l'église, admirez la vue plongeante sur la Sarthe.

À l'extrémité du chemin de l'église, dans une prairie, s'élève depuis le 15e s. la chapelle St-Céneri, ancien lieu de pèlerinage pour les filles à marier. Ces dernières devaient s'allonger sur une longue pierre plate, le lit du saint d'après la légende, pour être certaines d'avoir des enfants.

Jardins de la Mansonière – *✆ 02 33 26 73 24 - www.mansoniere.fr - de déb. juin à mi-sept. : tlj sf mar. 14h30-18h30 ; de mi-avr. à fin mai : j. fériés, vend.et w.-end 14h30-18h30 - 6 € (-12 ans 3 €).*

En 1993, après un voyage à la découverte des jardins d'outre-Manche, les propriétaires ont entrepris de transformer leur prairie en un jardin d'agrément. Le résultat ? Neuf jardins clos, tous différents : plate-bande solaire, roseraie, jardin des senteurs, potager gothique, etc.

Après St-Céneri-le-Gérei, empruntez à droite la D 146.

Au sommet d'une pente, une belle échappée s'ouvre au nord sur la vallée de la Sarthe et les hauteurs de la forêt de Multonne. La descente sur St-Léonard-des-Bois permet d'apprécier le contraste entre les versants abrupts et dénudés de la vallée et les abords verdoyants de la rivière.

Par la route, il y a 6 km, mais à pied il n'y a pas plus de 8 km et c'est tellement plus agréable !

★ St-Léonard-des-Bois

Au creux d'un méandre encaissé de la Sarthe, ce bourg bordé par des versants abrupts couverts de bruyère est le centre de tourisme le mieux situé des Alpes mancelles. Bâtie sur l'emplacement de l'oratoire de St-Léonard, l'église renferme une Mise au tombeau de la Vierge, composée de 14 personnages en terre cuite (17e s.).

Domaine du Gasseau – *02 43 34 34 44 - www.legasseau.fr - ouv. de Pâques à la Toussaint - accueil de 11h à 19h.*

Aujourd'hui animée par une association, cette ancienne ferme jouit du calme de la pleine campagne. Expositions, journées à thème, ateliers de découverte autour de la nature, de la botanique ou de la gastronomie font partie du programme. Le site propose aussi une multitude d'activités pour toute la famille : Accrobranches, randonnées, ferme équestre, visites du verger et du potager (plantes alimentaires, médicinales et aromatiques). Point de départ de huit circuits VTT.

★ Vallée de Misère

1h30 à pied AR.

Partez de la place de l'église de St-Léonard-des-Bois ; prenez le chemin qui s'amorce à l'angle de l'hôtel du Bon Laboureur. Au carrefour, en face d'une croix de pierre, prenez tout droit un chemin rocailleux en montée. Longez en hauteur le hameau du Champs-des-Pas et continuez à gauche. Après quelques mètres en montée, vous apercevrez des fléchages sur votre droite et un peu plus loin sur votre gauche. À vous de choisir par quel côté aborder la randonnée !

L'itinéraire dévoile de belles **vues★** sur la sauvage vallée de Misère.

En reprenant la D 146 en sens inverse, vous revoyez, à gauche, peu avant de rejoindre la D 56, le joli village de St-Céneri-le-Gérei. À partir d'Héloup, la vue se développe sur la forêt de Multonne, avec le mont des Avaloirs à gauche et le mont Souprat légèrement à sa droite. Plus à droite encore, la butte Chaumont et la forêt d'Écouves s'imposent une nouvelle fois à l'attention. Plus loin, le massif de la forêt de Perseigne se dégage, à l'est.

La D 315 ramène à Alençon.

NOS ADRESSES À ALENÇON

VISITE

Circuit historique – Inclus dans le parcours de l'Espace historique de la bataille de Normandie *(p. 129)*, le circuit balisé **L'encerclement** commence à Alençon et va jusqu'à L'Aigle. Il permet de suivre la progression de la 2e DB.

HÉBERGEMENT

POUR SE FAIRE PLAISIR

Hôtel des Ducs – *50 av. Wilson (près de la gare) - ✆ 02 33 29 03 93 - www.hoteldesducs-alencon.fr - 28 ch. 73 € - ☕ 8 €.* Un agréable hôtel qui a fait récemment peau neuve. Chambres fonctionnelles, jardin et terrasse.

En périphérie

Le centre-ville disposant de peu d'établissements recommandables, on se tournera de préférence vers la proche périphérie.

PREMIER PRIX

Hôtel Marmotte – *Les Grouas - 61250 Valframbert - 1 km, dir. Dreux - ✆ 02 33 27 42 64 - www.marmotte.fr - ♿ - P - 45 ch. 59 € - ☕ 8 € - 1/2 P 90 € - rest. formule déj. 8,70 € - 13/19,50 €.* Hôtel traditionnel aux chambres très classiques, associant mobilier contemporain et équipement sanitaire actuel. Un choix d'étape judicieux.

BUDGET MOYEN

Chambre d'hôte La Garencière – *72610 Champfleur - 6,5 km au sud-est d'Alençon, dir. Mamers et Champfleur par D 19; continuer vers Bourg-le-Roi - ✆ 02 33 31 75 84 - www.lagarenciere.fr - ♿ - P - 5 ch. 60 € ☕ - 15 € la pers. supp. - rest. 25 €.* À l'époque des croisés, ce lieu-dit, fief des chevaliers de la Garencière, était une étape sur la route de Compostelle. Aujourd'hui, vous apprécierez le calme de ses chambres amoureusement décorées par la propriétaire. Piscine couverte face à la campagne. Salle de billard.

POUR SE FAIRE PLAISIR

Hôtel Mercure – *187 av. du Gén.-Leclerc - 2 km au sud - ✆ 02 33 28 64 64 - www.mercure.com - fermé 24 déc.-4 janv. - P - 53 ch. 72/82 € - ☕ 10 €.* Établissement situé dans une petite zone commerciale. Les chambres, pratiques et bien insonorisées, sont toutes rénovées (style plus contemporain au 2e étage). Plaisant salon-bar.

Chambre d'hôte Le Moulin de Linthe – *Rte de Sougé-le-Ganelon - 72130 St-Léonard-des-Bois - ✆ 02 43 33 79 22 - www.moulindelinthe.fr - fermé de nov. à Pâques - P - 🚫🐕 - 5 ch. 70 € ☕, dont 1 suite 153 € : pour 5 pers.* Des chambres de caractère dans ce moulin qui a fière allure, même si sa roue à aubes ne tourne plus… Les pêcheurs pourront taquiner la truite ou le brochet dans les eaux de la Sarthe.

Chambre d'hôte Château de Sarceaux – *61250 Valframbert - env. 2 km au nord du centre-ville, dir. Caen-Rouen par D 438 - ✆ 02 33 28 85 11 - www.chateau-de-sarceaux.com - fermé 8 janv.-8 fév. - P - 5 ch. 120/160 € ☕ - rest. 49 € bc.* Un parc de 12 ha avec un plan d'eau entoure ce château des 17e et 19e s. dont les chambres raffinées, décorées d'authentiques meubles et tableaux de famille, sont toutes orientées au sud. Dîner aux chandelles à la table d'hôte ; registre culinaire traditionnel.

RESTAURATION

BUDGET MOYEN

Au Petit Vatel – *72 pl. Cdt-Desmeulles - ✆ 02 33 26 23 78 - aupetitvatel@orange.fr - fermé 21 juil.-10 août, 23 fév.-7 mars, dim. soir, mardi soir et merc. - formule déj. 17 € - 20/70 € bc.* Il règne une atmosphère champêtre dans cette maison en pierre du pays située sur une agréable placette. Tons pastel et exposition de tableaux à l'intérieur. Cuisine sans fausse note qui fleure bon le terroir.

En périphérie

PREMIER PRIX

Le Saint-Léo – *Pl. de l'Église - 72130 St-Léonard-des-Bois - ✆ 02 43 33 29 09 - fermé mar. (sept.-oct.), lun. et mar. (15 oct.-15 nov.) et du 15 déc. au 15 janv. - 7/16 €.* Halte simple et sympathique dans ce pittoresque village des Alpes mancelles. Salle à manger tournée vers la Sarthe. Cuisine maison privilégiant les produits frais et proposant également grillades, spécialités savoyardes, galettes et crêpes traditionnelles.

Auberge normande – *Le Pont-du-Londeau - 61250 Valframbert - ✆ 02 33 29 43 29 - www.chateau-des-requetes.com - P - formule déj. 5 € - 12/33 €.* Il n'est pas rare que cette très sympathique table de pays fasse salle comble au déjeuner. Il est vrai que M. et Mme Desnos lui ont donné une seconde jeunesse en remettant au goût du jour les recettes traditionnelles ; carte et menus, toujours soignés, offrent un bon rapport qualité-prix.

ACHATS

Marché – *Pl. Magdeleine - jeu. mat. et sam. mat.* Au pied de l'église Notre-Dame, marché très convivial regorgeant d'appétissants produits du terroir : volailles fermières, boudin noir de Mortagne et boudin blanc d'Essay, fromages (camembert, pont-l'évêque, livarot, gruyère de Carrouges), légumes, sans oublier le cidre, le pommeau et le poiré.

Les Caves de la Rotonde – *5 r. des Filles-Notre-Dame - ✆ 02 33 26 20 76 - www.lescavesdelarotonde.com - 10h-12h30, 14h-19h - fermé j. fériés.* Cette cave ne paie pas de mine et pourtant elle mérite que l'on en pousse la porte car elle recèle des trésors : calvados du Domfrontais millésimes 1976, 1970, 1964 et 1963, ainsi qu'une réserve vieille d'un siècle ; cidres, pommeaux, poirés, apéritifs locaux, vins français et étrangers et un très large choix de whiskies.

EN SOIRÉE

La Luciole – *171 rte de Bretagne - ✆ 02 33 32 83 33 - www.laluciole.org - fermé août.* Sans doute le lieu le plus apprécié des Alençonnais. Cette « scène de musiques actuelles » organise plus de 70 concerts par an, toutes tendances musicales confondues. Elle accueille aussi bien les grands noms internationaux que de jeunes talents en devenir ou des groupes locaux.

Scène Nationale 61 – *2 av. de Basingstoke - ✆ 02 33 29 02 29 - www.scenenationale61.com - lun.-vend. 9h-12h, 13h-18h30 - fermé août et j. fériés.*
Danse, musique et théâtre pour tous, cette scène nationale ne manque pas de ressources. Des artistes du monde entier s'y retrouvent pour partager leur expérience avec les Alençonnais lors des « Causeries au coin du bar » et autres rencontres à thème. Répétitions publiques.

Sées

★

4 552 Sagiens – Orne (61)

NOS ADRESSES PAGE 239

S'INFORMER
Office du tourisme de Sées – *Pl. du Gén.-de-Gaulle - 61500 Sées – 02 33 28 74 79 - juin-oct. : tlj sf dim. 9h-12h30, 14h-18h ; reste de l'année : 9h-12h30, 14h-18h, sam. 9h-12h30, lun. 14h-18h - fermé dim. et j. fériés.*

SE REPÉRER
Carte de microrégion D1 (p. 224) – *carte Michelin Departements 310 K3.*
Sées se niche à 22 km au sud-est d'Argentan, soit 19 km au nord d'Alençon, à quelques kilomètres seulement de la forêt d'Écouves.

À NE PAS MANQUER
Le chœur de la cathédrale et la forêt d'écouves.

ORGANISER SON TEMPS
Prévoyez une journée pour visiter la ville et profiter de la forêt.

Dominée par sa cathédrale qui semble démesurée, Sées présente le visage d'une discrète petite ville épiscopale. Siège d'un des plus petits mais plus anciens diocèses de France, elle réserve à chaque coin de rue la surprise d'un couvent, d'une abbaye, d'un séminaire, d'une basilique, et même d'un princier palais d'évêque. À découvrir les yeux levés vers les flèches de Notre-Dame, véritable joyau de l'art gothique normand, le nez au vent en quête d'effluves d'encens.

Se promener Plan de ville ci-contre

★★ Cathédrale

02 33 28 74 79 - ♿ - 9h-18h30 - entrée libre.

Sées est une ville épiscopale depuis l'an 400, date de son évangélisation par saint Latuin qui en devint le premier évêque. Ce monument, qui connut de multiples vicissitudes, reste l'un des plus beaux édifices de l'école gothique normande des 13e et 14e s.

Extérieur – La façade principale est percée d'un vaste porche ; mais les fondations reposant sur un sol trop instable, et la façade s'étant inclinée d'une façon inquiétante au 16e s., on dut procéder à des travaux de consolidation : de lourds contreforts furent maçonnés contre le porche qui s'en trouva défiguré.

Intérieur – Au-dessus des grandes arcades de la nef, court un triforium que surmonte une légère frise. Grand orgue de Cavaillé-Coll. Dans le **chœur★★** et le **transept★★**, le triforium, d'un dessin différent, est ajouré. Toute cette partie de l'église, intéressant exemple de l'art gothique, n'est qu'une immense claire-voie, illuminée, dans le transept, par de magnifiques **verrières★★** et des roses de la fin du 13e s. Remarquez dans le chœur les colonnes discontinues, filant jusqu'aux voûtes. Dans le transept sud, face à une statue de Notre Dame de Sées (14e s.), admirez le « Beau Dieu », buste en marbre de Carrare dû au ciseau du Bernin (1678), une des dernières œuvres du maître baroque italien.

SÉES

SE LOGER

Ferme équestre des Tertres (Chambre d'hôte)........................ ①

Île de Sées (Hôtel).......................... ④

Roses et les Pivoines (Chambre d'hôte Les).............. ⑥

SE RESTAURER

Normandy (Au).............................. ④

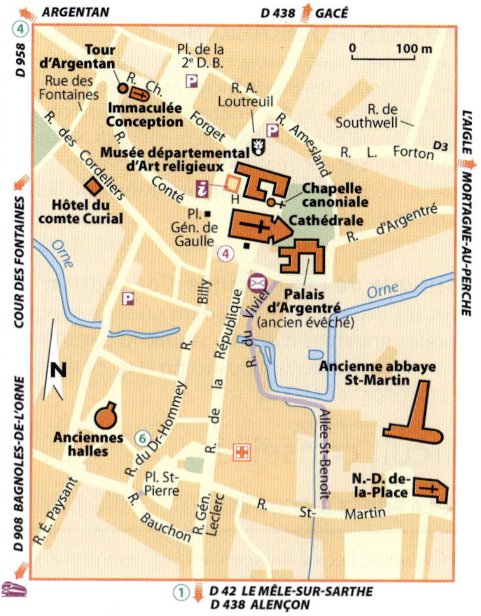

Le beau maître-autel double de marbre turquin, d'époque Louis XVI, a été exécuté par Brousseau, l'architecte de l'évêché. Il présente, du côté de la nef, un bas-relief en bronze doré représentant la Mise au tombeau ; du côté du chœur, la scène sculptée sur marbre a trait à l'invention (découverte) des corps des saints Gervais et Protais.

Musée départemental d'Art religieux

Pl. du Gén.-de-Gaulle - ✆ 02 33 81 23 00 - juil.-sept. : tlj sf mar. 10h-18h - possibilité de visite guidée - 2 € (12-18 ans 1,50 €). Installé dans l'ancien logis canonial, ce musée présente une importante collection de peintures, sculptures, vêtements sacerdotaux et objets de culte allant du 12e au 19e s.

Ancien évêché (palais d'Argentré)

Ce majestueux ensemble fut élevé par Mgr d'Argentré, aumônier du comte de Provence (futur Louis XVIII), en 1778, d'où son appellation. L'évêché de Limoges, édifié à la même époque pour le frère du prélat, est identique à celui-ci. La cour s'ouvre par une belle grille avec écusson et rinceaux.

Ancienne abbaye St-Martin

Ne se visite pas. L'entrée présente un grand portail à entablement classique, par lequel on aperçoit le gracieux logis de l'abbé (18e s.).

Église N.-D.-de-la-Place

Elle abrite une tribune d'orgues datant de la Renaissance et **12 bas-reliefs** du 16e s., en trois groupes, figurant des scènes du Nouveau Testament.

Anciennes halles

Curieux édifice à péristyle en rotonde, du 19e s. La charpente en bois repose sur des colonnes de pierre.

AU PAYS DE RIBOULDINGUE

Ce sympathique barbu, tout comme Croquignol et Filochard, ses acolytes de la bande des Pieds Nickelés, a des origines sagiennes. C'est en effet à Sées qu'est né le dessinateur **Louis Forton** (1879-1934) qui allait donner vie à son célèbre trio dans le numéro du 4 juin 1908 du magazine *L'Épatant*. Mais ce créateur infatigable n'allait pas en rester là puisqu'en 1924, il créait un autre personnage emblématique de la bande dessinée française, le joyeux Bibi Fricotin.

Basilique de l'Immaculée-Conception

9h-19h. Construite en 1872 dans un style néogothique, chargée de peintures murales enrichies d'or, elle surprend par son atmosphère de recueillement et son absence de luminosité. En face, se dresse la **tour d'Argentan**, vestige des fortifications du 12e s.

Circuit conseillé Carte de microrégion p. 224

★★ LA FORÊT D'ÉCOUVES D2

Circuit de Sées à Alençon, 29 km – environ 2h15.

Cet itinéraire permet d'apprécier la diversité des futaies de la forêt (chênes, hêtres, sapins, pins sylvestres, épicéas), continuellement enrichie par des reboisements, et la majestueuse ordonnance de ses « étoiles ». *Après Sées, la D 908 atteint, aux Choux, la forêt d'Écouves.*

Guidées par un forestier de l'ONF, des visites pédestres, équestres ou à VTT des massifs forestiers (Écouves, Andaines, Bellême et Perche-Trappe, Réno-Valdieu, Moulins-Bonsmoulins, Bourse) sont organisées, sur demande (1 mois av.), par l'Office national des forêts - *36 r. St-Blaise - 61000 Alençon - 02 33 82 55 00 - www.onf.fr.*

Au sommet d'une montée, prenez à gauche, au carrefour de la Rangée, la D 226 qui offre des échappées sur le pays d'Argentan.

Divers aménagements touristiques ont été réalisés, parmi lesquels un parcours sportif au Chêne-au-Verdier et un sentier de découverte au carrefour du Rendez-Vous. Écouves abrite des cerfs, des biches et des chevreuils.

Carrefour de la Croix-de-Médavy D2

Cette importante étoile est signalée par une borne octogonale rappelant les anciennes dénominations routières. Le char *Valois*, touché par un Panzer lors des combats menés les 12 et 13 août 1944, évoque l'action efficace de la 2e DB du général Leclerc dans la bataille de Normandie.

À l'ouest du carrefour, le **signal d'Écouves** (alt. 417 m) constitue l'un des deux points culminants de la France de l'Ouest avec le signal des Avaloirs.

Carrefour de la Croix-Madame D2

Cette étoile a gardé sa vieille borne de pierre, au centre du carrefour.

Prenez à gauche le sentier de la Sapaie-Pichon et suivez à pied l'itinéraire jalonné de bandes jaunes sur les arbres.

Un terrain accidenté et de belles échappées s'offrent au promeneur. *1h30 à pied environ.*

Reprenez la voiture et suivez la D 204.

La descente rapide offre une agréable perspective. Après le carrefour du Chêne-au-Verdier, belles séries de chênes, de hêtres et de sapins.

Au carrefour des Rochers-du-Vignage, prenez à droite la D 26 puis encore à droite, une route forestière. Laissez ici votre voiture.

★ Rochers du Vignage D2

1h45 à pied AR. Le sentier jalonné de traits jaunes se détachant de la route forestière, en arrière, à droite, suit bientôt une arête rocheuse, offrant des vues remarquables sur la forêt. Il arrive au carrefour du Chêne-au-Verdier, longe sur 300 m la route forestière Aubert, bifurque à droite dans la futaie feuillue, après avoir traversé un parcours sportif, pour redescendre sur la route forestière qui ramène à la voiture.

Suivez la D 26 vers Alençon.

À la sortie de la forêt, à la jonction d'une route forestière, un monument et un cimetière situé à 200 m au sud rappellent le sacrifice des combattants de la 2e DB.

NOS ADRESSES À SÉES

HÉBERGEMENT

PREMIER PRIX

Chambre d'hôte
Ferme équestre des Tertres – *61500 La Chapelle-près-Sées - ✆ 02 33 27 74 67 - www.fedestertres.com - P - ⊭ - 5 ch. 45/47 € ☕ - rest. 15 €.* Cette ferme est le point de départ de belles balades à cheval dans la forêt d'Écouves. Chemins de GR pour les randonneurs et promenades en calèche. Chambres coquettes dotées d'un solide mobilier.

BUDGET MOYEN

Chambre d'hôte
Les Roses et les Pivoines – *26 r. du Dr-Homey - ✆ 02 33 26 17 02 - ⊭ -2 ch. 50/62 € ☕.* Dans une belle demeure bourgeoise, deux chambres très confortables au mobilier ancien et aux tissus fleuris. La plus grande, dans une aile du 18e s., comporte une cheminée de pierre. Calme et confort assurés, accueil très sympathique. Une 3e chambre baptisée *Camomille* et attenante à la chambre *Pivoine* convient pour une famille de 4 personnes.

POUR SE FAIRE PLAISIR

Hôtel Île de Sées – *61500 Macé - ✆ 02 33 27 98 65 - www.ile-sees.fr - ouvert 1er mars-30 nov. et fermé dim. soir - P - 16 ch. 69 € - ☕ 9 € - rest. 20/25 €.* En pleine campagne, cette belle maison de pays entourée d'un parc propose d'agréables chambres. Petit-déjeuner buffet. Salle à manger chaleureuse, cuisine traditionnelle.

RESTAURATION

PREMIER PRIX

Au Normandy – *20 pl. du Gén.-de-Gaulle - ✆ 02 33 27 80 67 - fermé merc. et de Noël au 1er janv. - 10,50/38 €.* Derrière une façade du 17e s., une salle aux poutres noircies et à l'atmosphère chaleureuse. Menus aux accents régionaux, mais aussi pizzas ou crêpes assurent un repas de qualité, généreux et réconfortant.

AGENDA

Les Musilumières – *De juil. à mi-sept., vend.-sam. soir - durée : 45mn - rens. et réserv. à l'office de tourisme.* Son et lumière dans la cathédrale.

Château de Carrouges

★★

733 Carrougéens – Orne (61)

NOS ADRESSES PAGE 244

S'INFORMER

Point d'information de la Communauté de communes du bocage carrougien – *R. du Crochet - 61320 Carrouges - ✆ 02 33 31 02 88 - de mi-juin à mi-sept. : merc. 9h-13h30, sam. 10h-12h, 14h-19h, dim. 10h-12h, 13h30-19h - fermé j. fériés.*

SE REPÉRER

Carte de microrégion C2 (p. 224) – *carte Michelin Départements 310 I3.* Située sur une éminence au nord-ouest de la forêt d'Écouves, à 26 km à l'est de Bagnoles-de-l'Orne et à 30 km au nord-ouest d'Alençon, la localité de Carrouges fait partie du **Parc naturel régional Normandie-Maine**. Son château se détache en contrebas du bourg.

À NE PAS MANQUER

Le majestueux escalier d'honneur.

ORGANISER SON TEMPS

Comptez 1h30 pour la visite du château.

Sitôt franchi le gracieux châtelet, le visiteur tombe sous le charme du château de Carrouges, grand vaisseau rectangulaire reposant sur de larges douves, dans un vaste jardin aux grilles finement ouvragées. Mais Carrouges, plus qu'un château, est le point central du Parc naturel régional Normandie-Maine, repère incontournable pour les assoiffés de nature et de terroir qui sont accueillis comme chez eux à la Maison du parc.

Se promener

★★ Château

✆ 02 33 27 20 32 ou 02 33 31 16 42 - www.monuments-nationaux.fr - visite guidée (45mn, dernier dép. 45mn av. la fermeture) - janv.-mars : 10h-12h, 14h-17h ; d'avr. à mi-juin : 10h-12h, 14h-18h ; de mi-juin à fin août : 9h30-12h, 14h-18h30 ; sept. : 10h-12h, 14h-18h ; oct.-déc. : 10h-12h, 14h-17h - fermé 1er janv., 1er Mai, 1er et 11 Nov., 25 déc. - 7,50 € (- 26 ans, gratuit, pour les ressortissants des pays de l'UE).

Fief des Carrouges puis des Blosset, du 12e au 15e s., le château passe ensuite aux Le Veneur de Tillières. Cinq siècles plus tard, en 1936, il est cédé à l'État.

Extérieur – Élégant édifice cantonné de quatre tourelles circulaires, le **châtelet★** (16e s.) fut certainement construit par Jean Le Veneur, évêque de Lisieux, abbé du Bec, puis du Mont-St-Michel. Il parraina et participa aux frais de l'expédition de Jacques Cartier au Canada.

Plus austère que le châtelet d'entrée mais très imposant, le **château**, entouré de douves en eau vive, délimite une cour intérieure rectangulaire. Deux ailes homogènes sont dues à l'architecte François Gabriel (fin du 16e s.), les autres côtés étant fermés par des bâtiments des 14e (ancien donjon) et 15e s. Au sud-ouest, s'étend une terrasse que limite une grille en fer forgé d'une grande élégance (17e s.).

Château de Carrouges.
A. Chicurel / hemis.fr

Intérieur – Acheté meublé par l'État en 1936, le château possède un intéressant mobilier de la Renaissance à la Restauration. Le rez-de-chaussée est occupé par les communs et les services. Remarquez l'imposante cuisine avec ses cuivres d'origine. L'étage est réservé aux pièces d'apparat. Les appartements présentent un décor Renaissance et classique servant de cadre à un précieux mobilier. Dans la **chambre de Louis XI** (il y a couché le 11 août 1473), la cheminée porte les armes des Le Veneur. L'**antichambre d'honneur** révèle une cheminée dont le manteau de la hotte laisse apercevoir une scène de chasse. Dans la **salle à manger**, remarquable cheminée encadrée de deux piédroits de granit poli, coiffés de chapiteaux corinthiens ; bas de buffets Louis XIV et sièges Restauration. Le **salon des Portraits** rassemble un bel ensemble de portraits des propriétaires du château. Le **Grand Salon** occupe une partie du pavillon d'angle ; les boiseries de couleur jaune paille datent de la fin du 17e s. ou du début du 18e s.

La visite s'achève par le monumental **escalier d'honneur★**, remarquable par la hardiesse de ses arcades et de ses voûtes de brique rose, reposant sur quatre piles disposées en carré.

LA LÉGENDE SANGLANTE

On raconte qu'il y a bien longtemps, une comtesse de Carrouges, enceinte, surprit son mari dans les bras d'une rivale. Furieuse, l'épouse bafouée poignarda cette dernière. Las ! La tendre amie était fée. Immédiatement, celle-ci prépara sa cruelle vengeance : le lendemain du meurtre, le comte était découvert assassiné. À cette nouvelle, une tache rouge apparut au front de la dame qui, quelques mois plus tard, mit au monde un fils, lui aussi marqué au front de la même tache. Il s'appelait Karl (à moins que ce ne soit Carle) et on l'appela Carle le Rouge : Carrouges ! Les gens plus sérieux disent que le nom vient du latin *quadrivium*, qui signifie plus simplement « carrefour ».

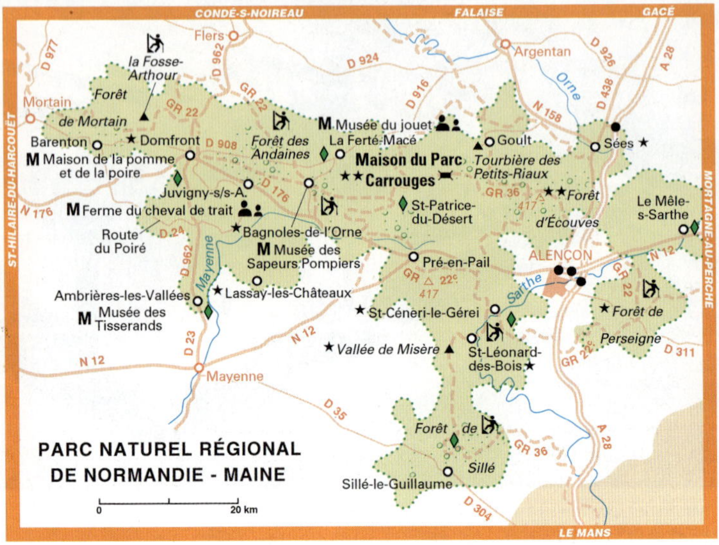

Base de plein-air ou de loisirs M Musée Site d'escalade Intéressant pour les enfants

Maison du Parc naturel régional Normandie-Maine
BP 05 - 61320 Carrouges - ✆ 02 33 81 75 75 - www.parc-naturel-normandie-maine.fr - de mi-juin à fin août : mar.- dim. 10h30-18h30 ; de début sept. à fin oct. et de début avr. à mi-juin: mrc.-vend. 11h-17h30; w.-end 14h-17h30; de mi-fév. à fin mars et nov.-déc. 14h-17h30, fermé de janv. à mi-fév. Situé dans l'ancienne ferme du château, ce lieu d'accueil et d'information touristique du Parc naturel Normandie-Maine dispose également d'un espace-découverte (voir ci-contre). Vous y apprendrez les principales caractéristiques de ce territoire (environnement, patrimoine, traditions, etc.). Brochures, cartes et topoguides nécessaires à la préparation d'un séjour sont en vente à la librairie.

Conservatoire botanique des pommiers de Bretagne et de Normandie *(voir ci-contre).*

À proximité Carte de microrégion p. 224

Goult

13 km. Quittez Carrouges à l'est par la D 908 et, après 8,5 km, prenez la D 204 à gauche.

Un chemin passant entre deux fermes permet d'accéder à une chapelle romane dont le portail est pourvu de six chapiteaux finement sculptés représentant des scènes de chasse. Un peu plus loin, un chemin monte à la **chapelle St-Michel**, étape importante sur la route du Mont-St-Michel pour les pèlerins du Moyen Âge. De la croix, vue sur la forêt. Les levées de terre laissent deviner la présence d'un camp romain.

Tourbière des Petits-Riaux – *Suivez le fléchage. Des visites guidées sont organisées par le Parc - se rens.* Un sentier découverte *(1,4 km)*, en partie sur platelage, invite à découvrir cette tourbière, véritable trésor écologique très fragile ; on y retrouve bien sûr un tapis spongieux de sphaignes, toutes sortes de fougères et d'étonnantes plantes carnivores comme les rossolis à feuilles rondes (drosera).

Le Parc naturel régional Normandie-Maine

CARTE D'IDENTITÉ

Date de création : 1975.

Surface : 235 000 ha, répartis sur deux régions (Basse-Normandie et Pays-de-la-Loire), quatre départements (Orne, Manche, Mayenne et Sarthe), 149 communes. Le territoire du Parc, aux confins de la Normandie et du Maine, se partage entre un « haut pays » (crêtes, barres et escarpements boisés des Alpes mancelles) et un « bas pays » (bocage, douces collines du Saosnois et campagnes ouvertes de Sées et Alençon). Le parc est traversé par 2 500 km de sentiers balisés, dont 250 de sentiers thématiques.

MISSIONS ET ACTIVITÉS

Conformément aux missions des parcs naturels régionaux, et dans le cadre de sa charte renouvelée en mai 2008, le parc Normandie-Maine s'est fixé quatre perspectives et actions majeures :

Garantir **l'authenticité des paysages**, notamment par la gestion de quatre sites Natura 2000.

Valoriser le **patrimoine naturel et culturel**, en organisant des visites des sites, des sorties nature, des expositions, des manifestations, etc.

Valoriser des **productions de qualité** (savoir-faire, terroir), en particulier dans les filières traditionnelles (poiré, calvados, cidre, etc.).

Dynamiser les **activités touristiques** intégrées à l'économie locale : bases de loisirs nature, routes de découverte (route des Trois-Forêts, Route des haras et châteaux de l'Orne, circuit Au pays de Lancelot du Lac, Route du poiré).

STRUCTURES D'ACCUEIL DU PARC

Maison du parc – *BP 05 - 61320 Carrouges - ✆ 02 33 81 75 75 - www.parc-naturel-normandie-maine.fr.* La Maison du parc fait office de centre de ressources. Elle comporte un espace de découverte scénographique, une salle d'exposition temporaire, un point d'information touristique et une boutique.

Conservatoire botanique des pommiers de Bretagne et de Normandie
Situé à côté de la Maison du parc, à Carrouges, ce verger botanique rassemble 152 variétés de pommes.

Maison de la pomme et de la poire – *50720 Baranton - ✆ 02 33 59 56 22.* Cet espace muséographique explique l'activité cidricole, de la culture du pommier et du poirier à la distillation du calvados.

AGENDA DES MANIFESTATIONS

Fête des communes du parc *(mi-sept.)* – Cette manifestation, qui se tient autour de la Maison du parc à Carrouges, est organisée chaque année selon un thème différent (énergies renouvelables, par exemple).

Week-end du goût *(mi-oct.)* – Marché de produits du terroir, repas-dégustation et animations.

Pommes et poires en fête *(déb. oct.)* – À la Maison de la pomme, démonstrations, dégustations et exposition pomologique.

Le Champ de la Pierre

8 km au nord-ouest en direction de Rânes par les D 908 et D 909.

Parc du château du Champ-de-la-Pierre – *✆ 02 33 27 21 70 - arlette.dandigne@nordnet.fr - 14 Juil.-30 sept. : 10h-12h, 14h30-18h30 - possibilité de visite guidée sur demande préalable - 3,50 € (-12 ans gratuit).*

Créé à la fin du 18e s., ce parc de 4 ha, labellisé « Jardin remarquable », vaut par ses perspectives. Empruntez l'allée cavalière bordée de tilleuls et de hêtres (certains ont survécu aux bombardements de 1944) : elle mène au lac où se trouvent deux petits ports. Cherchez ensuite les fabriques. La plus difficile à dénicher sera le temple de Diane : un labyrinthe en garde l'accès. Roseraie et potager.

NOS ADRESSES À CARROUGES

HÉBERGEMENT

BUDGET MOYEN

St-Pierre – *61150 Rânes - ✆ 02 33 39 75 14 - www.hotelsaintpierreranes.com - P - 12 ch. 50/65 € - ☕ 7 € - restaurant fermé mar. soir 16/46 €.* Au cœur de ce bourg, une maison régionale aux petites chambres rustiques, colorées et soignées. La cuisine, inspirée du terroir, met à l'honneur les tripes et les cuisses de grenouilles.

RESTAURATION

PREMIER PRIX

La Gourmandie – *19 av. du Maréchal-Leclerc - ✆ 02 33 29 10 37 - fermé dim. et ts les soirs, sf vend. et sam., à partir du 15 sept. - 10/15 €.* Délicieuses galettes, crêpes et plat du jour. Dans la même famille, vous apprécierez aussi, le **Gîte de Mary**, à St-Martin-des-Landes *(à 3 km de Carrouges, ✆ 02 33 28 84 21, 1 ch. d'hôte 25/30 €, gîte 6 pers. 75/120 €, gîte 7/9 pers. 100/140 €).*

Le Jean-Anne – *2 r. de la Fée-d'Argouges - 61150 Rânes - 11 km au nord-ouest de Carrouges par D 908 et D 909 - ✆ 02 33 39 75 16 - fermé dim. soir et lun. sf j. fériés - 12,50/36 €.* De la salle, vous pourrez jeter un regard sur la petite église romane et sur le château. La patronne œuvre aux fourneaux tandis que son époux prend les commandes. Cuisine bourgeoise.

ACHATS

Association pour la promotion, l'accueil et l'animation du bocage carrougien – *Maison du parc - 61320 Carrouges - ✆ 02 33 81 75 75 ou 02 33 81 13 33 - www.parc-naturel-normandie-maine.fr - 14h-17h ; 1er juin-30 sept. 10h30-18h30 - fermé janv., fév., lun. et mar.* Dans une collégiale du 15e s. (ancien lieu de culte des seigneurs de Carrouges), expositions temporaires d'artisanat local et de produits du terroir (cidre, terrines, confiseries, chocolat, etc.).

AGENDA

Fête de la chasse – *4, 5, 6 août - ✆ 02 33 37 15 88.* Coupe d'Europe de trompe de chasse, grand-messe de St-Hubert, concours de chiens d'arrêt, d'attelage, pêche à la mouche.

Domfront

★

3 901 Domfrontais – Orne (61)

NOS ADRESSES PAGE 256

S'INFORMER

Office du tourisme de Domfront – *12 pl. de la Roirie - 61700 Domfront - 02 33 38 53 97 - www.ot-domfront.com - de mi-juin à mi-sept. : lun.-sam. 10h-12h30, 14h-18h ; reste de l'année : mar.-sam. 10h-12h30, 14h-18h - fermé j. fériés (sf pdt les manifestations).*

Visites guidées – *Visites thématiques du château et de la cité médiévale (2h) - réserv. conseillée à l'office de tourisme - 15 juin-15 sept. : mar. et jeu. 14h30 - dép. de l'office de tourisme (4 pers. minimum) - 2,50 €, -12 ans gratuit.*

SE REPÉRER

Carte de microrégion B1 (p. 224) – *carte Michelin Départements 310 F3.*
Situé sur la D 962 entre Mayenne (36 km au sud) et Flers (22 km au nord), Domfront bénéficie d'un **site naturel★** remarquable, point de passage presque obligé sur l'ancienne route du Mont-St-Michel depuis Paris.

À NE PAS MANQUER

La vieille ville et ses maisons à colombage et la visite de l'église romane N.-D.-sur-l'Eau.

ORGANISER SON TEMPS

Promenez-vous dans la cité, puis louez des vélos et suivez l'un des circuits proposés à l'office de tourisme.

AVEC LES ENFANTS

Le livret de découverte de l'office de tourisme permet une visite amusante de Domfront, à faire suivre d'une balade à dos de poney.

Perchée à 70 m au-dessus de la Varenne, Domfront revendique une double identité : celle d'une cité historique, où les vieilles demeures à colombage voisinent avec les ruines de la forteresse médiévale ; et celle d'une ville gastronomique, au cœur d'un terroir dominé par la poire et son pétillant poiré.

Se promener Plan de ville p. 247

★ LA VIEILLE VILLE

Autrefois nommée Domfront-en-Passais, la ville tiendrait son nom d'un ermitage fondé par saint Front au milieu du 6e s. dans la forêt du Passais voisine. Son centre ancien s'inscrit à l'intérieur d'une enceinte dont subsistent 13 des 24 tours. Les mieux conservées sont celles de la face sud, l'une d'elles se distinguant par ses mâchicoulis. Pour en avoir une bonne vue, empruntez la rue des Fossés-Plisson.

De nombreuses façades de maisons, débarrassées de leur enduit, laissent apparaître de beaux colombages. Plusieurs hôtels particuliers du 16e s.

construits en pierre, autrefois habités par des familles bourgeoises ou nobles, ont été restaurés.

L'office de tourisme met à disposition un livret chasse au trésor (*1€*) pour découvrir Domfront intra-muros.

Rues

La Grande-Rue, en partie piétonne et en pente, a retrouvé son pavement d'antan. Rue du Dr-Barrabé, on trouve de belles maisons à colombage, notamment au n° 38 et celle à l'angle de la ruelle Porte-Cadin. Admirez également les maisons de la rue St-Julien, de l'harmonieuse place du même nom et de la place du Commerce, et n'hésitez pas à vous glisser dans les passages qui relient les deux axes principaux de la vieille ville.

Église St-Julien B1

De style néobyzantin, cette église en béton a été consacrée en 1933 et classée Monument historique en 1993. Construite par l'architecte Albert Guilbert (1866-1949), elle est dominée par un haut clocher de ciment et présente une curieuse disposition intérieure : une coupole octogonale repose sur quatre arcs en plein cintre qui se recoupent en formant un carré. Une grande fresque montre un Christ en majesté.

Terre-plein nord des remparts B1

De la place du Panorama, on découvre une vue limitée, mais agréable, sur la profonde vallée de la Varenne, appelée ici « val des Rochers ».

Hôtel de ville – Musée B1

02 33 30 60 60 - www.domfront.com - - visite guidée sur demande (1h) tlj sf w.-end et j. fériés 9h-12h, 14h-16h30 - gratuit.

Construit en 1855 à l'emplacement des anciennes halles, le bâtiment néo-classique abrite un **petit musée** aux collections éclectiques, installé dans la salle des mariages. On peut y apprécier plusieurs dessins et peintures dus au talent mordant de **Charles Léandre (1862-1934)**, enfant du pays.

HORS LES MURS

★ Jardin public du donjon A1

Un pont enjambant l'ancien fossé conduit à ce jardin établi sur l'emplacement de la forteresse rasée en 1608 sur ordre de Sully. Du château d'Henri Ier Beauclerc, construit en 1092, subsistent deux pans de muraille du donjon quadrangulaire et deux tours rondes de l'enceinte, très arasées. Dans l'enceinte se trouvent les ruines de la chapelle St-Symphorien (fin 11e s.) dans laquelle

DES MONTGOMERY AUX PLANTAGENÊT

Au début du 11e s., Guillaume Talvas, duc de Bellême, devenu comte d'Alençon, bâtit à Domfront un premier château, autour duquel naquit une bourgade. En 1092, les habitants se révoltent contre leur seigneur, Roger de Montgomery, et demandent à Henri Beauclerc de devenir leur seigneur. En 1100, Henri devient roi d'Angleterre et Domfront, possession anglaise !

Au milieu du 12e s., la cité reçoit Henri II Plantagenêt et Aliénor d'Aquitaine. Domfront voit échouer, en août 1162, la dernière tentative de conciliation entre le souverain anglais et les légats du pape chargés de la médiation avec Thomas Becket.

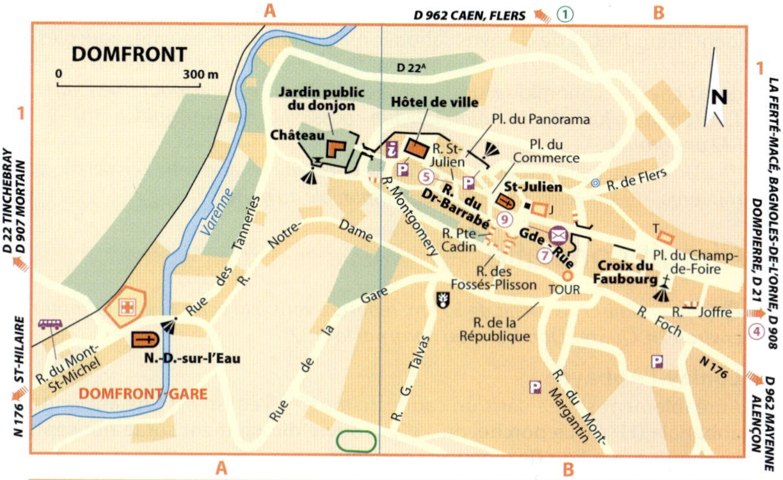

SE LOGER

M. et Mme Roussel (Chambre d'hôte) 1

SE RESTAURER

Bistrot St-Julien 5
Échauguette (L') 7
Grand Gousier (Auberge du) 9
Relais de la Forêt (Le) 4

la fille d'Aliénor d'Aquitaine, née à Domfront, fut baptisée. Cette chapelle faisait partie d'un prieuré dépendant de l'abbaye de Lonlay. En contournant le donjon, on gagne une terrasse d'où se révèle un **panorama**★ très étendu sur le Passais, pays drainé par la Mayenne, la Varenne et l'Égrenne. Au sud-est, le mont Margantin est reconnaissable à sa silhouette conique. Au premier plan, à droite, se dresse le tertre Ste-Anne aux bancs gréseux fortement inclinés.

3

★ Église Notre-Dame-sur-l'eau A1

02 33 30 60 60 (mairie) - tlj sf j. fériés 10h-18h.

Cette charmante église romane (fin 11e s.) a subi des mutilations au 19e s. quand cinq des sept travées de la nef et des bas-côtés ont dû être abattues afin de faire passer la route. Endommagé en 1944, l'édifice a fait l'objet d'importants travaux de restauration. La légende a longtemps voulu que Thomas Becket, archevêque de Canterbury, ait célébré la messe de Noël 1166 dans cette église. Le chevet semi-circulaire est décoré de jolies arcatures ; au milieu se dresse l'autel, table de granit supportée par trois piliers trapus et cerclés. Dans le croisillon sud, des fresques du 12e s. ont été dégagées. Elles représentent les docteurs de l'Église. Remarquez également un gisant reposant sous un dais gothique, un lion couché à ses pieds.

Croix du Faubourg B1

Du pied du calvaire, le **panorama**★ est comparable à celui du jardin public du donjon, mais plus étendu vers la forêt des Andaines, à l'est.

À proximité Carte de microrégion p. 224

Dompierre B1

9 km au nord-est par la D 21.

Le village conserve de nombreuses traces de son passé industriel. Le **musée du Fil et du Fer** présente les ressources, les métiers et les traditions régionales (dentellière, fileuse de chanvre, sabotier, maréchal-ferrant, activités agricoles) en mettant l'accent sur l'histoire minière, le fer ayant assuré une bonne partie de la richesse économique locale. *02 33 38 03 25 - ♿ - juil.-août : merc.-dim. 15h-18h ; mai, juin et sept. : dim. 15h-18h - possibilité de visite guidée (1h) - 3 € (-12 ans gratuit).*

Un circuit, balisé en jaune, permet de découvrir les anciennes installations minières - *10 km - env. 3h - document disponible au musée.*

Circuit conseillé Carte de microrégion p. 224

Pour visualiser ce circuit de 35 km, reportez-vous à la carte p. 224. Comptez environ 2h. Quittez Domfront, au nord, par la D 22.

Lonlay-l'Abbaye B1

Agréablement située dans un cadre champêtre, l'église est une ancienne abbatiale (11e s.). Le porche, du 15e s., s'ouvre directement sur le transept. Le chœur, aux piliers de granit, est gothique.

5 km après le bourg, par la D 818, tournez à gauche dans la D134.

La Fosse-Arthour A1

La partie la plus intéressante de la promenade est comprise entre les deux ponts. D'un amoncellement rocheux, à gauche, vue sur le site de La Fosse-Arthour : la Sonce, qui coule rapidement entre des abrupts gréseux, s'épanche un moment en une vasque puis se brise à nouveau en cascatelles. Le site est réputé pour ses rochers appréciés par les grimpeurs ; vues sur le bocage. Un plan d'eau de 3 ha offre des possibilités de pêche et de canotage.

Regagnez la D 134 vers St-Georges-de-Rouelley et, au premier embranchement, empruntez à gauche la route de Rouellé jusqu'à la D 907. Tournez à gauche vers Domfront. À environ 1,5 km, une petite route à droite, non revêtue à la fin, mène au manoir de la Saucerie situé dans une cour de ferme.

Manoir de la Saucerie B1

De ce manoir du 16e s., ne subsiste que l'imposant **pavillon d'entrée★** flanqué de deux tours rondes percées de meurtrières. Au milieu s'ouvre un passage en plein cintre, accessible autrefois par un double pont-levis jeté sur des douves. Le bâtiment a beaucoup de charme et d'élégance : l'heureux mariage de la pierre, de la brique et du bois y apporte une note originale.

Revenez à la D 907 qui ramène à Domfront.

GUERRE DE CENT ANS ET GUERRES DE RELIGION

En 1356, Domfront doit se rendre aux Anglais, qui l'occupent pendant dix ans avant d'en partir après le paiement d'une rançon. Ils la reconquièrent en 1418 et l'évacuent définitivement en 1450. Mais c'est en 1574 que la ville subit le siège le plus important de son histoire. **Gabriel de Montgomery**, grand capitaine huguenot, retranché dans le château, doit se rendre au chef de l'armée catholique, le maréchal Jacques II de Matignon. Montgomery, à qui l'on avait promis la vie sauve, sera exécuté quelques mois plus tard à Paris sur la place de Grève (actuelle place de l'Hôtel-de-Ville) sur ordre de Catherine de Médicis.

NOS ADRESSES À DOMFRONT

HÉBERGEMENT

PREMIER PRIX

Chambre d'hôte M. et Mme Roussel – *Lieu-dit La Roculière - 61700 St-Bômer-les-Forges - ✆ 02 33 37 60 60 - rocsel@orange.fr - fermé Noël et 1er janv. - P - ⊭ - 4 ch. 49 € ☕.* Cette ferme traditionnelle entourée de prés et de vergers est l'endroit idéal pour s'immerger dans la Normandie profonde. Un accueil où gentillesse rime avec spontanéité, chambres douillettes et copieux petit-déjeuner à partager avec les propriétaires près de la cheminée. L'été, possibilité de préparer son barbecue dans l'ancien four à pain.

RESTAURATION

PREMIER PRIX

Bistrot St-Julien – *2 pl. St-Julien - ✆ 02 33 37 14 60 - fermé merc. et dim. (sf mai-sept.) - menu du jour 10,50 € - carte 15/20 €.* Bistrot tout de bordeaux vêtu, avec terrasse sur l'harmonieuse place St-Julien où il fait bon prendre un verre ou manger quelques tartines. Le soir et le week-end, plats plus conséquents comme des aiguillettes d'agneau au romarin.

L'Échauguette – *12 Grande-Rue - ✆ 02 31 37 71 71 - 10/15 €.* Salades, pizzas, galettes ou crêpes à déguster dans la salle de cette demeure médiévale ou sur la terrasse ombragée donnant sur le jardin, à l'arrière.

POUR SE FAIRE PLAISIR

Auberge du Grand Gousier – *1 pl. de la Liberté - ✆ 02 33 38 37 25 - www.grandgousier.com - menus 15 € (déj.), 22/29/40 € - carte 40/50 €.* Dans une très belle maison à colombage, une salle au décor chaleureux et aux tables dressées avec soin. On y déguste une bonne cuisine de terroir (civet de lotte au vin rouge ou ris de veau aux échalotes et basilic, entre autres).

À Dompierre

BUDGET MOYEN

Le Relais de la Forêt – *Au bourg - 61700 Dompierre - ✆ 02 33 30 44 21 - fermé 2 dern. sem. de fév., 3 dern. sem. d'août, le soir (lun.-jeu.) sf réserv. - P - formule déj. 11 € - 18 €.* Malgré une décoration un peu vieillotte, ce restaurant de village affiche souvent complet. Il doit sa renommée à sa cuisine, traditionnelle, préparée avec des produits locaux et accompagnée de cidre, région oblige.

ACHATS

Comte Louis de Lauriston – *R. du Mont-St-Michel - ✆ 02 33 38 53 96 - www.calvados-lauriston.com - 9h-12h, 14h-18h - fermé sam. apr.-midi et dim.* Un peu oublié au profit de son cousin du pays d'Auge, le calvados domfrontais revient sur le devant de la scène depuis 1997, date à laquelle il obtint son AOC. Premier à le défendre avec ardeur, le comte de Lauriston, dont l'histoire est narrée lors des visites, a donné son nom aux eaux-de-vie de la maison. Parmi les alambics et divers objets d'époque, les calvados millésimés ont fière allure.

Coup de foudre – *13 pl. St-Julien - ✆ 02 33 38 61 91 - tlj sf lun. 9h30-13h30, 14h30-18h30.* Cave à vins et vente de produits régionaux, à commencer par le fameux poiré de Domfront.

AGENDA

Les Médiévales de Domfront – 1er w.-end d'août - rens. à l'office de tourisme. Grande fête avec animations de rue, marché et banquet médiéval, spectacles.

3

Bagnoles-de-l'Orne

★

2 502 Bagnolais – Orne (61)

NOS ADRESSES PAGE 256

S'INFORMER

Office du tourisme de Bagnoles-de-l'Orne – *Pl. du Marché - 61140 Bagnoles-de-l'Orne - ✆ 02 33 37 85 66 - www.bagnolesdelorne.com - avril-sept. : 9h30-13h, 14h-18h30, dim. et j. fériés 10h-12h30, 14h30-18h30; mars et oct. : lun.-sam. 9h30-13h, 14h-18h30; 1er nov.-14 nov. : lun.-sam. 9h30-12h30, 14h-18h30 ; du 15 nov. à fév. : lun.-sam. 9h30-12h30, 14h-18h. Fermé dim. et j. fériés*.

Visite guidée – Visites de la ville thermale *(2h30) - de mi-mars à mi-nov. : merc. et vend. 15h - s'inscrire à l'office de tourisme - gratuit.* Visite audioguidée *(3 € la demi-journée)* ; location à l'office de tourisme.

SE REPÉRER

Carte de microrégion B2 (p. 224) – *carte Michelin Départements 310 G3.*
À l'écart des grands axes, Bagnoles se trouve à 2 km au nord de la D 176 qui relie Alençon (47 km au sud-est) à la baie du Mont-St-Michel (90 km à l'ouest). La station comprend deux quartiers bien distincts, séparés par la Vée : à l'ouest, Bagnoles-Château, ancienne commune de Tessé-la-Madeleine, et à l'est, Bagnoles-Lac.

À NE PAS MANQUER

Les panoramas depuis le saut du Capucin et le roc au Chien, ainsi que le site des gorges de Villiers.

ORGANISER SON TEMPS

Dépensez-vous sur les nombreux chemins de randonnée le matin, et passez l'après-midi aux thermes pour profiter de quelques soins de remise en forme.

AVEC LES ENFANTS

Découvrez les percherons et les cobs à la Ferme du cheval de trait de Juvigny-sous-Andaine, ou le musée du Jouet à La Ferté-Macé.

Lourdes laïque

Balneolum, racine latine de Bagnoles, désigne la baignade. Tout est dit : ici, l'eau soigne depuis fort longtemps par le bain, base du traitement. Il peut s'accompagner de douches, d'aérobains et de pulvérisations.

Les thermes sont exclusivement alimentés par la Grande Source dont les eaux jaillissent (50 000 l/heure) à 25,8 °C. C'est la seule source chaude de l'Ouest et la moins minéralisée de France ; son eau est faiblement radioactive, chlorurée et sodique.

Réputé pour son savoir-faire en matière de rhumatologie, l'établissement soulage les troubles de la circulation veineuse, les séquelles de traumatismes, le mauvais fonctionnement des glandes endocrines, etc.

BAGNOLES-DE-L'ORNE

SE LOGER

- Bois Joli (Hôtel) ..... ③
- Nouvel Hôtel ..... ⑤
- Ô Gayot (Hôtel) ..... ⑦
- Source (Chambre d'hôte Auberge de la) ..... ⑨

SE RESTAURER

- Bon Accueil (Au) ..... ①
- Maison de la Trippe ..... ⑨
- Terrasse (La) ..... ⑫

Il n'est pas obligatoire de suivre une cure pour apprécier le charme et les bienfaits de Bagnoles-de-l'Orne, la « Lourdes laïque » selon les mots du président Édouard Herriot. Promenades le long des avenues bordées de villas, randonnées dans la forêt des Andaines, dégustations gastronomiques chez les producteurs locaux ou dans les restaurants de la ville composent un cocktail de remise en forme des plus efficaces.

Se promener Plan de ville ci-dessus

Le grand attrait de la station tient à son **site★** et à son charme suranné. La Vée, affluent de la Mayenne, la traverse, un instant cachée à la hauteur de l'établissement thermal. Avant de se glisser dans le massif de la forêt des Andaines, elle s'épanouit en un joli lac, au cœur de l'animation bagnolaise. La promenade au roc au Chien, à partir de Bagnoles-Château, permet d'avoir le meilleur point de vue sur la ville *(voir ci-après)*.

BAGNOLES-LAC

Station thermale

Comme beaucoup de stations balnéaires de la côte normande, Bagnoles-de-l'Orne s'est développée avec l'arrivée du chemin de fer en 1869. Les « vacanciers » ou les « baigneurs » venaient se soigner dans cette petite ville qui connut un important développement jusqu'en 1914.

On peut encore voir, en parcourant les boulevards Lemeunier-de-la-Rallière, Albert-Christophle et Paul-Chavet, de luxueuses **villas** louées pour la saison et dont les tourelles, les balcons, les bow-windows et autres marquises enchantent le regard. Notez le style Art déco teinté de cubisme de l'**église du Sacré-Cœur**, boulevard A.-Christophle.

★ Parc de l'établissement thermal

Établi en terrain accidenté, il est ombragé de pins, de chênes et de châtaigniers. Sur la rive gauche de la Vée, l'allée du Dante mène du lac à l'établissement thermal. D'autres allées courent agréablement à travers le parc et conduisent aux rochers du **saut du Capucin** ainsi qu'à l'ancien **abri Janolin**. La rue des Casinos et ses élégantes boutiques longe le plan d'eau.

Établissement thermal

0 811 902 233 - www.thermes-bagnoles.com - mars-avr.: vend. 17h, mai-août : vend. 17h et 17h30, se renseigne pour les autres périodes - gratuit.
Découverte de l'histoire des thermes et visite des locaux.

Musée départemental des Sapeurs-Pompiers de l'Orne

02 33 38 10 34 - ♿ - avr.-oct. : 14h-18h (dernière entrée 30mn av. la fermeture) - 3,80 € (enf. 2,30 €).
Étonnant musée que cette ancienne église du Sacré-Cœur qui abrite une importante collection de pompes à bras hippomobiles. La plus ancienne du musée, *La Distinguée,* est antérieure à 1790. De nombreux souvenirs (fanions, médailles, etc.), pièces d'uniformes et matériels de secours (seaux-pompes, agrès hydrauliques, radios, masques à gaz, etc.) enrichissent la visite.

BAGNOLES-CHÂTEAU

★ Promenade au roc au Chien

45mn AR à pied ou 30mn AR par le petit train. Partez de l'église de Bagnoles-Château et remontez la belle avenue du Château ; passez le portail qui s'ouvre dans le prolongement de celle-ci. 02 33 30 72 70 - www.bagnolesdelorne.com - visite en petit train au départ de l'office de tourisme : mars-oct. w.-ends et j. fériés ; juin-sept. : tlj 15h15 et 16h30 - 5,60 € (4-12 ans 2,50 €).
Vous vous trouvez dans le parc municipal de Tessé qui englobe un arboretum de 150 arbres d'essences différentes, un parcours d'observation des oiseaux, ainsi que des jeux et attractions diverses.
Allez jusqu'au château.

UN TRAITEMENT DE CHEVAL

Ne pouvant se décider à abattre son fidèle destrier, malade et perclus de rhumatismes, Hugues de Tessé décide un jour de l'abandonner dans la forêt des Andaines. Peu de temps après, il a la surprise de voir sa monture rentrer à l'écurie fringante et vigoureuse, l'œil vif et le poil luisant. Il remarque alors que l'animal va régulièrement s'immerger dans l'eau d'une source tiède. Il suit son exemple, se baigne également et retrouve, à son tour, force et jeunesse.
Une autre histoire tend à prouver l'efficacité de la cure : celle du capucin qui, guéri de ses douleurs, franchit, d'un bond, les quatre mètres séparant les deux aiguilles rocheuses en surplomb de la source. L'endroit reste nommé le **saut du Capucin** en souvenir de cet exploit.

L'établissement thermal de Bagnoles-de-l'Orne.
B. Merle / Photononstop

Construit dans la seconde moitié du 19e s., le bâtiment, aujourd'hui hôtel de ville principal de Bagnoles, est typique du style « néomédiéval ».
Prenez vers la droite l'avenue qui surplombe la gorge de Bagnoles.
Des sentiers s'éparpillent parfois à droite et à gauche. Vous pouvez toujours vous amuser à les suivre. Tout en admirant au passage quelques beaux arbres, notamment des séquoias plus que centenaires, vous arrivez au promontoire rocheux du roc au Chien d'où la **vue**★ sur Bagnoles est superbe.

À proximité Carte de microrégion p. 224

Château de Couterne B2

1,5 km. Quittez Bagnoles au sud par la D 335. Ne se visite pas.
Laissez la voiture à proximité du pont sur la pièce d'eau dans laquelle le château (16e et 18e s.) reflète sa masse de brique et de granit.

La Ferté-Macé C2

6 km au nord par la D 916.
Cette petite ville joue un important rôle commercial et industriel dans la région. Un **complexe touristique** (pédalo, planche à voile, pêche, mur d'escalade, swin-golf, etc.) ainsi qu'une douzaine de gîtes de vacances apportent aux visiteurs et curistes de la station thermale voisine un agréable complément de divertissement. Les gourmets reconnaissent par ailleurs à la ville un certain renom gastronomique, notamment dû à ses tripes en brochette élaborées à partir de panse et de pieds de bovins. Les abats sont présentés enfilés sur un bâtonnet appelé « billette », généralement en noisetier. Vous trouverez certainement la matière première à l'incontournable marché du jeudi matin !
Une tour romane du 11e s., seul vestige de l'ancienne église détruite en 1861 pour cause d'exiguïté, jouxte l'église moderne (carillon de 16 cloches dont un bourdon de 3 917 kg).

Hôtel de ville – On peut y voir, entre autres, quelques œuvres du dessinateur Charles Léandre, originaire de Champsecret, près de Domfront, une vaste toile intitulée *La Poste au cours des âges,* de Marcel Pierre, ainsi qu'un immense portrait collectif de E. Krug, daté de 1898, *Le Banquet de la pomme.*

Musée du Jouet – *02 33 37 47 00 (mairie, service animations) - juil.-août : 15h-18h ; avr.-juin et sept.-oct. : w.-end et j. fériés 15h-18h - 3,30 € (-6 ans gratuit).* Installé dans les « bains-douches » municipaux (utilisés de 1932 à 1981), ce musée issu de la collection G. Bonvalot présente une évolution des jeux et jouets des 19e et 20e s. à travers différents thèmes (les jeux de salon, les jouets scientifiques, les jouets techniques et les instruments de musique).

Rânes B1

13 km au nord/nord-est de La Ferté-Macé par la D 916.

Reconstruit au 18e s., le **château** a gardé son donjon du 15e s. à deux étages, couronné de créneaux et de mâchicoulis. Vous pouvez monter au sommet du donjon (95 marches) afin d'apprécier le **panorama**. L'escalier en colimaçon permet aussi de rejoindre la « chambre de la Fée » à laquelle est attachée une légende en tout point semblable à celle du château de Gratot *(voir p. 328)*, autre demeure historique de la famille d'Argouges.

Un musée de la Préhistoire a été créé dans les caves du château, suite aux découvertes archéologiques faites à Rânes et dans les environs, essentiellement de l'outillage de silex. *02 33 39 72 94 - visite guidée juil.-août : tlj sf lun. et mar. 14h-18h - 2 € (enf. 1 €) - accès au donjon gratuit.*

Randonnées Carte de microrégion p. 224

La forêt domaniale des Andaines offre de nombreuses possibilités de promenades et de randonnées. Un document, distribué par l'office de tourisme, répertorie les principales.

Nous en proposons deux ci-dessous.

Circuit de St-Ortaire et du chêne Hippolyte B2

4,5 km – comptez 1h45. Départ près de la place du Marché. Longez la lisière vers la voie ferrée.

Le circuit conduit au prieuré de St-Ortaire, ancienne chapellenie fondée par Jean de Valois. Ce lieu de pèlerinage est dédié à saint Ortaire et à sainte Radegonde. Un peu plus loin, au cœur de la forêt, le chêne Hippolyte impressionne par ses majestueuses proportions (5,26 m de circonférence, 30 m de haut) et son âge vénérable (environ 300 ans).

★ Gorges de Villiers C2

12 km au sud-est près de St-Ouen-le-Brisoult.

Plusieurs circuits, bien balisés, sont possibles dans ce beau site naturel traversé par la Gourbe. Comptez environ 1h pour celui de la chapelle St-Antoine. Il conduit tout d'abord à la rivière en passant au-dessus d'un impressionnant pierrier, où certains ont reconnu la modeste grotte de la fée Gisèle.

Près du pont sur la Gourbe, la très ancienne fontaine de Chaude-Eau garde tout son mystère. Le sentier traverse la rivière, grimpe vers un large chemin que l'on prend à droite avant de replonger dans la forêt. La chapelle St-Antoine (1875) apparaît dans une belle clairière aménagée pour une halte. Retour en suivant la rivière vers le point de départ.

Circuits conseillés Carte de microrégion p. 224

LA VALLÉE DE LA COUR BC2

Circuit de 11 km par le nord-est. Prenez la D 916, puis à droite la D 387 et, encore à droite, la D 20 sur 600 m, puis suivez la signalisation.
La route à travers la forêt mène à un étang très apprécié des pêcheurs et des grands amateurs de repos!
Contournez l'étang et prenez à gauche la D 270 en montée, puis la route forestière en direction du carrefour de l'Artoigny. Rentrez à Bagnoles par la D 387.

LA FORÊT DES ANDAINES B2

Circuit de 21 km. Quittez Bagnoles par la D 335 au nord-ouest.
Cette forêt s'étend sur environ 8 000 ha; elle est plantée de belles essences (chênes, hêtres, épicéas, bouleaux, pins sylvestres). Gardez les yeux grands ouverts, car il n'est pas rare de rencontrer, au cours d'une randonnée, quelques cervidés (cerfs, biches, chevreuils ou chevrettes). Parcours sportifs et rochers d'escalade.
Au carrefour de l'Étoile d'Andaines, prenez à gauche la direction de Blutel - Juvigny-sous-Andaine et continuez jusqu'en lisière de forêt. La chapelle se trouve sur le côté gauche de la route forestière.

Chapelle Ste-Geneviève B2

Elle s'élève dans un site retiré où prédominent les pins. La porte ajourée laisse voir à l'intérieur des statues en bois (saint Roch, sainte Geneviève, sainte Élisabeth) ainsi qu'un autel.
Poursuivez jusqu'à Blutel, où vous suivrez la direction de Juvigny-sous-Andaine.

Juvigny-sous-Andaine B2

La Ferme du cheval de trait – *« La Michaudière » - ✆ 02 33 38 27 78 - www.chevaldetrait.com - ♿ - spectacle équestre (attelages, voltige, dressage) de mi-juil. à fin août : merc., jeu., w.-end et j. fériés 15h30; reste de l'année : se renseigner sur le site Internet - 10 € (-12 ans 4 €).*
Une vingtaine de chevaux lourds (percherons, traits bretons et cobs, entre autres) participent à un intéressant spectacle équestre : attelages, voltige, travail aux longues rênes. Collection de matériel agricole hippomobile, forge, sellerie. Des balades en voiture à cheval ainsi que des dîners campagnards sont organisés.
Prenez la direction de Bagnoles-de-l'Orne via *Lessart, par la D 235.* Peu après avoir quitté Juvigny, vous apercevrez sur la gauche le mur de clôture d'une propriété. Tournez à gauche juste avant.

Tour de Bonvouloir B2

Curieuse tourelle d'observation effilée dite aussi « phare », coiffée d'un toit en cloche et flanquée d'une tour plus massive. Elle se rattache à la légende de Hugues de Tessé et à sa « vigueur » retrouvée. Plus historiquement, l'ensemble correspond au vestige d'un château construit jadis par Guyon Essirat.
Les bâtiments de ferme, en partie anciens, le pigeonnier, ainsi que les restes du vieux puits ajoutent leur cachet.
Revenez à Bagnoles par la D 235 qui longe les sous-bois.

AUTOUR DE BAGNOLES-DE-L'ORNE

HÉBERGEMENT

PREMIER PRIX

Hôtel Ô Gayot – *2 av. de La Ferté-Macé - 02 33 38 44 01 - www.ogayot.com - - fermé lun. midi, dim. soir et jeu. du 15 nov. au 1er avr. - 16 ch.55/95 € - 9 € - rest. formule déj. 15 € - 23 €.* Au centre de la station, hôtel au concept « tout en un » : chambres épurées, sur le thème de l'eau ou de la forêt. Bar, salon de thé, boutique de produits régionaux. Bistrot contemporain où vous attend une cuisine actuelle.

BUDGET MOYEN

Chambre d'hôte Auberge de la Source – *Lieu-dit La Peleras - 61600 La Ferté-Macé - 5 km au nord-ouest de Bagnoles par D 908, rte du Mont-St-Michel - 02 33 37 28 23 - http://pagesperso-orange.fr/auberge.lasource/ - - P - - 7 ch. 56 € - rest.15/25 €.* Cette bâtisse récente perpétue le plus pur style normand avec ses briques et ses colombages. Dans la grande salle à manger trône une cheminée où grillent de belles pièces de viande, accompagnant quelques spécialités du terroir. À l'étage, 5 chambres parquetées, dotées d'une excellente literie.

Nouvel Hôtel – *8 av. du Dr-P.-Noal - 61140 Tessé-la-Madeleine - 500 m au sud du centre de Bagnoles - 02 33 30 75 00 - www.nouvel-hotel-bagnoles.fr - fermé nov.-mars - P - 30 ch. 62/90 € - 9 € - rest.19/35 €.* Cette jolie villa du début du 20e s. bénéficie de chambres fonctionnelles, plaisantes et bien insonorisées. Salon doté d'un piano et paisible jardin fleuri. Trois salles, dont une occupant l'agréable véranda ; menus traditionnels, diététiques et végétariens.

POUR SE FAIRE PLAISIR

Le Bois Joli – *12 av. Philippe-du-Rozier - 02 33 37 92 77 - www.hotelboisjoli.com - P - 20 ch. 80/166 € - 11 € - restaurant gastronomique : menus 21/36/66 € - formules 18/27/38 € (entrée + plat ou plat + dessert) et carte.* Dominant le lac, une belle villa anglo-normande 1900 dotée d'un grand jardin ombragé où il fait bon se détendre. Intérieur cossu et chambres romantiques. Au restaurant, ne manquez pas de goûter à l'un des *musts*, comme le filet de saint-pierre à la crème d'asperges ou la pomme de ris de veau aux écrevisses, à moins que vous ne préfériez une poêlée d'escargots au jus d'ail et jambon cru.

RESTAURATION

BUDGET MOYEN

La Terrasse – *R. des Casinos - 02 33 37 81 44 - fermé de fin nov. à déb. janv., dim. soir sf juil.-août et lun. - 16/31 €.* Proche du lac, voici un endroit chaleureux. Les petits plats du terroir ou les spécialités de poissons mitonnés sont en outre fort honorables.

Au Bon Accueil – *23 pl. St-Michel - 61140 Juvigny-sous-Andaine - 02 33 38 10 04 - www.aubonaccueil-normand.com - fermé 15 fév.-15 mars, dim. soir et lun. - formule déj. 11,50 € - 15/45 €.* L'enseigne ne vous ment pas ! Derrière l'élégante façade, une généreuse cuisine du terroir vous attend dans deux salles à manger dont une avec verrière et petit jardin d'hiver.

Maison de la Trippe – *20 pl. du Gén.-Leclerc - 61600 La Ferté-Macé - 02 33 37 11 85 - tlj sf dim. apr.-midi et lun. 7h-19h30 - 16 €.* Si vous aimez la tête de veau ou les tripes (en brochette, à la bière et aux légumes), etc., vous avez le choix entre l'achat dans cette boutique, une institution bagnolaise, ou la dégustation dans le petit restaurant situé juste à côté.

ACHATS

Marché – *Pl. du Marché - ✆ 02 33 30 73 78 - mar. mat., sam. mat.* Le marché s'étend jusqu'en lisière de la forêt des Andaines. C'est l'endroit idéal à Bagnoles-de-l'Orne pour acheter ici de belles coquilles Saint-Jacques, là un camembert bien crémeux, un magnifique rôti ou une cagette de choux-fleurs. L'été, le nombre de commerçants augmente considérablement : le marché déborde alors des halles.

Casati du Lac – *4 bis r. des Casinos - ✆ 02 33 37 82 74 - 9h30-12h30, 14h30-19h30 - fermé de mi-janv. à fin fév. et lun. en nov.* Cette entreprise familiale a bâti sa réputation sur les délicieux macarons Henri Lenoir qu'elle fabrique depuis trois générations. La maison s'est aussi lancée avec bonheur dans l'aventure du chocolat. Ne manquez pas les pavés (pralinés fondants aux noisettes et amandes), les tonneaux au calvados et deux spécialités : le choc'cisson et le camembert 100 % chocolat.

EN SOIRÉE

Casino de Bagnoles-de-l'Orne – *6 av. Robert-Cousin - ✆ 02 33 37 84 00 - www.groupe-emeraude.com.* La station de Bagnoles abrite le seul casino de l'Orne. Quelque 140 machines à sous vous y attendent, plus les jeux classiques : boule, black-jack et roulette anglaise. Terrasse, cinéma, night-club, restaurant, pub-cabaret et minigolf viennent compléter l'offre de loisirs.

ACTIVITÉS

Les Thermes de Bagnoles-de-l'Orne – *R. du Prof.-Louvel - ✆ 0 811 902 233 - www.thermes-bagnoles.com - 8h-12h, 13h-17h30 - fermé de mi-nov. à déb. fév.* Au cœur de la forêt des Andaines, voici l'unique source thermale du nord-ouest de la France. Outre les cures à visée thérapeutique (phlébologie, rhumatologie), l'établissement thermal a développé une large gamme de forfaits de remise en forme destinés à tous (formules de 1 à 6 jours). Hébergement dans la station proposé en collaboration avec une série d'hôtels.

Golf de Bagnoles-de-l'Orne – *Rte de Domfront - ✆ 02 33 37 81 42 - www.bagnolesdelorne.com - 1er avr.-15 nov. : 9h30-19h - fermé 15 déc.-20 janv. - green fee 27 € 18 trous (-25 ans 18 €).* Au cœur de la forêt des Andaines, golf 9 trous traversé par une rivière ; il n'est pas rare d'apercevoir des biches le matin. Les « Tiger Wood » en herbe sauront apprécier. Petite restauration en saison.

Poney-club La Peleras – *Lieu-dit La Peleras - 61600 La Ferté-Macé - 5 km au nord-ouest de Bagnoles par D 908, rte du Mont-St-Michel - ✆ 02 33 38 29 83 - www.lafertemace.fr - fermé 1er-15 sept.* Ce petit centre équestre met 26 poneys de toutes tailles à la disposition des cavaliers débutants (à partir de 3 ans) et confirmés. Baptêmes shetland, leçons, stages, promenades et randonnées encadrés par deux monitrices diplômées. Manège et carrière couverts ; maison d'hôte recommandable juste à côté.

Mortain

★

1 812 Mortainais – Manche (50)

NOS ADRESSES PAGE 262

S'INFORMER

Office du tourisme de Mortain – *R. du Bourglopin - 02 33 59 19 74 - www.ville-mortain.fr - juil.-août : 9h30-12h30, 14h-18h30, dim. 10h30-13h ; avr.-juin et sept.-oct. : tlj sf dim. et j. fériés 9h30-12h30, 14h-18h ; nov.-mars : mar.-sam. 10h-12h30, 14h-17h30.*

SE REPÉRER

Carte de microrégion A1 (p. 224) – *carte Michelin Départements 303 G8.* Mortain se trouve à 25 km au sud de Vire par les D 577 et D 977. Avranches est à 42 km à l'ouest par la D 5.

À NE PAS MANQUER

Les paysages impressionnants et pittoresques du circuit des cascades, le « Chrismale », trésor de la collégiale St-évroult, et le musée régional de la Poterie.

ORGANISER SON TEMPS

Prévoyez au minimum une demi-journée de balade pour profiter des cascades et du panorama.

AVEC LES ENFANTS

Laissez les enfants découvrir la vie d'un verger à la Maison de la pomme et de la poire de Barenton.

Certaines villes sont privilégiées par la nature : il en est ainsi de Mortain. Construite à flanc de coteaux, dans une étroite vallée, la bourgade voit dévaler les eaux de la Cance et du Cançon le long d'une grande et d'une petite cascade. Un spectacle aussi grandiose que sauvage au détour de la Normandie armoricaine. Malgré les destructions de 1944, la cité possède un patrimoine riche et varié, comme en témoignent l'abbaye Blanche et la collégiale St-Évroult.

Se promener Plan de ville ci-contre

Suivez le circuit des cascades - *env. 45mn - départ de l'office de tourisme.*

★ Petite Cascade

Laissez la voiture sur la place du Château et prenez le chemin qui longe, à gauche, le mur de la Caisse d'Épargne *(panneau indicateur).*

Traversez la Cance et prenez à droite le sentier qui passe au pied du rocher de l'Aiguille. Franchissant le Cançon sur des pierres plates, et suivant ce ruisseau, on débouche dans l'amphithéâtre rocheux où dévale la Petite Cascade. Pas si petite, puisque sa dénivellation est plus importante que celle de la Grande Cascade : 35 m !

★ Grande Cascade

Laissez la voiture au parking de l'avenue de l'Abbaye-Blanche. De là se détache un sentier en descente qui mène à cette chute de 25 m. Le site, en sous-bois, est ravissant.

On accède également à la Grande Cascade à partir de la rue du Bassin *(suivre la signalisation)*. Le sentier qui s'embranche dans un virage longe la Cance dans un site superbe et se termine par la cascade.

Abbaye Blanche

Contacter l'office de tourisme pour les h.

Entourée de beaux rochers, cette ancienne abbaye de moniales, fondée au 12e s. par Adeline et son frère Vital, chapelain du comte Robert, est actuellement un centre d'animation spirituelle.

Salle capitulaire – La salle est formée de deux vaisseaux voûtés d'arêtes. Les sœurs prenaient place, par ordre d'ancienneté, sur les bancs de pierre qui courent le long des murs. Le côté faisant face au cloître était réservé aux principales dignitaires.

Galerie du cloître – Contrairement à de nombreux cloîtres romans pourvus de colonnes géminées ou en quinconce (comme au Mont-St-Michel), celui-ci se distingue par une unique rangée de colonnes très simples. La charpente en bois est digne d'intérêt.

Abbatiale – On reconnaît l'ordonnance cistercienne : chevet plat percé d'un grand oculus, chapelles aux bras du transept. Les croisées d'ogives comme ossatures des voûtes annoncent le gothique naissant. L'éclairage de la longue nef est assuré par six fenêtres qui s'agrandissent au fur et à mesure que l'on s'éloigne du chœur.

Cellier – Système de voûtes divisé en deux berceaux de quatre travées ; les chapiteaux sont ornés de feuilles plates et de volutes.

Collégiale St-Évroult

✆ 02 33 59 74 - 9h-19h - sur demande à l'office de tourisme pour visite du trésor - juil.-août - gratuit.

Cette ancienne collégiale est bâtie en grès dans un style gothique assez sévère. Le mur-pignon de la façade est percé de trois fenêtres en tiers-point au-dessous desquelles s'ouvre le portail.

Le **clocher** du 13e s. est une œuvre très attachante par sa simplicité et la pureté de ses lignes. La jolie porte romane de la deuxième travée est représentative de l'école romane normande ; les éléments décoratifs courent sans interruption de la base à la partie haute de la voussure, sans l'appui de colonnes ni de chapiteaux.

Dans le chœur, il faut remarquer les stalles dont les

miséricordes (saillies qui permettent aux moines de s'appuyer ou de s'asseoir pendant les offices) sont souvent sculptées de personnages satiriques. Parmi les autres pièces composant le mobilier, l'autel en marbre du Maine, la cuve baptismale du 15e s. et les orgues du 18e s. retiennent l'attention. La **salle du Trésor** abrite le « Chrismale » : ce très rare coffret du 7e s., d'origine anglo-irlandaise, est une pyxide (petite boîte où l'on plaçait l'Eucharistie) ou un reliquaire portatif en hêtre doublé de cuivre, gravé d'inscriptions runiques et d'icônes.

★ Petite Chapelle

Au sud de Mortain, prenez la direction de Rancoudray, puis aussitôt à gauche devant la gendarmerie. Laissez la voiture au sommet de la montée sur le parking près de l'entrée d'une allée de sapins, à droite. Engagez-vous dans l'allée de sapins. Juil.-août : tlj 14h-18h30 ; mai, juin et sept. : w.-end et j. fériés 14h-18h30.

Juste avant la chapelle, vous verrez sur la gauche un petit monument dédié aux soldats américains tombés en 1944 à la cote 314, non loin de là.

Passez à gauche de la Petite Chapelle pour gagner le belvédère sur lequel est placée une table d'orientation. Une **vue★** immense se révèle sur les massifs forestiers de Mortain et de Lande-Pourrie. À droite, vous pouvez distinguer par temps clair le Mont-St-Michel et la côte bretonne qui se profilent à l'horizon.

À proximité Carte de microrégion p. 224

Barenton A1

9 km au sud-est. Quittez Mortain par la route de Domfront.

Une **Maison de la pomme et de la poire** est installée dans le cadre du Parc naturel régional Normandie-Maine *(voir p. 243)*, à proximité de Barenton. Elle illustre l'histoire, les activités, les techniques, l'évolution économique et les problèmes actuels liés à la production du cidre, du poiré, du pommeau et du calvados. On découvre un verger haute-tige (maturité après 6-8 ans) et un verger basse-tige (maturité après 3 ans). Dégustation en fin de visite. *La Logeraie – ☎ 02 33 59 56 22 - www.parc-naturel-normandie-maine.fr - juil.-août : 10h-12h30, 14h-18h30 ; reste de l'année : 10h-12h, 14h-18h - fermé de mi-oct. à fin mars - possibilité de visite guidée sur demande préalable (3 j. av.) - gratuit, 2,50 € visite guidée. Pour les enfants de 2 à 8 ans, un sentier d'interprétation ludique et pédagogique est aménagé dans le verger conservatoire.*

Ger A1

Facilement reconnaissable à sa couleur brune (grès), parfois brillante, la **poterie de Ger** a connu ses heures de gloire au 19e s. Elle pouvait être décorative (vases, faîtages) mais le gros de la production était de la poterie utilitaire : cruches, pots pour le beurre (d'Isigny), etc. Il n'y a presque plus d'argile de ce type dans le secteur (encore un peu à Noron-la-Poterie) et il faut s'approvisionner du côté d'Angers pour la petite production actuelle.

Sur la route de Flers. Comptez environ 15 km au départ de Mortain, par la D 157. Suivez ensuite la D 60 à gauche, direction Le Placître.

★ **Musée régional de la Poterie** – *3 r. du Musée - Le Placître - ☎ 02 33 79 35 36 - www.patrimoine.manche.fr - juil.-août : 11h-19h ; avr.-juin et sept. : tlj sf mar. 14h-18h ; vac. scol. de Pâques et de la Toussaint : 14h-18h - 4,50 € (7-18 ans 2 €).*

Des fouilles ont révélé l'ancienneté de ce site potier, qui fut l'un des centres les plus productifs de la région au 19e s. Il comprend actuellement 12 bâtiments parmi lesquels on découvre la maison du potier, trois **fours-tunnels** exceptionnels des 17e et 18e s., un séchoir à pots, différents ateliers, une boulangerie, etc. Le parcours présente près de 2 000 poteries, avec des explications sur les techniques de fabrication. Présentation de différents tours et **démonstrations★**, notamment d'une cuisson dans un four à flamme inversée. Boutique avec produits de potiers des environs.

Circuit conseillé Carte de microrégion p. 224

LA VALLÉE DE LA SÉE A1

Pour visualiser ce circuit de 50 km, reportez-vous à la carte p. 224. Quittez Mortain vers le nord par la D 977 en direction de Vire.
Après La Tournerie, dans une descente sinueuse, la vue est très étendue sur le vaste bassin vallonné de Sourdeval, parcouru par la haute Sée. En prenant à gauche dans Sourdeval, on suit la D 911 qui se faufile dans la **vallée de la Sée★** et se rétrécit, épousant les sinuosités de la rivière. Sur plus de 8 km, chaque virage est l'occasion d'une charmante découverte.

Moulin de la Sée A1

02 33 59 20 50 - ♿ - juil.-août : lun.-vend. 10h30-12h30, 14h-18h, w.-end et j. fériés 14h-19h ; avr.-juin et sept. : lun.-vend. 10h30-12h30, 14h-18h, w.-end et j. fériés 14h-18h ; fermé oct.-mars - dernière entrée 30mn av. fermeture - possibilité de visite guidée sur demande (1 sem. av.) - 5 € (12-16 ans 3 €).
Signalé par sa cheminée de 24 m de haut, l'écomusée de la vallée de **Brouains** est une ancienne usine. Les différents thèmes abordés sont liés à la rivière : croissance des salmonidés (la Sée est l'une des meilleures rivières à saumons de France) ; exploitation de l'énergie hydraulique (à l'aube du 19e s., plus de 150 moulins à papier fonctionnaient sur les 10 km et 100 m de dénivelé de la vallée) ; fabrication de soufflets ; les hommes et l'évolution des techniques depuis l'époque des « grillous » *(voir l'encadré ci-dessous)* jusqu'à la fabrication des couverts de table en inox. Auberge sur place.
Traversez Chérencé-le-Roussel et tournez à droite, après l'église, dans la D 33.

3

St-Pois A1

Ce petit village offre de jolies vues à gauche, jusqu'à la vallée de la Sée.
Tournez à droite dans St-Pois, puis encore à droite dans la D 39 en forte montée.
La route, bordée de beaux arbres, est très agréable.

St-Michel-de-Montjoie A1

À l'entrée du village en venant de St-Pois, une terrasse (323 m d'alt.) permet d'avoir un joli coup d'œil à l'ouest sur le Mont-St-Michel, les marches de la Normandie, du Maine et de la Bretagne. St-Michel-de-Montjoie vit principalement de la mise en bouteilles d'une eau minérale, l'eau de Montjoie, et de l'extraction du granit.

DES « GRILLOUS » À GUY DEGRENNE

Au début du 19e s., des hommes parcouraient la France afin de racheter dans les fermes les vieux couverts en étain qu'ils fondaient pour en fabriquer de nouveaux. Natifs de Sourdeval, de Gathemo ou du Fresne-Poret, ces hommes étaient des potiers d'étain, des « grillous », ancêtres des industriels qui peu à peu transformèrent leurs vieux moulins à papier en fabriques de petite métallurgie. La fabrication des couverts devint une spécialité du canton : couverts en étain, puis en métal aciéré et, de nos jours, en acier inoxydable.

Parc-musée du Granit – *✆ 02 33 59 02 22 - www.patrimoine.manche.fr - de mi-juin à fin août : 14h-19h (dernière entrée 1h av. fermeture) ; mai : dim. 14h-18h; sept.: w.-end 14h-18h - gratuit.* Installé dans un parc planté de beaux arbres, le musée expose de nombreux objets faits main : chapiteaux, frontons de porte, sarcophages, balustres, meules de moulin, etc. L'histoire de l'extraction et du travail du granit est expliquée au moyen de tableaux et de photographies. Exposition de travaux modernes réalisés par des granitiers : pierres sculptées et polies, statues d'animaux, bracelets, bagues.

La carrière de granit, exploitée, se trouve sur la D 282 en direction du Gast.

Reprenez la D 39 vers Gathemo et, dans cette localité, tournez à droite.

Avant d'entrer dans Perriers-en-Beauficel, regardez la vue sur la vallée de la Sée. De Perriers, longue descente sinueuse offrant encore de très jolies vues.

Rejoignez Chérencé-le-Roussel, puis prenez à gauche la D 33 en direction de Mortain.

NOS ADRESSES À MORTAIN

VISITE

Circuit historique – Inclus dans le parcours de l'Espace historique de la bataille de Normandie *(p. 129)*, le circuit balisé **La contre-attaque** passe par Mortain.

HÉBERGEMENT

BUDGET MOYEN

Hôtel Le Temps de Vivre – *12 r. St-Martin - 50150 Sourdeval - ✆ 02 33 59 60 41 - le-temps-de-vivre@wanadoo.fr - www.hotel-le-temps-de-vivre.com - fermé 27 sept.-13 oct., 4-18 fév., dim. soir et lun. sf août - P - 10 ch. 40/49 € - ☕ 6 € - rest. 12/30 €.* Sur la place du village, à côté du cinéma, une façade en granit embellie de jardinières fleuries. Les chambres sont petites, mais récentes et bien tenues. Plaisante salle de restaurant invitant à prendre le « temps de vivre ». Cuisine simple à prix sages.

Hôtel de la Poste – *Pl. des Arcades - ✆ 02 33 59 00 05 - 25 ch. 55/69 € - ☕ 8 € - rest. Le Saint- Vital (fermé dim-merc. à midi) - menu 19/35 €.* Face à la collégiale, un agréable hôtel qui rénove peu à peu ses chambres. Privilégiez celles qui offrent une vue sur la vallée. Menus de saison au restaurant.

RESTAURATION

BUDGET MOYEN

La Grange – *Au village enchanté de Bellefontaine - 50520 Bellefontaine - 7 km au nord de Mortain par D 33 - ✆ 02 33 59 01 93 - www.village-enchante.fr - fermé de janv. au 15 mars, lun. et mar. sf mardi de Pentecôte - ♿ - P - 7/24 €.* À l'entrée du village, laissez-vous enchanter par cette grange aménagée en restaurant. Vieilles poutres, cheminée de granit et une partie du sol en terre battue pour une atmosphère très campagnarde. Plusieurs possibilités de logement : chambres et gîtes (pour les groupes).

Fresnay-sur-Sarthe

2 214 Fresnois – Sarthe (72)

S'INFORMER

Office du tourisme des Alpes mancelles – *19 av. du Dr-Riant - 72130 Fresnay-sur-Sarthe - ✆ 02 43 33 28 04 - www.ot-alpes-mancelles.com - de juin à sept. : 10h-13h, 14h-18h, sam. 10h-17h; dim. 10h-13h (juil.-août seult) ; reste de l'année : tlj sf dim. 10h-13h, 15h-18h, sam. 10h-13h - fermé lun., 1er janv., lun. de Pâques, 1er et 8 Mai, lun. de Pentecôte, 1er et 11 Nov., 25 déc.*

SE REPÉRER

Carte de microrégion D3 (p. 224) – *carte Michelin Départements 310 J5.* Pour bien apprécier le site de cette sympathique petite ville, perchée au-dessus d'un méandre de la Sarthe, à 21 km au sud d'Alençon, arrêtez-vous près du pont sur la Sarthe au sud de la ville, sur la route de Sillé-le-Guillaume.

À NE PAS MANQUER

Les belles maisons médiévales du centre-ville.

ORGANISER SON TEMPS

Comptez 1h30 pour faire le tour de cette jolie cité.

Établie sur un site de toute beauté, Fresnay-sur-Sarthe a conservé ses ruelles bordées de maisons de tisserands et les vestiges de son château, ancienne forteresse avancée du Maine. Après une promenade agréable dans ce cadre charmant, vous pourrez sillonner les environs, pour de belles excursions dans les Alpes mancelles ou dans la forêt de Sillé.

Se promener

Terrasse de l'hôtel de ville

Un jardin public a été aménagé dans l'ancienne enceinte du château. De la terrasse, belle **vue★** sur la Sarthe, le pont à arches et les vieilles maisons.

Porte du château

Munie d'un double pont-levis, elle marquait l'entrée de la haute cour du château, cour ordinaire du seigneur et zone de repli lors des attaques. Les prisonniers étaient incarcérés dans les tours jusqu'à la Révolution. Elles abritent désormais des expositions estivales.

Église Notre-Dame

✆ 02 43 97 24 98 - juil.-août : 15h30-18h - gratuit.

Cet édifice, de style roman de transition, utilise une pierre du pays de couleur rouille, le « roussard ». Il est dominé par un remarquable clocher octogonal

GUERRES ET PAIX

En 1063, les troupes de Guillaume, duc de Normandie, occupèrent la ville qui se souleva à plusieurs reprises. Guillaume en personne vint mater les révoltes en 1068 et 1078. En 1100, après des luttes incessantes dans la région, Henri Ier, roi d'Angleterre, évacue le Maine alors rattaché à l'Anjou. Fresnay connaît la paix jusqu'aux troubles de la guerre de Cent Ans (fin du 14e s.). Le jeune Ambroise de Loré, farouche opposant à l'occupant anglais, s'y distingue et est reconnu héros de la ville en 1418.

dont les diverses faces sont percées de fenêtres géminées ou ornées de clochetons ajourés.
Le portail en plein cintre ferme par deux vantaux à petits panneaux de chêne sculpté datant de la Renaissance (1528) ; à gauche, l'Arbre de Jessé, à droite, le Christ en croix entouré des deux larrons et des douze Apôtres.

Cave du Lion
02 43 33 64 42 - juil.-août : ven.-dim. (se renseigner pour les h.) ; reste de l'année : sur demande préalable auprès de M. Jean Gilles (4 j. av.) - gratuit.
De l'autre côté des halles en pierre, dans la ruelle du Lion, s'ouvre cette salle souterraine romane de style Plantagenêt, couverte de quatre voûtes nervurées portées par un pilier central de section octogonale ; les chapiteaux en roussard sont décorés de feuilles et de crochets. Tour à tour crypte, chapelle souterraine, église du château, temple protestant, cave de l'hôtel du Lion d'Or (qui lui a donné son nom), elle est maintenant lieu d'expositions.

À proximité Carte de microrégion p. 224

Beaumont-sur-Sarthe D3
12 km au sud-est par la D 39.
Une promenade dans ce joli village au-dessus de la Sarthe permet de découvrir un **pont roman** (10e s.) que domine un **château** du 11e s. entouré de jardins en terrasses, d'un bassin du 18e s. et d'un colombier. Voyez également le vieux moulin à eau de Bois-Landon datant du 12e s.
Église – Brûlée par les huguenots en 1562, elle fut rebâtie en 1686, mais sur un modèle plus grand que la précédente (12e s.). Il fallut pour cela la réorienter, c'est pourquoi son chœur est à l'ouest. Remarquez en sortant les têtes grimaçantes de la **porte romane**.
En quittant Beaumont, arrêtez-vous sur la terrasse derrière la mairie pour profiter du panorama.

Prieuré St-Hippolyte D3
À Vivoin - 2,5 km de Beaumont-sur-Sarthe par la D 26. 02 43 97 04 36 - ♿ - visite libre des extérieurs tte l'année 9h-12h, 14h-17h30 ; visite guidée de l'église et du prieuré juil.-août : merc.-dim. 14h-17h - 5 € (-12 ans gratuit).
Fondé à la fin du 11e s. par Raoul Ier, vicomte de Beaumont, il a conservé de la période romane sa salle capitulaire, la Grande Salle et celle de Justice. Le logis, avec sa tourelle hexagonale, date du 16e s. De l'ancien cloître demeure une belle porte Renaissance. L'ensemble abrite désormais un centre culturel.
Église St-Hippolyte – Ancienne église du prieuré. Beaux vitraux du 13e s.
Musée du Chanvre et de la Vie d'autrefois – *02 43 33 51 26 - visite guidée juil.-août : merc.-dim. 14h-17h30 ; avr.-juin et sept.-oct. : w.-end et j. fériés 14h-17h30 - 2,70 € (enf. 1,20 €).*
Consacré aux arts et traditions populaires, il présente une intéressante collection miniature d'anciens appareils agricoles parfois très insolites. Reconstitution d'un intérieur sarthois.

ROUSSARD OU GRISON
Appelé aussi « grison », le roussard est un grès composé de grains de silex reliés entre eux par une pâte ferrugineuse compacte. Au contact de l'humidité de l'air ambiant, le fer s'oxyde et la pierre prend une teinte rouille plus ou moins accentuée. Cette pierre se retrouve sur de nombreux édifices civils ou religieux de l'Eure, de l'Orne et de la Sarthe.

Sillé-le-Guillaume

2 359 Silléens – Sarthe (72)

NOS ADRESSES PAGE 267

NOS ADRESSES PAGE 267

S'INFORMER

Office du tourisme de Sillé-le-Guillaume – *Pl. de la Résistance - 72140 Sillé-le-Guillaume - ✆ 02 43 20 10 32 - www.tourisme.sille-le-guillaume.fr - juil.-août : mar.-vend. 10h-12h, 14h-18h, sam. 10h-13h, lun. 14h-18h ; reste de l'année : tlj 9h30-12h, 14h-17h, sam. 9h30-13h, lun. 14h-17h - fermé dim. et j. fériés.*

SE REPÉRER

Carte de microrégion C3 (p. 224) – *carte Michelin Départements 310 I5.*
Sillé-le-Guillaume est implanté au sud des Alpes mancelles, sur la D 304 qui part du Mans (35 km au sud-est) vers Mayenne (41 km au nord-ouest).

À NE PAS MANQUER

Un après-midi nature dans la forêt.

ORGANISER SON TEMPS

Si deux heures suffisent pour parcourir la cité, comptez une demi-journée pour une balade tranquille sous les futaies de Sillé.

Renommé pour son lac et sa plage, Sillé-le-Guillaume a su mettre en valeur ses atouts pour se convertir en Station verte de vacances des plus agréables. Une multitude d'activités sont proposées, à commencer par l'escalade, le canoë-kayak et la randonnée. Riche d'un remarquable patrimoine, le château et la collégiale entourés de venelles médiévales, la ville est l'endroit rêvé pour musarder.

3

Se promener

Château

✆ 02 43 20 10 32 (office de tourisme) - visite commentée (dép. du château) juil.-août : 10h30, 14h, 16h30 - fermé lun. - 2,30 € (enf. 1,50 €).
À la fin de la guerre de Cent Ans, les Anglais saccagèrent la forteresse de Sillé, bâtie au 11e s. Sur ces ruines, Antoine de Beauvau construisit, au 15e s., le château actuel. Bien que très restaurés, son donjon bâti à même le roc et ses tours rondes, reliées par des corps de bâtiment des 16e et 17e s., lui conservent une fière allure !

Église Notre-Dame

Elle est bâtie sur l'emplacement d'une ancienne église romane dont subsistent la **crypte** et le pignon du croisillon sud. Elle a conservé un joli portail du 13e s., décoré d'une Vierge à l'Enfant coiffée d'un dais. Les travaux de restauration, nombreux du 15e au 20e s., ont rendu à la nef centrale (15e s.) son aspect primitif : voûtes lambrissées.

UNE VILLE FRONTIÈRE
Comme Ste-Suzanne et Mayenne, Sillé-le-Guillaume comptait parmi les places fortes qui protégeaient le nord du comté du Maine contre l'invasion normande. Son nom fait référence à Guillaume de Sillé, constructeur de la première forteresse.
Autrefois ville commerçante intéressée par le passage des pèlerins sur le chemin montois (du Mans au Mont-St-Michel), la ville est aujourd'hui très attachée au Parc naturel régional Normandie-Maine dont elle est l'une des portes vers les Alpes mancelles.

Circuit conseillé Carte de microrégion p. 224

LA FORÊT DE SILLÉ C3

Pour visualiser ce circuit de 30 km, reportez-vous à la carte p. 224. Comptez environ 1h. Quittez Sillé-le-Guillaume au nord-est par la D 310.
La route s'élève vers la forêt qu'elle traverse. Couvrant la crête est de la chaîne des Coëvrons, la forêt de Sillé est aménagée pour les promeneurs (abris, sentiers balisés, pistes équestres).
Très exploitée au début du siècle, cette forêt qui s'étend comme un écheveau sur près de 17 km se présente aujourd'hui sous la forme de taillis, de taillis sous futaie ou de plantations de résineux sur les sols les plus médiocres.
Prenez à gauche la première route forestière et la direction de Sillé-Plage par la D 105. Après environ 1,5 km, engagez-vous à gauche sur la route forestière qui mène à la D 203^E et à Sillé-Plage.

Lac de Sillé C3

Maison du lac et de la forêt - ☏ 02 43 20 19 97 - mai-sept. Point d'information, expositions, réservation du train touristique.
Ce plan d'eau de 32 ha entouré de verdure est depuis des décennies le lieu de promenade favori des Silléens et un **centre de loisirs** (baignade et nombreuses activités nautiques) fréquenté en saison. Au nord de la plage qui porte encore son nom d'origine, Coco-plage, subsistent les vestiges d'un ancien château-refuge médiéval.
Achevez de contourner le lac en le longeant (dir. Sillé-le-Guillaume) afin de prendre à droite la route forestière de la Grande-Ligne (route goudronnée qui traverse la forêt de part en part) pour arriver à la Croix-de-la-Mare en traversant successivement la D 5, la D 35 et la D 403. 400 m après le dernier carrefour, un sentier fléché sur la gauche (petit parking en haut du chemin empierré) conduit à la Croix-de-la-Mare.

Croix-de-la-Mare C3

45mn AR. Point culminant (290 m) de la partie ouest de la forêt, le site doit son nom à une croix élevée par un certain M. Lamarre afin de se faire pardonner ses exactions pendant la Révolution. Une petite chapelle a été construite en 1862 et est devenue un lieu de pèlerinage chaque deuxième dimanche de septembre. Le chemin, en boucle, conduit un peu plus bas vers deux croix érigées sur le site choisi par M. Lamarre.
Revenez vers le dernier carrefour et prenez à droite la D 103 bis en direction de Rouessé-Vassé. La D 310 ramène à Sillé-le-Guillaume.

NOS ADRESSES À SILLÉ-LE-GUILLAUME

HÉBERGEMENT ET RESTAURATION

BUDGET MOYEN

Le Bretagne – *Pl. de la Croix-d'Or - ✆ 02 43 20 10 10 - www.hotelsarthe.com - fermé de fin juil. à mi-août, 24 déc.-2 janv., vend. soir, sam. midi, dim. soir - 17/50 € - 15 ch. 64/80 € - ☕ 6 €.* Les diligences ont depuis longtemps déserté cet ancien relais de poste. La maison, située en centre-ville, propose une cuisine simple et bien tournée d'un bon rapport qualité-prix et des chambres joliment redécorées. Vente de produits du terroir à l'auberge ou sur www.jeantaine.fr

ACTIVITÉS

Bon à savoir – Situé au cœur d'une forêt de 3 350 ha, le lac de Sillé-le-Guillaume et son domaine offrent de nombreuses activités de plein air. Le lac en concentre beaucoup avec des promenades en bateau (*✆ 06 80 01 20 29*) ou en petit train touristique (*✆ 02 43 20 10 32*), des locations de pédalos, planches à voile (*✆ 02 43 20 10 36*), un club de voile (*✆ 02 43 20 10 36*) et une belle plage surveillée. Il est également possible de pratiquer le golf miniature (*✆ 06 80 01 20 29*), le VTT ou l'escalade, et de pêcher sur les étangs ou de se promener à pied ou à cheval.

AGENDA

Courses hippiques de Sillé-Plage – *1er dim. d'août - rens. à l'office de tourisme.* Sur l'hippodrome de la Forêt, cette réunion hippique réunit trot, plat et saut d'obstacles en sept courses.

3

GRANVILLE ET LA BAIE DU MONT-SAINT-MICHEL

+ d'adresses

Granville et la baie du Mont-St-Michel 4

Carte Michelin Départements 303 – Manche (50)

Granville

★

13 087 Granvillais – Manche (50)

NOS ADRESSES PAGE 278

S'INFORMER

Office du tourisme de Granville – *4 cours Jonville - BP 621 - 50406 Granville - ✆ 02 33 91 30 03 - www.ville-granville.fr - juil.-août : lun.-sam. 9h-18h30, dim. et j. fériés 10h-13h, 14h-17h ; oct.-mars : tlj sf dim. et j. fériés 9h-12h30, 14h-17h30 ; avr.-juin et sept. : tlj sf dim. 9h-12h30, 14h-18h - fermé 1er janv., 1er Mai et 25 déc.*

SE REPÉRER

Carte de microrégion A1 (p. 268) – *carte Michelin Départements 303 C6.* À 150 milles à l'ouest de Paris ! À vol d'oiseau, ce n'est pas loin. Route ou rail, comptez environ 3h. La station se rallie aussi de Cherbourg en 1h40 (106 km par la côte ouest du Cotentin), de Caen en 1h15 (109 km au nord-est) et de la baie du Mont-St-Michel en 40mn (50 km au sud).

À NE PAS MANQUER

La Haute-Ville et le monde de la haute couture dans la villa de Dior.

ORGANISER SON TEMPS

Renseignez-vous sur les horaires de traversée pour les îles Chausey.

AVEC LES ENFANTS

Les poissons de l'aquarium vous attendent !

Monte-Carlo n'est pas le seul à avoir son rocher. En Normandie, Granville a ce privilège, qui lui vaut son surnom flatteur de « Monaco du Nord ». Ici, la vie s'organise autour des ports : de plaisance, de commerce et de pêche. Centre de thalassothérapie et station balnéaire, Granville a le sens de la fête, comme en témoigne chaque année son carnaval très réputé.

Se promener Plans de ville p. 273

LA HAUTE-VILLE

Visite : 2h.

La Haute-Ville actuelle garde son atmosphère originale de ville ceinturée de remparts. On y accède par la Grand-Porte, dont le pont-levis défendait la cité. Une plaque commémore le siège de 1793 qui se traduisit par une défaite de l'armée chouanne commandée alors par Henri de La Rochejaquelein. Les maisons de la vieille ville sont construites en granit provenant des îles Chausey.

Église Notre-Dame Plan II

Cet austère édifice de granit remonte au 15e s. La nef et la façade principale, ornées de colonnes monolithes, furent édifiées un peu plus tard, aux 17e et 18e s. Une belle tour se dresse à la croisée du transept. À l'intérieur, seuls quelques chapiteaux du pourtour du chœur ont été travaillés. Pour ceux qui

Marins, pêcheurs et corsaires

LES CORSAIRES

Course et lettres de marque

Anarchique au 16e s., la « course » est réglementée au début du 17e. L'activité de corsaire, à ne pas confondre avec celle de pirate, est officiellement reconnue par une lettre de marque octroyée à un navire et à son capitaine. Signée par les autorités au nom du roi, cette lettre autorise le navire à être armé et à courir sus aux ennemis et aux pirates, en vue de capturer leur navire et leur cargaison. La lettre de marque, valide pour un voyage et une durée limitée, précise la répartition des prises entre l'équipage, l'armateur et l'Amirauté.

Quelques corsaires granvillais

Très développée sous le règne de Louis XIV (on compte à la fin du 17e s. plus de 70 corsaires à Granville), l'activité des corsaires granvillais se poursuit au 18e s. et jusqu'en 1812. En toute logique, la course s'intensifie avec les conflits entre les pays européens : guerre contre la Hollande et l'Angleterre dans les années 1670, guerre de Succession d'Espagne entre 1701 et 1714, guerre de Succession d'Autriche dans les années 1740.

Lors de ces conflits, d'héroïques corsaires granvillais se sont distingués : Beaubriand-Lévêque au 17e s., Pléville-Lepelley au milieu du 18e s., Olivier Belliard sous le règne de Louis XVI. Armés de 30 ou 40 canons, les gros navires étaient alors appelés « hauts corsaires ». Leur commandant avait grade de lieutenant de frégate, avec uniforme. On en dénombrait six à Granville.

LA PÊCHE

La grande pêche à Terre-Neuve

Pratiquée par les marins de Granville dès le milieu du 15e s., la pêche morutière à Terre-Neuve et à Saint-Pierre-et-Miquelon entre pour une part importante dans le développement du port. Plus ou moins active selon les périodes, très dynamique peu avant la Révolution, époque où une centaine d'armateurs se partageaient le marché, la pêche morutière décline au début du 20e s.

La petite pêche

Granville conserve le souvenir de ses traditions de pêche, notamment la pêche à l'huître sauvage effectuée à bord des bisquines *(voir l'encadré p. 40)*. *La Granvillaise*, réplique d'une grande bisquine (18 m de long), croise encore entre la baie et les îles Anglo-Normandes et propose des sorties en mer (voir « Nos adresses » *p. 278*).

Le carnaval de Granville

Son origine est liée aux marins pêcheurs qui, avant de partir pour de longs mois pêcher sur les bancs de Terre-Neuve, dépensaient joyeusement leur solde dans les rues de la ville. Pour la circonstance, ils s'affublaient de costumes divers. Aujourd'hui le carnaval a lieu au moment du Mardi gras ; il dure environ quatre jours pendant lesquels on peut assister à des défilés de chars, d'orchestres et de majorettes. Le dernier jour ont lieu les « intrigues » : les Granvillais déguisés et masqués vont rendre visite à leurs amis ; le bonhomme Carnaval est brûlé sur la plage, terminant ainsi les réjouissances.

aiment l'art du vitrail, ne pas manquer les vitraux modernes du chœur, réalisés entre 1955 et 1959 par Jacques Le Chevalier.
Les Granvillais vénèrent la statue (14e s.) de N.-D.-du-Cap-Lihou (cap Lihou est le nom de l'extrémité de la pointe du Roc) qui se trouve dans la chapelle latérale nord. Cette Vierge est particulièrement honorée lors du Grand Pardon des corporations de la mer.

Pointe du Roc Plan I

Par sa position à l'extrémité du promontoire, le **site★** de la pointe est exceptionnel : fermant au nord la baie du Mont-St-Michel, la pointe n'est reliée à la terre ferme que par un isthme rocheux très étroit, qui fut coupé au 15e s. pour favoriser la défense par une tranchée artificielle, la « tranchée aux Anglais ». Ces derniers avaient fortifié le roc pour combattre les Normands qui tenaient le Mont-St-Michel.
Un sentier partant du port près d'un blockhaus permet de faire le tour de la pointe et conduit au phare *(ne se visite pas)*. De là, vous verrez à quel point la mer et les rochers sont magnifiques. Peu avant le phare, observez un monument en granit à la mémoire des marins disparus en mer.

Roc des Harmonies - Aquarium Plan I

1 bd Vaufleury - ☎ 02 33 50 19 83 - www.aquarium-du-roc.com - avr.-sept. : 10h-19h ; oct.-mars : 10h-12h30, 14h-18h30 (dernière entrée 1h av. fermeture) - 8,50 € (enf. 5 €). Dans l'**aquarium**, vous verrez différentes espèces de poissons ainsi que deux joyeuses otaries. Une collection d'insectes naturalisés de toutes formes et de tous pays évoque l'atmosphère des forêts tropicales. Le **Palais minéral** rassemble des tableaux de minéraux aux multiples couleurs et la **Féerie des coquillages**, elle, vous embarque dans un monde fantastique où des milliers de coquillages semblent vouloir faire de l'art à travers de savantes compositions mises en valeur par un jeu de lumières : minarets, sculptures d'Angkor, etc. Après la visite, faites une petite pause au salon de thé de la terrasse afin de bénéficier de la superbe vue sur la baie.

★ Tour des remparts Plan II

Garez-vous sur la place du Parvis-Notre-Dame et gagnez la Grand-Porte à pont-levis. Prenez à droite la rue Lecarpentier et suivez le rempart sud.
On parvient sur la place de l'Isthme, devant le musée Richard-Anacréon *(voir plus loin)*, vaste terrasse d'où la **vue★** sur la ville s'étend, par temps clair, jusqu'aux côtes de Bretagne *(table d'orientation)*. En contrebas apparaît l'ancienne « tranchée aux Anglais ».
Poursuivez par la rue du Nord à l'intérieur des remparts.
La ville haute se présente de ce côté sous son aspect le plus austère. Cependant, par gros temps, la vue sur la mer démontée est grandiose. Au nord-ouest apparaissent les îles Chausey et, au nord, par temps clair, Jersey.
La petite rue des Plâtriers à gauche mène à la rue St-Jean. Tournez à droite.
Dans la rue St-Jean, surtout ne manquez pas la vieille maison à étal au n° 7. Au n° 3, vous verrez une maison de 1612 avec des personnages sculptés représentant Adam et Ève. La montée du parvis ramène sur la place où vous remarquerez une grande maison à tourelle, et à colombage au niveau supérieur.

Musée du Vieux-Granville Plan II

Installé dans l'ensemble fortifié de la Grand-Porte - ☎ 02 33 50 44 10 - de mi juil. à sept. : tlj sf mar. 10h-12h, 14h-18h30 (dernière entrée 30mn av. fermeture) ; oct.-déc. et de mi-fév. à mi-juillet : merc., w.-end 14h-18h et sur RV- fermé vac. de Noël, janv., 1er Mai et 1er nov. - 1,50 € (-11 ans gratuit).

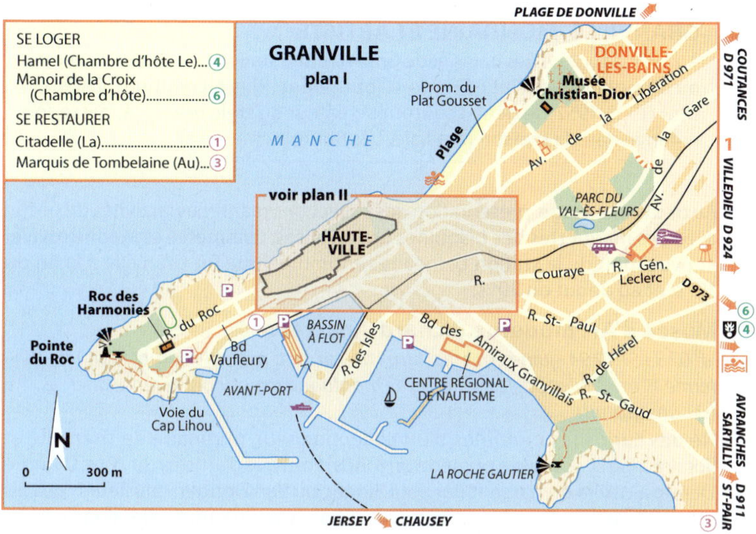

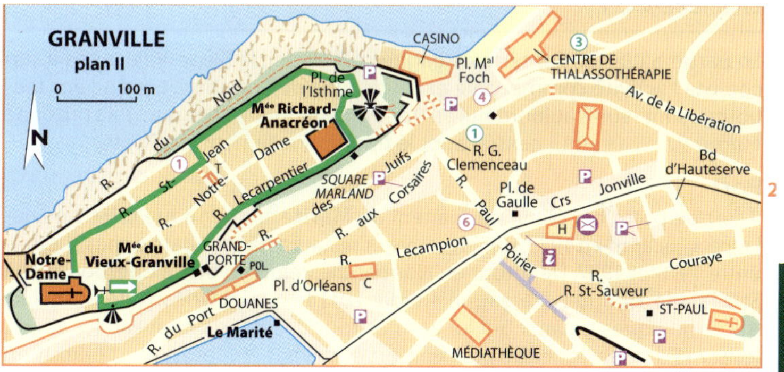

SE LOGER

Bains (Hôtel des)...1

Mercure Le Grand Large...3

SE RESTAURER

Échauguette (Crêperie Grill l')...1

Terra Nova (Le)...4

P'tit Bouchot (Le)...6

Des collections de meubles et d'objets évoquent avec saveur l'ancien cadre de vie des Granvillais. Dans l'escalier, belles faïences illustrées dites « de Jersey » (19e s.). Au premier étage, costumes normands, bonnets de fête ou de deuil et coiffes « cornettes », certaines d'une envergure et d'un raffinement spectaculaires. Exposition également de **toiles de Hambye** (19e s.), du nom du bourg où elles étaient créées. Destinées à la décoration des lits-alcôves, elles étaient réalisées à partir de draps de toile ou de sacs de blé enduits d'une couche de peinture sur laquelle on exécutait une décoration stylisée.

GRANVILLE, MONDAINE ET ARTISTE

Au 19e s., la vogue des bains fit de Granville une station balnéaire renommée où Stendhal, Michelet et Hugo séjournèrent. Plus récemment, Christian Dior (1905-1957), le génial couturier créateur du style *new-look*, passa son enfance dans la maison familiale, Les Rhumbs.

Au deuxième étage, présentation des collections maritimes (activités de pêche avec des maquettes des bisquines granvillaises, commerce et Marine royale) et évocation de la station balnéaire renommée que fut Granville à la fin du 19e s. et au début du 20e s.

Musée d'Art moderne Richard-Anacréon Plan II

✆ 02 33 51 02 94 - juin-sept. : tlj sf lun. 11h-18h ; oct.-mai : tlj sf lun. et mar. 14h-18h - fermé 1er et 8 Mai et pdt les périodes de montage d'exposition, se renseigner - 2,70 € (-11 ans gratuit).

Né des curiosités multiples d'un collectionneur, originaire de Granville et libraire à Paris, ce musée possède un fonds d'œuvres d'artistes du 20e s. D'André Derain à Utrillo en passant par Paul Signac ou Van Dongen, plusieurs œuvres sont présentées de façon permanente. Chaque année, une collection de livres de bibliophilie fait l'objet d'une exposition temporaire.

LA BASSE-VILLE Plan I

En partie bâtie sur des terrains gagnés sur la mer, la Basse-Ville a pris à son compte l'activité commerciale et touristique de la station. Les anciens faubourgs sont réunis aujourd'hui en une agglomération continue qui s'ordonne autour d'un carrefour central appelé traditionnellement « le Pont ».

Port

Il sert de point d'attache permanent au **Marité**, authentique terre-neuvier lancé à Fécamp en 1923, qui fut sauvé et restauré par des passionnés suédois entre 1978 et 1987. De retour en Normandie, remis en état à Cherbourg et à St-Vaast-la-Hougue, il a gagné en mai 2011 le quai d'Orléans de Granville. Après quelques travaux qui lui permettront de hisser à nouveau les voiles, le *Marité* doit naviguer de port en port et devrait être présent à Londres en 2012 pour assister aux Jeux olympiques, avant, qui sait, de reprendre un jour le cap de Terre-Neuve. Sur le quai, le **Village Marité** présente une exposition sur la grande pêche à Granville *(www.lemarite.fr).*

Plage

Nichée dans une anse, au pied de falaises de schiste et de la villa Dior, l'étroite plage est dominée par la digue-promenade du Plat-Gousset, que la mer vient battre à marée haute. Une retenue d'eau de mer, la « piscine », permet de se baigner facilement à marée basse. C'est la seule qui soit répertoriée « plage de Granville ». Il en existe d'autres, mais elles ne sont pas surveillées et la qualité de l'eau n'y est pas garantie.

Jardin public Christian-Dior et villa Les Rhumbs

✆ 02 33 61 48 21 - jardin : nov.-fév. : 9h-17h ; mars, avr., sept. et oct. : 9h-20h ; juin-août : 9h-21h (gratuit) ; musée : de début mai à mi-sept. 10h-18h30 - 7 € (-12 ans gratuit).

Le **musée Christian-Dior** est installé dans la maison d'enfance du grand couturier. Depuis 2005 et le centenaire de sa naissance, un lieu de mémoire permanent lui est consacré au rez-de-chaussée ; chaque année, une exposition temporaire sur la mode est organisée.

Très abrité dans un cadre de verdure charmant, le jardin, transformé en parc public, est très agréable, notamment la magnifique roseraie. De la terrasse supérieure, la vue s'étend, vers le nord, sur la presqu'île de Granville jusqu'à Regnéville et, en face, sur les îles Chausey.

En suivant le chemin du bord de la falaise, on arrive, après avoir longé le cimetière, à la vaste plage de Donville, qui complète celle de Granville. La marée basse laisse apparaître de nombreux bouchots à moules.

À proximité Carte de microrégion p. 268

★ Îles Chausey A1 *(voir p. 280)*

St-Pair-sur-Mer A1

3,5 km. Quittez Granville par le sud-est, D 911.

Station balnéaire réputée pour son immense grève de sable fin de 5 km et sa digue-promenade faite de blocs de granit. On y pratique tous les sports nautiques : baignade (avec retenue d'eau de mer), planche à voile, voile, pêche.

Église – L'église primitive aurait eu pour origine un monastère fondé au 6e s. par saint Pair et saint Scubilien, évangélisateurs du pays. Ne subsistent d'elle que la travée sous clocher, romane, et le chœur, du 14e s., qui abrite les sarcophages (6e s.) et les gisants (15e s.) de ses fondateurs supposés.

Sur le pilier gauche du chœur, voyez le grand Christ en bois polychrome du 14e s. Le baptistère, derrière l'autel, a conservé une vieille cuve baptismale en pierre, fermée par un couvercle en bois. Dans la chapelle à proximité, il faut remarquer le tabernacle à baldaquin encadré de deux statues en bois doré du 18e s. représentant saint Lô et saint Senier.

La chapelle latérale gauche, à l'entrée de laquelle est placée une Vierge du 16e s., renferme la châsse de saint Gaud, ancien évêque d'Évreux.

Jullouville A1

8,5 km. Quittez Granville par le sud-est, D 911.

La station, qui prolonge St-Pair-sur-Mer au sud, est réputée pour sa belle **plage** de sable *(surveillée)* très prisée des familles. On y pratique le catamaran, le kayak de mer, la planche à voile et, hors saison, le char à voile. Deux clubs pour enfants complètent cet éventail d'activités. Une promenade a été aménagée sur le front de mer le long de villas du 19e s. où s'épanouissent palmiers et mimosas. La vue s'étend du pignon Butor à la pointe du Roc. Quant à la petite plage d'**Edenville**, ce n'est qu'une partie de la grève de Jullouville qui s'étend vers le sud en direction de Carolles.

★ Abbaye de la Lucerne A1

12 km. Quittez Granville par le sud-est, D 973, puis suivez à gauche la D 580, un peu avant St-Pierre-Langers.

02 33 48 83 56 - www.abbaye-lucerne.fr - ♿ - de mi-mars à fin sept. : 10h-12h, 14h-18h30, dim. 14h-18h30 ; reste de l'année : 10h-12h, 14h-17h, dim. 14h-17h - possibilité de visite guidée sur demande préalable - fermé de mi-nov aux vac. de Noël, 1er janv. - 5 € (-18 ans 3 €) ; 8 € billet combiné avec le château de Pirou.

LUCERNE LA LUMINEUSE

Quel beau nom ! Lucerne vient de *lucerna* qui, en latin, désigne la lampe. Le lucernaire correspond à l'office que les premiers chrétiens célébraient à la lueur des lampes, pendant la nuit du samedi au dimanche.

4

UN CHANTIER TITANESQUE

Quasiment ruinée au début du 20e s., l'abbaye renaît progressivement grâce au pari fou de l'**abbé Lelégard** (mort en 1994), lequel lança sa reconstruction en 1960. Un travail gigantesque et de longue haleine, qui laisse le visiteur pantois à la vue des photos des ruines de départ! Le résultat est aujourd'hui spectaculaire, mais ce n'est pas fini!

L'abbaye fut fondée en 1143 par des chanoines prémontrés, grâce à un petit-neveu de Guillaume le Conquérant, **Hasculfe de Subligny**, mais la construction ne commença qu'en 1164.

Église abbatiale – La façade date du 12e s. Son portail roman est orné, aux voussures, de têtes plates. La nef d'esprit cistercien (grosses piles carrées et arcades sans moulures) comporte sept travées. Remarquez, dans le bras sud du transept, le bel **orgue★** du 18e s., dont le buffet contient 33 jeux. Plusieurs concerts sont donnés chaque année. La croisée du transept supporte un **clocher★** gothique (fin 12e s.) de plan carré, percé, sur chaque face, de fines lancettes. Le chœur surprend par sa luminosité et la hauteur de ses baies.

Cloître et bâtiments conventuels – Seules les arcades de l'angle nord-ouest et celles de l'entrée du chapitre subsistent de l'ancien cloître. Dans l'angle sud-ouest de la cour, près de la porte de **l'ancien réfectoire★**, maintenant restauré, se trouve un *lavatorium* du 12e s., reconnaissable à quatre belles petites arcades romanes. Il s'agit d'une petite fontaine qui permettait aux moines de se laver aux heures des repas – c'est pourquoi il est toujours à côté de la porte du réfectoire – ou de faire quelques ablutions le matin, car il n'y avait pas de lavabo dans le dortoir.

Au sud, dans le parc, restes d'un aqueduc (1803) qui servait à amener l'eau à la filature établie dans l'abbaye. À l'écart, le logis abbatial *(propriété privée)* dresse, par-delà un plan d'eau, sa belle façade classique.

Les salles de Justice, au-dessus du porche d'entrée (porte de l'Aumônerie, 12e-15e s.), sont affectées à des expositions temporaires. En revenant vers la porterie, passez devant l'ancienne grange aux dîmes pour aller voir le colombier, une grosse tour ronde percée de 1 500 alvéoles.

Carolles A1

11 km. Quittez Granville par le sud, D 911.

33 bis r. de la Poste - 50740 Carolles - www.ville-carolles.fr - 02 33 61 92 88 - juil.-août : 9h-12h30, 14h-18h30, dim. et j. fériés 9h30-12h ; de mi-juin à fin juin et de déb. sept. à mi-sept. : mard.-vend. 9h-12h30, 14h-17h30, sam. 9h-12h30; dim. et j. fériés 9h30-12h30 ; de oct. à mi-juin: mard.-vend. 9h-12h30, 14h-17h - fermé 1er janv., 1er Mai, 25 déc.

Petite station balnéaire juchée sur la pointe de Champeaux, Carolles, en dépit de son nom à la consonance féminine, a pour rude préfixe *karr*, qui signifie « rocher ». Ce qui se vérifie : la falaise est splendide et les paysages qu'elle domine sont à couper le souffle!

Plage – Avec ses cabines de bois peintes en blanc, la plage de Carolles a des allures très familiales. On y pratique le char et la planche à voile, le surf… et le cerf-volant!

Accès original – Un escalier descend du pignon Butor *(voir ci-après)* vers la plage. Il débouche sur deux grottes naturelles : les Mines d'or (pas de faux espoirs, il n'y a jamais eu de filon de métal précieux ici).

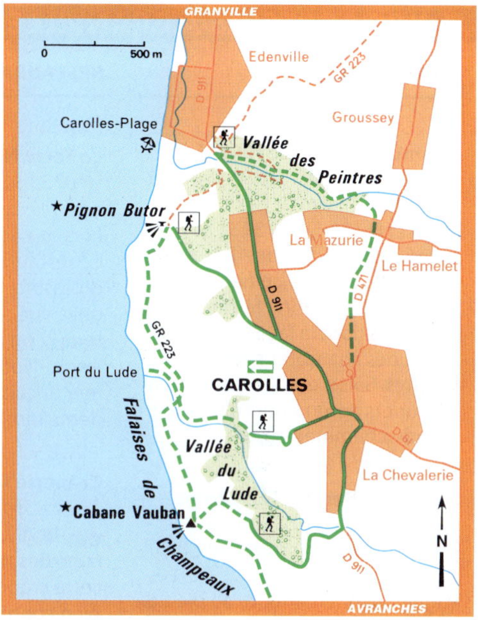

★ Pignon Butor

De Carolles, suivez la direction de La Croix-Paqueray (500 m).

1 km à pied AR. Table d'orientation. Du bord de la falaise (60 m au-dessus de la station), la **vue** s'étend sur la côte au nord, jusqu'au rocher de Granville. À l'ouest, on distingue la pointe de Grouin et Cancale.

Vallée des Peintres

Laissez la voiture au parking de Carolles-Plage ; le chemin s'embranche dans la D 911.

Un frais vallon bordé de rochers compose un tableau pittoresque, apprécié des artistes depuis le 19e s.

Vallée du Lude

De Carolles, suivez la signalisation. Laissez la voiture au parking et continuez à pied.

1h AR.

C'est lors de l'un de ses combats contre le démon que saint Michel ouvrit la vallée du Lude, d'un seul coup d'épée. Le chemin traverse les ajoncs et les genêts, puis débouche sur une anse solitaire, le port du Lude *(accès dangereux pour les bateaux).*

★ Cabane Vauban

À la sortie sud de Carolles, prenez à droite après le petit pont. Laissez la voiture au parking et empruntez le chemin en descente qui s'embranche à gauche. Il remonte ensuite à droite sur la falaise.

De la cabane en pierre – ancien corps de garde (18e s.) –, bâtie sur un monticule rocheux, très belle **vue** sur la baie du Mont-St-Michel et sur le Mont lui-même. Deux options s'offrent ensuite à vous : la première consiste à suivre le sentier qui rejoint, à droite, Carolles-Plage par le pignon Butor, la seconde à prendre la direction de la pointe de Champeaux, à gauche de la cabane *(voir ci-après).*

Falaises de Champeaux

Ces falaises s'élèvent à partir du port du Lude en direction de St-Jean-le-Thomas. La cabane Vauban en marque plus ou moins le premier tiers.

2,5 km AR de la cabane Vauban à la pointe de Champeaux.

En découvrant, à quelques années d'intervalle, le panorama sur la baie du Mont-St-Michel depuis ces falaises couvertes de genêts et d'ajoncs, édouard Herriot et le général Eisenhower se seraient exclamés : « C'est le plus beau kilomètre de France ! » Fait avéré en revanche : c'est ici que s'observent les plus fortes marées d'Europe (15 m d'amplitude).

4

NOS ADRESSES À GRANVILLE

HÉBERGEMENT

PREMIER PRIX

Chambre d'hôte Le Hamel – *Lieu-dit Le Hamel - 50380 St-Aubin-des-Préaux - 7 km de Granville par D 973 et D 154 - ✆ 02 33 51 42 65 - fermé 2e quinz. de sept. - P - ⊭ - 4 ch. 45 € ☕.* Dans un hameau verdoyant, ancienne ferme restaurée dont la façade en pierre abrite des chambres sobres et fraîches. Salon et salle des petits-déjeuners agrémentés d'une grande cheminée. Jardin.

BUDGET MOYEN

Hôtel des Bains – *19 r. Georges-Clemenceau - ✆ 02 33 50 17 31 - www.hoteldesbains-granville.com - ♿ - 54 ch. 60/114,50 € - ☕ 8 €.* Les vagues viennent mourir au pied de la terrasse de cet hôtel centenaire. Le décor fonctionnel des chambres est compensé dans certaines par la présence d'une baignoire balnéo ou de la vue sur la mer.

Chambre d'hôte Manoir de la Croix – *50530 Montviron - 8 km au sud de l'abbaye de la Lucerne par D 35 puis D 105 - ✆ 02 33 60 68 30 - www.manoirdelacroix.com - P - ⊭ - réserv. obligatoire - 4 ch. 64/82 € ☕.* La demeure 19e s. de style anglo-normand a belle allure dans son jardin ombragé où s'épanouissent quelques palmiers. Elle propose deux suites qui raviront les amateurs de mobilier ancien et deux chambres cosy.

POUR SE FAIRE PLAISIR

Mercure Le Grand Large – *5 r. de la Falaise - ✆ 02 33 91 19 19 - www.mercure-granville.com - ♿ - 51 ch. 73/159 € - ☕ 13 €.* Sur la falaise surplombant la plage, cet hôtel associé à un centre de thalasso abrite des chambres modulables en duplex ou studios, la plupart donnant sur la mer.

RESTAURATION

PREMIER PRIX

Le Terra Nova – *Pl. du Mar.-Foch - ✆ 02 33 50 00 79 - www.casino-granville.com - fermé lun. et mar. hors sais. - ♿ - 12, 50/24 €.*
Ce restaurant occupe une partie du casino. De la salle à manger, belle vue sur la mer (par beau temps, on distingue les îles Anglo-Normandes). Fruits de mer et cuisine au goût du jour se dégustent dans un cadre actuel.

BUDGET MOYEN

Crêperie Grill l'Échauguette – *22-24 r. St-Jean - ✆ 02 33 50 51 87 - ♿ - 18,70 /28,90 € bc.* Nichée dans l'une des ruelles de la Haute-Ville, cette crêperie est une adresse bien connue des Granvillais.
En plus des galettes, vous pourrez déguster des grillades saisies dans la cheminée…

Le P'tit Bouchot – *34 r. Paul-Poirier - ✆ 02 33 40 25 08 - menu 12 €.* Une minuscule brasserie à l'ancienne accueillant une clientèle d'habitués venus déguster une « cuisine de grand-mère » : paupiettes de veau Marengo, langue de veau sauce Madère, joues de porc au cidre, rien que des grands classiques aussi copieux que savoureux.

La Citadelle – *34 r. du Port - ✆ 02 33 50 34 10 - www.restaurant-la-citadelle.com - fermé 17 mars-1er avr., 8 déc.-13 janv., mar. d'oct. à mars et merc. - menu 24/43 €.* Dégustez homards de Chausey et autres produits de la mer dans un décor nautique ou sur la terrasse face au port d'où s'élançaient corsaires et terre-neuvas.

Au Marquis de Tombelaine – *50530 Champeaux - 3 km au sud-est de Carolles par D 911 - ✆ 02 33 61 85 94 - www.marquisdetombelaine.*

com - claude.giard@wanadoo.fr - fermé 5-30 janv., 22-26 nov., mar. soir et merc. - repas 20/60 € - 6 ch. 49/57 € - ☕ *8 €.* Les deux maisons sont séparées par la route côtière. D'un côté le restaurant pour déguster fruits de mer et produits régionaux dans un cadre rustique et de l'autre, côté mer, les six petites chambres jouissent d'une vue sur la baie du Mont-St-Michel.

PETITE PAUSE

François Olivier – *20 r. Georges-Clemenceau - ✆ 02 33 50 07 87 - fermé vac. de fév., vac. de la Toussaint et fin juin.* Tout ici est fait maison, que ce soit le *capucine*, le gâteau au chocolat noir, la mousse de chocolat au lait ou une large gamme de chocolat maison. Petit salon de thé, parfait pour une pause gourmande.

Casino – *Pl. du Mar.-Foch - ✆ 02 33 50 00 79 - casino.granville@wanadoo.fr - 10h-4h.* Ce casino – le plus important de la Manche – occupe une belle bâtisse de style balnéaire et propose, outre 105 machines à sous, le trio favori des amateurs du genre : boule, black-jack et roulette anglaise, histoire de rappeler que Granville est bien le « Monaco du Nord ». Piano-bar feutré et cosy ; restauration.

Les Mots balisés – *8 pl. Cambernon - ✆ 06 09 11 48 64 - ouvert tlj en hte sais. et vac. scol. ; le reste de l'année, sam.-dim. 11h-19h.* Cette petite librairie, située dans la Haute-Ville et tout de bleu vêtue, cache bien des trésors de lecture et donne envie d'y passer du temps.

ACTIVITÉS

Vieux gréements – Granville est célèbre pour ses bateaux traditionnels, comme la bisquine. Croisières sur quelques-uns de ces voiliers restaurés par des passionnés. *215 Bisquine « La Granvillaise », 43 bd des Amiraux, ✆ 02 33 90 07 51 ; 216 le « Charles-Marie », ✆ 02 33 46 69 54 ; 217 le « Lys Noir », ✆ 06 78 90 67 49 ; 218 le « Courrier des Îles », ✆ 02 33 50 49 80 ; 219 le « Strand Hugg », ✆ 02 33 90 69 06 ou 06 75 09 94 43.*

Aéro Granville Mont-Saint-Michel (AG2M) – Baptêmes en ULM amphibie (peut se poser sur la mer), au départ de l'aérodrome de Granville, vers Chausey ou le Mont-St-Michel. *✆ 07 87 03 75 51 ou www.baptemes-ulm.com*

Institut de thalassothérapie Prévithal – *3 r. Jules-Michelet - ✆ 02 33 90 31 10 - www.previthal.com - lun.-vend. 10h-12h, 14h-20h30, sam. 9h-12h 14h-17h et dim. 9h30-12h30 - fermé 29 déc.-11 janv.* Institut de thalassothérapie situé face à la mer. Soins dispensés en fin de journée, contrairement à l'usage ; les matinées sont ainsi consacrées à des « randonnées marines » permettant d'approcher la faune, la flore, l'histoire et la culture locales.

CRNG (Centre régional de nautisme de Granville) – *Bd-des Amiraux - ✆ 02 33 91 22 62 - www.crng.fr - 9h-18h.* Flottille de quelque 170 embarcations : dériveurs, catamarans, chars à voile, planches à voile et kayaks de mer. Une retenue d'eau de 10 ha permet une initiation en toute sécurité. 160 lits répartis dans 48 chambres avec vue sur la mer.

AGENDA

Sorties de bain – Festival des arts de la rue - *juil. - www.sortiesdebain.com - ✆ 02 33 69 27 30.*

Îles Chausey

★

Manche (50)

NOS ADRESSES PAGE 282

S'INFORMER

Office du tourisme de Granville – *4 cours Jonville - BP 621 - 50406 Granville - ✆ 02 33 91 30 03 - www.granville-tourisme.fr - juil.-août : tlj 9h-13h, 14h-19h, dim. et j. fériés 10h-13h, 15h-18h ; oct.-mars : tlj sf dim. 9h15-12h15, 14h-17h30, sam. 9h15-12h30, 14h-18h ; avr.-juin et sept. : tlj sf dim. 9h-12h30, 14h-18h, fermé 1er janv., 1er Mai et 25 déc.*

SE REPÉRER

Carte de microrégion A1 (p. 268) – *carte Michelin Départements 303 B6.*
17 km (9 milles marins) séparent l'archipel de Chausey de Granville.

À NE PAS MANQUER

L'étonnant spectacle des grandes marées.

ORGANISER SON TEMPS

Comptez une journée pour faire tranquillement la traversée et la balade sur la Grande Île. Mieux : si possible, passez-y la nuit.

Imaginez : à 17 km au large, un dédale de chenaux, de plaines de sable, de dentelles de granit se découpant sur l'horizon des plus fortes marées d'Europe. Vous avez là un des sites les plus extraordinaires que la Normandie puisse offrir : les îles Chausey, archipel de plusieurs kilomètres carrés groupant une cinquantaine d'îles ou d'îlots et des centaines d'écueils. Pour apprécier toute la saveur de ce chaos de granit, il faut rester au moins une nuit sur ces îles normandes... lesquelles sont officiellement un quartier de Granville !

UN ARCHIPEL DE GRANIT

L'archipel doit son nom à la présence du granit : *calais* en latin est devenu « causey », « chauzyé » puis « chausey ». Les carrières, longtemps exploitées, ont fourni le beau granit de Chausey utilisé au Mont-St-Michel, dans les manoirs du Cotentin mais aussi pour certains trottoirs des boulevards parisiens et pour les quais de St-Malo ! On dit que l'archipel serait une partie émergée de la forêt de Scissy, engloutie au cours d'un cataclysme en 709.

Les jours de grandes marées, l'**amplitude** peut atteindre 14 à 16 m dans les alentours de Chausey : l'eau monterait d'un mètre par quart d'heure. Cela explique que l'archipel fasse plus de 5 000 ha à marée basse, et à peine 65 ha à marée haute. Selon la tradition locale, il y aurait 52 ou 53 îles émergées à marée haute (autant que de semaines par an) et 365 à marée basse (autant que de jours dans l'année). En fait, ce sont plus de 200 rochers, appelés « **grunes** », qui « se découvrent » à marée basse.

Se promener

La navigation risque d'être hasardeuse sans aide locale, et il est préférable de prendre quelques conseils avant de se lancer à travers l'archipel à la recherche de la petite crique tranquille qui fera votre bonheur. Aux abords de la Grande Île, le chenal du Sound qui la longe est l'abri le plus sûr.

★ LA GRANDE ÎLE

Avec près de 2 km de longueur sur 700 m dans sa plus grande largeur, elle est la plus importante de l'archipel et la seule accessible aux touristes. Elle est aussi la seule habitée, par une demi-douzaine de Chausiais en hiver, si l'on excepte l'île d'Aneret qui compte une habitation ! Peintre officiel de la marine, Marin Marie (1901-1987) y possédait une maison. Éric Tabarly aimait à y venir. Au moment des floraisons, soyez attentif aux chardons bleus, rosiers pimprenelles, géraniums sanguins et œillets de France qui sont le must de l'abondante flore de Chausey.

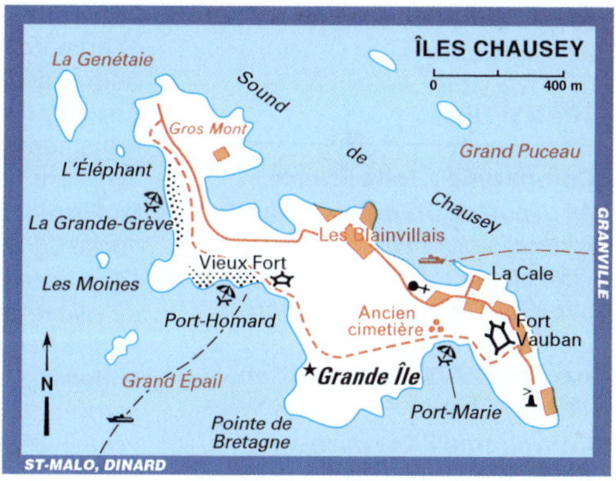

Phare et fort

Élevé en 1847, le phare domine la mer de 37 m et a une portée de 45 km. Le fort, construit entre 1860 et 1866 pour repousser une éventuelle attaque anglaise, n'a jamais joué de rôle militaire actif.

Il a été utilisé comme geôle pour des prisonniers allemands et autrichiens pendant la Grande Guerre, puis a abrité une garnison allemande durant la Seconde Guerre mondiale. Il sert désormais d'abri aux pêcheurs. Sur la côte sud, non loin de l'ancien cimetière, s'ouvre la plage de Port-Marie, la seule qui soit surveillée en été.

Contournez le fort par la gauche.

Le sentier passe près d'un ancien cimetière (quatre tombes).

Vieux fort

Ne se visite pas. Également appelé « château » par les insulaires, il a été remodelé en 1923 par Louis Renault, l'un des fondateurs de la Société civile immobilière de Chausey, sur les restes d'un autre fort bâti en 1558. Sa fière silhouette domine tout le littoral et en particulier la plage de Port-Homard qui découvre très loin à marée basse.

DES ÎLES TRÈS PRIVÉES

À géographie particulière, statut particulier. La propriété des îles est en effet séparée en deux entités distinctes : le territoire public, réduit à la pointe de la Tour, est rattaché à la commune de Granville depuis 1804 ; le reste de l'île et des îlots, organisé en 1919 en société civile immobilière par trois familles chausiaises, conserve son statut de propriété privée.

Les Moines et l'Éléphant

Dans l'île, presque chaque caillou sculpté par les vagues ou usé par le vent porte un nom. Depuis la plage de la Grande-Grève, la plus grande de l'île, on peut atteindre les « Moines » et l'« Éléphant » à marée basse. Ce sont d'énormes blocs de granit aux formes évocatrices.

NOS ADRESSES DANS LES ÎLES CHAUSEY

Voir aussi nos adresses à Granville.

TRANSPORT

Compagnie « Jolie France » – *Au départ de Granville - www.vedettejoliefrance.com - traversée (35 à 50mn) - 02 33 50 31 81 - avr.-sept. : tlj ; oct.-nov. et mars : merc. et w.-end ; déc.-fév. : merc. et sam. - AR 22,70 €, enf. 3 à 14 ans 14,20 €, - 3 ans 7 €.*

Compagnie « Corsaire » – *Au départ de Saint-Malo - www.compagniecorsaire.com - traversée (70mn) - 0 825 138 050 - avr.-sept. tlj.* Quelques voyages supplémentaires peuvent être proposés, surtout en période de grande marée - *se rens.*

HÉBERGEMENT ET RESTAURATION

BUDGET MOYEN

Hôtel du Fort et des Îles – *50400 Chausey (Îles) - 02 33 50 25 02 - www.hotel-chausey.com - fermé du 3 oct. à mi. avr. - 8 ch. 1/2 P 73 € - rest. 23/80 €.* Seul hôtel de l'île : il faut impérativement réserver sa chambre. Agatha Christie aurait pu en faire le cadre d'un de ses romans. Au bout du corridor, étroit comme dans un bateau, la chambre 4, profitant du soleil, est parfaite pour les amoureux. Côté restaurant : palourdes farcies et homard de Chausey, bulots, huîtres de St-Vaast et bouquet de Chausey (il est soumis à une pêche réglementée qui conditionne livraisons et prix…).

La Ferme de Chausey – *50400 Chausey (Îles) - de l'appontement, marchez en dir. du village de Blainvillais et passez l'église (le transport groupé des bagages est assuré en tracteur à l'arrivée du sam. et au départ du vend.) - 02 33 90 90 53 - www.ileschausey.com - 20 gîtes.* Du studio *(env. 549 € la sem.)* au 4 pièces *(env. 1 190 € la sem.)*, ces gîtes sont répartis dans des bâtiments en carré autour d'une pelouse. Jardin derrière et animation assurée quand la ferme affiche complet, ce qui est souvent le cas en haute et moyenne saisons.

ACTIVITÉS

Les plages – L'île principale compte six plages de sable fin. Seules les trois plus grandes sont dévolues à la baignade : Port-Marie, Port-Homard (au pied du Vieux Fort) et la Grand-Grève. Les trois plus petites servent au mouillage des bateaux chausiais. L'île ne dispose pas de réseau d'eau potable. Une citerne est à la disposition des habitants et des touristes, sur la Grande Cale.

Le Mont-Saint-Michel

★★★

42 Montois – Manche (50)

NOS ADRESSES PAGE 295

S'INFORMER

Office du tourisme du Mont-St-Michel – *Corps de garde des Bourgeois - 50170 Le Mont-St-Michel - ✆ 02 33 60 14 30 - www.ot-montsaintmichel.com - juil.-août : 9h-19h ; sept., vac. scol. de Pâques et ponts de mai : tlj 9h-18h30, dim. 9h-12h30, 14h-18h ; de Pâques à fin juin, hors vac. scol. : tlj 9h-12h30, 14h-18h30, dim. 9h30-12h30, 14h-18h ; mars : tlj 9h30-12h30, 14h-18h ; oct. : tlj 9h30-12h30, 14h-17h30, dim. 9h30-12h30, 14h-17h ; nov.-fév. hors vac. scol. : tlj 10h-12h30, 14h-17h ; vac. scol. de la Toussaint, de Noël et de fév. : tlj 9h30-17h, dim. 9h30-12h30, 14h-17h - fermé 1er janv., 25 déc.*

Visite de l'abbaye – Plusieurs types de visites sont possibles en fonction du temps que vous pouvez y consacrer. La visite libre est possible avec les informations de ce guide, mais des visites guidées sont aussi proposées : avec audioguide *(1h15, location 4,50 €)*, commentées par un guide *(1h, sans supplément) ou visite-conférence détaillée (2h, 13 € droit d'entrée inclus - w.-end et vac. scol.). Renseignements : ✆ 02 33 89 80 00.*

Visites de nuit – *Juil.-août : 19h-0h, tlj sf dim. (dernière entrée 1h av. fermeture) - renseignements au service des visites - ✆ 02 33 89 80 00.* Ne pas manquer le coucher de soleil sur la baie depuis le parvis de l'église. Le spectacle est époustouflant !

Balades-découverte – *Voir aussi « Activités », p. 296.*

La Maison de la baie de Genêts *(✆ 02 33 89 64 00)* organise différentes sorties dont les balades-découverte : visites guidées et commentées de 8 km *(4 à 5h) - réserv. obligatoire - prévoir bottes et vêtements chauds en hiver - dans tous les cas, se munir de coupe-vent, coupe-faim et eau.*

SE REPÉRER

Carte de microrégion A2 (p. 268) – *carte Michelin Départements 303 C8.* Le Mont se situe à l'extrême nord de la D 976, qui naît à Pontorson, à 10 km au sud. De là, la N 175 file au nord-est vers Avranches (21 km).

SE GARER

Les parkings *(payants : 6 € la journée par voiture)* s'étirent actuellement sur près de 2 km de digue. En arrivant tôt, vous serez plus près du Mont (400 à 500 m). En cas de grande marée (2 fois par jour, 1 semaine sur 2), les parkings sont envahis par la mer ; on se gare alors le long de la route d'accès. Des agents de parking vous avertiront si vous ne lisez pas les panneaux d'information.

À NE PAS MANQUER

Le panorama sur la baie depuis les remparts et l'abbaye.

ORGANISER SON TEMPS

Renseignez-vous sur les horaires de marée pour observer l'arrivée ou la fuite de la mer depuis les remparts.

Pourquoi le Mont-St-Michel fascine-t-il autant ? Certainement parce qu'au-delà de la beauté de son architecture et de la richesse de son histoire, un mystère s'en dégage, lié au rythme des marées, à la tombée du jour, au cri des mouettes rieuses, aux dessins du sable et aux herbus… On ne peut aimer le Mont-St-Michel sans prendre la mesure de l'immensité sauvage qui l'entoure. Le rocher et la baie ne font qu'un. C'est la raison pour laquelle l'un comme l'autre sont inscrits au Patrimoine mondial par l'Unesco.

Se promener Plan p. 289

LE BOURG

Défenses avancées

La porte de l'Avancée donne accès à une première cour fortifiée.

À gauche, le **corps de garde des Bourgeois** (16e s.) est actuellement le siège de l'office de tourisme ; à droite, les « michelettes », bombardes anglaises (machines de guerre lançant des boulets) prises au cours d'une attaque militaire pendant la guerre de Cent Ans. Après une seconde porte et une seconde cour fortifiée, la **porte du Roi** (15e s.) possède encore ses mâchicoulis et sa herse. On l'appelle ainsi parce qu'y était logé le contingent symbolique que le roi entretenait au Mont, pour rappeler ses droits. On débouche enfin dans la Grande-Rue. La jolie maison de l'Arcade, à droite, servait de caserne aux soldats de l'abbé.

★ Grande-Rue

Étroite et en montée, la Grande-Rue est bordée de maisons anciennes (15e-16e s.), dont plusieurs ont gardé leur nom d'antan : le **logis Saint-Étienne**, le **Vieux Logis**, la **Sirène**, la **Truie-qui-file**. Coupée de marches à son sommet, elle est extrêmement animée et encombrée pendant la saison estivale : les étalages de marchands de souvenirs l'envahissent, ni plus ni moins d'ailleurs qu'à l'époque des plus fervents pèlerinages, au Moyen Âge.

★★ Remparts

13e-15e s. La promenade sur le chemin de ronde offre de belles **vues** sur la baie, en particulier depuis la tour Nord : on distingue le rocher de Tombelaine, sur lequel Philippe Auguste avait fait bâtir des fortifications.

L'OMELETTE DE LA MÈRE POULARD

C'est en 1851 que naît à Nevers Annette Boutiaut. Femme de chambre de son état, elle accompagne la famille d'Édouard Corroyer (1837-1904), élève de Viollet-le-Duc et architecte des Monuments historiques chargé de la restauration de l'abbaye. Elle y rencontre Victor Poulard, l'un des fils du boulanger local. Ils se marient et prennent en gérance l'hôtel-restaurant de Saint-Michel Tête d'Or. Vers 1875, la digue n'existe pas encore : touristes et pèlerins accèdent au Mont à pied ou à cheval, aux heures permises par la marée. Annette sait qu'une bonne aubergiste ne doit pas se laisser prendre au dépourvu. Elle a donc toujours des œufs en réserve et, pour faire patienter ses hôtes, leur bat une omelette en attendant des plats plus substantiels. Son accueil, ainsi que la qualité des produits qu'elle cuisine, font grandir sa notoriété. Annette Poulard disparaît en 1931 ; et les critiques gastronomiques s'interrogent encore sur son secret. Il semblerait que les jaunes d'œufs soient battus séparément des blancs qui seraient, eux, montés en neige… ce qui donnerait à l'omelette son caractère mousseux.

Le Mont-Saint-Michel et ses moutons de pré-salé.
T. Deschamps / age fotostock

Musée de la Mer et de l'Écologie

☏ 02 33 60 85 12 - juil.-août : 9h-19h ; reste de l'année : 9h30-18h - fermé fin janv., - 9 € ; 18 € billet combiné 4 musées. Le billet combiné permet de visiter les quatre musées : musée de la Mer, logis Tiphaine, Musée historique et Archéoscope.

La visite audioguidée et des films présentent l'environnement naturel du Mont, les mécanismes des marées et les dangers de la baie, ainsi que le phénomène d'ensablement. Collection de 250 **maquettes** anciennes de bateaux.

Église paroissiale St-Pierre

Datant du 11e s., elle a été très remaniée. L'abside enjambe une ruelle menant au cimetière. L'église abrite du mobilier provenant de l'abbaye.

Dans la chapelle du bas-côté droit : statue de saint Michel recouverte d'argent ; chapelle à droite de l'autel : statues de la Vierge à l'Enfant (15e s.) et de sainte Anne.

4

Logis Tiphaine

☏ 02 33 60 23 34 - juil.-août : 9h-19h ; reste de l'année : 9h30-18h - fermé du 12 nov. à fin janv., sf vac. scol. de Noël - 9 € (-18 ans gratuit) ; 18 € (-18 ans gratuit) billet combiné 4 musées.

Du Guesclin, qui fut capitaine du Mont, aurait fait loger ici sa femme Tiphaine Raguenel, jolie Dinannaise cultivée et connue pour ses dons d'astrologue, pendant qu'il allait combattre en Espagne. Le logis, meublé du 15e au 19e s. et très restauré au 19e s., s'organise sur trois étages (une pièce et un jardinet par étage).

Musée historique

☏ 02 33 60 07 01 - juil.-août : 9h-19h ; reste de l'année : 9h30-18h - fermé du 12 nov. à fin janv., sf vac. scol. de Noël - 9 € (-18 ans gratuit) ; 18 € (-18 ans gratuit) billet combiné 4 musées.

Il retrace les 1 000 ans d'histoire du Mont à travers un court son et lumière et des vitrines d'objets de collection (armes, peintures, sceaux et cachets, coffres de corsaires). La visite se termine par les cachots de la prison.

Naissance et renaissance du Mont

CAPRICIEUSE GÉOGRAPHIE

Autrefois appelé mont Tombe, le Mont-St-Michel est un îlot granitique d'environ 900 m de périmètre et 80 m de haut, relié au continent par une digue construite en 1877. Le site est le plus souvent cerné par d'immenses bancs de sable, dont les mouvements, suite aux marées, ont maintes fois déplacé l'embouchure des rivières côtières, la Sée, la Sélune et le Couesnon. Celui-ci, jadis orienté au nord-ouest à partir de Pontorson, constituait la frontière entre les duchés de Normandie et de Bretagne, ce que déploraient les Bretons : « Le Couesnon a fait folie. Cy est le Mont en Normandie. » Ses divagations menaçant digues et polders, il fut canalisé en 1863, fixant définitivement la ligne de partage entre les deux régions.

L'ABBAYE ENTRE PÈLERINS ET DÉTENUS

Fondation – Après que l'archange saint Michel lui fut apparu trois fois en songe, Aubert, évêque d'Avranches, fonda en 708 sur le mont Tombe un oratoire *(voir Avranches)*. Celui-ci fut remplacé par une abbaye carolingienne au début du 8e s. En 966, le duc de Normandie confia le sanctuaire à des moines bénédictins de Saint-Wandrille.

Les premiers pèlerinages – Peu de temps après la fondation du sanctuaire, les fidèles affluent au Mont, même pendant la guerre de Cent Ans. Les Anglais, alors maîtres de la région, accordent, moyennant finances, des sauf-conduits aux fidèles. On voit ainsi arriver pêle-mêle des nobles, de riches bourgeois, et des gueux qui vivent d'aumônes pendant leur voyage et sont hébergés gratuitement par les moines à l'aumônerie. L'hôtellerie et le commerce des « souvenirs » sont déjà florissants. Les pèlerins, appelés les « Miquelots », achètent des insignes portant l'effigie de saint Michel et des ampoules de plomb qu'ils remplissent du sable de la grève. Ils prennent aussi des risques : la traversée de la baie n'allait pas sans enlisements ou noyades. C'est pourquoi le Mont fut également dénommé St-Michel-au-Péril-de-la-Mer.

De l'abbaye à la prison – Au 17e s., les mauristes, religieux de St-Maur, sont chargés de réformer le monastère. En matière architecturale, ils font œuvre décevante, se contentant de tailler et de rogner dans les bâtiments. La transformation de l'abbaye en prison ajoute encore aux déprédations. « Bastille » provinciale avant la Révolution, le Mont devient, en 1811, une prison pour les condamnés de droit commun et quelques détenus politiques, comme Barbès, Blanqui et Raspail.

Un Monument historique et une présence spirituelle – En 1874, l'abbaye et les remparts sont confiés au service des Monuments historiques. Ce n'est qu'en 1963 que le site retrouvera en partie sa vocation d'origine avec l'installation de quelques bénédictins. De nombreux religieux vont se succéder, dont le prieur Bruno de Senneville qui tente de développer une communauté. Les abbayes voisines ne parviennent pas à envoyer de renforts et les effectifs ne se renouvellent pas. En 2001 arrivent des moines et moniales formant les fraternités monastiques de Jérusalem au Mont-St-Michel. Ils assurent depuis cette date une présence spirituelle permanente, bulle de calme dans un site touristique hautement fréquenté. Avec 3,5 millions de visiteurs par an, le Mont-St-Michel est le 3e site le plus visité en France.

LES ÉTAPES DE LA CONSTRUCTION

Apporter des blocs de granit, parfois des îles Chausey ou de Bretagne, et les hisser à pied d'œuvre ne fut pas une petite affaire. L'arête du sommet étant fort étroite, on dut chercher appui sur les flancs du rocher.
11e-12e s. Une église est bâtie (1017-1144) au sommet du rocher. L'édifice carolingien antérieur est utilisé comme crypte (N.-D.-sous-Terre) pour soutenir la plate-forme où s'élèvent les trois dernières travées de la nef romane.
13e-16e s. Édification de l'abbaye gothique (entrée à l'est). Les bâtiments conventuels sont élevés sur le flanc ouest du Mont et de part et d'autre de la nef. Sont également construits à cette époque :
– au nord, les magnifiques bâtiments de la Merveille (1211-1228) affectés aux moines et aux pèlerins, à la réception des hôtes de marque ;
– au sud, les bâtiments abbatiaux (13e-15e s.) consacrés à l'administration, au logement de l'abbé et à la garnison ;
– à l'est, le châtelet et les défenses avancées (14e s.) qui protègent l'entrée.
Le chœur roman de l'église, qui s'était écroulé en 1421, est rebâti (1446-1521) sur une nouvelle crypte. Plus magnifique encore, il est de style gothique flamboyant.
18e-19e s. En 1780, les trois dernières travées de la nef sont démolies, ainsi que la façade romane. En 1897, on édifie le clocher actuel : surmonté d'une belle flèche que termine le *Saint Michel* d'Emmanuel Frémiet, il culmine à 157 m.

LES GRANDS TRAVAUX DU 21E S.

Annoncé depuis des lustres, le grand projet de désensablement du Mont-St-Michel est enfin engagé. Ce projet très complexe a pour priorité de rendre au Mont son caractère maritime.
Dans un premier temps, le Couesnon a été doté d'un barrage dont l'action, conjuguée à celle des marées, doit chasser plus efficacement le sable et empêcher la prolifération des herbus autour du Mont. Selon les calculs préalables, le fonctionnement de ce nouveau barrage doit permettre de déblayer naturellement la moitié des 3 millions de m^3 de sédiments en deux ans. Il en faudra huit pour arriver à 80 % de l'objectif fixé.
Le parking a été éloigné sur la côte, et depuis 2012 des navettes silencieuses assurent les liaisons jusqu'au Mont.
Enfin, l'actuelle digue, qui gêne la circulation naturelle des courants, doit être partiellement remplacée par un pont-passerelle dont la mise en service marquera la fin du projet (2015), libérant ainsi 15 hectares de grève. La création de la passerelle et l'aménagement de la digue subsistante seront l'occasion d'améliorer considérablement l'aspect extérieur, les conditions d'accueil et d'accès, ainsi que la mise en valeur des paysages environnants.
Ces grands chantiers s'échelonnent sur plusieurs années mais n'empêchent pas l'accès au Mont.
Pour plus d'informations, vous pouvez consulter le site www.projetmontsaintmichel.fr et visiter le pavillon d'information situé au début de la digue-route, ainsi que le barrage sur le Couesnon, mis en service en 2009.

SAINT-MICHEL-MONTJOIE !
C'est à l'un des moments les plus sombres de l'histoire de France, au 15e s., alors qu'Henri V d'Angleterre parvient à se faire couronner roi de France à Paris, que le rayonnement du Mont-St-Michel connaît son apogée. C'est en effet le seul point de la France de l'ouest et du nord à n'être pas tombé aux mains de l'envahisseur. Jeanne d'Arc choisira pour cri de ralliement « Saint-Michel-Montjoie », et Louis XI instituera l'ordre de chevalerie de St-Michel.

Découvrir Plan ci-contre et p. 291

Petite **astuce** pour accéder à l'abbaye en évitant d'emprunter la rue principale, très vite bondée : au lieu de franchir la porte de l'Avancée qui donne accès au Mont, suivez la muraille à gauche en direction de la tour des Fanils. Passez sous le porche et suivez la voie qui serpente jusqu'au chemin de ronde. Ce dernier vous mènera à l'abbaye.

★★★ L'ABBAYE

02 33 89 80 00 - www.monum.fr - possibilité de visite guidée (1h) - mai-août : 9h-19h (dernière entrée 1h av. fermeture) ; reste de l'année : 9h30-18h - fermé 1er janv., 1er Mai, 25 déc. - 9 € (-25 ans gratuit) - accès à l'abbaye gratuit pour participer à l'office: messe chantée tlj sf lun., RV à 11h45 aux grilles d'entrée de l'abbaye.
La visite s'effectue à travers un dédale de couloirs et d'escaliers, par étage et non par bâtiment ou par époque.

Défenses avancées
On atteint le Grand Degré, escalier qui conduit à l'abbaye. Une porte pivotante pouvait l'obstruer. En haut et à droite s'ouvre l'entrée des jardins, puis s'amorce l'escalier des remparts.
On passe sous l'arche d'une ancienne porte pour pénétrer dans une cour fortifiée que domine le **châtelet**. Il se compose de deux hautes tours, en forme de bombardes dressées sur leur culasse et reliées par des mâchicoulis. Même dans cet ouvrage militaire, on retrouve le souci d'art du constructeur : la muraille est bâtie en assises alternées de granit rose et gris, d'un heureux effet.
De là part un escalier couvert d'une voûte en berceau surbaissé, peu éclairé : ce passage abrupt est appelé l'**escalier du Gouffre**.

Salle des Gardes ou porterie
C'était la plaque tournante de l'abbaye. Les pèlerins indigents étaient dirigés, en passant par la cour de la Merveille, vers l'aumônerie. Les visiteurs de l'abbé et les fidèles se rendant à l'église empruntaient l'escalier abbatial.

Escalier abbatial (Grand Degré intérieur)
Cet imposant escalier se développe entre les bâtiments abbatiaux, à gauche, et l'église, à droite. Il était défendu par un pont fortifié (15e s.). L'escalier aboutit, devant le portail sud de l'église, à une terrasse appelée le « **Saut Gautier** », nom d'un prisonnier qui, de là, se serait jeté dans le vide. C'est également de ce point que partent les visites.
La plate-forme de l'ouest est une vaste terrasse créée par l'arasement des trois dernières travées de l'église : la **vue★** s'étend sur la baie du Mont-St-Michel.

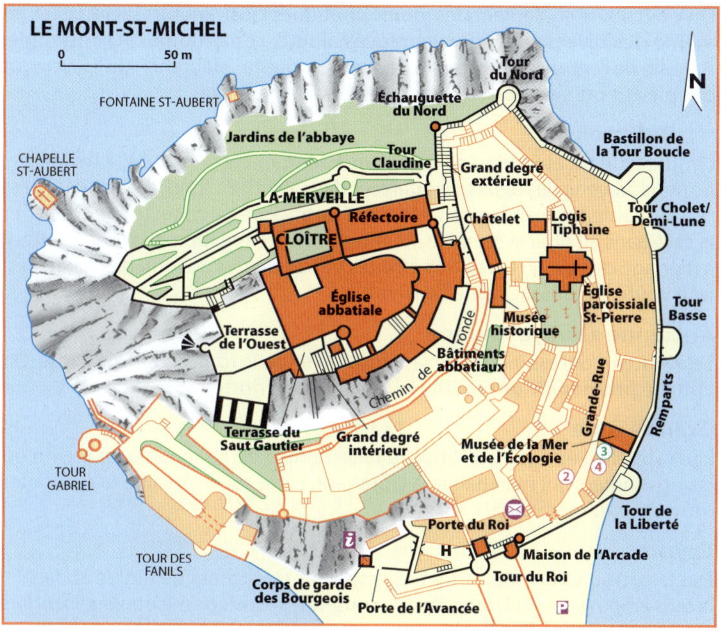

SE LOGER	SE RESTAURER	
St-Pierre (Auberge)............. ③	Mère Poulard (La)................. ②	Sirène (La)................................ ④

★★ Église

Le **chevet** est, avec ses contreforts, arcs-boutants, clochetons et balustrades, un chef-d'œuvre de grâce et de légèreté. À l'intérieur, le contraste entre la nef romane, sévère et sombre, et le chœur gothique, élégant et lumineux, est saisissant.

★★★ Merveille

Ce nom désigne les superbes bâtiments gothiques qui occupent la face nord. La partie est de ces constructions (1211-1218) comprend, de bas en haut, l'aumônerie, la salle des Hôtes et le réfectoire ; dans la partie ouest (1218-1228) leur correspondent : le cellier, la salle des Chevaliers et le cloître.

Extérieurement, la Merveille a l'aspect puissant d'une forteresse, tout en accusant, par la noblesse et la pureté de ses lignes, sa destination religieuse. À l'intérieur, on se rend compte de l'évolution accomplie par le style gothique. Depuis les salles basses qui expriment une simplicité presque romane jusqu'au cloître, chef-d'œuvre de finesse, de légèreté et de goût, en passant par l'élégance de la salle des Hôtes, la majesté de la salle des Chevaliers et la luminosité mystérieuse du réfectoire.

★★★ Cloître

Il est comme suspendu entre mer et ciel. Dans son espace clos, les arcades des galeries sont soutenues par de ravissantes colonnettes, disposées en quinconce pour accentuer l'impression de légèreté.

Leur ornementation comporte des **sculptures** remarquablement fouillées, dans un décor de feuillage orné çà et là de formes humaines et d'animaux.

4

On y découvre également des motifs poétiques illustrant l'art sacré. La teinte même des divers matériaux employés ajoute à l'harmonie de l'ensemble. À droite de l'entrée, le *lavatorium* (lavabo) évoque la célébration du « lavement des pieds » qui se renouvelait tous les jeudis à l'abbaye.

★★ Réfectoire

L'impression est étonnante : il règne une belle lumière diffuse qui, à l'évidence, ne peut provenir des deux baies percées dans le mur du fond ; l'acoustique y est remarquable. En avançant, on découvre l'artifice de l'architecte : pour éclairer la salle sans affaiblir la muraille soumise à la forte pression de la charpente, il a ménagé des **ouvertures** très étroites et très hautes au fond d'embrasures. Une voûte lambrissée coiffe l'ensemble.

Ancienne abbaye romane

Ses voûtes d'ogives marquent la transition entre le roman et le gothique. On visite le **promenoir des moines**. Une partie du dortoir subsiste.

Grande roue

Elle rappelle l'époque où l'abbaye faisait office de prison. Mue par cinq ou six prisonniers qui marchaient à l'intérieur, cette roue servait à faire monter provisions et matériaux.

Cryptes

Des trois cryptes qui supportent les croisillons et le chœur de l'église abbatiale, la plus émouvante est **Notre-Dame-sous-Terre** *(accès possible uniquement lors des visites guidées)*. L'édifice carolingien, qui s'élève à l'endroit même où saint Aubert avait officié, est un simple rectangle de 8 m sur 9, divisé en deux petites nefs par deux arcades retombant sur un pilier central. Le lieu est saisissant, tant par le silence absolu qui y règne que par le souvenir des événements survenus il y a plus d'un millénaire.

La plus impressionnante est la **crypte des Gros-Piliers★** (15ᵉ s.), merveille de force et de grâce, avec ses dix piliers de 5 m de tour, dont le granit provient des îles Chausey.

★ Salle des Hôtes

L'abbé y accueillait les rois (Saint Louis, Louis XI, François Iᵉʳ) et les visiteurs de marque. L'élégante salle (35 m de longueur), aux voûtes gothiques, présente deux nefs séparées par de fines colonnes. Lors des fastueuses réceptions, cette salle était divisée en deux par un grand rideau de tapisseries. Une partie servait de cuisine (deux cheminées) et l'autre, de salle à manger (cheminée d'ambiance).

★ Salle des Chevaliers

Ce nom fait peut-être allusion à l'ordre militaire de Saint-Michel, qui fut fondé en 1469 par Louis XI, et dont l'abbaye était le siège. Majestueuse et très vaste (26 m sur 18), la pièce est divisée en quatre vaisseaux par trois rangs de robustes colonnes. Elle était chauffée par deux grandes cheminées. C'était le *scriptorium* où travaillaient les moines : travaux d'enluminure, copie de manuscrits, lecture et étude des textes religieux ou profanes.

Cellier

Il est divisé en trois par deux lignes de piliers carrés qui soutiennent des voûtes d'arêtes. C'était le magasin d'approvisionnement.

Aumônerie

Cette salle gothique, partagée en deux par une rangée de colonnes, a conservé ses voûtes romanes.

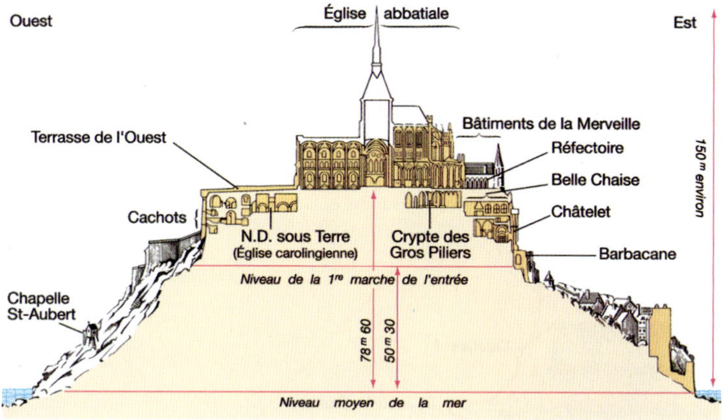

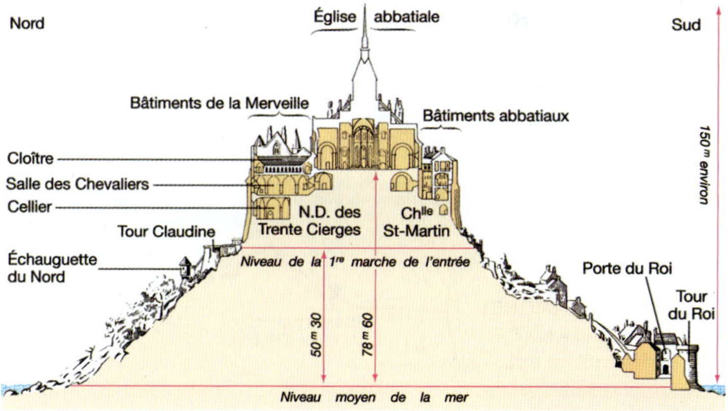

4

⋆ Jardins de l'abbaye

Fermés à la visite en hiver et les jours de trop mauvais temps.
Ils permettent d'apercevoir la façade occidentale du Mont ainsi que la chapelle St-Aubert.

Circuit conseillé Carte ci-dessus

⋆⋆ LA BAIE DU MONT-ST-MICHEL

La baie du Mont-St-Michel figure sur la liste du Patrimoine mondial de l'Unesco depuis 1979. Environ 100 km de côtes la bordent. Les îles, les falaises, les plages et les dunes forment une succession de zones riches d'une faune et d'une flore très variées. Ce parcours du littoral cotentinois réserve des vues étonnantes sur le Mont et ménage de bien agréables promenades entre les polders et les herbus. Que d'histoires terrifiantes n'a-t-on racontées au sujet de la baie du Mont-St-Michel, alors qu'il ne s'agit que de **phénomènes** tout à fait naturels ? Les sables mouvants ? Ce sont ce qu'on appelle ici des « **lises** », plaques de sable assez ferme, flottant sur des poches de sable presque liquide.

Le **brouillard** qui obscurcit la baie en moins d'une heure ? On peut prévoir avec assez de précision son avance, et il n'y a plus besoin de sonner la cloche du Mont.

La **marée** qui monte à la vitesse d'un cheval au galop ? Il y a effectivement des pointes de 25 à 30 km/h qui, en fonction du relief des grèves et du coefficient de la marée, peuvent être atteintes ou dépassées, mais la vitesse moyenne est celle d'un homme au pas : 3,75 km/h.

Les traversées vers le Mont donnent une petite idée des trésors naturels méconnus de cette zone protégée : l'île de Tombelaine est devenue le paradis des oiseaux ; des migrateurs occasionnels apprécient beaucoup cette halte (oie cendrée), des flamants roses ont même adopté les lieux et des phoques gris viennent s'y ébattre…

Au départ de Granville vers le Mont-St-Michel

Pour visualiser ce circuit de 40 km, reportez-vous à la carte ci-contre - Comptez environ 2h30.

En partant de Granville, de l'autre côté de la baie, les belvédères et la route découvrent des vues de plus en plus belles à mesure que l'on se rapproche du Mont.

Entre Granville et Carolles se révèle une vue large et dégagée sur la baie du Mont-St-Michel.

St-Pair-sur-Mer *(voir p. 275)*

Jullouville *(voir p. 275)*

Carolles *(voir p. 276)*
Entre Carolles et St-Jean-le-Thomas, une **vue★★** étendue et splendide révèle le Mont. L'espace est dégagé de tout bosquet, ce qui permet de contempler le panorama sans gêne aucune. La lumière est particulièrement belle sur la baie, mais plus encore à l'heure où le coucher de soleil embrase l'air et les couleurs. Ne pas hésiter à couper le moteur !

St-Jean-le-Thomas
Cette agréable station balnéaire est idéalement située et très fréquentée en saison.
Prenez la route côtière qui conduit au bec d'Andaine.

MONT ET MOUNT
Lorsqu'on se balade en Angleterre, sur les côtes de Cornouailles, la ressemblance des deux silhouettes est frappante : **St Michael's Mount**, plus petit que son grand frère normand, mais d'une hauteur équivalente, fut du reste doté d'une abbaye bénédictine construite en 1134 par Bernard du Bec, abbé du Mont.

★ **Bec d'Andaine**
Point de départ très fréquenté pour les traversées, le site retrouve son cadre naturel grâce au recul du parking et des installations d'accueil. De ce paysage de plages de sable fin et de dunes, vue rapprochée sur le Mont.

Genêts
Cette commune accueille une Maison de la baie (point d'information) et de nombreuses associations de guides *(voir « Nos adresses », p. 296)*.
L'**église Notre-Dame** (12e-14e s.), solide construction de granit, est précédée d'un joli porche (16e s.) lambrissé. À l'intérieur, la croisée du transept donne une particulière impression de puissance ; elle repose sur quatre piles de granit de section carrée, dont les chapiteaux sont décorés de motifs de végétaux ou d'animaux. Le maître-autel est surmonté d'un dais du 18e s. et porté par quatre colonnes galbées. Remarquez au chevet une belle verrière (en partie du 13e s.) ; statues anciennes.
À la sortie de Genêts, prenez à droite devant le calvaire.
La route côtière passe par le Grand Port et offre des vues intéressantes et rapprochées du Mont, particulièrement à la **pointe du Grouin du Sud** (en hiver, à la tombée du jour, l'observation du vol des mouettes ou des bernaches est un spectacle inoubliable).
Écomusée de la Baie du Mont-Saint-Michel – *Ferme du Routout, lieu-dit La Chaussée - route du Grouin du Sud - Saint-Léonard - 50300 Vains - ☎ 02 33 89 06 06 - ♿ - www.patrimoine.marche.fr - juil.-août : 10h-19h ; sept. : 10h-18h ; avr.-juin et vac. scol. : 14h-18h - fermé de mi-déc. à mi-janv., 1er Mai - 4,50 € (7-18 ans 2 €).*
Passage recommandé avant de partir à la découverte de la baie à pied. Outre les informations touristiques pratiques, toute la « vie dans la baie » est présentée ici, à travers la faune, la flore et les activités humaines passées et présentes : l'exploitation des richesses naturelles, huîtres et coquillages, sel (il y avait 225 salines au 18e s.), élevage sur les prés-salés, pêche à pied et chasse. Exposition permanente sur la formation et l'évolution de la baie au cours des millénaires. Un atelier de saunier a été reconstitué. Films et bornes multimédias complètent la visite.

Cette route donne également un bon aperçu de l'étendue des herbus ou prés-salés.
La D 591 et la D 911 mènent à Avranches.

★ **Avranches** *(voir p. 300)*
Quittez Avranches par la N 175, puis à hauteur de Pontaubau prenez la D 43 vers le Mont-Saint-Michel. Dans Courtils, prenez à droite la D 288 pour rejoindre la côte. Belle **vue★** sur la baie depuis la pointe de Roche Torin.
Revenez vers Bas-Courtils et prenez à droite la D 75.

Ossuaire allemand du Mont-d'Huisnes

Cette construction circulaire (1963) abrite les restes de 11 887 soldats tombés en France. D'un belvédère aménagé au sommet du monument se dégage une belle vue sur le Mont-St-Michel.
Poursuivez par la D 275.
Le circuit du bord de mer longe la tangue, où se forme une végétation spécifique, « les herbus », qui fait le régal des nombreux (plus de 7 000) moutons de pré-salé. Petit à petit, la route offre des vues de plus en plus rapprochées sur le célèbre rocher.

Beauvoir

Alligator Bay – *Situé à l'entrée de Beauvoir, au bord de la D 976 - ✆ 02 33 68 11 18 - www.alligator-bay.com - ♿ - avr.-sept. : 10h-19h ; oct.-nov. et fév.-mars : 14h-18h ; reste de l'année : w.-end et vac. scol. 14h-18h - fermé 1er janv., 25 déc. - 11,50 € (4-13 ans 7,50 €).*
Un labyrinthe peuplé de 200 alligators et crocodiles, des boas, des varans… et une ferme de tortues qui se laissent caresser : l'endroit dépayse un peu et provoque quelques frissons ! Si vous avez de la chance, vous assisterez à l'éclosion d'un œuf dans la nursery !

NOS ADRESSES AU MONT-SAINT-MICHEL

Voir aussi nos adresses à Pontorson.

HÉBERGEMENT

BUDGET MOYEN

Hôtel de la Digue – *À La Digue - ✆ 02 33 60 14 02 - www.ladigue.fr - fermé de déb. nov. à fin mars - P - 35 ch. 100/150 € - ☕ 12 € - 1/2 P 190 € - rest. 18/34 €.* La digue relie depuis 1877 le Mont-St-Michel à la terre ferme. Hôtel littoral tout en longueur, proposant des chambres fonctionnelles. Sobre salle à manger ménageant une perspective sur le Mont. Cuisine traditionnelle, spécialités de la mer.

Chambre d'hôte Les Vieilles Digues – *Rte du Mont-St-Michel - 50170 Beauvoir - 3 km au sud du Mont-St-Michel dir. Pontorson - ✆ 02 33 58 55 30 - www.bnb-normandy.com - danielle.tchen@yahoo.fr - fermé déc.-janv. - P - 6 ch. 55/70 € ☕.* Cette jolie maison en pierre abrite de grandes chambres aménagées avec soin et garnies d'un beau mobilier; celle avec vue sur le Mont-St-Michel est, bien sûr, très demandée. Plaisante salle des petits-déjeuners agrémentée de colombage. Jardin paysager.

UNE FOLIE

Auberge St-Pierre – *Grande-Rue - ✆ 02 33 60 14 03 - www.auberge-saint-pierre.fr - 21 ch. 150/260 € - ☕ 15 € - 1/2 P 220 € - rest. 22/48 €.* Sise dans une maison du 15e s., cette auberge vous laisse le choix : une grande salle brasserie au rdc pour un service à toute heure, à l'étage une accueillante salle rustique ou une petite terrasse près des remparts. Les chambres sont réparties dans trois maisons.

RESTAURATION

PREMIER PRIX

La Ferme Saint-Michel – *Le Bas-Pays - 50170 Beauvoir - 2,5 km au sud du Mont-St-Michel dir. Pontorson par D 976 - ✆ 02 33 58 46 79 - www.restaurant-ferme-saint-michel.com - 15/30 €.* Dans une ancienne ferme traditionnelle, une belle salle à manger aux murs de pierre apparente, dotée d'une grande cheminée. C'est l'endroit idéal pour déguster l'agneau de pré-salé (ici, on dit le « grévain ») rôti au feu de bois dans un ancien four à pain. Œuvres d'artistes locaux sur les murs et, en sus, quelques gîtes.

La Gourmandise – *21 rte du Mont-St-Michel - 50170 Beauvoir - 4 km au sud du Mont-St-Michel - ✆ 02 33 58 42 83 - fermé de nov. à Pâques et mar. sf juil.-août - 9,15/15 € - 4 ch. 40 € (pas de pt-déj.).* Maison bretonne transformée en crêperie dont la présence anime cette toute petite localité. Décor simple, éclairé par de larges baies vitrées. Crêpes et galettes au menu.

BUDGET MOYEN

La Sirène – *Grande-Rue - ✆ 02 33 60 08 60 - fermé 5 janv.-2 fév. - 16/28 €.* Cette maison du 14e s. au long passé d'auberge abrite désormais une crêperie à laquelle on accède par un escalier en colimaçon. L'aspect des fenêtres, qui ressemblent à des vitraux avec leurs carreaux de verre dépoli sertis d'étain, confirme l'authenticité des lieux.

Auberge de la Baie – *La Rive - 50170 Ardevon - 3 km au sud-est du Mont-St-Michel dir. Avranches par D 275 - ✆ 02 33 68 26 70 - www.aubergedelabaie.fr - P - ouv. tlj de Pâques au 11 Nov. ; sur* *réserv. reste de l'année - 16/28 € - 32 ch. 45/60 € - ☕ 6,50 €.* Placé en bordure de départementale, cet hôtel-restaurant est une étape bienvenue pour qui veut échapper, le temps d'un week-end ou d'un repas, à l'effervescence du Mont-St-Michel. À la carte : plats traditionnels et régionaux (agneau de pré-salé, fruits de mer), et petit choix de galettes. Terrasse en été.

Pré-Salé – *Rest. de l'hôtel Mercure - 2 km au sud du Mont-St-Michel par D 976 - ✆ 02 33 60 14 18 - www.le-mont-saint-michel.com - 19,50/49,50 €.* Bordant le Couesnon à l'amorce de la digue, l'hôtel Mercure vous invite dans sa lumineuse salle à manger récemment rénovée, aux tables bien espacées. Dégustez-y les fameuses viandes des prés-salés de la baie du Mont-St-Michel.

À l'abri du Saunier – *22 r. des Pêcheurs - Saint-Léonard (près de l'Écomusée de la Baie) - 50300 Vains - ✆ 02 33 70 88 60 - fermé mar. - formules 24/30 € - carte 30/42 €.* brasserie : salade gourmande, moules marinières, jambon au cidre, etc.

UNE FOLIE

La Mère Poulard – *Grande-Rue - ✆ 02 33 89 68 68 - www.mere-poulard.com - P - 35/75 € - 27 ch. 160/380 € - ☕ 18 €.* La mère Poulard ne met pas tous ses œufs dans le même panier : sur la carte, d'appétissantes recettes régionales côtoient la célébrissime omelette. Chaleureuses chambres bénéficiant, pour certaines, d'une vue panoramique.

BOIRE UN VERRE

Brasserie de la Baie – *6 rte de Roche-Torin - 6 km à l'est du Mont-St-Michel - 50220 Courtils - ✆ 02 33 60 37 65-de mai à fin sept. : tlj sf lun. et mar. 15h-18h ; hors sais. : sam. apr.-midi, dim. apr.-midi - fermé janv. et 25 déc.* Cinq types de bières sortent des cuves de cette petite brasserie artisanale implantée à deux pas de la Maison de la baie. Une blonde bien plaisante, une ambrée de caractère, une brune hivernale aromatisée à l'hydromel, une blanche estivale rafraîchissante et la rieuse, une blonde dorée bio. Dégustation et vente sur place.

ACTIVITÉS

Découverte de la baie du Mont-St-Michel en ULM – *Aérodrome du Val-St-Père, sentier la Croix-Verte - sortie aérodrome sur l'axe autoroutier Caen-Rennes - 50300 Avranches - ✆ 02 33 48 67 48 ou 06 07 54 91 42 - www.ulm-mont-saint-michel.com - 40/200 €.* Il est possible de s'offrir des sensations inoubliables en ULM au-dessus de la baie du Mont-St-Michel à partir de l'aérodrome du Val-St-Père : survol global de la baie, vol à l'aplomb du Mont (combinable avec un survol de Cancale ou de Granville) ou le must : un vol au lever du soleil.

Atouts Baie – *6 r. de la Métairie - 50170 Boucey - ✆ 02 33 60 68 00 - www.mont-saint-michel-voyages.com - réserv. au ✆ 06 86 90 95 01 - 9h-18h.* Agence proposant des promenades et traversées de la baie à pied, accompagnées d'un guide passionné de nature, ainsi que des balades en calèche au gré des polders et des herbus. Location de vélos. Visite virtuelle du rocher et de l'abbaye du Mont-St-Michel pour groupes de personnes à mobilité réduite.

Chemins de la Baie du Mont-St-Michel – *34 r. de l'Ortillon - 50530 Genêts - ✆ 02 33 89 80 88 - www.cheminsdelabaie.com - avr.-oct. : tlj 9h-12h30, 13h30-18h - fermé w.-end et j. fériés* *de nov. à mars - tarifs variables selon les formules.* Cette société propose des traversées de la baie du Mont-St-Michel, traditionnelles ou commentées, ainsi que des randonnées à thème autour du littoral, de la faune et du patrimoine. Également, boutique nature et randonnée (livres, cartes postales, objets décoratifs).

Didier Lavadoux – *36 Grande-Rue - A 84 au niveau d'Avranches sortie Jullouville-Cherbourg - 50530 Genêts - ✆ 02 33 70 84 19 - www.traversee-baie.com - réserv. conseillée - 10 € (-12 ans 5 €).* Vingt ans d'expérience et toujours la même passion ! Ce guide, naturaliste chevronné, connaît la baie comme personne et vous invite à partager son attachement en organisant des traversées commentées du site. Durée des promenades variable *(2 à 5h)*, à choisir selon votre endurance…

La Tanière (centre équestre) – *La Grève - 50170 Moidrey - ✆ 02 33 58 13 53 ou 06 82 29 49 63 - www.club-taniere.fr.* Posté sur la route du Mont-St-Michel après l'hippodrome, ce centre équestre s'est fait une spécialité des randonnées à cheval dans la baie. À raison de 2h de promenade, d'une journée entière, d'un week-end ou même d'une semaine, vous aurez l'occasion de voir ses paysages et l'abbaye d'un autre œil.

Pontorson

4 094 Pontorsonnais – Manche (50)

NOS ADRESSES PAGE 299

4

S'INFORMER

Office du tourisme de Pontorson – *Pl. de l'Hôtel-de-Ville - 50170 Pontorson - ✆ 02 33 60 20 65 - www.mont-saint-michel-baie.com - juil. et août : 8h30-12h30, 14h-18h30, sam. 10h-12h30, 15h-17h30, dim.10h-12h30 ; reste de l'année : tlj sf dim. 9h-12h, 14h-18h, sam. 10h-12h, 15h-18h.*

SE REPÉRER

Carte de microrégion A2 (p. 268)– *carte Michelin Départements 303 C8.*
Pontorson se trouve à 9 km au sud du Mont-St-Michel sur la D 976.

À NE PAS MANQUER

La chapelle-mémorial du cimetière militaire américain de St-James.

Si vous allez au Mont-St-Michel, arrêtez-vous à Pontorson. Cette ancienne cité fortifiée est la dernière ville normande avant la Bretagne. Au 14e s., Bertrand Du Guesclin, établi sur le Mont, en avait fait la capitale des joutes et des tournois. Aujourd'hui, l'étape demeure agréable. Son histoire et son patrimoine vous prépareront à la découverte de son glorieux voisin.

Se promener

Église Notre-Dame

Cette église aurait été fondée par Guillaume le Conquérant, au cours de sa campagne contre les Bretons, pour remercier la Vierge d'avoir sauvé son armée des sables mouvants du Couesnon. Cet épisode est relaté sur un vitrail du chœur et sur la tapisserie de Bayeux *(scène 17)*.
La rude et puissante façade de granit, percée d'une large arcade très légèrement brisée, ainsi que le portail latéral sud, ont conservé leur caractère roman. Le tympan sculpté représente un homme et un oiseau. À gauche du chœur, reliée par une arcade gothique, la chapelle St-Sauveur contient un beau **retable** en pierre blanche dit « des Saints cassés » (15e s.). La vie du Christ y est retracée en 22 compartiments; mutilée lors des guerres de Religion et pendant la Révolution, cette œuvre d'art n'en a pas moins gardé toute sa richesse. En face, remarquez un grand Christ en bois peint, du 18e s., à l'expression particulièrement pathétique.

VIKINGS ET GI'S

Beaucoup de combattants sont passés par ici, à commencer par celui qui lui donna son nom : **Orson**. Ce chef normand fit construire en 1031 un pont sur le Couesnon, afin de permettre à son armée le franchissement de la rivière au retour d'une expédition en Bretagne. Bien plus tard, en 1944, des milliers de GI's y transitèrent pour rallier le front breton.

À proximité Carte de microrégion p. 268

Saint-James B2

15 km à l'est par la D 30. À la lisière de la Bretagne et de la Normandie, entre les vallées du **Beuvron** et de la **Dierge**, cette localité fut fondée en 1067 par Guillaume le Conquérant. Quelques rues anciennes et des remparts (15e s.) évoquent un passé historique intéressant. Mais son nom est surtout associé depuis le 19e s. à la fabrication de pulls marins de qualité. C'est en effet vers 1850 que la famille Legallais développe le travail de la laine (filature, teinture). Reprise en 1950 par un Roubaisien, Julien Bonte, l'entreprise se spécialise dans le fameux pull commercialisé dans le monde entier. Désormais dénommée **Tricots-St-James**, la société a été reprise en 1990 par les salariés et poursuit sa belle aventure.

À la sortie de la ville, prenez la D 230 en direction de Louvigné.

Cimetière américain et mémorial de Bretagne – *9h-17h - fermé 1er janv., 25 déc. - gratuit.* Dans un cadre de 12 ha, ce cimetière rassemble les corps de 4410 soldats américains tombés à la Libération. Dans la chapelle-mémorial, collections de drapeaux, vitraux, armoiries et cartes commémorent les événements de 1944. En face, on peut accéder à la plate-forme de la tour d'où l'on a une belle vue jusqu'au Mont-St-Michel et la côte bretonne.

ENTRE FRANCE ET ANGLETERRE

D'origine britannique, **Gabriel de Lorges**, comte de Montgomery, fut seigneur de Pontorson. Commandant de la garde écossaise d'Henri II, il eut la malchance de tuer le souverain lors d'un tournoi le 30 juin 1559. Bien que personne n'ait mis en doute le caractère accidentel de la chose, Gabriel jugea prudent de prendre le chemin de l'Angleterre. C'est à la cour de la reine Élisabeth qu'il se convertit à la Réforme… avant de revenir en France en qualité de chef militaire du parti protestant…

NOS ADRESSES À PONTORSON

HÉBERGEMENT

PREMIER PRIX

Hôtel La Tour Brette – *8 r. du Couesnon - 50170 Pontorson - 9 km au sud du Mont-St-Michel - ✆ 02 33 60 10 69 - www.latourbrette.com - fermé 4-26 janv., 14-22 mars et merc. sf juil.-août - 10 ch. 36/45 € - ☕ 7 € - rest. 11/34 €.* Cet hôtel central doit son nom à la tour qui jadis protégeait la Normandie des assauts du duché de Bretagne. Chambres pas très grandes mais rénovées. Au restaurant, cadre simple et longue carte traditionnelle.

Chambre d'hôte de la Butte Trincot – *3 Lieu-dit La Butte - 50170 Vessey - 10 km au sud de Pontorson - ✆ 02 33 60 20 32 - - 4 ch. 47 € ☕ - repas 18 €.* Paisible petite ferme où vous dormirez à l'étage d'une dépendance jouxtant le corps d'habitation. Les chambres sont simples mais très convenables, et un espace de détente a été aménagé au rez-de-chaussée. Petits-déjeuners et table d'hôte dans la salle à manger des propriétaires.

Chambre d'hôte M. et Mme Chartois - La Sennelée – *Lieu-dit La Sennelée - 50170 Vessey - 6 km au sud de Pontorson - ✆ 02 33 60 11 51 - lasennelee@ orange. fr - - 5 ch. 47 € ☕ - repas 17 €.* Accueil tout sourire, environnement paisible et chambres classiques se distribuant dans le prolongement du corps d'habitation de la ferme, accessibles par une entrée indépendante. Table d'hôte à base de produits fermiers et du potager. Jardin d'agrément et salle de séjour avec cuisinette.

BUDGET MOYEN

Hôtel Le Bretagne – *R. Couesnon - 50170 Pontorson - 8 km au sud du Mont-St-Michel par D 976 - ✆ 02 33 60 10 55 - www.hotelrestaurantdebretagne. fr - contact@hotelrestaurantde bretagne.fr - fermé 21 nov.-5 déc., 9-23 janv., mar., merc., dim. soir et merc., dim. midi en été -12 ch. 45/79 € - ☕ 7/9 € - rest. 12,90/42 €.* Maison de style régional. Admirez les jolies boiseries du 18e s., la cheminée en marbre gris et le radiateur chauffe-plats (très original !) dans la première petite salle… Bar feutré très *british* et chambres spacieuses agréablement meublées.

RESTAURATION

BUDGET MOYEN

Auberge du Terroir – *50170 Servon - 10 km au nord-est de Pontorson par D 975 dir. Avranches puis D 107 - ✆ 02 33 60 17 92 - www.aubergeduterroirservon.fr - ♿ - P - fermé fév., 15 nov.-8 déc., jeu., sam. midi et merc. - 20/45 € - 6 ch. 66/85 € - ☕ 10 €.* Hier presbytère, aujourd'hui restaurant, voilà une conversion qui ravira les amateurs de bonne chère ! Cuisine du patron soignée et généreuse dans cette grande maison de pierre. Trois chambres à l'étage et trois autres dans l'ancienne école du village.

Avranches

★

8 179 Avranchinais – Manche (50)

NOS ADRESSES PAGE 306

S'INFORMER

Office du tourisme d'Avranches – *2 r. du Gén.-de-Gaulle - 50300 Avranches - ✆ 02 33 58 00 22 - www.ot-avranches.com - juil.-août : tlj sf dim. 9h30-18h30, dim. 10h-17h ; reste de l'année : lun.-vend. 9h30-12h30, 14h-18h, sam. 10h-12h30, 14h30-17h ; fermé 1er janv., 1er et 8 Mai, dim. de Pâques, dim. de Pentecôte, 1er et 11 Nov., 25 déc.*

SE REPÉRER

Carte de microrégion B2 (p. 268) – *carte Michelin Départements 303 D7.* La ville occupe une position unique sur un éperon granitique, face à la baie et au Mont-St-Michel (25 km à l'ouest). Située à un carrefour routier, elle est desservie par l'A 84 qui relie Villedieu-les-Poêles (23 km au nord-est) à Rennes (87 km au sud-ouest).

À NE PAS MANQUER

Les manuscrits du Scriptorial et la superbe vue sur la baie du Mont-St-Michel depuis le Jardin des plantes.

ORGANISER SON TEMPS

On peut facilement passer une demi-journée à Avranches, partagée entre les musées et le Jardin des plantes.

AVEC LES ENFANTS

Suivez Titivillus, le diablotin malicieux, à travers les salles du Scriptorial.

Les rues pittoresques, le point de vue sur la baie depuis la colline et la découverte des exceptionnels manuscrits du Mont-St-Michel sont autant de raisons de s'arrêter à Avranches. La ville, dont l'histoire est indissociable de celle du Mont voisin mérite que l'on s'y attarde : n'est-ce pas l'évêque d'Avranches, saint Aubert, qui fonda le Mont au 8e s. ?

Se promener Plan de ville p. 302

Jardin des plantes A2

Entrée libre. Cet ancien jardin d'un couvent de capucins, favorisé par la douceur d'un climat privilégié, est aménagé en pente douce sur l'éperon qui porte la ville. Il est embaumé d'héliotropes. Au fond s'étend une terrasse (table d'orientation) d'où se révèle un vaste **panorama**★ sur la baie. Par temps clair, la vue porte des falaises de Champeaux jusqu'aux pointes de la Sée et de la Sélune. Les soirs de pleine lune, vous pourrez peut-être surprendre la fée des grèves immortalisée par Paul Féval, auteur du *Bossu* ! Le Mont-St-Michel dresse sa silhouette élancée au milieu des sables dont la couleur varie selon l'heure et la lumière. L'ancien portail de la chapelle St-Georges-de-Bouillet (11e s.), réédifié dans le jardin en 1843, fait face à l'immensité de la baie.

Les grandes heures d'Avranches

LA VISION DE L'ÉVÊQUE AUBERT

La légende raconte que saint Michel apparut par deux fois à Aubert et lui ordonna d'élever sur le rocher faisant face à Avranches, alors appelé le mont Tombe, une chapelle en son honneur. Il était dans la tradition chrétienne de dédier à l'archange les sanctuaires les plus élevés. Cependant, quelque peu sceptique, l'évêque d'Avranches crut bon de temporiser.
À cette réserve, saint Michel répondit par un argument frappant : se manifestant pour la troisième fois, il enfonça un doigt impérieux dans le crâne de l'incrédule. Aubert ne pouvait plus se dérober : il fonda en 708 le sanctuaire qui allait devenir le lieu de pèlerinage le plus connu de l'Occident. Son « chef » – que l'on peut voir au Scriptorial – garda la trace de cette intervention mémorable.

LA PÉNITENCE D'HENRI II

Les relations entre Henri II Plantagenêt, duc de Normandie et roi d'Angleterre, et Thomas Becket, archevêque de Canterbury, étant entrées dans une phase de difficultés aiguës, le roi s'écria un jour : « N'y aura-t-il personne pour me débarrasser de ce clerc outrecuidant ? » Quatre chevaliers prirent ces paroles pour un ordre et, le 29 décembre 1170, le meurtre fut perpétré en pleine cathédrale de Canterbury.
Excommunié, Henri II dut désavouer le crime et implorer l'absolution du pape. Robert de Torigni, abbé du Mont-St-Michel, obtint qu'un concile se tienne à Avranches. C'est au seuil de la cathédrale (effondrée en 1794) qu'Henri II fit amende honorable en mai 1172.

LA « RÉVOLTE DES NU-PIEDS »

L'introduction de la gabelle dans l'Ouest provoqua une révolte des sauniers de l'Avranchin, c'est-à-dire des propriétaires des salines et des marchands de sel (le terme désigne plus couramment les ouvriers travaillant à l'extraction du sel dans les marais salants).
La révolte éclate le 7 juillet 1639 et dégénère bientôt en jacquerie. Des bandes armées, obéissant à un mystérieux chef, Jean Quétil, dit « Jean Nu-Pieds », pillèrent les villes et les campagnes. Par la suite, afin d'échapper à cet impôt, les « faux sauniers » se multiplièrent. Le plus célèbre de ces contrebandiers reste Jean Chouan.

LA « PERCÉE D'AVRANCHES »

Comme beaucoup de villes de la côte normande, l'histoire d'**Avranches** est marquée par le Débarquement : c'est dans cette localité que, dès le 31 juillet 1944, la progression des troupes du général Patton prit l'allure d'une véritable ruée. La « percée d'Avranches » a marqué le début de la course fulgurante qui devait conduire la 3e armée jusqu'à Bastogne, en Belgique.
Si vous souhaitez faire le chemin qu'ont emprunté les armées alliées entre le 6 juin 1944 et le 2 janvier 1945, utilisez la carte Michelin n° 105 « Voie de la Liberté », réédition de la carte historique de 1947.

Dans l'axe de certaines allées, vous pourrez apercevoir les tours de l'**église N.-D.-des-Champs**, consacrée en 1892. Elle fut édifiée, ainsi que les deux autres églises d'Avranches, pour succéder à la cathédrale qui s'était effondrée à la Révolution. Celle-ci n'avait pas été relevée de ses ruines en raison de la suppression de l'évêché en 1790 (suppression au bénéfice de Coutances).

Plate-forme A1

De la place de l'hôtel de ville, qui porte le nom de Littré, on longe le jardin de l'évêché à gauche pour atteindre l'emplacement de l'ancienne cathédrale.

Sur la petite place, appelée communément « la plate-forme », vous verrez, entourée de chaînes, la dalle sur laquelle Henri II Plantagenêt fit pénitence publique en 1172 pour le meurtre de Thomas Becket. De la terrasse, on découvre le Mont-St-Michel et le **panorama★** se développe sur le bocage.

SE LOGER		SE RESTAURER	
Croix d'Or (Hôtel La)	1	G. Denou	1
Jardin des Plantes (Au)	3	Littré (Le)	5
Maraîcherie (Chambre d'hôte La)	5	Tartines et Découvertes	7
Moulin de la Butte (Chambre d'hôte Le)	9		
Ramade (Hôtel La)	11		

L'Adoration des mages, manuscrit du 15e s conservé au scriptorial d'Avranches.
H. Hughes / hemis. fr

Monument Patton B2
Élevé à l'emplacement d'un carrefour stratégique détruit par les combats, au sud de la ville, ce monument imposant symbolise le déploiement de l'armée Patton vers la Bretagne et l'ensemble de la Basse-Normandie.

★★ **Scriptorial - musée des Manuscrits du Mont-St-Michel** B1
Pl. d'Estouteville - ✆ 02 33 79 57 00 - www.scriptorial.fr - ♿ - juil.-août : 10h-19h (dernière entrée 1h av. la fermeture) ; mai-juin et sept. : tlj sf lun. 10h-12h30, 14h-18h ; reste de l'année : tlj sf lun. 10h-12h30, 14h-17h (18h w.-end) - fermé janv., 1er Mai, 1er nov. et 25 déc. - 7 € (-10 ans gratuit) - audioguide 3 €.
Ce centre dédié à la conservation des manuscrits du Mont-St-Michel met à profit une muséographie très contemporaine (frises, bornes interactives) pour présenter sur plusieurs salles : le contexte géographique, historique et culturel lié à ces précieux documents, l'histoire du Mont, les différentes étapes de fabrication d'un

UN TRAVAIL DE BÉNÉDICTIN
En 1791, le monastère du Mont-St-Michel est dépouillé de ses biens. Un dépôt de 4 000 volumes provenant de sa bibliothèque est effectué à Avranches, alors chef-lieu de district, dont font partie **203 manuscrits★★** datant pour certains du 9e s. Ils représentent la mémoire spirituelle, intellectuelle et artistique des bénédictins et, à travers eux, du monde médiéval. Ces manuscrits recèlent en effet des informations extrêmement précieuses sur les connaissances de l'époque : chroniques et grands textes de l'Antiquité et du Moyen Âge, traités de droit romain et canonique, de botanique, de musique, d'astronomie, de médecine, des vies de saints… On y admire des exemplaires originaux ou des copies dont le *Timée* de Platon ou des fragments du 9e s. du *De l'orateur* de Cicéron. Ces chefs-d'œuvre, fragiles, sont présentés par groupe de 15 et à tour de rôle dans la salle du Trésor du Scriptorial.

manuscrit médiéval, les outils et les matériaux utilisés. La reproduction de certaines pages de manuscrits, les bornes multimédias et la manipulation de certains supports permettent d'appréhender de façon ludique toutes ces informations. Le visiteur est ainsi mis en condition et fin prêt à découvrir les exemplaires originaux, exposés dans l'avant-dernière salle *(voir l'encadré ci-contre)*. La visite s'achève sur l'évolution de l'imprimerie. Expositions temporaires sur le thème de l'écriture, ateliers d'enluminure et de calligraphie. Pour la visite, un livret de jeux *(gratuit)* est disponible à l'entrée : le diablotin Titivillus guide les enfants à travers les salles. Bornes multimédias, jeux, manipulations d'objets et films jalonnent le parcours.

L'ART DES MOTS
Émile Littré (1801-1881), auteur du *Dictionnaire de la langue française,* descendait d'une famille de sauniers de la Baie.

Musée d'Art et d'Histoire A1

02 33 58 25 15 ou 02 33 79 57 01 (hors saison) - juin-sept. : 10h-12h30, 14h-18h - 1,50 € (gratuit -18 ans ou billet du Scriptorial).
Installé dans les dépendances de l'ancien palais épiscopal restauré à la fin du 15e s. par l'évêque Louis de Bourbon, le musée conserve des meubles, costumes et objets qui rappellent le quotidien des Avranchinais au 19e s.

Basilique Saint-Gervais-et-Saint-Protais B1

02 33 58 00 22 - 10h-18h - gratuit.
Vaste édifice de la fin du 19e s., la basilique abrite le **trésor St-Gervais**. Ce dernier comporte quelques pièces d'orfèvrerie, dont la plus remarquable est le **reliquaire★** du chef de saint Aubert. Le carillon de la basilique comporte 32 cloches dont un bourdon de 6 434 kg, ce qui en fait le deuxième en importance en Normandie.

Circuit conseillé Carte de microrégion p. 268

AU FIL DE LA SÉLUNE : LA ROUTE DES BARRAGES B2

Pour visualiser ce circuit de 42 km, reportez-vous à la carte p. 268. Comptez 1h30.
Le circuit proposé remonte le cours de la Sélune et offre de superbes vues sur les barrages.
Quittez Avranches par la D 78 en direction de Ducey.

Ducey B2

4 r. du Génie - 50220 Ducey - 02 33 60 21 53.
Depuis 1613, le vieux pont sur la Sélune subsiste en amont de l'ouvrage qu'emprunte aujourd'hui la route nationale.
Le **château des Montgomery** qui date du 17e s. n'a non seulement jamais été achevé mais il fut presque entièrement rasé lors des siècles passés. Par bonheur, il est en cours de restauration. Deux pavillons de style Henri IV subsistent. Il est amusant de savoir qu'au début des années 1950, la ville de Ducey adopta les armes et la devise de la famille ! *02 33 60 21 53 - visite guidée (1h) sur demande préalable à l'office de tourisme juil.-août : mar., jeu. et sam. 15h - 5 € (-12 ans gratuit).*
Sur 2 kilomètres, laissez-vous porter par le chemin forestier de toute beauté qui longe la Sélune.
Suivez la D 78.
La route descend ensuite la vallée de la Sélune.

Barrage de la Roche-qui-Boit B2

Malheureusement, on ne visite pas ce petit ouvrage, construit de 1915 à 1919, qui est le prototype des barrages droits à voûtes multiples.

Au croisement avec la D 582, prenez à gauche la route indiquée « Le Rocher, accès au lac ».

Au bout de 2 km, le circuit longe un village de vacances et une longue descente conduit au lac qui se tient dans un cadre agréable, car bien ombragé.

Revenez à la D 582, tournez à gauche.

La route ramène en vue de la vallée. Après le pont sur la rivière, une petite route, à droite, grimpe rapidement jusqu'à l'Auberge du Lac, sur la crête du barrage de Vézins.

Barrage de Vézins B2

Visite suspendue en raison de l'application du plan Vigipirate renforcé.

Haut de 36 m et long de 278 m, cet ouvrage courbe à voûtes multiples a créé un lac artificiel long de 16 km. Sa construction s'est achevée en 1931. Le **paysage★** qui l'entoure est très harmonieux.

De l'Auberge du Lac, rejoignez la D 85 qui traverse, aux ponts des Biards, la retenue de Vézins. À St-Martin-de-Landelles, prenez à gauche la D 30 et poursuivez jusqu'à St-Hilaire.

Saint-Hilaire-du-Harcouët B2

i Pl. du Bassin - 50600 St-Hilaire-du-Harcouët - ✆ 02 33 79 38 88 - juil.-août : 9h30-12h30, 13h30-18h30, dim. et j. fériés 10h-12h30 ; janv.-juin et sept.-nov. : lun. 13h30-17h30, mar.-vend. 9h30-12h30, 13h30-17h30, sam. 9h30-12h30 (et 13h30-17h30 d'avr. à juin) ; déc. : se renseigner. À la frontière entre Bretagne, Normandie et pays de Loire, la cité fut édifiée et fortifiée par Harcouët, compagnon d'armes de Guillaume le Conquérant. Neuf siècles plus tard, elle disparaissait sous les bombes pendant la Seconde Guerre mondiale et dut être entièrement reconstruite à la fin des hostilités. Aujourd'hui St-Hilaire-du-Harcouët sait tirer profit de ses atouts naturels : la petite ville conjugue tourisme vert et maintien des traditions, ce dont témoigne l'animation qui règne sur le marché aux bestiaux hebdomadaire. La ville est dominée par une **église** néogothique (1855) dont les deux flèches lui valent le surnom de « petite cathédrale ». En contrebas, **les plans d'eau du Prieuré** (3,5 ha), agrémentés de deux pièces d'eau, ont été aménagés dans la vallée de l'Airon. Aires de pique-nique ou de jeu se déploient le long des rives que se partagent les promeneurs et les pêcheurs.

★ **Musée de la Verrière** – *Fléchage à partir de l'église - 37 bd Gambetta - ♿ - juil.-août : tlj sf mar. 11h-18h30 ; de mi-mai à fin juin et de déb. sept. à mi-oct. : tlj sf lun. et mar. 11h-18h (dernière entrée 30mn av. fermeture) - possibilité de visite guidée - 3 € (-12 ans gratuit).* Les clarisses ont dû abandonner, il y a quelque temps, ce couvent devenu peu adapté à leur petit nombre. Il accueille aujourd'hui une exposition sur les principales abbayes cisterciennes normandes (principalement l'abbaye de Savigny) ainsi qu'une importante **collection d'art sacré** (calices, ciboires, ostensoirs, etc.). Une partie de ces nombreux vases sacrés provient d'une collection réunie par l'abbé Lelégard pour l'abbaye de la Lucerne. Parmi toutes ces remarquables pièces d'orfèvrerie, remarquez la sobriété et la pauvreté des matériaux (fer) des objets de culte de la période révolutionnaire.

Mais le centre accueille surtout une belle présentation de la vie cloîtrée des religieuses : le parcours, entièrement automatisé, est agrémenté de témoignages vidéo, de tableaux et de personnages de cire reprenant les véritables visages des religieuses.

NOS ADRESSES À AVRANCHES ET ENVIRONS

VISITE

Circuits historiques – Inclus dans le parcours de l'Espace historique de la bataille de Normandie *(p. 129)*, les circuits balisés **La contre-attaque** et **Cobra-La percée** ont ici, l'un son départ, l'autre son arrivée.

HÉBERGEMENT

À Avranches

BUDGET MOYEN

Au Jardin des Plantes – *10 pl. Carnot - ✆ 02 33 58 03 68 - www.le-jardin-des-plantes.fr - 19 ch. 50/88 € - ☕ 10 € - rest. menu 17/40 €, carte 30/72 €.* Cet hôtel dont l'accueil se fait au bar, propose des chambres rustiques de tailles diverses ; privilégier celles du bâtiment arrière plus vastes. Brasserie.

Chambre d'hôte La Maraîcherie – *50300 Le Val-St-Père - 5 km d'Avranches - ✆ 02 33 58 10 87 - P - ✉ - 3 ch. 49 € ☕.* À 200 m de la baie du Mont-St-Michel, les écuries de cette jolie ferme du 18e s. ont été converties en chambres meublées dans le style régional. Accueil sympathique. Proximité du petit aérodrome (ULM) et d'un centre équestre.

POUR SE FAIRE PLAISIR

Hôtel La Croix d'Or – *83 r. de la Constitution - ✆ 02 33 58 04 88 - www.hoteldelacroixdor.fr - P - fermé 1er-25 janv. et dim. soir du 15 oct. au 1er avr. - 27 ch. 77/110 € - ☕ 9,20 € - rest. : menu 17 (déj.)/51 €.* Façade à colombage, beau hall-salon (mobilier régional) et jardin fleuri que regardent la plupart des agréables chambres de cet ancien relais de poste du 17e s. doté d'une belle salle de restaurant.

La Ramade – *2 r. de la Côte - Marcey-les-Grèves (à 2 km du centre d'Avranches) - ✆ 02 33 58 27 40 - www.laramade.fr - P - 12 ch. 78/190 € - ☕ 11 €* . Cette demeure de caractère, dotée d'un jardin et d'une belle véranda, propose des chambres confortables et d'un certain charme.

À Huisnes-sur-Mer

PREMIER PRIX

Chambre d'hôte Le Moulin de la Butte – *11 r. du Moulin-de-la-Butte - 50170 Huisnes-sur-Mer - 15 km au sud-ouest d'Avranches par D 975 puis D 75 - ✆ 02 33 58 52 62 - www.bedandbreakfastineurope.com/lemoulindelabutte - ♿ - P - ✉ - 5 ch.37 € ☕.* À l'entrée du village, face au Mont, une grande maison moderne abrite des chambres claires et spacieuses, avec vue sur le Mont et le rocher de Tombelaine. Petits-déjeuners dans la salle de séjour, dotée d'un coin cuisine. Vélos à disposition des hôtes.

À Ducey

BUDGET MOYEN

Auberge de la Sélune – *2 r. St-Germain - 50220 Ducey - ✆ 02 33 48 53 62 - www.selune.com - fermé de fin janv. à mi-fév., de fin nov. à mi-déc. et lun. d'oct. à mars - P - 20 ch. 62/66 € - ☕ 9 € - rest. 17/43 €.* Trois maisons en pierre entourées d'un jardin fleuri situé au bord de la rivière et agrémenté d'un pittoresque abri. Petites chambres garnies de mobilier en bois cérusé. Si le temps le permet, attablez-vous sur la terrasse donnant sur la verdure. Bon choix de menus. Cuisine inspirée par la région.

Moulin de Ducey – *1 Grande-Rue - ✆ 02 33 60 21 53 - www.*

moulindeducey.com - fermé de mi-déc. à déb. janvier - 28 ch. 65/110 € - ☕ 11 €. Cet ancien moulin semble établi sur une île verdoyante. Chambres de style anglais et salle des petits-déjeuners surplombant la rivière.

RESTAURATION

À Avranches

PREMIER PRIX

G. Denou – *9 pl. Littré - ☎ 02 33 58 05 74 - 8h30-19h30 - fermé 1 sem. déb. fév., 15-30 juin, 1 sem. déb. oct. et lun. sf juil.-août - ♿ - 7,50 €.* Ce salon de thé propose une petite restauration à l'heure du déjeuner : omelettes, sandwichs, salades diverses, etc. Les crêpes maison remportent un succès fou.

Tartines et Découverte – *4 pl. Littré - ☎ 02 33 79 35 80 - 9h-20h - 7,50/12,50 €.* Au cœur de la cité, un espace chaleureux où vous pourrez vous poser le temps de déguster une tartine chaude (au chèvre, au camembert, il y en a pour tous les goûts…) ou une salade dans un agréable bric-à-brac qui ravira les chineurs car tout est à vendre !

BUDGET MOYEN

Le Littré – *8 r. du Dr-Gilbert - ☎ 02 33 58 01 66 - www.lelittre.com - fermé dim. soir et lun. - formules déj. 11,50/15,50 € - menus 18,50/25,50 €.* Ici, les habitués s'installent au bar, où il est d'ailleurs difficile de trouver une place. Cependant, on peut toujours s'attabler dans l'une des deux autres salles pour déguster la cuisine bourgeoise.

À Saint-Hilaire-du-Harcouët

Le Cygne et Résidence – *99 r. Waldeck-Rousseau (à la sortie de la ville en dir. de Fougères) - ☎ 02 33 49 11 84 - www.hotel-le-cygne.fr - fermé dim. soir et vend. d'oct. à Pâques - 28 ch. 72 € - ☕ 8,50 € - menu 18/70 €.* C'est à une belle découverte de la gastronomie normande, parfois quelque peu revisitée, tel le saint pierre au curry de Madras et au pur malt, que nous invite le chef de ce sympathique hôtel-restaurant. Tables dressées dans le jardin aux beaux jours ; belle carte des vins.

ACHATS

Marché forain – *St-Hilaire-du-Harcouët - merc. 8h30-13h. Marché traditionnel.* Pendant l'été, à l'initiative de l'office de tourisme et de l'Association des arts et vieux métiers normands, le marché est complété par des expositions, des démonstrations d'artisans et des animations musicales.

AGENDA

Fééries de Montgothier – Ce petit village situé au nord-est de Ducey propose un beau son et lumière *(2h)* illustrant l'histoire du bocage normand à travers les siècles. *Sam. en juil.-août - réservation au ☎ 02 33 60 60 70 - www.feeriques.com*

Foire St-Martin – *St-Hilaire-du-Harcouët - nov.* Elle attire plus de 100 000 visiteurs chaque année !

Crèche vivante – *St-Hilaire-du-Harcouët -* 2e quinz. de déc. Spectacle vivant.

Villedieu-les-Poêles

★

3 895 Sourdins – Manche (50)

NOS ADRESSES PAGE 313

S'INFORMER

Office du tourisme de Villedieu-les-Poêles – *8 place des Costils - 50800 Villedieu-les-Poêles - ☎ 02 33 61 05 69 - www.ot-villedieu.fr - juil.-août : 9h-18h ; oct.-mars : tlj sf dim. 9h30-12h, 14h-17h30; avr.-juin: tlj 9h30-12h30, 14h-18h - fermé 1er janv., 1er et 11 Nov., 25 déc.*

SE REPÉRER

Carte de microrégion B1 (p. 268) – *carte Michelin Départements 303 E6.* Les acheteurs de Granville n'ont que 26 km à faire vers l'est pour venir se fournir en poêles à Villedieu. Ceux de Vire (plus à l'est) parcourent 27 km.

À NE PAS MANQUER

Une visite guidée de la fonderie de cloches.

ORGANISER SON TEMPS

Villedieu et son patrimoine artisanal vous retiendront une demi-journée. Consacrez le reste aux alentours.

AVEC LES ENFANTS

Observez les zèbres, les autruches et les guépards du zoo de Champrépus.

Aucun doute sur la qualité des objets fabriqués, Villedieu-les-Poêles est universellement connue pour sa production artisanale, et ce, depuis le Moyen Âge. Poêles à bouillie, cloches d'églises, chaudrons, batteries de cuisine, coqs de clochers : on trouve tout à Villedieu la bien nommée. La petite cité à l'artisanat multiséculaire a miraculeusement échappé aux ravages de la dernière guerre, préservant son aspect ancien et ses ateliers obscurs…

LE « GRAND SACRE » ET LES CHEVALIERS DE MALTE

Quelque temps après sa création, l'ordre de Saint-Jean-de-Jérusalem établit à la fin du 12e s., au bord de la Sienne, une commanderie qui prend le nom de Villedieu. Elle est sans doute la première en France. Au 17e s., un prêtre-commandeur fonde la confrérie du Saint-Sacrement et institue la procession du « Grand Sacre », autre nom pour la procession de la Fête-Dieu. En 1955, quelques Sourdins ont l'idée de renouer avec l'ordre de Malte qui, depuis, participe à cette solennité. Tous les quatre ans, le jour de la Fête-Dieu, la ville est animée d'une ferveur particulièrement profonde lors des cérémonies. Après l'accueil solennel à l'église et la grand-messe chantée dans le parc de l'ancienne commanderie, la procession débute à 15h et fait lentement le tour de la ville. Plus de 30 000 personnes assistent au « Grand Sacre ».

À la fonderie de cloches Cornille-Havard.
H. Hughes / hemis. fr

Se promener Plan de ville p. 311

Il est préférable de se promener dans Villedieu hors saison, ou de bonne heure le matin, car les rues sont littéralement envahies par les touristes.
Poussez les portes, les cours intérieures sont charmantes. Découvrez en particulier : la cour des Trois-Rois, du nom de l'auberge qui s'y trouvait *(entrée au 16 pl. de la République)* ; la cour au Lys, dont la particularité est de posséder plusieurs façades portant des fleurs de lys ; la cour aux Moines, du nom d'un habitant, au 17 r. du Général-Huard, etc.

Église Notre-Dame

Bâtie au 15e s. dans le style flamboyant, Notre-Dame remplace l'église élevée à la fin du 12e s. par les frères hospitaliers de Saint-Jean-de-Jérusalem. À la croisée du transept, une tour ornée d'emblèmes héraldiques domine la cité. À l'intérieur, le regard se porte vers le chœur, décroché par rapport à la nef, d'où ressort un tabernacle en bois doré du 18e s. encadré de deux vases en cuivre de Villedieu. Parmi les statues qui garnissent l'église, remarquez : dans le bas-côté gauche, une statue en pierre de Notre-Dame-de-Pitié aux personnages disproportionnés (fin du 15e s.) ; dans la chapelle du croisillon droit, sainte Élisabeth de Hongrie (17e s.), sainte Barbe et saint Joachim.

L'ARTISANAT

Atelier du cuivre

54 r. du Gén.-Huard - ✆ 02 33 51 31 85 - www.atelierducuivre.com - visite guidée : 9h-12h, 13h-17h30, sam. 14h-17h30 - fermé dim., 1er janv., dim. et lun. de Pâques, 1er et 11 Nov., 25 déc. - 5,20 € (-10 ans 3,50 €) ; 9 € billet combiné avec la Maison de l'étain.

L'atelier illustre l'histoire du cuivre à Villedieu : les gisements et les différentes techniques de cet artisanat séculaire sont expliqués par un audiovisuel et

LE TRAVAIL DU CUIVRE

Vers 1740, à l'apogée des maîtres « poesliers et dinandiers », la ville comptait 139 ateliers. Après avoir produit des **cannes**, beaux vases aux flancs renflés servant au transport du lait, les ateliers locaux se sont spécialisés dans la **chaudronnerie** domestique et industrielle en cuivre et en aluminium, ainsi que dans la fabrication de souvenirs. D'autres industries, telles que la **fonderie de cloches** et la **mégisserie** (travail du cuir), ont par la suite contribué au renom de la ville. Aujourd'hui, si les cloches représentent encore une bonne part des commandes, les ateliers de Villedieu ont entrepris de diversifier leur production dans le domaine de la **fonderie d'art** : statues, portails, plaques commémoratives... et même des plaques pour les cheminées du château de Chenonceau.
C'est à ce savoir-faire artisanal lié au cuivre que la ville doit la dernière partie de son nom. La première lui vient des hospitaliers de Saint-Jean-de-Jérusalem, plus connus sous le nom de chevaliers de Malte, qui baptisèrent la ville *Villa Dei, au 12ᵉ s. (voir encadré p. 308).*

complétés par la visite de l'atelier où des ouvriers d'une grande habileté font découvrir le repoussage, l'étamage, le martelage et le polissage. Un tableau résume la fabrication d'une aiguière (vase à eau muni d'une anse et d'un bec), depuis le métal brut jusqu'au produit fini étincelant, et la visite se termine par un intéressant parcours dans le monde de la « dinanderie », mot qui désigne la chaudronnerie d'art.

Musée de la Poeslerie - Maison de la dentellière

25 r. du Gén.-Huard - cour du Foyer - ✆ 02 33 69 33 44 - début avr.- mi-juillet: mar.-sam. : 10h-12h30, 14h-18h, mi-août à fin sept.: mar.-sam. : 10h-12h30, 14h-18h et dim. 14h-18h30 - de mi-juil. à mi-août: dim. 14h-18h30 - fermé lun., dim. et lun. de Pâques, lun. de Pentecôte, 14 Juil., 25 déc., et 15 nov.-31 mars - musée ouvert en alternance le dim. avec le musée du Meuble normand - 4 € (10-17 ans 2 €, - 10 ans gratuit) ; 5 € (10-17 ans 2,50 €, -10 ans gratuit) billet combiné avec le musée du Meuble normand.
Un atelier d'autrefois a été reconstitué, montrant le travail du cuivre à la manière du temps passé. Des cuivres anciens sont exposés.
La Maison de la dentellière présente le « point de Villedieu », très prisé au 18ᵉ s. Elle expose des métiers, des fuseaux et une collection de dentelles.

★ Fonderie de cloches Cornille-Havard

R. du Pont-Chignon - ✆ 02 33 61 00 56 - www.cornille-havard.com - ♿ - visite guidée (1h) de mi-juil. à fin août : 9h-18h ; des vac. de fév. à mi-juil. et de début sept. aux vac. de la Toussaint : 10h-12h30, 14h-17h30, fermé dim. et lun. - 5,80 € (6-12 ans 4,80 €). Créée par les chevaliers de Saint-Jean-de-Jérusalem, la fonderie Cornille-Havard est unique. On y fabrique, comme autrefois, des cloches destinées aux églises, aux navires et aux édifices publics du monde entier. Plus d'une quinzaine de cloches dépassant 500 kg sont fondues annuellement. Elles sont fabriquées en airain (alliage de 22 % d'étain et de 78 % de cuivre), et leur tonalité dépend de leur poids, de leur diamètre et de leur épaisseur. Elles s'accordent par ponçage.
La fonderie a gardé son cachet ancien, qui lui donne beaucoup de charme : sol en terre battue, outils traditionnels, gabarits de troussage en hêtre, balance romaine à fléau long de 4 m, etc.

VILLEDIEU-LES-PÔELES

SE LOGER

Abbaye (Auberge de l')......... (1)

Fruitier (Le)................................ (3)

SE RESTAURER

Acherie (Manoir de l')......................... (1)

Ferme de Malte (La)............... (4)

Samovar (Le)............................ (6)

Guidé par les compagnons fondeurs, vous découvrirez les fours, les moules (construits dans un mélange réfractaire constitué d'argile, de poils de chèvre et de crottin de cheval) et les fosses profondes où naîtront les cloches lors de la fusion. L'atelier moule aussi de nombreux objets d'art en bronze comme des plaques commémoratives, des statues et des médaillons.

La boutique propose de nombreux objets, souvenirs et ustensiles de très bonne qualité, pour toutes les bourses.

Maison de l'étain

15 r. du Gén.-Huard - ✆ 02 33 51 05 08 - mai-sept. : 9h-12h, 13h30-17h30 ; mars-avr. et oct. : tlj sf lun. 13h30-17h30 ; reste de l'année : sur demande préalable - fermé dim. et j. fériés - possibilité de visite guidée (45mn) - 4 € (enf. 2,50 €) ; 9 € billet combiné avec l'Atelier du cuivre.

Dans une maison du Moyen Âge, 200 moules anciens sont présentés, ainsi qu'un atelier de potier dans lequel travaillent plusieurs ouvriers. Un programme vidéo permet aux visiteurs de voir et comprendre le travail de l'étain à partir de procédés ancestraux.

Musée du Meuble normand

15 r. du Gén.-Huard - ✆ 02 33 61 11 78 - http://perso.wanadoo.fr/musees.villedieu - de début avr. à mi-juil. et de mi-août à fin sept.: merc.-sam. 10h-12h30, 14h-18h, mi-juil. à mi-août: dim. 14h-18h30, fermé lun., dim. et lun. de Pâques, lun. de Pentecôte, 14 Juil., 25 déc. et 15 nov.-31 mars - musée ouvert en alternance le dim. avec le musée de la Poeslerie - 4 € (10-17 ans 2 €, -10 ans gratuit) ; 5 € (10-17 ans 2,50 €, -10 ans gratuit) billet combiné avec le musée de la Poeslerie - Maison de la dentellière.

Vous pénétrez à l'intérieur d'une maison rurale du Coutançais (vers 1750), puis vous évoluez à travers une superbe **collection★** de 150 meubles représentatifs des différentes régions de Normandie (15e au 19e s.). Un classement par département permet de découvrir aussi bien des armoires traditionnelles que des coffres, horloges, pétrins, bonnetières, etc.

À proximité Carte de microrégion p. 268

★★ Abbaye de Hambye B1

12 km au nord. Quittez Villedieu par la D 9.

02 33 61 76 92 - avr.-sept. : 10h-12h, 14h-18h ; oct. : 10h-12h, 14h-17h - visite de l'église, de la porterie et de la maison des convers : 3 € ; visite guidée des bâtiments monastiques privés : 5 € (7-18 ans 2 €), 3 € le mardi. Transformée en carrière de pierre après la Révolution et partiellement ruinée, l'abbaye a été fondée vers 1145 par le seigneur du lieu, Guillaume Paynel. L'étroite nef de l'abbatiale date du 13e s. Seule sa dernière travée était dotée de collatéraux. Elle fut prolongée au 14e s. de trois travées dépourvues de bas-côtés. L'aspect sévère du monument est atténué par la finesse des baies à lancettes. Au-dessus de la croisée du transept, autrefois surmontée d'une voûte d'ogives à huit branches dont le départ est encore visible, s'élève un clocher carré percé. Le chœur, gothique *(en cours de restauration)*, avec ses arcades aiguës, son déambulatoire et ses chapelles rayonnantes, est de dimensions exceptionnelles. Au centre, deux dalles funéraires marquent la sépulture de Jeanne Paynel et de son mari, Louis d'Estouteville (15e s.).

Dans les bâtiments conventuels, une salle de réunion occupe le réfectoire des convers, tandis que le dortoir, en étage, est réservé au Conservatoire d'ornements liturgiques. On visite, autour de l'ancien cloître, plusieurs salles dont les plus remarquables sont : la sacristie, étroit couloir voûté en berceau abritant une pietà en bois polychrome du 16e s. ; la salle capitulaire, caractéristique du gothique normand ; la salle des Morts, petite pièce ornée de fresques ; le chauffoir, où sont exposées des tapisseries de Rouen du 17e s. et une collection de meubles anciens ; la cuisine, avec sa cheminée monumentale. On peut voir dans l'étable une belle collection de toiles de Hambye qui servaient à la décoration des lits à baldaquin.

Mont Robin B1

13 km au nord-est par la D 999. 2 km après Percy, prenez à droite vers Tessy-sur-Vire et tournez presque aussitôt à droite vers le mont Robin.

Alt. 276 m. La route parcourt un paysage cloisonné, typiquement bocager, pour gagner cette hauteur.

Parc zoologique de Champrépus B1

8 km à l'ouest par la D 924 dir. Granville - 02 33 61 30 74 - www.zoo-champrepus.com - avr.-sept. : 10h-19h ; vac. scol. de fév. et w.-end de mars : 13h30-18h ; w.-end d'oct. et vac. scol. de la Toussaint : 11h-18h - fermé nov.-janv. - fermeture billetterie 2h avant - 14 € (3-12 ans 7 €).

Ce zoo, où le confort et l'environnement des animaux sont les principales priorités, présente, dans un parc verdoyant et ombragé de 6 ha, près de 80 espèces d'animaux. À regarder avec autant de curiosité que d'amusement : les girafes du Niger, lions, tigres, panthères, zèbres, chameaux, kangourous, watussi, autruches, lamas, alpagas, chimpanzés et autres singes et oiseaux exotiques. Plusieurs jardins à thème : plantes à parfums, jardins sauvages malgaches, savane des graminées, volière tropicale… D'avril à septembre, des animations spécifiques sont proposées au moment du goûter des lémuriens et des loutres.

Le zoo comporte également un parc d'attractions pour les petits (structures gonflables géantes, bain de boules), une boutique de souvenirs, un espace de restauration rapide et des abris pique-nique dans une ambiance exotique.

NOS ADRESSES À VILLEDIEU-LES-POÊLES

HÉBERGEMENT

BUDGET MOYEN

Le Fruitier – *Pl. Costils - ✆ 02 33 90 51 00 - www.le-fruitier.com - ♿ - P - 48 ch. 55/97 € - ☕ 8,50 € - formule déj. 17 € - 17/35 €.* Fonctionnels et bien tenus, chambres et duplex vous attendent dans ce sympathique hôtel familial proche de l'office de tourisme. Salles de réunion. Plafond peint et fresques à thème fruitier égaient le restaurant; tradition et saveurs iodées dans l'assiette.

Auberge de l'Abbaye – *50450 Hambye - ✆ 02 33 61 42 19 - aubergedelabbaye@wanadoo.fr - P - fermé 9-28 janv., dim. soir et lun. - formule déj. 17 € - 27/68 € - 6 ch. 52/58 € - ☕ 9 €.* Vous ne pourrez pas manquer cette grosse maison en pierre de taille grise située à proximité de l'abbaye. La salle à manger est égayée de compositions florales, d'un joli parquet ancien et de voilages colorés; cuisine classique.

RESTAURATION

PREMIER PRIX

Le Samovar – *97 r. du Dr-Havard - ✆ 09 81 89 47 95 - fermé lun. - 10/15 €.* Café de pays-salon de thé au décor rustique agrémenté de poutres apparentes, d'une cheminée et d'un coin lecture, où consommer le menu du jour, un plat cuisiné maison, une tartine pomme-andouille ou simplement un *crumble* pomme/poire.

BUDGET MOYEN

Manoir de l'Acherie – *À Sainte Cécile - 3,5 km à l'est de Villedieu par D 975 et D 554 (autoroute A 84 sortie 38) - ✆ 02 33 51 13 87 - www.manoir-acherie.fr - fermé 15 nov.-3 déc., 15 fév.-4 mars, dim. soir du 15 oct. au 5 avr. et lun. sf le soir du 7 juil. au 31 août - ♿ - P - formule déj. 15 € - 18/40 € - 18 ch. 60/115 € - ☕ 9 €.* Au cœur du bocage normand, manoir du 17e s. et petite chapelle groupés autour d'un jardin fleuri. Plaisant intérieur rustique, plats du terroir et grillades sur la braise.

POUR SE FAIRE PLAISIR

La Ferme de Malte – *11 r. Jules-Tétrel - ✆ 02 33 91 35 91 - www.lafermedemalte.fr - fermé 15 déc.-12 janv., dim. soir, merc. soir et lun. - 18/60 €.* Cette ancienne ferme de l'ordre de Malte abrite une chaleureuse salle à manger (pierres, poutres, boiseries, bibelots chinés) en partie ouverte sur le jardin. Cuisine régionale.

ACHATS

La Cuivrerie Sourdine - Ets Lelégard Maître Artisan – *20 r. Carnot - ✆ 02 33 61 04 26.* Cette boutique d'un authentique maître artisan dinandier compte parmi les adresses les plus fiables du centre-ville pour se procurer les fameuses poêles. Large choix de cuivres d'art aussi bien que de cuisine; conseils avisés.

L'Andouillerie artisanale – *Pont de la Baleine - 50450 St-Denis-le-Gast - 15 km au nord-ouest de Villedieu par la D 9 (Gavray, suivre La Baleine) - ✆ 02 33 61 44 20 - www.andouillerie.fr - juil.-août 11h, 15h30, 16h30, 17h30; sam. apr.-midi, dim. et j. fériés sur RV; hors sais. et groupes prendre contact - fermé lun. sf juil.-août et dim. soir de mi-sept. à Pâques.* Au cœur de la verdoyante vallée de la Sienne, venez partager la passion de la famille Boscher : la fabrication artisanale de l'andouille de Vire. Vous assisterez aux étapes de fabrication, du montage manuel au fumage. Bon appétit!

CH. 5901
SAINT-MAURICE

+ d'adresses

La presqu'île du Cotentin 5

Carte Michelin Départements 303 – Manche (50)

Le port de Cherbourg.

M. Viard / Photononstop

LA PRESQU'ÎLE DU COTENTIN

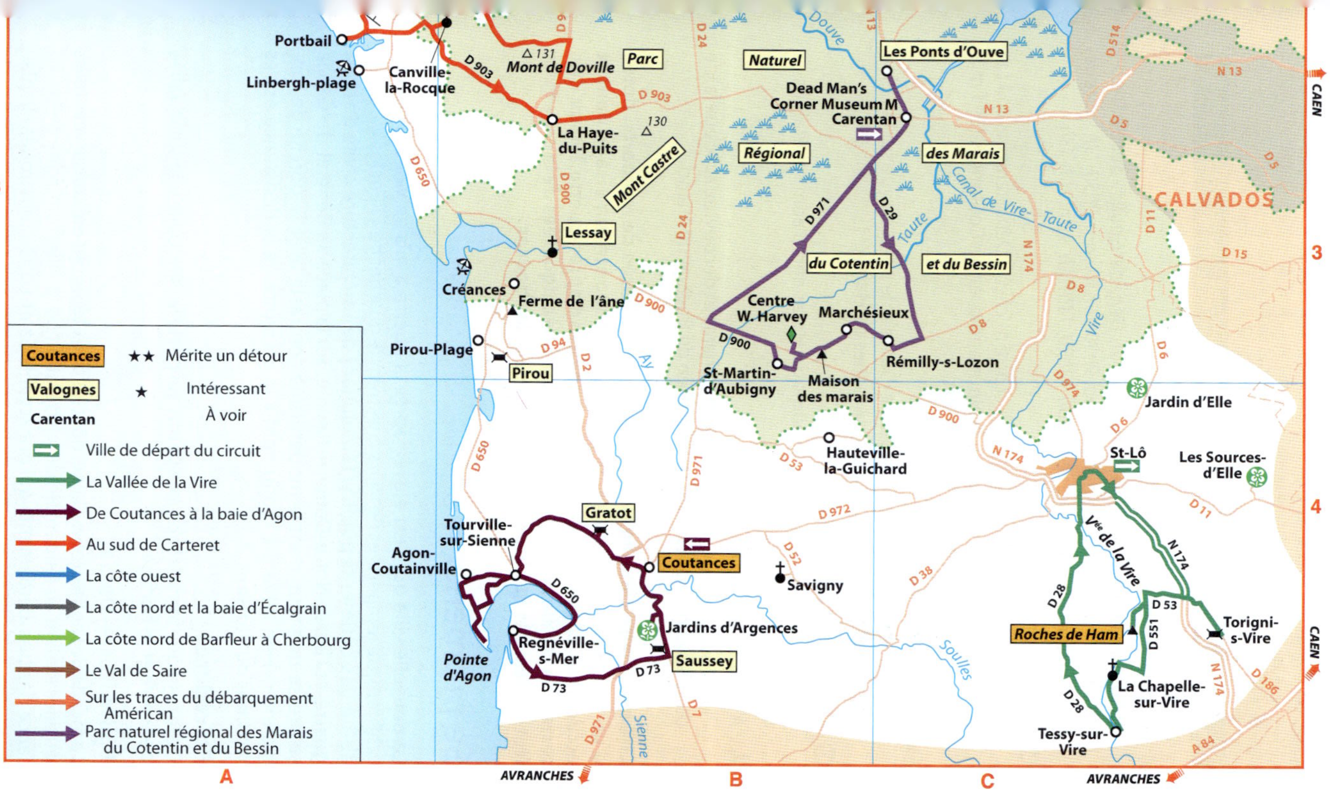
Coutances
★★ Mérite un détour
Valognes
★ Intéressant
Carentan
À voir
Ville de départ du circuit
La Vallée de la Vire
De Coutances à la baie d'Agon
Au sud de Carteret
La côte ouest
La côte nord et la baie d'Écalgrain
La côte nord de Barfleur à Cherbourg
Le Val de Saire
Sur les traces du débarquement Américan
Parc naturel régional des Marais du Cotentin et du Bessin
Portbail
Linbergh-plage
Canville-la-Rocque
Mont de Doville
131
130
Parc
Naturel
Régional
du Cotentin
des Marais
et du Bessin
Mont Castre
La Haye-du-Puits
Lessay
Créances
Ferme de l'âne
Pirou-Plage
Pirou
Les Ponts d'Ouve
Dead Man's Corner Museum M
Carentan
Centre W. Harvey
Marchésieux
Rémilly-s-Lozon
St-Martin-d'Aubigny
Maison des marais
Hauteville-la-Guichard
Savigny
Coutances
Gratot
Tourville-sur-Sienne
Agon-Coutainville
Pointe d'Agon
Regnéville-s-Mer
Jardins d'Argences
Saussey
Jardin d'Elle
Les Sources-d'Elle
St-Lô
Vée de la Vire
Roches de Ham
Torigni-s-Vire
La Chapelle-sur-Vire
Tessy-sur-Vire
CALVADOS
CAEN
AVRANCHES
Douve
Taute
Canal de Vire-Taute
Vire
Ay
Sienne
Soulles
D 903
D 650
D 900
D 24
D 94
D 2
D 971
D 29
N 13
D 514
D 5
D 11
D 15
N 174
D 8
D 6
D 974
D 53
D 972
D 52
D 38
D 7
D 73
D 28
D 551
D 186
A 84
A
B
C
3
4

Saint-Lô

19 092 Saint-Lois – Manche (50)

NOS ADRESSES PAGE 323

S'INFORMER

Office du tourisme de Saint-Lô – *Pl. du Gén.-de-Gaulle - 50000 St-Lô - ✆ 02 33 77 60 35 - juil.-août : lun.-vend. 9h30-18h30, sam. 9h30-13h ; reste de l'année : lun. 14h-18h, mar.-vend. 10h-12h30, 14h-18h, sam. 10h-13h.*

SE REPÉRER

Carte de microrégion C4 (p. 316) – *carte Michelin Départements 303 L5.* Saint-Lô se trouve au cœur de la Normandie, entre Coutances (29 km à l'ouest) et Bayeux (37 km au nord-est).

À NE PAS MANQUER

La chaire extérieure de l'église Notre-Dame et le point de vue sur la vallée de la Vire lors d'une escapade aux roches de Ham.

ORGANISER SON TEMPS

En été, essayez d'assister aux Jeudis du Haras afin d'admirer étalons et attelages en pleine action.

AVEC LES ENFANTS

Placez-vous sous le signe du cheval au haras et découvrez avec eux la vie dans les campagnes d'antan au musée du Bocage normand.

Cité millénaire campée sur son rocher et entourée de remparts, dotée d'un des plus grands haras de France, St-Lô montre un visage riant et accueillant. Elles sont loin les heures sombres d'après-guerre, lorsqu'il ne restait de la ville bombardée que les tours déchiquetées de la collégiale Notre-Dame et quelques maisons dans les faubourgs.

Se promener Plan de ville p. 321

La nouvelle ville qui s'est élevée après la guerre a mis en valeur l'éperon schisteux de remparts et de tours enserrant le quartier de « l'Enclos ». Celui-ci abrite des bâtiments publics, témoignant de l'architecture civile d'après-guerre, et l'église Notre-Dame, restaurée. Sur la place du Général-de-Gaulle se dresse une tour, dont le modernisme contraste avec le porche de l'ancienne prison devenue monument à la mémoire de la Résistance et des victimes du nazisme.

Belvédère A1

De la tour qui domine l'abrupt éperon qui porte la ville, belle vue sur la vallée de la Vire et le bocage.

Église Notre-Dame A1

La façade de l'église Notre-Dame, dont les deux tours ont été conservées telles qu'elles étaient au lendemain de la libération de la ville, témoigne de la violence des bombardements qui ont accablé Saint-Lô. On remarquera le plan irrégulier de l'édifice ; au milieu de la nef éclairée par de beaux vitraux dont le « vitrail royal » du 15e s., deux piliers supportent une poutre de gloire du 18e s.

Saint-Lô

HISTOIRE DE NOMS

Cité gallo-romaine, **Briovera** (« Le pont sur la Vire ») prit au 6e s. le nom d'un évêque de Coutances : saint Laud, qui deviendra plus tard saint Lô. La légende raconte qu'il aurait guéri une femme aveugle. Depuis lors, on l'invoque pour guérir les maladies des yeux. Bien entendu, lors de la Révolution, arborer le nom d'un saint n'était pas du meilleur effet : et c'est ainsi que Saint-Lô arbora pendant quelques années le nom de « **Rocher de la Liberté** », tout en devenant à partir de 1795 chef-lieu du département de la Manche à la place de Coutances.

LA « CITÉ CLÉ » DU DÉBARQUEMENT

Mais pour son malheur cette paisible préfecture était destinée à jouer un rôle stratégique. Dès le 6 juin 1944, sa situation de carrefour routier vaut à la ville d'être anéantie par cinq vagues de violents bombardements visant à empêcher la concentration des forces allemandes. La « **bataille de St-Lô** » se déroule début juillet, à travers l'« **enfer des haies** », pour la conquête de la route Lessay-St-Lô, base de départ de l'opération « Cobra ». La ville ruinée, pivot de la résistance allemande, tombe le 19. Une semaine plus tard, le front ennemi craque à l'ouest. Un pilonnage aérien sans précédent – 5 000 t de bombes sont déversées sur un territoire de 11 km² – prépare ce dernier coup de boutoir qui rendit possible la « percée d'Avranches ». Le monument élevé à la mémoire du **major Howie** rappelle que cet héroïque combattant américain (tué le 17 juillet 1944) désirait à tout prix être l'un des premiers à entrer dans St-Lô libérée. Mais c'est son cercueil qui fut porté par la première colonne et déposé sur les ruines du clocher de l'église Ste-Croix.

DE NEPTUNE À VULCAIN

Né à Saint-Lô, et venu à l'astronomie un peu par hasard, **Urbain Le Verrier** (1811-1877) est surtout connu pour avoir découvert en 1846 une nouvelle planète, et pas n'importe laquelle puisqu'il s'agit de Neptune. L'originalité de sa découverte vient de ce qu'elle n'est pas due à l'observation mais aux calculs mathématiques. Une fois sa découverte confirmée, celui qui « vit le nouvel astre au bout de sa plume » (François Arago) est couvert de gloire et d'honneurs : député puis sénateur de la Manche, il devient en 1853 directeur de l'Observatoire de Paris. Quelques années plus tard, Le Verrier croit rééditer son premier exploit en annonçant l'existence d'une nouvelle planète entre Mercure et le soleil. Mais cette fois-ci, aucune observation ne viendra corroborer la théorie et il est aujourd'hui admis que Vulcain n'existe pas… sauf dans les fantasmes de nombre d'astronomes amateurs qui font observer que le célèbre Docteur Spok (de la série Star Trek) est originaire de Vulcain…

JEAN FOLLAIN, LE PROMENEUR DE L'ÉTERNITÉ

Bien différent était **Jean Follain** (1903-1971). Cet écrivain et poète né à Canisy dans le sud du département, et établi à Paris dès 1924, s'est lié d'amitié avec Max Jacob et Pierre Reverdy. Il a décrit méticuleusement dans *Chef-lieu* (éd. Gallimard) en 1950, le quotidien paisible et intemporel de la ville de son adolescence, que rien, semblait-il alors, ne pourrait jamais bouleverser.

SAINT-LÔ ET SES LICORNES

Lors de votre balade à travers la ville, vous remarquerez sûrement des représentations de licornes, élégants équidés blancs à barbe de chèvre, pieds fourchus et corne de narval au front. Animal aussi mythique que farouche, la licorne, symbole de pureté, de virginité et de fidélité, évoquait au Moyen Âge la Vierge Marie. Les Saint-Lois, dont la ville est placée sous la protection de Notre-Dame, ont donc naturellement choisi cet animal fantastique et allégorique pour blason. Aujourd'hui associée à la ville, l'image de la licorne est visible en particulier sous la forme d'une fontaine *(carrefour des rues Leturc et du Neufbourg)*.

Dans la chapelle St-Thomas-de-Cantorbéry *(bas-côté sud)* se trouve un très grand vitrail de Max Ingrand, qui vaut d'être observé. Dans le bas-côté nord, un petit musée rassemble des pierres, des statues et objets retrouvés dans les décombres ou lors des fouilles. À l'extérieur, adossée au déambulatoire, une chaire en plein air orne le mur nord de ses motifs flamboyants. Elle servait à la publication des actes de la juridiction civile de l´évêque de Coutances, baron de Saint-Lô.

Musée des Beaux-Arts B1

Au centre culturel Jean-Lurçat - pl. du Champ-de-Mars - ✆ 02 33 72 52 55 - ♿ - tlj sf lun. et mar. 14h-18h - fermé 1er janv., dim. de Pâques, 1er Mai, jeu. de l'Ascension, 1er nov., 25 déc. - 2,70 € (12-25 ans 1,35 €).

Plusieurs salles retracent l'histoire de la tapisserie depuis le 16e s. jusqu'aux œuvres contemporaines de Picart le Doux, Mategot et surtout Jean Lurçat. Dans la rotonde, la **Tenture des amours de Gombaut et Macée★** fut réalisée à Bruges à la fin du 16e s. Composée de huit tapisseries, elle raconte avec verve et truculence les plaisirs et les peines des campagnards. À chaque pièce sont associées une légende explicative et une sorte de maxime populaire rimée. Galerie de portraits des princes de Matignon-Grimaldi ; tableaux de peintres français du 19e s. (Corot : **Homère et les Bergers**, Boudin, Millet). La donation Octave Feuillet (écrivain saint-lois du 19e s.) inclut des tabatières, des miniatures et des manuscrits.

En sortant du musée, remarquer sur la place du Champ-de-Mars le buste de l'astronome saint-lois Urbain Le Verrier (1811-1877), qui découvrit la planète Neptune.

★ Haras national B1

437 r. du Mar.-Juin - ✆ 02 14 29 00 17 ou 02 33 55 29 09 - ♿ - visite guidée (1h) juil.-août : tlj sf dim. matin et jeu. du mois d'août (lors des Jeudis du Haras), à 11h, 14h, 15h, 16h ; juin et sept. : 14h, 15h 16h ; musée ouvert en juil.-août : tlj sf dim. matin 10h-12h, 14h-18h ; avr.-juin et sept. : se renseigner - 5 € (6-16 ans 2,50 €).

Le « nouveau » haras est installé dans des bâtiments restaurés à l'identique. Spécialisé, lors de sa création par Napoléon, dans la « remonte » (dressage de chevaux pour l'armée), le haras s'est orienté à partir de 1930 vers la sélection de chevaux de courses, et particulièrement le cob normand, le trotteur et le cheval de selle français. C'est aujourd'hui le plus important des 23 haras nationaux. Les huit écuries qui entourent harmonieusement la cour d'honneur abritent une quarantaine d'étalons, répartis en sept races ou types différents. En saison, les jeudis après-midi (dernier jeu. de juil. et ts les jeu. d'août à 15h - 5,50 € (6 à 16 ans 3 €), une **présentation★** d'attelages et de chevaux montés est organisée dans la cour d'honneur du haras.

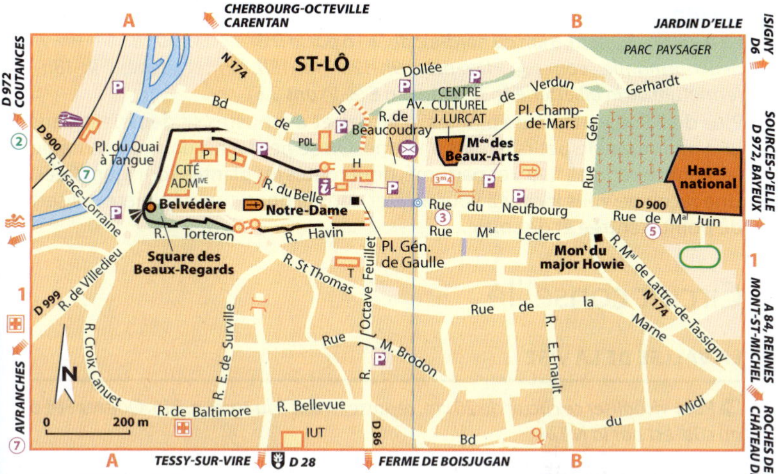

SE LOGER

Campagne (Auberge de) ②
Mercure (Hôtel) ⑦

SE RESTAURER

Paul et Roger (Bistrot de) ③
Péché Mignon (Le) ⑤
Petite Auberge Candol (La) ⑦

Hôpital-mémorial France-États-Unis Hors plan par A1

Route de Villedieu par l'ouest de la ville.

Cet édifice est dû à une initiative franco-américaine. À l'entrée, une mosaïque géante de Fernand Léger célèbre l'amitié des Alliés.

Musée du Bocage normand - ferme de Boisjugan

Hors plan par A1

Bd de la Commune, rocade sud, fléché sur route de Vire (sortie du plan) - ✆ 02 33 56 26 98 - ♿ - juin-sept. : merc.-vend. 10h-12h, 14h-18h, w.-end et j. fériés 14h-18h; de mi-fév. à fin mai: merc.-dim. 14h-18h; oct.-déc. merc.-dim. 14h-18h - fermé de mi-déc. à mi-fév., 1er Mai - 4,85 € (-12 ans gratuit).

Autour d'une vaste cour carrée, les bâtiments restaurés de cette grande ferme (17e-19e s.) accueillent une présentation moderne et interactive du patrimoine rural. Les lieux emblématiques de la vie à la campagne y ont été reconstitués : beurrerie, écurie et « chambre » du valet, étable et atelier. La mise en scène des collections permet de suivre l'évolution des techniques liées aux travaux des champs et à l'élevage. Un étage est consacré à cette dernière activité, traditionnelle en Normandie. Un film complète la visite.

5

À proximité Carte de microrégion p. 316

Parc des Sources-d'Elle C4

À Rouxeville, 14 km à l'est de St-Lô par la D 11 ; à gauche au niveau du calvaire sur la route de Caumont-l'Éventé - ✆ 02 33 56 17 90 - mars-oct. : 7h30-19h - 2 € par voiture. À défaut des poissons, ce sont les pêcheurs qui sont heureux dans ce vaste parc de 37 ha agrémenté de huit étangs et de beaux massifs de rhododendrons.

Jardin d'Elle C4

À Villiers-Fossard, 6 km au nord-est de St-Lô par la D 6 - 02 33 05 88 64 - www.dellenormandie. com - - fév.-nov. : 9h-12h, 14h-18h, dim. et j. fériés 14h-18h - fermeture de la billetterie 1h30 avant - 6 € (8-14 ans 3 €).

Plus de 2 500 variétés de plantes, d'arbres et d'arbustes se déploient dans une multitude de petits jardins à thème. On se perd ainsi dans un véritable labyrinthe végétal, fleuri et parfumé, dont toutes les plantes sont identifiées. Une façon de vous inciter à vous arrêter dans la boutique-pépinière qui sert de point d'entrée et de sortie…

Circuit conseillé

LA VALLÉE DE LA VIRE Carte de microrégion p. 316

Pour visualiser ce circuit de 20 km, reportez-vous à la carte p. 316. Quittez St-Lô au sud-est par la N 174.

Torigni-sur-Vire C4

Office de tourisme du canton de Torigny-sur-Vire et de la vallée de la Vire – *1 r. Victor-Hugo - 50160 Torigni-sur-Vire - 02 33 77 42 22 - www.ot-torigni.fr.*

De l'ancien **château** des Matignon, il ne reste, depuis le début du 19e s., que l'aile ouest qui a été restaurée. Un escalier d'honneur du 17e s. mène à des salles qui renferment une très belle collection de tapisseries (Bruxelles, début 17e s. ; Aubusson, 17e et 18e s.), du mobilier Louis XIII, Louis XV et Louis XVI ainsi que des œuvres du sculpteur animalier Arthur Le Duc.

Du parc qui entourait ce château subsistent trois étangs bordés d'allées ombragées de tilleuls, offrant une agréable promenade. Le plus grand, construit par Jacques de Matignon pour sa femme Louise de Grimaldi, est protégé des vents du nord par un mur de 12 m de haut et 300 m de long.
02 33 56 71 44 - visite guidée (1h30, dernière entrée 1h av. fermeture) juil.-août : mar., jeu., w.-end. 14h30-18h - 6 € (10-16 ans 2 €).

Revenez au carrefour avec la D 286, tournez à gauche.

La route contourne l'imposante coopérative laitière à Condé-sur-Vire puis monte en lacet jusqu'au parking des roches de Ham.

★★ Roches de Ham C4

Du haut de ce magnifique escarpement (alt. 80 m), on découvre le beau méandre que la rivière a dessiné. De la première plate-forme rencontrée, on domine la vallée de la Vire, profonde, calme et solitaire. En continuant à suivre le chemin sur 150 m, on accède à une seconde plate-forme d'où l'on profite d'une **vue** encore plus étendue.

Revenez à la D 551, prenez à droite et, à Cretteville, encore à droite. La route monte vers Troisgots et redescend sur La Chapelle-sur-Vire.

D'UN ROCHER L'AUTRE

Comte de Torigni et baron de Saint-Lô, **Jacques IV de Matignon** épouse en 1715 Louise Hippolyte Grimaldi, duchesse de Valentinois. Cette alliance lui vaut de devenir prince de Monaco sous le nom de Jacques Ier et d'être l'ancêtre direct du prince actuel, Albert II. Ce dernier est venu en avril 2011, à l'occasion du 11e centenaire de la Normandie, effectuer un pèlerinage familial sur le fief de ses ancêtres normands.

La Chapelle-sur-Vire C4

Ce hameau est un lieu de pèlerinage depuis le 12e s. Dans l'**église**, à l'entrée du chœur, se trouve, à gauche, la statue de N.-D.-sur-Vire, du 15e s.; à droite, un bas-relief avec une statuette de sainte Anne et une Vierge à l'Enfant. D'autres bas-reliefs du 15e s. décorent le maître-autel; les bas-reliefs du tabernacle sont en albâtre.

L'ancien chemin de halage reliant Pont-Farcy à la baie des Veys, près de Carentan, passe en contrebas de l'église, l'occasion d'une balade à pied ou à VTT le long de la Vire.

Continuez sur la D 159.

La route traverse la Vire, puis longe la rivière dans un cadre ombragé.

Au carrefour avec la D 551, tournez à droite.

Vous apercevez alors le **château de L'Angotière** (ne se visite pas).

Tessy-sur-Vire C4

Ce village accueille un centre de création contemporaine, l'**Usine Utopik**, qui présente œuvres et installations d'artistes en résidence *(☎ 09 77 69 13 99 - www.usineutopik.wordpress.com - merc., sam., dim. 14h30-18h).*

NOS ADRESSES À SAINT-LÔ

VISITE

Circuit historique – Inclus dans le parcours de l'Espace historique de la bataille de Normandie *(p. 129)*, le circuit balisé **D Day-Le choc** passe par St-Lô.

HÉBERGEMENT

BUDGET MOYEN

La Minoterie – *Route de Pont-Farcy - 50420 Tessy-sur-Vire - ☎ 02 33 56 98 55 - www.la-minoterie.com - 3 ch. 58 € ☕.* Dans une belle longère, chambres confortables en rez-de-jardin. Accueil sympathique.

POUR SE FAIRE PLAISIR

Auberge de Campagne – *Château de la Roque - 50180 Hébécrevon - N 174, sortie 7 dir. Périers, au 2e rond-point à gauche sur la D 77, parc du château de la Roque - ☎ 02 33 57 33 20 - www.chateau-de-la-roque.fr - fermé 15 déc.-15 janv. - ♿ - 🅿 - 15 ch. 89/100 € - ☕ 10 € - rest. 25 €.* Au bout d'une allée bordée de peupliers, se dresse cette belle demeure des 16e et 17e s. abritant des chambres décorées avec goût ainsi qu'un espace détente (hammam, salle de relaxation). Après une balade près des étangs, vous pourrez déguster les produits maison à la table d'hôte. Accueil aimable.

Hôtel Mercure – *1 av. Briovère - ☎ 02 33 05 10 84 - www.mercure.com - ♿ - 67 ch. 95/115 € - ☕ 14 € - rest.13/32 €.* Face aux remparts, deux hôtels ont été réunis pour composer cet ensemble assez contemporain. Les chambres, neuves ou récemment refaites, offrent un bon confort. Au restaurant, cuisine traditionnelle aux accents régionaux.

RESTAURATION

PREMIER PRIX

Bistrot de Paul et Roger – *40 r. du Neufbourg - ✆ 02 33 57 19 00 - fermé 2 sem. en juil., dim., lun. et merc. soir - 12,90/17,90 €.* Bonne cuisine traditionnelle, réalisée avec des produits frais, servie dans un bric-à-brac sympathique : carreaux de faïence, chaises Louis XVI, vieux posters publicitaires, photos noir et blanc, postes radio d'hier, sans oublier « Paul et Roger », prénoms donnés par le patron à ses deux statues !

BUDGET MOYEN

La Petite Auberge Candol – *1216 rte de Candol - ✆ 02 33 05 34 11 - www.aubergedecandol.fr - fermé lun. et mar. - ♿ - 🅿 - 19/38 €.* Après avoir voyagé durant plusieurs années, de l'Angleterre à Bora Bora, ce chef cuisinier a enfin posé ses valises. Ici, on savoure, avec les yeux autant qu'avec les papilles, ses succulentes spécialités de poissons et de fruits de mer, servies à l'assiette, en terrasse ou au coin du feu.

Le Péché Mignon – *84 r. du Mar.-Juin - ✆ 02 33 72 23 77 - http://le-peche-mignon.monsite.wanadoo.fr- fermé 14 Juil.-1er août, dim. soir et lun. - formule déj. 12,50 € - 17,50/50 €.* L'adresse se trouve à proximité du haras national. Deux petites salles à manger, simples mais confortables, où l'on sert une cuisine traditionnelle mâtinée de modernité.

ACTIVITÉS

ASEV - Canoë-kayak – *50890 Condé-sur-Vire - 12 km au sud de St-Lô - ✆ 02 33 57 33 66 (en semaine) et 06 58 21 17 22 ou 02 33 55 20 84 (uniquement le w.-end) - location mai-sept.* Outre un centre nautique affilié à la Fédération française de canoë-kayak, cette base de loisirs installée dans un site bocager au bord de la Vire dispose d'un gîte (32 couchages). Des activités de plein air sont proposées : VTT, randonnées pédestres et descentes touristiques de la Vire en canoë-kayak.

Voie verte – *50890 Condé-sur-Vire.* 🚴 Les bords du canal Vire-Taute et l'ancien chemin de halage de la Vire ont été réhabilités sur plus de 60 km, de Carentan au nord jusqu'à Pont-Farcy au sud en passant par St-Lô. Il est possible de louer des VTT, notamment dans les bases de loisirs de Condé-sur-Vire et de Pont-Farcy.

Pêche – Sur les étangs du **parc des Sources d'Elle**, pêche à la truite. *Ouverture pêche « à la journée », de fév. à nov. - lâchers exceptionnels de truites les jours fériés et le 1er week-end de sept - ✆ 02 33 56 17 90.*

Sur la belle boucle des **étangs de Torigny**, et en respectant les dates d'ouverture, les amateurs de pêche à la ligne pourront attraper truites, brochets, sandres. Pour plus d'infos, adressez-vous à l'office du tourisme de Torigny-sur-Vire ou consultez le site www.peche-manche.com

Et pour ceux qui ne cherchent pas à « taquiner le goujon », possibilité de faire du **pédalo** *(juil.-août)* sur ces mêmes étangs.

AGENDA

Normandie Horse Show – *✆ 02 33 06 09 72 - www.normandie-horse-show.com - 2e sem. d'août.* Ce grand rendez-vous annuel est un incontournable pour les professionnels ou amateurs passionnés de cheval (poney, cob normand, pur-sang arabe, selle français). Il est rythmé de nombreuses animations : concours, ventes, approbations d'étalons, défilés, soirées.

Coutances

★★

9 436 Coutançais – Manche (50)

NOS ADRESSES PAGE 331

S'INFORMER

Office du tourisme de Coutances – *Pl. Georges-Leclerc - 50200 Coutances - ✆ 02 33 19 08 10 - www.coutances.fr - juil.-août : 9h30-18h30, sam. 10h-12h30, 14h-18h, dim. et j. fériés 10h-14h ; reste de l'année : tlj sf dim. 9h30-12h30, 14h-18h, sam. 10h-12h30, 14h-17h, j. fériés 10h-14h - fermé 1er janv., 1er Mai, 1er nov., 25 déc.*

Visites guidées – Coutances, qui porte le label ville d'Art et d'Histoire, propose des visites-découverte, pour les groupes déjà constitués, animées par des guides-conférenciers agréés par le ministère de la Culture et de la Communication. *Rens. et réserv. à l'office de tourisme.*

SE REPÉRER

Carte de microrégion B4 (p. 316) – *carte Michelin Départements 303 D5.* Coutances se trouve à un carrefour routier : la D 972 la relie à St-Lô (29 km à l'est), la D 900 file vers Cherbourg au nord (77 km) et la D 971 conduit vers Granville (29 km au sud). À 10mn à l'ouest s'étend la Côte des Havres, le long de laquelle se succèdent les embouchures de petits fleuves côtiers du Cotentin.

À NE PAS MANQUER

La cathédrale, merveille d'architecture gothique, et les crèches anciennes au manoir de Saussey.

ORGANISER SON TEMPS

Consacrez 2h à la visite de la ville et de la cathédrale avant de choisir l'une ou l'autre excursion dans les alentours proches.

Du haut de sa colline, dominée par sa magnifique cathédrale aux flèches élancées, la ville veille sur le bocage alentour. Capitale religieuse et judiciaire de la Manche jusqu'à la Révolution, détruite à 60 % par les bombardements de juin 1944, Coutances a su se reconstruire et renaître avec plus de vitalité encore. La ville le prouve chaque jour, en particulier à l'occasion de son sympathique festival Jazz sous les pommiers.

5

Se promener Plan de ville p. 326

★ Jardin des plantes A2

✆ 02 33 19 08 10 - ♿ - juil.-août : 9h-23h30 ; avr.-juin et sept. : 9h-20h ; oct.-mars : 9h-17h - possibilité de visite guidée sur demande préalable - juil.-août : mise en lumière et musique - gratuit.

Sur la droite, le musée Quesnel-Morinière *(voir ci-après)* est un ancien hôtel particulier dont faisait partie ce parc, jusqu'à ce que la propriété soit léguée à la ville en 1852. Selon les termes du testament, la municipalité devait en faire « un jardin public où l'on cultiverait des plantes médicinales à l'usage

SE LOGER

Clos Postel (Chambre d'hôte Le).............. ①
Cositel (Hôtel).............................. ④
Quesnot (Chambre d'hôte Le).............. ⑦
Refuge (Chambre d'hôte Le)................ ⑧
Village Grouchy (Chambre d'hôte).................. ⑩

SE RESTAURER

Fleur de Sarrasin (La)................ ②
Jules Gommes (Le).................... ①
Taverne du Parvis...................... ③
Tourne-Bride (Le)...................... ④
Verte Campagne (La)............... ⑦

Musée Quesnel-Morinière.... M

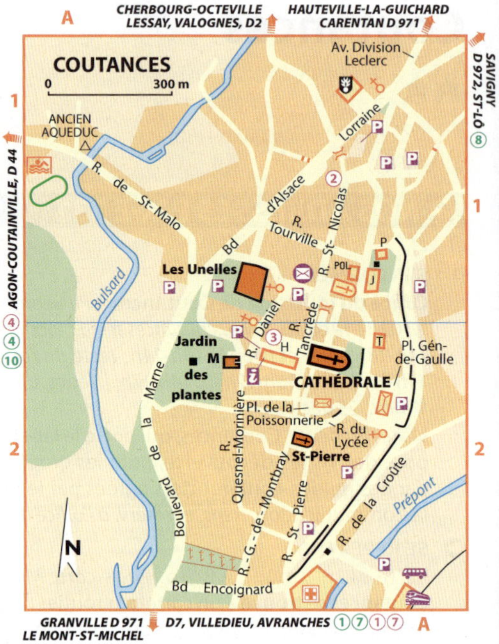

des indigents ». C'est curieusement à un officier de marine en retraite, Adel Sébastien Minel, que la ville fit appel pour aménager le terrain jusque-là assez accidenté, et force est de reconnaître que le jardinier novice s'en est plutôt bien tiré. Le jardin constitue une agréable promenade en terrasses à travers une variété de parterres (illustrant l'art de la « mosaïculture ») et de conifères (parmi eux, un gigantesque cèdre du Liban, mais aussi un ginkgo biloba, un séquoia géant et un cèdre bleu de l'Atlas), jusqu'au labyrinthe, constitué d'une charmille en spirale. Plusieurs monuments ponctuent les lieux, parmi lesquels un buste de **Rémy de Gourmont** qui aimait à se promener dans ce jardin qu'il qualifiait de « paradis des arbres ». Vous remarquerez également, à gauche en entrant, un pressoir à cidre du 18e s. Aire de jeux pour les plus petits.

Musée Quesnel-Morinière A2

2 r. Quesnel-Morinière - ✆ 02 33 07 07 88 - juil.-août : tlj sf dim. matin et mar. 10h-12h, 14h-18h ; reste de l'année : tlj sf dim. matin et mar. 10h-12h, 14h-17h - fermé j. fériés et janv. - 2,50 € (-18 ans gratuit), gratuit dim. apr.-midi.

Il est installé dans l'ancien hôtel Poupinel, du nom du conseiller du roi qui acheta la demeure en 1675. La section de peintures présente une collection de paysages, dont une œuvre de C.-J. Vernet, et quelques œuvres rares comme le *Combat de lions et de chiens* attribué à Peter de Voos, une belle Cène par Simon Vouet et un *Moïse sauvé des eaux* de Bartoloméo Biscaino. Une salle est consacrée au « Pou qui grimpe », mouvement artistique et littéraire coutançais de l'Entre-deux-guerres, et aux artistes locaux du début du 20e s. Les arts et traditions populaires sont présents à travers des costumes locaux et un bel ensemble de poteries manchoises (14e-19e s.). Des témoins archéologiques, issus des fouilles du parvis de la cathédrale, sont accompagnés de sculptures médiévales.

Église Saint-Pierre A2

Cette construction des 15e et 16e s., due à l'évêque Geoffroy Herbert, a été dotée d'une tour-lanterne qui, suivant un principe en honneur au temps de la Renaissance, présente une décoration de plus en plus riche à mesure que l'on se rapproche du couronnement.

★★★ Cathédrale A2

02 33 19 08 10 - entrée libre - possibilité de visite guidée (interdite aux moins de 10 ans) incluant les parties hautes : juil.-août : tlj sf sam. 11h et 15h, dim. 15h ; reste de l'année : dernier dim. du mois 15h - réservation obligatoire à l'office de tourisme - 3 € audioguide. Visites guidées pour enfants (6-12 ans) avec construction d'une maquette, atelier taille de pierre et observation des vitraux (juil.-août : lun., merc. et vend. à 14h30 - réservation obligatoire à l'office de tourisme - 4,50 €).

Geoffroy de Montbray, une de ces grandes figures des prélats-chevaliers dont le duc Guillaume avait su s'entourer, achève la première nef de la cathédrale en 1056. Puis, grâce à la générosité des fils de **Tancrède de Hauteville**, dont l'étonnante aventure méditerranéenne venait de commencer, il fait bâtir le chœur, le transept, la tour centrale et la façade flanquée de deux tours octogonales.

Par l'heureux équilibre de ses proportions et la pureté de ses lignes, cet édifice constitue « le plus fameux fleuron de l'art gothique en Normandie ».

L'un des meilleurs points de vue sur la cathédrale, miraculeusement épargnée par les bombardements, s'apprécie lorsque l'on arrive à Coutances par le sud. On est alors d'emblée frappé par la pureté des proportions et la sobriété du style normand.

Extérieur – La façade porte, au-dessus de la grande fenêtre, un couronnement qui s'achève par une superbe galerie. Cette profusion de lignes ascendantes, admirable dans les détails, mène à l'envolée finale des flèches en écailles (78 m). L'audacieuse tour-lanterne de la croisée du transept, encadrée de tourelles en poivrière, est remarquable par la finesse de ses nervures et l'étroitesse de ses ouvertures.

Intérieur – Arrêtez-vous au fond de la nef d'où la vue sur l'ensemble de l'édifice est exceptionnelle : la sobre élégance des lignes montantes lui confère une rare distinction. Remarquez, à droite et à gauche, les grandes arcades au-dessus desquelles se déroule la file des tribunes dont les baies, surmontées de rosaces aveugles, ont été bouchées. Au-dessus, à la base des fenêtres hautes, court une autre balustrade d'un dessin différent.

Gagnez le transept.

Dominant la croisée, l'exceptionnelle **tour-lanterne★★★** octogonale, dite « le plomb », haute de 41 m sous voûte, est la plus remarquable de ce type en Normandie. Dans le croisillon nord, on remarquera les trois plus anciens vitraux de la cathédrale (13e s.). Dans le croisillon sud, un vitrail du 14e s., très sombre, représente le Jugement dernier. Au pied du gros pilier droit de la croisée du transept, belle statue de Notre-Dame de Coutances (14e s.), particulièrement vénérée par les Coutançais. Elle a été sauvée du bombardement de l'église St-Nicolas en 1944. Notez que le chœur est plus large que la nef. Il offre le même exemple de simplicité architecturale. Les chapelles rayonnantes sont peu profondes, et chacune de leurs voûtes se combine avec la voûte correspondante des travées du déambulatoire pour n'en former qu'une. La chapelle du chevet, la « Circata », diffère totalement des autres chapelles. Reconstruite et agrandie dans la seconde moitié du 14e s. par Sylvestre de la Cervelle, elle présente des colonnettes peintes et des chapiteaux ornés de feuillages d'où émergent des animaux et des figurines.

★★ **Parties hautes** – *℘ 02 33 19 08 10 - visite guidée exclusivement, incluse dans la visite de la cathédrale (voir ci-dessus).* Cette promenade remarquable à l'intérieur d'une tour de façade et dans le grenier d'un bas-côté se termine par les galeries du troisième étage et le sommet de la tour-lanterne. Le **panorama**, immense, englobe Granville, les îles Chausey, Jersey et, par temps très clair, le mont Pinçon à 60 km.

Les Unelles A1

Les bâtiments de l'ancien séminaire ont été restaurés pour accueillir un centre culturel et des services administratifs. Le nom d'Unelles était celui d'un peuple de Gaule, qui habitait la presqu'île du Cotentin. Leur capitale était précisément *Cosedia* (Coutances).

À proximité Carte de microrégion p. 316

Savigny B4

11 km à l'est par la D 972, puis à droite vers Savigny.

Église – Cette église romane (12e s.) est réputée pour ses **fresques** du 14e s. Sur le mur gauche de la nef, une Cène est plutôt bien conservée. Dans le chœur, quatre scènes illustrent le martyre de sainte Barbe ; la dernière, à gauche, est une création du 19e s. Passez derrière l'autel pour gagner la sacristie où l'on peut voir un grand relief sculpté du Christ (11e s.). *Possibilité de visite guidée l'été - vend. 15h-17h.*

Hauteville-la-Guichard B4

15 km au nord-est. Quittez Coutances au nord par la D 971 jusqu'à St-Sauveur-Landelin, puis prenez à droite la D 53 ; peu après Moncuit, tournez à gauche vers Hauteville (D 435).

Musée Tancrède-de-Hauteville – *℘ 02 33 19 19 19 - juil.-août : tlj sf lun. 14h-18h30 ; dim. de mi-juin à fin juin et 1er dim. de sept. 14h-18h ; reste de l'année : dernier dim. du mois 14h-18h - fermé déc.-janv. - 4 €, enf. 1,50 € (-12 ans gratuit).* L'incroyable destin de la famille de Hauteville nous plonge dans la conquête de l'Italie du Sud et de la Sicile par les Normands au début du 11e s. Seigneurs de Hauteville, Tancrède et ses 12 enfants (les plus célèbres étant Robert-Guiscard et Roger Ier de Sicile) vont se révéler de redoutables conquérants, et des chefs réputés pour leur ruse et leur force légendaires. Peu nombreux mais remarquablement organisés et renseignés, ces Normands ont créé un État très puissant qui a dominé la Méditerranée et fait trembler Byzance pendant près de deux siècles. Mais plus encore que leurs innombrables conquêtes ou faits d'armes, c'est leur organisation pluriethnique et leur rayonnement culturel qui suscitent l'admiration. Ainsi, les chefs-d'œuvre d'architecture normande

LA TOUR DE LA FÉE

La légende raconte qu'un seigneur d'Argouges rencontra à la fontaine une très belle jeune femme. Il en tomba éperdument amoureux et lui demanda sa main. La belle lui dit qu'elle était une fée et qu'elle acceptait de devenir son épouse à condition qu'il ne prononçât jamais le mot « mort ». Le seigneur le promit. Un jour, lors d'une fête au château de Gratot, excédé d'attendre sa dame qui s'apprêtait, il lui lança : « Dame, êtes bien lente dans vos besognes ! Seriez-vous bonne à aller quérir la Mort ? » La fée poussa un cri, monta sur le rebord de la fenêtre et disparut.

qui nous sont parvenus (Palerme, Monreale, Cefalu, Trani, etc.) témoignent, de manière remarquable, de l'harmonie établie entre les différentes cultures. La visite, organisée de façon chronologique au sein de l'ancien presbytère, offre un aperçu des us et coutumes de l'époque ainsi qu'une présentation des différents membres de la famille de Hauteville.

Circuit conseillé Carte de microrégion p. 316

Pour visualiser ce circuit de 47 km, reportez-vous à la carte p. 316. Comptez 1h30. Quittez Coutances par l'ouest, D 44, et tournez à droite dans la D 244.
La route passe devant les trois arches de l'aqueduc, gagnées par la végétation.

★ Château de Gratot B4

02 33 45 18 49 - www.chateaugratot.com - 10h-19h - 3 € (10-18 ans 1,50 €) - livret de visite détaillé remis à l'entrée.
Gratot appartint pendant cinq siècles à la famille d'Argouges. Longtemps abandonné, le château n'a retrouvé la vie que depuis 1968 grâce aux restaurations entreprises par des bénévoles.
Un petit pont à trois arches (situé à l'arrière du château) enjambant les douves permet d'accéder à la cour du château après avoir franchi le porche d'entrée. Les communs encadrent la poterne d'entrée. À l'ouest se dresse une tour d'angle. Le pavillon du 18e s. comportait trois étages et une quinzaine de pièces. Il est recouvert d'un toit à la Mansart.
La maison seigneuriale est un bâtiment à ciel ouvert auquel on accède par quelques marches. Le rez-de-chaussée est percé de grandes fenêtres, et l'étage supérieur, de lucarnes.
Tour ronde – La tour date du début du 15e s. et présente une allure médiévale. Le rétrécissement imprévu de l'escalier permettait de briser l'assaut des assaillants en ne laissant le passage qu'à un seul homme à la fois. L'entrée des caves se trouve au pied de la tour. Les voûtes d'arêtes reposent sur des colonnes composées de pierres mises de chant.
La tour opposée, contre laquelle vient s'appuyer un puissant contrefort, a été construite à la fin du 15e s. Octogonale à la base, elle se termine par une chambre de plan rectangulaire et est coiffée d'un toit en bâtière. Balustrades et gargouilles décorent le sommet.
Du château médiéval subsiste une tour d'angle qui présente une porte murée et dont la construction remonte à la fin du 13e s. ou au début du 14e s.
Communs – Ils datent de la fin du 16e s. Dans une salle, exposition sur le château : son histoire, les étapes de sa restauration et les matériaux utilisés.
À St-Malo-de-la-Lande, prenez la D 68 vers Tourville-sur-Sienne, puis la D 272 à droite vers Agon-Coutainville.

5

Agon-Coutainville B4

6 pl. du 28-Juillet - 02 33 76 67 30 - www.coutainville.com - juil.-août : lun.-sam. 10h-12h30, 14h-18h, dim. 9h-13h ; sept.-oct. et avr.-juin : lun.-vend. 10h-12h30, 14h-18h, sam. 9h-13h, 14h-17h ; nov.-mars : lun.-vend. 10h-13h, 14h-17h30, sam. 9h-13h, 14h-17h.
Située sur la partie dunaire de la côte ouest du Cotentin, bordée à l'ouest par la Manche sur 8 km de plages de sable fin, et à l'est par l'estuaire de la Sienne, Agon-Coutainville est une station balnéaire très fréquentée en saison. L'amplitude exceptionnelle des marées en fait un site privilégié pour les pêcheurs à pied. Ces marées et la qualité de l'eau ont permis l'essor de la culture des moules et des huîtres. Trois plages surveillées s'offrent aux

vacanciers : du nord au sud, les plages du Centre, du Passous et de l'École de voile. Deux événements sportifs marquent par ailleurs la vie de la station : le Festival de la glisse ouvre la saison, l'Enduro des sables la clôt. Plus reposant, il est agréable de flâner sur le promenoir aménagé sur la digue.
Prenez la direction de la pointe d'Agon.
La route traverse un paysage sauvage, découvert, où la végétation alliée au sable a quelque chose d'irréel.

Pointe d'Agon B4

On remarque sur le côté droit de la route une allée de pierres. C'est un monument dédié à l'écrivain **Fernand Lechanteur** (1910-1971), qui rédigeait en normand. De la pointe, belle vue sur la côte manchoise et le havre de Regnéville à gauche.
Revenez à Agon-Coutainville, et suivez la direction du hameau La Rue-d'Agon.
La route D 72 domine bientôt le havre envasé de Regnéville.

Tourville-sur-Sienne B4

Au bord de la route se dresse la statue de l'amiral de **Tourville**, le héros malheureux de la bataille de la **Hougue** *(voir St-Vaast-la-Hougue).*
À hauteur du monument, une rue en descente conduit au cimetière en terrasses d'où s'offre une jolie vue sur Regnéville, enfermée par une pointe sableuse, le clocher de Montmartin et le rocher de Granville. Au large, par temps clair, on découvre les îles Chausey.
Par la D 650, rejoignez le Pont-de-la-Roque puis, par la D 49, Regnéville-sur-Mer.

Regnéville-sur-Mer B4

Ce petit port d'échouage, situé à l'embouchure du havre de la Sienne, fut autrefois l'un des plus prospères de tout le littoral. Son déclin est dû essentiellement à son ensablement. Les vestiges du château (12e s.) servent désormais de cadre à des expositions estivales.
Musée de Regnéville – Les fours à chaux du Rey – *À partir de l'église (13e s.), suivre le fléchage. ✆ 02 33 46 82 18 - www.sitesetmusees.cg50.fr - juil.-août : 11h-19h ; avr.-juin, sept., vac. scol. de Pâques et de la Toussaint : 14h-18h30 (dern. entrée 1h avt la fermeture)- fermé 1er Mai - 4,50 € (7-18 ans 2,70 €).* Le musée est installé à côté des anciens fours à chaux, ensemble exceptionnel de l'architecture industrielle du milieu du 19e s. Les collections sont un témoignage des activités traditionnelles liées au littoral ouest de la Manche (récolte de la tangue et du varech, corderie, fabrication d'engins de pêche, cabotage à voile, etc.). Les techniques de production de la chaux et son usage sont évoqués à travers maquettes et outils anciens. Un film sur l'histoire maritime de Regnéville complète la visite.
En sortant, on peut étudier les **fours à chaux** construits entre 1852 et 1854. Ils n'ont servi qu'une trentaine d'années. Approchez-vous du gueulard du four : c'est par cette ouverture que l'on déversait alternativement des couches de calcaire (de la pierre à chaux), extrait des carrières locales, et des couches de charbon, arrivé par bateau du pays de Galles.
À l'ouest, vous apercevez le port de Regnéville depuis lequel on embarquait la pierre à chaux locale pour la Bretagne ou les îles Anglo-Normandes.
Dans la cour du musée sont reconstitués un atelier de mécanique et une forge.
Quittez Regnéville par la D 49 vers Montmartin-sur-Mer, puis Hyenville (D 73). Poursuivez la D 73 jusqu'à croiser la D 7 et remontez vers Coutances, en passant par Saussey.

★ **Manoir de Saussey** B4

✆ 02 33 45 19 65 - visite du musée et des jardins de Pâques à fin sept. : 14h-18h30 (dernière entrée 30mn av. fermeture) - 6 € (- 16 ans 1,50 €).

Un verger-potager, des parterres exubérants au pied des murs, un jardinet dans un recoin : l'ensemble est ravissant. Les bâtiments datent du 17e s. et s'articulent autour d'une petite roseraie que l'on traverse pour aller d'une collection à une autre.

Crèches anciennes – Cent ans ou presque furent nécessaires pour réunir cette collection impressionnante de crèches des 17e et 18e s., comme cette **crèche napolitaine** aux personnages somptueusement vêtus et mis en scène (17e s.). Certaines compositions sont confectionnées à partir de mie de pain, d'autres entièrement en verre filé de Nevers.

Verreries – Cette collection réunit un large panel de verres, aux dessins travaillés, aux formes parfois surprenantes ou aux coloris trompeurs, comme ce service en verre blanc de lait émaillé qui imite à merveille la porcelaine.

Reprenez la D 7 et arrêtez-vous au manoir d'Argences signalé par des panneaux.

Jardins d'Argences B4

3 km au sud de Coutances. ✆ 02 33 07 92 04 - actuellement fermé.

Plus qu'une visite, c'est une promenade à faire en neuf étapes. Plan en main, le flâneur tourne autour du manoir (15e-18e s.). Jardin du haut, jardin des fleurs, étang, pépinière… Avec ses allures de jardin à l'anglaise, le site enchante la vue et l'odorat. L'ensemble a été récompensé en 1999 par le prix Bonpland.

Rejoignez Coutances.

NOS ADRESSES À COUTANCES

HÉBERGEMENT

PREMIER PRIX

Chambre d'hôte Le Refuge – *79 av. de la République - ✆ 09 61 58 97 37 - www.lerefugecoutances.fr - P - ⊭ - 1 ch. 50 € ☕.* Située à l'écart de la maison principale, la chambre, décorée dans le style d'un chalet vosgien, est accessible par un escalier en bois. Depuis la fenêtre, charmante vue sur la cathédrale. Un cadre calme et chaleureux. Très bon accueil. À 15 mn à pied du centre-ville.

Chambre d'hôte Village Grouchy – *11 r. du Vieux-Lavoir - 50560 Blainville-sur-Mer - 2 km au nord d'Agon-Coutainville par D 72 - ✆ 02 33 47 20 31 - jr.sebire.free.fr - ♿ - P - ⊭ - 5 ch. 44 € ☕.* Ce petit village n'abritait autrefois que des maisons de pêcheurs. Dans l'une d'elles, de grandes chambres lambrissées de bois en font une bonne étape à quelques encablures de la mer. Côté jardin, une cuisine d'été est à la disposition des hôtes.

BUDGET MOYEN

Chambre d'hôte Le Quesnot – *3 r. du Mont-César - 50660 Montchaton - 6,5 km au sud-ouest de Coutances par D 20 puis D 72 - ✆ 02 33 45 05 88 - www.chambres-hotes-montchaton.fr - j.rainfroy@wanadoo.fr - P - ⊭ - 3 ch. 50 € ☕.* Les hôtes disposent d'une maisonnette en pierre du pays datant du 18e s. avec sa terrasse et son coin jardin, d'où ils peuvent admirer la petite église juchée sur un promontoire. Au-dessus de la grande salle campagnarde, les chambres sont récentes. Location de vélo et accompagnement en balade VTT sur demande.

Hôtel Cositel – *R. de St-Malo - ✆ 02 33 19 15 00 - www.cositel.fr -*

♿ - 🅿 - 55 ch. 65/175 € - ☕ 9,50 €. Ensemble moderne érigé sur une colline dominant la ville. Les chambres sont claires et garnies d'un mobilier fonctionnel. Au Pommeau, cuisine traditionnelle et terrasse d'été animée par la présence de petits bassins.

À proximité

Chambre d'hôte Domaine de La Rochelle – *La Rochelle - 12 rte de Coutances - 50490 Vaudrimesnil - ✆ 02 33 46 74 95 - 🅿 - 🚭 - 3 ch. 47 € ☕.* Cette ancienne ferme du 17e s. comprend une jolie cour fleurie et un magnifique pigeonnier. Les 3 chambres, spacieuses, ont toutes une entrée indépendante. Confitures maison au petit-déjeuner.

POUR SE FAIRE PLAISIR

Chambre d'hôte Le Clos Postel – *5 rte d'Urville - village d'Urville - 50590 Regnéville-sur-Mer - ✆ 02 33 07 12 38 - www.clospostel.com - fermé 15 nov.-15 fév. - 🅿 - 🚭 - 4 ch. 85/110 € ☕.* Cet ancien presbytère entièrement restauré bénéficie d'une jolie vue sur la baie de la Sienne. On apprécie le calme de son jardin de curé, d'inspiration médiévale. Aménagées avec goût, les 4 chambres (dont deux trouvent leur place dans l'ancien pigeonnier) offrent tout le confort. Accueil impeccable.

RESTAURATION

PREMIER PRIX

La Fleur de Sarrasin – *1 r. du Maréchal-Joffre - ✆ 02 33 17 11 52 - fermé dim. et lun. - ouv. ts les midis et jeu., vend. et sam. soir - formule déj. mar.-vend. à 11,80 € bc.* Dans un cadre au style coloré, large choix de crêpes et de suggestions du jour. Vous pourrez déguster une « complète » sur les tables-bar de la salle ou en terrasse. L'accueil est chaleureux. Une bonne adresse pour les petits budgets.

Hôtel-Restaurant La Taverne du Parvis – *18 pl. du Parvis-Notre-Dame - ✆ 02 33 45 13 55 - www.hotel-restaurant-taverne-du-parvis.com - fermé dim. - formule déj. 9,70 € - 11,50/28 €.* Située sur le parvis de la cathédrale, cette grande brasserie a pour elle une ambiance conviviale. La cuisine traditionnelle est à l'honneur : grillades, tartines, choucroute, moules en saison, etc. En terrasse, prenez un verre après vos visites et admirez la vue !

BUDGET MOYEN

Le Jules Gommes – *34 r. du Vaudredoux - 50590 Regnéville-sur-Mer - 10 km au sud-ouest de Coutances par D 20, rte de Montmartin-sur-Mer et D 49 - ✆ 02 33 45 32 04 - www.le-jules-gommes.com - fermé 15 nov.-15 déc., dim. soir, lun. et mar. sf vac. scol. et juil.-août - formule déj. 12 € (sf juil.-août) - 13/24,50 €.* Cette incontournable adresse, dont le nom est aussi celui d'un trois-mâts de la fin du 19e s., dégage un charme fou. Bel intérieur rustique avec pierres apparentes, cheminée et aquarelles. Cuisine entre terre et mer, crêpes et bon choix de bières et whiskies côté pub.

La Verte Campagne – *Le Hameau Chevalier - 50660 Trelly - 13 km au sud de Coutances par D 7, D 49 puis D 539 et rte secondaire - ✆ 02 33 47 65 33 - www.lavertecampagne.com - 🅿 - formule déj. 19,50 € - 19,50/55 € - 5 ch. 58/98 € - ☕ 8 €.* Cette ferme du 18e s. recouverte de vigne vierge en été a gardé son charme authentique, comme en témoignent ses larges poutres au plafond, ses pierres apparentes et

ses vieilles cheminées. Cette table soignée et renommée propose aussi quelques chambres à l'étage.
Le Tourne-Bride – *85 r. d'Argouges - 50200 Gratot - ✆ 02 33 45 11 00 - fermé vac. de fév., dim. soir et lun. -* P *- formule déj. 14 € - 20/52 €.* La cuisine traditionnelle perdure sereinement dans ce coquet relais de poste du 19e s. proche du château de Gratot et de sa tour de la Fée. Cadre rustique et chaleureux.

ACHATS

Marché – *Pl. du Gén.-de-Gaulle - ✆ 02 33 19 08 10 - www.tourisme-coutances.fr - jeu. mat. et sam. matin.* Un marché très animé et haut en couleur. Vous y trouverez tous les produits de la campagne, sans oublier le coutances (fromage du terroir) et la teurgoule.
Le Secret de Coutances – *25 r. Geoffroy-de-Montbray - ✆ 02 33 45 02 82 - tlj sf lun. 7h30-13h, 14h30-19h30 - fermé 1 sem. au printemps, vac. de la Toussaint et apr.-midi des j. fériés.* La clientèle se presse dans cette boutique renommée pour ses délicieuses pâtisseries. Difficile de se décider entre le Normand, crème au beurre blanc allégée de meringue et imbibée de pommeau, le Duo normand, pâte sablée et compote de pommes et rhubarbe couverte d'un gratin d'amandes et les succulents chocolats.

ACTIVITÉS

Les plages – Plusieurs belles plages se situent sur cette partie de la côte ouest, toutes distantes de 12 à 15 km de Coutances. Du nord au sud : **Anneville-sur-Mer**, petite plage de sable fin bordée de dunes d'ajoncs, puis la longue plage de 6 km de **Gouville-sur-Mer**, station qui se proclame « capitale de l'huître de Normandie », forte de ses 230 ha de parcs situés sur l'estran *(visite guidée des parcs à huîtres : rens. à l'office de tourisme ✆ 02 33 47 84 33)*. S'ouvre ensuite le havre de **Blainville-sur-Mer** : cette localité a aussi une longue tradition ostréicole. Là encore, la pratique de la pêche à pied est facile. Une initiation à la pêche à la palourde est organisée en été par l'office de tourisme *(réserv. ✆ 02 33 07 90 89)*. La grande plage de sable fin appréciée des familles s'étend de **Gonneville** au nord à la station très fréquentée d'**Agon-Coutainville** au sud. Sur cette commune, vous trouverez un golf *(18 trous - par 68, de type links et campagne - green fee 38/48 € - ✆ 02 33 47 03 31)*, un casino (machines à sous, restaurant) et des activités nautiques.

AGENDA

Jazz sous les pommiers – *Semaine de l'Ascension - ✆ 02 33 76 78 50.* Ce festival musical renommé se déroule dans divers lieux de Coutances.
Festival du film muet – *Manoir d'Argences - mi-juil. - ✆ 02 33 07 92 04.* Projections de films muets, accompagnées par des musiciens.
Chauffer dans la Noirceur – *Mi-juillet - à proximité de la plage de Montmartin-sur-Mer, au sud d'Agon-Coutainville - ✆ 02 33 07 91 91 - www.chaufferdanslanoirceur.org.* Festival musical à la programmation des plus éclectiques, mais dont la thématique générale est l'invitation au voyage.

Lessay

★

2 040 Lessayais – Manche (50)

NOS ADRESSES PAGE 337

S'INFORMER

Office du tourisme de Lessay – *11 pl. St-Cloud - 50430 Lessay - 02 33 45 14 34 - www.canton-lessay.com - juil.-août : 9h-12h30, 14h-18h, sam. 10h-12h30, 14h-18h, dim. 10h30-13h ; reste de l'année : lun., mar., jeu. 9h-12h15, 14h-17h30, merc. 9h-12h15, vend. 9h-12h15, 14h-17h - fermé week-end.*

SE REPÉRER

Carte de microrégion B3 (p. 316) – *carte Michelin Départements 303 C4.* Lessay se situe sur la route de Coutances (21 km au sud par la D 2) à Valognes (36 km au nord par la D 900).

À NE PAS MANQUER

Une vue sur l'impressionnante nef de l'abbatiale.

ORGANISER SON TEMPS

Profitez d'un passage en juillet ou août pour assister à l'un des concerts estivaux des Heures musicales de l'abbaye. Le deuxième week-end de septembre a lieu la fameuse foire de la Sainte-Croix.

AVEC LES ENFANTS

Découvrez les sentiers de la lande en conduisant un attelage d'ânes.

En bordure de sa lande, dont Barbey d'Aurevilly a célébré l'âpre poésie, Lessay réserve plus d'une agréable surprise au passant : son abbaye constitue une expression exemplaire de l'art roman en Normandie et la fameuse foire rurale de la Sainte-Croix est l'une des plus anciennes et des plus importantes de France. Chaque année, quelque 400 000 visiteurs s'y croisent.

Se promener

★★ Abbatiale Ste-Trinité

Visite libre - 9h-18h, sf pendant les offices religieux - possibilité de visite guidée en juil. et août : rens. à l'office de tourisme.

Deux étapes marquèrent sa construction. À la mort d'Eudes au Capel en 1098, on construisit l'abside, le chœur, le transept et deux travées de la nef avec les voûtes correspondantes. Quelques années plus tard on acheva les dernières travées de la nef.

La magnifique église romane fut reconstruite après la guerre avec beaucoup de soin, en réemployant les matériaux anciens encore utilisables. L'abside de l'abbatiale, appuyée à un mur-pignon plat, apparaît dans toute la pureté de ses lignes. On remarquera le beau clocher carré et les toitures en schiste provenant de la Hague.

LA FOIRE DE LA SAINTE-CROIX
Le bourg connaît une animation extraordinaire à l'occasion des trois jours de la foire de la Sainte-Croix, le deuxième week-end de septembre. Cette foire gigantesque remonterait au 11e s., et aurait été instituée par les religieux bénédictins de l'abbaye. Le vendredi, c'est la foire aux chevaux (1 000), aux ânes, aux chiens (1 000), aux furets et aux volailles; le samedi, la foire aux bovins, ovins et caprins; pendant les trois jours, plus de 1 500 exposants « déballent » sur 7 km linéaires d'allées, aux côtés de 80 attractions foraines. On dit ici que les visiteurs du pays viennent observer le vendredi, revoir le samedi et acheter le dimanche.
Pour nourrir les quelque 400 000 visiteurs, 2 500 à 2 800 agneaux de pays sont débités en gigots, épaules et côtelettes par les 24 rôtisseurs et les 50 grilleurs. L'allée des rôtisseurs et ses succulentes côtelettes d'agneau de pré-salé font d'ailleurs partie de la tradition!

Intérieur – En entrant par le portail du bas-côté sud, on est frappé par le plan, l'harmonie des pierres, la sobriété de la nef et du chœur. Barbey d'Aurevilly aurait déploré les verrières blanches de l'abbatiale lors d'une visite en 1864. Les nouveaux vitraux, qui s'inspirent de manuscrits irlandais et dont l'esprit se retrouve dans certains chapiteaux, diffusent une lumière faiblement colorée.
La galerie de circulation qui passe devant les fenêtres hautes contourne tout l'édifice dans l'épaisseur des murs. Le chœur précède une abside en cul-de-four éclairée par deux étages de fenêtres. Le mobilier est très sobre. Le maître-autel est constitué d'une large dalle monolithe reposant sur deux supports massifs; derrière l'autel, un Christ en bois de Lambert-Rucki. À droite du chœur, le baptistère occupe une chapelle du 15e s. La cuve baptismale, tirée d'un monolithe blanc, repose sur un sol de galets. Une plaque de bronze ciselée recouvre la réserve d'eau. L'orgue date de 1994.

À proximité Carte de microrégion p. 316

Créances B3

3 km au sud-ouest.

Cette commune doit sa renommée au maraîchage et notamment à la fameuse **carotte** des sables (Label Rouge). Les *mielles*, terrains sableux proches de la mer, offrent des conditions idéales pour la culture de cette carotte savoureuse et sucrée, à la peau si fine qu'il n'est pas besoin de l'éplucher. Le sable assure un excellent filtrage tandis que les algues marines proches sont utilisées comme engrais.

La **plage**, immense étendue de sable bordée de dunes couvertes d'ajoncs, est appréciée des amateurs de cerf-volant, de char à voile, de planche à voile et des pêcheurs à pied.

Ferme de l'âne - **Asinerie de la Devise** – *2 r. de la Devise (entre Créances et Pirou-Bourg, sur la D 72) - ✆ 02 33 45 95 51 ou 06 76 65 27 98 - ♿ - vac. scol. : 10h-12h, 14h-19h; reste de l'année : sur RV - réservation nécessaire - 25 € par attelage (4 adultes maximum, avec possibilité de plusieurs attelages).*

Découverte des différentes races d'ânes en France (âne du Cotentin à la robe gris tourterelle, Grand Noir du Berry, âne du Poitou, des Pyrénées, etc.) et de leur mode de vie. La visite de la ferme est suivie d'une balade attelée de

2,8 km *(1h)* sur les sentiers de la lande de Lessay et du parc naturel régional : vous pourrez ainsi découvrir l'environnement, tout en conduisant vous-même l'attelage d'ânes.

★ Château de Pirou B3

10 km au sud de Lessay - ✆ 02 33 46 34 71 - www.chateau-pirou.org - avr.-sept. : 10h-12h, 14h-18h30 ; reste de l'année : 10h-12h, 14h-17h - possibilité de visite guidée sur demande préalable - fermé mar., 1er-15 oct. et déc.-janv. - 5 € (15-17 ans 3,50 €) ; 8 € billet combiné avec l'abbaye de la Lucerne.

Jadis situé en bordure d'un petit port, ce château fort bâti au 12e s. compte parmi les plus anciens châteaux normands, et demeure l'une des rares forteresses médiévales encore visibles en Normandie. Ancien poste avancé de la défense de Coutances, il porte le nom de la famille qui l'a possédé du 11e au 14e s. Les sires de Pirou étaient apparentés à la maison de Hauteville, dont plusieurs membres participèrent à la fondation du Royaume normand de Sicile.

Jusqu'à la fin du 18e s., il fut la propriété de diverses familles nobles, puis serait devenu un repaire important de contrebandiers avant d'être converti en ferme au 19e s.

Par une série de trois portes fortifiées, vous accédez à l'ancienne bergerie (aujourd'hui lieu de vente des billets et de souvenirs), à la basse-cour et au château proprement dit, ouvrage massif entouré d'eau et dont les tours sont édifiées directement sur le haut du rempart, sans faire saillie.

Basse-cour – Elle est bordée à gauche par les communs. Vous y verrez successivement la boulangerie (cheminée monumentale, immense four), le pressoir, la chapelle et la salle des Plés (plaidoiries), dans laquelle est exposée, en juillet et août seulement, une **tapisserie** dans le style de celle de Bayeux, retraçant la conquête de l'Italie méridionale et de la Sicile par les Normands.

Château – Vous ne pouvez y entrer que par le pont de pierre qui remplace l'ancien pont-levis. À droite de l'entrée se trouve la salle des Gardes, qui servait également de boulangerie, comme l'attestent deux fours à pain. Le Vieux Logis abrite les cuisines au rez-de-chaussée, et deux salles à manger au premier étage. Après la dernière salle, un escalier conduit aux remparts. Du sommet de la tour carrée du château qui domine l'entrée, belle vue sur les alentours.

LA LÉGENDE DES OIES DE PIROU

Les envahisseurs normands, ne parvenant pas à s'emparer du château fort, décidèrent d'en faire le blocus. Après quelques jours d'attente, ils constatèrent que toute activité avait cessé à l'intérieur du château. Méfiants, ils attendirent encore quelque temps avant de lancer l'assaut. Surprise totale ! Ils ne trouvèrent qu'un vieillard grabataire qui leur expliqua que le seigneur des lieux, son épouse et toute la garnison s'étaient transformés en oies sauvages afin d'échapper à leurs assaillants. Effectivement, les Normands avaient vu la veille un troupeau d'oies prendre son envol au-dessus des remparts.

Dans les vieilles traditions populaires normandes, la forme humaine ne peut être reprise qu'après lecture à rebours de la formule magique. Les oies revinrent pour retrouver leur grimoire, mais hélas les Normands avaient incendié le château. Aussi furent-elles condamnées à revenir chaque année dans l'espoir de récupérer leur livre de magie. C'est ainsi que l'on explique les migrations d'oies sauvages dans le pays.

Pirou-Plage B3
2 km au sud-ouest de Pirou par la D 650.
La petite station est dotée d'une longue étendue de 6 km de sable fin *(baignade surveillée en été)*, que longe la promenade Émile-Giard, et d'une piscine d'eau de mer. Pêche à pied sur les rochers, pêche en mer, char à voile et sports nautiques classiques, comme la voile et la planche à voile, sont autant d'activités possibles sur place.

NOS ADRESSES À LESSAY

HÉBERGEMENT

BUDGET MOYEN

Chambre d'hôte La Ferme du Mont-Scolan – *Le Mont-Scolan - 50250 Montgardon - 1,5 km au sud du bourg par D 528 dir. Angoville-sur-Ay - ✆ 02 33 46 11 27 - ⊭ - 4 ch. 55 € ☕ - repas 23 €.* Les propriétaires de cette exploitation agricole en activité vous réserveront un accueil chaleureux. Vous vous sentirez vite à l'aise dans le gîte ou dans l'une des 4 chambres fonctionnelles et confortables aménagées dans les annexes. Succulente table d'hôte, où les plats sont préparés essentiellement avec des produits de la ferme.

RESTAURATION

BUDGET MOYEN

La Mer – *2 r. Fernand-Desplanques - 50770 Pirou-Plage - 2,5 km à l'ouest du château de Pirou par D 94 - ✆ 02 33 46 43 36 - fermé janv., lun. soir, mar. soir et merc. hors sais. - formule déj.19,50 € - 29,50/39 €.* Situé face à la plage, ce restaurant dispose d'une salle à manger panoramique : par beau temps, vous pourrez même distinguer les îles Anglo-Normandes ! Cuisine gastronomique, spécialités de fruits de mer et poissons.

ACTIVITÉS

Centre de pêche sportive – *Les Miellettes - Pirou - ✆ 02 33 47 99 43.* Pour des parties de pêche en bateau ou pour apprendre à pêcher à partir des rochers ou des plages.

Les Landes de Saint-Patrice-de-Claids – *2 km - 1h - fléché depuis la D 24 Valognes-Périers - parking - départ de l'aire de jeux.* Parcours à la découverte de l'arbre, tracé à travers des landes rases, des landes sèches, des pins maritimes… dans ce qui fut une pépinière de l'ONCF.

AGENDA

Fêtes gastronomiques – Plusieurs fêtes célébrant les produits locaux ponctuent l'année : la **Fête de la carotte** de Créances (*2e sam. d'août* - défilé de la confrérie des Mougeous d'carottes, concours de plats cuisinés, etc.) et la **Foire aux bulots** de Pirou *(fin avr.)* sont les deux plus importantes.

Les Heures musicales de l'abbaye de Lessay – *De mi-juil. à mi-août - rens. auprès de l'office de tourisme - réserv. ✆ 02 33 45 14 34 ou concertsheuresmusicales@canton-lessay.com.* Une quinzaine de concerts de musique classique ont lieu chaque année dans l'église abbatiale.

Barneville-Carteret

★

2 299 Barnevillais-Carterétais – Manche (50)

NOS ADRESSES PAGE 343

S'INFORMER

Office du tourisme de la côte des îles en Cotentin – *15 bis r. Guillaume Le Conquérant - 50270 Barneville-Carteret - ✆ 02 33 04 90 58 - www.barneville-carteret.fr - juil.-août: lun.-sam. : 10h-13h, 14h30-19h, dim. 10h-13h; avr.-juin et sept : 10h-13h, 14h30-18h; oct.-mars: lun.-sam. 10h-12h30, 14h30-7h30 - fermé 1er janv., 1er Mai, 14 Juil., 15 août, 1er et 11 Nov., 25 déc.*

Point d'information touristique de Carteret – *Pl. Flandres-Dunkerque - ✆ 02 33 04 94 54 - juil.-août : 10h-12h30, 15h-19h.*

SE REPÉRER

Carte de microrégion A2 (p. 316) – *carte Michelin Départements 303 B3.* On vient de Paris et même de Grande-Bretagne se baigner et se reposer à Barneville-Carteret. Valognes se trouve à 28 km au nord-est par la D 902, Cherbourg à 37 km au nord/nord-est par la D 650 et Caen à 120 km à l'est.

À NE PAS MANQUER

Les magnifiques points de vue sur le large et, par beau temps, les îles Anglo-Normandes depuis le cap de Carteret.

ORGANISER SON TEMPS

Marché le samedi matin à Barneville (le jeudi à Carteret) et balade sur le sentier des Douaniers l'après-midi.

AVEC LES ENFANTS

L'été, embarquez à bord du train touristique du Cotentin et bien sûr profitez des plaisirs de la mer sur la belle plage surveillée de la Potinière.

Réunies, les trois agglomérations de Carteret, Barneville et Barneville-Plage constituent une station balnéaire familiale très fréquentée, idéale pour qui aime les grands espaces et veut partager son temps entre mer et campagne. La pittoresque animation du petit port de Carteret, point d'embarquement le plus proche pour les îles Anglo-Normandes, le charme sauvage des dunes, les grandes marées spectaculaires et la beauté de la longue plage de sable sauront vous retenir.

Se promener Plan de ville p. 340

La station est née en 1965 de la fusion des communes de Barneville et de Carteret. Elle s'organise aujourd'hui autour de trois centres, relativement distants : Barneville-Bourg, Barneville-Plage et Carteret.
Mieux vaut disposer d'un moyen de locomotion pour passer de l'un à l'autre.

★ Carteret

Il s'agit du pôle le plus ancien, avec Barneville-Bourg. Déjà, dans les années 1820, Barbey d'Aurevilly y séjournait en famille. Chateaubriand y fit un passage

La plage de Barneville-Carteret.
D. Hughes / Robert Harding Picture Library/age fotostock

en 1842. À la fin du 19e s., la mode des bains de mer transforma vraiment le village de pêcheurs en station balnéaire. Carteret conserve de cette époque un charme discret, dû en grande partie aux villas construites au tournant du 20e s. Elles s'élèvent pour la plupart au-dessus du **port**.

Enfin, le magnifique **cap rocheux★★** *(voir plus loin)* qui abrite, au nord, l'estuaire de la Gerfleur et sa **plage** *(attention aux courants côtiers)* nichée dans une crevasse, fait d'elle l'une des stations balnéaires les plus agréables du Cotentin.

Ports – Le port de Carteret demeure très actif. Il compte aujourd'hui encore une vingtaine de bateaux qui pêchent soles et raies au chalut, homards et tourteaux au casier, bulots et coquilles St-Jacques à la drague. À leur retour, le quai s'anime et l'on assiste à une authentique scène de vie qui contribue au charme de la station. En parallèle, Carteret possède un **port de plaisance** de 330 places et un point d'embarquement pour les îles Anglo-Normandes.

Plages – Hormis celle de Barneville *(voir Barneville-Plage)*, familiale et surveillée, la station dispose de deux autres plages, de styles bien différents. Celle de **Carteret**, orientée au sud, aligne ses cabines à l'ombre de la falaise, dans le prolongement du port. Elle aussi est sous surveillance.

Ce n'est pas le cas de la **plage de la Vieille-Église** qui s'étend au pied des dunes, du nord du cap de Carteret jusqu'à la pointe du Rozel. Sauvage et rendue assez dangereuse par des courants violents, c'est celle que choisissent les amateurs de char à voile et de speed-sail.

Le train touristique du Cotentin : Carteret-Portbail – *59 r. Hauvet - 50270 Barneville-Carteret - ✆ 06 30 35 15 71 ou 02 33 04 70 08 - http://ttcotentin.monsite-orange.fr - juil.-août : dim. et j. fériés trains à thème et balade-découverte, départ 15h ; train des Marchés, départ 10h, le mardi de Carteret pour le marché de Portbail et le jeudi de Portbail pour celui de Carteret - 9 € (4-12 ans 4 €).*

Ce train des années 1930 parcourt sur 10 km une ancienne voie ferrée qui longe les plages à travers des paysages de dunes et de landes. « Train de la côte des Isles » le week-end, il se transforme deux fois par semaine en « train des Marchés ».

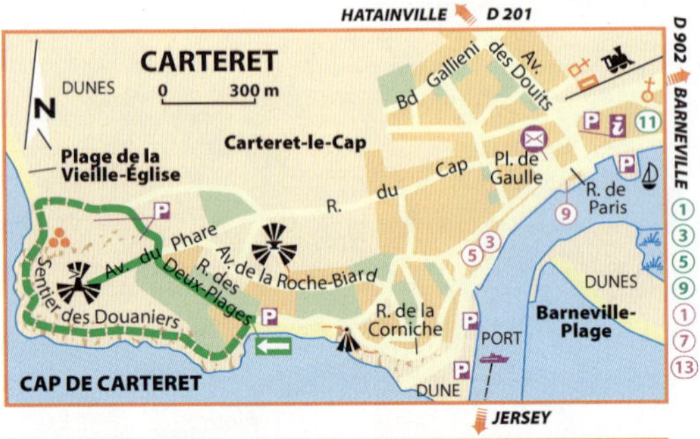

SE LOGER

Isles (Hôtel des)........ 1
Logis de la Mare (Chambre d'hôte Le)........ 3
Ormes (Les)........ 11
Roque de Gouey (Chambre d'hôte La)........ 5
Tourelle (Chambre d'hôte La)........ 9

SE RESTAURER

Berlingot (Le)........ 1
Cale Marine (La)........ 3
Gohan (Le)........ 13
Hermitage (L')........ 5
Marine (La)........ 9

★★ Tour du cap de Carteret

45mn à pied AR. Prenez la direction « la Corniche, le phare » et laissez votre voiture sur un rond-point dominant la plage de Carteret.

Engagez-vous à gauche dans le sentier des Douaniers qui, bientôt, devient très étroit et doit être suivi prudemment. Vous contournez ainsi le cap, dont les aspects renouvelés sont toujours pittoresques, pour atteindre finalement la vaste plage de la Vieille-Église à partir de laquelle s'étend le site dunaire d'Hatainville et Baubigny.

Remontez la route qui dessert cette plage.

Au croisement de la route du phare, ceux qui désireraient embrasser d'un seul coup d'œil les vues successives qu'ils ont eues tourneront à droite et monteront au phare, ou prendront à gauche l'avenue de la Roche-Biard pour accéder à la table d'orientation : **vues★** sur la côte, les îles Anglo-Normandes et l'arrière-pays.

À ce même croisement, prenez tout droit si vous voulez regagner votre voiture.

Barneville-Bourg

En retrait du littoral, ce gros village concentre banques et commerces. Son marché du samedi matin attire toute la population des environs, qui vient y faire le plein de provisions auprès des producteurs locaux. Il se tient près de l'église, qu'entourent les maisons en granit les plus anciennes du bourg (16e s.).

Église – Datant du 11e s., elle a reçu au 15e s. sa tour fortifiée. La nef romane est intéressante. Remarquez surtout la belle **décoration★** des arcades romanes, et celle des chapiteaux aux motifs empruntés au règne animal et à l'iconographie orientale ; particulièrement sur l'un de ces chapiteaux, un étrange Daniel au visage hiératique, figé comme un masque, et luttant farouchement contre un lion.

Barneville-Plage

Son boulevard maritime bordé de villas dessert une **plage** très animée (et surveillée) en saison. Orientée plein ouest en direction de Jersey, elle double parfois sa surface en fonction des marées. Un plan d'eau de haute mer particulièrement propice aux sports nautiques la sépare du port de Carteret.

UNE « VEDETTE » DE LA PUB !
Jeanne Le Calvé, née en 1893 à Neulliac (Morbihan), avait suivi son mari en Normandie. Lui était employé des chemins de fer, elle, garde-barrière et lavandière. Un publicitaire, en vacances à Barneville-Carteret, remarqua cette vieille dame aux yeux bleus malicieux. En 1972, première campagne de publicité pour la marque d'électroménager Vedette : les ventes triplent et… « **la mère Denis** » devient l'une des « cover-girls » les mieux payées de France. « C'est ben vrai, ça ! » a-t-elle assené avec son accent du terroir jusqu'à sa retraite en 1981. Le lavoir où elle venait laver son linge est toujours visible, à l'entrée de Barneville, au lieu-dit Le Tot.

Circuit conseillé Carte de microrégion p. 316

Circuit de 52 km. Quittez Barneville-Carteret par la route de Coutances. À La Picauderie, prenez à droite la D 50 qui longe bientôt le havre de Portbail.

Portbail A3

Office du tourisme de la côte des îles – *26 r. Philippe-Lebel - 02 33 04 03 07 - www.portbail.fr - juil.-août : lun.-sam. 10h-14h30, 14h-19h, dim. 10h-13h ; reste de l'année : mar.-sam. 10h-12h30, 14h-17h.*

Le port d'échouage aménagé pour la plaisance (200 anneaux), auquel devrait s'ajouter prochainement un nouveau port, les deux plages de sable fin à 2 km et l'école de voile ont permis à la localité d'acquérir une place de choix parmi les stations balnéaires du Cotentin. Concours de pêche en mer, char à voile, golf ou encore randonnées à cheval complètent l'éventail des activités proposées.

Église Notre-Dame – *02 33 04 03 07 - possibilité de visite guidée juil.-août : ttes les heures mar.-sam. et dim. apr.-midi 10h30-11h45, 14h30-17h45 ; sept.-juin : prendre RV à l'office de tourisme - 2 € billet combiné avec la visite du baptistère (enf. gratuit).*
Désaffectée, l'église est un édifice des premiers temps de l'époque romane dominé par une tour du 15e s. Les colonnes et les chapiteaux décorés d'entrelacs et d'animaux constituent un des attraits principaux de l'intérieur. À gauche de l'autel, statue de saint Jacques en pierre polychrome du 16e s. L'église accueille aujourd'hui des expositions temporaires.

En sortant, regardez à droite le pont à 13 arches qui relie le bourg au port et aux plages. Il sépare le havre sud, toujours en activité, du havre nord, transformé en polder. Par ce pont, on parvient à la plage de la Caillourie qui communique avec les plages de **St-Georges-de-la-Rivière** et **St-Jean-de-la-Rivière** au nord. Au sud, de l'autre côté du havre, se déroule la plage de **Denneville**.

Baptistère – *02 33 04 03 07 - visite uniquement de l'extérieur du baptistère, soit libre soit guidée (mêmes conditions que pour l'église) - 2 € billet combiné avec la visite de l'église (enf. gratuit).* Des fouilles ont permis de mettre au jour les vestiges de cet ancien baptistère. De l'édifice de forme hexagonale ne subsistent que la partie basse des murs extérieurs, des fragments de dallage de schiste bleu, la piscine baptismale et les canalisations d'adduction et d'évacuation d'eau.
À 5 km au sud de Portbail ; prenez la D 650, puis à droite la D 72.

Lindbergh Plage

D'aucuns affirment sans rire que cette plage de Denneville devrait ce nom au premier vol transatlantique réalisé par Charles Lindbergh en 1927 : l'aviateur aurait abordé les côtes européennes à cet endroit-là et se serait même guidé sur le chantier d'un hôtel en construction pour viser Paris ! La réalité est plus

prosaïque : Lindbergh-Plage fut le nom d'une opération immobilière qui visait en 1931 à créer de toutes pièces une station balnéaire de luxe à cet endroit. La station ne fut jamais construite mais le nom demeure. Quant à Charles Lindbergh, il a honoré de sa présence quelques jours après son exploit l'aérodrome de Lessay auquel il a accepté de donner son nom.
Revenez sur la D 650, puis prenez la direction de St-Sauveur-le-Vicomte en passant par St-Lô-d'Ourville. Au croisement de la D 15 et de la D 903, prenez la direction de La Haye-du-Puits et la 2e route à gauche vers Canville-la-Rocque.

Canville-la-Rocque B3

Église St-Malo – La chapelle nord de l'église recèle des fresques du 16e s., relativement bien conservées par endroits, illustrant l'histoire du **Pendu dépendu**. Cette légende raconte qu'un jeune homme fut accusé à tort et pendu sur la route de St-Jacques-de-Compostelle. À leur retour de pèlerinage, ses parents le retrouvèrent toujours pendu mais vivant ! Justice fut rendue, on le descendit du gibet pour y mettre le véritable coupable. Voyez également les fonts baptismaux du 17e s., les vantaux du portail et les stalles.
Revenez sur la D 903 que vous prendrez à gauche.

La Haye-du-Puits B3

5 r. Émile-Poirier - 02 33 46 01 42 - www.ot-lahayedupuits.com - juil.-août : lun. 9h-13h, 14h30-18h30, mar., jeu., vend. 9h-12h30, 14h-18h30, merc. 9h-18h30, sam. 9h-12h30, 14h-17h ; reste de l'année : tlj sf sam. et merc. apr. midi: 9h-13h, 14h-17h30 - fermé dim.
Encore dominée par son vénérable donjon du 11e s. *(ne se visite pas),* la ville fut lourdement endommagée lors de la libération de la Normandie en 1944. Elle se trouve au cœur d'un pays longtemps marqué par la sorcellerie.
Traversez le bourg et continuez à gauche sur la D 903 vers Carentan. Peu avant Lithaire, tournez à droite (panneau « Lac du Mont-Castre ») et suivez le fléchage.

★ Mont Castre B3

Appelé « cote 122 » pendant la bataille de Normandie, le mont Castre a coûté très cher à la 90e division d'infanterie US qui y a perdu plus de 2 000 hommes. Loin de ces souvenirs, la route au-delà des maisons conduit aujourd'hui à l'Espace de découverte et de détente du mont Castre. Un vaste plan d'eau a été aménagé dans une ancienne carrière.
Plusieurs possibilités de circuits, dont un tour panoramique *(1h)*, dévoilent une ancienne allée couverte gauloise (1500 av. J.-C.), les ruines d'une vigie romaine et les vestiges de l'ancienne église (11e s.) de Lithaire.

PROCÈS EN SORCELLERIE

C'est à La Haye-du-Puits qu'eut lieu, en 1670, l'une des dernières grandes affaires de sorcellerie. L'affaire commença l'année précédente, à la suite de crises d'épilepsie d'un jeune un peu simplet. Dans un pays où les sorciers n'étaient pas rares, l'affaire prit rapidement d'incroyables proportions : de dénonciations en dénonciations, plus de 200 personnes furent arrêtées. Jugées à Carentan, 34 d'entre elles furent condamnées au bûcher. Elles firent appel mais le parlement de Rouen, connu pour sa sévérité, confirma le jugement. Le retentissement de l'affaire fut tel que Louis XIV, informé, suspendit juste à temps l'exécution et commua la peine en bannissement. L'arrêt officiel du Conseil d'État, daté du 25 avril 1672, marque la fin des exécutions en France pour sorcellerie.

De retour sur la D 903, gagnez Lithaire où vous prendrez à gauche plusieurs fois en direction de Neufmesnil (D 67).

La route passe devant l'abbaye de Blanchelande *(privé)*, qui a inspiré des écrivains aussi illustres que Barbey d'Aurevilly et La Varende.

Rejoignez la D 900 et prenez-la, à droite, jusqu'à Doville, où le circuit vers le mont est fléché.

Un circuit de 11 km, balisé en jaune, part du parking de l'église de Doville.

Mont de Doville B3

Ce mont qui culmine à 131 m mérite bien son nom si l'on en croit son origine scandinave qui signifie « escarpement chauve ». Baptisé également « mont Colquin », il est un des principaux sommets de la région avec le mont Castre et le mont Etenclin. De la table d'orientation, une belle vue panoramique découvre les alentours de La Haye-du-Puits et les marais de la Sangsurière (réserve naturelle). Un sentier de découverte *(2,5 km, 1h)* passe devant un corps de garde et un ancien moulin. Un peu en contrebas, la chapelle St-Martin est l'ancienne église paroissiale.

Rejoignez la D 137, puis la D 127 au nord. Après Besneville, suivez la direction de Fierville-les-Mines.

Fierville-les-Mines A2

Moulin à vent du Cotentin – *02 33 53 38 04 - www.cotedesisles.com- visite guidée (30mn) juil.-août : 11h-12h30, 13h30-19h ; mai-juin et sept. : tlj sf lun. 14h-17h30 ; mars et de fin oct. à déb. nov. : tlj sf lun. 14h-17h ; fév. et de mi-sept. à fin nov. : w.-end 13h30-18h - 4 € (6-12 ans 1,50 €).* Moulin du 18e s. restauré en 1997 avec un mécanisme importé de Vendée, il est le seul en état de marche dans tout le Cotentin, et continue aujourd'hui encore à produire de la farine de blé, de sarrasin et d'épeautre. Moulue sur place, elle est d'une finesse aérienne ! La visite (30mn) permet de saisir toute la complexité des manœuvres et du métier de meunier. Vous pouvez acheter de la farine avant de repartir.

Revenez à Barneville-Carteret en suivant la D 50, la D 130 puis la D 42.

NOS ADRESSES À BARNEVILLE-CARTERET

HÉBERGEMENT

BUDGET MOYEN

Chambre d'hôte La Tourelle – *5 r. du Pic-Mallet - 02 33 04 90 22 - P - - 5 ch. 49/55 €.* Une vraie maison de grand-mère avec son petit air désuet, ses meubles anciens, son vieux parquet et au petit matin la bonne odeur de confiture concoctée sur place avec les fruits du jardin… On aime bien cette bâtisse du 16e s. face à l'église.

Chambre d'hôte La Roque de Gouey – *16 r. Gilles-Poërier - 50580 Portbail - 02 33 04 80 27 - P - - 4 ch. 50 €.* Cette belle longère a retrouvé des couleurs grâce à une remarquable rénovation. On apprécie la décoration simple des 4 chambres lumineuses (dont une familiale), très bien agencées et disposant chacune d'un accès indépendant. Agréable espace verdoyant et fleuri sur l'arrière de la maison.

Résidence hôtelière Aux 13 Arches – *7 r. Aubert - 50580 Portbail - ✆ 02 33 04 87 90 - www.13arches.com - 48/150 € selon période et nbre de pers.*
Une petite résidence cachée derrière les maisons faisant face au havre. Appartements spacieux et bien équipés ; beaucoup de charme. Le restaurant du même nom est à 50 m *(voir ci-après, « Se restaurer »).*

POUR SE FAIRE PLAISIR

Hôtel des Isles – *9 bd Maritime - ✆ 02 33 04 90 76 - 50270 Barneville-Carteret - www.hoteldesisles.com - fermé de fév. à mi-mars - 31 ch. 98/128 € - ☕ 13 € - formule déj. 19 € - 31 €.* Bel hôtel faisant face à la mer. Chambres de diverses tailles à la décoration soignée, dégageant une ambiance marine douillette. Buffet d'entrées et de desserts à volonté pour des repas décontractés.

Chambre d'hôte Le Logis de la Mare – *Village de La Mare-du-Parc - 50270 Surtainville - 11 km au nord de Carteret par D 650, puis D 66 à gauche - ✆ 02 33 04 35 50 - www.logisdelamareduparc.com - ♿ - 5 ch. 92 € ☕.* Dans cette belle demeure du 18e s. ont été aménagées 5 chambres vastes et confortables, dont quatre à l'étage pour 2 ou 3 pers. et une au rdc, accessible aux pers. à mobilité réduite et dotée d'une salle de bains adaptée.

UNE FOLIE

Hôtel des Ormes – *Quai Barbey-d'Aurevilly - ✆ 02 33 52 23 50 - www.hoteldesormes.fr - fermé janv. - 12 ch. 125/175 € - ☕ 14 € - menu 35/49 €.* Qu'elles aient vue sur le port de plaisance ou sur le jardin, les chambres de cette demeure du 19e s. rénovée avec beaucoup de goût sont toutes confortables et délicieusement cosy.

RESTAURATION

PREMIER PRIX

La Cale Marine – *Port de Carteret - 2 prom. Abbé-Lebouteiller - ✆ 02 33 53 82 50 - fermé de mi-nov. à déb. fév.* Communément appelé la « Cala Kiki » par les habitués de l'endroit, ce café-brasserie est surtout apprécié pour sa terrasse idéalement située face au quai de pêche encombré de flotteurs et de casiers et pour ses moules marinières, parmi les meilleures de la côte ! Rien de sophistiqué, mais une pause des plus agréables pour satisfaire une petite faim et profiter du soleil en compagnie des mouettes qui saluent, à marée haute, les retours de pêche.

Le Berlingot – *Rte de Bricquebec (D 902) - 50270 Sortosville-en-Beaumont - 7 km au nord-est de Barneville-Carteret - ✆ 02 33 53 87 16 - fermé de mi-nov. à mi-mars, mar. hors sais. et merc. - P - 10/22 €.* Les gens du coin fréquentent assidûment cette crêperie-restaurant sympathique officiant au bord de la route de Bricquebec, à 5mn de Barneville. Décor intérieur rustique, bonne ambiance familiale, crêpes bien faites et savoureuses pièces de viande normande, grillées en salle à la braise de la cheminée. Proximité d'un site d'éoliennes.

BUDGET MOYEN

Le Gohan – *Les Rivières, r. au Lait - 50270 Barneville - au rond-point central de Barneville, prendre la route descendant vers Barneville-Plage. Après avoir traversé l'ancienne voie ferrée, prendre à gauche la direction Les Rivières, puis à droite la rue au Lait - ✆ 02 33 04 95 33 - fermé sam. midi, dim. soir (sf en hte sais.) et lun. - 12,50/27,80 €.* Dans une ancienne grange rénovée, aux poutres et pierres apparentes, agréable salle de restaurant installée en mezzanine. Grand choix de galettes et de crêpes, plusieurs menus, un plat du jour, des grillades et quelques spécialités du crû comme les huîtres chaudes à la crème d'ail.

L'Hermitage – *4 prom. Abbé-Lebouteiller - ✆ 02 33 04 96 29 - fermé janv., dim. soir et lun. sf de juil. au 15 sept. -18/36 €.* Une aubaine pour les amateurs de fruits de mer et poissons. Ce restaurant convivial vous accueille dans sa plaisante salle à manger marine ou, en saison, sur sa terrasse face au petit port de pêche. Également quelques viandes à la carte.

Pom'Cannelle – *10 r. du Gén.-Leclerc (à côté de la Poste) - 50250 La Haye-du-Puits - ✆ 02 33 46 45 57 - fermé lun. (et merc. soir 15 sept.-15 juin) - formule déj. 9/11,50 € - 15/35 €.* Crêperie et cuisine du terroir : poissons et fruits de mer, foie gras de canard maison, magret à la crème de camembert, etc., le tout servi dans un cadre où la couleur bordeaux des nappes se marie joliment aux boiseries des murs et aux poutres apparentes du plafond.

Café-restaurant Aux 13 Arches – *9 pl. Castel - 50580 Portbail - ✆ 02 33 04 87 90 - www.13arches.com - tlj juin-sept. ; hors sais. fermé jeu. soir, dim. soir et lun. - 22/32 €.* Situé juste avant le pont aux 13 arches dont il tire son nom, ce petit restaurant propose poissons et fruits de mer, à consommer sur la terrasse au bord du havre ou en salle. Sympathique bar façon pub où goûter à différents cocktails.

UNE FOLIE

La Marine – *11 r. de Paris - ✆ 02 33 53 83 31 - www.hotelmarine.com - 26 ch. 90/260 € - ☕ 15 € - menu 37 (sem.)/50/90 € - carte 65/110 €.* Faites-vous vraiment plaisir et installez-vous dans l'une des deux salles panoramiques face à la mer, pour déguster la goûteuse cuisine inventive du chef étoilé Laurent Cesne.

PETITE PAUSE ET ACHATS

Maison du Biscuit – *Sortosville-en-Beaumont, hameau Costard - 8h30-19h - fermé janv.* Sur la route de Bricquebec, cette grande bâtisse constituée de plusieurs petites maisons en trompe-l'œil imitant une rue d'autrefois ne manque pas d'attirer l'attention. Vous y trouverez une épicerie fine proposant des produits de terroir (miels, confitures, thés, moutardes, charcuteries, plats régionaux) et, bien sûr, les biscuits fabriqués sur place depuis 1903, dont les fameux financiers. Salon de thé.

Galerie De lumière et de Vent – *14 r. du Cap - 50270 Carteret.* Dans ses photographies traitées comme des eaux-fortes, Bruno Mercier a su saisir les paysages de la côte torturés par le vent. De véritables œuvres d'art !

PRENDRE UN VERRE

La Marine – *11 r. de Paris - 50270 Carteret - ✆ 02 33 53 83 31 - fermé de mi-nov. à mi-mars.* À moins que vous ne décidiez de faire une étape gastronomique à l'hôtel- restaurant de La Marine, installez-vous – à marée haute – sur la terrasse, pour prendre le thé ou l'apéritif : un pur moment de détente face au soleil à regarder les voiliers entrer dans le port.

ACTIVITÉS

École du Vent en Côte des Isles – *La Caillourie - 50580 Portbail - ✆ 02 33 10 10 96 -*

www.ecoledevoile-portbail.fr - ecoleduvent2@wanadoo.fr - 9h-12h, 14h-17h (sam. 14h-17h) - fermé dim. Relais de voile intégré au port de plaisance de Portbail, l'École du Vent en Côte des Isles met à la disposition des amateurs de sports nautiques une flottille de canoës-kayaks, de catamarans et de chars à voile. Possibilités de location à l'heure ou à la demi-journée ; organisation de stages.

Excursion dans les îles Anglo-Normandes – Départ de Carteret d'avril à sept. *Rens. et réserv. ✆ 0 825 133 050 - www.manche-iles-express.com*

Vedettes du Cotentin – *✆ 07 60 20 20 40 - www.vedettesducotentin.com* Avec l'*Esquina*, vedette rapide de 12 places assises, cette compagnie assure, à la demande, des liaisons entre Carteret et les îles Anglo-Normandes : vers Jersey (arrivée à Gorey), Guernesey et Sercq, et entre Diélette et Aurigny. Départ du port de plaisance.

Port des Isles - Carteret – *Bureau du port - ✆ 02 33 04 70 84 - contact@port-des-isles.fr - www.mairie-barneville-carteret.fr* À Carteret, le port de plaisance offre un abri privilégié aux plaisanciers. Au bout d'un chenal, un bassin à flot offre 60 places visiteurs. Parmi les services proposés : capitainerie et yacht-club, eau douce, électricité à quai, carburant, sanitaires, grutage, shipchandlers. À noter que, du fait des marées, le bassin est ouvert environ 2h30 avant et après la pleine mer.

La proximité des îles permet une navigation diversifiée : les Ecrehou (7 M), Jersey (14 M), Sercq (22 M), Herm (26 M), Aurigny (27 M), Les Minquiers (27 M), Guernesey (29 M) et Chausey (29 M).

Randonnées équestres – *La Ferme des Mielles - 50580 Portbail - ✆ 02 33 04 26 71.* Le centre équestre propose randonnées et balades sur la plage et le long des sentiers côtiers. Restaurant-crêperie dans l'enceinte du centre *(fermé lun., mar. - 13,90/35 €)* pour se remettre de ses émotions.

Golf des Îles – *17 chemin des Mielles - St-Jean-de-la-Rivière (entre Barneville et Portbail) - ✆ 02 33 93 44 85 - www.golfcotedesiles.fr.* Situé près du camping, ce golf est ouvert à tous (pas de handicap particulier pour y jouer) et praticable toute l'année. Parcours varié de type « links » (en partie dans les dunes) et assez technique par endroits, 9 trous + 3, par 33/2 377 m, practice, dans un environnement agréable et bon enfant.

AGENDA

Tour des Ports de la Manche – *Mi-juillet.* Depuis plusieurs années, près d'une centaine de voiliers participent à cette course qui fait escale à Cherbourg, Diélette, Carteret, Chausey et Granville, avec des échappées à Jersey et Guernesey. Événement majeur de l'été, ce tour offre à tous ceux restés à terre le spectacle magnifique de ces voiles partant au vent portant et filant vers l'horizon, après diverses festivités à chaque escale entre « voileux » et estivants.

Pointe de la Hague

★★

Manche (50)

NOS ADRESSES PAGE 356

S'INFORMER

Office du tourisme de la Hague – *45 r. Jallot - 50440 Beaumont-Hague - ✆ 02 33 52 74 94 - www.lahague-tourisme.org - lun.-vend. 9h-12h30, 14h-17h, sam. 10h-12h30 - fermé dim.*

SE REPÉRER

Carte de microrégion A1 (p. 316) – *carte Michelin Départements 303 AB 1/2.*
La pointe de la Hague forme l'extrémité nord-ouest de la presqu'île du Cotentin. Son point le plus éloigné, le cap de la Hague, se trouve à 29 km au nord-ouest de Cherbourg par la D 901, et 49 km au nord de Barneville-Carteret par la D 650 et la D 37.

À NE PAS MANQUER

Les paysages spectaculaires du nez de Jobourg, partie de côte découpée avec ses hautes falaises, et, juste au-dessus, la baie d'Écalgrain, face à l'île Anglo-Normande d'Aurigny.

ORGANISER SON TEMPS

Comptez au moins une journée entière pour suivre les deux circuits, prendre le temps de respirer l'air iodé du haut des falaises et flâner dans le jardin dépaysant de Vauville.

Des falaises parmi les plus hautes d'Europe alternant avec de petites plages de sable et des ports charmants, le tout relié par un fil vert bien connu des randonneurs, le sentier des Douaniers : ce « bout du monde » aux côtes découpées vaut pour ses paysages spectaculaires aussi bien que pour la beauté de ses jardins aux allures tropicales. Souvent associé à son activité nucléaire, le nom de la Hague est surtout synonyme de généreuse nature.

Circuits conseillés Carte de microrégion p. 316

★★ LA CÔTE OUEST

Pour visualiser ce circuit de 45 km au départ de Barneville-Carteret, reportez-vous à la carte p. 349. Comptez environ 1h30.
Quittez Carteret au nord par la D 201.
Entre Carteret et Hatainville, le circuit se faufile le long des dunes les plus hautes de la côte normande, que séparent des dépressions herbeuses appelées « mielles » où poussent des variétés rares et colorées, du bleu du seigle de mer au rose vif de l'orchidée pyramidale.
Continuez vers Surtainville et Le Rozel.
Entre **Le Rozel** et Flamanville, la route domine l'**anse de Sciotot**. On distingue le cap de Flamanville au nord. Les dunes sont remplacées par des falaises.

Flamanville

Avant l'entrée dans le village, sur la gauche de la route et précédé d'un beau parc à l'anglaise *(visite libre)*, s'élève un **château**, construit sous Louis XIII pour une noble famille locale (les Bazan). Les créneaux qui coiffent les tours de l'enceinte, à usage décoratif, sont un ajout du 19e s., caractéristiques du style « troubadour » qui faisait alors fureur.

Centre nucléaire de production d'électricité de Flamanville – *✆ 02 33 78 70 17 - visite de la centrale suspendue en raison de l'application du plan Vigipirate renforcé - le centre d'information reste ouvert : vac. scol. : lun.-vend. 9h-12h30, 14h-17h, sam. 14h-17h ; hors vac. scol. : vend. 9h-12h30, 14h-17h, sam. 14h-17h.*
Couvrant 120 ha, cette centrale nucléaire destinée à la production d'électricité est implantée en partie sur le granit du littoral, en partie sur une plate-forme en avancée sur la mer. Flamanville a par ailleurs été choisie pour recevoir le premier réacteur nucléaire français de type EPR (Réacteur européen à eau sous pression). En cours de construction, il devrait être mis en service en 2013. Le centre d'information, en surplomb, offre une vue sur le chantier en cours et propose des explications sur le fonctionnement de la centrale.

La vocation industrielle des lieux est assez ancienne. La centrale s'est installée sur le site des puits d'accès à une ancienne mine de fer, la **mine de Diélette**, exploitée de façon plus ou moins suivie entre 1840 et 1962. Sa caractéristique : les 10 km de galeries étaient situés sous la mer à 90 et 150 m de profondeur. Cette mine a inspiré à Paul Vialar un roman, *La Maison sous la mer*, adapté au cinéma en 1946. Seul témoignage aujourd'hui, la Cité des Corons, dans le village, et une exposition, pendant les mois d'été, dans un local attenant à la mairie, sur l'histoire et le patrimoine des mines et carrières de Flamanville-Diélette.

Continuez vers le nord.

Diélette

Capitainerie - ✆ 02 33 93 11 86 - juil.-août : tlj 9h30-12h30, 14h-17h30 sf sam. 10h-12h30, 14h-16h30.

Seul refuge entre Goury et Carteret, le port adossé à sa falaise sombre abrite entre ses deux jetées une plage de sable fin se découvrant à marée basse. La **gare maritime** est une base de départ pour les îles de Guernesey et Aurigny *(voir Nos adresses p. 359)*.

Siouville-Hague

La longue plage en pente douce de Siouville est le spot de surf de la côte. Les vagues s'avèrent idéales tant pour l'initiation au surf, windsurf et kitesurf en toute sécurité que pour les surfeurs confirmés. Des compétitions de sport de glisse (championnats de France de skimboard, Siouville Surf Open, etc.) s'y déroulent. C'est l'occasion pour les promeneurs de profiter de spectacles acrobatiques de glisse en tous genres.

★ Biville

Ce village, but d'un pèlerinage local, est bien situé sur le plateau dominant l'immense grève désolée de l'anse de Vauville. Dans l'**église**, le chœur (13e s.), orné de petits bas-reliefs du 15e s., abrite un sarcophage de marbre du bienheureux Thomas Hélye (1187-1257), originaire de Biville, prêtre du diocèse de Coutances (fête les 18 et 19 octobre avec messe de minuit). À gauche du chœur, groupe en bronze du 19e s. représentant Thomas Hélye avec quelques-uns de ses élèves. Dans la nef, un vitrail de Barillet (1944) – le premier à droite de l'entrée – évoque l'arrivée des Alliés et la libération de la région.

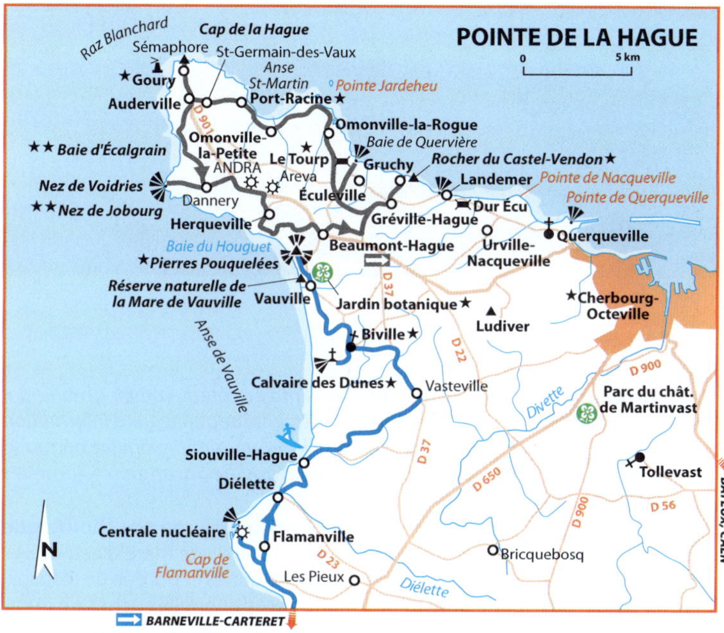

★ **Calvaire des Dunes** – *45mn à pied AR. Dans le prolongement de la rue bordant l'église, près d'une barrière, prenez la chicane et empruntez le chemin qui passe devant une petite chapelle dédiée à la Vierge et conduit au calvaire.*
De ce bel ensemble dunaire, découvrez un immense **panorama** : au premier plan, du nez de Jobourg aux falaises de Flamanville, le paysage unique de l'anse de **Vauville** ; au large, les îles Anglo-Normandes.
Continuez vers Vauville.
Avant le village du Petit-Thot, belle **vue**★, particulièrement au crépuscule, sur la lande rase de Vauville.

Vauville

À perte de vue s'étend une lande de bruyères au pied de laquelle est blotti le village. L'église rustique du 12e s. et le manoir du 17e s. forment un ensemble remarquable.

★ **Jardin botanique** – *02 33 10 00 00 - - www.jardin-vauville.fr - avr., mai, juin et sept. : 14h-18h30 ; juil.-août : 14h-19h ; oct. : w.-end 14h-18h - possibilité de visite guidée (1h30) - 7 € (-18 ans gratuit). Boutique du jardin et petit salon de thé.*
À quelques centaines de mètres de la mer, autour du manoir dont le donjon est l'unique vestige de l'antique forteresse (12e s.), un jardin exceptionnel de 4 ha a été créé en 1947 par la famille Pellerin. En perpétuelle évolution depuis, il présente aujourd'hui plus de 1 200 espèces végétales et a la particularité de ne compter que des plantes au feuillage persistant, dont la plupart sont originaires de l'hémisphère austral. Il est protégé de haies brise-vent et composé de chambres de verdure peuplées d'eucalyptus, de gunneras, d'echiums, de bambous, d'azalées, d'amaryllis, de rhododendrons… et de la palmeraie la plus septentrionale de France ! Toutes les espèces sont identifiées. Un tout nouveau chemin bordé de gunneras manicata mène les visiteurs vers la sortie de ce jardin des plus dépaysants.

Réserve naturelle de la mare de Vauville – *Entrée à côté du camping municipal de Vauville - visite libre par un sentier balisé agrémenté de panneaux d'information ou visite guidée (5 €, enf. gratuit) organisée par le Groupe ornithologique normand sur RV - ✆ 02 33 08 44 56 - reservenaturellevauville@orange.fr - jumelles conseillées.*

Créée en 1976 et gérée depuis 1983 par le Groupe ornithologique normand, cette réserve naturelle constituée d'une vaste mare d'eau douce de 62 ha, isolée de la mer par un étroit cordon de dunes et bordée de roseaux, permet de découvrir une flore et une faune exceptionnelles riches de nombreuses espèces d'oiseaux (bécassines des marais, canards colverts, rousserolles effarvattes, etc.), d'invertébrés et d'amphibiens, comme ces crapauds dont les coassements accompagnent la visite.

★ Pierres Pouquelées

45mn à pied AR, au départ de la D 318.

À la sortie nord de Vauville. Environ 200 m après, garez-vous et empruntez, à gauche, un chemin en forte montée. Sur le plateau, prenez à gauche pour atteindre l'**allée couverte** de Pierres Pouquelées. De là, dirigez-vous, à droite, vers une légère protubérance du plateau d'où se découvre un **panorama** sur la côte, du nez de Jobourg aux falaises de Flamanville. On aperçoit par temps clair Aurigny et, vers l'intérieur, le village de Jobourg et le clocher de Beaumont. L'endroit est très apprécié des amateurs de deltaplane.

LA CÔTE NORD ET LA BAIE D'ÉCALGRAIN

Circuit de 55 km – environ 2h45. Boucle au départ de Beaumont-Hague.

La route rallie la côte nord, au niveau de Gruchy, puis suit la côte vers l'ouest pour redescendre le long de la baie d'Écalgrain avant de revenir à Beaumont-Hague.

Beaumont-Hague

Autrefois fief des Jallot de Beaumont, contrebandiers du 17e s.; aujourd'hui lieu de résidence de nombreux employés d'Areva.

Quittez Beaumont-Hague par l'est, sur la D 245, puis suivez à gauche la D 237 et la D 45 jusqu'à Gréville-Hague (4,5 km).

Gréville-Hague

La petite église (12e s.) trapue du village a servi de modèle au peintre **Jean-François Millet** (1814-1875), originaire du hameau de **Gruchy** *(à 1 km de Gréville,* Une copie de la statue de l'artiste, en bronze, a été placée sur un rocher au centre du carrefour de Gréville-Hague.

Cap de la Hague, le phare du petit port de Goury et le hameau de La Roche.
B Rieger / hemis.fr

Maison natale de Jean-François Millet – *Hameau Gruchy - ☏ 02 33 01 81 91 - http://manche.fr/patrimoine/ - juil.-août : 11h-18h ; juin et sept. : 14h-18h ; avr.-mai et vac. scol. (sf Noël) : 14h-18h - 4,20 € (7-18 ans 2 €).* Dans la jolie ferme où est né Millet, le 4 octobre 1814, sont présentés des meubles et objets évoquant la vie d'une famille rurale au début du 19e s. Un diaporama animé par une évocation sonore associe sa vie, sa famille, sa maison (ainsi que la belle « maison au puits » située juste en face, qu'il ne se lassa jamais de dessiner) et donne la genèse de son œuvre picturale. Dans les pièces de l'étage quelques gravures, dessins préparatoires et reproductions mettent en évidence la place du paysage et des travaux des champs dans l'œuvre du peintre, auquel Van Gogh se référait comme à un maître. Enfin, une petite collection d'objets variés, « produits dérivés » de son tableau le plus célèbre, mettent en évidence le prodigieux succès de *L'Angélus*.

Prenez la D 237 à droite vers Gruchy.

★ Rocher du Castel-Vendon

1h à pied AR.

Laissez la voiture à l'entrée du hameau de Gruchy et avancez à pied jusqu'au lavoir. Attention, certains passages sont difficiles. Suivez cette trace à travers les fougères en restant sur le flanc droit du vallon. D'un promontoire rocheux, la **vue** se développe sur la côte, du cap Lévi à la pointe Jardeheu. Au premier plan, entourée de profonds ravins, se dresse l'échine granitique appelée rocher du Castel-Vendon. Au cours de la longue descente sur Omonville-la-Rogue, la mer réapparaît.

En voiture, de Gruchy, quittez un moment la D 45 pour faire un détour par la **baie de Quervière**. Prenez la direction d'Éculleville, puis tournez à gauche juste avant, au panneau « Baie de Quervière ». Au bout de la route, garez-vous afin d'admirer le large **panorama★** sur la baie.

Revenez vers la D 45, que vous prendrez à droite.

Omonville-la-Rogue

★ Manoir du Tourp – *☏ 02 33 01 85 89 - www.letourp.com - ♿ - juil.-août : 10h30-19h ; reste de l'année : 14h-18h - fermé 1er janv.-22 févr., 1er Mai - gratuit.* Ce magnifique manoir (15e et 17e s.), racheté par le Conservatoire du littoral, a été complètement restauré pour devenir un centre culturel et touristique majeur du Nord-Cotentin. Outre des espaces dévolus à des expositions temporaires, on y découvre une présentation permanente intitulée **La Hague à tous points de vue.** Vidéos, photos, témoignages, documents et objets permettent de découvrir la beauté de ses paysages variés et sauvages, la richesse de la faune et de la flore, l'histoire d'une région aux fortes traditions (comme le ramassage du varech dont on extrayait la soude nécessaire à l'industrie pharmaceutique), ainsi que la vie d'aujourd'hui et les relations ambivalentes que les habitants entretiennent avec l'industrie nucléaire : certes, elle entraîne un incontestable déficit d'image pour leur région, mais ils lui doivent en contrepartie emplois et équipements.

Les vastes communs du manoir (un restaurant et un hôtel ont pris possession des lieux) s'ordonnent autour de la grande cour fermée.

Omonville-la-Petite

Un petit cimetière campagnard entoure l'église ; Jacques **Prévert** (1900-1977) y repose aux côtés des siens *(à gauche de l'entrée).*

Maison de Jacques Prévert – *Stationnement obligatoire sur la place de l'église, 300 m à pied - ✆ 02 33 52 72 38 - www.sitesetmusees.cg50.fr - juil.-août : 11h-19h ; juin et sept. : 11h-18h ; avr.-mai et vac. scol. (sf Noël) : 14h-18h - fermé oct.-mars - 4,20 € (7-18 ans 2 €).* Achetée par Prévert en 1971, cette maison a été son dernier refuge avant sa mort en 1977. Elle fut aménagée par son ami **Alexandre Trauner**, décorateur de cinéma. On y visite notamment son atelier et le jardin. Des expositions temporaires annuelles évoquent son œuvre et ceux de ses amis peintres et écrivains. Un film présente la vie du poète.

Vers l'anse St-Martin – *Départ de la maison de Prévert - 5 km, balisage jaune - 1h30 à pied AR. Tout de suite après la maison de Prévert, prenez la montée à gauche. À l'intersection suivante, tournez au panneau « Hameau Henry » puis tout de suite à gauche en sortant du hameau, avant le lavoir.* La promenade passe par le calvaire de Mont-Clin, qui offre un **panorama★** à 360° sur l'anse St-Martin et les alentours. Au hameau des Guillemins-de-Bas, notez la tête de gendarme sculptée sur le toit de la dernière maison pour narguer les douaniers qui pourchassaient les contrebandiers, comme le chevalier corsaire de Rantot. La ferme de la Bas-Monterie, son repaire, s'aperçoit juste avant le hameau des Fours. Le chemin débouche sur la ravissante plage de l'**anse St-Martin** où mouillent quelques bateaux. *Revenez sur la route goudronnée à gauche et tournez 300 m plus loin à droite pour retourner à l'église d'Omonville-la-Petite.*

★ Port-Racine

La montée vers St-Germain-des-Vaux révèle ce havre lilliputien, considéré du moins comme le plus petit port de France en activité. Le nom de Port-Racine vient de celui d'un corsaire, François-Médard Racine, qui avait établi sa base en ce lieu, sous Napoléon Ier.

En bas du parking, un chemin (600 m) conduit à un agréable jardin ombragé.

Jardin en hommage à Jacques Prévert

Parking obligatoire aménagé de l'autre côté de la route de Port-Racine, puis 800 m de montée à pied. ✆ 02 33 52 74 94 (office du tourisme de Beaumont-Hague) - juil.-août : 14h-19h ; de Pâques à fin juin et sept. : tlj sf vend. 14h-19h - 5 €.

Prévert, on le comprend, appréciait ce vallon calme et verdoyant, arrosé par une rivière. Depuis 1981, un de ses proches, Gérard Fusberti, fait vivre ces lieux enchanteurs grâce à de discrets aménagements : de petits ponts et des bancs écarlates, des citations du poète semées ici et là, des arbres offerts par la famille ou des amis artistes, les ruines consolidées de vieux moulins à blé (16e s.) et… un raton laveur ! En repartant vers Goury, on parcourt un paysage de landes, accidenté par de nombreux rochers.

À l'entrée d'**Auderville**, à droite, la descente sur Goury permet de découvrir le « finistère » septentrional de la Hague, dont la côte basse se frange d'écume. Le phare sur son îlot et, en mer, les hautes falaises de l'île d'Aurigny sont bien visibles.

Les écrivains en Nord-Cotentin

« Qui a goûté au Cotentin ne peut se contenter de l'ailleurs », **Michel Chaillou** *(Indigne indigo)*. À l'instar des paysages sauvages de la Hague, ce bout du Cotentin où Jean-François Millet peignit ses premières toiles, bien des écrivains ont été marqués par ce « pays du bout du monde », qu'ils y soient nés, qu'ils aient choisi d'y vivre ou qu'ils s'en soient inspirés dans leurs romans.

PLUMES AU VENT

Ce pays à part, battu par la mer et le vent, ce vent rageur qui donne aux vagues toute leur violence et qui est parfois « tellement fort qu'il arrache les ailes des papillons », comme l'écrit **Claudie Gallay** dans son roman *Les Déferlantes,* a vu **Éric Orsenna** se mobiliser, au côté de **Didier Decoin**, pour défendre la Hague dans une « déclaration d'amour au Cotentin », texte paru dans *Le Figaro* du 23 juillet 1997 et diffusé dans les mairies de la région. Car là-bas, sur cette fin de terre normande où la mer et la campagne se rejoignent, Didier Decoin a trouvé à Auderville son antre d'écriture, maison dont il nous conte l'acquisition et l'aménagement avec humour et passion *(Avec vue sur la mer)*. Avant eux, **Paul Vialar**, dans son roman *La Maison sous la mer* paru en 1941, évoque le Trou Baligan, grotte naturelle sous la falaise de Flamanville-Dielette, là même où se trouvait la mine sous la mer, avant que le tout soit détruit pour faire place à la centrale nucléaire.

DES MOMENTS DE VIE

Tout à côté, **Jacques Prévert** choisit de s'installer et de finir sa vie dans le charmant village d'Omonville-la-Petite que son ami **Alexandre Trauner**, le décorateur de cinéma, lui avait fait découvrir en 1971 et où l'on peut aujourd'hui visiter sa maison et se recueillir dans le petit cimetière où les deux amis reposent. À quelques encablures de là, passé le cap de la Hague, « le Finistère le plus proche de Paris » comme le définissait Prévert, c'est au hameau de Landemer que **Boris Vian** passe, dans les années 1930, plusieurs étés avec sa famille *(L'Arrache-Cœur)* dans ce « chouette merveilleux pays ».
À l'est, après avoir dépassé Équeurdreville et Cherbourg, où Boris Vian aimait assister au départ des grands paquebots et où naquirent respectivement **Klaeber Haedens**, **Roland Barthes** et **Annie Saumont**, Tocqueville où vécut en son château l'historien **Alexis de Tocqueville**, la côte aligne en douceur, Barfleur, la pointe de Saire, Saint-Vaast-la-Hougue, ville natale de **Max-Pol Fouchet** et Quinéville. Plus bas, un peu à l'intérieur des terres, c'est à Ste-Marie-du-Mont que naquit **Paul-Jacques Bonzon**, auteur de livres pour la jeunesse, et que **Gilles Perrault** *(Le Pull-over rouge)* choisit de se ressourcer, loin de l'agitation parisienne.

LE CONNÉTABLE DES LETTRES

Mais le Cotentin c'est aussi le bocage souriant du pays de Valognes, ville natale d'un grand de la littérature populaire, **Gustave Le Rouge** (1867-1938), et une vaste zone de marais entre deux mers, avec en son cœur Carentan, La Haye-du-Puits et Saint-Sauveur-le-Vicomte – « un chien de pays trop aimé », comme l'écrit **Jules Barbey d'Aurevilly**, lui-même natif de Saint-Sauveur où sa maison a été transformée en musée. L'écrivain évoque La Haye-du-Puits dans *L'Ensorcelée*, Valognes dans *Le Chevalier des Touches* et Barneville-Carteret dans *Une vieille maîtresse* et *Une histoire sans nom*.

LA « STAR DE LA HAGUE »

Paysan septuagénaire d'Auderville, **Paul Bedel** n'imaginait sûrement pas accéder à la célébrité lorsque le cinéaste **Rémi Mauger** est venu tourner en 2003 un documentaire sur sa vie quotidienne. C'est que le personnage a su toucher un public considérable par sa simplicité, son humour malicieux et son plaidoyer vivant pour une « agriculture raisonnée » respectueuse du savoir-faire ancestral. Le documentaire *Paul dans sa vie* prévu pour être diffusé à la télévision a trouvé, en salles comme en DVD, un large public. Depuis lors, Paul, devenu le héros de deux livres, poursuit sa vie faite de simplicité et d'humilité dans son petit village du bout du monde…

★ Goury

3 r. du Port - ✆ 02 33 04 50 26 - de mi-juin à mi-sept. et ponts de mai : tlj 10h-13h, 14h-18h ; vac. scol. (sf vac. de Noël) : tlj 14h-17h.

Sur le rocher du Gros-du-Raz, le phare de la Hague signale le **cap de la Hague**. Le petit port de Goury a longtemps été le seul refuge des pêcheurs pris par la tempête dans le terrible **raz Blanchard**, l'un des plus forts courants au monde, pouvant atteindre 12 nœuds.

Goury comporte encore aujourd'hui une très importante station de sauvetage. Dans son abri octogonal, le canot de sauvetage pivote sur une plaque tournante qui permet le lancement à partir de deux voies rayonnantes différentes : l'une dirigée vers l'intérieur du port à marée haute, l'autre vers l'extérieur à marée basse.

À la sortie de l'abri, le regard file sur la gauche jusqu'au **sémaphore** *(ne se visite pas)*. Construit en 1860, il était encore, il y a peu, utilisé par la Marine nationale. Au-delà du **raz Blanchard** se profilent les silhouettes des îles Anglo-Normandes. L'échine granitique de **la Hague** devient de plus en plus sauvage à mesure que l'on se rapproche d'Auderville et de Jobourg. Le paysage est grandiose.

De Goury à la baie d'Écalgrain – *Départ de l'office du tourisme de Goury - 5 km - 1h30 à pied AR - laissez la voiture au parking.* Cette randonnée suit au départ le sentier littoral (balisage rouge) qui longe des murets en pierre sèche et la lande éclaboussée de fougères. Il dévoile le paysage grandiose des falaises déchiquetées et traverse le ravissant village de La Roche. À l'entrée de la baie d'Écalgrain, **panorama★** sur la grande plage de sable et de galets. *Prenez la route goudronnée à gauche (la D 401). En haut de la côte, suivez le panneau « voie sans issue » en face. Le chemin ramène à La Roche puis à Goury.*

En voiture, de Goury, continuez sur la D 401.

★★ Baie d'Écalgrain

Cette grève solitaire, encadrée de landes tapissées de bruyères, occupe un site sauvage d'une grande beauté. À gauche de l'île d'Aurigny, apparaissent les îles de Guernesey et de Sercq ; au fond se développe la côte ouest du Cotentin.

De Dannery, la D 202, à droite, mène au nez de Jobourg.

★★ Nez de Jobourg

Le long promontoire escarpé et décharné, environné d'écueils, est le « finistère » le plus imposant de la sauvage Hague. Ses plus hautes falaises culminent à 128 m. La promenade sur le **nez de Voidries** permet de le contempler sous son aspect le plus impressionnant. Des abords de l'Auberge des Grottes, un premier point de vue se révèle, au nord, sur la baie d'Écalgrain, le phare et le cap de la Hague et les îles Anglo-Normandes. Dirigez-vous ensuite à gauche

LE RETOUR DES CÉTACÉS

Il n'est pas rare désormais d'apercevoir des phoques le long des côtes du Cotentin. Les sympathiques **veaux marins** vivent en colonie mais de jeunes sujets aiment bien batifoler loin de leurs bases, et on peut parfois les observer à quelques encablures des plages, que ce soit à la Hague, à Barfleur, Saint-Vaast-la-Hougue, Carteret ou Portbail. On observe aussi ces dernières années des **phoques gris**, beaucoup plus grands (ils peuvent atteindre 3 m de long), qui apprécient les rochers de la Hague. Autre cétacé de retour après une longue absence, le **marsouin commun** mesurant 1,20 m qui fréquente avec une certaine assiduité la pointe de la Hague, notamment entre février et mai. Ces marsouins jadis chassés et qui avaient quasiment disparu des eaux cotentines, sont hélas souvent victimes des filets de pêche. Enfin, on estime à plusieurs centaines les **grands dauphins** qui croisent dans les parages, le plus souvent en pleine mer. Certains d'entre eux ont même acquis une certaine popularité comme Tursio, visiteur assidu de la rade de Cherbourg au cours de l'année 2008.

pour découvrir, au sud-est, le nez de Jobourg proprement dit, séparé du nez de Voidries par la petite anse de Sennival ourlée d'une grève solitaire et dominée par des abrupts rocheux en amphithéâtre. Au loin se dessinent l'anse de **Vauville** et sa plage de sable de 11 km de long, jusqu'aux falaises de Flamanville.

Le paysage est majestueux, notamment quand la mer est turbulente et que les vagues viennent s'écraser avec fracas sur les rochers. Ce site est classé en réserve ornithologique.

Revenez à Dannery, puis rejoignez la D 901, que vous suivez sur la droite.

ANDRA – Centre de stockage de la Manche

℘ 0 810 120 172 (prix d'un appel local) - www.andra.fr - bâtiment d'accueil : tlj sf w.-end 8h30-12h, 13h30-17h - visite guidée (2h) sur demande préalable au 02 33 01 69 00 (présentation d'une pièce d'identité obligatoire) tlj sf w.-end - gratuit - parking à l'intérieur du site.

Ce centre de stockage de déchets radioactifs né en 1969 a reçu plus de 527 000 m^3 de « colis », c'est leur nom, jusqu'en 1994. De 1991 à 1997 ont été effectués des travaux d'étanchéité afin d'assurer confinement des déchets et protection de l'environnement. Depuis 2003, les 15 ha du site sont entrés dans une phase de surveillance active. La visite permet d'en découvrir les dispositifs. Dans le bâtiment d'accueil, exposition sur l'histoire du centre et les missions de l'ANDRA.

Usine Areva

℘ 02 33 02 73 04 - www.areva.com - se renseigner au préalable - en raison du plan Vigipirate renforcé, les visites de l'usine sont suspendues - espace information : lun.-vend. 9h-17h, sf j. fériés. Visite buissonnière en car (2h) de la pointe de la Hague au village de Digulleville : avr.-sept. : lun. et jeu., sf j. fériés.

En bordure de la D 901, l'**espace information** donne des renseignements sur l'usine de retraitement des combustibles nucléaires : ce retraitement consiste en un tri sélectif des combustibles usés, dont une partie est réutilisable, le reliquat (3 % de l'ensemble) étant confié pour stockage à l'ANDRA. Après une présentation des activités d'Areva, les **visites buissonnières** conduisent en car à travers les paysages de la Hague à la découverte des installations de l'usine.

En face de l'usine, prenez la D 403 en forte descente.

Cette route présente entre Herqueville et Beaumont un profil très rude. Après **Herqueville**, laissez la voiture dans un virage aménagé en terre-plein. Une **perspective**★★ splendide au lieu-dit « les 13 Vents » se révèle sur l'anse de Vauville et les falaises de Flamanville. La descente se poursuit : à droite, la petite baie rocheuse du Houguet. Du point le plus bas atteint par la route, on peut gagner la grève à pied. La route remonte ensuite en lacet à travers un paysage de landes.

Revenez à Beaumont-Hague en suivant la D 403.

NOS ADRESSES À LA POINTE DE LA HAGUE

HÉBERGEMENT

PREMIER PRIX

Hôtel-restaurant Le Landemer – *50460 Urville-Nacqueville - ✆ 02 33 03 43 00 - www.le-landemer.com - 9 ch. 45/75 € - ☕ 8,50 € - 17,50/37 €.* Hôtel des plus simples (certaines chambres mansardées ne disposent pas de salle de bains), mais il dégage un certain charme du fait de sa situation en surplomb de la mer. Vue superbe.

BUDGET MOYEN

Hôtel du Cap – *Le Bourg - 63 r. de l'Église - 50440 Auderville - ✆ 02 33 52 73 46 - www.hotelducap.net - 11 ch. 60/65 € - ☕ 8 € - ♿ - P.* Situé dans le beau village d'Auderville, cet hôtel doté d'un jardin propose 7 chambres de plain-pied et d'autres à l'étage, dont une plus grande *(110 €)* offrant une vue sur la mer et une sdb des plus spacieuses. La salle du petit-déjeuner donnant sur le jardin permet d'apercevoir Aurigny en toile de fond.

POUR SE FAIRE PLAISIR

Hôtel Bel Air – *2 r. du Château - 50340 Flamanville - ✆ 02 33 04 48 00 - ♿ - P - www.hotelbelair-normandie.com - fermé 15 déc.-30 janv. - 11 ch. 65/105 € - ☕ 10 €.* Demeure de charme située non loin du château de Flamanville. Belles chambres confortables, dont cinq au rez-de-chaussée.

Château du Rozel – *50340 Le Rozel - ✆ 02 33 52 95 08 - www.chateau-du-rozel.com - 5 ch. 85/120 € ; 6 cottages 350/750 €/sem. - en été, salon de thé (15h-18h) et marché bio (jeudi, 18h).* Dans l'enceinte d'un château (13e-18e s.) appartenant à une descendante en ligne directe d'un compagnon de Rollon, des chambres de caractère et des cottages disséminés dans les communs, ayant chacun une terrasse privative. Petit-déjeuner servi dans la salle à manger du château et accès au parc du domaine.

La Fossardière – *Hameau de la Fosse - 50440 Omonville-la-Petite - ✆ 02 33 52 19 83 - www.lafossardière.fr - fermé de mi-nov. à mi-mars. - 8 ch. 66/79 € - ☕ 10 €.* Dans le charmant petit village où vécut Jacques Prévert, chambres réparties dans plusieurs maisons constituant un hameau où profiter du calme et de la nature. Petit-déjeuner servi dans l'ancienne boulangerie.

L'Erguillière – *Port Racine - 50440 St-Germain-des-Vaux - ✆ 02 33 52 75 31 - www.hotel-lerguillere.com - fermé de mi-fév. à mi-mars - 10 ch. 75/140 € - ☕ 13 €.* Cet hôtel magnifiquement situé au-dessus de la mer, avec Port Racine au bas du jardin, est un endroit idyllique où se poser, même simplement pour prendre le thé.

RESTAURATION

PREMIER PRIX

Crêperie-saladerie La Gravelette – *Hameau Dannery - 50440 Jobourg - www.manchegastronomieduterroir.com - en dir. du nez de Jobourg (1,5 km avant) sur la D 401 - ✆ 02 33 01 25 77.* Salades, huîtres, bulots, galettes de blé noir et crêpes de froment aux compositions diverses : goûtez notamment à la « demoiselle de Jobourg » (crème et glace de marron, amandes grillées et fine Chantilly) ou à la « Hague Dick » (pommes caramélisées flambées au calvados), le tout accompagné d'une moque de cidre.

BUDGET MOYEN

Le Sémaphore – *Chasse de la Houe - 50340 Flamanville - ✆ 02 33 52 18 98 - www.restaurantlesemaphore.com - fermé de mi-déc. à mi-fév., dim. soir, mar. (sf juil.-août) et lun. - menu 21/37 €.* Surplombant la mer, cet ancien sémaphore devenu gîte d'étape, auquel on accède par une petite route étroite depuis le rond-point à l'entrée de Flamanville, offre des vues superbes sur la Manche.

Le Sauve qui pleut – *1 rte du Fort - anse de Sciotot (carrefour D 17/D 517) - 50340 Les Pieux - ✆ 02 33 94 33 85 - menu 19/25 €.* Dans cette maison de bois revêtue, grande salle habillée de jaune et d'orange et dotée de grandes baies vitrées. Côté mets, carte quelque peu éclectique, proposant tartare de saumon au citron vert et gingembre, dos de cabillaud ou, plus exotique, curry vert de crevettes et noix de pétoncles, beignets de fromage, fajitas ou tout simplement moules frites.

Restaurant La Bruyère – *Pl. de l'Église - 50440 Jobourg - ✆ 02 33 52 78 24 - 18/28 € - formule 12 €.* Restaurant au cadre confortable, belle cheminée, tables dressées avec soin. Huîtres de St-Vaast et marée du jour bien sûr, mais aussi pavé de bœuf. Pour le dessert, des framboises et glace vanille.

Auberge de Goury – *Port de Goury - 50440 Auderville - ✆ 02 33 52 77 01 - fermé dim. soir et lun. - 19/62 €.* Spécialités de la mer, comme il est inscrit sur la devanture de cette auberge en granit : bar, saint-pierre, dorades grillées au feu de bois, crustacés, homards, mais aussi gigot de la Hague. En haute saison et les week-ends ou jours fériés, il est prudent de réserver car les habitués se pressent dans ce lieu quasi mythique.

Le Bouche à Oreille – *Le Beuzembec, Port Diélette - 50340 Siouville-Hague - ✆ 02 33 41 84 49 - fermé dim. soir et lun. - 22,50/26,50 € - formule déj. en sem. 11,50 € (entrée, plat du j., café ou plat du j., dessert du j., café), 16,50 € formule complète.* Halte sympathique pour une cuisine au feu de bois sans prétention et à prix modérés, un peu à l'écart d'une côte éminemment touristique. Grande cheminée à l'intérieur et terrasse aux beaux jours.

Hôtel-Restaurant Les Murets – *Manoir du Tourp - 50440 Omonville-la-Rogue - ✆ 02 33 01 02 20 - www.les-murets.fr - 8 ch. 65/85 € - ☕ 8 € - menus 15/35 € et carte.* Profitez de votre visite au manoir pour rester déjeuner dans ce cadre magnifique. La salle de restaurant est dotée de grandes baies vitrées donnant sur un jardin et sur la mer.

Café-Restaurant Mar Bella – *Port du Hâble - 50440 Omonville-la-Rogue - ✆ 02 33 52 68 50 - menus 19/21 € - carte 30 € - fermé* *lun. hors sais.* Intérieur tout en bois et terrasse où déguster poissons grillés (turbot, saumon, sardines) à la plancha et moules frites ; grillades au feu de bois (en hiver).

Café du Port – *Port du Hâble - 50440 Omonville-la-Rogue - ✆ 02 33 52 74 13 - fermé lun. - 25/35 €.* Filet de thon jaune aux senteurs de mangue et citron vert ou ris de veau aux morilles, ou tout simplement moules de Barfleur et huîtres de St-Vaast, le tout servi face au petit port du Hâble et sa plage de galets.

POUR SE FAIRE PLAISIR

Le P'tit Bourg – *Place du Petit-Bourg (en contrebas de la rue Centrale que coiffe la mairie) - 50340 Les Pieux - ✆ 02 33 03 23 84 - fermé dim. et lun. - menus 20/28/36 €, carte 50 €.* Petite auberge au plafond bas, doté de poutres blanches, où vous goûterez à une cuisine inventive à base de produits locaux teintée d'exotisme ; appétissante présentation des mets. Le P'tit Bourg fait également traiteur, l'occasion de mettre sans peine les petits plats dans les grands, même lorsqu'on est en villégiature !

Le Moulin à Vent – *50440 St-Germain-des-Vaux - 9 km au nord du nez de Jobourg par D 202, D 901 puis D 45 - ✆ 02 33 52 75 20 - www.le-moulin-a-vent.fr - fermé déc. et janv., merc. - réserv. conseillée - menus 24/45 € ; carte 40/55 €.* Cette pimpante maison de granit aux abords fleuris se tient au bout de la presqu'île, sur la falaise. Dans sa salle à manger au cadre épuré, vous apprécierez sa cuisine réalisée selon les arrivages. Les trois menus sont déclinés sur différents thèmes : autour du marché, autour du voyage, autour des atomes (cuisine moléculaire).

ACTIVITÉS

Activités nautiques

École de surf du Cotentin – *14 bis bd Deveaud - 50340 Siouville-Hague - ✆ 02 33 41 39 58 ou 06 81 33 57 07 - cotentinsurfclub@orange.fr - www.cotentinsurfclub.com - tlj sf dim. 9h-18h - fermé de déb. déc. à fin mars - 35 € - séance découverte surf/2h ; 10 € location planche 2h, 5 € location combinaison, pour surfer de Pâques à la Toussaint !*

Centre nautique de Diélette – *Port-Diélette - Flamanville - ✆ 02 33 52 61 82.*

Hague-Sud Plongée – *Port-Diélette – ✆ 02 33 53 01 13 - haguesudplongee@wanadoo.fr*

Centre d'activités Voile et Vent – *Plage de Sciotot - 50340 Les Pieux - ✆ 02 33 04 16 78 ou 06 73 57 00 58 - www.oslc-lespieux.fr. - char à voile 26 €/h.*

Base nautique Ycor – *Port du Hâble - 50440 Omonville-la-Rogue - ✆ 02 33 52 64 93 - www.site.voila.fr/voile.omonville.50.* Location de kayak simple ou double, de 420 et de combinaisons, mais surtout école de voile pour enfants à partir de 3 ans.

Spécial « P'ti loup de mer », séances pour les 3 à 5 ans avec moniteur diplômé ; jardin des mers à partir de 5 ans.

Vol à voile

Centre de vol à voile de Vauville – *Camp Maneyrol - 50440 Vauville - ✆ 02 33 52 77 72 - http://vvv.vauville.free.fr - w.-end et j. fériés 14h-18h - 50 € les 20mn.* Dans l'anse de Vauville, baptêmes de l'air ou vols d'initiation en ULM ou en planeur.

Randonnée

Le site *www.lahague-rando.fr*, mis en ligne sur Internet par l'office du tourisme de la Hague, propose de nombreux circuits de randonnées, pédestres, équestres, à vélo et VTT, avec la cartographie de chaque circuit et les principaux points d'intérêt.

Des balades thématiques commentées (La Hague, un décor de cinéma, Urville-Nacqueville à la Belle Époque, cap de la Hague, sentinelle du bout du monde, Manoirs et Fleurs de la Vallée de la Scye, Les Saveurs du Terroir s'invitent au château) sont organisées par l'office du tourisme de la Hague. *Avr.-sept. - durée environ 4h - 5 €. Rens. et réserv. à l'OT de Beaumont-Hague, ✆ 02 33 52 74 94, www.lahague-tourisme.com ; ou à celui des Pieux ✆ 02 33 52 81 60.*

Les bons marcheurs souhaitant suivre le sentier des Douaniers ont tout intérêt à se procurer le topo-guide du GR 223 (tour du Cotentin) ou celui, plus court, du sentier de Grande Randonnée de Pays (tour de la Hague). *Rens. Comité départemental de randonnée pédestre - ✆ 02 33 55 34 30.*

Visite des Grottes de Jobourg – Exspen *(Exploration sports environnement) – ✆ 06 31 45 25 80 - www.exspen.com.* Toute l'année, vous pouvez visiter les grottes de Jobourg ou le « Creux du Mauvais Argent », sur le thème de la contrebande, en compagnie d'un guide diplômé d'État *(horaires variables, réserv. obligatoire, 20/30 €).*

Ces même grottes de Jobourg, autrefois rendues inaccessibles par la dégradation de l'ancienne descente du Touring-Club, font aujourd'hui l'objet d'un nouvel itinéraire conçu par l'association « **À la découverte de la Hague** » qui propose chaque été, de mi-juil. à fin sept., une randonnée insolite et commentée *(5h)* permettant de découvrir des paysages grandioses. *Réserv. obligatoire, ✆ 02 33 53 86 12 ou 06 12 42 86 97 - www.decouverte-de-la-hague.new.fr - 5 €, enf. 2,50 €.*

Excursion dans les îles Anglo-Normandes

La compagnie **Manche Îles Express** relie Diélette à Guernesey et Aurigny avec des catamarans à grande vitesse - *✆ 0 825 133 050 - www.manche-iles-express.com*

AGENDA

Siouville Surf Open – *Mi-juin.* À Siouville-Hague, week-end festif organisé en juin par le Cotentin Surf Club. L'occasion de suivre des compétitions de surf de haut niveau mais aussi de s'initier soi-même au surf, au kayak, au waveski, au kitesurf ou au paddleboard.

Festival du vent salé – *Déb. juin - plage de Sciotot, Les Pieux.* Vitrine de tous les sports liés à l'eau et à la plage : baptêmes et démonstrations de char à voile, speed-sail, cerf-volant acrobatique ; ateliers de fabrication de cerfs-volants et de menuiserie de charpente marine.

Rassemblement de vieux gréements – *Déb. juil. - Port Diélette.* Animations sur les pontons et visites des bateaux, avec la possibilité de naviguer sur certains d'entre eux.

Cherbourg-Octeville

★

39 774 Cherbourgeois (agglomération : 117 855 habitants) – Manche (50)

NOS ADRESSES PAGE 369

S'INFORMER

Office de tourisme Cherbourg-Cotentin – *14 quai Alexandre-III - 50100 Cherbourg-Octeville - ✆ 02 33 93 52 02 - www.cherbourgtourisme.com; de mi-juin à mi-sept. : 9h30-19h, dim. 10h-17h, j. fériés 10h-13h, 14h-17h ; reste de l'année : 10h-12h30, 14h-18h, dim. (vacances scolaires) 10h-13h.*

SE REPÉRER

Carte de microrégion C4 (p. 316) – *carte Michelin Départements 303 C2.* Située au nord de la presqu'île du Cotentin, à 120 km des côtes anglaises, la plus grande ville de la Manche résulte de la fusion de Cherbourg et d'Octeville en 2000. La N 13 y aboutit, après être passée par Caen (123 km au sud-est) et Bayeux (96 km).

À NE PAS MANQUER

La Cité de la mer et une visite de la rade en bateau pour apprécier le gigantisme des installations.

ORGANISER SON TEMPS

Comptez 3h de visite pour la Cité de la mer, dont 35mn pour le seul *Redoutable*.

AVEC LES ENFANTS

Mettez le cap sur la Cité de la mer pour admirer les poissons dans l'aquarium et apprendre à manœuvrer un sous-marin ; renseignez-vous à l'office de tourisme : un géant des mers fait peut-être escale au quai de France pendant votre séjour…

Avant tout ville maritime, Cherbourg est dotée de la plus grande rade artificielle du monde et compte plusieurs ports : port de plaisance, port militaire, port de commerce et port de pêche. En dépit de ses malheurs à travers les siècles, la cité conserve un riche patrimoine monumental, lequel est dominé par l'ensemble remarquable de la grande digue. Découvrez-le à travers ses jardins, ses musées et ses églises.

Se promener Plan de ville ci-contre

Goûter au charme de la ville peut se faire en se laissant tout simplement guider par les bornes mises en place au pied des sites les plus intéressants. Six chemins historiques de 1,5 à 5 km sont jalonnés de bornes explicatives (plan de situation, illustration du site et légende en français et en anglais) - *départs : en face de la gare SNCF, en face de la basilique de la Ste-Trinité et en face de l'ancienne gare transatlantique.*

Parc Emmanuel-Liais A1

8h/8h30-17h/19h30 selon les saisons - visite des serres : mai-sept., sam., dim.et j. fériés 10h-12h, gratuit.

CHERBOURG-OCTEVILLE

SE LOGER	
Ambassadeur (Hôtel)	1
Angleterre (Hôtel)	4
Chantereyne	15
Croix de Malte (Hôtel La)	7
Manoir St-Jean (Chambre d'hôte)	10
Renaissance (Hôtel)	13

SE RESTAURER	
Antidote (L')	1
Armoire à Délices (L')	17
Café de Paris	4
Café du Théâtre (Le)	5
Faitout (Le)	7
Pily (Le)	10
Plouc 2 (Le)	19
Sel et Poivre	13
Ty Billic (Le)	15

Entourant le muséum, ce joli parc d'un hectare fut créé comme jardin d'agrément par **Emmanuel Liais** (1826-1900), naturaliste et astronome, qui fut directeur de l'observatoire de Rio de Janeiro, avant de devenir maire de Cherbourg. Aujourd'hui, les serres abritent 400 variétés de plantes et le parc est célèbre pour sa végétation tropicale, dont la vigueur atteste l'influence réchauffante du Gulf Stream. En effet, bien que située à la même latitude que l'embouchure du St-Laurent au Canada, et malgré une réputation tout à fait injustifiée d'endroit pluvieux, Cherbourg a des moyennes de température proches de celles des pays subtropicaux. L'ensoleillement est même légèrement supérieur à celui de la région parisienne.

Muséum A1

☏ 02 33 53 51 61 - mai-sept. : 10h-12h, 14h-18h, dim. 14h-18h, fermé lun. et j. fériés ; reste de l'année : tlj sf lun. 14h-18h - fermé j. fériés - gratuit.

Installé dans la demeure d'Emmanuel Liais, le muséum d'Ethnographie, d'Histoire naturelle et d'Archéologie contient, au rez-de-chaussée, des collections de coquillages, mammifères et oiseaux, rassemblées à partir de 1830 dans des conditions très proches des romans d'aventure. À l'étage, les cinq continents sont présentés dans une atmosphère délicieusement (et délibérément) surannée à travers des expositions de pierres, de statuettes, d'instruments de musique et d'armes, présentées par des cartons soigneusement calligraphiés. On y trouve même une momie égyptienne et un kayak inuit ! Bref, un voyage dans le temps, tout autant qu'autour du globe…

Port militaire (arsenal) A1

☏ 02 33 92 65 09 - en application du plan Vigipirate, les visites sont suspendues.

Né d'un chantier naval fondé en 1782 et réquisitionné en 1793 par la Convention nationale qui décide d'en faire un arsenal maritime, l'arsenal se compose du port militaire et de la direction des Constructions navales spécialisées dans les sous-marins, classiques et nucléaires. Outre cette activité d'armement de sous-marins, la Marine nationale remplit des missions de service public : sauvetage en mer, contrôle du trafic maritime, surveillance du milieu marin, lutte contre la pollution marine. Cette dernière est assurée par la flottille « des patrouilleurs de la Manche » amarrée dans les bassins Charles-X et Napoléon-III.

Place Napoléon A1

Face au port, cette place agréablement fleurie est dominée par la statue équestre de l'empereur, œuvre en bronze due à Armand Levéel. D'un geste du bras, Napoléon désigne le port militaire, et non l'Angleterre comme l'ont longtemps dit les Cherbourgeois, rappelant que son inauguration, le 8 août 1858, faillit provoquer un incident diplomatique entre Napoléon III venu à Cherbourg pour l'occasion, et la reine Victoria qui avait été invitée à la cérémonie !

Basilique Ste-Trinité A1

Tlj 9h-12h, 14h-18h30.

Monument de style flamboyant des 15e et 16e s., édifié sur l'emplacement d'une église fondée au 10e s. Notez les gâbles et les pinacles ornés de feuillages et de gargouilles sorties du bestiaire médiéval. La tour-clocher carrée dite « tour sauvage » (du nom de son architecte, Le Sauvage) qui coiffe le portail a été ajoutée en 1828. À l'intérieur, coursive de pierre sculptée et peinte figurant, au nord, une **danse macabre** (16e s., restaurée au 19e s.) et, au sud, des scènes de la Passion du Christ. Fonts baptismaux du 15e s.

LE COTENTIN, TERRE DE TOURNAGES

Un film a beaucoup contribué à la renommée de la ville où naquirent **Jean Marais** (1913-1998) et **Jacques Rouxel** (1931-2004), le père des célèbres *Shadoks* : **Les Parapluies de Cherbourg**. La célèbre comédie musicale (1964) de Jacques Demy, mise en musique par Michel Legrand, a bien été tournée à Cherbourg mais… ce sont les pompiers qui ont assuré l'ambiance pluvieuse, et la neige carbonique avait été appelée en renfort pour les scènes hivernales !

Mais Cherbourg n'est pas le seul lieu du Cotentin à avoir inspiré les cinéastes. Nombre d'entre eux, et non des moindres, sans doute attirés par les sublimes lumières de la région, ont choisi d'y poser leur caméra. Citons Henri Calef qui, dans **La Maison sous la mer** (1947), a dépeint Flamanville et Diélette ; Yves Allégret a fait évoluer Gérard Philipe et Madeleine Robinson à Barneville-Carteret dans **Une si jolie petite plage** (1949) ; Marcel Carné choisit Cherbourg et Saint-Vaast pour diriger Jean Gabin dans **La Marie du port** (1950), adapté de Simenon ; Alexandre Astruc dépeint Le Becquet et Jobourg dans **Une Vie** (1957) d'après Maupassant où Pascale Petit « frissonne dans les dunes gris Velazquez de Normandie » (dixit Jean-Luc Godard). Marcel Camus installe sa caméra sur le port de Barfleur puis à St-Vaast pour le **Mur de l'Atlantique** (1970), avec Bourvil, dont ce sera le dernier film ; en 1975, Robert Enrico choisit également Barfleur pour y tourner en partie **Les Caïds**. Roman Polanski a retrouvé les paysages du Dorset aux environs de la Hague pour plusieurs scènes de **Tess** (1979). C'est cette même Hague où Éric Rohmer a tourné en partie **Le Rayon vert** en 1986, tandis que Jean-Jacques Beinex situait l'action de **Diva** (1981) au phare de Gatteville. Enfin Barneville-Carteret a attiré Claude Miller pour **La Petite Voleuse** avec Charlotte Gainsbourg, et Patrice Leconte y a tourné avec Jean Rochefort **Le Mari de la coiffeuse** en 1990. Citons enfin **Le Passager de l'été** (2005) de Florence Moncorgé-Gabin, avec Catherine Frot et Laura Smet qui se déroule à Biville, Digulleville, Omonville et Beaumont-Hague ; **Deux jours à tuer** de Jean Becker (2008), à Sortosville-en-Beaumont, Barneville et Portbail, avec Albert Dupontel et Pierre Vaneck ; **L'Autre Dumas** (2010), de Safy Nebbou, avec Gérard Depardieu et Benoît Poelvoorde, à la Hague.

Musée d'Art Thomas-Henry A2

02 33 23 39 30 - fermé jusqu'en 2015

C'est une donation de quelque 160 tableaux effectuée anonymement par un collectionneur d'origine cherbourgeoise, **Thomas Henry** (1766-1836), qui a servi à constituer en 1835 le premier fonds de ce musée, longtemps vagabond avant de trouver son emplacement actuel en 1983. Cité maritime oblige, le musée rassemble un bon nombre de toiles ayant pour thème « Cherbourg et la mer ». Son fonds comprend aussi des collections d'art du 15e au 19e s. On peut ainsi voir un panneau de prédelle (partie inférieure d'un tableau d'autel) du peintre toscan Fra Angelico, *La Conversion de saint Augustin*, et une *Mise au tombeau* de Filippo Lippi. Parmi les peintures classiques du 17e au 19e s., citons une lumineuse *Mélancolie* de Van Loo, un pathétique *Christ au calvaire* de Murillo, une *Vue d'Italie* de Vernet, *Table de cuisine* de Chardin, une pietà de Poussin, des œuvres de Largillière, Rigaud, David et de nombreux travaux néoclassiques du début du 19e s.

Sont aussi exposées des sculptures d'Armand Levéel (1821-1905) né à Bricquebec, des œuvres de Guillaume Fouace *(voir p. 85)*, né à Réville en 1837, et de Jean-François Millet. Une salle est consacrée à ce dernier, illustre peintre né à Gréville-sur-Hague en 1814. On peut y voir de nombreux portraits parmi lesquels ceux de Pauline Orno, sa première épouse, mais aussi un ensemble de peintures et dessins de sa maturité, dont la *Charité*, œuvre proche du célébrissime *Angélus*.

Chalutier Jacques Louise B2

Quai de l'Entrepôt, bassin du Commerce - ✆ 02 33 93 32 29 - www.jacques-louise.org - juil.-août : lun.-vend. visites guidées 14h30-17h30.

Ce chalutier en bois est l'un des derniers témoins de la pêche au large. Construit par les chantiers navals cherbourgeois en 1959 et désarmé en 1991, il est à chaluts latéraux et, à ce titre, classé Monument historique. Sous le pont, une scénographie animée par le bruit du moteur et les odeurs de fuel et de poisson permet de comprendre la vie de ces hommes, embarqués pour une marée de 5 à 10 jours. Expositions sur la mer et les marins dans l'ancienne cale aux poissons.

★★ **Cité de la mer** B1

Gare maritime transatlantique, en face du port de plaisance - ✆ 02 33 20 26 69 - www.citedelamer.com - juil.-août : 9h30-19h (dernière entrée 1h30 av. fermeture) ; mai-juin et petites vac. scol. : 9h30-18h ; avr., sept. et ponts de mai : 9h30-18h30 ; reste de l'année : 10h-18h - fermé 3 sem. en janv., certains lun. (nov.-mars), 1er janv., 25 déc. - 18 € (5-17 ans 13 €), tarif réduit en basse saison (15,50 €, 5-17 ans 10,50 €) - en période d'affluence, il est parfois impossible de visiter le sous-marin (réduction accordée le cas échéant) - accès au sous-marin interdit aux -5 ans et limité aux personnes à mobilité réduite.

Même si le grand hall d'accueil Art déco dessiné par l'architecte René Levavasseur impressionne toujours avec ses 9 000 m² et ses 20 m de haut, l'ancienne gare transatlantique n'a pas retrouvé après la guerre la splendeur qu'elle pouvait avoir à son inauguration en 1933. Très moderne pour l'époque, elle s'étendait sur 280 m de long et était dominée par un campanile de 75 m de haut cantonné de quatre horloges. Le trafic maritime transatlantique cherbourgeois connaissait alors son âge d'or, et l'endroit vit passer beaucoup de « people » de l'époque, mais aussi d'innombrables candidats à l'émigration vers les États-Unis. Mais ce monument qui faisait la fierté de la ville fut en grande partie saboté par les Allemands en 1944.

Seul subiste l'immense « hall des trains » qui accueillait jadis les trains desservant, depuis Paris, les paquebots au mouillage. On y trouve aujourd'hui l'accueil de la Cité de la mer, des points d'information (tourisme, visite du port) et de restauration, une médiathèque… mais

2012, CENTENAIRE DU NAUFRAGE DU TITANIC

Le 15 avril 1912, le *Titanic* coulait après avoir heurté un iceberg, faisant 1 500 victimes. Cinq jours plus tôt le géant des mers avait fait à Cherbourg son unique escale continentale embarquant 274 passagers et débarquant 22 chanceux… avant de reprendre la haute mer à destination de New York. Un siècle plus tard, la Cité de la mer évoque la vie et les espoirs des émigrants (en liaison avec le musée d'Ellis Island à New York), ainsi que l'escale du navire mythique, en reconstituant ses différents espaces lors d'une grande exposition inaugurée le 10 avril 2012, soit cent ans jour pour jour après que le *Titanic* eut levé l'ancre.

Aquarium de la Cité de la mer.
Cité de la mer

l'essentiel de l'espace est désormais dévolu à la **Grande Galerie des engins et des hommes**, où sont présentés une douzaine de sous-marins et de bathyscaphes, originaux ou maquettes à l'échelle 1, qui ont marqué l'exploration du fond des océans. Parmi ces engins célèbres, la capsule de l'*Archimède* qui a plongé par 11 000 mètres de fond avec deux hommes à son bord, le *Nautile* de l'Ifremer et le *Mir* russe qui ont plongé à plusieurs reprises sur l'épave du *Titanic*, tout comme l'*Alvin* dont on peut voir la maquette suspendue dans les airs.

Dans le prolongement du bâtiment, à côté de la cale sèche du *Redoutable*, deux pôles se partagent les 1 500 m² d'exposition. Dans le premier, orienté vers l'Océan et ses trésors : un grand **aquarium★** de plus de 10 m de haut peuplé de 3 500 poissons évoluant dans un atoll corallien, un nouvel aquarium consacré à la Nouvelle-Calédonie où évoluent, parmi d'autres espèces, trois requins pointe noire et, en face, un bassin tactile où les enfants peuvent caresser les raies, et des présentations thématiques consacrées à la faune et la flore, à l'aventure de la plongée et à l'archéologie marine. Le second s'intéresse au monde des sous-marins avec, pour point fort, la visite (avec audioguide) du **Redoutable★**, 1er sous-marin nucléaire français. Le visiteur découvre un univers fascinant, avec possibilité de travaux pratiques à la sortie grâce à de nombreux simulateurs et exercices interactifs !

Depuis 2008, il est possible de descendre au cœur de l'Océan grâce à l'attraction **On a marché sous la mer**, voyage ludique et instructif au plus près des éléments.

Quai de France B1

Derrière la Cité de la mer, ce long quai accueille tout au long de l'année, depuis plus d'un siècle, les grands paquebots qui font escale à Cherbourg. Le quai offre donc un impressionnant point de vue sur ces mastodontes de la mer, notamment le Queen Mary II, qui s'y arrête régulièrement. Renseignements sur les dates d'arrivée et de départ des paquebots à l'office de tourisme - ✆ 02 33 93 52 02 ou *www.ot-cherbourg-cotentin.fr.*

LA GRANDE DIGUE, TRAVAIL DE TITAN

Ce qui a fait Cherbourg, c'est la digue conçue, dans ses grandes lignes, par le capitaine de vaisseau de La Bretonnière. Les travaux commencèrent en 1783. Au large, à l'alignement de l'île Pelée et de la pointe de Querqueville, le marin prévoyait l'immersion de gigantesques cônes de charpente. Mais la mer détruisait au fur et à mesure ce que la main de l'homme construisait. Pourtant, à force d'engloutir des matériaux, une sorte d'île artificielle se constitua lentement, dont la mer façonna elle-même la courbe. En respectant ce tracé, on put édifier une digue capable de résister aux éléments déchaînés. Pendant la période révolutionnaire, les travaux furent suspendus ; ils ne se terminèrent qu'en 1853. Le port militaire, commencé sur l'ordre de Napoléon Ier, fut inauguré en 1858 par Napoléon III. En avril 1869, un premier transatlantique mouillait en rade pour les opérations d'escale.

Visite de la rade en bateau

Pôle Nautisme Cherbourg-Hague – *Quartier Chantereyne - ✆ 02 33 78 19 29 ou Hague a part - ✆ 06 61 14 03 32 - départs pont tournant ou Cité de la mer (10mn plus tard) - 1er avr.-13 juil. et sept.-oct. : 14h, 15h30, 17h (pont tournant) ; 14 Juil.-31 août : 10h50, 14h, 15h30, 17h (pont tournant) - visite commentée (1h) - 13 € (4-11 ans 8,80 €) - en été, à certaines dates, sorties à thèmes (sous les étoiles, le long des côtes de la Hague, escales paquebots). (Voir « Nos adresses à Cherbourg ».)*
Ces promenades commentées permettent de découvrir l'ampleur de la plus grande rade artificielle d'Europe, une réalisation gigantesque de Napoléon. Dans ses mémoires, il écrivait : « J'avais résolu de renouveler à Cherbourg les merveilles de l'Égypte. » (Par une de ces ironies dont le destin est friand, Cherbourg, avant d'être la première escale française des cendres de l'Empereur le 8 décembre 1846, avait été en août 1833, le lieu où l'obélisque de Louxor a été débarqué avant de trouver son emplacement définitif sur la place de la Concorde à Paris.)
Le fort central de la digue du large, appelé aussi « batterie Napoléon », fut la « pyramide » de l'Empereur et son « lac Moeris » (le port militaire).
Drakkar viking Dreknor – *✆ 06 85 48 04 13 - www.dreknor.fr - avr.-oct. - se renseigner pour les horaires et les tarifs.* Baptisé en 2008, *Dreknor* est la réplique exacte d'un drakkar viking du 9e s. Le navire à la silhouette tout à fait particulière vous emmène pour des visites de la rade, ou plus loin, pour des sorties en mer d'une journée : un voyage dans le temps et l'espace. Lorsqu'il n'est pas en mer, le drakkar est amarré et visible dans l'avant-port.

Montagne du Roule B3

Une route en lacet, partant de l'avenue Étienne-Lecarpentier, conduit jusqu'au fort qui couronne le sommet (alt. 112 m) de la montagne du Roule (« roule » est une appellation ancienne du grès). En juin 1944, les Allemands, réfugiés dans le fort, ne capitulèrent qu'après de rudes combats.
Fort du Roule - Musée de la Libération – *✆ 02 33 20 14 12 - www.ville-cherbourg.fr - ♿ - mai-sept. : 10h-12h, 14h-18h, dim. 14h-18h ; oct.-avr. : tlj sf lun. et mar. 14h-18h - fermé lun., déc.-janv. et j. fériés (sf 8 mai et 11 Nov.) - 2,50 € (- 26 ans et dim. gratuit.*
De la terrasse aménagée sur les remparts, très beau **point de vue★** sur la ville, les gares maritimes, l'arsenal et l'immense plan d'eau (plus de 1 500 ha) de la grande rade.
À la fois centre d'histoire et lieu de souvenir, ce musée évoque les années noires de la France entre 1940 et 1944, sans jamais montrer d'arme ni d'uniforme.

UN HAUT-LIEU DE LA GUERRE… DE SÉCESSION !

Cherbourg est aujourd'hui considérée comme un lieu de mémoire par les États-Unis pour avoir accueilli un épisode de la guerre de Sécession. C'est en effet à Cherbourg que le *CSS Alabama*, qui avait coulé 65 navires nordistes, aborda le 11 juin 1864 afin d'effectuer quelques réparations. Mais il a été repéré par une frégate nordiste, l'*USS Kearsage*. Le 19 juin, le navire confédéré décide de reprendre le large et de tenter d'échapper au nordiste. En vain : à peine est-il sorti de la rade, qu'il est soumis à un feu ardent et coulé : 29 matelots périssent dans ce combat naval qui avait attiré nombre de spectateurs, dont quelques centaines venus de Paris par train spécial. Les corps de trois des victimes provenant des deux navires ennemis sont aujourd'hui enterrés sous le même monument au cimetière de la ville.

Le visiteur accède au musée en longeant une grille qui plonge ses barreaux dans un bassin (le mouvement de l'eau évoquant la marée sur une plage). Dans les sous-sols, des documents historiques ou des montages audiovisuels guident les visiteurs à travers un cheminement de l'**ombre** (exode, Occupation, contexte de propagande dans lequel baignait le pays, stratégies de défense, etc.) vers la **lumière** (Débarquement, libération de Cherbourg et reconstruction du port, qui fut une étape essentielle à la libération de l'Europe).

À proximité Carte de microrégion p. 316

Tourlaville B1

5 km à l'est. Quittez Cherbourg au sud-est par l'avenue Amiral-Lemonnier. À Tourlaville, à un carrefour avant l'hôtel Terminus, tournez dans la rue des Alliés à droite. 800 m plus loin, à un carrefour avec la D 63, prenez à droite la D 322. Laissez la voiture au parking et continuez à pied jusqu'à l'entrée du château à gauche.

★ **Parc du château des Ravalet** – *02 33 87 88 98 - ♿ - juin-août : 8h-19h30 ; avr.-sept. : 8h-19h ; mars et oct. : 8h-18h ; fév. : 8h15-18h ; nov. : 8h-17h30 ; janv. : 8h30-17h30 ; déc. : 8h30-17h - gratuit.* Le parc, qui enchâsse une belle demeure Renaissance aux fenêtres à meneaux encadrées de pilastres corinthiens, joint à l'imprévu de sa végétation exotique le charme de ses pièces d'eau, de ses superbes serres et des ombrages de sa futaie de hêtres.

Martinvast A1

10 km au sud de Cherbourg par la D 900.

Parc du château de Martinvast – *02 33 87 20 80 - www.chateau-martinvast.fr - avr.-oct. : 10h-12h, 14h-18h, w.-end et j. fériés 14h-18h ; reste de l'année : tlj sf sam. 10h-12h, 14h-18h, dim. et j. fériés 14h-18h - 6 € (13-18 ans 4 €).* Si le château (16e-19e s.) ne se visite pas, le parc offre en revanche sept itinéraires de promenade à travers la propriété. Certains chemins, bordés de rhododendrons, sont de toute beauté au printemps. Chambres d'hôte.

Tollevast B1

10 km au sud de Cherbourg par la D 900, puis à gauche vers Hardinvast.

Église – Il faut prendre du temps, et si possible des jumelles, pour découvrir cette petite église romane (12e s.). A priori, elle n'a rien d'exceptionnel, si ce n'est l'harmonie qui se dégage de sa sobre architecture. Son principal intérêt réside dans son abondant décor sculpté que l'on retrouve sur les modillons de la corniche extérieure, les chapiteaux du porche ouest et les culots d'ogives du chœur.

5

Ludiver – Observatoire - Planétarium de la Hague A1

Quittez Cherbourg par l'ouest, D 901, en direction d'Équeurdreville-Hainneville. La D 901 longe une partie de la grande rade. Au rond-point, prenez la direction du cap de la Hague sur 4 km. À l'échangeur, prenez la direction de Tonneville, que vous traversez avant de suivre le fléchage.

02 33 78 13 80 - www.ludiver.com - ♿ - juil.-août : 11h-18h30 (dernière entrée 1h av. fermeture) ; reste de l'année : tlj sf sam. 14h-18h ; vac. scol. (hors juil.-août) : 14h-18h - fermé 5-30 janv., lun. de Pâques, 1er Mai, 1er et 11 Nov., 24, 25 et 31 déc. - 7,75 € (7-18 ans 5,60 €).

Installé sur le plateau de Flottemanville-Hague et Tonneville (alt. 180 m), ce centre a pour objet la découverte du ciel, des astres et des planètes de notre Univers. L'ensemble regroupe : un espace muséographique consacré à l'univers et à l'astronomie, un planétarium de 80 places *(juil.-août : 11h30, 15h, 16h30 ; reste de l'année : 15h)*, un amphithéâtre intérieur (les images d'un télescope de 600 mm sont projetées au public en direct). Le site d'observation bénéficie de conditions idéales, car la pollution lumineuse et atmosphérique est ici minimale.

Revenez vers la côte et passez sous la D 901.

Querqueville A1

7,5 km au nord-ouest de Cherbourg par la D 901.

À gauche de l'église paroissiale de Querqueville se dresse la petite **chapelle** St-Germain (10e s.), le plus ancien édifice religieux du Cotentin et peut-être de France de l'Ouest ; remarquez le plan tréflé et l'appareil en arêtes de poisson des murs. Du chevet de l'église paroissiale, on a une vue sur la grande rade de Cherbourg. Le panorama s'étend à l'est jusqu'au cap Lévi, à l'ouest jusqu'à la pointe Jardeheu.

Château de Nacqueville A1

9,5 km au nord-ouest de Cherbourg par la D 901, la D 45, puis à gauche à La Rivière.

02 33 03 21 12 - www.nacqueville.com - visite libre de Pâques à fin sept. : mar., jeu., vend., dim. et j. fériés 12h-17h (dernière entrée à 16h) - 6 € (5-15 ans 2 €). Ce ravissant manoir du 16e s. et sa poterne gothique à tourelles et pont-levis, aux tours gainées de verdure, s'élèvent dans le cadre d'un **parc★** planté de hêtres et magnifiquement fleuri, agrémenté d'un étang *(voir le parc de préférence en mai-juin, à la floraison des rhododendrons)*. Du château même, on ne visite que le hall d'entrée où l'on remarque une très belle cheminée Renaissance.

UN « CHOUETTE MERVEILLEUX PAYS »

À Landemer, au-delà du Hubiland, se dressait la maison des Ravenez, les grands-parents maternels de **Boris Vian** (1920-1959), une « maison tout en bois de Norvège verni à l'intérieur, vert à l'extérieur » où le romancier, chanteur et musicien de jazz, passa la plupart des vacances de son enfance. La guerre ayant sévi par là, il ne reste rien aujourd'hui de cette maison du bonheur, si ce n'est quelques ruines d'un escalier cachées dans les broussailles. Vian ne voulait pas retourner à Landemer (« J'en chialerais », écrivait-il), mais le paysage de la région servit de cadre à l'un de ses plus beaux romans, *L'Arrache-cœur*, publié en 1953. Plus tard, il séjourna en janvier 1958 à l'Auberge de Goury et revint encore une fois dans la région, quelques semaines avant sa mort.

Landemer A1

10 km au nord-ouest de Cherbourg par la D 901 et la D 45. Le manoir se situe à l'entrée de Landemer, au bord de la route, à gauche.

Manoir de Dur-Écu – *06 10 58 68 41 - ♿ - juil.-sept. : mar.-jeu. 11h-13h, 15h-19h - 4 € (-18 ans gratuit).* Ancien manoir en partie du 16ᵉ s., aux tours bizarrement groupées, il s'appuie sur des fondations du 9ᵉ s. De l'ensemble, seuls les cours et le pigeonnier se visitent. En revanche, le labyrinthe conçu dans le champ de maïs qui fait face au manoir appelle une visite plus approfondie !

Après Landemer, la route s'élève dans le ravin du Hubiland, puis longe la côte et bientôt se dégage, à droite, le belvédère de Landemer, aménagé à côté d'un ancien souterrain, qui offre une très belle **perspective★** s'étendant du phare du cap Lévi à l'est, à la pointe Jardeheu à l'ouest.

Circuit de découverte « Sur les pas de Jean-François Millet », en suivant le sentier du littoral jusqu'au hameau de Gruchy *(30mn)*. Ce circuit pédestre qui permet de retrouver les paysages peints par le maître de Barbizon, fait d'ailleurs l'objet, en été, d'une promenade commentée organisée par le Centre permanent d'initiatives pour l'environnement du Cotentin (*www.cpiecotentin.com, 02 33 46 37 06).*

NOS ADRESSES À CHERBOURG-OCTEVILLE

VISITE

Circuit historique – Inclus dans le parcours de l'Espace historique de la bataille de Normandie *(p. 129)*, les circuits balisés **Cobra-La percée** et **Objectif-Un port** ont à Cherbourg l'un son départ, l'autre son arrivée.

Visites estivales – Des visites guidées gratuites sont organisées par l'office de tourisme, en juillet-août *(sf j. fériés)* l'après-midi. Les lieux ou des thèmes sont différents chaque jour (le château des Ravalet et son parc, les « parapluies de Cherbourg », flânerie le long des quais, le centre-ville historique, etc.). *Rens. 02 33 93 52 02.*

HÉBERGEMENT

PREMIER PRIX

Hôtel La Croix de Malte – *5 r. des Halles - 02 33 43 19 16 - hotelcroixdemalte.com - ♿ - P - 24 ch. 40/56 € - ☕ 6,50 €.* Cet hôtel jouit d'une situation intéressante à deux pas du théâtre et du casino. Ses chambres, garnies de meubles en pin, sont claires et bien insonorisées. Certaines sont plus spacieuses : réservez-les enpriorité.

Hôtel Angleterre – *8 r. P.-Talluau - 02 33 53 70 06 - www.hotelangleterre-fr.com - 23 ch. 45/55 € - ☕ 8 €.* Accueil souriant dans cet établissement familial proche du centre-ville. Petites chambres fonctionnelles.

BUDGET MOYEN

Hôtel Ambassadeur – *22 quai de Caligny - 02 33 43 10 00 - www.ambassadeurhotel.com - fermé 17 déc.-9 janv. - 40 ch. 42/69 € - ☕ 7 €.* Sur les quais, établissement mettant à votre disposition ses chambres sobres et convenablement équipées ; celles de la façade donnent sur le port.

Hôtel Renaissance – *4 r. de l'Église - 02 33 43 23 90 - P - www.hotel-renaissance-cherbourg.com - 12 ch. 54/74 € - ☕ 7/9 €.* Vous séjournerez au calme dans des chambres gaies et parfaitement tenues, tout en profitant d'un accueil souriant et d'un bon petit-déjeuner.

Hôtel Chantereyne – *Port Chantereyne - ✆ 02 33 93 02 20 - www.hotelchantereyne.com - 50 ch. 59/85 € - ☕ 9 €.* Posé devant le port de plaisance, un bâtiment moderne dont tout le charme tient dans sa situation. Chambres avec vue sur le port ou sur la basilique. Privilégiez celles à l'étage.

Chambre d'hôte Manoir St-Jean – *Le hameau St-Jean - 50110 Tourlaville - dir. « château des Ravalet », puis « centre aéré » et « hameau St-Jean » - ✆ 02 33 22 00 86 - P - 3 ch. 62/65 € ☕.* En bordure du parc du château des Ravalet, cette ancienne ferme du 18e s. qui domine la verte vallée de Trotebec a gardé une belle authenticité. Vous y serez choyé par la propriétaire, intarissable sur les richesses naturelles et culturelles de sa région. 3 gîtes.

RESTAURATION

PREMIER PRIX

Café du Théâtre – *8 pl. du Gén.-de-Gaulle - ✆ 02 33 43 01 49 - tlj sf dim. 9h-23h sf vend. et sam. 9h-1h et lun. 9h-18h.* Doté d'une grande terrasse sous verrière, cet endroit est idéal pour se détendre après une représentation ou simplement pour profiter de la vue sur la place tout en dégustant un plat *(formules brasserie 12,75/25 €)*. Dans l'arrière-salle, les fauteuils de velours rouge rappellent que ce lieu appartenait jadis au théâtre.

Le Ty Billic – *73 r. au Blé (angle r. au Blé et r. Tour Carrée) - ✆ 02 33 01 11 90 - fermé dim. - menus 12/15 €.* Vaste choix de crêpes et de galettes, accommodées de mille et une façons. Cette « Maison de la crêpe » fait partie des restaurateurs du Cotentin qui se sont engagés à mettre en avant les produits locaux.

BUDGET MOYEN

L'Antidote – *41 r. au Blé - ✆ 02 33 78 01 28 - www.restaurant-cherbourg.fr - fermé oct., dim. et lun. sf réserv. groupes - formule déj.11 € - 8,50/29,50 €.* Restaurant doté d'une plaisante terrasse et d'une petite salle à manger aux murs lambrissés. À goûter en priorité : croustillant de rouget au basilic, tajine de lotte aux olives et topinambours et le crumble citron-rhubarbe. Accueil aimable.

L'Armoire à Délices – *Port Chantereyne - ✆ 02 33 95 23 02 - tlj sf lun. 8h-19h30 (22h vend.-sam.) - carte 20 €.* Profitez du soleil pour déjeuner en terrasse, face au port de plaisance (ou en salle dans une ambiance plus intimiste), d'une salade composée ou une entrecôte à la plancha, puis un dessert maison, avant de faire quelques emplettes à l'épicerie fine attenante.

Café de Paris – *40 quai de Caligny - ✆ 02 33 43 12 36 - www.manchegastronomie.com - fermé 2 sem. en mars, 3 sem. en nov., lun. midi et dim. - menus 18,50 € (en sem. le midi), 22,50/36,50 €.* Face à l'animation des bassins portuaires, restaurant de type brasserie (salle panoramique à l'étage) proposant des plats traditionnels soignés et iodés. Plateaux de fruits de mer « du matelot à l'amiral » *(de 18,50 à 115 €)*.

Sel et Poivre – *17 r. du Port - ✆ 02 33 01 24 09 - seletpoivre@alicepro.fr - fermé mar. soir et merc. - ♿ - formule déj. 12 € - 22/30 €.* Une pincée de sel, un tour de moulin à poivre et une bonne dose de savoir-faire permettent de concocter les plats du marché servis dans cette jolie petite salle à manger.

Le Plouc 2 – *59 r. au Blé - ✆ 02 33 01 06 46 - fermé sam.midi, dim. soir et lun. midi - formule midi 13 € -*

menus 18/26/34 € - carte 20/25 €. Belle salle aux poutres apparentes et cheminée. Petite terrasse agréable dans la cour intérieure aux beaux jours. Dégustez ses sardines chaudes au coulis de pommes vertes.

POUR SE FAIRE PLAISIR

Le Pily – *39 Grande-Rue - ✆ 02 33 10 19 29 - fermé début janv., mai, sam. midi, dim. soir et merc. - 38/65 €.* Accueil souriant dans une salle à manger alliant des teintes tendance crème et prune et dans un agréable coin salon. Savoureuse cuisine épurée.

Le Faitout – *25 r. Tour-Carrée - ✆ 02 33 04 25 04 - www.restaurantlefaitout.com - fermé 1 sem. en août, 1 sem. en nov., dim., lun. midi - formule déj.14,50/19 € - 33 €.* Avenante devanture de style rétro et bel intérieur lambrissé ressemblant à celui d'un bateau : nombre d'habitués ont fait de cette petite adresse du centre-ville leur QG. Dans l'assiette, cuisine traditionnelle et spécialités normandes.

PETITE PAUSE

Pâtisserie-chocolaterie Yvard – *5 pl. de la Fontaine - ✆ 02 33 53 04 14 - www.patisserie-yvard.com - tlj sf lun. 8h30-12h30, 13h45-19h30, dim. 8h-19h30 - fermé déb. juil.* Alain Yvard a passé la main à son fils, qui perpétue la tradition familiale. Confortablement installé dans le petit salon de thé, on peut déguster en toute tranquillité les délices qui y sont élaborés.

ACHATS

Les 3 Marches – *13 Grande-Rue - ✆ 02 33 53 24 94 - tlj sf dim. et lun. 9h15-12h30, 14h30-19h - ouv. lun. en déc. et lun. apr.-midi en juil.-août - fermé j. fériés.* Une des plus vieilles maisons de Cherbourg, convertie en épicerie fine depuis 1920. Sur les étagères en bois, les produits proviennent de la France entière, avec un accent porté sur le terroir normand et ses cidres, caramels d'Isigny, miels du bocage et glaces artisanales.

La Cave du Roy – *17 r. Tour-Carrée - ✆ 02 33 53 05 21 - www.lacaveduroy.fr - fermé vac. de printemps, dim. apr.-midi et lun.* Dans cette cave bien approvisionnée du centre-ville, vous trouverez différentes spécialités de la région.

La Trinitaine – *20 r. du Château.* Depuis 1925, les amateurs s'y procurent cidre, calva, biscuits et caramels au beurre salé.

L'Armoire à délices – *Port Chantereyne - ✆ 02 33 95 23 02 - www.epicerie-fine-cherbourg.com - fermé lun.* Cette épicerie fine, qui fait également salon de thé et restaurant, propose un vaste choix de produits du terroir, de vins, d'épices, de thés et d'objets de décoration ; autant de raisons de pousser la porte de cet endroit sympathique et plutôt couru !

Le Véritable Cherbourg – *30 r. des Portes - ✆ 02 33 93 23 77 - tlj 10h-12h, 14h-18h - fermé dim. et lun. matin.* Vous cherchiez désespérément les parapluies de Cherbourg ? Eh bien, c'est ici ! Cette société a eu l'idée de commercialiser des parapluies haut de gamme, voire des modèles spécialement conçus pour protéger les grands de ce monde. Bien entendu, le luxe se paie…

EN SOIRÉE

Bon à savoir – Cherbourg est une ville de marins et, comme la mer tant aimée, sous sa candeur paisible, le jour cache parfois une agitation insoupçonnée.

Aussi, après minuit, dans les bars encore ouverts, l'ambiance peut-elle devenir houleuse, voire agitée.

Casino de Cherbourg – *18 quai Alexandre-III - ✆ 02 33 43 00 56.* Construit en 1827, il est le plus vieux casino de France. Les joueurs y trouveront des machines à sous, black-jack et roulette anglaise. Les autres préféreront les fauteuils en cuir de son bar ou le décor au look années 1950 de sa brasserie Fifty's Diner ou encore sa discothèque à la programmation rétro.

Le Trident – *✆ 02 33 88 55 55 - www.trident-scenenationale.com* Cette scène nationale propose différentes manifestations (théâtre, musique, danse, cirque) en 3 lieux distincts : le Théâtre à l'italienne *(place du Gén.-de-Gaulle)*, le théâtre de la Butte *(place René-Cassin)* et la salle du Vox *(av. de Paris)*.

Le Bayou – *5 r. Tour-Carrée - ✆ 02 33 53 04 55.* Les amateurs de musique *live* apprécieront ce bar dont la décoration évoque la Louisiane. Soirées-concerts.

Brasserie L'Eldorado – *R. François-La-Vieille, angle pl. République - tlj 10h-1h (2h en été).* On y déguste la bière « Transat » brassée sur place, on joue au billard et on y boit des cocktails aux noms évocateurs : *Nuit d'amour* ou *Cercueil*, à chacun de choisir…

ACTIVITÉS

Cotentin nautisme – *R. du Diablotin - 50100 Cherbourg - ✆ 02 33 78 19 29 - www.cherbourg-hague-nautisme.com.* Ce centre de services et d'informations propose de multiples activités, selon la saison : aviron de mer, kayak, planche à voile, sorties en mer, vieux gréement, catamaran, voilier, dériveur léger, plongée, char à voile, sports de plage, planeur, ULM, etc. Initiation et location. Possibilité de séjours clés en main (hébergement, activités nautiques ou touristiques, restauration, transports, etc.).

Club de kayak de mer du Nord-Cotentin – *Rte du Becquet - 50110 Tourlaville - ✆ 02 33 22 59 59 - www.cotentinkayak.fr - fermé vac. de fév. et vac. de Noël.* Parmi ses nombreuses activités, ce club affilié à la FFCK propose des initiations, des stages de perfectionnement, des randonnées-découverte en kayak de rivière et kayak de mer, embarcation idéale pour découvrir au plus près le littoral du Cotentin. Des initiations au wave-ski et des randonnées en pirogue (6 places) sont également proposées. Location de matériel.

Bowling Chantereyne – *Port de plaisance Chantereyne - ✆ 02 33 78 17 20 - tlj sf lun. 14h-2h.* Envie de varier les plaisirs ? Essayez-vous sur l'une des 12 pistes de bowling, à moins que vous ne préfériez une partie de billard anglais.

Plages – La plage de Querqueville et, à l'est, de l'autre côté de Cherbourg, la plage de Collignon, familiale et surveillée, ne présentent pas de danger particulier, même s'il faut toujours être vigilant envers le courant, surtout à marée descendante. Attention aussi aux vents de terre qui, peuvent être violents.

Barfleur

★

653 Barfleurais – Manche (50)

NOS ADRESSES PAGE 378

S'INFORMER

Office du tourisme de Barfleur – *2 rd-pt Guillaume-le-Conquérant - 50760 Barfleur - 02 33 54 02 48 - www.ville-barfleur.fr - juil.-août : 10h-12h30, 14h30-19h ; avr.: 9h30-12h30, 14h30-18h ; mai-juin, sept. : lun.-sam. 9h30-12h30, 14h30-18h30, j. fériés et certains dim. 10h-12h30, 14h30-19h.*

SE REPÉRER

Carte de microrégion C1 (p. 316) – *carte Michelin Départements 303 E1.* Pour atteindre cette extrémité nord-est du Cotentin, prenez, de Cherbourg (29 km à l'ouest), la D 116 qui longe la côte ou la D 901, plus directe.

À NE PAS MANQUER

Le panorama du haut des 75 m du phare de Gatteville et le déchargement de la pêche des bateaux amarrés au port.

ORGANISER SON TEMPS

Barfleur et ses environs vous retiendront une bonne demi-journée.

Ce petit port de pêche aux maisons de granit et aux quais chargés de casiers à homards ou de palettes de moules est classé parmi les plus beaux villages de France. Dans cette station balnéaire très accueillante, les heures de plage rivalisent avec les promenades littorales, en attendant l'assiette de « blondes » du soir.

Se promener

Près du port, la cour Ste-Catherine est entourée de belles maisons anciennes.

5

Église St-Nicolas

Édifice sombre et trapu, construit au 17e s., cette église d'allure fortifiée abrite d'intéressantes statues en bois. Dans le croisillon sud, pietà du 16e s.; dans le croisillon nord au-dessus des fonts baptismaux, vitrail rappelant le souvenir de sainte Marie-Madeleine Postel (1756-1846), la fondatrice des Sœurs des écoles chrétiennes. Le chœur, précédé d'une poutre de gloire, est coiffé d'une voûte lambrissée à laquelle est suspendu un trois-mâts baleinier, en ex-voto.

Chapelle de la Bretonne – Maison de Julie Postel

02 33 54 02 17 - ♿ - 9h-18h45 (chapelle) - gratuit.

Fille d'un cordier, Julie Postel vit le jour à Barfleur en 1756. Éprise de charité, devenue sœur Marie-Madeleine Postel, elle fonda la congrégation des Sœurs de la miséricorde et s'éteignit à St-Sauveur-le-Vicomte en 1846. Elle fut canonisée en 1926. La chapelle, construite par les Barfleurais en 1983, en hommage à leur sainte locale, possède de remarquables vitraux retraçant la vie de Mère Marie-Madeleine. À côté, dans la maison qui a peu changé d'aspect depuis le 18e s., vous pouvez visiter l'oratoire, ancienne cuisine de la congrégation des Sœurs de la miséricorde où Julie Postel enseignait les tâches domestiques aux jeunes filles.

Circuits conseillés Carte de microrégion p. 316

LA POINTE DE BARFLEUR C1

Circuit de 4 km au nord par la D 116 et la D 10.
Vous pouvez vous y rendre à pied par le sentier littoral (GR 223) – *départ derrière l'office de tourisme.* Au début, le chemin longe la plage de l'église.

Gatteville-le-Phare C1

L'**église**, refaite au 18e s., a conservé son clocher du 12e s. Dans la chapelle s'ouvrant sur le chœur, à droite, un ciborium à médaillons du 15e s. est surmonté d'une Trinité du 16e s. Sur la vaste et belle place, la **chapelle des Marins (N.-D.-de-Bon-Secours)**, élevée sur une nécropole mérovingienne, a conservé son abside romane.
Après Gatteville, la route s'enfonce dans un paysage sauvage où la côte basse rocheuse subit le harcèlement ininterrompu des vagues.

Phare C1

02 33 20 17 97 - http://ehouba2.club.fr/pharegat2/ - mai-août : 10h-12h, 14h-19h ; avr. et sept. : 10h-12h, 14h-18h ; mars et oct. : 10h-12h, 14h-17h ; fév. et nov.-déc. : 10h-12h, 14h-16h - fermé 1er Mai, 25 déc., de mi-nov. à mi-déc. et janv. sf vac. de Noël - 2 € (-13 ans gratuit).
Avec ses 75 m, c'est l'un des plus hauts phares de France. Construit de 1829 à 1835, son faisceau porte à 56 km. À l'aide du radiophare installé dans une tour du 18e s., il guide les navires dans leur approche du port du Havre. Il compte 365 marches, 52 fenêtres et 12 étages : autant de jours, de semaines et de mois qu'une année ! Du sommet, on admire le **panorama★★** qui s'étend sur la côte est du Cotentin : les îles St-Marcouf, la baie des Veys et, par temps clair, les falaises de Grandcamp. Mais le coup d'œil le plus étonnant porte, au premier plan, sur la table granitique du pays de Saire, qui semble s'enfoncer doucement sous les eaux. Les hauts-fonds et la violence des courants rendent, dans ces parages du raz de Barfleur, la navigation particulièrement dangereuse : on se souvient encore du naufrage de la *Blanche Nef*, en 1120 *(voir page ci-contre).*

Montfarville C1

2 km au sud par la D 155.
L'**église** du 18e s. (chapelle et clocher du 13e s.) est construite en granit sur l'emplacement d'un édifice gothique. Elle surprend par son **intérieur★** très coloré. Les murs tout en pierre lui donnent un éclat particulier. Dues à un artiste local, Guillaume Fouace, les peintures qui ornent la voûte représentent des scènes de la vie du Christ et composent un ensemble riche en couleurs. Poutre de gloire du 18e s. et touchante Vierge en pierre polychrome du 14e s.

Barfleur, une histoire maritime

ENTRE NORMANDIE ET ANGLETERRE

Héritage des Vikings, le nom de cette localité dérive du vieux norrois, la langue des anciens peuples scandinaves : *barnr*, « coin », et *flojt*, « crique ». Barfleur serait donc « la crique en forme de coin », propice au mouillage des bateaux. De fait, au Moyen Âge, son port comptait parmi les premiers de la Manche en importance.

Un port médiéval actif

On raconte que le navire du duc Guillaume utilisé pour la conquête de l'Angleterre, le *Mora*, serait sorti des chantiers de la ville. Au pied de la jetée, une plaque de bronze apposée en 1966 sur un rocher rappelle que ce navire fut piloté par Étienne, un marin barfleurais. C'est aussi de Barfleur que s'embarqua Richard Cœur de Lion, en 1194, pour aller se faire couronner roi d'Angleterre.

Le drame de la *Blanche Nef*

Quelques années après la mort de Guillaume le Conquérant, son héritage se trouva rassemblé entre les mains de son troisième fils : Henri Beauclerc. Ce dernier prit la mer à Barfleur pour gagner l'Angleterre. Son fils et une de ses filles s'embarquèrent sur un autre navire, la *Blanche Nef*. À la suite d'une malheureuse distribution de vin à l'équipage, le bateau se fracassa sur les récifs de Gatteville, à 800 m de la côte, et les deux enfants du roi périrent noyés, ainsi que 300 des plus brillants représentants de la noblesse anglo-normande. Une seule fille, Mathilde, restait au souverain. Elle épousa le descendant du comte d'Anjou et eut pour fils Henri Plantagenêt, futur comte d'Anjou, du Maine et de Touraine, duc de Normandie et roi d'Angleterre.

UNE MER NOURRICIÈRE ET DESTRUCTRICE

Une lutte perdue d'avance

Mis à sac par Édouard III en 1346, le grand port du Moyen Âge a aujourd'hui complètement disparu. Pour preuve : le promontoire, où s'élève l'église actuelle, se situait jadis au beau milieu de l'agglomération médiévale ! La mer continue de ronger ce que n'a pas détruit la guerre de Cent Ans, et la superficie de la commune de Barfleur diminue inexorablement.

La « blonde de Barfleur »

Il s'agit d'une variété de moule sauvage pêchée au large, traditionnellement par les mouliers – petits bateaux qui effectuent des marées très courtes. Elle se récolte au moyen d'une drague tractée en eaux profondes, parfois jusqu'à 50 m. Le tri se fait manuellement, et les moules de taille inférieure à 40 mm sont aussitôt rejetées à la mer.

Reconnaissable à ses extrémités (l'une pointue et l'autre bien arrondie), la « blonde de Barfleur » provient de quatre gisements : Moulard, Réville, Ravenoville… et Barfleur. Ne soyez pas surpris de découvrir, en la dégustant, un petit crabe : c'est le pinnothère. Il s'abrite dans la moule et se nourrit en nettoyant les branchies de son hôte !

DES LAURÉATS PRESTIGIEUX

Descendant de Malesherbes, **Alexis de Tocqueville** (1805-1859) était un jeune magistrat lorsqu'il fut désigné en 1831 pour participer à une enquête sur le système pénitentiaire aux États-Unis. Outre l'objet de son étude, il ramena de son voyage un ouvrage *De la démocratie en Amérique* (1835) appelé à faire autorité dans le domaine des sciences politiques. Député de Valognes en 1839, opposé à l'esclavage, il participe en 1848 à la rédaction de la Constitution de la IIe République et devient ministre des Affaires étrangères du président Louis-Napoléon Bonaparte. Mais ce républicain convaincu s'oppose au coup d'État de celui-ci et se retire dans son château de Tocqueville. Tombée dans l'oubli, son œuvre a été redécouverte par Raymond Aron, ce qui valut au philosophe d'être en 1979 le premier lauréat du prix Alexis de Tocqueville institué par le Conseil général de la Manche afin de récompenser un auteur dont l'œuvre se distingue par son humanisme et son attachement aux libertés publiques. Ce prix a été remis entre autres à Alexandre Zinoviev (1983), Octavio Paz (1989), Colin Powell (2006) ainsi qu'au sociologue Raymond Boudon (2008).

★★ LA CÔTE NORD DE BARFLEUR À CHERBOURG BC1

Circuit de 38 km – environ 1h30. Quittez Barfleur par la D 901.
De Barfleur à St-Pierre-Église, la route traverse les herbages du val de Saire.

Tocqueville B1

Alexis Clérel de Tocqueville (1805-1859) habita le château. Historien clairvoyant et homme politique, ses livres *De la démocratie en Amérique* et *L'Ancien Régime et la Révolution* restent des modèles de pénétrante analyse.
Poursuivez sur la D 901 et, après 1 km, tournez à droite sur la D 226.

Réthoville B1

Moulin de Marie Ravenel – *02 33 54 37 20 / 02 33 54 61 12 - www.tourismecotentinvaldesaire.fr - visite guidée juil.-août : 15h-18h30 ; juin et sept. : tlj sf mar. 15h-18h30 ; avr. et mai : w.-end et j. fériés 15h-18h30 - fermé lun. - 3 € (- 6 ans gratuit).* Ce moulin datant du 18e s. est connu pour avoir été la demeure de la poétesse-meunière **Marie Ravenel** (1811-1892), dont les Manchois, attachés à leur langue et à leurs traditions, ont célébré avec émotion le bicentenaire. Après une longue restauration, il a retrouvé son toit de chaume, sa grande roue et toutes les pièces de la meulerie traditionnelle. Démonstrations (fonctionnement d'une meule et processus de fabrication de la farine) lors des visites.
Prenez la D 514 pour rejoindre la D 901 en direction de St-Pierre-Église.

St-Pierre-Église B1

L'église (17e s.) fortifiée a conservé un portail roman du 12e s. Le **château**, qui fut la propriété de la famille de l'abbé de St-Pierre, date du 18e s.

St-Pierre-Église, pays de pierres et de légendes – *Départ de l'église - boucle de 5,5 km, balisage jaune - 2h.* L'agréable sentier de découverte passe à proximité des « princesses », trois menhirs qui, d'après la légende, représenteraient des princesses sur le point de se marier. Leur dot, véritable trésor, serait enfouie, dit-on, au centre de leur triangle ! Le site fut fouillé à d'innombrables reprises…
Quittez St-Pierre-église par la D 210 en direction de Fermanville.

UN PRÉCURSEUR TOUCHE-À-TOUT

St-Pierre-Église a vu naître, en 1658, un certain **Charles-Irénée Castel de Saint-Pierre**, tombé aujourd'hui dans l'oubli. Ce personnage, abbé, académicien, diplomate et, surtout, redoutable polygraphe, inonda de mémoires et d'études sur les sujets les plus divers l'intelligentsia parisienne de son temps. Mais c'était aussi un visionnaire : il publia en 1713 un *Projet de paix perpétuelle* qui exhortait les États européens à s'unir… et en 1730, il entreprit de réformer une orthographe française qu'il jugeait trop complexe, en mettant au point des mots simplifiés évoquant à s'y méprendre les SMS d'aujourd'hui.

Fermanville B1

Joli petit village fleuri, aux maisons de granit typiques de la région.

Vallée des Moulins – *Départ du parking de l'office de tourisme - 8 km - balisage jaune.* Cette promenade familiale suit le tracé d'une vallée parsemée de moulins, dont neuf, parfois en ruines, sont encore visibles. Le sentier passe au départ sous un impressionnant viaduc avant de suivre la rivière. Il traverse de charmants hameaux dont certains ont conservé leur lavoir.

Quittez Fermanville par la petite route signalisée « phare du cap Lévi ». 600 m après la sortie du hameau de La Bourdette, un chemin revêtu sur la droite conduit au sémaphore du cap Lévi.

Cap Lévi B1

Enserrant une anse à proximité de Fermanville, le cap Lévi compte trois bâtiments dédiés à la surveillance des côtes, cas unique en Europe.

Sémaphore du cap Lévi – *02 33 54 61 12 - visite sur RV - 3 €.* Destiné à repérer les navires en détresse afin de leur porter secours, ce sémaphore est le seul à être ouvert au public en France. La visite *(45mn)* permet de découvrir la chambre de veille où est présentée une exposition sur l'histoire des sémaphores, puis d'accéder par un escalier en colimaçon à la vigie : admirable vue panoramique.

Reprenez la route du phare.

Phare – Reconstruit en granit en 1947, il culmine à une hauteur de 28 m.

Revenez sur Fermanville puis prenez, sur la droite, la route du fort qui longe le petit port.

Port-Lévi – Petit port d'ancrage de 82 anneaux.

Reprenez votre voiture en direction de Fermanville et suivez la signalisation « Port-Lévi ». Le fort est un peu plus au nord, sur la côte.

Fort du cap Lévi – *02 33 23 68 68 - ♿ - fermé déc. et janv., 25 déc. - gratuit.* Construit au début du 19e s. sur ordre de Napoléon pour défendre les côtes face aux Anglais, il domine le large à 20 m au-dessus du niveau de haute-mer. Inachevé, il servit néanmoins pendant les deux guerres et fut partiellement détruit par les bombardements alliés en 1944. Le fort abrite aujourd'hui des chambres d'hôte *(voir « Nos adresses », p. 378)*.

1 km - 15mn. Depuis le fort, cette balade familiale sur le sentier du littoral permet d'atteindre le phare. Vaste **panorama★** sur la rade de Cherbourg. Entre Fermanville et Bretteville, la route de corniche réserve des **points de vue★** particulièrement pittoresques à la pointe du Brulay.

Peu après l'anse du Brick, prenez à gauche, devant l'auberge Maison Rouge, la petite route en forte montée de Maupertus. Un chemin à droite conduit à un relais de télévision.

5

★ Belvédère B1

De cet endroit aménagé se découvre une **vue** magnifique sur la côte et Cherbourg au loin. *Reprenez la D 116 et, à Bretteville, la D 320 vers Le Theil.*

Allée couverte B1

Ce double alignement (16 m x 0,85 m) de rocs supportant des dalles grossières est une sépulture collective, vieille, croit-on, de quatre millénaires.

Revenez à Bretteville. Aux approches de Cherbourg, on distingue la rade de l'île Pelée où vient s'ancrer la digue qui, avec la grande digue, délimite la rade ; à gauche s'élève le fort du Roule.

NOS ADRESSES À BARFLEUR

HÉBERGEMENT

PREMIER PRIX

Au Bouquet de Cosqueville – *38 Hameau Rémond - 50330 Cosqueville - ✆ 02 33 54 32 81 - www.aubouquet-decosqueville.com - fermé lun. - 7 ch. 32/55 € - ☕ 6,60 € -13,50/36,50 €.* Une belle façade tapissée de lierre, sur la route menant à la plage de Vicq. La cuisine fait lapart belle aux produits de la mer : huîtres de Fermanville, duo de turbot et cabillaud en croûte de sésame, etc. Une halte discrète et confortable.

BUDGET MOYEN

Chambre d'hôte Le Fort du cap Lévi – *7 le cap Lévi - 50840 Fermanville - 20 km à l'ouest de Barfleur par D 901 - ✆ 02 33 23 68 68 -www.fortducaplevi.com - fermé janv. et déc. - 5 ch. 65/70 € ☕.* Une adresse pour les amateurs de lieux pittoresques et de grand air marin. Ses chambres confortables sont installées dans les bâtiments d'un fortin construit sous Napoléon. Le petit-déjeuner est servi dans une véranda avec une vue magnifique sur la mer.

POUR SE FAIRE PLAISIR

Chambre d'hôte Manoir de la Fèvrerie – *Village d'Arville - 50760 Ste-Geneviève - 3 km à l'ouest de Barfleur par D 25 et D 525, rte de Ste-Geneviève, à droite et chemin - ✆ 02 33 54 33 53 -www.lafevrerie.fr - P - non-fumeurs - 4 ch. 70/78 € ☕.* Accueil et confort chaleureux dans ce manoir des 16e et 17e s. Petit-déjeuner soigné sur la grande table en bois, près de la belle cheminée en granit. Banquette et fauteuils dans le salon. Décor raffiné de tissus et mobilier de choix dans les chambres. Deux gîtes également.

Hôtel Le Conquérant – *18 r. St-Thomas-Becket - ✆ 02 33 54 00 82 - www.hotel-leconquerant.com - ouvert 1er avril-1er nov. - 10 ch. 73/100 € - ☕ 9 €.* À deux pas du port, belle demeure du 17e s. en granit et son jardin clos à la française. Les six plus grandes chambres ont été redécorées et leurs salles de bains modernisées. Crêpes et galettes préparées à l'ancienne, proposées sur réservation.

Chambre d'hôte Manoir de l'Épine – *4 chemin du Brot - 50760 Gatteville-le-Phare (à 4 km de Barfleur par la D 901 et la D 10) - ✆ 02 33 22 04 55 - www.manoirdelepine.com - 4 ch. 75/85 € ☕.* Dans ce manoir du 16e s., qui a conservé une échauguette et une bonne partie de son mur d'enceinte, un escalier de pierre monumental dessert les chambres, spacieuses et meublées avec goût.

Hôtel La Villa Gervaiserie – *17 rte des Monts - 50760 Réville - 10 km au sud de Barfleur par D 1 - ✆ 02 33 54 54 64 - www.lagervaiserie.com - ouvert d'avr. à mi-nov. - P - ♿ - 10 ch. 85/116 € - ☕ 9 €.* Toutes les chambres bénéficient d'un balcon ou d'une terrasse regardant la mer et l'île de Tatihou et toutes disposent d'un mini-bar et d'une bouilloire pour se préparer un thé ou un café. Plaisant décor actuel et accueil aux petits soins. Beau jardin arboré.

RESTAURATION

BUDGET MOYEN

Au Moyne de Saire – *15 r. du Gén.-de-Gaulle - 50760 Réville - 10 km au sud de Barfleur par D 1 - ✆ 02 33 54 46 06 - www.au-moyne-de-saire.com - fermé jeu. hors sais. - ♿ - P - 17/33 € - 11 ch. 50/83 € - ☕ 7,50 €.* Convivialité assurée dans cette charmante auberge familiale arborant un cadre sobre et de bon goût. Cuisine traditionnelle et normande ; petites chambres propres.

Le Moderne – *1 pl. du Gén.-de-Gaulle - ✆ 02 33 23 12 44 - www.hotel-restaurant-moderne-barfleur.com - fermé 15 sept.-15 juil. mar. soir et merc. et 15 juil.-15 sept. le merc. - 17/43 €.* Recettes traditionnelles revisitées et incontournables produits de la pêche locale vous attendent dans ce restaurant, doublé d'un bistrot, qui déborde, en été, sur une plaisante terrasse.

POUR SE FAIRE PLAISIR

Le Panoramique – *1 village de l'Église - 50630 La Pernelle - 6 km au sud de Barfleur par D 902, rte de Barfleur-Quettehou - ✆ 02 33 54 13 79 - www.le-panoramique.fr - fermé lun. - ♿ - P - formule déj.14,90 € - 28,50/39,90 €.* Enseigne-vérité pour ce « bar-brasserie-crêperie-restaurant » œuvrant de longue date près du clocher de La Pernelle. Les salles et la grande terrasse procurent une vue unique sur le val de Saire et, par temps clair, sur toute la côte est du Cotentin. Dans l'assiette, recettes mettant en valeur les produits du terroir. Dans un bâtiment annexe, gîte *(4 ch.)*, spa, hammam et centre de fitness.

ACTIVITÉS

Capitainerie – *Quai Henri-Chardon - ✆ 02 33 23 43 00 - www.ville-barfleur.fr/port.html*

Base nautique – *Anse de la Masse, à proximité du camping « la Blanche Nef » - ✆ 02 33 54 79 08.* Une école de voile propose aux petits et aux grands de découvrir les joies de la navigation grâce à un large choix d'embarcations (Optimists, catamarans). Il y a également sur place un club de plongée.

Sorties en mer – Promenade à bord du *Raz de Barfleur* ; partie de pêche en mer ; excursion aux îles St-Marcouf. *Rens. à l'office de tourisme, ✆ 02 33 54 02 48.*

Randonnées – Le GR 223 qui longe tout le littoral en reprenant l'ancien sentier des Douaniers, fait le tour du port de Barfleur et mène au phare de Gatteville *(3,5 km)*. Des visites guidées le long des sentiers balisés du Val de Saire, permettent également de découvrir les villages environnants. Renseignements, réservation et achat de topoguides à l'office de tourisme Cotentin-Val de Saire - *pl. Marie-Ravenel - Fermanville - ✆ 02 33 54 61 12 - www.tourismecotentinvaldesaire.fr ou www.val-de-saire.com/tourisme/sentiers*

Saint-Vaast-la-Hougue

2 095 Saint-Vaastais – Manche (50)

NOS ADRESSES PAGE 383

S'INFORMER

Office du tourisme de St-Vaast-la-Hougue – *1 pl. du Gén.-de-Gaulle - 50550 St-Vaast-la-Hougue - ✆ 02 33 23 19 32 - www.saint-vaast-reville.com - juil.-août : 9h-12h, 14h-18h30 ; sept.-juin : 10h-12h, 14h-18h, dim. et j. fériés 14h30-18h.*

SE REPÉRER

Carte de microrégion C1 (p. 316) – *carte Michelin Departements 303 E2.* En bordure maritime du val de Saire, à 12 km au sud de Barfleur par la D 902 et à 17 km au nord-est de Valognes, St-Vaast fait face à la petite île de Tatihou.

À NE PAS MANQUER

Le jardin maritime de l'île de Tatihou et les panoramas sur la côte est du Cotentin.

ORGANISER SON TEMPS

À la mi-août, essayez d'assister aux Traversées Tatihou, le festival des musiques du large.

La qualité de ses huîtres et l'importance de son port de pêche suffisent à la réputation de St-Vaast-la-Hougue (prononcez « Saint-Va » !). Mais l'aimable station balnéaire est aussi une villégiature au climat doux, un point de repère dans la belle vallée de la Saire et le port d'embarquement exclusif pour l'île de Tatihou, fortifiée par Vauban. Autant de bonnes raisons de s'y rendre.

Se promener

Phare

Du port, marchez jusqu'au pied du phare, situé à l'extrémité de la grande jetée de granit. La chapelle des Marins, dont l'abside porte des traces de peinture blanche, servait de repère aux marins.
La baie de Réville se creuse au nord. Au sud, par temps clair, au-delà des îles St-Marcouf, on découvre les falaises de Port-en-Bessin, Grandcamp, la baie des Veys, la côte plate du Cotentin et enfin le fort de la Hougue, rattaché à la terre ferme par un isthme étroit.

Fort

Suivez la direction « La Hougue ». À la **Grande-Plage**, longue de 1,5 km, la route bordée de tamaris et la digue occupent toute la largeur de l'isthme qui rattache maintenant St-Vaast à l'ancienne île de La Hougue. Le donjon du fort, à l'extrémité sud de la plage, conserve une fière allure.

LA HOUGUE OU LA HAGUE ?

Ces mots issus du norrois, ancienne langue du nord, désignent le port ou la rade. En l'occurrence, ce modeste havre était au 5e s. un fief de l'abbaye de Fécamp, qui portait une vénération profonde à saint Vedastus ou Vaast, apôtre des Flandres et évêque d'Arras.

La jetée du port de l'île de Tatihou.
G. Rigoulet / hemis.fr

À proximité Carte de microrégion p. 316

★ Île de Tatihou C1

Traversée (10mn) ttes les 30mn (marée haute) et ttes les h (marée basse). D'avr. à fin sept. : 9h30-12h30, 13h15-17h30 ; reste de l'année : sam. 14h-17h. L'accès étant limité à 500 pers./j., il est nécessaire de réserver (juil.-août) à la Billetterie Tatihou, quai Vauban - 8,60 € AR (3-11 ans 3,50 €), visite du musée et de la tour Vauban comprise - ✆ 02 33 23 19 52 - www.tatihou.manche.fr - ♿.

Quelle que soit la marée, à l'aide d'un bateau amphibie, on peut atteindre facilement cette île au nom dépaysant (*hou* signifie « monticule entouré d'eau », « Tati » étant un nom propre). Lorsque la marée le permet, on peut s'y rendre à pied.

Musée maritime départemental – Les collections retracent l'histoire de l'île et des techniques de pêche dans la Manche, et donnent un aperçu de ce qu'était la vie à bord des vaisseaux de Sa Majesté à l'époque de Tourville.

À l'abri des murs du lazaret, ancien lieu d'isolement des malades contagieux, un grand **jardin maritime**, un jardin de découverte et un jardin d'acclimatation présentent des centaines d'espèces de la flore du littoral.

Un espace naturel protégé de 20 ha de landes, dunes et grèves, où se mêlent moutons et oiseaux, favorise l'observation de ces derniers dont certaines espèces nichent sur le site.

Dans l'enceinte de l'ancien **fort Vauban**, des travaux de restauration ont permis de découvrir des restes du dallage d'origine de la cour et des vestiges des bâtiments qui la bordaient autrefois. On peut monter à la tour et voir du sommet sa jumelle de La Hougue. Ces deux tours de Vauban font partie des fortifications inscrites sur la liste du patrimoine de l'Unesco.

Dans l'une des anciennes casernes, restaurant saisonnier au 1er étage et expositions temporaires sur la découverte du bord de mer, au rez-de-chaussée.

Circuit conseillé Carte de microrégion p. 316

LE VAL DE SAIRE BC1

Circuit de 40 km – environ 2h30. Quittez St-Vaast-la-Hougue par l'ouest, sur la D 1, en direction de Quettehou.

Quettehou B1

L'**église** de granit du 13e s., sur une éminence, est flanquée d'un haut clocher du 15e s. Du cimetière, la vue s'étend de droite à gauche sur la baie de Morsalines, le fort de La Hougue, qui fut édifié sur les plans de Vauban en 1694, et la pointe de Saire.

Quittez Quettehou par la D 902, route de Barfleur au nord, et prenez à gauche la D 26 qui monte au milieu des pommiers.

Le circuit est jalonné de frais paysages et offre de belles vues sur la côte est du Cotentin. À partir du Vast *(où l'on prend à droite)*, le paysage devient séduisant. Les bois touffus qui tapissent les versants et les prés au fond de la vallée constituent par endroits un véritable paysage de parc.

À Valcanville, prenez à dr. la D 125. Au carrefour de la D 328, empruntez à gauche la route de La Pernelle, puis, à 300 m env., suivez à dr. la dir. « église, panorama ».

La Pernelle B1

Après l'église de La Pernelle, reconstruite, on atteint un ancien blockhaus allemand; de là, le **panorama★★** (table d'orientation) se développe du phare de Gatteville aux falaises de Grandcamp et à la pointe de la Percée (par temps

TOURVILLE ET LE DRAME DE LA HOUGUE

En 1692, un projet de débarquement en Angleterre est élaboré : Tourville, amiral de la flotte, alors à Brest, reçoit l'ordre de rallier La Hougue avec 44 navires pour protéger l'opération. Le 29 mai à l'aube, au large de la pointe de Barfleur, Tourville rencontre une formidable armada anglo-hollandaise de 99 vaisseaux. Une lutte s'engage : le 30 au matin, l'amiral rompt le combat après avoir évité l'enveloppement et gardé constamment l'initiative de la manœuvre. Les pertes sont sévères, mais il faut que la flotte française puisse rentrer au port d'attache avant que l'ennemi n'ait repris son souffle. Tourville décide que les bâtiments intacts fileront droit sur Brest, tandis que les navires en difficulté s'engageront dans le raz Blanchard et, profitant du courant de jusant (marée descendante) qui doublera leur vitesse, se réfugieront à St-Malo. Vient alors le second acte, dramatique. Les premiers vaisseaux défilent dans le raz suivant le plan prévu, mais, tandis que les traînards doublent la pointe de la Hague, le terrible courant de marée s'inverse et 13 navires, emportés comme des bouchons, sont rejetés vers le nord. Tourville décide alors d'échouer ses navires dans la rade de St-Vaast et le périple épuisant recommence. Cette manœuvre désespérée prend une tournure fatale : les troupes irlandaises alliées, sur lesquelles l'amiral n'a aucun pouvoir de commandement, ne font rien pour défendre les navires immobilisés sous La Hougue et **Tatihou**. Les Anglais peuvent alors en toute tranquillité incendier les plus belles unités françaises, offrant à Jacques II un funèbre feu d'artifice (2-5 juin 1692).

Les fortifications qui protègent la rade de St-Vaast, œuvres de Vauban, ont été reconstruites après ce tragique dénouement.

VAL DE SAIRE

Ce nom ne s'applique pas seulement à la charmante vallée de la Saire, mais s'étend à tout le nord-est de la presqu'île. Les bois touffus et l'activité de St-Vaast et Barfleur lui donnent son attrait. Le climat très doux permet de maintenir le bétail au pré neuf mois sur douze et la zone côtière voit prospérer les cultures de primeurs.

clair), en passant par la pointe de Saire, la baie de Réville, l'île de Tatihou, le fort de La Hougue et les îles St-Marcouf. En redescendant de La Pernelle pour retrouver la route, vous remarquerez, dans un grand virage, une grotte dans les rochers, qui se veut une reconstitution de celle de Lourdes. Depuis 1929, elle est l'objet d'un important pèlerinage en août.

Traversez la D 902 puis empruntez la D 328 jusqu'à Jonville.

Pointe de Saire C1

Traversez le hameau de Jonville avant d'arriver à la mer.

Du blockhaus, **vue**★ sur le promontoire de la pointe de Saire et ses jolies grèves parsemées de rochers, et sur l'île de Tatihou avec St-Vaast en arrière-plan.

Manoir de la Crasvillerie C1

Revenez en arrière, traversez Réville puis suivez la D 1 vers le nord.

La route passe devant le joli manoir de la Crasvillerie (16e s.), ancienne demeure d'un célèbre corsaire anobli par François Ier, François Le Clerc, dit « Jambe de Bois ».

Elle traverse un paysage de cultures maraîchères (choux). Aux approches de Barfleur, le pays prend un caractère presque armoricain : maisons de granit sombre, anses rocheuses et arbres couchés par le vent. Au nord pointe le phare de Gatteville.

NOS ADRESSES À SAINT-VAAST

HÉBERGEMENT

BUDGET MOYEN

Hôtel de France et Fuchsias – *20 r. du Mar.-Foch - ✆ 02 33 54 40 41 - www.france-fuchsias.com - fermé 30 nov.-9 déc., 4 janv.-20 fév., lun. d'oct. à mai et mar. de nov. à mars - 35 ch. 50/132 € - ☕ 11 € - formule déj. 20 € - 29/60 €.* Fuchsias, palmiers, mimosas et eucalyptus agrémentent le jardin de cet hôtel familial. Les chambres, au confort simple, sont plus spacieuses et récentes à l'annexe. Salle à manger-véranda, jolie terrasse et bonne cuisine traditionnelle orientée terroir.

Chambre d'hôte Le Manoir de Cabourg – *10 rte du Martinet - 50760 Réville - 3,5 km au nord de St-Vaast par D 1, puis D 328 dir. Jonville - ✆ 02 33 54 48 42 - P - 🚭 - 3 ch. 55/60 € ☕.* Une allée de peupliers conduit à l'élégant double porche de cette ferme fortifiée du 15e s. Dans les chambres d'hôte, meurtrières et arquebusières vitrées se détachent sur les murs blancs et ajoutent à la lumière des fenêtres à meneaux.

POUR SE FAIRE PLAISIR

La Granitière – *74 r. du Mar.-Foch - ✆ 02 33 54 58 99 - www.hotel-la-granitiere.com -*

P - *9 ch. 82/120 € - ☕ 9,50 €.* Station balnéaire et port de pêche, « St-Va » abrite cette belle demeure ancienne en granit gris, où l'on se sent comme chez des amis. Chambres personnalisées et salon cosy. Location de vélos.

RESTAURATION

PREMIER PRIX

Gardin Cour – *39 quai Vauban - ✆ 02 33 44 46 19 - 9/15 €.* Lounge-bar-salon de thé pour combler une petite faim avant d'embarquer pour Tatihou : planche mixte de charcuterie et fromages, ou tartine chaude poireaux, gruyère, accompagnée d'un pâté de maquereaux et bulots.

BUDGET MOYEN

Le Chasse Marée – *8 pl. du Gén.-de-Gaulle - ✆ 02 33 23 14 08 - fermé janv., mar. et lun. sf à midi en saison -18/37 €.* Photos de bateaux, fanions laissés par les clients navigateurs, terrasse sur le port, produits de la pêche locale : une charmante petite adresse où l'on se sent simplement bien.

La Marina – *8 quai du Cdt-Albert-Paris - sur le môle enserrant le port de plaisance - ✆ 02 33 54 55 38 - fermé lun. hors sais. - 19,90/24,90 €.* Idéal pour déguster quelques huîtres, une assiette du pêcheur, ou pour prendre l'apéritif en terrasse en écoutant le vent jouer avec les mâts des voiliers. C'est aussi un bon point de vue pour contempler Saint-Vaast et ses parcs à huîtres.

ACHATS

Lesdos-Allaire – *23 pl. Belle-Isle - ✆ 02 33 54 42 13.* Un ancien atelier ostréicole situé en face du port accueille cette vénérable enseigne (1878) où vous pourrez vous approvisionner en huîtres du cru de St-Vaast-la-Hougue (plates et creuses) ou seulement vous laisser tenter par une petite dégustation gorgée d'iode.

Marché – *R. de Verrüe, pl. Belle-Isle et pl. de la République - sam. 7h-14h.* De nombreux marchands s'assemblent sur ce marché pour vendre leurs produits : fruits et légumes, charcuteries de fabrication artisanale et fromages qui témoignent de la richesse du terroir normand, poissons et coquillages, semences et plants de fleurs pour embellir le jardin : un beau rendez-vous hebdomadaire.

Gosselin – *27 r. de Verrüe – ✆ 02 33 54 40 06 - http://www.maison-gosselin.fr - fermé 3 sem. en janv. et dim. apr.-midi.* Même si vous n'avez besoin de rien, il est indispensable de visiter ce lieu extraordinaire. Tous les produits de la terre semblent y être rassemblés. Vous y verrez, entre autres, des fruits et légumes fournis par des producteurs du pays, des fromages normands affinés dans les caves de la maison, du pain cuit au feu de bois et 30 sortes de soupes de poisson.

ACTIVITÉS

Centre nautique de la baie de St-Vaast – *4 quai du Cdt-Albert-Paris - ✆ 02 33 43 44 73 - www.cnbsv.org - fermé 23 déc.-25 fév.* Stages de voile collectifs durant la semaine et cours particuliers en juillet-août. Locaux situés sur le port de plaisance de St-Vaast-la-Hougue. Point plage à la pointe de Jonville. À Réville, point location de kayaks, catamarans, dériveurs et planches à voile.

Club nautique de la baie de Jonville – *Pointe de Jonville - 50760 Réville - ✆ 02 33 43 44 73.*

En haute saison, le Club nautique de la pointe de Saire, à Jonville, propose la location d'embarcations diverses (planche à voile, funboard, dériveur, catamaran et kayak de mer) pour naviguer sur le plan d'eau sécurisé de la baie de Saire.

Découverte des parcs à huîtres – *✆ 02 33 54 76 82 ou 06 19 50 42 54 - www.huitresdesaintvaast.fr - juil.-août : tlj ; juin et sept. : w.-end - horaires selon les marées - 8,50 € (5-12 ans 5 €).* Dans la baie de Saint-Vaast, des visites guidées *(2h)* en tractocar (remorque couverte équipée de sièges) sont organisées depuis la plage de **Lestre**. *Visite gratuite, sur RV, de la nurserie d'huîtres et de la culture d'algues.*

AGENDA

Ancres & Encres, Festival du livre de Saint-Vaast-la-Hougue – *Mi-juil. - www.festivaldulivresaintvaast.jimdo.com* Rencontres d'auteurs nationaux et régionaux dans les genres littéraires les plus divers, au fort de La Hougue le temps d'un week-end.

Festival des Traversées Tatihou – *✆ 02 33 05 95 88.* À la mi-août, l'île de Tatihou devient pendant 4 jours le lieu de rencontres de toutes les musiques traditionnelles des rivages du monde. Les heures des spectacles sont choisies en fonction des marées, car le public traverse la grève à marée basse pour venir écouter les artistes.

Valognes

★

7 196 Valognais – Manche (50)

NOS ADRESSES PAGE 389

S'INFORMER

Office du tourisme de Valognes – *Pl. du Château - 50700 Valognes - ✆ 02 33 40 11 55 - www.otbv.fr - juil.-août : lun.-sam. 9h30-12h, 14h30-18h, dim. 10h-13h ; avr.-juin et sept. : lun.-sam. 9h30-12h, 14h30-18h ; oct.-mars : lun.-mard. et jeu-vend. 9h30-12h, 14h30-18h, sam. 10h-12h.*

Visites – Valognes, pays d'Art et d'Histoire du clos du Cotentin avec Bricquebec et St-Sauveur-le-Vicomte, propose des visites-découverte animées par des guides-conférenciers agréés par le ministère de la Culture. Visites estivales *(juil.-août)*, « Dimanches du patrimoine » et ateliers des 7-12 ans *(oct.-juin)*, Journées du patrimoine *(3e w.-end de sept.). Rens. et programme : le clos du Cotentin - ✆ 02 33 95 01 26.*

SE REPÉRER

Carte de microrégion B2 (p. 316) – *carte Michelin Départements 303 D2.*
Valognes constitue un important nœud routier pour le Cotentin : la N 13 relie Cherbourg (20 km au nord-ouest) à Carentan (30 km au sud-est), la D 902 connecte Barfleur (25 km au nord-est) à Barneville-Carteret (29 km au sud-ouest) et la D 2 file sur St-Sauveur-le-Vicomte (16 km au sud-ouest).

5

À NE PAS MANQUER
Le spectaculaire escalier de l'hôtel de Beaumont.

ORGANISER SON TEMPS
Consacrez une matinée à la visite de Valognes.

AVEC LES ENFANTS
Observez les animaux du parc animalier de Montaigu-la-Brisette, puis partez « à la recherche du temps perdu » au musée de Bricquebec.

Ruines gallo-romaines, églises du 11e au 18e s., fastueux hôtels particuliers : voici un petit aperçu du patrimoine de Valognes que l'on surnommait au 18e s. le « Versailles normand ». Sa réputation n'a, semble-t-il, pas failli depuis, puisque Valognes fait aujourd'hui partie des villes d'Art et d'Histoire. Une façon de récompenser la reconstruction menée avec discernement après les bombardements de 1944.

Se promener

★ Hôtel de Beaumont

11 r. Barbey-d'Aurevilly - ☏ 02 33 40 12 30 - www.hoteldebeaumont.fr - visite guidée (1h) - 1er juil.-15 sept. : 10h30-12h, 14h30-17h30 (fermeture des caisses), sf dim. matin ; w.-ends de Pâques et de Pentecôte 14h30-18h30 (dernière entrée 1h av. fermeture) - 6 € (7-12 ans 3,50 €).

Remarquable par la richesse de son architecture, cette noble construction du 18e s. fut miraculeusement épargnée par les bombardements. Elle présente une majestueuse façade en pierre de taille, longue de 50 m, et soulignée par un péristyle ; le balcon, supporté par quatre colonnes ioniques engagées, est surmonté d'un rare fronton triangulaire galbé. À l'intérieur, le savant appareil de l'**escalier** d'honneur, à double révolution, rejoint l'étage par un arc de pierre jeté dans le vide. On visite le rez-de-chaussée (salle à manger, salon et bibliothèque au mobilier d'époques Louis XV et Louis XVI), le premier étage (amusante chambre d'enfants et chambre à coucher) et le « semi » sous-sol (cuisine et salle des domestiques). Sur la façade arrière, une balustrade court le long des terrasses des jardins à la française qui complètent heureusement l'ordonnance classique.

L'hôtel de Beaumont a servi de cadre à l'une des *Diaboliques* de Barbey d'Aurevilly : « *Les Dessous de cartes d'une partie de whist* ». Titre particulièrement bien choisi, car ce jeu était très en vogue au sein de l'aristocratie valognaise.

Hôtel de Grandval-Caligny

32 r. des Religieuses - ☏ 06 98 89 31 64 - visite guidée (45mn) sur demande (1 j. av.) à Mme Fauvel - juin-août : tlj sf dim. et j. fériés 11h-12h, 14h30-18h - tarif non communiqué.

Barbey d'Aurevilly habita ce bel hôtel des 17e-18e s. À l'intérieur, vous remarquerez l'escalier à rampe de fer forgé, la salle à manger et son poêle de faïence Empire, le salon du 18e s. et les chambres à alcôves.

Thermes romains d'Alauna

Du centre-ville, suivez les panneaux « piscine municipale » puis « vestiges d'Alauna » - accès libre.

Valognes correspond à l'antique *Alauna*, important centre administratif gallo-romain équipé d'un théâtre d'environ 3 500 places, d'un fort et de thermes. Ces derniers, du 1er s., abritaient une dizaine de salles parmi lesquelles des

VALOGNES, LE « VERSAILLES NORMAND »

À la fin du 17e s. et surtout au 18e s., nombre de riches propriétaires, dont la fortune vient de la mer, possèdent de grands châteaux et de beaux domaines en Cotentin, mais… l'hiver est long dans ces demeures vastes et solitaires. Petit à petit, ils se logent à Valognes, dans l'espoir d'y retrouver une activité intellectuelle et mondaine pendant les mois les plus rudes. Ils se font construire d'élégantes maisons, symboles de leur puissance. Toutefois, le titre élogieux de « Versailles normand » attribué à la ville se justifie plus par la réputation d'élégance, de distinction et de finesse de ses habitants que par ses monuments.
Lesage fait dire à un personnage de *Turcaret* qu'il fallait « trois mois de Valognes pour achever un homme de cour » ! Quant à Barbey d'Aurevilly, il écrira plus tard : « Valognes est la ville la plus profondément et la plus férocement aristocratique de France. »
Depuis, Valognes a bien changé. La Révolution a marqué la fin de cette atmosphère si particulière, mais le développement de la ville a repris au 19e s. grâce au commerce et l'arrivée du chemin de fer.
Du 6 au 8 juin 1944 des tonnes de bombes pleuvent sur le centre-ville et détruisent nombre de ses joyaux. Valognes, qui comptait quelque 90 hôtels particuliers en 1789, a payé un lourd tribut lors de la libération de la Normandie, puisqu'il n'en reste aujourd'hui qu'une quarantaine. La reconstruction a été rapide mais n'a pas été totale. Certains vestiges ont pu être récupérés comme à l'église Saint-Maclou qui a conservé son chœur gothique mais dont la nef est en béton.

piscines et une étuve. Dans un site agreste et bucolique, de larges pans de murs sont conservés, certains sur une douzaine de mètres de hauteur, alternant de petits blocs de pierre taillée et des lits de brique.

Musée régional du Cidre et du Calvados

Le musée régional est installé dans deux édifices différents, peu éloignés l'un de l'autre : r. du Petit-Versailles et r. Pelouze - ✆ 02 33 40 22 73 - ♿ - mi-juin à mi-sept. : 11h-19h ; d'avr. à mi-juin, sept. et vac. de la Toussaint : tlj sf mar. 14h-18h - fermé 1er nov. - 4 € (-16 ans 2 €).

Musée du Cidre – La maison du **Grand-Quartier** est le dernier bâtiment d'un ensemble du 15e s. qui abritait, jusqu'au 18e s., une manufacture de draps. Le musée propose une rétrospective de la fabrication du cidre (poteries du Cotentin, pressoirs et moulins à pommes du 16e au 20e s.) et présente des scènes de la vie normande et du mobilier du Cotentin.

Musée de l'Eau-de-vie et des Vieux Métiers – Installé dans l'hôtel de **Thieuville** (16e-19e s.), ce musée présente outils, matériels, machines et mobilier concernant l'art de distiller, et le travail de la pierre, du fer et du cuivre. Les collections, représentant 18 métiers, s'étalent du 11e au 20e s.

5

À proximité Carte de microrégion p. 316

Bricquebec B2

13 km à l'ouest.

13 pl. Ste-Anne - 50260 Bricquebec - ✆ 02 33 52 21 65 - mai : lun. 10h-12h30, merc.-sam. 14h-17h30 ; juin et sept.: lun.-sam. : 10h-12h, 14h-17h30 (fermé merc. et vend. matin); juil.-août: lun. 9h-12h30, 14h-18h30, mar.-sam. 10h-12h, 14h-18h30, dim. 10h-12h.

Ville commerçante, Bricquebec possède l'un des marchés les plus réputés de la région. Réservez donc votre lundi.

Château de Bricquebec – *✆ 02 33 87 22 50 (mairie) - visite guidée (1h30) juil.-août : 14h et 16h - fermé mar. - 1,80 € (-12 ans gratuit).* Le château de Bricquebec est l'un des mieux préservés de la Manche. La cour intérieure conserve son enceinte fortifiée des 14e et 15e s., cantonnée de huit tours et élevée sur une motte haute de 17 m. Du chemin de ronde reliant le donjon à la tour carrée, ornée d'une très vieille horloge et par laquelle on entre dans le château, belle vue sur la ville et ses abords bocagers *(table d'orientation sur le donjon).*

La **tour de l'Horloge** abrite un petit musée régional où sont réunis des meubles anciens, des médailles et des échantillons de minerais. Dans le bâtiment sud, crypte du 13e s., restaurée.

Musée À la recherche du temps perdu – *Dans Bricquebec, prenez la D 902 dir. Barneville-Carteret, tournez à gauche dans la D 900 dir. St-Sauveur-le-Vicomte et suivez le fléchage - ✆ 02 33 10 27 73 - juil.-sept. : 14h-19h ; de Pâques à fin juin et oct. : w.-end et j. fériés 14h-19h - 4 € (10-16 ans 2 €).*

Installé dans un ancien corps de ferme, ce musée retrace la vie rurale de la première moitié du 20e s. Une salle de classe des années 1940, une épicerie des années 1930 avec un facteur accoudé au bar, une procession d'enterrement derrière le corbillard ont été reconstituées. Sont aussi présentés des souvenirs : ceux du médecin qui a exercé à Bricquebec de 1905 à 1936, les objets offerts et portés lors des communions solennelles, etc.

Abbaye N.-D.-de-Grâce (trappe de Bricquebec) – *2 km par la D 50, la D 121 et le chemin à gauche, aussitôt avant un calvaire - ✆ 02 33 87 56 14 - l'abbaye ne se visite pas, mais il est possible de participer aux offices, de regarder une présentation audiovisuelle (15h) et de faire quelques emplettes de produits monastiques.* Cette trappe, fondée en 1824 par l'abbé Dom Augustin Onfroy, abrite une communauté de cisterciens. Les moines vivent de l'élevage (porcs et bovidés).

Parc animalier St-Martin B2

Montaigu-la-Brisette, à 12 km au nord-est de Valognes par la D 902 - ✆ 02 33 40 40 98 - ♿ - juil.-août : 11h-19h, w.-end et j. fériés 14h-19h ; de mai à mi-juin : merc. 14h-18h, w.-end et j. fériés 14h-19h ; 15 juin-30 juin : 11h-17h, w.-end et j. fériés 14h-19h ; vac. scol. (hors été) : tlj 14h-18h ; reste de l'année : dim. et j. fériés 14h-19h - fermé de déb. nov. aux vac. d'hiver - 7 € (enf. 5 €).

Les hôtes de ce parc situé en pleine forêt proviennent des cinq continents : du chameau de Bactriane (Asie) aux amusants maras, sortes de lièvres de Patagonie, des watussis d'Afrique aux lamas en passant par la colonie de babouins qui s'épouillent à longueur de journée, sans oublier les aras multicolores, les mouflons à manchettes et les autruches arrogantes… À chaque espèce correspond une carte d'identité. Les enfants peuvent s'approcher très près de certains animaux, parfois même les caresser.

NOS ADRESSES À VALOGNES

VISITES

Circuit historique – Inclus dans le parcours de l'Espace historique de la bataille de Normandie *(p. 129)*, le circuit balisé **Objectif-Un port** passe par Valognes.

HÉBERGEMENT

PREMIER PRIX

Chambre d'hôte Le Haut Pitois – *50700 Lieusaint - 2 km au sud de Valognes par D 2, sortie village, petite rte à gauche - ✆ 02 33 40 19 92 - P - ⊭ - 4 ch. 45 € ☕.* Un superbe chemin en sous-bois conduit à cette ancienne ferme normande qui respire le calme. Les chambres sont installées dans un bâtiment annexe, pourvu d'une salle à manger avec coin cuisine. Une bonne adresse pour découvrir la région en famille.

BUDGET MOYEN

Grand Hôtel du Louvre – *28 r. des Religieuses - ✆ 02 33 40 00 07 - www.grandhoteldulouvre.com - fermé 15 déc.-15 janv. - P - 18 ch. 55/67 € - ☕ 9,50 € - 1/2P 97/100 € - rest. 12/29,50 €.* À deux pas du centre, hôtel de caractère où Barbey d'Aurevilly séjourna en 1864 *(ch. n° 4)*. Un escalier à vis mène aux chambres rajeunies mais conserve des éléments décoratifs anciens, au même titre que la belle salle à manger. Accueil et service de qualité.

Chambre d'hôte Manoir de Bellaunay – *11 rte de Quettehou - 50700 Tamerville - 3 km au nord-est de Valognes dir. Quettehou - ✆ 02 33 40 10 62 - www.bellauney.com - fermé 15 oct.-1er avr. - P - ⊭ - 3 ch. 60/90 € ☕.* Un grand jardin arboré aux multiples essences devance ce manoir du 16e s. flanqué de trois arches romanes et d'une tour. Belles boiseries d'époque dans la salle du petit-déjeuner. Atmosphère soignée et mobilier de caractère dans les chambres.

POUR SE FAIRE PLAISIR

L'Hostellerie du Château – *4 cours du Château - 50260 Bricquebec - ✆ 02 33 52 24 49 - www.lhostellerie-bricquebec.com - fermé de mi-déc. à fin janv. - P - 17 ch. 74/105 € - ☕ 10 € - rest. 16/39 €.* La reine Victoria aurait séjourné dans cet authentique château médiéval ceinturé de remparts. Chambres élégantes où le confort d'aujourd'hui cohabite à merveille avec l'atmosphère d'hier. Repas servi dans un lieu magique : la magnifique salle des Chevaliers.

Chambre d'hôte Manoir de Savigny – *Savigny, 50700 Valognes - 3 km au sud, direction St-Cyr-Bocage puis Savigny - ✆ 02 33 08 37 75 - www.manoir-de-savigny.com - P - ⊭ - 5 ch. 80/120 € ☕.* Sur une propriété de 2 ha ornée d'un étang, cette belle ferme-manoir du 16e s. abrite 5 chambres décorées avec beaucoup de caractère. Chacune d'entre elles est une réussite, même si la « suite », vaste et lumineuse, ou la « baroque » et sa baignoire-sabot emportent les suffrages.

RESTAURATION

PREMIER PRIX

Le Moulin de la Haulle – *Lieu-dit Le Tapotin - 50700 Yvetot-Bocage - 2 km à l'ouest de Valognes, dir. Bricquebec - ✆ 02 33 40 21 37 - P - 10/15 € - menu des P'tiots 6,50 €.* Une grande pièce d'eau, une terrasse chauffée et des jeux d'extérieur pour les enfants ont été aménagés devant cette crêperie mettant à profit un vieux moulin. Rustique salle à manger surmontée d'une mezzanine. Ambiance familiale et repas simples à prix muselés.

La Forge d'Yvetot – *Lieu-dit Le Tapotin - 50700 Yvetot-Bocage - 2 km à l'ouest de Valognes, dir. Bricquebec - ✆ 02 33 40 13 01 - fermé 15 j. en janv., 3 sem. en sept., lun. soir et mar. - P - 12,50/21 €.* Les gens d'ici aiment cette ancienne forge pour son décor original avec sa grande cheminée et ses deux énormes soufflets. Grillades au feu de bois bien sûr, mais aussi pizzas et crêpes au programme. Maximes et aphorismes sur des ardoises murales pour nourriture spirituelle.

BUDGET MOYEN

L'Agriculture – *16-18 r. Léopold-Delisle - ✆ 02 33 95 02 02 - www.hotel-agriculture.com - fermé 23 déc.-5 janv. - P - formule déj.14,50 € - 15/36 € - 28 ch.59/66 € - ☕ 8 €.* Au cœur de la ville, cet établissement à la façade couverte de vigne vierge borde une petite place calme. Avec ses salles pleines de caractère, le restaurant associe charme rustique et belle mise en place. Succulentes spécialités maison. Chambres au confort actuel, très correctes.

ACHATS

Cidrerie Hamel – *7 chemin de la Remisserie - Ferme des Petits-Bois - 50700 St-Joseph - ✆ 02 33 40 17 12.* Créée en 1948 autour de la ferme familiale, cette cidrerie artisanale, perdue en pleine campagne normande, mérite le détour. Les 8 000 pommiers du domaine suffisent à fournir la matière première qui, après fermentation naturelle, devient du cidre, du calvados ou encore du pommeau d'une grande qualité gustative.

Marché – *Pl. du Château - vend. mat.* Selon la saison, le nombre de marchands varie de 100 à 170. Volailles vivantes ou prêtes à cuire, coquillages, huîtres, crème fraîche, fromage, fruits et légumes parfois issus de l'agriculture biologique, charcuteries, pain, crêpes, produits d'épicerie fine et fleurs se côtoient dans une ambiance bon enfant.

Marché également à Bricquebec *(lundi)*, avec le marché aux bestiaux.

ACTIVITÉS

Randonnées – Procurez-vous à l'office de tourisme, le topoguide : *Balades en pays valognais (6,90 €).*

Saint-Sauveur-le-Vicomte

2 044 Saint-Sauverais – Manche (50)

NOS ADRESSES PAGE 393

S'INFORMER

Office du tourisme de St-Sauveur-le-Vicomte – *Le Vieux Château - 50390 St-Sauveur-le-Vicomte - ☏ 02 33 21 50 44 - http://saint-sauveur-le-vicomte.stationverte.com- juil.-août : 9h30-12h30, 14h30-18h30, dim. et j. fériés 10h30-12h30 ; juin et sept. : tlj sf dim. et j. fériés 9h-12h30, 14h30-18h ; vac. de printemps : tlj sf w.-end et j. fériés 9h-12h30, 14h30-18h ; avr.-mai et oct.-nov. : mar. et jeu. 9h-12h30, 14h30-17h30, vend. 9h-12h30, 14h30-16h, merc. 9h-12h30, sam. 9h-12h ; reste de l'année : mar. et jeu. 9h-12h30, 14h30-17h30, vend. 9h-12h30, 14h30-16h - fermé certains j. fériés (se renseigner).*

SE REPÉRER

Carte de microrégion B2 (p. 316) – *carte Michelin Départements 303 C3.*
St-Sauveur-le-Vicomte est au cœur de la presqu'île du Cotentin, à 15 km au sud de Valognes par la D 2.

À NE PAS MANQUER

L'imposant donjon du Vieux Château et le musée Barbey-d'Aurevilly.

ORGANISER SON TEMPS

Comptez 3h pour la visite du château, de l'abbaye et du musée.

Avec ses façades aux couleurs vives qui lui donnent un petit air irlandais, la ville natale de Jules Barbey d'Aurevilly s'ancre dans un passé remontant aux premières conquêtes normandes. De quoi offrir au visiteur un véritable saut dans le temps, dans le cadre apaisant d'une Station verte où l'on sait profiter de la nature environnante.

Se promener

5

Château

☏ 02 33 21 50 44 - visite guidée (1h) juil.-août : tlj sf lun. 15h, 16h30 - jardins ouverts tte l'année - 2 € (6-12 ans 1 €). Des visites nocturnes théâtralisées sont organisées certains soirs en été par le Pays d'art et d'histoire du Clos du Cotentin. Rens. à l'office de tourisme.

Devant l'entrée, Barbey d'Aurevilly sculpté par Rodin vous accueille.

Ancienne possession des grands barons normands, le château (12e s.) a subi de nombreux sièges. Louis XIV le transforma en hospice en 1691. Il conserve deux grosses tours qui flanquent l'entrée ainsi qu'un donjon, puissante tour carrée à contreforts plats. Pénétrez dans l'enceinte du château qui accueille l'office de tourisme.

En contournant le château à gauche, le long des murailles au fond de l'ancien fossé, puis en traversant une grande cour, on peut pénétrer dans le cimetière où est inhumé Barbey d'Aurevilly, le « Connétable des lettres ».

Église

Cet édifice, dont le transept date du 13e s., abrite quelques œuvres d'art intéressantes parmi lesquelles, à l'entrée du chœur, un Ecce homo (16e s.), à gauche, et une statue de saint Jacques de Compostelle (15e s.), à droite.

Musée Barbey-d'Aurevilly

64 r. Bottin-Desylles - ✆ 02 33 41 65 18 - www.ville-saint-sauveur-le-vicomte.fr - avr.-oct. : 13h-18h - fermé mar. - 4,50 € (-12 ans gratuit).

S'il est un écrivain emblématique du Cotentin, c'est bien Jules Barbey d'Aurevilly (1808-1889). Né à Saint-Sauveur, le « plus normand des écrivains normands » mena à Paris une existence d'homme de lettres, critique littéraire, opiomane et dandy, affichant des idées monarchistes et catholiques tout en publiant des romans qui explorent les aspects les plus noirs de l'existence humaine. Plume acerbe, il ferrailla avec Victor Hugo, qui n'hésita pas à le traiter de « formidable imbécile », comme avec le courant réaliste représenté par Flaubert ou Zola. Sa terre natale, « ce pays qui m'enivre tant je l'aime », servit de cadre à la plupart de ses romans et nouvelles (*L'Ensorcelée, Une vieille maîtresse, Le Chevalier Des Touches, Les Diaboliques*, etc.) : Valognes, Saint-Sauveur, Carteret, Tourlaville... au point que rares sont les communes de la Manche qui n'honorent pas sa mémoire en baptisant de son nom une de leurs voies.

La maison familiale de l'écrivain accueille ce musée, installé sur deux niveaux. Il retrace l'environnement familial, les amitiés et inimitiés et le parcours de ce « préromantique attardé », qui fut l'un des acteurs de la vie mondaine et littéraire parisienne du 19e s. Une scénographie moderne et ludique sert le propos (tiroirs dévoilant documents et éditions rares, bornes interactives permettant d'écouter des extraits de son œuvre, film documentaire, portraits, témoignages, objets personnels, etc.), sans oublier cette Normandie dont l'écrivain voulait faire son « majorat de renommée ».

Abbaye

✆ 02 33 21 63 20 - 10h-12h, 14h-18h - possibilité de visite guidée (1h) sur demande préalable - gratuit.

L'abbaye fut fondée au 10e s. par Néel de Néhon, vicomte de St-Sauveur. Démantelés pendant la Révolution, les bâtiments, en bien triste état, furent achetés en 1832 par une religieuse, Marie-Madeleine Postel, qui voulait en faire la maison mère de l'ordre qu'elle avait fondé à Cherbourg en 1807. François Halley, architecte et sculpteur local, se vit confier les travaux de restauration. Endommagée pendant la Seconde Guerre mondiale, l'abbaye fut en chantier de 1945 à 1950. Aujourd'hui, c'est à la fois la maison mère de la communauté des sœurs de sainte Marie-Madeleine Postel et un collège mixte.

Abbatiale – De l'époque romane, elle conserve le bas-côté droit, qui présente de sobres et robustes arcades en plein cintre. Un triforium aveugle, dont les arcades reposent sur des colonnettes, court autour de la nef voûtée d'ogives, chaque arc diagonal prenant appui sur une colonne au chapiteau décoré de feuillages. À gauche en entrant se trouve une chaire en pierre, œuvre inachevée de François Halley. Il s'est lui-même représenté sur le pilier gauche de la deuxième travée. Dans l'abside, bel autel en bois sculpté du 15e s., illustrant les épisodes de l'enfance du Christ. Dans le transept nord, tombeau de Mère Marie-Madeleine.

Parc – Il est agréable de se promener dans le parc planté de beaux arbres, aux pelouses et massifs de fleurs soigneusement entretenus.

À proximité Carte de microrégion p. 316

Château de Crosville-sur-Douve B2

5 km – en direction de Valognes, prenez la D 2 que l'on quitte presque tout de suite à Rauville-la-Place pour suivre la D 15 en direction de Pont-l'Abbé. Ensuite, fléchage. 02 33 41 67 25 - www.chateaucrosville.com - de Pâques à la fin des vac. de la Toussaint et 1er-24 déc. : 14h-18h - 5 € (-12 ans gratuit) château + jardin.

Le premier seigneur de Crosville, Raoul Boubet, fut compagnon d'armes de Guillaume le Conquérant à la bataille d'Hastings (1066). Ses descendants occupèrent le château jusqu'en 1742. Construit au 17e s., ce dernier, l'un des plus importants de la Manche, se caractérise par un souci de composition et de symétrie. Après avoir franchi une porte charretière du 16e s., on se trouve au milieu d'une cour fermée autour de laquelle s'organise l'ensemble des bâtiments. À gauche, la partie la plus ancienne : un donjon doté de ses mâchicoulis et une échauguette (guérite en pierre) qui cache l'escalier menant à la plate-forme supérieure. Au centre, le château lui-même, éclairé de fenêtres à meneaux, de lucarnes jumelées et de portes. À l'intérieur, on ne doit pas manquer de regarder l'escalier monumental ainsi que les restes de décoration dans la Grande Salle.

NOS ADRESSES À SAINT-SAUVEUR

Voir aussi nos adresses à Valognes, Portbail et Barneville-Carteret.

HÉBERGEMENT ET RESTAURATION

BUDGET MOYEN

Auberge de l'Ouve – *Longuerac - 50360 Les Moitiers-en-Bauptois - 13 km à l'est de St-Sauveur-le-Vicomte par D 15 et D 24 - 02 33 21 16 26 - www.aubergedelouve.com - P - fermé nov.-mars - 17,50/34 € - 2 ch. 45 € - 6,50 €.* Dans une charmante auberge régionale en pierre, sympathique intérieur rustique et généreuse cuisine du terroir.

POUR SE FAIRE PLAISIR

Château de Crosville-sur-Douve – *(voir plus haut) - 2 ch. 130 € - rest. (jeu., vend., sam. soir et dim. midi) - menus 24,50/32/39,50 €.* Envie de mener la vie de château le temps d'une nuit ou d'un repas au 1er étage de cette belle demeure ?

RANDONNÉES

Belles promenades à effectuer dans la forêt domaniale de St-Sauveur, au milieu d'arbres remarquables. Deux parcours fléchés à partir de la D 15 (St-Sauveur-le-Vicomte - Portbail) : l'un de 1,8 km *(2h)* ; l'autre ralliant le mont de Besneville à 15 km *(5h)* et associant la découverte de la hêtraie de St-Sauveur au cheminement à travers lande et bocage. Du sommet du mont (116 m), beau panorama sur le Bauptois et la Côte des Isles.

AGENDA

Journée des plantes franco-britanniques – 3e w.-end d'avril. Une centaine de pépiniéristes exposent au château de Crosville-sur-Douve. *Rens. : 02 33 41 67 25.*

5

Sainte-Mère-Église

1 629 Sainte-Mère-Églisais – Manche (50)

NOS ADRESSES PAGE 399

S'INFORMER

Office du tourisme de Ste-Mère-Église – *6 r. Eisenhower - 50480 Ste-Mère-Église - ✆ 02 33 21 00 33 - www.sainte-mere-eglise.info - avr.-juin : 9h-13h, 14h-18h, dim. et j. fériés 10h-13h ; sept.: tls sf dim. : 9h-13h, 14h-18h ; reste de l'année : tlj sf w.-end 9h-12h30, 13h-16h - fermé certains j. fériés (se renseigner), 2 sem. pdt les vac. de Noël.*

Visite – *Circuit « Le musée à ciel ouvert » (50 km - 3h) autour de Ste-Mère-Église et Utah Beach, à la découverte du Débarquement avec un visioguide-GPS (comportant photos, commentaires et archives) - location du visioguide à l'office de tourisme - 8 € + caution 250 €, sur présentation d'une pièce d'identité.*

SE REPÉRER

Carte de microrégion B2 (p. 316) – *carte Michelin Départements 303 E3.* La N 13 qui relie Bayeux (59 km à l'est) à Valognes (16 km au nord-ouest) passe par Ste-Mère-Église.

À NE PAS MANQUER

La vision du mannequin du soldat Steele, toujours accroché au clocher de l'église ; le musée Airborne.

ORGANISER SON TEMPS

2h suffisent pour faire le tour du village et parcourir le musée Airborne, mais comptez une journée si vous souhaitez suivre les traces du Débarquement américain vers Utah Beach et son passionnant musée.

AVEC LES ENFANTS

Redécouvrez la vie rurale du siècle dernier à la ferme-musée du Cotentin.

Serré autour de son église, ce paisible village est une des localités françaises les plus célèbres outre-Atlantique. Pourtant, rien ne semblait devoir troubler la sérénité de Ste-Mère-Église, jusqu'à cette nuit du 5 au 6 juin 1944, lorsque les premiers parachutistes américains furent largués au-dessus de la commune afin d'aider les troupes appelées à débarquer sur la plage d'Utah Beach. Le village fut libéré après des combats acharnés. Chaque année, les vétérans de l'épopée et leurs descendants s'y retrouvent afin de rappeler le souvenir des leurs, tombés pour notre liberté.

Se promener

Église

Ce robuste édifice des 11e-13e s. fut touché au cours de la bataille. Il fallut déloger de son clocher les tireurs allemands isolés qui s'y étaient réfugiés. Le vitrail moderne (ateliers Loire, 1945) du portail illustre le parachutage des troupes américaines. Un mannequin accroché au bout de son parachute au clocher de l'église rappelle la tragique aventure du **soldat Steele**. Largué dans la nuit du 6 juin, ce dernier fut retenu par son parachute au clocher de l'église. Il fit le mort deux heures durant, tandis que la cloche ne cessait de sonner le tocsin !

Musée Airborne.
B. Rieger / hemis.fr

★ Musée Airborne

✆ 02 33 41 41 35 - www.musee-airborne.com - ♿ - avr.-sept. : 9h-18h45 ; oct.-déc., fév.-mars et vac. de Noël : 10h-17h - fermé en janv., 24-25 et 31 déc. - 7 € (6-16 ans 4 €).

Ce musée rend hommage aux 82e et 101e divisions aéroportées US qui se sont illustrées lors des parachutages du 6 juin 1944. Organisé autour de deux espaces dont l'architecture évoque la corolle d'un parachute, il abrite notamment un planeur Waco et un avion Douglas C47. À l'aide d'un important matériel★ (armement, uniformes, véhicules, etc.), il retrace l'épopée de ces hommes qui ont contribué à libérer la France. Il évoque également la vie quotidienne des soldats américains (paquets de cigarettes, battes de base-ball, photos, etc.). Des vitrines sont consacrées à certains des protagonistes : le général Théodore Roosevelt, cousin du président alors en exercice, qui fut inhumé à Ste-Mère le 14 juillet 1944 avant que sa dépouille soit transférée à Colleville-sur-Mer ; le parachutiste John Steele resté célèbre pour sa mésaventure ; ainsi qu'une jeune paysanne des lieux, Yvette, grièvement blessée lors d'un bombardement alors qu'elle trayait ses vaches. L'évocation du tournage du film Le Jour le plus long et la projection d'archives d'actualités complètent cette visite passionnante.

Des travaux d'extension, en cours, feront du musée un bâtiment à énergie autonome. Ils permettront une nouvelle scénographie, novatrice et sensorielle, ainsi que la présentation de collections supplémentaires (notamment un avion Piper Club de 1942).

Ferme-musée du Cotentin

Chemin de Beauvais - ✆ 02 33 95 40 20 - juil.-août : 11h-19h (dernière entrée 1h av. fermeture) ; avr.-juin, sept. et vac. scol. (sf vac. de Noël) : 14h-18h - fermé 1er Mai - 4,50 € (7-18 ans 2 €).

Dans le jardin et les anciens bâtiments de la ferme de Beauvais, du 16e s., sont mis en scène de façon très évocatrice matériel et outils agricoles, mobilier et objets domestiques, lesquels reconstituent l'ambiance paysanne manchoise du

LE 6 JUIN 1944
C'est aux abords de la localité que furent largués, dès le 6 juin 1944 à 2h30, les soldats de la 82e division aéroportée américaine, commandée par le général Matthew B. Ridgway, chargés, de concert avec la 101e division, de dégager les « sorties » de la plage de débarquement d'« Utah ». Le largage ne fut pas du tout groupé et de nombreux soldats se perdirent ou se noyèrent dans les marais environnants. Après des combats confus, Ste-Mère-Église est libérée dans la matinée du 6 ; mais les retours offensifs de l'ennemi ne furent brisés qu'au prix de combats acharnés – certaines unités, à court de munitions, durent se battre au poignard – qui ne cessèrent que le 7, avec l'arrivée des premiers chars débarqués à Utah Beach. Le parachutage à Ste-Mère-Église reste emblématique du Débarquement. Il a donc été repris dans de nombreux films comme *Le Jour le plus long*, de Darryl F. Zanuck, dont le tournage, en 1961, reste un souvenir inoubliable pour les nombreux figurants locaux. Parmi les derniers ouvrages, *Sainte-Mère-Église, première ville libérée de France*, par Damien Fantauzzo (Esprit du Livre, 2009).

début du 20e s. Un potager conservatoire de légumes complète ce plongeon dans le passé. Ne manquez pas les animaux de race locale : ânes du Cotentin, moutons roussins de la Hague et poules cotentines.
Un livret de visite destiné aux enfants est disponible à la billetterie.

Circuit conseillé Carte de microrégion p. 316

SUR LES TRACES DU DÉBARQUEMENT AMÉRICAIN BC2

Circuit de 43 km – environ 2h15. Quittez Ste-Mère-Église par la N 13, au nord. 9 km jusqu'à Écausseville.

Écausseville B2

Hangar à dirigeables – *Traversez le bourg en suivant les pancartes rouges « Hangar » - 02 33 08 56 02 - www.aerobase.fr - - avril-mai et oct. : merc., sam., dim. 14h-18h ; juin et sept. : tlj sf vend. 14h-18h ; juil.-août : tlj 10h-18h - 5 € (enf. 2 €, -8 ans gratuit).* Cet immense hangar posé en rase campagne est un rare témoignage des infrastructures de la guerre aérienne livrée en 1914-1918. Construit la dernière année de la guerre, il faisait partie du centre d'aérostation de Montebourg-Écausseville, dont la mission était de repérer les sous-marins allemands et les mines afin de sécuriser les convois maritimes. Ses 150 m de long et 30 m de haut abritaient donc des dirigeables. Après l'abandon par la Marine des aéronefs en 1936, il servit de centre de stockage de canons et de chars, de pièces de rechange pour navires et avions, etc. Aujourd'hui, une association le fait visiter *(vide)*, tout comme deux bâtiments où des expositions illustrent l'histoire du site. En saison *(tlj, 14h-19h - réserv. conseillée - 06 43 20 83 58)*, des vols en *Aéroplume* (dirigeable individuel gonflé à l'hélium) sont proposés à l'intérieur du hangar.
Rejoignez au nord Montebourg, puis suivez à droite la D 42 jusqu'à Quinéville.

Quinéville C2

Station balnéaire familiale. De la place proche de l'église, belle vue sur la rade de St-Vaast.
Mémorial de la liberté retrouvée – *02 33 95 95 95 - - www.memorial-quineville.com - de déb. avr. à mi-nov. : 10h-19h - 6 €).* Ce musée d'atmosphère restitue l'ambiance difficile de la vie de tous les jours pendant les années noires

de l'Occupation. Reconstitution d'une rue de l'époque, visite d'un blockhaus, photos, tracts, journaux de propagande et divers autres matériels (mais pas d'armes) illustrent avec réalisme ce qu'était la vie en ce temps-là.

Suivez la route littorale D 421 vers le sud, jusqu'aux Gougins.

Des ouvertures dans le cordon dunaire offrent des vues qui peuvent se développer, sur toute la côte, des falaises de Grandcamp au fort de La Hougue et à la pointe de Saire. Les maisons basses en granit, aux toits d'ardoise, annoncent le **val de Saire★** *(voir p. 382)*.

Aux Gougins, empruntez à droite la D 69 vers la batterie de Crisbecq.

St-Marcouf B2

Batterie de Crisbecq – *✆ 06 68 41 09 04 - juil.-août : 10h-19h ; mai-juin et sept. : 10h-18h ; avr. et oct.-nov. : 11h-18h ; nov. : se renseigner - 6,50 € (-12 ans 3,50 €), réduction accordée sur présentation du Normandie Pass.* La batterie de St-Marcouf avait un intérêt stratégique primordial, car ses canons de 210 mm pouvaient balayer les plages d'Utah. Elle fut donc la cible de terribles attaques pour neutraliser et enlever la position. Crisbecq reçut des centaines de tonnes de bombes qui réduisirent au silence les grosses pièces, mais sans détruire les casemates. Le 8 juin 1944, lors d'un assaut acharné des troupes américaines, le lieutenant Ohmsen demanda à la batterie d'Azeville de lui tirer dessus pour écarter l'étau qui se resserrait. La garnison tiendra jusqu'au matin du 12 juin. La résistance fut acharnée et seuls 78 sur plus de 350 hommes survécurent aux combats avant de rejoindre Cherbourg. La casemate effondrée, sur la gauche, impressionne, mais ce sont les Américains qui y ont fait exploser des obus après sa reddition.

Continuez 1,6 km sur la D 69, puis tournez à gauche dans la D 269. *À* 1 km, suivez à droite la direction Azeville.

Azeville B2

Batterie – *✆ 02 33 40 63 05 - visite audio-guidée (1h15, dernière entrée 1h av. fermeture) juin-août : 10h-19h ; mai et sept. : 11h-18h ; avr., oct. et vac. scol. : 14h-18h - 5 € (7-18 ans 2 €), réduction accordée sur présentation du Normandie Pass.* En retrait de la côte, moins exposée que celle de Crisbecq, cette batterie a été construite à proximité du village pour faciliter le camouflage de certaines casemates en maisons. Équipée de canons de 105 mm, elle n'avait pas vue sur la mer, et sa garnison a longtemps vécu la belle vie avec un « casino » – baraque avec bar, scène et filles de joie – et même un réservoir d'eau qui faisait piscine. Exceptionnellement bien conservée, elle a notamment gardé l'essentiel de ses galeries souterraines. On peut y découvrir l'organisation d'une batterie et le fameux impact d'un obus de 356 mm du *Nevada*.

Revenez en arrière puis suivez la D 420 jusqu'à Ravenoville, où vous empruntez à droite la D 14 sur 300 m. Tournez à gauche dans la D 15, jusqu'à Ravenoville-Plage. Vous longez ensuite les dunes sur la D 421, vers le sud-est.

Les Dunes-de-Varreville C2

Monument au général Leclerc – Dans une brèche ouverte dans les dunes, un monument de granit rose représentant la proue d'un navire, armoriée d'une croix de Lorraine, commémore le débarquement de la 2e DB de Leclerc, ici même, le 1er août 1944.

Continuez sur la D 421.

Utah Beach C2

Son nom renvoie à celui d'un État des États-Unis choisi comme nom de code d'un lieu de débarquement, au même titre que celui d'Omaha Beach et de ceux des plages de la côte du Calvados. Il désignait une zone choisie par le général

LES BORNES DE LA VOIE DE LA LIBERTÉ

Depuis Ste-Mère-Église jusqu'à Metz et Bastogne, 12000 bornes symboliques jalonnent la route suivie par l'armée Patton. À partir d'Avranches, elles évoquent surtout l'avance rapide du 20e corps de la 3e armée.

Sculptée par François-Victor Cogné et inaugurée en 1947, la **borne de la Liberté** est un hommage rendu aux États-Unis (les 48 étoiles représentant les 48 États). Outre l'image de la Liberté, symbolisée par un flambeau inspiré de celui de la statue de New York, la borne comporte l'emblème de la 3e armée américaine et des vagues évoquant l'océan Atlantique. La borne 0 de la voie de la Liberté se trouve devant l'hôtel de ville de Ste-Mère-Église, la borne 00, à Utah Beach.

anglais Montgomery en vue d'établir une tête de pont directement dans le Cotentin, afin d'accélérer la prise du port en eau profonde de Cherbourg.

La Madeleine – C'est ici que s'élève la borne 00, point de départ de la « voie de la Liberté » créée en 1947 pour rendre hommage aux soldats tués lors du Débarquement. Un obélisque a été érigé en mémoire de la 4e division d'infanterie US. À gauche, un blockhaus a été transformé en monument à la mémoire des morts de la 1st Engineer Special Brigade. Une stèle et une crypte du Souvenir commémorent l'action de la 90e division américaine. Sur une parcelle de dune devenue terre américaine à la suite d'un don symbolique effectué par la commune de Ste-Marie-du-Mont, une grande stèle (1984) a été érigée par les Américains en hommage aux victimes des opérations meurtrières d'Utah Beach. Du terre-plein, la vue est belle sur le large.

★★ **Musée du Débarquement** – *✆ 02 33 71 53 35 - www.utah-beach.com - ♿ - juin-sept. : 9h30-19h (dernière entrée 1h av. fermeture) ; avr.-mai et oct. : 10h-18h ; fév.-mars et nov. : 10h-17h30 ; de mi-nov. à fin déc. et vac. scol. : w.-end 10h-17h30 - possibilité de visite guidée sur demande préalable - fermé janv., 25 déc. - 7,50 € (-15 ans 3 €).* Refait à neuf et ré-inauguré le 6 juin 2011, ce passionnant musée a le mérite, non seulement de présenter au visiteur les forces en présence lors du débarquement du 6 juin 1944, que ce soit le commandement allié placé sous la responsabilité du général Eisenhower ou l'armée allemande commandée par Rommel, et de l'instruire sur la longue préparation de l'opération Overlord. Mais surtout, tout en détaillant minute par minute, et de façon très réaliste, les événements survenus ici même, il accorde une attention particulière aux combattants des deux camps que le destin a fait se rencontrer sur les lieux. C'est ainsi que l'on suit, grâce à des photos, des témoignages, des documents divers et, bien entendu, des armes et des uniformes, le destin des hommes qui ont débarqué sur cette plage, comme celui des défenseurs de l'authentique bunker autour duquel le musée est organisé. Après avoir découvert un B26 du 505e escadron de l'US Air Force installé dans la halle construite à cet effet (ces vions bombardaient les défenses allemandes d'Utah Beach et des sites de l'opération Overlord dans les minutes qui précédèrent le Débarquement), on accède au « clou » de la visite : une vaste salle panoramique, affleurant à peine la dune et ouverte sur la plage et le grand large, qui offre, à peu de choses près,

POURQUOI UTAH ?

À l'origine, le nom de code de cette plage devait être Oregon Beach… jusqu'à ce qu'un officier inconnu change discrètement son nom en Utah, peut-être pour rendre hommage à son État d'origine…

la vue que les occupants des lieux avaient au matin du 6 juin 1944. Un musée à ne manquer sous aucun prétexte!
Empruntez la D 913 jusqu'à Ste-Marie-du-Mont (5,5 km).

Ste-Marie-du-Mont C2

L'imposante **église** se signale par sa tour carrée du 14e s., dont l'étage supérieur est une addition de la Renaissance. La nef est du début du 12e s., le transept et le chœur, du 14e s. À l'intérieur, chaire sculptée de la fin du 16e s. Dans le chœur, à gauche, statue funéraire de Henri Robert aux Espaulles (début 17e s.).

NOS ADRESSES À SAINTE-MÈRE-ÉGLISE

VISITE

Circuit historique – Inclus dans le parcours de l'Espace historique de la bataille de Normandie *(p. 129)*, le circuit balisé **Objectif-Un port** passe par Ste-Mère-Église et Utah Beach.

HÉBERGEMENT

PREMIER PRIX

Camping Le Cormoran – *Ravenoville-Plage - 50480 Ste-Mère-Église - ✆ 02 33 41 33 94 - www.lecormoran.com - de déb. avr. à fin sept.* Face à la mer, 256 emplacements (camping et grand confort) répartis sur 8,5 ha. Location de chalets et mobile homes; halte camping-car 18h-10h *(forfait 15 €/2 pers.)*; bar, supérette, piscine, salle TV, jeux pour enfants, location de vélos, borne d'accès Internet.

BUDGET MOYEN

Chambre d'hôte La Dannevillerie – *50630 Le Vast - 5 km au nord-ouest de Quettehou par D 902 et D 26 puis 2 km chemin à droite avant Le Vast - ✆ 02 33 41 23 22 ou 06 27 47 47 19 - www.ladannevillerie.com - - 3 ch. 52 €* . Blottie au creux du val de Saire, dans l'écrin de verdure qui borde la rivière, cette ancienne ferme rénovée est un lieu de repos agréable. Les deux chambres, récemment refaites, sont confortablement meublées. Pains cuits au feu de bois, gloires du boulanger du village et confitures maison régaleront les gourmets.

Château de Quinéville – *50310 Quinéville - ✆ 02 33 21 42 67 - www.chateau-de-quineville.com - fermé 1er janv.-31 mars - ♿ - P - 30 ch. 70/175 € - 12 € - rest. (1er avr.- 30 sept.) 35 €.* Les chambres, en général assez sobres, sont plus grandes et récentes dans les ex-écuries que dans le château (18e s.). Parc avec vestiges romains, tour du 14e s., serres et étang. Salle à manger de caractère. Plats traditionnels.

POUR SE FAIRE PLAISIR

Hôtel Le Grand Hard – *La Rivière - 50480 Ste-Marie-du-Mont-Village - ✆ 02 33 71 25 74 - www.legrandhard.fr - fermé janv.-mars - P - 11 ch. 85/95 € - 13 € - 1/2 P 145 € - rest. 21 €.* Sur un domaine de 52 ha composé de bocage, cette structure rassemble un centre équestre, un restaurant et un hébergement hybride, entre l'hôtel et la chambre d'hôte. On appréciera

5

le charme des différentes pièces, rustique pour la salle à manger, plus cossu pour le salon, avec son billard et sa petite bibliothèque.

RESTAURATION

BUDGET MOYEN

Le John Steele – *4 r. du Cap-de-Laine - ✆ 02 33 41 41 16 - www.aubergejohnsteele.com - fermé dim. soir et lun. d'oct. à juin - 16/29 € - 7 ch. 43/57 € - ☕ 6,50 € - 1/2P à partir de 3 nuits 90/95 €.* À deux pas de l'église, cette auberge rend hommage au soldat Steele. Décor régional, tout comme la cuisine, agrémentée de la touche personnelle du chef. Belle cheminée dans la salle de restaurant. Quelques chambres.

L'Eucalyptus – *14 rte de la Mer - 50480 Ravenoville - 8 km au nord-ouest d'Utah Beach par D 421 puis, à Ravenoville-Plage, prendre dir. Ravenoville-Bourg - ✆ 02 33 41 43 76 - www.eucalyptus-ravenoville.fr - fermé déc.-janv., lun. (sf avr.-sept.) et dim. soir - formule déj. 13,50 € - 15,50/42 €.* Le restaurant est agrémenté d'un surprenant jardin fleuri où poussent des bananiers ! Produits de la mer et pâtisseries maison sont servis dans une salle à manger chaleureuse.

L'Estaminet – *Pl. de l'Église - 50480 Ste-Marie-du-Mont-Village - ✆ 02 33 71 57 01 - fermé du 24 déc. à mi-janv., 1 sem. en oct., mar. soir et merc. du 30 sept. au 31 mai - 21/30 € - 4 ch. 45/55 € - ☕ 6 €.* Arrêtez-vous sur cette charmante placette à côté de l'église, à l'endroit où, un certain jour de 1944, des milliers d'engins alliés déboulèrent d'Utah Beach. Pour vous remettre de vos émotions, cette jolie auberge normande est tout indiquée, avec ses repas aux senteurs marines.

ACHATS

Biscuiterie de Quinéville – *6 r. du Port-Sinope - 50310 Quinéville - ✆ 02 33 40 68 51 - www.biscuiteriequineville.com - 9h-12h30, 14h30-19h - fermé 3 sem. en janv., 1 sem. fin sept-déb. oct. et lun..* Depuis 1986, Alain Mélique et son épouse fabriquent artisanalement une importante gamme de produits qui raviront les gourmands : biscuits sablés, croquets au calvados, cookies, madeleines, caramels, etc.

ACTIVITÉS

Croisières

Sur la Douve – Découvrez les marais du Cotentin. Départ de l'embarcadère Port-Jourdan (St-Côme-du-Mont). *Réserv. obligatoire : ✆ 02 33 71 55 81 ou 02 33 21 00 33 (office du tourisme de Ste-Mère-Église).*

Sports nautiques

Utah Beach – Club de char à voile « Utah Avel Mor » à Utah Beach. *Rens. : ✆ 02 33 44 75 57 ou 06 23 88 14 15.*

Quinéville – *Cercle nautique de la Sinope - 28 bd Maritime - 50310 Quinéville - ✆ 02 33 21 06 36 - www.cns-quineville.fr.*
Location et stages de catamaran, planche à voile, char à voile, etc.
Stage d'une ou plusieurs demi-journées avec moniteur diplômé, pour les 7/12 ans sur Optimist (68 €) ; planche à voile et catamaran dès 10 ans.

Carentan

1 611 Carentanais – Manche (50)

NOS ADRESSES PAGE 406

S'INFORMER

Office du tourisme des marais de Carentan – *Bd de Verdun - 50500 Carentan - ☎ 02 33 71 23 50 - www.ot-carentan.fr - juil.-août : 9h-18h30, dim. 10h-12h, 14h30-17h30 ; juin et sept. : tlj sf dim. 9h-12h15, 13h30-18h ; reste de l'année : tlj sf w.-end et j. fériés 9h-12h15, 13h15-17h30.*

SE REPÉRER

Carte de microrégion C3 (p. 316)– *carte Michelin Départements 303 E4.*
Carentan marque l'entrée de la presqu'île du Cotentin, au carrefour des axes Bayeux (44 km à l'est)-Cherbourg (51 km au nord-ouest) et St-Lô (35 km au sud)-Cherbourg, sur la N 13.

À NE PAS MANQUER

La Maison du Parc naturel régional des marais du Cotentin et du Bessin, et les sentiers d'interprétation du Parc, qui permettent de se familiariser avec la flore et la faune, en particulier les oiseaux.

ORGANISER SON TEMPS

Prévoyez 1h pour découvrir la ville de Carentan, et une journée pour apprécier le Parc naturel (la Maison du parc, très pédagogique, et les paysages de marais).

AVEC LES ENFANTS

Sillonnez les marais et les rivières en barge.

Porte de la presqu'île du Cotentin, la « capitale des marais » est cernée par de magnifiques paysages d'herbages humides, appréciés des races bovines et chevalines qui font la célébrité de la région. Quadrillé de fossés et arrosé par plusieurs cours d'eau (la Douve, la Taute et la Sèvre), bordé par l'estuaire de la baie des Veys, le Parc naturel régional des marais du Cotentin et du Bessin est à découvrir en sillonnant les routes avec des jumelles, à l'affût de la faune et de la flore.

Se promener

Riche de ses élevages, Carentan abrite un important marché de bétail et l'un des plus grands centres d'industrie laitière du département de la Manche. Fort malmené par les bombardements de juin 1944, le centre-ville conserve cependant quelques beaux témoins architecturaux.

Église Notre-Dame

L'église (12e-15e s.) présente sur le flanc sud un décor flamboyant d'une grande élégance. Le clocher domine la région de sa haute flèche octogonale. À l'intérieur, le chœur est fermé par une clôture Renaissance.

À l'angle de la rue de l'Église et de la place Guillaume-de-Cerisay, se tient une belle maison en pierre. Balzac y situa l'hôtel de *Dey* et l'action de son récit *Le Réquisitionnaire. Quelques hôtels particuliers (17e et 18e s.) sont encore visibles dans le quartier : rue de l'Église, rue Sébline ou rue des Prêtres.*

La place de la République

Elle se distingue par de belles arcades soutenant quatre maisons (14e s.), restes d'un marché couvert. L'**hôtel de ville** occupe les élégants bâtiments (17e-19e s.) d'un ancien couvent de chanoinesses.

Construit en 1784, le **lavoir des Fontaines** est entouré d'une galerie couverte, agrémentée de superbes gargouilles.

Le port

Inauguré en 1982, ce port est situé au nord-est de la ville, à l'extrémité du chenal qui le relie à la mer dans la baie des Veys. De l'écluse, qui ferme l'accès au port, vous pourrez assister, lors de la marée montante, au mascaret : ce phénomène naturel, une vague déferlante, est provoqué par la résistance des courants fluviaux (de la Douve, de la Vire et de la Taute) au courant maritime inverse, remontant le chenal.

Le chenal de Carentan enjambe la N 13, grâce à un pont-canal inauguré en 1994. Ne vous étonnez donc pas si, depuis votre voiture, vous voyez un voilier passer au-dessus de vous ! C'est la configuration exceptionnelle de la route lorsqu'elle passe sous le canal. Cet ouvrage d'art a posé à ses constructeurs de nombreux problèmes techniques, notamment d'étanchéité et de drainage.

À proximité Carte de microrégion p. 316

Dead Man's Corner Museum

2,5 km au nord de Carentan par la D 913, en direction de St-Côme-du-Mont. Le musée est installé dans une petite maison située très précisément au carrefour entre les routes de Carentan, St-Côme-du-Mont et Utah Beach. ✆ 02 33 42 00 42 - www.paratrooper-museum.org - tlj 9h-18h, sf dim. de fin sept. à fin avr.

Ce **Centre historique des parachutistes du Jour J** est installé à un carrefour que les soldats surnommèrent le « Carrefour de l'homme mort », car lors des combats pour la libération de Carentan, un char américain fut détruit à cet endroit, et le cadavre d'un officier américain resta plusieurs jours accrochés à la tourelle du char. Le musée est installé dans une maison qui fut jusqu'au 6 juin 1944 le QG des défenseurs allemands qui avaient pour mission de défendre Carentan coûte que coûte, avant de devenir un hôpital de campagne dès lors que les Américains purent s'en emparer. Le musée est voué aux compagnies de parachutistes et présente une importante collection d'objets et d'uniformes des deux camps.

Circuit conseillé Carte de microrégion p. 316

PARC NATUREL RÉGIONAL DES MARAIS DU COTENTIN ET DU BESSIN

Circuit de 40 km – environ 2h30. Quittez Carentan par la D 913 en direction de St-Côme-du-Mont.

★ Les Ponts d'Ouve – Maison du parc

Les Ponts d'Ouve - 50500 St-Côme-du-Mont - ✆ 02 33 71 65 30 - www.parc-cotentin-bessin.fr - de Pâques à fin sept. : tlj 9h30-19h ; d'oct. à Pâques : tlj sf lun., 9h30-13h, 14h-17h30 (réserve ornithologique fermée 2 sem. fin sept.) - visite libre 5 € (étudiants, chômeurs, handicapés 2 € ; -6 ans gratuit) - visite guidée 6 € (étudiants, chômeurs, handicapés 3 € ; -6 ans gratuit) - location de jumelles 1 €.

Située à deux pas de Carentan, au lieu-dit Les Ponts d'Ouve, la Maison du parc est le centre de ressources touristiques de la région – *demandez le guide*

Les marais du Cotentin

LE PARC NATUREL RÉGIONAL DES MARAIS DU COTENTIN ET DU BESSIN

Créé en juin 1991, ce parc de 140 000 ha, dont 27 000 de marais et de polders, regroupe 145 communes des départements de la Manche et du Calvados. Il couvre une bonne partie de ce que l'on appelait autrefois le « marais de Carentan ». Il occupe toute la base de la presqu'île du Cotentin, cernée au nord par Valognes, au sud par St-Lô, à l'est par Bayeux et à l'ouest par Lessay.

Sillonné par d'innombrables canaux, ce milieu de marais et de bocage est riche en espèces végétales et animales originales. Zone humide, à l'horizon dépouillé d'arbres et à la végétation relativement haute, il attire les oiseaux migrateurs et facilite tant leur hivernage que leur nidification. La gestion des niveaux d'eau, la connaissance et la découverte de l'avifaune fréquentant les marais ainsi que de la flore font partie des priorités de ce territoire.

LE MAL DES MARAIS

Autrefois, les habitants des marais souffraient souvent de fortes fièvres qui « fouettaient le sang…, le barattaient ». **Barbey d'Aurevilly** en offre des descriptions saisissantes de réalisme dans *L'Homme aux gants de toile* : « Le mal s'étendait, se propageait toujours, partant des eaux inertes pour envahir, peu à peu, les cultures, les bois. Le mal se faisait par approches lentes mais certaines, et auxquelles tous se résignaient, dans une soumission épuisée, avec un las sourire. Le temps vient des frissons et des claquements de dents, à côté du feu ; des grands bols de sauge ; des coulées sinueuses au creux de l'échine, et des chairs de poule. La jouissance aussi, de se sentir délicat, atteint, au milieu de cette orgie de la force qui avait nourri les hommes durant tout l'été… »

UN ÂNE EMBLÉMATIQUE

Reconnu comme race en 1997, l'**âne du Cotentin** se distingue à quelques caractéristiques propres : une robe gris tourterelle avec, sur le dos, une croix de Saint-André noire, de longues oreilles au pourtour et à la base foncés, le tiers inférieur du museau blanc (extrémité noire) et une hauteur de 120 à 135 cm. Aujourd'hui, les haras nationaux et une association de sauvegarde *(www.asineriedubocage.com)* veillent à sa réimplantation dans la région comme partout en France. Il est un agréable compagnon de randonnée.

PETIT GLOSSAIRE DES MARAIS

Pour saisir la diversité et la richesse des marais, quelques mots de son vocabulaire spécifique pourront vous être utiles :
Chien des marais : tronc fossilisé dans la tourbe. Chasse : chemin creux.
Mâsse : terre crue utilisée pour la construction. **Mise au marais** : les parcelles inondables appartenant souvent aux communes ; une date est fixée chaque année pour y conduire le bétail, au moment où l'eau se retire.
Portes-à-flots : vannes qui limitent les effets des marées.

trimestriel des animations « Les Rendez-Vous du parc ». Cette maison organise aussi des expositions et des projections sur la faune et la flore du parc et sur les saisons des marais, ainsi qu'une visite-découverte des lieux. Un espace est dédié aux grandes expositions temporaires, renouvelées tous les 18 mois.
À l'extérieur, en bordure d'un plan d'eau (5 ha en été, 30 ha en hiver), est aménagé un **sentier d'interprétation** (1 km) doté de bornes pédagogiques tous les 100 m et d'observatoires. L'étang accueille en effet, surtout en hiver, toutes sortes d'oiseaux, des marais ou migrateurs. L'été, une plus longue promenade (environ 6 km) est également possible sur ce site.
Sentiers de découverte – Les **18 sentiers** aménagés par le Parc permettent une découverte ludique de la faune et de la flore des différents milieux du Cotentin et du Bessin : marais, bocage, landes, forêt et littoral.
Un document de présentation est en vente à la Maison du parc.
Revenez à Carentan, quittez la ville par la D 971, puis prenez à gauche la D 29. Poursuivez sur 13 km, puis empruntez à droite la D 8.

Rémilly-sur-Lozon

Le village est réputé pour le travail de l'osier, qui a connu un essor considérable au 19e s. Une vannerie perpétue cette activité traditionnelle.
Château de Montfort - L'art du bois – *02 33 55 30 11 - ♿ - juil.-août : 14h30-19h ; avr.-juin et sept.-oct. : w.-end 14h30-18h - 4 € (6-12 ans 2 €).*
On tombe d'abord sous le charme de cet ancien château du 15e s. qu'une association tente courageusement de sauver. Un commun restauré accueille une exposition étonnante de **sculptures en bois★**. Ébéniste passionné, Gilbert Housset s'est amusé à reproduire à taille réelle sa moto, une 2 CV, une Jeep et, pourquoi pas, une formule 1, un tracteur, des moteurs d'avions, des vêtements... Des milliers d'heures de travail, mais quelle réussite !
Empruntez la D 94 en direction de Marchésieux (2,5 km).

Marchésieux

Dans la partie méridionale du Parc, cette commune aux multiples centres d'intérêt possède une église ornée de **fresques remarquables** (14e s.).
Maison des marais – *Fléchée au niveau de la D 900 entre St-Lô et Périers. 02 33 07 15 20 - www.musees-basse-normandie.fr - sur RV seult - 3 € (8-14 ans 0,80 €).*
Remarquablement restaurée, cette grande maison illustre parfaitement ce qu'était l'habitat traditionnel des marais, c'est-à-dire la maison en terre, dite en « bauge » ou en « mâsse », construite sur un soubassement en pierre et élevée par superposition des couches ou levées de terre, sans structure en bois. La région en a conservé plusieurs milliers, la plupart datant du 19e s. Elles font aujourd'hui l'objet de programmes de restauration, mais, étant le plus souvent privées, elles ne se visitent pas. D'où l'intérêt de celle-ci. L'intérieur présente la construction en « mâsse ». Plus ou moins rouge ou ocre, souvent lumineuse, la terre constituait un excellent isolant et palliait l'absence d'arbres, donc de poutres, dans le secteur. Cela impliquait des maisons peu larges. L'exposition aborde également l'organisation et les activités des marais.
Fléché à partir de la D 900, le **centre de loisirs W.-Harvey** regroupe un golf, un village miniature des années 1930, un train miniature, etc.
Quittez Marchésieux par le sud-ouest et suivez la D 433 juqu'au hameau Le Bourg-d'Aubigny. Tournez à droite dans la D 142.

St-Martin-d'Aubigny

Maison de la brique de Basse-Normandie – *02 33 07 61 95 - juil.-août : 14h30-18h30 ; de mi-juin à fin juin et sept. : dim. 14h30-18h30 - 3 € (8-12 ans 0,75 €).* Une cheminée, un vaste four à flammes renversées, des séchoirs… la briqueterie a gardé l'essentiel de ses installations et donne l'occasion de découvrir une activité peu connue. La visite se termine logiquement dans le four où est contée l'histoire des Mille diables.

NOS ADRESSES À CARENTAN

VISITE

Maison du parc – *Les Ponts d'Ouve - 50500 St-Côme-du-Mont - ✆ 02 33 71 65 30 - www.parc-otentin-bessin.fr (voir aussi p.402).*

Sorties nature – Le marais peut se visiter à différentes périodes de l'année, mais les passionnés d'ornithologie préfèrent l'hiver, période de rassemblement pour les oiseaux migrateurs. Des sorties nature sont organisées toute l'année – *programme à la Maison du parc.*

Documentation – Ne manquez pas de vous procurer la « Carte touristique » éditée par le Parc naturel régional, qui présente ses 16 sites de découverte, les 20 sentiers d'interprétation ainsi qu'une sélection de 10 balades « coups de cœur ». *Document disponible gratuitement à la Maison du parc et dans les offices de tourisme locaux.*

Guides – Il va être difficile de faire votre choix dans les quelque 900 km d'itinéraires balisés. Pour vous aider, un topoguide coproduit par le Parc propose une sélection de 27 circuits : *Les Plus Belles Balades des marais du Cotentin et du Bessin* (Dakota éditions, 12,80 €). Il existe bien sûr de nombreux autres ouvrages plus ou moins précis sur la région – *se rens. auprès de la Maison du parc.*

HÉBERGEMENT

Bon à savoir – Les hébergements (gîtes, chambres d'hôte, gîtes d'étape) Panda accueillent les visiteurs au cœur d'un site naturel de qualité. Ils mettent à la disposition de leurs hôtes des guides sur la faune et la flore et invitent à découvrir le sentier de promenade aménagé au départ de leur gîte. *Guide* Pied à Terre *et rens. à la Maison du parc.*

PREMIER PRIX

Hôtel-restaurant L'Escapade – *28 r. du Dr-Caillard, face à la gare - ✆ 02 33 42 02 00 - P - 15 ch.36/60 € - ☕ 6 € - 1/2P 76/95 € - rest. 9,90/22,50 €.* Cette imposante bâtisse était sous Napoléon III un relais de poste. Elle abrite aujourd'hui des chambres de diverses tailles, toutes récemment rénovées, et une belle salle à manger rustique au parquet ciré.

Chambre d'hôte Domaine du Mémorial – *3 pl. de la Libération - 50620 Graignes - ✆ 02 33 56 80 58 - P - 🚭 - 5 ch. 52 € ☕.* Jouxtant l'hippodrome régional, cette belle demeure restaurée est installée dans un domaine consacré à l'élevage des chevaux, plus particulièrement des trotteurs. Les propriétaires ont ouvert 4 chambres à l'étage, dont une familiale avec vue sur le marais. Jolie cour fleurie entourée de box. Les enfants vont adorer.

RESTAURATION

BUDGET MOYEN

Auberge de la Guidonnerie – *Angoville-au-Plain - au nord-est de Carentan, par la D 913 en direction de Ste-Marie-du-Mont - ✆ 02 33 71 06 63 - fermé 1er oct.-1er avril - 16/21,50 €.* Cette auberge propose une restauration campagnarde à base de produits de la région (terrine normande au calvados, assiettes du terroir, tarte au camembert, teurgoule). Dans la vieille demeure contiguë, chambres d'hôte *(42 €)*.

Ferme-auberge La Huberdière – *Le Pommier - 50480 Liesville-sur-Douve - 8 km au nord-ouest de Carentan par D 913 (jusqu'à St-Côme-du-Mont) puis D 270 - ☎ 02 33 71 01 60 - www.chevrerie-ferme-auberge.com - fermé dim. soir et lun. - réserv. obligatoire - 16/26 € - 4 ch. 50 €* ☕. Après la visite de cet élevage de laitières et chevrettes, traite et fabrication de fromages n'auront plus de secret pour vous. À moins que vous ne préfériez passer directement à table pour déguster les spécialités maison.

Auberge Normande – *11 bd de Verdun - ☎ 02 33 42 28 28 - 13 ch. 45/105 € - menus 19,50/36 € - formule à 13,50 €.* Qu'ils soient des marais, du Cotentin ou du marché, les différents menus proposés auront de quoi satisfaire votre appétit (avec une préférence pour les produits de la mer), d'autant qu'ils sont servis dans un cadre élégant et confortable.

ACHATS

Dupont d'Isigny Sucralliance – *99 rte Américaine - 50500 Carentan - ☎ 02 33 71 66 66 - tlj sf w.-end 9h-12h15, 13h30-17h.* Cette entreprise est installée à Carentan depuis 1995. Le produit phare reste le caramel (8 variétés différentes), mais la maison a développé sa gamme de produits et propose aussi pâtes à mâcher, bonbons tendres ou acidulés, aux fruits, à la menthe, au café…

ACTIVITÉS

Croisières

Sur la Douve – Découvrez les marais avec le *Barbey-d'Aurevilly II* pour une demi-journée *(11 €, -12 ans : 7 €)* ou une journée *(18 €, -12 ans : 13 €)*, de mai à sept. Départ de l'embarcadère Port-Jourdan (St-Côme-du-Mont), à deux pas de la Maison du parc. *Réserv. obligatoire : ☎ 02 33 42 39 44 ou 02 33 21 00 33 (office de tourisme de Ste-Mère-Église) - www.bateaudouve.com*

Sur la Taute – La *Rosée du Soleil* vous emmène pour des sorties d'une demi-journée de mai à sept., au départ de St-Hilaire Petitville/Carentan. *Réserv. obligatoire : ☎ 02 33 55 18 07 - la-rosee-du-soleil.fr*

Randonnées avec des ânes

Chevaux et Ânes des Mares – *10 rte du Village des Mares - 50250 Bolleville - ☎ 02 33 46 99 78 - www.bourricot.com/anes-des-mares - 9h-18h.* Pour porter vos enfants ou vos bagages, pour une promenade en sulky ou en carriole normande, ces ânes sont les compagnons idéaux. À l'heure, à la demi-journée ou plus, une randonnée ludique et tranquille pour découvrir le Parc naturel du Cotentin, ses édifices et son histoire.

Canoë-kayak

Sorties organisées sur le canal du haut Dick, sur la Douve et la Taute. *Rens. et réserv. : Club nautique carentanais - Le Port - 50500 Carentan - ☎ 02 33 42 44 56 ou 06 86 57 68 44 - www.carentan-canoekayak.org*

5

4/ ESCAPADE DANS LES ÎLES ANGLO-NORMANDES

Île de Sercq, havre Gosselin.
D. Houston / Age fotostock

Organiser son voyage

Avant de partir

OFFICES DE TOURISME

À Jersey – Liberation Square - St-Hélier - Jersey - Channel Islands -JE1 1BB - ✆ 01534 448 800 - www.jersey.com
À Guernesey – PO Box 23 - North Plantation - St Peter Port - Guernsey - Channel Islands - GY1 3AN - ✆ 01481 723 552 - www.visitguernsey.com
À Aurigny – Tourist Information Center - ✆ 01481 822 994 - http ://visitalderney.com

SUR INTERNET

www.manchetourisme.com – Le site du Comité départemental du tourisme de la Manche fourmille d'informations utiles : actualité, économie, histoire, tourisme, gastronomie, sports, balades, etc.
www.visitbritain.com – Tous les renseignements pratiques pour découvrir les richesses de l'archipel, avec des liens vers les sites de chaque île.

Formalités

DOCUMENTS

Ressortissants d'un pays de l'UE :carte nationale d'identité de moins de 10 ans ou passeport en cours de validité. Les mineurs doivent être munis d'une autorisation parentale de sortie du territoire.
Conducteurs : permis de conduire français à trois volets ou permis de conduire international. Se munir de la carte internationale d'assurance et de la carte grise.
Tout visiteur arrivant avec un **bateau à moteur**, ou transportant une **planche** de surf ou une planche à voile, doit impérativement se présenter au bureau du port (Harbour Office).
Il est déconseillé d'amener des **animaux domestiques**, même si un passeport animalier leur permet d'éviter la quarantaine, car ils sont interdits sur de nombreuses plages.

SANTÉ ET SOINS MÉDICAUX

Il est vivement conseillé aux visiteurs de souscrire une assurance avant le départ, pour couvrir les éventuels frais médicaux et de rapatriement et pour couvrir également les frais imprévus dus aux retards ou annulations dus aux conditions météorologiques.

Transports

EN BATEAU

Vers les îles
Les îles Anglo-Normandes sont accessibles depuis la côte ouest du Cotentin ou le nord de la Bretagne (St-Malo).
Manche Îles Express – ✆ 0 825 133 050 - www.manche-iles-express.com. La compagnie relie Diélette à Guernesey et Aurigny, Carteret à Jersey et Guernesey et Granville à Jersey, avec des catamarans à grande vitesse (Jersey à partir de 45mn). Bureaux à Jersey (*Albert-Quai - St-Hélier - ✆ 01534 880 756*) et Guernesey

(*Terminal Building New Jetty White Rock - St Peter Port - ✆ 01481 701 316*).
☺ Attention, les marées peuvent influer sur les ports de départ et les horaires des traversées.

Entre les îles

Entre Jersey et Guernesey
Manche Îles Express – *Voir ci-dessus.*
Condor Ferries – ✆ 0 825 135 135 - www.condorferries.com. Liaisons Jersey-Guernesey
Entre Guernesey et Sercq
Sark Shipping – White Rock - St Peter Port - Guernsey - GY1 2LN - ✆ 01481 724 059 - www.sarkshipping.guernsey.net. Cette compagnie relie Sercq à Guernesey (vélos interdits sauf ceux d'enfants).
Entre Guernesey et Herm
Travel Trident – Kiosque de réservation et de vente de billets devant la tour de l'Horloge de Weighbridge - Liberation Monument - St Peter Port - ✆ 01481 721 379 ou 01481 722 377.
Entre Guernesey et Aurigny
Manche Îles Express – *Voir ci-dessus.*

EN AVION

FlyBe – Dessert Jersey et Guernesey au départ de Paris-Roissy, *via* l'Angleterre (3 à 5h) - renseignements et réservations : ✆ 01392 268 513 - http://fr.flybe.com
Aurigny Air Services – Relie Dinard à Guernesey et assure la liaison inter-îles - renseignements et réservations : ✆ 02 99 46 18 46 - www.aurigny.com

EN VOITURE

La voiture se justifie surtout à **Jersey** (qui compte plus de 560 km de routes) et à **Guernesey**. À **Sercq** et à **Herm**, la voiture est interdite.
☺ N'oubliez pas qu'il faut **conduire à gauche** sur des routes souvent étroites et sinueuses, bordées de talus ou de murets, avec le risque de voir débouler un engin agricole, des piétons ou un car de touristes.
Voitures personnelles – Toute l'année, traversées possibles au départ de St-Malo - renseignements et réservations : www.hdferries.fr.
Location de voitures – Très abordable, tout comme le prix de l'essence. Pour louer, il suffit de présenter son permis de conduire et d'être âgé de plus de 21 ans.
Camping-cars et caravanes – Ces véhicules ne sont acceptés que sur deux campings de Jersey, avec de nombreuses restrictions.

CIRCULATION ET STATIONNEMENT

Réglementation générale

La circulation est régie par le code britannique (circulation à gauche).
À **Jersey**, la vitesse est limitée à 40 mph (65 km/h), sauf dans certaines zones où la limitation tombe à 30 ou 21 mph (48 ou 32 km/h), voire 15 mph (24 km/h) sur les *Green Lanes* (voies vertes).
À **Guernesey** et **Aurigny**, le compteur ne dépasse pas 35 mph (55 km/h), et 25 mph (30 km/h) dans les villes.
☺ Attention, certains **carrefours** sont indiqués par un panneau de signalisation *Filter in Turn*, ce qui

PETITE TABLE DE CONVERSION POUR LA VITESSE

km/h	10	30	55	65	80	90	100	110	120	130
mph	6	25	35	40	50	56	62	68	75	80

signifie que chaque véhicule a la même priorité d'accès et que c'est donc à tour de rôle que l'on traverse ces carrefours.

Stationnement

Bon à savoir – Une **ligne jaune** parallèle au bord de la chaussée indique que le stationnement est interdit **jour et nuit**.

À BICYCLETTE

C'est *a priori* la formule idéale, surtout à **Sercq** où la voiture est interdite. Il est possible de faire la traversée avec son vélo personnel ou d'en louer un sur place (environ 15 £ par jour avec casque, vêtement imperméable, etc.).
Jersey a développé des **green lanes**, routes vertes où vélos et piétons ont la priorité, et Guernesey, des **ruettes tranquilles**, mais ces réseaux restent insuffisants pour circuler d'un bout à l'autre des îles ou pour en faire le tour.
Des **balades à thème** (Cidre et beurre noir, Pirates et contrebandiers, etc.) sont proposées par **Jersey Cycletours** - 2 La Hougue Mauger - St Mary - Jersey JE3 3AF - Channel Islands. À Guernesey, des « **Guernsey Cycle Tours** » en français sont disponibles à l'office de tourisme.
Attention à l'intensité de la circulation sur les grands axes aux abords de St-Hélier ou de St Peter Port, notamment lors des migrations pendulaires des îliens. **Prudence** aussi sur les petites routes, très étroites !

EN BUS

Si vous ne souhaitez pas conduire, « Pensai different - pernai enne bosse ! » *(Pensez différemment - prenez le bus !).*
À **Jersey**, *voir p. 435.*
À **Guernesey**, *voir p. 450.*

EN TAXI

D'une manière générale, les taxis ne peuvent être hélés dans la rue, notamment à Jersey, et doivent plutôt être commandés par téléphone.
À **Jersey**, *voir p. 435.*
À **Guernesey**, *voir p. 450.*

À PIED

À **Jersey**, des itinéraires à partir d'arrêts de bus permettent de faire le tour complet de l'île. Certains peuvent se révéler malaisés ou dangereux… On marche aussi à **Guernesey** *(se renseigner à l'office de tourisme)*, mais ce sont encore **Sercq** et **Herm** qui remportent la palme des randonnées, et plus particulièrement Herm, où c'est le seul moyen de circulation.

Hébergement

HÔTELS

Que ce soit dans les brochures des offices de tourisme ou sur Internet, les tarifs des hôtels et des guesthouses sont donnés **par personne et par nuit, petit-déjeuner compris**, sur la base de deux personnes partageant la même chambre et suivant une fourchette de prix allant de la basse à la haute saison, soit du simple au triple, voire un peu plus pour certains grands hôtels !
Pour simplifier, les prix des hôtels dans nos carnets d'adresses sont donnés par chambre.
Un supplément peut être facturé pour une personne seule utilisant une chambre double, les chambres individuelles étant rares.
À noter qu'en réservant par Internet, vous êtes au courant des « great deals » ou « special offers », c'est-à-dire des tarifs promotionnels offerts à certaines époques de l'année.

LOCATION DE VACANCES

Si vous pensez séjourner dans les îles plus d'un week-end, les offices de tourisme de chacune des îles signalent dans leur brochure sur l'hébergement, les offres de location d'appartements et de cottages (**self-catering**), et peuvent vous aider à trouver l'hébergement qui vous convient, voire s'occuper de votre réservation. C'est le cas notamment au Jersey Tourism Visitor Centre qui dispose d'un service dédié à cela (✆ 01534 448 888 - www.jersey.com).

À Jersey toujours, il est possible de louer un fort pendant vos vacances. Si pour certains lieux, comme **L'Etacquerel Fort**, **Lewis Tower** ou **Archirondel Tower**, le confort est assez rudimentaire, d'autres lieux par contre, comme **Fort Leicester** à Bouley Bay, **La Corbière Radio Tower** à St Brelade ou l'appartement dans **Elizabeth Castle** à St-Hélier, ont vraiment tout le confort, romantisme et vues superbes en prime. C'est le cas notamment de la Radio Tower dont le sommet, transformé en salon et auquel on accède par un escalier en colimaçon, offre une vue à 360° sur la mer et sur l'île.

Pour connaître les adresses, les prix et un descriptif des lieux, s'adresser au **Jersey Heritage** - *www.jerseyheritage.org/heritage-holiday-lets.*

À Jersey également, au cœur des jardins de **Samarès Manor**, les communs du manoir ont été aménagés en locations de vacances *(avril-oct.)*. Trois appartements et trois maisons (The Coach House, The Barn, The Forge), simplement décorées mais parfaitement équipées (lave-vaisselle, lave-linge, TV, etc.), permettent à leurs occupants de profiter à leur gré des jardins, où flotte un parfum d'antan, digne des romans de Jane Austen…

Samarès Manor – St Clement - JE2 6QW - ✆ 01534 870 551 - enquiries@samaresmanor.com - www.samaresmanor.com

CAMPING

Le camping sauvage est interdit, mais les campeurs sont bien accueillis dans les campings aménagés à Jersey *(voir p. 435)*, Guernesey *(voir p. 450)*, Aurigny *(voir p. 467)* et Herm *(voir p. 456)*. Ouverts en général de mai à septembre, ils proposent soit d'apporter sa propre tente *(Pitch only)*, soit de fournir des tentes tout équipées.

Vie pratique

CHANGE

La livre anglaise est couramment utilisée. Jersey et Guernesey possèdent cependant leur propre monnaie, utilisable uniquement sur l'archipel Anglo-Normand, au même cours que la livre anglaise (à l'heure où nous imprimons, 1 £ = 1,14 €). La livre (£) est divisée en 100 pence (100 p.). Vous pourrez régler hôtel, restaurant, menues dépenses et souvenirs avec une

NOS CATÉGORIES DE PRIX

	Hébergement	Restauration
Premier prix	jusqu'à 80 £	jusqu'à 20 £
Budget moyen	80 à 120 £ €	20 à 30 £
Pour se faire plaisir	120 à 180 £	30 à 50 £
Une folie	plus de 180 £	plus de 50 £

carte de crédit, un Eurochèque, un chèque de voyage ou changer de l'argent dans les banques.
Banques – À Jersey et à Guernesey, elles sont ouvertes du lundi au vendredi de 9h30 à 15h30, parfois le samedi de 9h30 à 12h30.

CONSIGNE

Cela peut être utile lorsque débarquant à St-Hélier (Jersey) ou St Peter Port (Guernesey), vous souhaitez vous mettre en quête d'un gîte pour la nuit ou visiter la ville, sans vous encombrer de vos bagages.
À **St-Hélier** (Jersey), consigne automatique à Elizabeth Terminal *(8h-21h)*.
À **St Peter Port** (Guernesey), sur le port, consigne manuelle sur St Julian's Pier, près des bureaux de l'Isle of Sark Shipping Company *(lun.-vend. 9h-12h30, 14h-17h, 1,50 £/j.)*.
Si vous voyagez en avion, il existe également une consigne à l'aéroport *(3 £/colis)*.

HEURE

Les îles sont à l'heure britannique, décalée d'une heure avec la France (quand il est 8h à Jersey, il est 9h à Paris). On désigne les heures de la matinée par **am** (ante meridiem) et celles de l'apr.-midi par **pm** (post meridiem). Exemple : 9 am, pour 9h ; 9 pm, pour 21h.

JOURS FÉRIÉS

Les jours fériés sont les mêmes qu'au Royaume-Uni : 1er janvier - Vendredi saint et lundi de Pâques - 1er lundi de mai - dernier lundi de mai *(Spring Bank Holiday)* - dernier lundi d'août *(Late Summer Bank Holiday)*, sauf à Aurigny où ce jour férié est fixé au 1er lundi d'août, lorsque l'île fête *Cavalcade Day* - Noël et 26 décembre *(Boxing Day)*.
À ces jours s'ajoutent le 9 mai *(Libération Day)* pour Jersey et Guernesey, et le 15 décembre *(Homecoming Day)* pour Aurigny qui célèbre le retour des insulaires le 15 décembre 1945, après l'évacuation massive de juin 1940.

MAGASINS

À **Jersey**, ils sont ouverts de 9h à 17h ou 18h, sauf le dimanche et le jeudi apr.-midi. À **Guernesey**, du lundi au samedi de 9h à 17h30.
Les îles étant exonérées de TVA, le shopping connaît un énorme succès.
Produits phares : alcools, tabacs, parfums, caramels à la crème de Jersey, poteries et célèbres pulls en laine de Jersey ou Guernesey.
Tableaux de conversion ci-dessous pour les pointures.

POIDS ET MESURES

Quelques équivalences

1 pouce (1 inch) = 2,54 cm
1 cm = 0,3937 inch
1 pied (1 foot) = 30,48 cm
1 yard (1 verge) = 0,943 m
1 m = 1,09 yard
1 mile terrestre = 1,609 km
1 kilomètre = 0,621 mile
1 mile marin = 1,852 km
1 once = 28,34 gr
1 livre = 0,4536 kg
1 kg = 2,20 livres

POINTURES DE CHAUSSURES										
UK	4 1/2	5	5 1/2	6 1/2	7	7 1/2	8	9	10	11 1/2
France	37	37 1/2	38	39	39 1/2	40	40 1/2	42	43	44 1/2

POSTE

Jersey, Guernesey et Alderney ont leurs propres timbres. Ceux de Jersey peuvent être utilisés dans toutes les îles. Attention, les timbres anglais ne sont pas valables.
À Jersey, bureau de poste à l'aéroport *(tlj 6h-17h).*

PUBS

Ces bars publics sont ouverts, à Jersey, de 9h à 23h en semaine; de 11h à 13h et de 16h30 à 23h le dim. Du lun. au dim., de 10h30 à 0h30 à Guernesey. Comme en Angleterre, on se fait servir au comptoir et on paie sans ajouter de pourboire.

TÉLÉPHONE

De la France vers les îles Anglo-Normandes – Composez 00, puis l'indicatif de la Grande-Bretagne (44), suivi de l'indicatif local sans le zéro initial (Jersey : **1534**; Guernesey et Alderney : **1481**) puis du numéro de votre correspondant.
Des îles vers la France – Composez 00 33 suivi du numéro de votre correspondant (sans le zéro initial). Idem pour les numéros de portables : 00 33 + 9 chiffres.
Un numéro local sur les îles – À l'intérieur d'un bailliage, composez directement le numéro de votre correspondant; vers un autre bailliage, composez l'indicatif local suivi du numéro de votre correspondant.

Agenda

AVRIL

Guernesey – Festival floral (Floral Guernesey Spring Festival Week).

MAI

Guernesey et Jersey – Liberation Day (le 9). Commémoration de la libération, jour férié avec parade et carnaval.

JUIN

Jersey – Festival floral (fin du mois).
Sercq – Sark's Midsummer Show, festival floral (fin de mois).
Guernesey – Carnaval à St Peter Port.
Guernesey – Festival floral (Floral Guernsey Summer Festival Week) (déb. de mois).

JUILLET

Jersey – Festival maritime (déb. de mois).
Sercq – Course de moutons (3e week-end de juillet.

AOÛT

Aurigny – Festival d'Aurigny (déb. du mois).
Jersey – Summer Flower Show.
Sercq – Carnaval (mi-août).

SEPTEMBRE

Festival de rock Jersey Live – 1er w.-end du mois.
Guernesey et Jersey – Régates (déb. du mois).
Guernesey et Jersey – Battle of Britain Air Display : commémoration de la bataille d'Angleterre.

OCTOBRE-NOVEMBRE

Guernesey et Jersey – « Tennerfest », festival gastronomique (oct. à mi-nov.).

Conseils de lecture

Le Cercle littéraire des amateurs d'épluchures de patates, Mary Ann Shaffer & Annie Barrows, Nil éd. 2009.
Sarnia, G. B. Edwards., éd. Points, 2006.
Les Travailleurs de la mer, V. Hugo.
Choses vues, Victor Hugo.
Promenades dans l'archipel de la Manche avec un guide nommé Victor Hugo, Gérard Pourchain.

Comprendre les îles Anglo-Normandes

Normandes sans être françaises, terres d'allégeance à la Couronne d'Angleterre sans être britanniques, réunies dans un archipel tout en restant multiples et différentes, petites Babylones de la Manche où l'on parle l'anglais, le français ou un normand insulaire, éden des jardins et des plantes semi-tropicales, paradis fiscal ou fief aux coutumes féodales, les îles Anglo-Normandes enchantent par leur beauté et fascinent par leur originalité. Au départ de Granville ou de Barneville, rejoignez en bateau ces îles hors du temps qui savent mêler modernité et traditions ancestrales en une prégnante douceur de vivre.

Un archipel à part

UNE SITUATION IDÉALE

Situé au petit large du Cotentin (14,5 km pour l'île la plus proche), dans les eaux limpides de la Manche, au nord de la baie de St-Malo, l'archipel des îles Anglo-Normandes comprend cinq îles principales : **Jersey**, **Guernesey** (Guernsey), **Aurigny** (Alderney), **Herm** et **Sercq** (Sark). S'y ajoutent des îles mineures – Brecqhou et Jethou – et des groupes de récifs : les Minquiers, les Écrehous, les Dirouilles, Paternosters et les Casquets. Autrefois rattachées au continent, elles furent isolées par la montée des eaux à la fin de la dernière ère glaciaire, il y a 10000 ans (Jersey et Aurigny restèrent continentales encore 2000 ans).

UNE NATURE ET DES PAYSAGES DE RÊVE

Chacune a son charme et son caractère, mais toutes bénéficient d'un agréable **climat tempéré** dû à l'influence du Gulf Stream. Les fleurs et les primeurs y poussent en abondance et vous y verrez même des espèces méditerranéennes ou subtropicales : lavande et vigne à Jersey, palmiers à Herm, et partout de la vipérine de Ténérife ou de la cordyline de Nouvelle-Zélande. Leurs **côtes** révèlent tantôt de hautes falaises de granit, tantôt des baies de sable fin incitant au farniente en été. Les plages sont d'autant plus attractives que leurs eaux de baignade sont d'une propreté légendaire. De petites routes portant toujours des noms français sillonnent l'intérieur, où de coquettes maisons reflètent le charme britannique.

UNE NAVIGATION DANGEREUSE

Les nombreux **récifs** qui entourent les îles sont autant de dents acérées pour les bateaux qui croisent dans les parages. Avec l'aide du brouillard et des forts courants, ces récifs ont été la cause de bien des **naufrages**. En 1120, la *Blanche Nef*, avec à son bord l'héritier du trône, sombra ; le *Liverpool*, un grand voilier, fut pris à son tour en 1902, près de la baie de Corblets, perdu dans le brouillard ; en 1937, le *Briseis* heurta un récif au large de la baie de Vazon, avec à son bord 7 000 barriques de vin ! En 1978, l'*Orion*, une tour de forage montée sur une barge de haute mer, connut un triste sort au large de Grandes-Rocques.

Ces naufrages ne sont pas dus à l'absence de **phares**. Celui des Casquets (1723) est le plus ancien, avec une portée de 27 km. Le phare de Hanois (1862), en granit des Cornouailles, culmine à 36 m. Le phare de Quesnard sur Aurigny et celui de la pointe Robert sur Sercq datent de 1912 et 1913.

Normands ou Anglais ?

UNE DOUBLE HISTOIRE

En anglais, on les appelle *Channel Islands*, îles de la Manche. En français, îles Anglo-Normandes. La première appellation les situe dans l'espace, la seconde, dans le temps, en venant rappeler qu'à force d'avoir été normandes puis anglaises, elles ont fini par être les deux à la fois !

- **933** – Les îles sont rattachées au duché de Normandie. Elles sont donc normandes.
- **1066** – Guillaume le Conquérant, duc de Normandie, devient roi d'Angleterre après sa victoire à Hastings. Les îles deviennent alors anglaises.
- **1204** – Jean sans Terre est déchu de ses fiefs français dont la Normandie ; les îles décident cependant de rester fidèles à l'Angleterre.
- **1360** – Au traité de Brétigny, Jean le Bon reconnaît les droits de l'Angleterre sur les îles Anglo-Normandes. La position stratégique de ces dernières conduira les Français à maintes tentatives d'invasion.
- **1373** – Jersey subit les attaques de Bertrand Du Guesclin.
- **1483** – Une bulle de neutralité émise par le pape place l'archipel sous la protection de l'Église et interdit toute action belliqueuse dès que l'on se trouve en vue des îles. L'effet de cette bulle prendra fin en 1689.
- **1642-1645** – Pendant la guerre civile, les îles Anglo-Normandes sont divisées. Jersey se range du côté des royalistes, partisans de Charles Ier ; Guernesey (à l'exception du château Cornet), du côté des parlementaires, partisans de Cromwell. Cette époque expliquerait la rivalité amicale qui dure de nos jours.

PÊCHEURS, COMMERÇANTS ET PIRATES

Aux 17e et 18e s., les insulaires à l'esprit aventureux s'embarquaient pour la pêche à la morue sur les bancs de Terre-Neuve, puis allaient vendre leur pêche dans les comptoirs établis sur la côte orientale de l'Amérique. Ils descendaient ensuite jusqu'aux Caraïbes pour y remplir leurs cales d'épices, de bois et de sucre, qu'ils échangeaient en Espagne et au Portugal contre vins et agrumes. Ce commerce triangulaire fort profitable a permis de construire quelques fortunes dont témoignent aujourd'hui de splendides demeures à Jersey et à Guernesey. Tout aussi profitable était la course qui autorisait les corsaires à attaquer et à saisir les navires ennemis pour s'approprier une partie du butin. Cette piraterie quasi officielle est à l'origine de bien des fortunes des îles Anglo-Normandes.

- **1800-1805** – Au temps de Napoléon, la crainte d'une invasion française conduit les insulaires à construire de nombreuses fortifications, en particulier les tours Martello.
- **19e s.** – Le système de défense se renforce, notamment sur l'île d'Aurigny.
- **1940** – L'archipel Anglo-Normand est le seul territoire britannique occupé. Les troupes allemandes y séjournent de 1940 à 1945. Les îles vivent alors à l'heure tragique des déportations, restrictions, menaces de famine, manque de nouvelles. Des blockhaus et des tours d'observation faisant partie du Mur de l'Atlantique créé par l'organisation Todt parsèment le littoral.

Les îles aujourd'hui

LA CONSTITUTION

Les souverains anglais qui se sont succédé au cours des siècles ont toujours reconnu aux îles leurs droits propres ; aussi ont-elles conservé des traditions et un système de gouvernement hérités des ducs de Normandie, dont le titre est toujours porté par la Reine d'Angleterre. Aussi les taxes sont-elles très faibles sur l'archipel. Jersey et Guernesey frappent leur propre monnaie et émettent leurs propres timbres.
Dépendance de la Couronne d'Angleterre, les îles n'ont pas de représentants au Parlement de Westminster. Elles disposent de leurs propres parlements (States) qui votent les lois, auxquelles s'ajoutent certaines lois étendues du Parlement britannique, sous réserve d'acceptation. Les îles Anglo-Normandes sont liées à la Couronne par des accords divers, notamment la délégation au Royaume-Uni de la gestion des affaires étrangères. Les îles ne sont pas membres de l'Union européenne, mais ont avec elle des liens spécifiques, précisés dans le protocole 3 du traité d'accession du Royaume-Uni à l'Union européenne.
L'archipel est divisé en deux bailliages : Jersey et Guernesey, auquel sont rattachées Herm, Sercq et Aurigny. À la tête de chaque bailliage, le bailli nommé par la reine agit comme un chef d'État… Constitution et statut diffèrent selon les îles de l'archipel. Toutes cependant ont aujourd'hui un régime de démocratie parlementaire, teinté de vestiges de féodalité pour le cas particulier de Sercq.

LES LANGUES OFFICIELLES

Plusieurs langues cohabitent dans l'archipel. À **Jersey**, l'anglais est couramment parlé, autant dans la vie quotidienne que dans l'économie. Cependant, une langue locale persiste, le **jersiais**, ou *jèrriais*. Cette langue d'oïl, issue du normand ancien, est encore parlée par environ 3 % de la population. Enfin, le **Jersey French**, ou français de Jersey, langue officielle jusqu'aux années 1960, est toujours utilisé dans les tribunaux et dans les professions juridiques, pour un usage purement formel (cérémonies, formules, etc.). Très proche du français, il ne s'en distingue que par quelques mots et expressions spécifiques. À l'instar de Jersey, **Guernesey** utilise une langue d'origine normande, le guernesiais, ou *dgernesiais*, lui aussi proche de la langue parlée à l'époque de Guillaume le Conquérant. De même qu'à Jersey, plusieurs associations et écoles s'efforcent de faire vivre cette langue ancestrale en voie d'extinction. On retrouve les mêmes caractéristiques linguistiques dans les plus **petites îles**, qui ont – ou ont eu – elles aussi une langue propre, dialecte hérité du normand continental : auregnais (à Aurigny) et sercquiais (à Sercq).

LA FINANCE, UNE NOUVELLE VOCATION

L'absence de certaines taxes et le faible niveau des autres font de ces îles des paradis fiscaux, avantages auxquels s'ajoutent la stabilité de leur gouvernement et leur position géographique. Ce sont désormais des centres financiers internationaux. Jersey compte 45 banques et plus de 33 000 établissements financiers. Les attraits de la finance ont suscité de nouvelles vocations, et nombreux sont les jeunes Anglo-Normands à laisser les habits des champs pour le costume gris typique de la City…

LE TOURISME

La douceur de vivre, la beauté et l'originalité des îles ont attiré dès le 19e s. une vague touristique qui ne se dément pas, au point que ce secteur de l'économie locale représente 25 % du PIB de Jersey. Bien desservies, les îles sont en majorité visitées par des touristes en provenance de Grande-Bretagne (80 %), puis de France et d'Allemagne.

LA TRADITION DU TRICOT

Outre la pêche et le commerce, les îles ont développé dès le Moyen Âge une véritable industrie du tricot, en exportant vers l'Angleterre et la France de nombreux vêtements, en particulier des bas et des gilets. C'est ainsi que les « **jerseys** » sont devenus synonymes de « tricots ». Cette industrie était si rémunératrice qu'hommes et femmes s'y adonnaient, parfois au détriment de toute autre activité, au point qu'au 17e s., on dut promulguer une loi interdisant de tricoter pendant la période de la moisson et de la récolte du varech ! Cette passion reste sans doute vivace, car dans le petit aéroport d'Aurigny, un carton contenant laine et aiguilles est mis à la disposition des passagers qui attendent leur avion ! Les carrés ainsi tricotés servent à faire des couvertures pour les plus démunis.

POUR LES GOURMANDS

Grâce à la pureté des eaux entourant les îles, les **fruits de mer** sont d'une qualité extraordinaire. Certains restaurants proposent des menus entiers à base de homard, mais de simples sandwichs ou salades au crabe dans un pub ou un café sont le plus souvent un délice de fraîcheur.
Parmi les spécialités traditionnelles des îles figure une adaptation du cassoulet français, appelée **bean crok** à Jersey et **bean jar** à Guernesey, à base de pieds de porc et de haricots. Les autres spécialités de Jersey sont la **conger soup**, soupe de congre mijotée avec des pétales de soucis, les **boudelots**, pommes cuites avec une pâte épicée, et les « merveilles » ou **Jersey wonders**, sortes de beignets sucrés. Enfin, le **black butter**, ou « beurre noir » de Jersey, demeure un grand classique. Il s'agit d'une sorte de confiture noire préparée à base de pommes, de cidre et d'épices. L'ensemble mijotait traditionnellement pendant 16h. À l'époque où l'île assurait sa propre production de cidre, sa préparation était l'occasion de grandes festivités. Les Nuits du beurre noir ont toujours lieu dans l'île, généralement au mois de novembre.

Célèbres insulaires

Au premier rang des personnalités jersiaises, figure le major, **Francis Peirson** (1747-1781), commandant de la milice qui donna sa vie pour repousser l'invasion française de Jersey en 1781 : son nom est vénéré dans toute l'île et symbolise la volonté d'indépendance des Anglo-Normands. Plus connue sous son titre de « Dame de Sercq », **Sibyl Mary Collins** (1884-1974), épouse Beaumont puis Hathaway, se situe dans cette même lignée farouche : en sa qualité de 21e seigneur de l'île, elle eut à faire face à l'occupant nazi et symbolisa la résistance de ses sujets contre les envahisseurs.

C'est dans un tout autre genre que s'est illustrée Lillie Le Breton, alias **Lillie Langtry** (1853-1929). Courtisée par Oscar Wilde entre autres, devenue l'égérie du prince de Galles, elle fut portraiturée par Edward Burne-Jones et le peintre mondain **John Everett Millais** (1829-1896), un compatriote, puisqu'il appartenait à une vieille famille de Jersey. Cette ravissante jeune femme finit sa carrière sur les planches et même devant la caméra (au temps du muet), avant de se retirer à Monte Carlo.

Enfin, le plus grand écrivain des îles est un Guernesiais, **Gerald Basil Edwards** (1899-1976), dont l'unique roman, *Sarnia*, publié après sa mort en 1981, retrace la vie d'un pêcheur et cultivateur de tomates, philosophe à ses heures, de la fin du 19e s. aux années 1960.

DES RÉSIDENTS VENUS D'ANGLETERRE...

Du fait de la suzeraineté du roi d'Angleterre sur les îles, nombre d'Anglais célèbres les ont fréquentées au cours de l'histoire. Parmi eux, le fameux chevalier servant de la reine Élisabeth Ire, **Sir Walter Raleigh**, qui fut un temps gouverneur de Jersey. Le futur **Charles II** s'y réfugia quelque temps lors de la révolution anglaise, avant de retrouver le trône paternel.

Plus près de nous, **Jesse Boot** (1850-1930) s'y maria avec Florence, la fille d'un libraire jersiais (et mourut, plus tard, sur l'île). Ayant pris la tête de l'herboristerie familiale à Nottingham, il développa l'affaire avec tant de succès que rares sont les villes du Royaume-Uni qui ne possèdent pas aujourd'hui une boutique de la chaîne de parapharmacie « Boots the Chemist ». Enfin, frère cadet du célèbre écrivain Lawrence Durrell, le naturaliste **Gerald Malcolm Durrell** (1925-1995) consacra sa vie aux espèces menacées. Après une enfance passée à Corfou dans une famille excentrique, il se fit embaucher dans un « pet shop » (magasin pour animaux) de Londres pour financer ses études. Plus tard, il fonda le Durrell Wildlife Conservatory Trust, écrivit de nombreux ouvrages scientifiques ou autobiographiques pleins d'humour *(Ma Famille et autres animaux)* puis créa en 1958 le célèbre zoo de Jersey.

... ET DES VISITEURS ILLUSTRES

Parmi les visiteurs français, outre bien entendu Victor Hugo *(voir p. 430 et 442)*, il faut citer, **Pierre Teilhard de Chardin** qui fit une partie de ses études chez les Jésuites à Jersey (1901) lorsque les lois de la République contraignaient les religieux à l'exil.

Pour des raisons plus paisibles, le peintre **Pierre Auguste Renoir** (1841-1919) a lui aussi séjourné quelques semaines à Guernesey à la fin de l'été 1883 : il en rapporta une quinzaine de toiles, la plupart inspirées par la baie du Moulin-Huet et ses plages.

Île d'Aurigny, phare de Quesnard.
C. Moirenc / hemis.fr

LES ÎLES ANGLO-NORMANDES
0 8 km
0 5 miles
N
Liaisons maritimes :
permanentes
saisonnières
transport des voitures et des passagers
transport des passagers
Liaisons aériennes :
A
B
1
2
3
TORQUAY
WEYMOUTH, POOLE
TORQUAY, SOUTHAMPTON
CHERBOURG-OCTEVILLE
DIELETTE
CHERBOURG
DIELETTE, CARTERET, PORTBAIL
ST-BRIEUC, DINARD
ST-MALO
ST-MALO
GRANVILLE
ALDERNEY
Braye Bay
Clonque Bay
St Anne
Vée des Trois Vaux
Telegraph Bay
ALDERNEY
GUERNSEY
Côbo Bay
Saumarez Park
St Apolline's
Doyle
Vale Castle
Rocquaine Bay
Manor Village
HERM
St Peter Port
La Seigneurie
Great Sark
Port du Moulin
Creux Harbour
Little Chapel
Pilcher Mont
Hog's Back
Pezeries Point
Little Sark
LA COUPÉE
Icart Point
SARK
St Martin's Point
GUERNSEY
JERSEY
Devil's Hole
Durrell Wildlife
Grosnez Point
St Catherine's Bay
B 33
B 35
War Tunnels
B 30
JERSEY
A 12
A 9
A 6
St Brelade
A 1
A 3
Corbière Point
St Helier
Mont-Orgueil
Noirmont Point
La Hougue-Bie
LA COUPÉE ★★★ Vaut le voyage
St Peter Port ★★ Mérite un détour
Vale Castle ★ Intéressant
St Helier À voir
GUERNSEY Voir la carte détaillée de l'itinéraire

+ d'adresses

Les îles Anglo-Normandes 6

Carte Michelin Départements 309 G

Jersey

★★

92 500 Jersiais (Jerseyman)

NOS ADRESSES PAGE 435

S'INFORMER

Jersey Tourism – *Liberation Place- St Helier - Jersey - Channel Islands JE1 1BB - 01534 48 800 - www.jersey.com - avr.-mai et oct.: lun.-vend. 8h30-17h30, w.-end: 9h-13h; déb. janv.-fin mars, nov.-déc.: lun.-vend. 8h30-17h30, sam. 9h-13h; juin-sept.: lun.-vend. 8h30-17h30, w.-end 9h-14h15*

SE REPÉRER

Carte de microrégion B3 (p. 422)/carte de l'île ci-contre. L'île de Jersey est la plus grande des îles Anglo-Normandes : 116 km². Elle s'étend sur environ 20 km de long et 9 km de large, à seulement 24 km des côtes françaises.

À NE PAS MANQUER

Mont-Orgueil, Jersey War Tunnels, les sentiers côtiers au nord et à l'est.

ORGANISER SON TEMPS

Quittez dès que possible St-Hélier pour partir à la découverte de l'île en suivant la côte vers l'est. Faites une halte au majestueux château de Mont-Orgueil avant de repartir vers l'ouest, puis perdez-vous sur les routes du centre de l'île. Vous pourrez visiter St-Hélier avant de reprendre le ferry.

AVEC LES ENFANTS

À Mont-Orgueil, passage obligatoire par la salle des déguisements pour s'habiller en princesse ou chevalier du temps passé. Succès garanti avec les gorilles et les orangs-outans au Durrell Wildlife.

L'« île fleur » porte bien son surnom. Grâce à un climat exceptionnel, en partie dû à l'influence du Gulf Stream, Jersey est entièrement fleurie au printemps et en été : orchidées, camélias, mimosas, jonquilles et œillets forment tour à tour des bouquets de couleurs que l'on célèbre chaque année au mois d'août lors de la Bataille des fleurs. Charme britannique et traditions normandes sont les deux parfums de l'île fleur où se plaisent les « crapauds »... sobriquet donné aux Jersiais par leurs voisins les Guernesiais.

Se promener Carte de l'île p. 425

LA CÔTE EST

De Gorey à St-Hélier, la route côtière permet de voir plusieurs **tours Martello** qui semblent encore monter la garde à intervalles réguliers, ainsi que deux vieux forts du 18e s. : fort William et fort Henry.
Cette partie de l'île est très fréquentée pour ses grandes plages de sable.

Gorey

Ce charmant petit port qui ferme au nord la baie de Grouville était autrefois le principal centre du commerce des huîtres. Il est dominé par l'imposant château Mont-Orgueil, perché sur un promontoire rocheux. De vieilles maisons restaurées se succèdent le long du quai et, en saison, les voiliers viennent égayer le site.

Tour de défense dite "Tour Martello"
JERSEY
3 km
2 miles
Grosnez Point
Castle
Le Pinacle
Grève au Lanchon
Plemont Point
Portinfer
Battle of Flowers Museum
Petit Étacquerel
L'Etacq
St Ouen's Bay
Kempt Tower
Les Mielles
St Ouen
ST OUEN
Puits-de-Léoville
Grève de Lecq
Barracks
Fairies' Bath
Sorel Point
Devil's Hole
La Mare Vineyards
Ronez Point
St John
ST JOHN
ST MARY
The Living Legend
Quétivel
La Vallée de St Laurens
ST PETER
St Peter
La Rocco Tower
La Pulente
Corbière Point
Fishermen's
St Brelade
ST BRELADE
St Brelade's Bay
Portelet Bay
Noirmont Point
Beaumont
St Aubin
Belcroute Bay
St Aubin's Bay
Elizabeth Castle
Millbrook
Jersey War Tunnels
Hamptonne Country Life Museum
WATERWORKS VALLEY
ST LAWRENCE
Bonne Nuit Bay
Giffard Bay
La Crête
TRINITY
ST HELIER
St Helier
Rocher des Proscrits
Bouley Bay
Durrell Wildlife
E. Young Orchid Foundation
Samarès
La Dame Blanche
Five-Oaks
La Hougue-Bie
GROUVILLE
Grouville
ST CLEMENT
Havre des Fontaines
St Clement's Bay
Plat Rocque Point
La Rocque Point
Royal Bay of Grouville
Royal Jersey Golf Club
Jersey Pottery
Gorey
Mont-Orgueil
Faldouet
St Catherine's Bay
Verclut Point
Fliquet Bay
La Coupe Point
Le Couperon
Rozel Bay
Rozel
Nez du Guet
ST MARTIN
St Martin
A 1
A 3
A 4
A 6
A 7
A 8
A 9
A 10
A 11
A 12
A 13
B 29
B 30
B 31
B 33
B 35
B 36
B 38
B 40
B 46
B 55
B 57
B 66
B 83
B 91
C 93
C 97
C 99
C 101
C 103

Un statut particulier

GÉOGRAPHIE ET RICHESSES NATURELLES

Une île unique – La forme de Jersey ressemble grossièrement à celle d'un rectangle. La côte nord, peu habitée, se hérisse de hautes falaises de granit rose, séparées ici et là par des anses sableuses ; le reste de l'île montre à marée basse de grandes baies de sable fin (St-Aubin, St-Brelade, St-Ouen, Ste-Catherine, Grouville, St-Clément) propices au farniente.

Une faune et une flore incomparables – Le phénomène des marées révèle également des zones intertidales classées par l'Onu pour la richesse de leur faune et de leur flore, qui s'épanouissent dans les derniers vestiges du pont reliant autrefois les îles Britanniques à la France. Côté terre, Jersey est aussi réputée pour ses fleurs sauvages, parmi lesquelles l'orchidée pourpre (floraison en mai et juin) tient une place de choix. Le lys de Jersey, surnommé « Naked Lady » (dame nue), lui vole la vedette en août et septembre.

DES ORIGINES DE JERSEY

Les tombes et les monuments trouvés sur l'île font remonter la présence de l'homme entre 7500 et 2500 av. J.-C. Les Romains n'y firent que quelques séjours et, au 6e s., le christianisme, grâce à saint Hélier et saint Sampson, s'y implanta. Mais l'héritage le plus important est celui laissé par les Normands dès le 10e s. De nos jours, l'île a conservé des coutumes et traditions remontant à cette époque, et la langue jersiaise (ou *jèrriais*), encore parlée à la campagne par une minorité de personnes, ressemble au patois normand *(voir p. 36)*.

LE SYSTÈME DE GOUVERNEMENT

Une persistance du duché de Normandie – Le statut actuel de Jersey trouve ses origines au Moyen Âge : lorsque Guillaume le Conquérant devient roi d'Angleterre, Jersey et les îles voisines, normandes, intègrent la Couronne. En 1204, lorsque l'Angleterre perd la Normandie, les îles font allégeance au roi d'Angleterre, quittant ainsi le giron normand. Jersey continue de considérer le roi d'Angleterre comme son souverain, sans pour autant avoir jamais été ni conquise, ni cédée. Jersey est donc une dépendance directe de la Couronne britannique, mais n'appartient ni à la Grande-Bretagne ni au Royaume-Uni.

Une démocratie parlementaire – L'île se divise en 12 paroisses et possède sa propre assemblée, les États de Jersey (States of Jersey). Élue démocratiquement, l'Assemblée se compose de 53 membres, députés, sénateurs et connétables des 12 paroisses. Le bailli, nommé par la Couronne, est le premier magistrat et le président de l'Assemblée des États. Sont également nommés par la reine, le lieutenant-gouverneur, militaire de haut rang représentant la Couronne, le doyen de Jersey, représentant de l'Église anglicane, le procureur général et l'avoué de la Couronne. Ils siègent à l'Assemblée avec voix consultative.

Compétences législatives – Les États votent leurs propres lois, lesquelles sont appliquées sur le territoire sous réserve de l'accord du Privy Council de la reine. Éventuellement, ils donnent leur accord pour l'application, sur ordre de Sa Majesté, de lois votées à Westminster. Le gouvernement du Royaume-Uni représente Jersey pour les questions relevant des affaires étrangères.

Château Mont-Orgueil et port de Gorey.
Travel Pix Collection/Agency Jon Arnold Images/age fotostock

★★ **Château Mont-Orgueil** – *Gorey - St Martin - ✆ 01534 633 300 ou 01534 853 292 - www.jerseyheritage.org - janv.-mars: lun.-vend. 10h-16h; av.-nov.: tlj 10h-17h30 - 10 £ (6-16 ans 6 £).* Des déguisements sont mis à disposition des enfants.

L'un des frères du roi Henri V, Thomas, duc de Clarence, fortement impressionné par la position du château et par sa puissance défensive, lui attribua ce nom en 1468. Pendant des siècles, la forteresse fut le siège des seigneurs et gouverneurs de l'île. Sa construction remonte au 13e s.; les siècles suivants l'ont vu s'entourer de nouvelles fortifications. Mont-Orgueil est construit sur un plan concentrique, et chaque système de défense est indépendant des autres. Les murs jaillissant des rochers forment des obstacles redoutables. Un parcours (en français) retrace les grandes heures du château.

Un dédale de chemins et d'escaliers permet de monter jusqu'au sommet. De là, la **vue**★★ est imprenable sur le petit port de Gorey, la longue baie de Grouville qui s'étend au sud et sur le Petit Portelet au nord.

LA CÔTE NORD

La côte nord s'étend de la baie de Rozel à la pointe de Grosnez. De cette partie de l'île, la plus rocheuse et la moins habitée, les **vues** sur la côte découpée sont saisissantes. Des sentiers pédestres parcourent les falaises. La pomme de terre s'y cultive, à pic!

Bouley Bay

Enclave de sable protégée par une jetée et la falaise, encastrée dans une large baie aux contours granitiques.

Bonne Nuit Bay

Petit port s'abritant derrière une jetée en pierre.

Sorel Point (pointe de Sorel)

Lorsque la mer se retire, on découvre à droite le **lavoir des Dames** (Fairies' Bath), bassin creusé par l'homme dans la roche.

★ Devil's Hole (trou du Diable)

Laissez la voiture au parking près de l'auberge et prenez un chemin goudronné s'embranchant à gauche.

Site impressionnant : faille dans la falaise et amoncellement de rochers que les vagues viennent heurter dans un bruit sourd.

La Mare Vineyards (vignoble de la Mare)

℘ 1534 481 178 - www.lamarewineestate.com - ♿ - de Pâques à fin oct. : 10h-17h - visites guidées (ttes les heures de 11h15 à 15h15) - 8,50 £ (10-18 ans : 3 £, -10 ans : gratuit).

Étonnante découverte que celle de l'unique vignoble de l'île, situé dans le parc d'une ferme du 18e s. La visite commence par la présentation de la vigne, des vendanges, des différentes étapes de la fabrication du vin jusqu'à la mise en bouteilles. On visite ensuite le vignoble et les installations.

Grève de Lecq

Centre d'interprétation - ℘ 1534 483 193 - www.nationaltrustjersey.org.je - mai-sept. : merc.-sam. 10h-17h, dim. 13h-17h. Sur la côte, les petites maisons *(barracks)* ont été construites dans les années 1810 pour abriter la garnison défendant la baie contre d'éventuelles invasions françaises.

Plemont Point (pointe de Plémont)

De cet amas de rochers, la vue s'étend sur les autres îles Anglo-Normandes.
Du parking, un chemin descend à la grève au Lanchon.

Grève au Lanchon

Petite plage de sable encastrée entre des falaises. À marée basse, quelques grottes sont accessibles.

★ Grosnez Point (pointe de Grosnez)

Les ruines d'un château du 14e s. s'élèvent dans un paysage désolé, d'où vous pouvez admirer, si vous n'avez pas trop le vertige, les falaises abruptes. Au loin, on peut apercevoir l'île de Sercq.

À Portinfer, tournez à gauche en direction de la pointe de Plémont.

La route laisse à droite un vaste ensemble de vacances, puis se termine par un parking.

L'INTÉRIEUR DES TERRES

★ Manoir de Samarès

St Clement - ℘ 01534 870 551 - www.samaresmanor.com - ♿ - de déb. avr. à mi-oct. : 9h30-17h ; jardins : 6,95 £ (enf. 2,35 £) ; en suppl., visite guidée du manoir lun-sam. à 11h30 et 14h30 : 3,55 £ (enf. 1,25 £) - Herb Garden Café.

Le nom de Samarès dériverait du normand *salse marais* signifiant « marais salant ». Il est vrai qu'autrefois, les dépôts de sel assuraient au seigneur une grande part de ses revenus.

Les **jardins** furent créés au début du 20e s. par Sir James Knott. Au milieu de ce parc floral et jardin botanique où l'on cultive des herbes et plantes diverses utilisées pour la cuisine, la teinture, la médecine et la parfumerie, vous découvrirez un colombier du 11e s., une crypte de la même époque, un manoir (avec, à l'intérieur, une salle à manger aux boiseries en noyer), une ferme, des moutons tachés brun et crème, un étang et, touche finale, un jardin japonais !

★ La Hougue-Bie

La route de la Hougue-Bie - Grouville - ✆ 01534 853 823 - www.jerseyheritage.org - ♿ - de déb. avr. à déb. nov. : 10h-17h (dernière entrée 16h)- 7,40 £ (6-16 ans 4,75 £).

Le mot « hougue », probablement d'origine viking, signifie « monticule ». « Bie » viendrait de « Hambye » : au Moyen Âge, les seigneurs de Hambye (Basse-Normandie) possédaient des terres sur cette partie de l'île.

Le parc ombragé situé à 4 km de St-Hélier est dominé par un mont circulaire.

Archeology and Geology Museum (Musée archéologique et géologique) – Il expose divers produits de fouilles : haches, outils en silex, restes de mammouth, outils en pierre polie, meules en pierre pour écraser les céréales (période néolithique où l'homme était agriculteur), poteries, ornements, objets en métal (âge du bronze) découverts à St-Laurent, etc.

★ **Neolithic Tomb** (tombeau néolithique) – Ce tombeau cruciforme date de 3000 av. J.-C. Des tombeaux analogues ont été découverts en Bretagne et en Angleterre. La sépulture est recouverte de terre et de moellons. Un couloir, long d'une dizaine de mètres, au plafond formé de dalles de granit, conduit à une grande chambre funéraire (9 x 3 m) dont le toit est constitué d'énormes blocs (le plus lourd pèse 25 t). Trois petites chambres funéraires s'ouvrent sur la principale.

Chapelles – Elles sont construites au sommet du monticule. La **chapelle N.-D.-de-la-Clarté** remonte au 12e s. L'autel (fin du Moyen Âge) vient du château Mont-Orgueil. La **chapelle Jérusalem**, qui s'appuie contre la précédente, a été édifiée vers 1520 par Richard Mabon, doyen de Jersey, à la suite d'un voyage à Jérusalem.

German Occupation Museum (musée de l'Occupation allemande) – Un abri souterrain allemand, ancien centre de transmissions, sert de cadre au musée et au mémorial en hommage aux travailleurs forcés de la Seconde Guerre mondiale.

★★ Durrell Wildlife (Jersey Zoo)

La Profonde Rue – Trinity - ✆ 01534 860 000 - www.durrell.org - ♿ - été : 9h30-18h ; hiver : 9h30-17h (dernière entrée 1h av. fermeture) - possibilité de visite guidée sur demande (4 j. av.) - fermé 25 déc. - 12,90 £ (enf. 9,90 £).

Le dodo, grand oiseau coureur de l'île Maurice, identifié pour la première fois en 1599 et totalement exterminé en 1693, est devenu le symbole du parc créé par le naturaliste et écrivain **Gerald Durrell** (1925-1995). Le but principal de cet espace est l'observation, la conservation et la reproduction d'espèces rares ou menacées d'extinction.

Dans un parc vallonné de 10 ha, situé autour d'un authentique manoir du 15e s., sont rassemblés plus d'un millier d'animaux dans un environnement semblable à celui de leur habitat naturel. Outre des familles entières de gorilles et d'orangs-outans (de Bornéo et Sumatra), le zoo possède des collections rarissimes de lémuriens de Madagascar, de ouistitis, de tamarins d'Amérique centrale. Une « **maison nocturne** » permet de constater l'activité des chauves-souris frugivores de l'île Rodrigues (le cycle lumineux de la salle a été inversé pour permettre l'observation en éclairage nocturne artificiel).

Le parc assure également la survie et la reproduction d'espèces d'oiseaux en péril : ainsi les pigeons roses de l'île Maurice sont probablement les derniers spécimens vivants au monde ; quant au mynah de Rothschild et à l'ibis de Waldrapp, ils sont très rares en liberté et ne se reproduisent plus guère qu'ici !

Le **Gaherty Reptile Breeding Center** regroupe tortues, grenouilles, serpents et lézards divers.

L'EXIL DE VICTOR HUGO
Le poète arriva à Jersey en 1852 jusqu'à ce qu'il en soit chassé trois ans plus tard, pour aller à Guernesey. Amoureux de l'île, il a défini les lieux en ces mots : « L'île est d'une beauté exquise et unique. C'est un jardin en fleurs, baigné par la mer [...] On passe d'un bois à un groupe de rochers, d'un jardin à un écueil, d'une prairie à la mer [...] Ce que j'aime dans Jersey, je vais vous le dire, j'en aime tout. »

Jersey Living Legend Village (La Légende vivante)
Par l'A 11, St Peter's Valley Road, allez jusqu'à la C 112, puis suivez le fléchage - 01534 485 496 - www.jerseyslivinglegend.co.je - ♿ - avr.-oct.. : 9h30-17h (fermé jeu. et vend. en mars et nov.) - 7,50 £ (7-13 ans 5 £).
Ce parc d'attractions retrace l'histoire, la vie et les légendes de l'île. Le visiteur parcourt un labyrinthe de salles mystérieuses, où des effets optiques et sonores font revivre les héros et les bandits d'autrefois. Ce parcours se termine à la porte d'une grande salle étrange, hors du temps, dans laquelle un spectacle raconte quelques pages de l'histoire de Jersey à grands renforts d'effets spéciaux (hologrammes, lumières laser, projections d'images, puissante soufflerie, etc.).

★★ **Jersey War Tunnels**
St Lawrence - 01534 860 808 - www.jerseywartunnels.com - ♿ - fév.-nov. : 10h-18h (dernière entrée 16h30) - 11,20 £ (enf. 7-16 ans 7,20 £). 5 km à l'ouest. Quittez St-Hélier par la route de St-Aubin, et au Bel Royal prenez à droite.
Les premiers à construire cet ancien hôpital militaire souterrain allemand, percé dans le roc, furent des prisonniers républicains espagnols capturés en France. En 1942, des centaines de prisonniers russes vinrent s'ajouter au nombre des travailleurs forcés. L'hôpital ne fut édifié qu'à moitié et ne fonctionna que pendant six semaines. Dans un labyrinthe de galeries, à côté de sections inachevées qui laissent imaginer les conditions dans lesquelles se sont déroulés les travaux de percement, on peut voir : la salle des machines, le mess des officiers, une salle des blessés, le central téléphonique, la salle d'opération, le cantonnement des médecins, etc.

Hamptonne Country Life Museum (musée de la Vie rurale)
La Rue de la Patente - St Lawrence - 01534 863 955 - www.jerseyheritage.org - ♿ - de déb. juin à mi-sept.: tlj 10h-17h (dernière entrée à 16h.) - 7,40 £ (6-16 ans 4,75 £).
Après être passé sous l'arche à deux entrées (porte cochère et porte piétonne), vous vous trouvez au centre de la maison Hamptonne, du nom de son acheteur en 1637. Les bâtiments, remaniés, restaurés, améliorés au cours des siècles, montrent l'évolution de la vie rurale dans l'île. Vous pouvez voir le pressoir, l'écurie, la remise aux attelages, le four, le lavoir ainsi que le verger. Des démonstrations de techniques anciennes et artisanales ont lieu régulièrement.

LE SUD-OUEST DE L'ÎLE

St Aubin
Située dans la baie qui porte son nom, St-Aubin est une station très appréciée l'été en raison de sa longue plage et de son port de plaisance. Le fort, accessible à marée basse, a été construit pendant le règne d'Henri VIII pour protéger la ville.

Le lait des vaches jersiaises, exceptionnellement gras, fait d'excellentes glaces.
I. Lainey / MICHELIN

★ **Noirmont Point** (pointe de Noirmont)
Placez-vous sur le bastion le plus avancé pour avoir une meilleure **vue** des rochers en contrebas et de la baie de Portelet à droite, avec la petite île au Guerlain couronnée par une tour Martello.
Le dicton dit : *« Quand Nièrmont met san bonnet, ch'est signe de plyie. »*

★ **St Brelade**
Cette station balnéaire est située dans une baie bien abritée. Elle est adossée aux pentes du **Winston Churchill Memorial Park** (parc Winston-Churchill). À l'extrémité ouest de la baie, l'église paroissiale qui veille sur son cimetière et la petite chapelle des Pêcheurs s'inscrivent dans un paysage très agréable.
Parish Church (église paroissiale) – Elle est construite avec des blocs de granit extraits du rivage. Les parties les plus anciennes de l'édifice, chœur, nef et clocher, datent du 11e s. L'église devint cruciforme au 12e s. par l'adjonction du transept. Un siècle plus tard, les bas-côtés furent ajoutés. À l'intérieur, regardez bien l'autel taillé dans le roc et les cinq croix gravées représentant les cinq plaies du Christ.
Fishermen's Chapel (chapelle des Pêcheurs) – Cette petite chapelle construite avec le même granit que l'église contient d'intéressantes **fresques★**. Au fond du chœur, l'Annonciation date du 14e s. ; Adam et Ève *(à droite du chœur)*, la Naissance du Christ *(à droite de la nef)*, la Passion *(à gauche de la nef et du chœur)* et le Jugement dernier *(chœur)* sont du 15e s.
Derrière la chapelle, quelques marches mènent au « **perquage** », ou chemin d'asile. Jusqu'à la Réforme, les églises jersiaises possédaient toutes ce chemin qui permettait aux condamnés de s'enfuir jusqu'au rivage où pouvaient les attendre des amis à bord d'un bateau. Sur cet accès à la mer, leur arrestation était impossible.
★ **Pointe de la Corbière** – La route en descente offre une belle vue sur la pointe rocheuse et sur le phare blanc qui se dresse sur un îlot. Le paysage est

ici chaotique. Par gros temps, le site est particulièrement impressionnant. Le phare *(accessible à pied à marée basse)* a été construit en 1874 ; par temps clair, sa portée est de 27 km.

La côte ouest

Cette partie de l'île est occupée essentiellement par la baie de St-Ouen, qui s'allonge sur près de 8 km. Une réserve naturelle, **les Mielles** (mot qui signifie « dunes de sable » en langue jersiaise), a été créée afin d'étudier et de protéger la flore et la faune de cette région.

ST HELIER Plan de ville ci-contre

St-Hélier doit son nom au saint qui posa le pied sur l'île au 6e s. et vécut en ermite pendant quinze années de sa vie. Capitale de l'île, siège du gouvernement et principal centre de commerce de Jersey, St-Hélier est une cité vivante. Bon nombre de ses rues portent encore des noms français, parfois surprenants à côté de leur version anglaise, ainsi Church Street… rue Trousse-Cotillon… Le centre piétonnier – **King Street, Queen Street** –, où se succèdent les magasins, connaît une grande animation.

Royal Square

Jadis place du Marché, cet endroit servait au pilori : les prisonniers y étaient exposés aux heures de marché. Au milieu de cette charmante placette plantée d'arbres se dresse aujourd'hui la statue dorée du roi George II en empereur romain.

Les bâtiments du **palais de justice** (Royal Court House) bordent le côté sud de la place. Une plaque rappelle la naissance du poète normand Wace au 12e s. L'entrée réservée au bailli porte les armes de George VI, et celle destinée au public, celles de George II. À gauche des bâtiments se trouve l'entrée de la **salle des États** (States Chambers) où se réunissent les membres du Gouvernement. *States Assembly Information Centre - Morier House - Halkett Place - ✆ 01534 44 10 20 - statesgreffe@gov.je - lun.-jeu.- 9h-16h30, vend. 9h-16h- palais de justice : possibilité de visite sur demande au Bailiff's Chambers - fermé en août.*

Central Market (marché couvert)

Une bâtisse en granit percée de fenêtres aux grilles en fer et un toit de verre supporté par des piliers métalliques constituent l'ossature de ce sympathique et savoureux marché. Non loin de là, dans Beresford St., se tient le **Fish Market** (marché aux poissons).

Elizabeth Castle (château Élisabeth)

À marée basse, accès à pied par une chaussée, The Bridge (30mn AR) ; à marée haute, par un véhicule amphibie - ✆ 01534 633376 - www.jerseyheritage.org - de déb. avr. à déb. nov. : 10h-17h30 (dernière entrée 1h av. fermeture) - 9,50 £ (enf. 6,40 £), 12 £ (enf. 9 £) billet combiné avec traversée en vedette. Ce château fut construit en 1590 sur l'îlot de St-Hélier, ainsi nommé en souvenir du saint ermite. Au 12e s., Guillaume Fitz-Hamon, au service du roi d'Angleterre Henri II, y fonda une abbaye. La Seconde Guerre mondiale en fit un ouvrage allemand défensif. Les traces de l'occupation allemande sont évidentes : emplacement d'un projecteur monté sur rails, casemate contenant armes et matériel. À l'intérieur, le **musée de la Milice** (Royal Jersey Militia Regimental Museum) rassemble des souvenirs du prestigieux régiment : uniformes, armes, drapeaux, etc.

Dans l'ancienne maison du gouverneur, des personnages de cire font revivre une partie de l'histoire du château. Dans la cour supérieure se dresse le

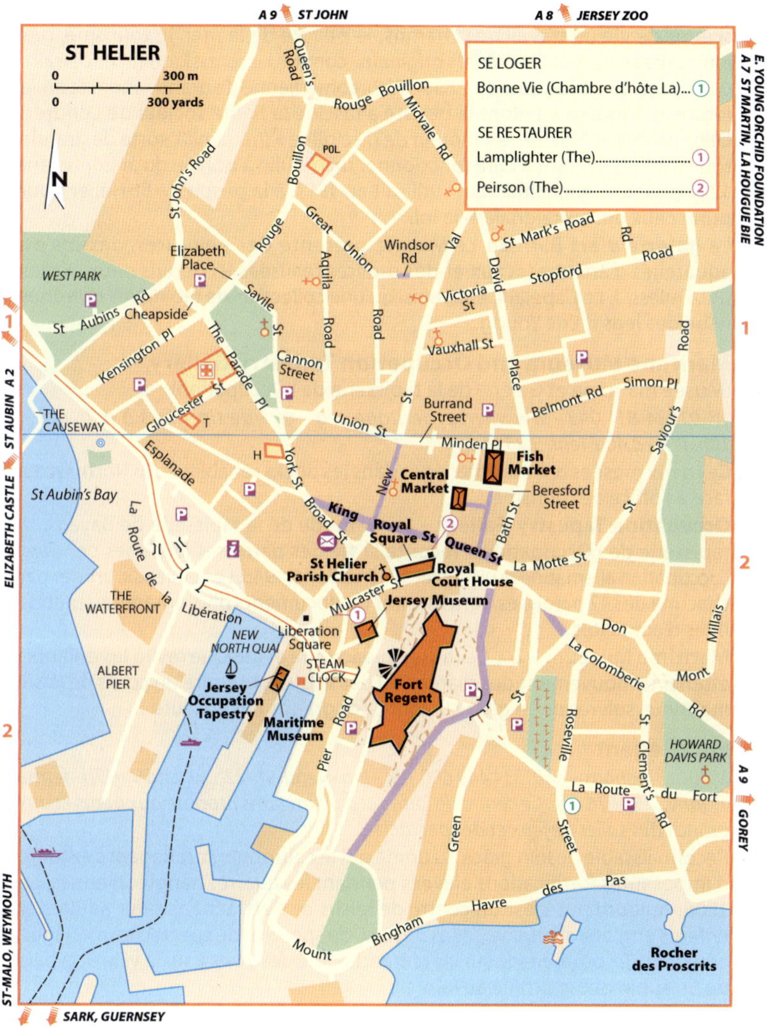

donjon, ou Mont, au sommet duquel les Allemands ont construit une tour de contrôle en béton. Belle **vue★** sur le château lui-même et sur la baie de St-Aubin terminée par son fort.

Au sud, on aperçoit le rocher de l'Ermitage couronné par une chapelle, où saint Hélier se retira.

6

★ **Jersey Museum** (musée de Jersey)

01534 633 300 - www.jerseyheritage.org - ♿ - de avr. à déb. nov.: 10h-17h (dernière entrée 1h av. fermeture); déb. nov.-déc.: 10h-16h - fermé de janv. à mars, 24-26 déc. - 8,40 £ (enf. 4,75 £).

Le musée de Jersey est installé dans une ancienne maison de négociant qui jouxte des entrepôts du 18e s. Y sont conservés et exposés des témoignages sur l'histoire de l'île à travers les âges : cartes historiques, reconstitutions de

scènes de vie (le travail des champs, le peuple de la mer, le tourisme, des intérieurs jersiais, etc.) et objets originaux, comme l'impressionnant nécessaire de voyage de **Lillie Langtry** (1853-1929), comédienne de grand renom et amie intime d'Édouard VII, dont la beauté a fasciné la haute société de Londres. Dans un autre registre, le « moulin de discipline » *(treadmill)*, sorte de grande roue à aubes servant à faire fonctionner un moulin à poivre, qu'actionnaient 12 prisonniers enchaînés. On l'utilisait au 19e s. à la prison de St-Hélier pour punir ceux qui enfreignaient la loi.
La **galerie d'art** Barreau-Le Maistre présente des peintures, dessins ou aquarelles d'artistes locaux et des œuvres réalisées ici depuis deux siècles (P.J. Ouless, J. Le Capelain, etc.), ainsi qu'une collection de tabatières chinoises issue des legs d'Eric Young.

Maritime Museum and Occupation Tapestry Gallery

(Musée maritime et Galerie de la tapisserie de l'Occupation)
✆ 01534 811 043 - www.jerseyheritage.org - ♿ - de fin-mars à déb. nov. : 10h-17h - 8,40 £ (enf. 5,25 £).
Ces deux musées ont été aménagés dans les docks réhabilités du North Quay, face à l'office de tourisme.
Occupation Tapestry Gallery – Sur le mode de la tapisserie de Bayeux, la tapisserie de l'Occupation★ raconte la vie des paroisses jersiaises pendant l'occupation allemande du 1er juillet 1940 au 9 mai 1945. Les tableaux, brodés par chacune des 12 paroisses, sont inspirés de documents photographiques et de films d'actualités.
Maritime Museum – Ce musée didactique et ludique ravira les enfants : étudier le mouvement des marées ou des vagues, prendre un cours de *jersié* maritime, suivre sur un globe la route des grands navigateurs…

Fort Regent

Mount Bingham - ✆ 01534 449 600 - ♿ - lun.- vend. 9h-22h, w.-end 9h-17h - fermé 1er janv., 25 et 26 déc. Ce centre de loisirs et d'attractions propose aux petits et aux grands des salles de jeux et de spectacles.
Reconnaissable de loin grâce au dôme qui le couronne, Fort Regent s'entoure d'imposantes fortifications élevées pendant les guerres napoléoniennes, en 1806. Aujourd'hui, c'est un centre de loisirs et d'attractions pour adultes et enfants englobant piscine, salles de jeux, de sports et de spectacles, manèges, aquarium. La promenade sur les remparts offre des **vues★** sur la ville et la baie de St-Aubin qui se profile au loin.

NOS ADRESSES À JERSEY

PREMIERS PAS

Nous vous conseillons d'aller à l'office de tourisme *(voir p. 424)* afin de vous procurer un plan de l'île et de recueillir des informations sur les navettes en bus, les locations de vélos ou de voitures, le programme des manifestations et des randonnées.

TRANSPORT

Voiture et stationnement

À Jersey, le stationnement est payant dans les zones rouges (1h) et jaunes (20mn), du lundi au samedi, 8h-17h : **Paycard**, ou *Scratch-Card*, indispensable. C'est une carte de paiement que l'on gratte en fonction de la date et de l'heure d'arrivée *(en vente à l'unité ou par carnet de dix et disponibles sous trois formes : 1 unité, 2 unités et 4 unités, dans les bureaux de poste, les garages et les boutiques ou supermarchés affichant Paycard)*. Dans les zones vertes (2h) et blanches (6h), le stationnement est gratuit à condition d'utiliser un disque de stationnement *(disponible à l'office du tourisme ou à la mairie de St-Hélier)*.

Parking gratuit partout de 17h à 8h, sauf sur les voies réservées aux résidents (bien lire les panneaux de stationnement).

Bus

Connex Transport – *01534 877 772*. Le terminal se trouve sur Liberation Square à **St-Hélier**. *Coût du ticket selon la zone 1,10/1,70 £ (enf. de 3 à 11 ans : 60 p).*
Explorer Pass pour **trajets illimités** : *6,50 £/1 j. - 16,25 £/3 j. - 23,85 £/5 j. - 10,85 £/w.-end.* En période estivale, il est possible de se procurer ce pass, au Jersey Tourism Centre, aux bureaux de Condor Ferries à Guernesey et St-Malo et dans certains hôtels.

HÉBERGEMENT

Bon à savoir : Si vous souhaitez séjourner à Jersey plus longtemps qu'une ou deux nuits, pensez aux locations et, pour une expérience qui sort de l'ordinaire, aux offres de l'association Jersey Heritage *(voir p. 413)*.

CAMPING

Beau Soleil Campsite – *Leoville - St Ouen - JE3 2DB - 01534 481 007 - info@beausoleilcamping.com.*

Beuvelande Camping Site – *Rue de Beuvelande - St Martin - JE3 6EF - 01534 853 575 - info@beuvelandecampsite.com.*

Rozel Camping Park – *Rozel - St Martin's - JE3 6AX - 01534 855 200 - info@rozelcamping.co.u - www. rozelcamping.co.uk - de mi-mai à mi-sept.*

PREMIER PRIX

Chambre d'hôte La Bonne Vie – plan p. 433 - *Roseville Street - JE2 4PL St Helier - 01534 735 955 - www.labonnevie-guesthouse-jersey.com - 10 ch. 50/70 £* - À deux pas de la plage, cette maison victorienne fleurie est impeccablement entretenue. Accueil sympathique dans ces chambres d'hôte qui sont de véritables bonbonnières avec leurs édredons, rideaux et coussins à fleurs.

Chambre d'hôte Au Caprice – *Rte de La Haule - JE3 8BA La Haule - 01534 722 083 - www.aucapricejersey.com - fermé nov.-mars - 12 ch. 54/76 £ - repas 12 £.* Maison d'hôte blanche aux lignes pures, lumineuse et aérée,

6

avec ses larges portes-fenêtres ; chambres confortables, d'un bon rapport qualité-prix, dont deux partagent un grand balcon à l'avant. Proche d'une grande plage de sable.

Undercliff Guest House – *Boulay Bay - Trinity - ✆ 01534 863 058 - www.undercliffjersey.com - 12 ch. 90/120 £* ☕. De par sa situation tranquille, proche des sentiers côtiers, c'est le point de départ idéal pour des randonnées vers Bonne Nuit Bay ou le port de Rozel.

POUR SE FAIRE PLAISIR

Hôtel Moorings – *JE3 6EW Gorey Pier - ✆ 01534 853 633 - www.themooringshotel.com - 15 ch. 115/147 £* ☕ *- rest. 30/40 £, Sunday lunch 17,95 £.* Ce petit hôtel vous séduira par son bel emplacement en face du port, au pied du château Mont-Orgueil. Ses chambres sont bien équipées et l'accueil, sympathique.

RESTAURATION

PREMIER PRIX

The Lamplighter – Plan p. 433 *- 9 Mulcaster St. - St Helier - ✆ 01534 723 119 - (carte 8/10 £).* Moules marinières, Ploughman's lunch, Jacket potatoes, Ocean pie ou sandwichs. Bon choix de bières.

The Peirson – Plan p. 433 - *Royal Square - St Helier - plats du jour et sandwichs (5,50 £).* Un lieu chargé d'histoire puisque c'est devant ce pub que mourut l'héroïque major et des impacts de balle sur les murs attestent encore de la violence des combats. Les lieux sont heureusement aujourd'hui plus paisibles et c'est en toute sérénité qu'on pourra y déguster, en salle comme en terrasse, un excellent sandwich au crabe.

Old Portelet Inn – *Route de Noirmont - St Brelade - ✆ 01534 741 899 - poisson 10/15 £, menu 23 £.* Sympathique pub magnifiquement situé au-dessus de Portelet Bay, pour prendre un verre en terrasse ou déjeuner (grillades, sandwichs, salades, etc.).

The Hungry Man – *Rozel Harbour, Trinity - Jersey - ✆ 01534 863 227.* Sur le minuscule port de pêche de Rozel, un petit « kiosque » où « l'homme affamé » (mais aussi ses amis) peuvent se rassasier de *bacon rolls*, de cakes de toutes sortes et de burgers. Petite salle décorée de toiles très colorées d'un maître local. Basique mais très couru et quasi légendaire : aux beaux jours, il y a la queue !

BUDGET MOYEN

Moulin de Lecq Inn – *Le Mont de la Grève de Lecq - JE3 2DT - St Ouen - ✆ 01534 482 818 -* **P** *- carte 20/30 £.* Ancien moulin à eau (12ᵉs.) converti en taverne en 1955 et auquel a été ajouté un restaurant tout en boiseries. Pour un déjeuner léger, bar snacks (sandwichs, omelettes), plat du jour ou plateau de fruits de mer. Barbecue le dimanche dans le jardin (aire de jeux pour les enfants).

Crab Shack – *St Brelade Bay - ✆ 01534 744 611 - tlj sf lun. soir. - carte 20/30 £.* Parfait pour déguster en terrasse à l'heure du déjeuner un fameux *Jersey crab* face à la mer.

Green Island – *JE2 GLS St Clement - ✆ 01534 857 787 - greenisland@jerseymail.com - fermé 22 déc.-3 fév., dim. soir et lun. - 26/35 £.* Une adresse très courue par les touristes et les insulaires attirés par ses prix raisonnables et sa carte rédigée en fonction des arrivages, garantie d'une belle fraîcheur de produits, notamment de la mer. Atmosphère décontractée dans la salle à manger au décor nautique.

Rozel Bay Bar & Restaurant – *Vallée de Rozel - JE3 6AJ - St Martin - ☏ 01534 869 801 - bar ouvert tlj, rest. fermé mardi et dim. soir.* Ce restaurant, installé en retrait du port, constitue une excellente étape dans la découverte de l'île. S'il pleut, vous apprécieriez d'être à l'intérieur d'une maison traditionnelle ; s'il fait beau, vous profiterez des terrasses-jardins et, quel que soit le temps, vous savourerez une cuisine de saison à base de produits *Genuine Jersey* à commencer par les célèbres *Jersey Royals* (au printemps) ! La carte (uniquement salée) propose deux formats pour chaque plat.

Feast – *10-11 Gorey Pier - St Martin - ☏ 01534 611 118 - www.feast.je - 21-26,50£ - mar.-dim. 12-14h30, 18-23h.* Ce jeune et sympathique restaurant, idéalement situé (au pied du château de Mont-Orgueil, avec terrasse sur le port) propose une carte simple, ponctuée de quelques fantaisies (salade potiron, tomates, mozarella ou rizotto au fromage de chèvre). La décoration (feu de cheminée l'hiver, guirlandes de fanions l'été) apporte une légère note « bobo ». Détail qui a son importance : on y parle français.

POUR SE FAIRE PLAISIR

The Oyster Box – *St Brelade Bay - ☏ 01534 743 311 - www.oysterbox.co.uk - fermé lun. midi sf j. fériés - 12h-14h30, 18h-21h30 (22h vend., sam.) - carte 30/60 £. Il est vivement recommandé de réserver, surtout le soir en plein été (essayez d'avoir une table près d'une des fenêtres donnant sur la plage).* Envie d'huîtres ? Les huîtres de Grouville sont ici proposées nature, grillées, ou pochées au champagne. Viande ou poisson, le choix est vaste et les prix « à la hauteur » selon que vous choisirez un risotto de fruits de mer, un filet de bœuf ou un homard grillé sauce Thermidor.

PRENDRE LE THÉ...

Plémont Bay Café – Des vues superbes sur la baie du haut de la falaise et de délicieux gâteaux et *scones* agrémentés de *clotted cream* accompagneront votre *Jersey Cream Tea.*

The Poplers Tearoom – *Route du Petit Port, La Moye - St Brelade - 10h-17h - fermé mar.* Scones, meringues, Jersey wonders ou *Jersey Cream Tea* complet *(7,25 £)* comprenant une sélection de gâteaux faits maison et de *scones* à la confiture et à la crème fouettée avec votre thé, le tout dans un beau jardin.

... OU L'APÉRITIF

Café Zephyr – *The Royal Yacht - Weighbridge - St Helier - JE2 3NF - ☏ 1534 720 511.* Des cocktails pour tous les goûts et quel que soit celui que vous choisirez (un « Tropical Storm », un « Sweetie pie » ou un « Nutty Lady », ou tout simplement une coupe de champagne), le plaisir de le déguster à la terrasse du Café Zephyr sera identique. Une bonne introduction qui plus est, avant d'aller dîner au Sirocco, si vous ne vous êtes pas déjà installé sur sa terrasse…

Merchant House Brasserie – *Weighbridge (au bas du Jersey Museum - St Helier - ☏1534 510 069.* Suivant l'exemple des autochtones qui viennent se détendre dans la cour intérieure du musée après leur travail, installez-vous au frais sur cette terrasse, à l'écart de l'agitation qui règne sur Liberation Square.

ACHATS

Maison La Mare – *33 King St. - St Helier - ✆ 01534 733 090 - lun.-sam. 9h-17h30.* Vous trouverez dans cette boutique succursale du domaine La Mare Estate, tous les produits typiques de Jersey : vin et cidre, *Jersey Cream Fudge* et le fameux *Jersey Black Butter* que l'on retrouve dans des produits dérivés comme les *Black Butter chocolates* et *Black Butter Biscuits.*

Jersey Pottery – *Gorey village - ✆ 1534 850 850 ou 43 Halkett Place (en face du Central Market) - St Helier - ✆ 01534 725 315.* Vaste choix d'objets en tous genres pour la maison, non seulement des poteries, mais aussi de la vaisselle (services de table, services à thé, chopes, vases, etc.).

Jersey Lavender Farm – *Rue du Pont Marquet - St Brelade - JE3 8DS - ✆ 1534 742 933 - fermé 25 déc., 1er jan., et mar. - 10h-17h - 3 £ (5 £ juin-mi-août), -14 ans gratuit.* Si vous visitez la Jersey Lavender Farm, peut-être qu'après avoir vu distiller l'huile essentielle utilisée dans les parfums, vous aurez envie de rapporter quelques produits parfumés à la lavande (savons, gel douche, eau de toilette, etc.), ou tout simplement des sachets de lavande.

AGENDA

Liberation Day *(9 mai)* – Commémoration de la libération de Jersey, jour férié et festivités.

Flower Festival *(fin mai)* – Festival floral : visites de jardins privés, concerts, randonnées pédestres.

Jersey Rose Show *(dernier w.-end de mai)* – Samarès Manor.

Festival maritime *(déb. juillet).*

Grassroots Music Festival – Festival de musique (folk, funk, rock et blues), tendance écolo, avec des artistes de renommée internationale.

Jersey Fish Festival *(août)* – Dans le port de St-Hélier. Dégustation de poissons et crustacés fraîchement pêchés, marché artisanal, carnaval de la mer et présentation de vieux gréements Jersiais.

Jersey Seaside Festival *(août)* – Festival du bord de mer de Jersey, au Havre des Pas.

Battle of Flowers *(août)* – Bataille des fleurs : défilé diurne (Grand Day Parade) et nocturne (Moonlight Parade) de chars fleuris, accompagnés de musiciens et de danseurs.

Jersey Film Festival – Cinéma en plein air et ambiance festive dans le parc Howard Davis à St-Hélier.

Jersey Live Music Festival *(1er w.-end de sept.)* – Festival de rock.

Battle of Britain Air Display *(août)* – Commémoration de la bataille d'Angleterre ; spectacles aériens.

Tennerfest *(oct.-mi-nov)* – Comme à Guernesey, ce festival gastronomique est l'occasion pour les restaurants de faire découvrir les spécialités de l'île à prix doux.

Faîs'sie d'Cidre *(mi-oct.)* – Festival du cidre.

Fête dé Noué *(1-11 déc.)* – Tout un programme d'activités festives anime St-Hélier dans les premiers jours de décembre : illuminations sur Weighbridge Place et Royal Square ; marché de Noël, théâtre de rue, concerts de chants de Noël en plein air, défilé de chars illuminés, etc.

Guernesey

★★

Guernsey – 65 573 Guernesiais (Guernseyman)

NOS ADRESSES PAGE 450

S'INFORMER

Guernsey Information Centre – *North Esplanade - St Peter Port - GY1 2LQ - Guernsey - ✆ 01481 723 552 - www.visitguernsey.com - avr.-sept. : lun.-vend. 9h-17h, sam.-dim. 9h-13h ; oct.-mars : lun.-sam. 9h-17h.* En dehors des heures d'ouverture, un panneau à l'extérieur du bâtiment donne les disponibilités, prix et coordonnées des hébergements disponibles.

Visites – *Le ticket Holiday Pass, valable 7 jours, donne accès aux musées suivants : Guernsey Museum, Fort Grey, Castle Cornet et Telephone Museum - adultes 13 £, famille (2 adultes et enfants) 28 £.*

SE REPÉRER

Carte de microrégion AB2, p. 422/carte de l'île p. 440-441.

Guernesey s'étend sur 65 km^2 ; l'île a la forme d'un triangle rectangle, dont les côtés seraient formés par les côtes sud et est, et l'hypoténuse, par la côte ouest. La côte sud, altière, rocheuse et déchiquetée fait place à une ceinture de sable entrecoupée de baies sur le reste du littoral. Le sud, bien exposé, se prête aux cultures florales de plein champ qui, au printemps, rivalisent d'éclat et de couleurs.

À NE PAS MANQUER

À St Peter Port, la visite de la maison de Victor Hugo et une balade dans les ruelles ; à l'ouest, la baie de Côbo, propice à la baignade, et, au sud, la pointe d'Icart pour son panorama somptueux.

ORGANISER SON TEMPS

Prévoyez une demi-journée à St Peter Port et un à deux jours pour faire le tour de l'île selon que vous serez en voiture ou à vélo, en comptant les baignades bien sûr. Si vous voulez assister à la cérémonie du canon, rendez-vous à Castle Cornet un peu avant midi. Attention, la maison de Victor Hugo est fermée le dimanche.

Le printemps est une période privilégiée pour profiter au mieux de l'exceptionnelle richesse florale de l'île, mais des festivals floraux ont également lieu en été et à l'automne.

AVEC LES ENFANTS

Découvrez la vie des marins et des paysans d'antan au musée du Folklore, puis les tortues et les poissons de mer tropicaux de l'aquarium.

Si l'arrivée en bateau séduit par le charme de la capitale St Peter Port, l'arrivée en avion surprend par le nombre impressionnant de serres qui émaillent la campagne, sillonnée de petites routes et parsemée de champs. L'île possède également un atout gastronomique non négligeable : ses fruits de mer, dont la réputation n'est plus à faire… Guernesey, la seconde des îles Anglo-Normandes en superficie, est tout simplement surprenante !

Visiter St Peter Port

Carte de l'île ci-contre/plan de la ville p. 442

★★ ST PETER PORT

La capitale de l'île se trouve sur une colline dominant un port bien abrité et séparé de la haute mer par les îles voisines d'Herm et de Sercq. Au 18e s., grâce au commerce du vin puis aux profits réalisés par les contrebandiers et les corsaires, la ville s'est embellie de somptueuses demeures de granit. Avec ses rues et ruelles en pente bordées de magasins, et son port ouvert vers le continent et les autres îles Anglo-Normandes, St Peter Port déborde d'une sympathique animation.

★★ Hauteville House

(maison de Victor Hugo)

38 Hauteville Street - ✆ 01481 721 911 - www.hautevillehouse.com - visite guidée avr.-sept. : tlj sf dim. 10h-16h - 6 £ (- 26 ans 3 £).

Maison – Présumée hantée, cette demeure fut achetée pour une somme dérisoire par Victor Hugo en 1856. Boiseries, carreaux de faïence (de Delft), tapisseries ou tissus recouvrent la moindre parcelle de mur ou de plafond. Parmi les nombreuses trouvailles de l'artiste, vous remarquerez dans la salle à manger une soupière transformée en lave-mains, ou encore des repose-fers à repasser intégrés dans le dais du fauteuil des ancêtres afin de lui donner une allure gothique. Dans le Salon rouge, les « torches de la Liberté portées par les esclaves » sont faites de bougeoirs retournés et surmontés de plateaux de balance en cuivre. Dans toute la maison, Hugo a installé des jeux de miroir, ainsi que des inscriptions de devises.

L'étrange chambre de Garibaldi, le patriote italien qui n'y coucha du reste jamais, est située au deuxième étage. Au chevet du grand lit en chêne, une sculpture de tête à deux faces symbolise la Vie et la Mort. Des fenêtres de cette chambre, on aperçoit la maison que Hugo acheta en 1864 pour Juliette Drouet, sa maîtresse, avec laquelle il communiquait par signes.

Au troisième étage, après une sombre antichambre-bibliothèque dont les livres sont, pour la plupart, des envois d'auteurs, on arrive, en pleine lumière, dans le *look-out*, magnifique serre carrée avec vue sur la mer. C'est là que l'écrivain exilé écrivait et dépeignit Guernesey en ces mots : « Rocher d'hospitalité et de liberté… coin de vieille terre normande. » Plus loin, une mansarde lui servait de chambre.

Jardin – Refait en 2002 d'après les notes rédigées par Victor Hugo, il a retrouvé le caractère romantique voulu par le poète. Camélias, rhododendrons, glycines, myrtes et agapanthes, vignes et arbres fruitiers palissés s'épanouissent autour de la fontaine aux Serpents, du célèbre « chêne des États-Unis d'Europe », planté par l'écrivain le 14 juillet 1870, et du banc où il avait inscrit ces vers des *Contemplations* : « Immensité dit l'être, éternité dit l'âme. »

6

★ **Castle Cornet and museums** (château Cornet et ses musées)

✆ 01481 721 657 - www.museums.gov.gg - avr.-oct. : 10h-17h (horaires variables selon les musées) - le canon tonne à 12h - 9,50 £ (enf. 2 £, - 7 ans gratuit).

Accessible par une digue depuis 1855, Castle Cornet était autrefois une île puissamment fortifiée. Sa construction remonterait au début du 13e s. Les Français s'en emparent au 14e s. Sous le règne d'Élisabeth Ire (1558-1603), de solides fortifications viennent le renforcer. Pendant la guerre civile, la garnison du château reste fidèle au roi, alors que l'île de Guernesey se range du côté des parlementaires. Après un siège de près de neuf ans, les parlementaires

SE LOGER

Sunnycroft Hotel 1

SE RESTAURER

Absolute End (The) 10

Boat House (The) 9

Christies 6

Crow's Nest 8

Thomas de la Rue 7

L'EXIL DE VICTOR HUGO

Le 31 octobre 1855, Victor Hugo débarquait à Guernesey ; il devait y rester jusqu'en 1870. Ses démêlés avec le régime de Napoléon III l'avaient conduit à quitter la France pour se réfugier d'abord en Belgique, puis à Jersey en 1852. Il devra en être expulsé trois ans plus tard à cause de ses écrits politiques trop virulents à l'égard de l'alliance franco-anglaise. Dans sa maison de St Peter Port, Hauteville House, il acheva et composa une bonne partie de son œuvre. Il l'habita jusqu'en 1870 et l'aménagea de ses propres mains. La sobriété de l'extérieur n'annonce pas le caractère insolite de l'intérieur, dont la visite révèle une facette méconnue de son génie, celle de décorateur.

Saint Peter Port, capitale de Guernesey.
Fantuz Olimpio/Sime/Photononstop

se rendent maîtres de ce bastion royaliste. En 1672, la foudre s'abat sur le donjon du château où est entreposée la poudre. L'explosion le décapite littéralement, détruisant également la salle des banquets et le logement du gouverneur.

Attention ! Sur l'enceinte extérieure du Castle Cornet, le **canon** tonne tous les jours à midi. Deux hommes en uniforme de la Milice de Guernesey (1860) perpétuent une tradition : l'un d'eux regarde à la longue-vue l'heure au clocher de l'église, alors que l'autre se prépare à faire feu. Le château accueille quatre musées et un lieu d'exposition.

The Story of Castle Cornet (Musée historique) – *10h-16h*. À proximité de l'accueil, le Musée historique retrace les grandes heures de cette forteresse grâce à plusieurs reconstitutions, panneaux, maquettes, bornes interactives, etc.

Maritime Museum (Musée maritime) – *11h-17h*. La vie maritime y est évoquée sous toutes ses formes, de l'époque gallo-romaine à aujourd'hui, illustrée par de nombreuses maquettes de navires et des tableaux : le commerce, les corsaires, la contrebande, les chantiers navals, les grandes compagnies maritimes, les grands naufrages (*Stella*, mars 1899), la plongée, le sauvetage en mer.

Militia Museum (musée de la Milice) – *10h-16h30*. Situé dans les bâtiments de l'ancien hôpital (1746), ce petit musée retrace l'histoire de la Milice de Guernesey, créée au 13e s. pour défendre l'île. Elle a été dissoute en 1939.

The 201 Squadron RAF Museum (musée de l'Escadrille 201) – *10h30-16h30*. Dans l'ancien corps de garde, cet espace rend hommage à la seule unité de la Royal Air Force basée dans ces îles. Elle est fixée à Guernesey depuis 1939.

Le **Prisoners' Walk** (promenade des Prisonniers) était, au Moyen Âge, un passage qui menait au château. De la **citadelle**, située près de l'ancien donjon, belle **vue★** sur le port et la ville, au nord sur St Sampson, Vale Castle et Aurigny, à l'est sur Herm, Sercq et la côte française, et au sud sur Jersey.

Market Halls (les Halles)
Le premier marché couvert, à droite en remontant Market Street, date de 1782. Son nom français, les Halles, lui a été donné au 19e s., car bon nombre de produits qui y étaient vendus provenaient de Bretagne. Au-dessus, les anciennes salles des fêtes datent de la même époque. En face, les Arcades (1830), qui présentent une colonnade dorique, sont le royaume des bouchers; viennent ensuite le marché aux poissons (1877), avec sa rangée de fenêtres ressemblant à des hublots de navire, puis le marché aux légumes (1879).

Harbour (le port)
Le port moderne accueille vedettes, car-ferries, yachts, voiliers et bateaux de pêche. Le vieux port fut créé au 18e s. par l'adjonction de la digue nord à la digue d'origine du 13e s. Aujourd'hui, il s'inscrit entre Castle Pier et St Julian's Pier, digues construites de 1835 à 1909.
De White Rock, prolongement de St Julian's Pier, **vue** sur l'ensemble du port.

★ **St Peter's Church** (église St-Pierre)
Cet édifice en granit doit sa construction à Guillaume le Conquérant en 1048. La nef et le porche surmonté d'un arc en plein cintre sont des éléments romans caractéristiques. L'église servit de forteresse et abrita même les canons de la Milice de Guernesey et la pompe à incendie municipale. Les différents drapeaux présentés proviennent de la Milice royale de Guernesey et datent de 1887 à 1919.
L'intérieur est décoré d'intéressants vitraux : au-dessus du maître-autel, les thèmes sont empruntés au *Te Deum*; dans le bras gauche du transept, le vitrail représente saint Pierre marchant sur l'eau.
À noter un certain nombre de plaques commémoratives en français, ainsi que les Dix Commandements inscrits sur le retable de l'autel.

Elizabeth College
Ce collège fut fondé en 1563 par Élisabeth Ire. Les bâtiments ont été reconstruits au 19e s. dans le style Tudor.

St James' Church (église St-Jacques)
Ce majestueux édifice précédé d'un porche aux colonnes doriques a été construit en 1818 pour commémorer la victoire britannique de Waterloo. Pour les troupes qui stationnaient sur l'île, les offices se faisaient en anglais et non dans la langue insulaire. L'église désaffectée sert aujourd'hui de salle de concerts et abrite dans ses soubassements le Dorey Centre où a été inauguré en 2000 le musée de la Tapisserie de Guernesey.

Guernsey Tapestry (Tapisserie de Guernesey)
St James - College St. - ✆ 01481 727 106 - www.guernseytapestry.org.gg - mars-oct. : tlj sf dim. - 10h-16h30; reste de l'année : jeu. 10h-16h - 4,75 £ (étudiants et retraités 4 £, - 16 ans, gratuit). Audioguide en français.
Conçue pour le Millénaire, cette tapisserie★, élaborée en deux ans par les habitants des dix paroisses de l'île, retrace l'histoire de Guernesey durant ces dix derniers siècles. Elle est constituée de dix panneaux, réalisés en utilisant la technique du canevas à partir de dessins d'artistes locaux, chacun couvrant un siècle. Chaque panneau évoque les événements majeurs du siècle qu'il illustre à travers les traditions de l'île et de ses habitants.

Royal Court House (palais de justice)
✆ 01481 727 106 - tlj sf w.-end 9h30-12h30, 14h30-16h30; parlement : possibilité d'assister aux débats les derniers merc. et jeu. du mois (sf août) - gratuit.

UNE IDENTITÉ BIEN TREMPÉE

Pendant la guerre civile en Angleterre (1642-1645), Guernesey se range du côté des parlementaires, alors que Jersey, elle, prend le parti des royalistes, fidèles à Charles Ier. Charles II accordera à l'île son pardon en 1677.

L'île se divise en dix paroisses, assimilables à des communes : Castel, Forest, St Andrew, St Martin, St Peter in the Wood, St Peter Port, St Sampson, St Saviour, Torteval et Vale. Sa particularité est de n'être pas représentée au Parlement de Westminster. Guernesey est un bailliage étroitement lié à la Couronne d'Angleterre, possédant son propre parlement, les States of Deliberation. Ce parlement se compose de 33 députés élus au suffrage universel pour trois ans, 10 représentants des paroisses, 12 conseillers élus pour six ans par les States of Election, le lieutenant-gouverneur, le procureur général et le bailli. Ces trois derniers sont nommés par la reine. Le bailli, outre la présidence du parlement, assure celle de la cour de justice, formée de 12 magistrats ou « jurats ».

Le palais de justice sert également de cadre aux réunions du parlement de l'île. Les archives de quatre siècles d'histoire y sont rassemblées.

Candie Gardens

Une statue de Victor Hugo regardant les côtes de France se dresse en bordure d'une pelouse inclinée vers la mer. Les jardins dessinés en 1898 sont plantés d'essences exotiques parmi lesquelles un immense capillaire. Ses serres chauffées seraient les plus anciennes du genre des îles Britanniques.
L'ancien kiosque à musique abrite désormais le **Cafe Victoria** où faire une pause agréable, avant ou après la visite du musée, ou même pour le petit-déjeuner !

Musée de Guernesey et galerie d'art

Candie Gardens - ✆ 01481 726 518 - www.museums.guernsey.net - ♿ - avr.-oct. : 10h-17h ; reste de l'année : 10h-16h - fermé janv., 25 et 26 déc. - 5,75 £ (enf. 1,50 £).
Le musée abrite la collection Lukis, composée d'objets préhistoriques découverts sur l'île, et la collection Carey qui rassemble peintures, dessins et porcelaines.

À proximité Carte de l'île p. 440

★ Little Chapel (la Petite Chapelle)

Les Vauxbelets, à 1 km de l'hôpital souterrain. À visiter plutôt l'apr.-midi lorsque le soleil traverse les vitraux.
Cette étonnante chapelle est due à un religieux français, le frère Déodat. Celui-ci était membre d'une congrégation enseignante qui, proscrite de France par les lois de 1904, s'installa à Guernesey, au collège des Vauxbelets. À partir de 1914, Déodat entreprit de construire de ses mains une réplique miniature de la basilique de N.-D. de Lourdes. Il se servit de ce qu'il trouvait – cailloux, coquillages, fragments de verre et de porcelaine. Son ouvrage connut soudain la célébrité, à la suite d'un article dans le *Daily Mirror*. Chacun voulut alors contribuer à cette œuvre et les présents affluèrent... Depuis le départ des religieux, ce sont les élèves d'une école voisine qui poursuivent la décoration de la chapelle.

Circuits conseillés Carte de l'île p. 440

LA CÔTE OUEST

Grand Havre

Pour avoir la meilleure vue de cette baie étendue à l'ouest de Braye du Valle, placez-vous sur la pointe de la Rousse, sur laquelle se détache une tour. De la batterie allemande sur **Grandes-Rocques** (pointe rocheuse), la vue est magnifique sur les baies sableuses en forme de coquille St-Jacques, qui se succèdent le long de la côte.

★★ **Côbo Bay** (baie de Côbo) – Longue baie propice à la baignade et à la planche à voile. Les nombreux rochers teintés de rose qui parsèment les eaux cristallines se prêtent à l'exploration sous-marine. Au crépuscule, ils prennent, dans la pénombre, des formes d'animaux fantastiques (lion, chameau gigantesques).

Vazon Bay (baie de Vazon)

Elle s'étend au sud de fort Houmet. Son long tapis de sable sert à la fois aux bains de soleil, aux promenades à cheval et aux courses de voitures et de motos.

★ St Apolline Chapel (chapelle Ste-Apolline)

La Grande-Rue, Perelle.

Une charte de Richard II de 1394 en fait mention sous le nom de Ste-Marie-de-la-Perelle. L'intérieur est décoré d'une fresque (14e s.) représentant la Cène.

Trépied Dolmen

Le Cationoc.

Aux 16e et 17e s., selon la légende, les sorcières se retrouvaient en ce lieu pour le sabbat. La chambre funéraire située à l'extrémité sud de la baie de Perelle fut découverte en 1840 par un archéologue local, Fréderik Lukis.

Erée Headland (pointe de l'Erée)

Elle est dominée par la haute tour du fort Saumarez. À proximité se tient le dolmen **le Creux-ès-Faies** datant de 2000 à 1800 av. J.-C. Selon la croyance populaire, cette tombe préhistorique conduisait au pays des fées.

Lihou Island (île de Lihou) – *Accessible à marée basse par une chaussée - vérifier toutefois les heures des marées avant de s'engager.* En 1114, un prieuré dédié à N.-D.-de-la-Roche y fut érigé. Au début du siècle, l'île connut une certaine activité industrielle grâce à la production d'iode à partir d'algues. À l'ouest, des bassins naturels creusés dans les rochers sont parfaits pour la baignade.

★ Rocquaine Bay (baie de Rocquaine)

Cette baie bordée d'une plage de sable et parsemée de rochers est interrompue par fort Grey, un ancien château médiéval sur lequel fut ajoutée, en 1804, une tour Martello. Celle-ci, peinte en blanc, sert d'amer aux marins et abrite un Musée maritime.

Fort Grey Shipwreck Museum (Musée maritime de Fort Grey)

St Pierre du Bois - ✆ 01481 265 036 - de déb. avr. à fin oct. : 10h-16h30 - 4 £ (enf. 1,50 £ -7 ans gratuit).

Ce musée est essentiellement consacré aux naufrages qui eurent lieu de 1750 à 1978 sur la côte ouest ; il expose les restes de plus de 100 épaves.

Portelet
Charmant petit port de pêche adossé à quelques maisonnettes habitées par les gardiens du phare de Hanois. À gauche de la route, en montant, se trouve la **table des Pions**, anneau de pierres bordé d'une tranchée et couvert d'herbe. Lors de la chevauchée de St-Michel, les pions (élégants jeunes hommes à pied qui accompagnaient les dignitaires du fief de St-Michel) s'asseyaient à cette table d'herbe pour se restaurer, les pieds dans la tranchée. Jusqu'en 1837, tous les trois ans, les dignitaires du fief de St-Michel et leurs pions inspectaient les routes de l'île. L'un de leurs privilèges était de pouvoir embrasser toute jeune femme rencontrée !

★★ Pezeries Point (pointe de Pézéries)
Un paysage sauvage et désolé marque l'extrême limite ouest des îles Anglo-Normandes, où gisent les ruines d'un fort construit à l'époque napoléonienne pour défendre la baie de Rocquaine.

LES FALAISES DU SUD

Les falaises qui s'étendent tout le long de la côte sud donnent à cette partie de l'île un aspect particulièrement austère et grandiose.
Un sentier, en forte pente au voisinage des vallées, suit la côte jusqu'à St Peter Port (30 km). Très bien entretenu, il offre l'occasion de magnifiques **randonnées**, surtout entre le Gouffre au sud et Fermain Bay à l'est.

Pleinmont Point (pointe de Pleinmont)
De ce promontoire, la **vue** embrasse l'île de Lihou, la baie de Rocquaine et le phare de Hanois. Victor Hugo disait que ce phare était « un des plus redoutables assassins de la mer [...] qui attendait en traître les navires dans la nuit ». Il est vrai qu'il est entouré de récifs et que la côte sud est particulièrement déchiquetée. Jusqu'à la pointe de la Moye, la côte est percée de baies et de grottes. L'une d'elles, située dans la baie de la Forge, est l'objet d'un phénomène sonore : lors de la marée montante, le flot s'engouffre dans la cavité en produisant un bruit infernal. La plus petite des pointes de la côte sud, la **pointe de la Moye**, est bordée à l'ouest par le Gouffre. À l'est, le sentier se prolonge par un escalier menant à une crique abritée.

German Occupation Museum (musée de l'Occupation allemande)
À Forest (au sud de l'église) - ✆ 01481 238 205 - avr.-oct. : 10h-17h ; nov.-mars : 10h-13h (dernière entrée 1h av. fermeture) - 5 £ (-14 ans 2,50 £). Petite cafétéria et jardin où prendre une tasse de thé agrémentée d'une tranche de gâche.
Il retrace l'époque de l'occupation allemande, de juin 1940 à mai 1945 : armement, matériel, souvenirs de déportés, articles de journaux, affiches et reconstitution d'une rue sous l'occupation évoquant plusieurs endroits de St Peter Port.

Petit Bôt Bay (baie du Petit-Bôt)
Cette petite baie ourlée d'une plage de sable à marée basse s'étend au pied d'une verte vallée dominée par une tour de défense (1780).

★★ Icart Point (pointe d'Icart)
Laissez la voiture au parking et promenez-vous le long des sentiers côtiers (comme celui menant jusqu'à Saints Harbour), avant de revenir vous poser le temps d'une tasse de thé et profiter des ***vues★*** *superbes sur la côte.* À l'ouest se succèdent de paisibles plages de sable fin ; à l'est, **Saint's Bay** (la baie du Saint) accueille les bateaux de pêche.

★ **Moulin Huet Bay** (baie du Moulin-Huet)
Son nom vient d'un meunier établi dans le voisinage. En 1883, le peintre Renoir est venu ici à plusieurs reprises, fasciné par les lumières du soleil couchant sur les rochers roses. Le torrent qui servait à faire tourner le moulin se jette de la falaise sur un amoncellement de rochers. Lui faisant suite, l'anse sableuse de **Petit-Port** constitue l'un des meilleurs endroits de l'île pour la baignade.

St Martin

★★ **St Martin's Point** (pointe St-Martin) – Du belvédère situé près du parking, belle **vue** sur la pointe rocheuse terminée par un petit phare ; au loin, on aperçoit, de gauche à droite, Aurigny, Herm, Sercq et Jersey.
Prenez le sentier le long de la falaise.
★ **Jerbourg Point** (pointe de Jerbourg) – Vue sur les Pea Stacks, groupe de rochers qui semblent plantés dans la mer, sur la baie du Moulin-Huet et, au large, sur les autres îles de l'archipel.
Fermain Bay (baie de Fermain) – *Laissez la voiture au parking et continuez à pied. En été, la baie est accessible par bateau à partir de St Peter Port.* Cette agréable baie vient s'adosser contre des falaises boisées au bord desquelles s'élève une tour de guet (18e s.).
Sausmarez Manor (manoir de Sausmarez) – *01481 235 571 - www.sausmarezmanor.co.uk - ♿ - manoir : visite guidée juin-sept. : lun.-jeu. 10h30, 11h30, 14h, vend.-sam. 10h30 ; avr.-mai : lun.-jeu. 10h30, 11h30 ; oct. : lun.-jeu. 10h30, 11h30 (1re quinz. du mois), 11h30 (2e quinz.) - 6,90 £ (3-14 ans 5,50 £) - jardins subtropicaux, jardin artistique : 10h-17h, 6 £ (3-14 ans 4,50 £) - jardin 10h-17h (accès libre).* Cette somptueuse demeure présente une façade de style colonial américain (17e s.). L'arrière est, lui, inspiré du style Tudor (1585). L'intérieur rassemble portraits et souvenirs des seigneurs de Sausmarez.
Son **jardin subtropical** (bananiers, palmiers, bambous, balisiers, echiums géants – fleurs bleues originaires des Canaries pouvant atteindre 3 m de haut –, camélias, fuchsias, etc.) abrite un jardin de sculptures contemporaines (toutes en vente).

UNE GRANDE FAMILLE INSULAIRE

D'origine normande, les Sausmarez apparaissent à Guernesey au début du 12e s. avec un certain William de Saumareis. Celui-ci pourrait bien être le seigneur de Samarès, fondateur du domaine qui porte toujours son nom à Jersey (*p. 428*). Il s'installe à Guernesey dans la paroisse de St Martin où il fait bâtir un premier manoir. Un des descendants (par les femmes) de cette branche aînée, Sir Edmond Andros, s'est illustré en devenant en 1674 gouverneur de la colonie de New York, poste qu'il cumulait avec celui de bailli de Jersey.
Les actuels porteurs du nom descendent de la branche cadette, avec Michel de Sausmarez qui fit fortune puis faillite à Paris au 17e s. en vendant des bas de laine, et de son fils aîné Matthew qui s'enrichit grâce à la course et à la contrebande. Dans sa descendance, on note plusieurs marins (le capitaine Philip qui amassa une fortune considérable grâce à la prise d'un galion espagnol, et l'amiral James qui ayant participé aux guerres contre la France décida d'angliciser son nom en Saumarez et obtint le titre de baron : ce sont ses descendants qui ont aménagé le Saumarez Park. Le manoir quant à lui est revenu à une branche cadette qui a conservé l'orthographe d'origine de son nom.

Aux environs de Vazon.
Thomas Jullien/Photononstop

Fort George – Un ensemble de luxueuses maisons modernes occupe le site d'un ancien fort habité par la garnison britannique.

★ **La Grand-Mère du Chimquiere** – À St-Martin, à l'entrée du cimetière qui entoure l'église de St-Martin-de-la-Bellouse, se dresse cette étonnante sculpture taillée dans un menhir remontant à l'âge de pierre. Symbolisant la déesse de la fertilité, elle reçoit pièces de monnaie et fleurs en guise d'offrandes.

La route passe devant la **colonne Doyle**. Une plaque y indique les distances entre chaque île Anglo-Normande, entre les îles et l'Angleterre et entre les îles et la France.

La Valette Underground Military Museum – *✆ 01481 722 300 - de mi-mars à mi-nov. : 10h-17h - 5 £ (enf. 2,50 £).* Le musée est installé dans cinq tunnels creusés par les Allemands pour stocker les réserves de fuel des sous-marins pendant la guerre. Collection d'uniformes et d'objets se rapportant à la Guernesia Militia (officiellement créée en 1203).

Guernsey Aquarium – *Havelet Bay - ✆ 01481 723 301 - ♿ - 10h-18h, dim. 10h-17h30 - fermé j. fériés - 4,50 £ (enf. 3,50 £).* Il est installé dans un tunnel creusé en 1860 pour y faire passer un tramway. Un éboulement mit fin au projet. Le tunnel fut agrandi pendant l'occupation allemande. Les bassins ont vieilli mais présentent quelques spécimens aux couleurs éclatantes de la faune tropicale et de la faune locale de mer et d'eau douce.

Avant de rentrer vers le centre-ville, posez-vous à la terrasse de l'un des Island View Kiosk, pour profiter de la vue sur la baie où de temps à autre de grands paquebots viennent jeter l'ancre.

NOS ADRESSES À GUERNESEY

PREMIERS PAS

Nous vous conseillons d'aller à l'office de tourisme *(voir p. 439)* afin de vous procurer un plan de l'île et de recueillir des informations sur les navettes en bus, les locations de vélos ou de voitures, le programme des manifestations et des randonnées.

TRANSPORTS

Bus

Les bus jaune et vert de l'Island Coachways *(✆ 01481 720 210 - www.icw.gg/buses)* vous emmèneront à peu près partout dans l'île. Procurez-vous au kiosque du terminal situé en front de mer, sur South Esplanade, le « Bus Timetable » qui recense toutes les lignes de bus qui sillonnent l'île, dimanches et jours fériés compris, avec leurs horaires et les trajets suivis. Coût du ticket : 1 £ - carte 20 trajets : 15 £.

Taxi

Il existe une dizaine de compagnies de taxi joignables par téléphone, parmi lesquelles **Island Taxis Ltd** *(✆ 01481 700 500)* et **Lambourne Taxis** *(✆ 07781 123 188)*, mais aussi deux stations de taxis à St Peter Port, au pied de Market Halls (✆ 01481 714 143) et au débouché de St Julian's Pier. Une autre station se trouve à l'aéroport.

Voiture et stationnement

Le stationnement sur les voies publiques est gratuit, mais limité dans la plupart des rues et parkings des grandes zones commerçantes. Dans ces zones réglementées, indiquées par un panneau bleu sur lequel la limitation est inscrite sous les mots *Disc Zone*, il faut présenter un **disque de stationnement** (en vente à l'office de tourisme, 2,50 £). Mais attention : une fois le temps de stationnement écoulé, il faut bouger sa voiture (re-parking interdit pendant 30 mn).

HÉBERGEMENT

PREMIER PRIX

Fauxquets Valley Farm Campsite – *Fauxquets Valley - Castel - GY5 7QA - ✆ 01481 25 54 60 - www.fauxquets.co.uk - de déb. mai à déb. sept.*

Le Vaugrat Campsite – *Route de Vaugrat - St Sampson - GY2 4TA - ✆ 01481 25 74 68 - www.vaugratcampsite.com.*

Sunnycroft Hotel – Plan p. 442 - *5 Constitution Steps - St Peter Port - GY1 2PN - ✆ 01481 723 008 ou 0800 316 034 - www.sunnycroft hotel.com - 14 ch. 76/112 £ ☕.* Ce petit hôtel se mérite car il y a de nombreuses marches à gravir pour y accéder… À cet inconvénient s'ajoutent des chambres confortables mais pas très grandes et des salles d'eau exiguës. Cela étant posé, il faut reconnaître à l'endroit beaucoup de charme : une situation au cœur de St Peter Port, des vues panoramiques sur le port, Castle Cornet et les îles depuis les baies vitrées de l'*honesty bar*, une salle à manger donnant sur un beau jardin suspendu, des chambres dotées de balcons ou d'une terrasse courant le long de toute la façade et ouvrant sur les toits de la ville.

Auberge du Val – *Sous L'Église - St Saviours - GY7 9FX - ✆ 01481 264 835 - www.aubergeduval.com - P - 9 ch. 70/80 £ ☕ - menu 9,95 £ - carte 25/30 £.* Hôtel confortable et sans prétention, niché dans une petite vallée verdoyante idyllique,

en contrebas de l'église St Saviour. Chambres au confort simple et au charme légèrement suranné. Restaurant apprécié des locaux ; repas préparés avec les produits du beau jardin potager.
Une suggestion : profitez de cette halte en pleine campagne pour effectuer une petite randonnée *(Millenium Walk)* autour du réservoir de St Saviour situé non loin de là et accessible par des *ruettes tranquilles*.
Sunnydene Hôtel – *R. des Marettes - GY1 1ZN St Martin - ✆ 01481 236 870 - www.sunnydenecountryhotel.co.uk - fermé de mi-oct. à Pâques - 20 ch. 66/86 £ ☕ (86/96 £ ☕ avec vue sur les jardins) ; demi-pension 96/116 £ -* P - 🏊. Maison d'hôte et golf *pitch and putt* au bout du jardin ! Confortable salon familial ; jolie piscine et aire de détente. Chambres dans la maison ou dans l'annexe au cœur du parc.

BUDGET MOYEN

Imperial Hotel – *Pleinmont - Torteval - GY8 0PS - ✆ 01481 266 139 - www.imperialinguernsey.com - 17 ch. 80/95 £, suppl. 15 £/nuit pour balcon et vue sur la mer.* Hôtel idéalement situé face à la mer, un peu au-dessus de Portelet Harbour. Restaurant The Waters Edge avec baie vitrée et vue sur Fort Grey *(grill, 14,95 £)* et bar-brasserie proposant salades, sandwichs, omelettes, cheesecakes.

RESTAURATION

PREMIER PRIX

Christies – Plan p. 442 - *Le Pollet - St Peter Port - ✆ 01481 726 624.* Situé dans la principale rue commerçante de St Peter Port, cet établissement très fréquenté (musique live en soirée) comporte une partie café-brasserie *(15/20 £)* et une partie restaurant *(30 £)*, avec terrasse donnant sur le port et carte plutôt axée sur le poisson.

BUDGET MOYEN

Crow's Nest – Plan p. 442 - *North Esplanade - St Peter Port (au-dessus du Ship & Crown Pub) - ✆ 01481 728 994 - 20/35 £.* Restaurant au 1er étage, bar-brasserie au 2e. Décor tout en bois clair et notes marines et vues sur le port. Poissons et fruits de mer bien sûr, mais aussi quelques viandes comme le traditionnel *lamb shank* (jarret d'agneau) des plus copieux.
The Absolute End – Plan p. 442 - *Longstore - GY1 2BG St Peter Port - au nord de St Peter Port par St George's Esplanade - ✆ 01481 723 822 - fermé dim. - 17/30 £.* À l'extrémité nord de la ville, ce restaurant est apprécié par les habitués pour ses produits de la mer et son accueil chaleureux. Menu déjeuner intéressant. Bar confortable à l'étage.
Fleur du Jardin – *Kings Mills Castel - GY5 7JT Kings Mills - 3 miles/5 km de St Peter Port dir. Vazon Bay - ✆ 01481 257 996 - www.fleurdujardin.com - 20/30 £ - 15 ch. 92/136 £ ☕.* Avec son agréable jardin, cette maison du 15e s. porte bien son nom. Le soir, vous savourerez une cuisine au goût du jour dans la salle à manger rustique agrémentée d'une cheminée de granit ou en terrasse donnant sur les jardins pour le déjeuner. Chambres spacieuses et coquettes.
The Auberge – *Jerbourg Rd - GY4 6BH St Saviour - ✆ 01481 238 485 - www.theauberge.gg - fermé 25, 26 et 31 déc. - menus : 14,95 £ (lunch) / 18,95 £ (dîner) / 24,95 £ (dim. midi) - carte 34 £.*

Du jardin et de la terrasse de ce restaurant, vous jouirez d'une vue splendide sur la mer et les îles avoisinantes. Sobre salle à manger contemporaine où vous dégusterez une cuisine actuelle façon brasserie.

The Pavilion – *Le Gron - GY7 9RN St Saviour - ✆ 01481 264 165 - www.thepavilion.co.gg - fermé de mi-déc. à mi-janv. et lundi en hiver; le reste de l'année, déjeuner seulement sauf en été, dîner vend.-sam. -* P *- 22/29 £.* Restaurant-salon de thé installé dans le cadre enchanteur des jardins de la joaillerie Bruce Russell & Son (déjeuner en terrasse aux beaux jours). Savoureux plats faisant la part belle aux produits de la mer, mais pas seulement *(beef & Yorkshire pudding,* sandwichs, pâtisseries) et pain fait maison.

The Boat House – *Victoria Pier - St Peter Port - ✆ 01481 700 061 - www.theboathouseguernsey.com - 12/24£.* Posé sur le quai, comme un bateau avec son pont extérieur; décor éminemment marin et cuisine ouverte permettant aux convives de suivre de près l'élaboration des plats. Souvent bondé, notamment le soir, mais ambiance détendue et service souriant. Pour changer des plateaux de fruits de mer, essayez le *clam & fish chowder* (soupe de poissons) ou le *chilled gaspacho* avec des miettes de crabe. Pour les petites faims, le lieu fait également crêperie.

PRENDRE LE THÉ… OU L'APÉRITIF

Cafe Victoria – *Candie Gardens - St Peter Port.* Fameux *Cream Tea for Two (13,95 £),* composé de *ham & cream cheese sandwiches,* de *scones* à la crème et de petits fours.

The Beach Terrace (Côbo Bay Hotel) – *Tea & scones* bien sûr, mais aussi de délicieux *Fresh Guernsey Crab Sandwich,* avec vue sur la baie en prime !

Moulin Huet Bay – Café dans un beau jardin, à mi-chemin de la descente vers la baie.

Port Soif kiosk & teagarden – Sur la côte ouest, face à la belle plage de sable de Port Soif.

Portelet Harbour Cafe – Dans cette guinguette surplombant la baie, *Crab sandwiches, scones* à la crème et *Guernsey gâche* pour accompagner votre tasse de thé (ou café).

The Terrace Garden Cafe – *Cornet St. - St Peter Port - GY1 1BZ - ✆ 01481 724 478.* Au-dessus de South Esplanade, cette terrasse offrant de belles vues sur la marina, surtout le soir dans la belle lumière du soleil déclinant, est un endroit aussi agréable que convivial, où prendre un verre après avoir arpenté les rues de St Peter Port. Et pourquoi ne pas prolonger la soirée sur place, en goûtant à quelque spécialité thai, tout en écoutant des musiciens jouer en *live*, si d'aventure vous y venez un samedi ?

The Red Onion Sports Bar – *Lefebvre St. - St Peter Port - ✆ 01534 713 030.* Dans ce bar-bistrot, on peut écouter de la musique en *live*, avec DJ, ou regarder du sport sur écran géant, tout en mangeant une pizza, une salade ou un sandwich.

Thomas de la Rue – *The Pollet - St Peter Port - ✆ 01534 714 990.* Pub traditionnel sur 2 étages, une partie restaurant donnant sur l'artère commerçante du Pollet et un bar au rez-de-chaussée, avec terrasse et musique *live*, qui devient en soirée « Le » lieu de rendez-vous de St Peter.

ACHATS

Bruce Russell & Son – *Le Gron - St Saviour - GY7 9RN - www.bruce-russell.com.* Bijoux et objets en or et argent (dont le traditionnel pot à lait) réalisés par ces bijoutiers-joailliers établis depuis quatre générations et installés aujourd'hui dans un superbe jardin doté d'un restaurant.

N'hésitez-pas à visiter **Le Tricoteur** *(Rocquaine Bay, derrière Guernsey Pearl)*, où sont vendus les traditionnels pulls marins et bonnets de Guernesey. Autrefois imperméabilisés à l'huile de lin, ces pulls sont tricotés en machine puis assemblés à la main sur place. Prix raisonnables et gamme de coloris assez large. Ces fameux pulls sont aussi en vente au **Guernsey Shop** *(North Esplanade, St Peter Port - près de l'office de tourisme).*

The Guernsey Freesia Centre – *Route Carre - St Sampson's - ✆ 01481 248 185.* Envie d'envoyer à quelqu'un un beau bouquet de fleurs coupées (le centre se charge de l'expédition puisqu'il exporte des millions de bouquets chaque année) ? À moins que vous ne préfériez acheter des bulbes, à planter vous-même à votre retour, ou des parfums d'intérieur, des savons ou encore une crème pour les mains, pour retrouver toutes ces senteurs dans votre intérieur.

AGENDA

Pour une liste complète des manifestations qui se déroulent sur l'île tout au long de l'année et pour connaître leurs dates précises, consultez le site www.visitguernsey.com/events.

Guernsey Floral Festival – Pas moins de trois éditions annuelles pour ces grandes manifestions autour des jardins : printemps (avril), été (fin juin-début juillet) et automne (septembre).

Liberation Day *(le 9 mai)* – Commémoration de la libération de Guernesey, jour férié avec parade et carnaval.

Torteval Scarecrow Festival *(fin juillet)* – Le Festival d'épouvantails de Torteval est l'un des festivals les plus populaires de l'île, l'occasion pour le visiteur de découvrir le sud-ouest de l'île de manière ludique en élisant son épouvantail préféré.

Le Viaer Marchi – Vieilles traditions de Guernesey le temps d'un soir à Saumarez Park.

Rocquaine Regatta *(fin juillet)* – Toute une journée d'activités et d'amusements, sur la plage de Rocquaine Bay et en mer, pour petits et grands.

North Show and Battle of Flowers *(fin août)* – Traditionnelle bataille de fleurs avec l'élection du plus beau char, à laquelle s'ajoutent de nombreux divertissements liés aux thèmes de l'agriculture et de l'artisanat pour petits et grands.

Guernsey Aviation Week *(mi-sept.)* – Commémoration de la bataille d'Angleterre (Battle of Britain Air Display) et spectacles aériens.

Tennerfest *(octobre/mi-nov.)* – Festival gastronomique de Guernesey (qui tire son nom du billet de 10 £, le tenner). À cette occasion, de nombreux hôtels, restaurants, cafés et pubs proposent de découvrir les spécialités culinaires de l'île à prix doux, avec des menus à partir de 10 £.

Nerine Festival *(oct.)* – Candie Gardens, St Peter Port.

Herm

★

56 Hermais

NOS ADRESSES PAGE 456

S'INFORMER

www.herm-island.com ou Guernsey Information Centre – *North Esplanade - St Peter Port - GY1 2LQ - Guernsey - ✆ 01481 723 552 - www.visitguernsey.com - avr.-sept. : lun.-sam. 9h-17h, dim. 9h-13h ; oct.-mars : lun.-sam. 9h-17h.*

SE REPÉRER

Carte de microrégion A2, p. 422/Carte de l'île page ci-contre. À mi-chemin entre Guernesey et Sercq, Herm s'étend sur 2,5 km de long et 1 km de large. Bordée au sud par d'abruptes falaises, elle est ourlée au nord par de belles plages de sable fin. À marée basse, Herm est entourée d'impressionnants rochers dentelés.

À NE PAS MANQUER

Le paysage qui s'étend au pied du Grand Monceau.

ORGANISER SON TEMPS

On profite des charmes de l'île en une journée.

Vous rêvez de vacances calmes et reposantes dans un environnement naturel, sauvage, mais aussi convivial et confortable ? Herm, la plus petite des principales îles Anglo-Normandes, est faite pour vous. Pas de voiture, pas de nuisances, une cinquantaine d'habitants accueillants, et quelques touristes en quête de paix : tel est le cadre. La petitesse des lieux, l'absence de grands centres touristiques, les quelques sentiers sillonnant ce petit bout de terre, les landes, les dunes et les bois font tout le charme de Herm, la minuscule voisine de Guernesey.

UN EMPLACEMENT STRATÉGIQUE

Des vestiges au nord de l'île révèlent une présence humaine remontant à plus de 2 000 ans av. J.-C. Les Romains ont laissé aussi quelques traces de leur passage. Au 6e s., le christianisme pénètre sur l'île par l'intermédiaire de saint Magloire, qui évangélise également Guernesey. Des moines venus de Sercq élevèrent une petite chapelle sur un récif entre Herm et Jethou, qui aurait été engloutie au 8e s., lors d'une violente tempête qui sépara les deux îles. À cette époque, Herm dépendait du diocèse de Dol. Au 10e s., les Vikings lui auraient donné son nom : **herm** pourrait signifier « désert », « lande » ou « ermitage ». Normande sous Guillaume Longue-Épée, puis anglo-normande sous Guillaume le Conquérant, Herm est rattachée au diocèse de Winchester sous Élisabeth Ire en 1569. Au 17e s., des pirates naufrageurs font de l'île leur repaire avant qu'elle ne soit désertée. Au 19e s., Herm connaît une période de prospérité grâce à l'exploitation et à l'exportation du granit ; on y dénombre alors 400 habitants.

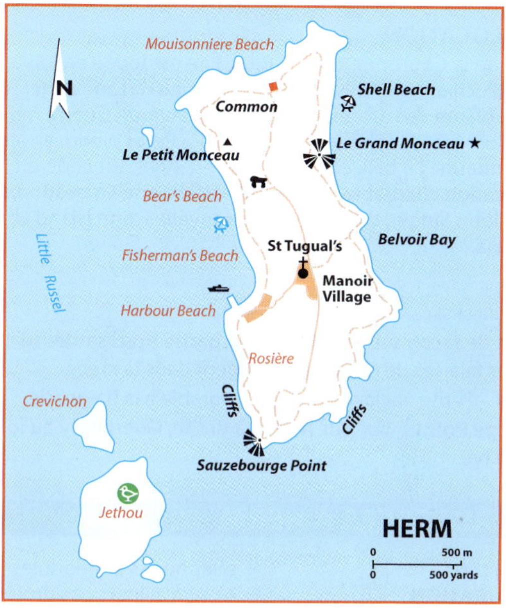

Se promener Carte de l'île ci-dessus

À marée haute, le bateau accoste au petit port, le long de l'unique quai, au bout duquel une grue centenaire est toujours en service ; à marée basse, le bateau accoste à la Rosière, que l'on quitte en gravissant quelques marches. Un **sentier côtier** fait le tour de l'île, offrant de belles vues sur la côte sableuse, la côte rocheuse, les récifs alentour, ainsi que sur les autres îles Anglo-Normandes : Guernesey au loin, Sercq plus proche et, au sud, la petite île de Jethou *(propriété privée)*, séparée de Herm par un étroit chenal. Elle apparaît comme une colline sortie de la mer, refuge de nombreux oiseaux.

Manor Village

Un chemin goudronné et en montée conduit au centre de l'île où s'étalent quelques maisons et fermes constituant un hameau. Le manoir du 18e s., flanqué d'une solide tour carrée crénelée, domine l'ensemble. La **chapelle St-Tugual** fut construite au 11e s. sous le règne de Robert le Magnifique, alors duc de Normandie.

The Common

Au nord de l'île. Cette partie de l'île est un domaine de dunes (attention, la végétation est « piquante »…), appelé ici le **Common**, et de plages de sable (Bear's Beach, Mouisonnière Beach, Shell Beach).

★ **Le Grand Monceau** – De cette butte, le panorama est magnifique sur les étendues de sable, les rochers et les îles. À l'horizon, on distingue l'île d'Aurigny et, à droite, les côtes françaises. Au premier plan, l'obélisque de pierre a été érigé à la place d'un menhir appelé la Longue Pierre, qui servait d'amer aux marins. Le **Petit Monceau**, moins élevé, lui fait pendant.

Shell Beach (plage des Coquillages) – Selon l'importance des marées et des courants, la mer y dépose des milliers de coquillages.

L'ÎLE EN LOCATION
Propriété de la Couronne britannique, l'île est louée en 1890 au prince allemand Blücher von Wahlstatt, qui entreprend de l'aménager : il construit le manoir, plante des arbres, etc. Après la Seconde Guerre mondiale, les États de Guernesey l'achètent et la louent à Peter Wood, en 1949, puis à ses descendants. Le bail, courant jusqu'en 2048, est cédé en 2008 à un trust à vocation charitable, Starboard Settlement. La gestion de l'île est confiée à John Singer, directeur de la nouvelle Herm Island Ltd, et à son épouse Julia.

Cliffs (les falaises)
Contrastant de façon saisissante avec la partie nord sableuse, le sud est le domaine des falaises de granit qui plongent dans la mer.
Belvoir Bay – Petite enclave sableuse favorable à la baignade.
Sauzebourge Point – Vue sur Jethou à droite, Guernesey au loin et l'île de Sercq à gauche.

NOS ADRESSES À HERM

HÉBERGEMENT ET RESTAURATION

PREMIER PRIX

Seagull Camping – *Herm Island - GY1 3HR - ✆ 01481 750 000 - reservations@herm.com - mai-sept.*

BUDGET MOYEN

The Mermaid Tavern – *GY1 3HR Herm - ✆ 01481 710 170 - mermaid@herm-island.com - avr.-oct. : tlj ; nov.-mars : se renseigner sur les jours et horaires d'ouverture.* Point central de la vie sociale de Herm, cet établissement est une ancienne auberge pour pêcheurs.
Le restaurant propose plusieurs types de restauration pour chaque moment de la journée : snack-bar, pizzeria, fruits de mer et menus complets.

POUR SE FAIRE PLAISIR

White House – *GY1 3HR Herm - ✆ 01481 722159 - www.herm-island.com/hotels/ - fermé oct.-mars - 40 ch. - rest. 15/30 £, Sunday lunch 16,95 £.* Ici règnent le calme et la détente : télévisions, téléphones et pendules n'ont d'ailleurs pas droit de cité. L'hôtel, le seul de l'île, a incontestablement de quoi vous charmer avec sa vue splendide sur les paysages, son petit port et la plage. Choix de chambres dans la maison principale ou dans les cottages. Restauration classique ou plus décontractée selon la salle à manger. Jardin avec piscine d'été.
Location de cottages – Une vingtaine de cottages pouvant recevoir de 2 à 6 pers. sont à louer sur l'île, soit en pleine nature comme le Fishermen's cottage, soit dans le village, au milieu des résidents. En haute saison *(de juillet à début sept.)*, compter *745/1230 £ la semaine*, suivant la taille du cottage et le nombre de pers. ; de nov. à mars, *260/520 £.*

ACTIVITÉS

Kayak – Il est possible de faire du kayak de mer au départ de Shell Beach. Location au café de la plage *(10/15 £/h pour 1 ou 2 pers.).*

Sercq

★★

Sercq – 600 Sercquais (Sarkese)

NOS ADRESSES PAGE 461

S'INFORMER

Sark Visitor Center – *The Avenue - GY90SS - Sark - t 01481 832 345 - contact@sark.info - www.sark.info - juil.-août : lun.-sam. 9h-17h, dim. 9h-13h ; avr.-juin et sept.-oct. : lun.-sam. 10h-16h30 ; reste de l'année : lun.-vend. 9h-13h.*

SE REPÉRER

Carte de microrégion AB2 (p. 422).

L'île de Sercq (ou Sark) mesure environ 4,8 km de long sur 2 km de large. Elle se divise en deux parties, Grand Sercq et Petit Sercq, reliées entre elles par la Coupée, langue de terre revêtue d'une chaussée et bordée d'un parapet. À l'ouest, Sercq est séparée de l'île de Brecqhou par le passage Gouliot.

À NE PAS MANQUER

Le point de vue spectaculaire du haut de la Coupée.

ORGANISER SON TEMPS

Une journée suffit pour découvrir cette île à pied.

On peut être petit et savoir se faire remarquer : Sercq et ses 10 km² à peine de superficie étaient il y a peu le dernier État féodal d'Europe. Mais c'est moins cette originalité que la beauté de sa nature qui attire les amateurs d'horizons et de calme. Peut-être aussi l'absence totale de voitures : seuls les tracteurs des fermiers et, en saison, les chars à banc transportant les touristes, y roulent.

Se promener Carte de l'île p. 458

GREAT SARK (Grand Sercq)

Maseline Harbour (port Maseline)

Dès l'arrivée à Maseline Harbour, on peut soit louer des bicyclettes, soit monter dans une voiture à cheval, soit partir à pied au hasard des routes et des chemins. Très souvent, une chaîne s'organise de manière spontanée pour débarquer les bagages et les disposer dans les charrettes tirées par des tracteurs. À la sortie du tunnel, le « bus » local (Harbour Hill Transport) emmène les voyageurs jusqu'à la Collinette, terme d'un raidillon de 800 m (Harbour Hill).

★ Creux Harbour (port le Creux)

De Port Maseline, on y accède par un tunnel. Ce pittoresque petit port bien abrité est utilisé comme débarcadère quand l'orientation des vents exclut tout accostage à Maseline Harbour. Les hydroglisseurs en provenance des autres îles et de France y accostent régulièrement. Bateaux de pêche et de plaisance viennent s'y amarrer.

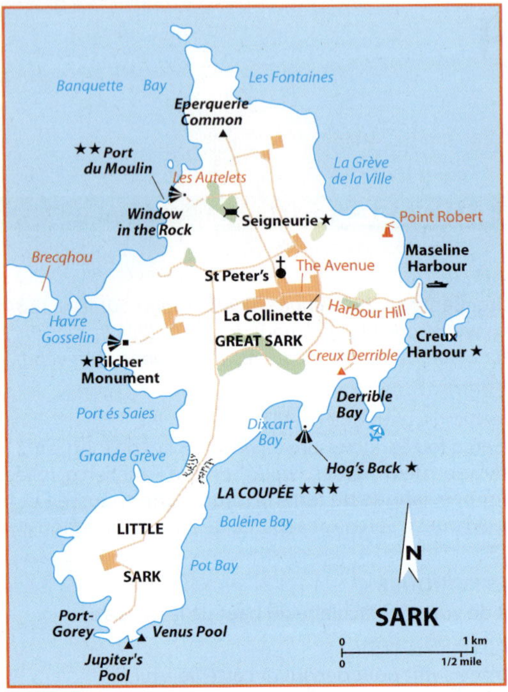

La Collinette

Nom du carrefour situé au sommet de la colline. La rue principale, The Avenue, est bordée des rares boutiques de l'île. Tout au bout à gauche, près de l'école, le petit bâtiment en pierre se trouve être la prison (1856), qui contient deux cachots.

St Peter's Church (église St-Pierre)

Dans cette église du 19ᵉ s., chaque prie-Dieu possède un coussin brodé par les femmes de l'île. Les motifs varient selon les noms des propriétaires.

★ Seigneurie

✆ 01481 832 208 - ♿ - de Pâques à fin oct. : tlj 10h-17h - 3, 50 £ (-14 ans : 1 £).
Ce manoir est la résidence officielle du seigneur de Sercq. Il est bâti sur l'emplacement d'un monastère du 6ᵉ s. dû à saint Magloire. La construction du

UNE POSSESSION DU MONT-ST-MICHEL

Il semblerait que saint Magloire, venant de Bretagne, mit le pied sur l'île de Sercq au milieu du 6ᵉ s. Jusqu'au 10ᵉ s., on ne sait pas grand-chose sur l'histoire de l'île. Les Vikings y auraient vraisemblablement fait quelques incursions au 9ᵉ s. Mais en 1042, Sercq est, de source sûre, donnée à l'abbé du Mont-St-Michel par Guillaume le Conquérant. En 1338, les Français attaquent l'île, qui sera définitivement abandonnée par les moines en 1349 ; Sercq va devenir pendant quelques années une île maudite, repaire de flibustiers. Les Français s'en rendront maîtres de 1549 à 1556, puis les Anglo-Hollandais, qui la restitueront à l'Angleterre.

L'isthme de La Coupée.
H. Gyssels / Photononstop

manoir commença en 1565 et, en 1730, d'importants travaux d'agrandissement furent entrepris par la famille Le Pelley, propriétaire de l'île. La tour carrée, véritable observatoire sur les îles, fut édifiée en 1860 par le révérend William Collings, alors seigneur de Sercq. Cette belle demeure de pierre et de granit est protégée des vents par un rideau d'arbres et d'imposants murs. Dans les luxuriants jardins réguliers, en grande partie dûs à la Dame de Sercq, abondent fleurs et arbustes. Beau colombier de pierre et de brique. Pour une agréable pause dans ce cadre, le café du manoir propose de petites collations *(voir « Nos adresses à Sercq », p. 461).*

LE SEIGNEUR DE SERCQ

En 1565, la reine Élisabeth Ire concède à **Hélier de Carteret**, originaire de Jersey et seigneur de St-Ouen, l'île de Sercq comme fief royal, sous réserve qu'il y installe une colonie de 40 hommes. Hélier devient ainsi le premier seigneur de Sercq. Il fait venir 40 familles de Jersey, divise la terre en 40 domaines, ou « tenures », et en attribue un à chaque famille à condition qu'une maison soit construite et entretenue sur chaque domaine, qui devra de surcroît fournir un homme pour défendre l'île.

Aujourd'hui, la moitié de la population descend des lignées qui colonisèrent l'île, il y a plus de 400 ans. Le nombre de « tenures » n'a pas changé et l'île se trouve toujours entre les mains d'un seigneur héréditaire qui détient le fief de la reine, à perpétuité, sous condition de fournir 40 hommes pour protéger les lieux. Actuellement, il s'agit de **Michael Beaumont**, petit-fils de Sybil Hathaway, la **Dame de Sercq**, décédée en 1974. Relevant du baillage de Guernesey, et dépendant de la Couronne, Sercq bénéficie cependant de son propre parlement, les **Chief Pleas**, où siégeaient jusqu'à il y a peu les 40 propriétaires héréditaires de Sercq.

Eperquerie Common
Vaste esplanade où le poisson était jadis mis à sécher, devenue aujourd'hui aire de pique-nique et de détente.

★★ Port-du-Moulin
Après la Seigneurie, on prend une route à gauche qui devient vite un sentier serpentant sur la falaise. En suivant l'indication « Window and Bay », on arrive à la **Fenêtre dans le rocher** (Window in the Rock), entaille en forme de fenêtre creusée dans la roche. De là, la **vue** est saisissante sur Port-du-Moulin, véritable chaos rocheux.

Revenez sur vos pas et prenez à gauche le sentier qui mène à Port-du-Moulin.
Cet endroit, très prisé des baigneurs en été, est entouré d'arches et d'abrupts rocheux aux formes fantomatiques, accessibles à marée basse. C'est le cas des Autelets, ces trois colonnes de granit qui se dressent à droite de la baie.

★ Monument Pilcher
Cette colonne de granit a été érigée à la mémoire d'un marchand londonien, F. Pilcher, qui périt en mer avec trois compagnons en 1868 en revenant à Guernesey.

Du pied du monument, belle **vue** sur la côte et, plus loin, sur les îles. Un chemin descend jusqu'au havre Gosselin où accostent des yachts en saison.

Baie Derrible
De Petit Dixcart, prenez à gauche un chemin caillouteux, puis à droite un chemin qui longe un champ. Vous arrivez à une fourche où, à gauche, s'amorce la descente vers la baie, à travers un paysage ombragé. Avant d'arriver à la baie, remarquez à droite le creux Derrible, trou profond dans la falaise de granit.

Faites le chemin en sens inverse et, à la fourche, prenez à gauche.

★ Hog's Back
Ce promontoire couvert d'ajoncs sépare la baie Derrible de la baie Dixcart. À gauche, la **vue** est saisissante sur la pointe et la baie Derrible, à droite sur la baie Dixcart; encore plus à droite, vous remarquez la Coupée et Petit Sercq.

★★★ La Coupée
De cet étroit isthme qui relie les deux îles, le spectacle est grandiose : de part et d'autre, les falaises plongent dans la mer sur une hauteur de 80 m. À droite la vue s'étend sur Brecqhou, Jethou, Herm et Guernesey, à gauche on distingue les côtes de Jersey; en se retournant, se profilent à l'horizon les côtes françaises. Au pied de la falaise à droite, un escalier conduit à la baie de la Grande-Grève, qui appelle à la baignade en été. La chaussée ainsi que le garde-fou ont été construits en 1945 par des prisonniers de guerre allemands sous le contrôle des Britanniques.

LITTLE SARK (Petit Sercq)

Au sud de l'île subsistent les cheminées de mines d'argent envahies par la végétation. Ces mines fonctionnèrent au 19e s. et durent être abandonnées à cause des infiltrations d'eau.

Venus Pool (bassin de Vénus)
Un sentier passant à gauche des cheminées de la mine descend jusqu'à un bassin visible à marée basse. Sous les falaises, se niche ce bassin circulaire creusé par la mer dans le rocher, qui n'attend que vous pour un bain.

Port-Gorey

On y accède à marée basse en partant du bassin de Vénus ; on passe alors devant le **bassin de Jupiter** (Jupiter's Pool) et on contourne la baie de Plat-Rue. En empruntant les sentiers qui serpentent sur la falaise à travers bruyères, ajoncs et genêts, on aborde Port-Gorey par les hauteurs. La vue sur la calanque se révèle alors particulièrement impressionnante.

NOS ADRESSES À SERCQ

HÉBERGEMENT ET RESTAURATION

PREMIER PRIX

Clos Princess – *En face de l'école, en prenant la route de l'église puis un petit sentier - ☎ 01481 832 324 - www.closprincess.co.gg - 4 ch. 64/84 £* ☕. Modeste guesthouse aux chambres pas très grandes et meublées simplement ; accueil sympathique et jardin agréable.

BUDGET MOYEN

Le Vieux Clos Guest House – *☎ 01481 832 341 - www.levieuxclos.co.uk - 6 ch. 80 £* ☕*, dîner possible, 18 £.* Accueil charmant dans cette petite maison blanche située près du moulin, à 5mn du village.

Clos de Vaul Creux – *Première rue à droite en arrivant au village et 2e maison à droite - ☎ 01481 832 527 -www.closdevaulcreux.co.uk - 6 ch. 80/120 £* ☕. Reconnaissable à ses murs en granit recouverts de glycine, cette demeure propose des chambres confortables à la décoration soignée et portant chacune le nom de l'une des fleurs du jardin ; l'une des chambres, susceptible de recevoir 3 enfants, présente un tissu d'ameublement et une literie *ad hoc* !

RESTAURATION

Stocks Hotel Poolside Bistro – *Dixcart Valley - GY9 OSD.* Pour un déjeuner des plus agréables *(plats à partir de 8,50 £),* attablez-vous au bord de la piscine de l'hôtel Stocks, discrètement installé dans les bâtiments d'une ancienne ferme, au cœur de la verte vallée de Dixcart.

Hathaways Brasserie – *La Seigneurie Gardens - ☎ 01481 832 209 - www.hathawaysbrasserie.com - tlj 9h30-22h30 - 15/20 £.* C'est bien sûr Dame Sybil qui est honorée par le nom de cette brasserie inaugurée en 2009 par le prince Edward dans une ancienne ferme dépendant du domaine des Seigneurs de Sercq. On y déguste une cuisine qui se veut au point de rencontre des traditions anglaise, française et espagnole (tapas) et qui fait la part belle aux produits du potager, comme à la pêche du jour (crabe, homard et poissons cuits au barbecue) en salle ou sur la belle terrasse.

ACTIVITÉS

Balade en calèche – Pas envie de marcher ou de pédaler ? Dans ce cas, laissez-vous transporter en calèche à travers l'île ou apprenez à la conduire : *☎ 1481 83 20 27 - www.sarkcarriages.co.uk*

Promenades en mer – Sorties autour des îles, excursion ornithologique, etc. à réserver à l'avance, *☎ 01481 83 21 07.*

Aurigny

Aurigny – 2 400 Aurignais (Alderneyman)

NOS ADRESSES PAGE 467

S'INFORMER

Alderney Tourist Information Centre – *34 Victoria Street - Alderney - Channel Islands - GYP 3TA - ✆ 1481 822 811 - www.visitalderney.com - lun.-sam. 10h-12h, 14h-16h.*

SE REPÉRER

Carte de microrégion B1 (p. 422). L'île d'Aurigny est la plus septentrionale de l'archipel Anglo-Normand. Et pourtant, elle ne se trouve qu'à 15 km des côtes du Cotentin ! Vaste plateau dénudé balayé par les vents, elle s'étend sur 5 km de long et 2,5 km de large, soit près de 8 km². Elle est bordée au sud de falaises granitiques et entourée de récifs. Deux détroits, le Swinge et le Rhace, longent ses côtes au nord-ouest et au sud-est.

À NE PAS MANQUER

Les sites privilégiés des baies de Braye, Clonque et Télégraphe, très prisés pour la baignade.

ORGANISER SON TEMPS

Comptez une grande journée pour faire le tour de l'île, en voiture ou en suivant les sentiers de randonnée.

Le charme d'Aurigny ? Sa simplicité et la générosité de sa nature : au printemps, genêts, bruyères et pâquerettes tapissent le sol de l'île ; sur les rochers, des milliers d'oiseaux de mer, fous, macareux, pétrels et guillemots se rassemblent en colonies ; à marée basse, les bassins creusés dans le roc révèlent anémones de mer, coraux et ormeaux… Aurigny est un véritable havre de paix, ceinturé depuis des siècles par un réseau de forts et de fortifications.

Se promener Plan de l'île p. 465

ST ANNE

Plus connu sous le nom de « la Ville », l'unique village de l'île, aux petites rues pavées bordées de belles demeures en granit agrémentées de fleurs et de paniers suspendus, évoque irrésistiblement les villages du Cotentin tout proche.

À l'origine, les habitations de St Anne étaient groupées autour de **Marais Square** et du **Huret**, où les gens se rassemblaient pour décider du moment de la récolte du varech, utilisé comme engrais. Au 15e s., des Guernesiais s'établirent à l'est de Marais Square. Au 18e s., l'habitat se transforma grâce aux profits réalisés par les corsaires. Les tuiles remplacèrent les toits de chaume, le premier palais de justice vit le jour et le gouverneur donna à sa résidence un éclat particulier. Au début du règne de Victoria (1837-1901), la population de St Anne s'accrut avec l'arrivée d'immigrants irlandais venus cultiver la terre et de troupes anglaises ; Queen Elizabeth II Street, Victoria Street et Ollivier Street datent de cette époque.

UNE ÎLE-FORTERESSE

Les Romains auraient utilisé Aurigny comme base navale. On peut voir les traces d'un ancien camp près de The Nunnery à l'est.

Les premières fortifications anglaises datent du règne d'Henri VIII (16e s.) ; un fort fut alors construit sur une colline au sud de la baie de Longis.

À l'époque napoléonienne, le gouvernement anglais fit renforcer le système de défense. Entre 1847 et 1858, les fortifications se multiplièrent. Pour répondre à la création du port militaire de Cherbourg, les Anglais décidèrent de construire, à quelque 32 km de là, une base navale bien protégée dans la baie de Braye. L'île se vit ainsi pourvue d'une très longue digue et d'un ensemble de 13 forts.

Pendant les cinq années d'occupation, les Allemands consolidèrent les anciens forts et ajoutèrent de nouvelles défenses.

Église Ste-Anne

Consacrée en 1850, « la cathédrale des îles de la Manche » fut commanditée par le révérend Jean Le Mesurier, fils du dernier gouverneur héréditaire de l'île (cette fonction cessa en 1825). Construite en granit et en pierre de Caen par l'architecte anglais George Gilbert Scott, elle est de style victorien inspirée des arts roman et gothique.

L'intérieur peut surprendre par sa grandeur ; en effet, l'église avait été construite pour recevoir de nombreux fidèles : la population locale, les nouveaux arrivants et la garnison britannique. La nef est divisée en 18 travées. À la croisée du transept, quelques marches conduisent au chœur recouvert d'un pavement de pierres noires et blanches. Sur le lutrin, à côté d'une Bible en anglais, une Bible en français rappelle que cette langue était autrefois parlée sur l'île.

Museum

✆ 01481 823 222 - www.alderneysociety.org/museum.html - ♿ - avr.-oct. : lun.-vend. 10h-12h, 14h30-16h30, w.-end 10h-12h - fermé j. fériés - 3 £ (enf. gratuit).

Il est installé dans l'ancienne école fondée en 1790 par Jean Le Mesurier, gouverneur de l'île. Musée d'histoire locale, il rassemble des collections ayant trait à la préhistoire, à la vie domestique et militaire (documents sur l'époque de l'occupation allemande) ; une salle d'histoire naturelle est consacrée à la faune et à la flore de l'île.

À proximité, **clocher** de l'ancienne église (1767) détruite pour faire place à l'édifice actuel.

Dans le joli petit cimetière, remarquez le « **pebble path** », un sentier en mosaïque de pierres représentant l'église, un bateau, etc., fait par les membres des clubs, sociétés et familles d'Aurigny pour marquer l'entrée dans le 3e millénaire.

Royal Connaught Square

Centre animé de la ville au 18e s., cette charmante placette doit son nom à la visite du duc de Connaught, troisième fils de la reine Victoria, en 1905. Côté nord, **Island Hall**, un élégant bâtiment en granit, fut agrandi en 1763 par Jean Le Mesurier pour devenir la résidence officielle du gouverneur. À quelques pas, **Mouriaux House** fut construite en 1779 comme résidence privée.

Court House (palais de justice)
☏ 01481 822 817 - visite guidée lun.-vend. 9h-12h30, 14h-17h - s'adresser au Court Office - fermé j. fériés.
Ce bâtiment, situé dans Queen Elizabeth II Street (autrefois New Street), remonte à 1850. Au premier étage se situe la salle des audiences, où se tiennent les séances des États d'Aurigny. Cette salle a été restaurée en 1955.

Victoria Street
La principale rue commerçante de l'île, autrefois rue du Grosnez, fut rebaptisée « Victoria » après la visite de la reine en 1854.

Butes
De cette esplanade, reconnaissable à son terrain de cricket, la vue est belle sur la baie de Braye au nord-est, la baie de Crabby, le Swinge et les récifs des Casquets au nord-ouest.

Se promener Plan de l'île ci-contre

LE TOUR DE L'ÎLE

Vous pouvez entreprendre le tour de l'île à pied, en suivant les différents sentiers tracés sur les falaises, ou en voiture.

Braye
Le port, dominé par fort Grosnez (1853), se caractérise par une digue longue de près d'1 km.

Burhou Island (île de Burhou)
Pour obtenir l'autorisation d'y passer une nuit, adressez-vous au bureau du port (Harbour Office) - ☏ 01481 822 620 - 20 £ - prévoyez de l'eau.
Cette réserve naturelle d'oiseaux de mer (notamment des macareux) est séparée d'Aurigny par le Swinge. Une cabane permet aux observateurs d'y passer éventuellement la nuit.

Alderney Railway (petit chemin de fer)
☏ 01481 823 580 - www.alderneyrailway.com - juil.-août : tous les sam. et dim. apr.-midi 14h30, 15h30 ; avr.-mai et sept. : certains w.-ends (se renseigner pour les horaires et tarifs).
Ouverte en 1847, cette voie ferrée servait à transporter les blocs de granit de la carrière au port. Aujourd'hui, le seul train des îles Anglo-Normandes encore en activité fonctionne en saison pour les touristes, de Braye Road Station jusqu'à la carrière de Mannez tout près de la plage de Corblets Bay. Deux anciennes voitures du métro londonien servent de wagons.

★ **Bray Bay** (baie de Braye)
La plus grande baie de l'île vous propose une plage de sable fin et une très belle vue sur le port où sont amarrés bateaux de pêche et de plaisance. Une longue bande herbeuse, le Banquage, ourle la plage. Autrefois, le varech y était mis à sécher. Maintenant, c'est vous qui vous y sécherez après la baignade.

Fort Albert
À l'est de la baie, le mont Touraille est couronné par le fort Albert (1853), principal élément de l'ensemble des forts construits à l'époque victorienne. Côté mer, la **vue** embrasse la baie de Braye jusqu'au fort Grosnez à gauche et, plus loin, le fort Tourgis.

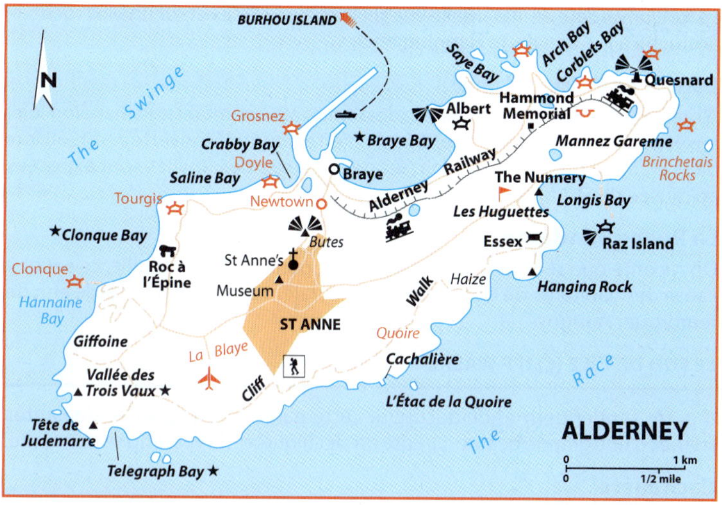

Hammond Memorial

Pendant l'occupation allemande, trois camps totalisant 4 500 hommes étaient établis sur Aurigny. Le mémorial fut élevé à la mémoire des déportés contraints de participer à la fortification de l'île. Plusieurs plaques commémoratives sont écrites dans la langue des prisonniers.

Côte nord

Trois baies de sable fin « très favorables » à la baignade se déroulent devant vos yeux de baigneur ébahi : **Saye**, **Arch** et **Corblets**. Les deux premières sont séparées par un ancien fort, château à l'Étoc (1854), transformé en appartements. Un tunnel avait été creusé sous la route pour permettre aux charrettes de ramener le varech de la plage. Du fort Corblets (1855), belle vue sur les rochers.

Mannez Garenne

Cette partie basse de l'île est dominée par une tour d'observation allemande érigée au bord de la carrière. Le **phare de Quesnard** (1912) alerte les bateaux des nombreux récifs voisins et des forts courants formés par la jonction du Swinge et du Race ; le **panorama★** est impressionnant sur la côte rocheuse, même si, par temps clair, l'usine de la Hague se distingue nettement ! On voit également les trois forts qui défendaient cette avancée de l'île : les Homeaux-Florains (1858), maintenant en ruines, accessibles par une chaussée, fort Quesnard et fort Houmet-Herbé, bâti sur un îlot. *☎ 01481 823 077 - visite guidée de Pâques à fin sept. : w.-end et j. fériés - 2 £.*

6

Mannez Lighthouse (phare de Mannez)

☎ 01481 823 077 - visite guidée de fin mai à fin sept. le w.-end - se renseigner pour les horaires et tarifs - interdit aux enfants de moins d'1 m.

Construit à l'extrémité orientale de l'île, ce phare haut de 32 m date de 1912. Il a été automatisé en 1997. De son sommet, s'offre une magnifique vue à 360° sur l'île et la mer.

Raz Island (île de Raz)

Accessible à marée basse par une chaussée.

Le fort *(privé)* date de 1853. Belle vue sur le château Essex et sur un bloc rocheux accroché à la muraille, le Hanging Rock.

Longis Bay (baie de Longis)

À marée basse, les « bronzeurs » s'adossent contre un muret antichar. Non loin, aux **Huguettes**, des traces de l'âge de pierre furent découvertes en 1968 lors de la création du terrain de golf; les découvertes des fouilles sont exposées au musée de St Anne.

La Roche pendante

On raconte que si ce bloc rocheux semble pendre de la muraille, ce serait à cause des habitants de Guernesey qui y auraient accroché une corde afin de remorquer Aurigny.

LE SUD DE L'ÎLE (CLIFF WALK)

Un sentier permet de découvrir cette partie de l'île bordée de hautes falaises d'une grande beauté. La côte est déchiquetée, la vue, impressionnante.

Cachalière

Après une vieille carrière, un chemin descend jusqu'à une jetée contre laquelle s'amarraient les bateaux venus pour transporter les blocs de granit. De là, on peut atteindre les rochers de l'**Étac de la Quoire** quand la mer se retire.

★ **Telegraph Bay** (baie du Télégraphe)

La tour de communications (1811) a donné son nom à une baie, propice à la baignade. Vous pouvez admirer sur la gauche les très beaux rochers de la Nache et de Fourque. *La descente est déconseillée aux pers. sujettes au vertige !*

Tête de Judemarre

De cette pointe, vue sur la côte et les îles de Guernesey, Herm et Sercq.

★ **Vallée des Trois-Vaux**

Crevasse constituée par trois vallées qui se rejoignent sur une plage de galets. Sublime !

Giffoine

Au-dessus de la baie d'Hannaine, vous pouvez voir les restes d'une batterie côtière allemande. **Vue** au nord sur l'île de Burhou, ainsi que sur les récifs d'Ortac et des Casquets.

★ **Clonque Bay** (baie de Clonque)

Sur la falaise de Clonque Bay, le **Roc à l'Épine** est la chambre funéraire la mieux conservée de l'île; la lourde table repose sur deux supports. Au 19e s., bon nombre de mégalithes ont été utilisés pour bâtir les fortifications. Un chemin sinueux descend à travers bruyères et genêts jusqu'à la mer, puis une chaussée mène à fort Clonque (1855), recyclé en appartements de vacances. Les ruines de fort Tourgis (1855) apparaissent de l'autre côté de la baie.

Saline Bay (baie de Saline)

Très exposée aux humeurs de la mer, cette baie est formellement interdite à la baignade, car elle est parcourue de profondes lames de fond. Une batterie allemande et un ancien fort transformé en auberge de jeunesse, fort Doyle, veillent à chaque extrémité. La **baie de Crabby**, bien encastrée dans la masse rocheuse, est fréquentée en saison.

NOS ADRESSES À AURIGNY

TRANSPORTS ET VISITE

Bateau
Tour de l'île au départ du port de Braye. *À bord de* Lady Maris *(2h), réserv. au Alderney Gift Box - Victoria Street - St Anne - ✆ 01481 823 532 - merc. et sam. ; à bord de* Voyager *(2h30), réserv. au Mc Allister's Fish Shop - Victoria Street - St Anne - ✆ 01481 823 666 - été : tlj.*

Taxi
Les compagnies **Island Taxis** (✆ 01481 823 823) et **ABC Taxis** (✆ 01481 823 760) assurent les transferts depuis l'aéroport et des tours de l'île.

HÉBERGEMENT

PREMIER PRIX

Saye Camp Site & Tent Hire – *✆ 01481 82 25 56 - www.visitalderney.com*

The Victoria Hotel – *Victoria St. - ✆ 01481 822 754 - info@victoria hotelalderney.com - 6 ch. 80 £* ☕. Dans la rue principale de St Anne, ce petit hôtel familial récemment rénové propose des chambres cosy et confortables.

BUDGET MOYEN

Harbour Lights Hotel – *Newton Road - ✆ 01481 823 233 - info@ harbourlightsalderney.com - 9 ch. 80/100 £* ☕. Hôtel clair, jouant de l'alliance du bois et du blanc, moderne, avec terrasse à l'arrière en amphithéâtre, amenagée tout en haut en un jardin offrant de superbes vues sur le port et son brise-lame.

RESTAURATION

PREMIER PRIX

The Georgian House – *Victoria Street - ✆ 01481 822 471 - info@georgianhousealderney - 3 ch. 70/80 £* ☕. Ce pub traditionnel et confortable où la couleur verte prédomine, est un lieu de convivialité fréquenté par tous les insulaires. Sandwichs, *lights lunchs* (Ploughman notamment), *cream teas,* dans le pub même ou dans le jardin à l'arrière. Salle de restaurant à l'étage pour des repas plus consistants.

BUDGET MOYEN

First and Last – *✆ 01481 823 162 - de Pâques à oct. - fermé le midi et lun.- menus 16/30 £, carte 22/33 £.* Comme son nom l'indique peut-être, ce restaurant est situé « au bout du bout » d'Aurigny, face au port. Salle au 1er étage, décor marin dans les tons bleu et blanc. Au menu, poissons et fruits de mer bien sûr (sole, raie, perche, sardines grillées), mais aussi filet de bœuf et jarret de mouton.

Braye Beach Restaurant – *(Dans l'hôtel du même nom) - Braye Street - ✆ 01481 824 300 - carte 25/35 £.* Belle salle de restaurant avec baies vitrées donnant sur la longue plage de Braye Bay et où il est particulièrement agréable de dîner, en regardant les vagues se déchaîner sur le brise-lame.

AGENDA

Alderney Week *(une sem., début août)* – Une centaine d'événements festifs et culturels.

Milk-O- Punch Sunday *(1er dim. de mai.)* – Goûtez à la potion magique (rhum, lait, œufs, noix de muscade) proposée gratuitement dans tous les pubs de l'île.

Alderney Angling Festival *(dernière sem. d'oct.)* – On vient de loin pour participer à cette compétition de pêche en mer.

Homecoming Day *(15 déc.)* – Commémoration du retour sur l'île d'un premier groupe d'insulaires, après l'évacuation massive de l'île en 1940.

L'Aventure Michelin

Tout commence avec des balles en caoutchouc ! C'est ce que produit, vers 1880, la petite entreprise clermontoise dont héritent André et Édouard Michelin. Les deux frères saisissent vite le potentiel des nouveaux moyens de transport. L'invention du pneumatique démontable pour la bicyclette est leur première réussite. Mais c'est avec l'automobile qu'ils donnent la pleine mesure de leur créativité. Tout au long du 20e s., Michelin n'a cessé d'innover pour créer des pneumatiques plus fiables et plus performants, du poids lourd à la F 1, en passant par le métro et l'avion.

Très tôt, Michelin propose à ses clients des outils et des services destinés à faciliter leurs déplacements, à les rendre plus agréables... et plus fréquents. Dès 1900, le Guide Michelin fournit aux chauffeurs tous les renseignements utiles pour entretenir leur automobile, trouver où se loger et se restaurer. Il deviendra la référence en matière de gastronomie. Parallèlement, le Bureau des itinéraires offre aux voyageurs conseils et itinéraires personnalisés.

En 1910, la première collection de cartes routières remporte un succès immédiat ! En 1926, un premier guide régional invite à découvrir les plus beaux sites de Bretagne. Bientôt, chaque région de France a son Guide Vert. La collection s'ouvre ensuite à des destinations plus lointaines de New York en 1968... à Taïwan en 2011.

Au 21e s., avec l'essor du numérique, le défi se poursuit pour les cartes et guides Michelin qui continuent d'accompagner le pneumatique. Aujourd'hui comme hier, la mission de Michelin reste l'aide à la mobilité, au service des voyageurs.

MICHELIN AUJOURD'HUI

N°1 MONDIAL DES PNEUMATIQUES

- 69 sites de production dans 18 pays
- 115 000 employés de toutes cultures, sur tous les continents
- 6 000 personnes dans les centres de Recherche & Développement

Avancer
monde où la

Mieux avancer, c'est d'abord innover pour mettre au point des pneus qui freinent plus court et offrent une meilleure adhérence, quel que soit l'état de la route.

LA JUSTE PRESSION

BONNE PRESSION

- Sécurité
- Longévité
- Consommation de carburant optimale

-0,5 bar

- Durée de vie des pneus réduite de 20% (- 8 000 km)

-1 bar

- Risque d'éclatement
- Hausse de la consommation de carburant
- Distance de freinage augmentée sur sol mouillé

ensemble vers un mobilité est plus sûre

C'est aussi aider les automobilistes à prendre soin de leur sécurité et de leurs pneus. Pour cela, Michelin organise partout dans le monde des opérations **"Faites le plein d'air"** pour rappeler à tous que la juste pression est vitale.

L'USURE

COMMENT DETECTER L'USURE ?

Vos pneus MICHELIN sont munis d'indicateurs d'usure : ce sont de petits pains de gomme moulés au fond des sculptures et d'une hauteur de 1,6mm.

Lorsque la profondeur des sculptures est au même niveau que les indicateurs, les pneus sont usés et doivent être remplacés.

Les pneus constituent le seul point de contact entre le véhicule et la route, un pneu usé peut être dangereux sur chaussée mouillée.

PNEU NEUF

PNEU USÉ
(1,6 mm de sculpture)

Ci-contre, la zone de contact réelle photographiée sur chaussée mouillée.

Mieux avancer,
c'est développer une mobilité durable.

INNOVATION ET ENVIRONNEMENT

Chaque jour, Michelin innove pour réduire la quantité de matières premières utilisée dans la fabrication des pneumatiques, et développe dans ses usines les énergies renouvelables. La conception des pneus MICHELIN permet déjà d'économiser des milliards de litres de carburant, et donc des milliards de tonnes de CO2.

De même, Michelin choisit d'imprimer ses cartes et guides sur des « papiers issus de forêts gérées durablement ». L'obtention de la certification ISO14001 atteste de son plein engagement dans une éco-conception au quotidien.

Un engagement que Michelin confirme en diversifiant ses supports de publication et en proposant des solutions numériques pour trouver plus facilement son chemin, dépenser moins de carburant.... et profiter de ses voyages !

Comme vous, Michelin s'engage dans la préservation de notre planète.

Chattez avec Bibendum

Rendez-vous sur:
www.michelin.com/corporate/fr
Découvrez l'actualité et l'histoire de Michelin.

QUIZZ

Michelin développe des pneumatiques pour tous les types de véhicules. Amusez-vous à identifier le bon pneu...

Résultat : A-6 / B-4 / C-2 / D-1 / E-3 / F-7 / G-5

Notes

Notes

Notes

Notes

Notes

Notes

Notes

Notes

Notes

Notes

INDEX GÉNÉRAL

Caen : villes, curiosités et régions touristiques.
Guillaume le Conquérant : noms historiques ou termes faisant l'objet d'une explication.
Les sites isolés (châteaux, abbayes, grottes, etc.) sont répertoriés à leur propre nom.
Nous indiquons par son numéro, entre parenthèses, le département auquel appartient chaque ville ou site. Pour rappel :
14 : Calvados
50 : Manche
61 : Orne
72 : Sarthe

A

B

INDEX GÉNÉRAL

T

U – V –W

ÎLES ANGLO-NORMANDES

A

B

C

D

E – F

G

H

I – J

L

M

CARTES ET PLANS

CHANGEMENT DE NUMÉRATION ROUTIÈRE !

Sur de nombreux tronçons, les routes nationales passent sous la direction des départements. Leur numérotation est en cours de modification. La mise en place sur le terrain a commencé en 2006 mais devrait se poursuivre sur plusieurs années. De plus, certaines routes n'ont pas encore définitivement trouvé leur statut au moment où nous bouclons la rédaction de ce guide. Nous n'avons donc pas pu reporter systématiquement les changements de numéros sur nos cartes et dans nos textes.

LÉGENDE DES CARTES ET PLANS

Curiosités et repères

- Itinéraire décrit, départ de la visite
- Église
- Mosquée
- Synagogue
- Monastère - Phare
- Fontaine
- Point de vue
- Château - Ruine ou site archéologique
- Barrage - Grotte
- Monument mégalithique
- Tour génoise - Moulin
- Temple - Vestiges gréco - romains
- Temple : bouddhique - hindou
- Autre lieu d'intérêt, sommet
- Distillerie
- Palais, villa, habitation
- Cimetière : chrétien - musulman - israélite
- Oliveraie - Orangeraie
- Mangrove
- Auberge de jeunesse
- Gravure rupestre
- Pierre runique
- Église en bois
- Église en bois debout
- Parc ou réserve national
- Bastide

Sports et loisirs

- Piscine : de plein air - couverte
- Plage - Stade
- Port de plaisance - Voile
- Plongée - Surf
- Refuge - Promenade à pied
- Randonnée équestre
- Golf - Base de loisirs
- Parc d'attractions
- Parc animalier, zoo
- Parc floral, arboretum
- Parc ornithologique, réserve d'oiseaux
- Planche à voile, kitesurf
- Pêche en mer ou sportive
- Canyoning, rafting
- Aire de camping - Auberge
- Arènes
- Base de loisirs, base nautique ou canoë-kayak
- Canoë-kayak
- Promenade en bateau

Informations pratiques

- Information touristique
- Parking - Parking - relais
- Gare : ferroviaire - routière
- Voie ferrée
- 1 Ligne de tramway
- Départ de fiacre
- Métro - RER
- Station de métro (Calgary, ...) (Montréal)
- Téléphérique, télécabine
- Funiculaire, voie à crémaillère
- Chemin de fer touristique
- Transport de voitures et passagers
- Transport de passagers
- File d'attente
- Observatoire
- Station service - Magasin
- Poste - Téléphone
- Internet
- H Hôtel de ville - Banque, bureau de change
- J POL Palais de justice - Police
- GNR Gendarmerie
- T U M Théâtre - Université - Musée
- Musée de plein air
- Hôpital
- Marché couvert
- Aéroport
- Parador, Pousada (Établissement hôtelier géré par l'État)
- A Chambre d'agriculture
- D Conseil provincial
- G Gouvernement du district, Délégation du Gouvernement Police cantonale
- L Gouvernement provincial (Landhaus)
- P Chef lieu de province
- Station thermale
- Source thermale

Axes routiers, voirie

- Autoroute ou assimilée
- Échangeur : complet - partiel
- Route
- Rue piétonne
- Escalier - Sentier, piste

Topographie, limites

- Volcan actif - Récif corallien
- Marais - Désert
- Frontière - Parc naturel

VOUS CONNAISSEZ LE GUIDE VERT,
DÉCOUVREZ LE GROUPE MICHELIN
MICHELIN